Anton Emanuel
Scho

nbach

Studien zur Geschichte der altdeutschen Predigt

Anton Emanuel
Scho

̈

nbach

Studien zur Geschichte der altdeutschen Predigt

ISBN/EAN: 9783743326422

Hergestellt in Europa, USA, Kanada, Australien, Japan

Cover: Foto ©ninafisch / pixelio.de

Manufactured and distributed by brebook publishing software
(www.brebook.com)

Anton Emanuel
Scho

nbach

Studien zur Geschichte der altdeutschen Predigt

SITZUNGSBERICHTE

DER KAISERLICHEN

AKADEMIE DER WISSENSCHAFTEN.

— ⁓ -

PHILOSOPHISCH-HISTORISCHE CLASSE.

CXXXV. BAND.

JAHRGANG 1896.

(MIT VIER TAFELN.)

WIEN, 1897.

IN COMMISSION BEI CARL GEROLD'S SOHN

BUCHHÄNDLER DER KAIS. AKADEMIE DER WISSENSCHAFTEN.

SITZUNGSBERICHTE

DER

PHILOSOPHISCH-HISTORISCHEN CLASSE

DER KAISERLICHEN

AKADEMIE DER WISSENSCHAFTEN.

———

HUNDERTFÜNFUNDDREISSIGSTER BAND.

(MIT VIER TAFELN.)

———

WIEN, 1896.

IN COMMISSION BEI CARL GEROLD'S SOHN

BUCHHÄNDLER DER KAIS. AKADEMIE DER WISSENSCHAFTEN

INHALT.

IV. SITZUNG VOM 5. FEBRUAR 1896.

Der Präsident macht Mittheilung von dem am 28. Jänner in Brünn erfolgten Ableben des c. M. im Inlande, Herrn Hofrathes Christian R. d' Elvert.

Die Mitglieder erheben sich zum Zeichen des Beileides.

Der Secretär legt eine Abhandlung des Herrn Dr. Franz Kühnert, Privatdocent an der k. k. Universität Wien: ‚Nanking-Syllabar sammt Vocabularium‘ vor, zu deren Herausgabe der Verfasser um eine Subvention ersucht.

Die Arbeit wird einer Commission zur Begutachtung übergeben.

Der Secretär legt weiter eine Abhandlung des Herrn Dr. Hugo Jurenka, k. k. Gymnasial-Professors und Privatdocenten an der Universität Wien: ‚Der egyptische Papyrus des Alkman‘ vor, um deren Aufnahme in die Sitzungsberichte der Verfasser ersucht.

Auch diese Abhandlung wird einer Commission zur Begutachtung übergeben.

Das w. M. Herr Hofrath Dr. Bühler legt Namens der Commission für die Herausgabe von Quellenschriften der indischen Lexikographie den 2. Band dieser Quellenwerke: ‚Das Unadiganasutra des Hemachandra‘, herausgegeben von Johann Kirste, vor.

V. SITZUNG VOM 12. FEBRUAR 1896.

Der ‚Verein für Geschichte und Alterthum Schlesiens‘ ladet zu dem am 1. März zu feiernden Feste seines fünfzigjährigen Bestehens ein.

Es werden folgende Druckschriften vorgelegt:
‚Wissenschaftliche Mittheilungen aus Bosnien und der Hercegovina‘, herausgegeben vom bosnisch-hercegovinischen Landesmuseum in Sarajevo, III. Bd.; ‚Forschungen zur Kunstgeschichte Böhmens. Veröffentlicht von der Gesellschaft zur Förderung deutscher Wissenschaft, Kunst und Literatur in Böhmen. I. Mittelalterliche Wandgemälde und Tafelbilder der Burg Karlstein in Böhmen‘, von Jos. Neuwirth (mit Kunstbeilagen).

VI. SITZUNG VOM 19. FEBRUAR 1896.

Der Secretär legt eine für die Sitzungsberichte bestimmte Abhandlung des c. M. Herrn Dr. Anton E. Schönbach, Professor an der Universität Graz: ‚Studien zur Geschichte der altdeutschen Predigt. I. Stück. Ueber Kelle's Spectrum Ecclesiae‘ vor.

Das w. M. Herr Hofrath Th. Gomperz überreicht eine für die Sitzungsberichte bestimmte Abhandlung: ‚Zu Aristoteles' Poetik. II.‘

Das w. M. Herr Hofrath Vratoslav Jagić hält einen Vortrag: ‚Ein vierter bibliographischer Beitrag‘.

VII. SITZUNG VOM 4. MÄRZ 1896.

Der Secretär legt eine Abhandlung des Herrn Dr. Friedrich Raimund Kaindl, Privatdocent an der k. k. Universität Czernowitz: ‚Das Entstehen und die Entwicklung der Lippowaner Colonien in der Bukowina. Zumeist nach urkundlichen Materialien aus dem Nachlasse des Finanzrathes a. D. Franz Adolf Wickenhauser‘ vor, um deren Aufnahme in das Archiv der Verfasser ersucht.

Die Abhandlung wird der historischen Commission übergeben.

Von Druckwerken werden vorgelegt: ‚The Basque verb found and defined‘ von Edward Spencer Dodgson, im Auftrage des Verfassers übersendet vom w. M. Herrn Professor Dr. Schuchardt; ‚Institut international de Bibliographie. Bulletin.‘ I. Jahrg. Nr. 1—3, und ‚Ein allgemeines bibliographisches Repertorium und die erste internationale bibliographische Conferenz in Brüssel 1895‘ von Carl Junker, überreicht im Auftrage des Institut international de Bibliographie vom Verfasser.

Die Kirchenväter-Commission legt vor: ‚Corpus scriptorum eccles. lat., Vol. XXXIII (Sectio I. Pars I), S. Aurelii Augustini confessionum libri XIII. ex rec. Pii Knöll.‘

VIII. SITZUNG VOM 11. MÄRZ 1896.

—

Der Secretär legt eine Abhandlung des Herrn Dr. Gustav Turba, Lehrers an der k. k. I. Staats-Realschule im II. Bezirk in Wien: ‚Verhaftung und Gefangenschaft des Landgrafen Philipp von Hessen 1547—1550' vor, um deren Aufnahme in die akademischen Schriften der Verfasser ersucht. Die Abhandlung geht an die historische Commission.

Der Secretär überreicht weiter eine Abhandlung des Herrn Dr. Anton Becker in Wien: ‚Narbonne's Einfluss auf den Wiener Frieden und auf die Vermählung der Erzherzogin Maria Louise.' Auch diese Abhandlung, deren Verfasser um Aufnahme derselben in das Archiv ersucht, wird der historischen Commission übergeben.

Es werden folgende Druckschriften vorgelegt: ‚Tabellen zur Währungs-Statistik.' Verfasst im k. k. Finanz-Ministerium. 2. Ausgabe. 1—3. Heft, übermittelt vom genannten Ministerium; ‚Acta Borussica. Getreidehandelspolitik.' I. Bd., übersendet von der akademischen Commission für die Herausgabe der Acta Borussica; ‚Libri citationum et sententiarum.' T. VI. ed. Vinc. Brandl, übersendet vom mährischen Landesausschusse; ‚Sammlung national-literarischer Gedichte und Schriften', XII. Bd., übersendet vom fürstlich bulgarischen Unterrichts-ministerium im Wege des Ministeriums für Cultus und Unterricht.

IX. SITZUNG VOM 18. MÄRZ 1896.

Das Landesconsistorium der evang. Landeskirche A. B. in den siebenbürgischen Landestheilen Ungarns dankt für die Zuwendung der Sitzungsberichte an die evang. Gymnasien in Bistritz, Mediasch und Schässburg.

Das w. M. Herr Hofrath Dr. Th. Gomperz überreicht eine für die Sitzungsberichte bestimmte Abhandlung: ‚Zu Aristoteles Poetik. III.'

Das w. M. Herr Professor Dr. J. Karabacek überreicht eine für die Sitzungsberichte bestimmte Abhandlung: ‚Die Involutio im arabischen Schriftwesen'.

X. SITZUNG VOM 15. APRIL 1896.

Der Secretär verliest eine Zuschrift Sr. Excellenz des Ministers für Cultus und Unterricht vom 28. März 1896, Z. 777, an den Präsidenten der kais. Akademie, worin dieser ersucht wird, auf den Vertrieb von Losen für die im Jahre 1896 zu Gunsten des Vereins vom goldenen Kreuze zu veranstaltende Lotterie nach Thunlichkeit hinwirken zu wollen.

Der Secretär legt zwei Abhandlungen des Herrn Dr. W. Rudow in Ökrös (Ungarn):

1. ‚Die Gestalten des rumänischen Volksglaubens. Entwurf einer romanischen Volksmythologie',

2. ‚Morgenländische Belege zu türkischen Lehnwörtern im Rumänischen' vor, um deren Publication durch die kais. Akademie der Verfasser ersucht.

Die Abhandlungen werden einer Commission überwiesen.

Der Secretär legt weiter eine Arbeit des Herrn Dr. Josef Schatz in Innsbruck: ‚Die Mundart von Imst' vor, zu deren Herausgabe der Verfasser um eine Subvention ersucht.

Die Abhandlung wird einer Commission übergeben.

X

Der Secretär legt endlich eine Abhandlung des Herrn
Dr. Arthur v. Rosthorn: ‚Confucius, Legge, Kühnert‘ vor, um
deren Aufnahme in die Sitzungsberichte der Verfasser ersucht.
Auch diese Abhandlung wird einer Commission zur Begutachtung übergeben.

Von Druckschriften werden vorgelegt:
‚Erzherzog Carl von Oesterreich als Feldherr und Heeres-
organisator‘ von Moriz Edlen v. Angeli, k. u. k. Oberst, I. Bd.
2. Hälfte, übermittelt im Auftrage Ihrer kais. und königl.
Hoheiten der durchlauchtigsten Herren Erzherzoge Friedrich
und Eugen;
‚Das fictive Capital als die Ursache des niedrigen Arbeits-
lohnes‘ von Alfred Offermann, eingesendet im Auftrage des
Verfassers.

Das w. M. Herr Professor Dr. Friedrich Müller überreicht eine für die Sitzungsberichte bestimmte Abhandlung:
‚Die armenischen Handschriften in Siwas und Schenkusch‘.

XI. SITZUNG VOM 22. APRIL 1896.

Der Secretär legt eine in englischer Sprache geschriebene
Abhandlung des Herrn Dr. M. A. Stein in Lahore: ‚Notes on
Ou-k'ong's account of Kaçmir‘ vor, um deren Aufnahme in die
akademischen Schriften der Verfasser ersucht.
Dieselbe wird einer Commission zur Begutachtung über-
geben.

Der Secretär legt weiter eine Abhandlung des Herrn Dr.
August Haffner in Wien: ‚Die Homilie des heiligen Ephräm
von Syrien über das Pilgerleben‘ vor, um deren Aufnahme in
die Sitzungsberichte der Verfasser ersucht.
Auch diese Abhandlung wird einer Commission zur Begutachtung überwiesen.

Der Secretär legt weiter die von der Akademie herausgegebenen ‚Monumenta conciliorum generalium seculi XV. Concilium Basileense, Scriptorum Tomi III. Pars IV. Joannis de
Segovia Hist. gestorum gener. synodi Basil.‘ Vol. II, Liber
XVIII ed. Rud. Beer, und
das von der Akademie subventionirte Werk: ‚Actus epi-
stolaeque apostolorum palaeoslovenice‘ ed. Kaluźniacki vor.

Weiter werden folgende Druckschriften vorgelegt:
‚Regesta imperii XI. Die Urkunden Kaiser Sigmunds
(1410—1437)‘, verzeichnet von Wilhelm Altmann. I. Lief.;
‚Nuntiaturberichte aus Deutschland‘, herausgegeben durch
das königl. preuss. hist. Institut in Rom und die königl. preuss.
Archiv-Verwaltung. III. Abth., III. Bd. und IV. Abth., I. Bd.

XII. SITZUNG VOM 6. MAI 1896.

Se. Excellenz der Minister für Cultus und Unterricht
übermittelt mit h. Erlass vom 16. April, Z. 8463, ein Exemplar
der Regierungsvorlage des Staatsvoranschlages für das Jahr
1896, Capitel IX. Ministerium für Cultus und Unterricht, Ab-
theil. A, B, C, sowie des Finanzgesetzes und theilt mit, dass
die ordentlichen Ausgaben der kais. Akademie der Wissenschaften in Wien mit 64.000 Gulden, die ausserordentlichen
mit 18.000 Gulden genehmigt worden sind.

Weiter wird vorgelegt: ‚Die Baltica des Libellus Lasicki.
Untersuchungen zur litauischen Mythologie‘ von Dr. Theodor
v. Grienberger, Scriptor der k. k. Universitäts-Bibliothek in
Wien, geschenkt vom Verfasser.

Das Curatorium der Savigny-Stiftung theilt mit, dass die
der kais. Akademie für die Zwecke dieser Stiftung im Jahre
1896 zur Verfügung stehende Zinsenrate 4600 Mark betrage.

Das w. M. Herr Hofrath Dr. G. Bühler überreicht eine
für die Sitzungsberichte bestimmte Abhandlung: ‚Zwei neue
Landschenkungen des Gurjara-Königs Dadda-Praśāntarāga IV.'

XIII. SITZUNG VOM 13. MAI 1896.

Se. Excellenz der Herr Curator-Stellvertreter Dr. Karl
von Stremayr theilt mit, dass Se. kais. und königl. Hoheit der
durchlauchtigste Herr Curator der kais. Akademie der Wissenschaften Herr Erzherzog Rainer mit höchstem Handschreiben
vom 7. Mai l. J. gnädigst bekanntgegeben habe, dass Höchst-
derselbe bei der am 3. Juni d. J. abzuhaltenden feierlichen
Sitzung der kais. Akademie nicht erscheinen kann, weil Höchst-
derselbe an dem besagten Tage in Dienstangelegenheiten von
Wien abwesend sein werde.

Der Vorsitzende der Centraldirection der ‚Monumenta
Germaniae historica' übersendet eine Abschrift des Jahres-
berichtes über den Fortgang dieses Unternehmens.

Das c. M. Herr Dr. J. A. Tomaschek Edler von Stra-
dowa, emer. Professor der Universität Wien, ersucht um eine
Subvention zu den Druckkosten seines Werkes: ‚Das alte
Bergrecht von Iglau und seine bergrechtlichen Schöffensprüche'.

XIV. SITZUNG VOM 20. MAI 1896.

Der Präsident gedenkt, während die Mitglieder sich erheben, des schmerzlichen Verlustes, welchen das Allerhöchste Kaiserhaus und die kaiserliche Akademie durch das am 19. Mai erfolgte Ableben ihres Ehrenmitgliedes Seiner kais. und kön. Hoheit des durchlauchtigsten Herrn Erzherzogs Karl Ludwig erlitten hat.

Der Secretär legt eine Abhandlung des w. M. Herrn Hofrath Dr. Theodor v. Sickel: ‚Römische Berichte. II.‘ vor, in welcher dieser das in seinem ‚Römische Berichte. I.‘ begonnene Referat über die im Vaticanischen Archive befindlichen Acten des Concils von Trient fortsetzt.

Das w. M. Herr Hofrath G. Bühler legt Photographien eines graeco-buddhistischen Piedestals des Museums zu Lahore vor.

XV. SITZUNG VOM 10. JUNI 1896.

Der Secretär legt eine Abhandlung des Herrn Dr. Fritz Pichler: ‚Die Noreja des Polybios und jene des Castorius‘ vor, um deren Aufnahme in die akademischen Schriften der Verfasser ersucht.

Dieselbe wird einer Commission zur Begutachtung übergeben.

Es werden folgende Druckschriften vorgelegt:

‚Bohemia. An historical sketch‘ by Francis count Lützow, übersendet vom Fürsten Edmund Batthyány-Strattmann;

‚Oesterreichische Reichsgeschichte. II. Theil. Die Zeit von
1527—1867' von Dr. A. Luschin v. Ebengreuth, geschenkt
vom Verfasser;
‚Hauptresultate der Volkszählung in Bosnien und der
Hercegovina vom 22. April 1895, nebst Angaben über terri-
toriale Eintheilung u. s. w.', übersendet von Sr. Excellenz dem
gemeinsamen Finanzminister.

Das w. M. Herr Hofrath Dr. Bühler legt eine Notiz des
Herrn Dr. L. v. Schröder, Professor an der Universität in
Innsbruck, vor.

XVI. SITZUNG VOM 17. JUNI 1896.

Der Secretär legt Namens der Conciliencommission einen
Bericht des Herrn Dr. Rudolf Beer unter dem Titel: ‚Urkund-
liche Beiträge zu Johannes de Segovia's Geschichte des Basler
Concils auf Grund von Forschungen in den Archiven und
Bibliotheken von Basel, Genf, Lausanne und Avignon im Auf-
trage der kais. Akademie der Wissenschaften' vor.
Der Bericht wird in die Sitzungsberichte aufgenommen.

Es werden folgende Druckwerke vorgelegt:
‚Padesáte let Verejne literarni cinnosti 1846—1896';
‚Nozze Biadego-Bernadinelli'.

Das w. M. Herr Professor Dr. Friedrich Müller legt
eine für die Sitzungsberichte bestimmte Abhandlung: ‚Zwei
armenische Inschriften aus Galizien und die Gründungsurkunde
der armenischen Kirche in Kamenec-Podolski' vor.

XVII. SITZUNG VOM 1. JULI 1896.

Der Secretär legt eine Abhandlung des Herrn Dr. Victor Wolf Edlen v. Glanvell in Graz: ,Die Canones-Sammlung des Cod. Vatican. lat. 1348' vor, um deren Aufnahme in die Sitzungsberichte der Verfasser ersucht.

Die Abhandlung wird einer Commission zur Begutachtung überwiesen.

XVIII. SITZUNG VOM 8. JULI 1896.

Der Secretär überreicht eine Abhandlung des Herrn Dr. P. Altmann Altinger, Capitular des Stiftes Kremsmünster: ,Die zwei ältesten Necrologien von Kremsmünster', um deren Aufnahme in die akademischen Schriften derselbe ersucht.

Die Arbeit geht an die historische Commission.

Das k. k. Finanzministerium übersendet den Bericht: ,Die Gebarung und die Ergebnisse der Unfallstatistik im Jahre 1894'.

Das w. M. Herr Hofrath Dr. A. Mussafia legt eine für die Sitzungsberichte bestimmte Abhandlung: ,Zur Kritik und Interpretation romanischer Texte. II. Beitrag' vor.

Das w. M. Herr Hofrath Dr. Th. Gomperz erstattet Namens der Thesaurus-Commission einen Bericht.

I.

Der ägyptische Papyrus des Alkman.

Von

Dr. Hugo Jurenka,

k. k. Gymnasialprofessor und Privatdocenten an der Universität Wien.

Von dem Papyrus des Alkman, den Mariette im Jahre 1855 aus einem ägyptischen Grabe ans Licht des Tages gezogen, musste fünfzehn Jahre später Friedrich Blass im Rhein. Museum XXV (1870), S. 179 gestehen, dass immer noch ein gewisser Nebel über dem Ganzen schwebe. Seither hat die sieghafte Kraft sowohl des forschenden Auges dieses Gelehrten, als auch seines Scharfsinnes und seiner Gelehrsamkeit diesen Nebel so sehr gelichtet, dass er heute nur mehr einem dünnen Schleier gleicht, der die herrlichen Formen dieses poetischen Gebildes schon klar durchschimmern lässt. Ihre volle Erkenntniss freilich ist uns auch jetzt noch versagt, was am deutlichsten wohl daraus hervorgeht, dass wir bis auf den heutigen Tag den Versuch einer aus logisch geordneten Gedanken bestehenden Uebersetzung nicht zu verzeichnen haben. Und so habe ich es unternommen, auch meine schwache Kraft in den Dienst dieses wertvollsten Bruchstückes der älteren griechischen Lyrik zu stellen, nachdem ich über Stellen, die auch nach Blass' sorgfältigsten Untersuchungen des Papyrus mir noch immer unklar waren, durch eine neuerliche Revision des Originals, die ich der Güte Alfred Croiset's verdanke, mir Aufklärung verschafft hatte.

Zunächst also habe ich zu der Aufzählung der im Kampfe mit Herakles gefallenen Hippokoontiden Folgendes nachzutragen:[1]

---

[1] Meine eigenen Vermuthungen sind durch gesporrten Druck kenntlich gemacht.

Πωλυδεύκης.

οἰον οὐ] *Λύκαισον ἐν καμοῖσιν ἀλέγω,*
ἀλλ' 'Ενα]ρσφόρον τε καὶ Σέβρον ποδώκη,
Βωκόλο]ν τε τὸν βιατάν,
5   'Ιππόθω]ν τε τὸν κορυστάν,
Εὐτείχη τε, ϝάνακτά τ' 'Αρήϊον,
"Ακμον]ά τ' ἔξοχον ἡμισίων.

                                       στρ. x -|- 1

Κἄλκιμο]ν, τὸν ἀγρέταν
στρατῶ] μέγαν, Εὔρυτόν τε,
10   ἀρχὸν ἀμ] πώρω κλόνον,
"Αλκωνά] τε, τὼς ἀρίστως
αἰνὲν οὐ] παρήσομες.

Im zweiten Verse nehme ich unbedenklich die Lesart Bergk's
an, erstens weil auch Blass gegen sie von diplomatischer Seite
keine Einwendung hat, zweitens, weil sie durch das Scholion
ihre Bestätigung findet. Dieses lautet nun in den Ergänzungen
von Blass[1]: τὸν Λύκαι|ον οὐ συνκατα|ριθμ(ῶ) [τοῖς] ἄλλο[ις|
'Ιπποκω]ντίδαις | _ _ _ | ουμ _ _ | τον _ _ | λεια _ _ |
ειται οὐ μόνον | τὸν Λύκαιο(ν), ἀλλ[ὰ| καὶ τοὺς λο[ι]ποὺς | Δηρι-
τίδας. Λύ(καιον) ἐπ' ὀ|νόματος λέγ[ε]ι. Wir sehen daraus,
dass die alten Erklärer sich nicht besser zu helfen wussten
als die neuen. Da der Name Λύκαισος in ihren Verzeichnissen der Hippokoontiden sich nicht vorfand, so verstanden
sie Alkman's Worte entweder so: ,den Lykaithos allein zähle
ich nicht unter den Todten' und erklärten dies dahin, dass
der Dichter ihn nicht unter den anderen[2] Hippokoontiden
angeführt (οὐ συγκαταριθμῶ), weil er eben keiner war, oder
aber so: ,nicht den L. allein (οὐ μόνον τὸν Λ.) zähle ich
unter den Todten', und diese zweite Möglichkeit, die Worte
des Dichters zu verstehen, legten sie sich so zurecht, dass sie
ihnen die freilich unmögliche Ergänzung gaben: „. . . sondern
auch die anderen Deritiden' (ἀλλὰ καὶ τοὺς λοιποὺς Δηριτίδας).
Denn sie fanden den Namen Lykaithos unter den Söhnen des
Dereites: Dereites aber ist Sohn des Harpalos (Paus. VII 18, 5),

---

[1] Rhein. Mus. XL (1885), S. 4.
[2] Es ist, wenn man beim Lesen hinter ἄλλοις ein wenig absetzt und ein
   ,nämlich' hinzudenkt, kein Grund vorhanden, es in καμοῖσιν zu ändern.

dieser der Bruder des Kynortas (Paus. III 1. 3), welcher durch
seinen Sohn Oibalos Grossvater des Hippokoon ist (Apollodor.
III 10. 4). Daher war den Scholiasten die Annahme gestattet,
dass die Dereitiden als Verwandte (Vettern) im Kampfe an der
Seite der Hippokoontiden standen. Auch wir wussten von
einem Hippokoontiden Lykaithos lange nichts; erst neuestens hat
ihn Rich. Wagner, Ramenta Apollodorea (in ‚Griech. Studien,
Herm. Lipsius zum 60. Geburtstag dargebracht‘, Leipzig 1894),
p. 48 aus einem cod. Paris. (Nr. 2722) von grosser Autorität
hervorgezogen: λιϰαῖ, und somit erkennen wir, dass Alkman,
nur um die Monotonie einer nackten Herzählung zu vermeiden,
das homerische οὐκ οἰός (hier οὐ dem οἰον nachgestellt wie
bei Herod. VIII 119 μίαν οὐκ statt οὐδεμίαν) ἅμα τῷ γε . . .
nachahmend, gesagt hat: ‚nicht den Lykaisos allein zähle ich
unter den todten (Hippokoontiden).‘ Lykaithos war also nicht,
wie Bergk ohne allen Grund annahm, entflohen, sondern ebenso
gefallen wie die anderen: V. 13 ϰράτιϳσε γὰϱ Αἶσα παντῶν.

Freilich wäre nun dies Auskunftsmittel des Dichters ein
armseliges gewesen, wenn er dann wirklich die übrigen Hippokoontiden einfach hergezählt hätte. Aber er wendet noch einen
zweiten Kunstgriff an. Mit V. 8 tritt eine Pause ein, und die
weitere Aufzählung wird dann, von der obigen Wendung οὐκ
οἰον, ἀλλά . . . unabhängig, in neuer Weise weitergeführt. Κάλ-
ξιμον . . . αἰνὲν οὐ παρήσομες.

Jene Ruhepause wird durch den Anhub einer neuen
Strophe bewirkt. Mit dem wievielten Verse diese begonnen
habe, darüber zweifelt wohl Blass nicht mehr, wie er früher
(Rhein. Mus. XXIII [1868], S. 548) gethan. Es ist nicht unwichtig, hier zu wiederholen, dass bei Alkman die Strophe
stets inhaltlich scharf abgegrenzt ist, immer durch starke Inter-
punktion, einmal, V. 36, und wahrscheinlich auch V. 22 sogar
asyndetisch. Und dies ist mein wichtigstes Bedenken gegen
Westphal-Rossbach's (Spec. Metrik, S. 578³) Auseinanderlegung
der Strophe. Daher möchte ich auch die Ansicht von O. Crusius
in den ‚Comment. philol. quibus Ottoni Ribbeckio congregatu-
lantur discipuli Lipsienses‘ p. 20 ff. dahin eingeschränkt sehen,
dass wir zwar die alkmanische Strophe noch nicht in στροφή,
ἀντίστροφος und ἐπῳδός strenge zu scheiden haben, dass aber

1*

allerdings in ihr die Keime dieser Dreigliederung, und zwar
sehr entwickelt vorliegen. Der mangelnde Sinnesabschluss ist
das Einzige, was die Selbständigkeit der drei Theile noch in
Frage stellt. Jenes Gesetz gilt nicht mehr für Pindar, wiewohl
sich natürlich auch bei ihm Gedichte finden, wo eine solche
Abgrenzung der Strophen öfter vertreten ist, worauf denn
Croiset (La poésie de Pind., Paris 1886) aufmerksam zu machen
nicht unterlässt. Bei den Tragikern ist es wieder durchwegs
gewahrt, und wir können wohl aus dieser Erscheinung den
Schluss ziehen, dass dort, wo die ausdrückliche Bestimmung
für eine öffentliche musikalische Aufführung gegeben war, dieses
musikalische Element für eine solche Scheidung der Strophen
ausschlaggebend war. Denn für Pindar werden wir wohl annehmen dürfen, da sich ihm die Leitung der öffentlichen Aufführung in vielen Fällen entzog, und da für ihn jedenfalls die
Musik nicht das Wichtigere war, dass er nicht auf die Aufführung, sondern auf die Lectüre seiner Gedichte das Hauptge-
wicht gelegt haben wird. Oder will man wirklich annehmen, dass
er z. B. die 13 Triaden (= 39 Strophen, 299 Verse) der vierten
pythischen Ode alle hergesungen wissen wollte? — Um die metrische Gestalt des Gedichtes übrigens gleich hier zu erledigen,
so sei noch Folgendes bemerkt. Die zwei daktylischen Verse
schliessen die Strophe überaus wirksam ab, und es ist ein
Zeichen, dass sie den Schluss der Strophe bilden, meines Erachtens auch darin zu erblicken, dass die letzten Versfüsse des
letzten Verses freier behandelt sind, entweder daktylisch oder
trochäisch. Bergk sucht diese eigenthümliche Erscheinung geist-
reich, aber recht gekünstelt zu erklären: PLGr.⁴ p. 27. Ich habe
dafür folgende Erklärung. Es ist vielleicht nicht ganz Zufall,
dass in den rein daktylischen Schlussversen 7. 21. 35. 91 die vorletzte Silbe wenigstens prosodisch ausgezeichnet ist. Möglich nun,
dass die am Ende der Strophe infolge der Verlangsamung des
Tempos — jedes musikalische Gebilde schliesst *ritardando* —
eintretende Ausgleichung der Zeitdauer der einzelnen Silben diese
prosodisch betonten Kürzen den Längen nahezu gleichmachte.

    Zu V. 6 möchte ich noch ergänzen, dass der Streit, ob
APHION ein *nomen proprium* oder ein Epitheton sei, dessen
Entscheidung jetzt auch durch die Deutung des bezüglichen
Scholions (Blass, Rhein. Mus. XL, S. 5) nahegerückt ist, des-

halb überflüssig war, weil die Form als Adjectiv gebraucht specifisch ionisch-epischen Charakter trägt (Etym. M. 139, 51 ἄρειος καὶ 'Ιωνικῇ διαλύσει ἀρεῖος καὶ τροπῇ ἀρήϊος), während der Dialekt des Alkman ἀρήϊος erheischen würde (Spiess, Curt. Stud. X, p. 348) oder etwa noch ἄρεος (Boeckh, Expll. Pind. p. 460 sq.). Es mag zwar dem Dichter erlaubt gewesen sein, nomina propria auch in der epischen Form herüberzunehmen — ich neige übrigens sehr zur Aufnahme der Namensform Ἀρήϊος nach Pherekydes im Scholion[1] hin —, aber in Hinsicht der Epitheta ist er der Uebung der Lyriker, sie dem jeweiligen Dialekte anzupassen, auch dort, wo die ganze Stelle episches Colorit trägt, treu geblieben. So hat er in unserem Partheneion V. 71 das epische θεοειδής in σιειδής verwandelt, V. 48 πηγόν in παγόν, V. 44 κλεινά (orac. bei Hdt. VII 228) in κλεννά, V. 48 καναχήποδα in καναχάποδα (Hes. bei Plut. mor. p. 154 A), V. 49 ὑποπτέρων (Mimn. Fr. 12, 7) in ὑποπετριδίων, V. 55 ἀργύρεον in ἀργύριον, V. 67 παγχρύσεος in παγχρύσιος, V. 62 σείριος (Hes. opp. 417) in σίριος. Ebenso gieng Aeschylos vor, z. B. in der gleichfalls homerisches Colorit tragenden Aufzählung Pers. 957 ff., woselbst die hier vorkommenden Epitheta ἄναξ V. 968 (hier V. 6, übrigens vorangestellt wie Homer O 453, Ψ 588), μέγας V. 984 (hier V. 9), ἀγρέται στρατοῦ V. 1002 (hier V. 8 f.; vgl. Herod. VII 5) und V. 995 ἄρειον wiederkehren. Ἀρήϊος wird zwar sonst unter den Hippokoontiden nicht angeführt, aber wir haben ja ihre Liste (20 nach Diod. IV 33, 5) nirgends vollständig überliefert, und andererseits ist Ἀρήϊος wirklich Heroenname: Apollon. Rhod. I 118, Orph. Argon. 148 ed. Abel (Argonaut), Ovid Metam. XII 310 (Kentaur).

Gegen den Namen Δορκέα, welchen man V. 7 gerne einsetzen möchte, liegt ein zweifaches Bedenken vor: erstlich die Spuren eines Acuts auf dem α im Papyrus, zweitens die Position der zweiten Kürze des vorhergehenden Daktylus, die Alkman consequent vermeidet. Ich habe daher — aus Ovid Metam. XIV 484 — einen Namen aufgenommen, der diesen Anforderungen entspricht und vielleicht besser ist als Ἀλκμονα (Christ), was Bergk ein nomen inauditum nennt.

---

[1] S. auch Schol. zu Hom. λ 287.

V. 10 ergänze ich so am Anfange mit Bezug auf Stellen wie
Hom. E 824 γιγνώσκω γὰρ Ἄρῃα μάχην ἀνὰ κοιρανέοντα, vgl.
B 207, Δ 250, E 332. Ueber πώρω κλόνον ist jetzt zu vergleichen
Schubert, Sitzungsber. der Wiener Akademie der Wissensch.
1878 (Bd. 93), S. 580 ff. — V. 11 τὼς ἀρίστως mit Bergk nur
auf Eurytos und Alkon zu beziehen und es zu ἂμ πώρω κλόνον
zu denken, halte ich wegen der allzu freien Wortstellung, die
wohl mit Frgm. 9 nicht hinlänglich belegt wäre, für unzu-
lässig; ich beziehe es auf sämmtliche Hippokoontiden, die seit
Beginn der Strophe aufgezählt werden. ἄριστος so allein steht
sehr häufig bei Homer (Etym. M. 143, 9 κυρίως ὁ ἐν πολέμῳ ἀν-
δραγαθῶν, und vgl. Aristoph. Lysistr. 1300 τὸν Ἀμύκλας σιὸν καὶ
χαλκόοικον Ἀθάναν Τυνδαρίδας τ᾽ ἀγασώς, Herod. VII 10 α
στρατευσάμενός τε πολλούς τε καὶ ἀγαθοὺς τῆς στρατιᾶς ἀπο-
βαλὼν ἀπῆλθε). Endlich fülle ich die Lücke des letzten Verses
der Strophe mit αἰνὲν οὺ aus. Ueber die Form αἰνὲν s. Schubert a. a. O. S. 524 not.; in Hinsicht der Bedeutung kann
man das Wort allgemein für ,sagen, nennen' nehmen, oder
auch in lobendem Sinne mit Bezug auf die rühmenden Epitheta
der aufgezählten Helden.

Ueber V. 13—21 habe ich in den ,Serta Harteliana' (1896),
p. 36 ff. ausführlich gesprochen. Ich schreibe also:

```
        κράτησε γ]ὰρ Αἶσα παντῶν,
        ἢ Πόρος], γεραιτάτοι
15      σιῶν, ἅ τ᾽ ἀπ]έθιλος Ἀλκά.
        μῆτις ἀνθρώπων ἐς ὠρανὸν ποτήσθω,
        μηδὲ πειρήτω γαμὲν τὰν Ἀφροδίταν,
        Διογενῆ] Ϝάνασσαν, ἢ τιν᾽
        ἐναλί(αν,] ἢ παῖδα Πόρχω.
20      καλλικόμοι] Χάριτες δὲ Διὸς δόμον
        ἀμβαίνοι]σιν ἐρογλεφάροι.
```

Neu ist hier nur ἀμβαίνοισιν; dies und vielleicht V. 21 ὠράνιον
statt καλλικόμοι dürfte dann dem in Frgm. 86 λίδοι Διὸς δόμῳ
ὁ χορὸς ἀμὸς καὶ τοί, Ϝάναξ und Frgm. 59 Μῶσα, Διὸς θύγα-
τερ, ὠρανίαφι λίγ᾽ ἀείσομαι enthaltenen und hier geforderten
Sinne noch angemessener sein: Hom. Α 497 ἀνέβη μέγαν οὐ-
ρανόν. Endlich, wer an der zweimaligen Auflösung der Arsis
V. 19 und 20 Anstoss nimmt, dem gefällt vielleicht V. 19

χρησίαν: s. J. Sitzler, Die Lyriker ... Alkman (in ‚Festschrift der Bad. Gymn ....‘, Karlsruhe 1886), S. 46. Zum einsilbigen σιῶν V. 15 vgl. hier V. 98.

Es folgt jener Theil des Gedichtes, den der linksseitige Abriss des Papyrus gänzlich verschlungen hat, und der nur durch unsichere Vermuthungen — und als solche, im Einzelnen ohne jede Zuverlässigkeit, nur den Sinn der Stelle errathend, wollen die folgenden Ergänzungen aufgefasst werden — ersetzt werden kann. Aber eines scheint mir aus den erhaltenen Resten der Verse hervorzugehen, dass darin nur ganz allgemeine Betrachtungen über das Schicksal der Hippokoontiden angestellt waren, ehe der Dichter von diesem ersten Theile seines Gedichtes zum verliebten Getändel mit den Mädchen übergieng. Ich ergänze:

στρ. $x + 2$

σιοὶ ’γαϑοῖς πιστω]ιάτοι ·
εἶποιμί κ’ ἐγών]γα · δαίμων
μυρί Ϝοι νόῳ] φίλοις
25 πρόφρων παρέ]δωκε δῶρα,
τὸν δέ Ϝοι στι]γαρέον
αὐτὰ κάκ’ ἀπ]ώλεσ’ ἥβα ·
δαρὸν οὐχ ὅ γε χ]ρόνον
ἐπ’ ἐλπίδος ἢ μα]ταίας
30 μεγάλα κομπέων] ἔβα · τῶν δ’ ἄλλος ἰῷ
ἔφϑιτ’, ἄλλος δ’ αὖτε] μαρμάρῳ μυλάκρῳ.
πάντας δ’ ἐξένισ]σεν Ἀΐδας,
κᾶρ’ ἐπεὶ Ϝὰν σφαῖσιν] αὐτοί
ἀφραδίαισιν ἐπέσ]πον · ἄλαστα δέ
35 Ϝέργα πάσον κακὰ μησαμένοι.

Was den Gedankengehalt dieser Restitutionen betrifft, so glaube ich denselben nicht anderweitig belegen zu müssen. Solche allgemeine Sentenzen begegnen auf allen Gebieten des griechischen Schriftthums, besonders aber bei den Tragikern und hier wieder vornehmlich in den Chören. Aus diesem Grunde geht meine Besorgniss vielmehr dahin, es möchte der so wiederhergestellte Alkman zu sehr nach einem Tragiker schmecken. Aber man wird billigerweise zugeben, erstlich dass im ersten Theile des Gedichtes wirklich ‚ernstes religiöses Pathos‘ (Crusius in Pauly-Wissowa's Real-Encykl. I 1571) waltet, weiters aber, und darauf lege ich nicht geringeres Gewicht, dass die Sprache einfacher ist, und dass auch die Entwicklung der Gedanken naiv-umständlicher erfolgt.

Im Einzelnen diene noch Folgendes zu meiner Rechtfertigung. Ich halte daran fest, dass Herakles in seinem Kampfe gegen die Hippokoontiden sich des Beistandes der Dioskuren zu erfreuen hatte. Dem Mangel an directer Ueberlieferung steht als sprechendes Zeugniss gegenüber der Name *Πωλυδεύκης* an der Spitze der ersten Columne des Papyrus. Aber es scheint mir überdies geradezu undenkbar, dass in einem Thema rein local-spartanischen Charakters bei so günstig sich darbietender Gelegenheit der Dichter die Dioskuren, die spartanischen *σιοί κατ᾽ ἐξοχήν*, sollte unerwähnt gelassen haben. Diese Gelegenheit war aber folgende: Herakles war im ersten Kampfe mit den Hippokoontiden verwundet worden und musste sich zurückziehen: Paus. III 15, 5 *τότε μὲν δὴ τιτρώσκεται καὶ λαθὼν ἀπεχώρησεν* (s. auch Clem. Alex. Protr. p. 31 P. und dazu Schol. p. 107 Klotz). Es lag nun überaus nahe, dem Streiter in gerechter Sache die Dioskuren zur Seite zu stellen, die *κάλλιστοι σωτῆρες*, die *σωτῆρις ἐσθλοὶ κἀγαθοὶ παραστάται* (s. Roscher, Mythol. Lex. I, Sp. 1157). Die Dioskuren sind nun Siegbringer überhaupt, und so verleihen sie auch den Männern den Sieg im Agon als Lohn für Frömmigkeit. Das sagt Pindar Nem. X 54 und schliesst dort: *μάλα μὲν ἀνδρῶν δικαίων περικαδόμενοι · καὶ μὰν θεῶν πιστὸν γένος.* Diese Stelle ist es, welche ich zur Wiederherstellung des ersten Verses benützt habe. Wie dort, so wird auch hier der allgemeine Gedanke *σιοὶ ᾽γαθοῖς*[1] *πιστωτάτοι* von dem Beistande abgeleitet, den die Dioskuren geleistet haben. Und noch eines: V. 64 ff. jenes pindarischen Gedichtes *μέγα Ϝέργον ἐμήσαντ᾽ ὠκέως καὶ πάθον δεινὸν παλάμαις Διός* nehmen sich wirklich wie eine Reminiscenz an die zwei Schlussverse unserer Strophe aus: *ἄλαστα δὲ Ϝέργα πάσον κακὰ μησαμένοι.*

Die sprachlichen Details anlangend ist *εἴποιμί κ᾽ ἐγώνγα* (dies letzte Wort Frgm. 51, Spiess a. a. O. S. 342) variiert nach

---

[1] Eine Aphärese bei Alkman auch Frgm. 55 *ὦ ᾽λὲ δαίμων.* Elision und Syuizese verbunden Soph. Ant. 95 *ἀλλ᾽ ἔα με.*

V. 85 unseres Gedichtes, zu *δαίμων παρέδωκε δῶρα* vgl. in der inhaltlich völlig identischen Stelle Pind. Pyth. II 52 ff. die Worte *ἑτέροισι δὲ κῦδος ἀγήραον παρέδωκ'* (sc. *θεός*) und etwa noch Soph. O. C. 708 *δῶρον τοῦ μεγάλου δαίμονος.* In V. 26 habe ich *-γαρέον* zu einem neuen Adjectiv *στιγαρέον* ergänzt, wofür ich allerdings keine directe Belegstelle anführen kann: denn Hesych. *στιγηρῷ* (= *στιγηρέῳ?*) ist unsicher, seitdem L. Dindorf Thes. L Gr. VII 903 auf *μογηρός* als Nebenform von *μογερός* verwiesen hat. Für *-αρεος* als Bildungssuffix für Adjectiva vermag ich vorläufig nur *οἰνάρεος (οἰναρέος?)* bei Ibyk. 1, 6 *ἱφ' ἔρνεσιν οἰναρέοις* anzuführen. — Weiterhin wäre der Ausdruck *αὐτά κάκ' ἀπώλεσ' ἔβα* zu verstehen wie das homerische *φθίσει σε τὸ σὸν μένος,* zu *θαρὸν οὐχ ὅ γε χρόνον* vgl. Soph. Ant. 625 *πράσσει δ' ὀλίγιστον χρόνον ἐκτὸς ἄτας,* zu *ἐπ' ἐλπίδος . . . ἔβα* Soph. O. C. 189 *εὐσεβίας ἐπιβαίνοντες* (= *εὐσεβοῦντες*) und Philokt. 1463 *δόξης ποτὲ τῆςδ' ἐπιβάντες,* wegen *ἡ* vor *ματαίας ,quod singulorum adiectivorum auget vim'* vgl. J. Rumpel lex. Pind. s. v. Zu V. 30 *μεγάλα κομπέων* vgl. Soph. Ai. 1230 *ὑψήλ' ἐκόμπεις,* zu *πάντας δ' ἐξένισσεν 'Αΐδας* Soph. El. 96 *ὃν φοίνιος Ἄρης οὐκ ἐξένισεν,* V. 33 habe ich *κᾶρα* (= *θάνατον*) und *σφαῖσιν* entnommen Alkm. Frgm. 56 A *σφοῖς ἀδελφιδεοῖς κᾶρα καὶ φόνον* und bemerke wegen *αὐτοί* (nicht *αὐτῶν*), dass in der Wendung *κᾶρα σὰν ἔπεσπον* das Verbum *ἐφέπω* noch etwas von seiner ursprünglichen Kraft ,besorgen' besitzt (hier s. v. a. ,beschleunigten'), noch nicht also zu dem Sinne des lat. *oppetere* abgeschwächt ist; endlich *ἀφραδίαισιν* habe ich entnommen Hom. x 27 *αὐτῶν γὰρ ἀπωλόμεθ' ἀφραδίῃσιν.*

Mit den Worten:

στρ. *x* + 3

"Εστι τις σιῶν τίσις ·
ὁ δ' ὄλβιος, ὅστις εὔφρων
ἁμέραν διαπλέκει
ἄκλαυστος · ἐγὼν δ' ἀείδω
40 Ἀγιδῶς τὸ φῶς · . . .

verlässt der Dichter die mythische Erzählung und geht zum zweiten Theile seines Gedichtes über, nicht unvermittelt und ohne Wechselbeziehung der beiden Theile, etwa so, dass er, nachdem er kurz einer stetigen Tradition seinen Zoll ent-

richtet, auf seinen eigentlichen Gegenstand zu kommen sich
beeilte, wie man gewöhnlich annimmt — Spiess a. a. O. S. 335
not. *postquam heroes breviter* (?) *celebravit, subito incidit
orationem verbis ἐγὼν δ' ἀείδω Ἀγιδῶς τὸ φῶς*, Piccolomini,
Studi di fil. gr. I, p. 195 —, vielmehr sind die Gedankenreihen aufs Feinste in einander verwoben. Das Schicksal
der Hippokoontiden hatte in Alkman dieselben Gedanken angeregt wie das der Atriden in Aeschylos und Euripides,
das der Labdakiden in Sophokles; sie betrachten es als Wirkung eines göttlichen Strafgerichtes *(σιῶν τίσις)*, vor dem
sich derjenige am meisten hüten muss, der auf den Höhen des
menschlichen Schicksals, wie Aeschylos Choc. 62 sagt *ἐν φάει*,
Euripides Iph. Aul. 19 *ἐν τιμαῖς*, wandelt. Diesem stellen
sie den gegenüber, *ὃς ἀκίνδυνον βίον ἐξεπέρασ' ἀγνὼς ἀκλεής*
(Eur. Iph. A. 17). In gleichem Sinne sagt Pindar in der XI.
pythischen Ode, nachdem er die Schicksale des Atridenhauses
erzählt, zum Lobpreise seines Siegers zurückkehrend, V. 50 ff.
θεόθεν ἐραίμαν καλῶν, | *δυνατὰ μαιόμενος ἐν ἁλικίᾳ.* | *τῶν γὰρ
ἀνὰ πόλιν εὑρίσκων τὰ μέσα μακροτέρῳ* | *ὄλβῳ τεθαλότα, μέμ-
φομ' αἶσαν τυραννίδων*, Worte, zu deren Verständniss man
noch V. 29 f. desselben Gedichtes *ἴσχει τε γὰρ ὄλβος οὐ μείονα
φθόνον* · *ὁ δὲ χαμηλὰ πνέων ἄφαντον βρέμει* heranziehen mag.
An unser *ἔστι τις σιῶν τίσις* klingen desselben Dichters Worte
an, die er gebraucht, indem er das glückliche, weltfremde Dasein
der frommen Hyperboreer verherrlicht, Pyth. X 43 f. *οἰκέοισι
φυγόντες ὑπέρδικον Νέμεσιν.* In *ὁ δ' ὄλβιος, ὅστις εὔφρων
ἀμέραν διαπλέκει ἄκλαυστος* liegt also kein gedanklicher Widerspruch mit Stellen wie Aesch. Agam. 553 *τίς δὲ πλὴν θεῶν
ἅπαντ' ἀπήμων τὸν δι' αἰῶνος χρόνον*, Soph. O. C. 1722 *κακῶν γὰρ
δυσάλωτος οὐδείς*, Eurip. Iph. Aul. 161 *θνητῶν δ' ὄλβιος εἰς
τέλος οὐδεὶς οὐδ' εὐδαίμων· οὔπω γὰρ ἔφυ τις ἄλυπος.* An
kleine Leiden, wie sie der Tage Wechsel gebiert, darf auch
an solchen Stellen gedacht werden wie der unsrigen und Aesch.
Eum. 313 *τοῖς μὲν καθαρῶς χεῖρας προνέμοντας οὔ τις ἐφέρπει
μῆνις ἀφ' ἡμῶν, ἀσινὴς δ' αἰῶνα διοιχνεῖ* und Soph. Ant. 582
εὐδαίμονες οἷσι κακῶν ἄγευστος αἰών. Unter *ἄκλαυστος* bei Alkman ist also nur der verstanden, der von furchtbaren Schicksals-
schlägen verschont bleibt — Aesch. Eum. 552 *πανώλεθρος
οὔποτ' ἂν γένοιτο* —, und *εὔφρων* dürfte am besten durch

,stillvergnügt‘ (vgl. Semonid. Frgm. 7, 99 *οὐ γάρ κοτ' εὔφρων ἡμέρην διέρχεται ἅπασαν, ὅσιις σὺν γυναικὶ πέλεται*) wiedergegeben werden.

Als einen solchen reichen Armen bezeichnet nun der Dichter mit *ἐγὼν δ' ἀείδω* sich selbst, der am heiteren Spiel der Musen und Chariten seine Freude findet.[1] Auch dies ist ja ein bekannter Gedanke, bei welchem wir, der persönlichen Verhältnisse des Dichters eingedenk, am meisten an Horaz (carm. I 17, 13f. *di me tuentur, dis pietas mea et Musa cordist*) erinnert werden. Auch in Bezug auf den Anlass der Feier unserer Stelle innig verwandt ist z. B. carm. II 12, 13ff. *me dulcis dominae Musa Licymniae | cantus, me voluit dicere lucidum | fulgentis oculos et bene mutuis | fidum pectus amoribus. | quam nec ferre pedem dedecuit choris | nec certare ioco nec dare bracchia | ludentem nitidis virginibus sacro | Dianae celebris die.*

40   *Ἀγιδῶς τὸ φῶς· ὁρῶ*
          ῥ' ὦτ' ἅλιον, ὅνπερ ἅμιν
          Ἀγιδὼ μαρτύρεται
          φαίνιν·

Zur Erklärung dieser Stelle übergehend sehen wir nun, wie der Dichter, nachdem er *Ἀγιδῶς τὸ φῶς* — *τὸ φῶς* nicht anders gemeint als *βίη Ἡρακληείη* — umschreibend gesagt hat statt ‚die schöne Agido‘, aus dieser Umschreibung heraus den weiteren Gedanken ableitet, er schaue in Agido die Sonne selber[1] (vgl. Shakespeare ‚Romeo and Juliet‘: *It is the morn, and Juliet is the sun*, citiert von Farnell[2]), deren Leuchten Agido gewissermassen durch ihre eigene Person bezeuge, darthue. Dass dies der Sinn der Worte ist, darf man schon wegen der so nahen Zusammenstellung von *Ἀγιδῶς τὸ φῶς* mit *ἅλιον* und *φαίνιν* nicht bezweifeln. *μαρτύρεται* mit *acc. c. inf.* hat hier die Bedeutung von *μάρτυς ἐστί*, also wie sonst *μαρτυρεῖ*, wofür ein Beleg zu finden ist in Plat. Phileb. 47 D *ταῦτα μὲν τότ' οὐκ ἐμαρτυρόμεθα, νῦν δὲ λέγομεν*, also *μαρτύρεσθαι* ein starkes *λέγειν*, wie das lat. *antestari*. Sonach übersetze ich: ‚und also sing' ich Agidos Licht:

---

[1] Vgl. G. S. Farnell, Greek Lyric Poetry, p. 309.

[2] *ἅλιον* ist also prädicativer Accusativ, der Objectsaccusativ (*ἐ*) ist leicht zu ergänzen. Es läge übrigens sehr nahe statt *ῥ'* zu schreiben: *ϝ'*.

ich schaue sie (ja) wie die Sonne, deren Leuchten uns Agido bezeugt'. Ist aber die Stelle so richtig erklärt, so ergibt sich daraus die Nothwendigkeit, dass das Partheneion für eine Nachtfeier gedichtet war (Eurip. Heraclid. 781 ὀλολύγματα παννυχίοις ὑπὸ παρθένων ἰαχεῖ ποδῶν κρότοισιν)[1] oder vielmehr, was sich noch später unzweifelhaft ergeben wird, für eine Feier zu Ehren der ‚Göttin des Morgens‘, für eine Tageszeit, wo die Sonne, die jetzt durch Agido vertreten ist, noch nicht über die Berge gekommen ist. Vorläufig sei nur auf V. 60 ff. und 87 γλαύξ verwiesen.

Der Dichter fährt fort:

ἐμὲ δ᾽ οὔτ᾽ ἐπαινέν
οὔτε μωμήσθαι νιν ἁ κλεννὰ χοραγός
45   οὐδ᾽ ἁμῶς ἐῇ · δοκεῖ γὰρ ἥμεν αὐτά
ἐκπρεπὴς τώς, ὥσπερ αἴ τις
ἐν βοτοῖς στάσειεν ἵππον
παγὸν ἀεθλοφόρον καναχάποδα
τῶν ὑποπετριδίων ὀνείρων.

στρ. x + 4

50   ᾽Η οὐχ ὁρῇς; ὁ μὲν κέλης
᾽Ενετικός· ἁ δὲ χαίτα
τᾶς ἐμᾶς ἀνεψιᾶς
᾽Αγησιχόρας ἐπανθεῖ
χρυσὸς ὥτ᾽ ἀκήρατος·
55   τό τ᾽ ἀργύριον πρόσωπον   –
διαφάδαν τί τοι λέγω;
᾽Αγησιχόρα μὲν αὔτα.
ἁ δὲ δευτέρα πεδ᾽ ᾽Αγιδὼν τὸ εἶδος
ἵππος εἰβήνῳ Κολαξαῖος δραμεῖται.

Vom Lobpreis der Agido, des schönsten der Mädchen, wendet sich Alkman zu dem der Hagesichora, die, an Schönheit die zweite, ihn nicht länger bei Agido verweilen lässt, und der er in Bildern von lieblicher Pracht vielleicht den umfangreichsten Theil seines Gedichtes widmet, weil sie als Chorführerin für den Dichter die wichtigste ist. Der Sinn der

---

[1] Vgl. noch Xen. conv. 1, 9: ὥσπερ ὅταν φέγγος τι ἐν νυκτὶ φανῇ, πάντων προςάγεται τὰ ὄμματα, οὕτω καὶ τότε τοῦ Αὐτολύκου τὸ κάλλος πάντων εἷλκε τὰς ὄψεις πρὸς αὐτόν.

Worte οὔτ᾽ ἐπαινὲν οὔτε μωμῆσθαι ist so klar, die ganze
Wendung so echt griechisch, dass diese Vortheile allein die
Lesung der unsicheren Spuren des Papyrus (Blass οὔτ᾽ ἐπω-
μέσθαι [Hiller ἐπομέσθαι]; Egger las χαμέσθαι, Canini con-
jicirt χωμῆσθαι) entscheiden müssen. Dieser Ansicht ist auch
v. Wilamowitz-Moellendorff, der (Herakl. II², S. 232) die Stelle
als weiteres Beispiel für die bekannte Zusammenstellung ent-
gegengesetzter Begriffe zum Zwecke der Erschöpfung des Gedankens anführt: ‚οὔτ᾽ ἐπαινῆν οὔτε μωμῆσθαι ἐῆ, wo an einen
Tadel ebensowenig gedacht ist, sondern der Begriff μνήμην
ποιεῖσθαι erschöpft werden soll‘. Ich füge noch zwei Stellen
hinzu, Hom. K 249 μήτ᾽ ἄρ με μάλ᾽ αἴνεε μήτε τι νείκει und Semonid. Frgm. 7, 112 f., wo dieselben zwei Verba, wenn auch
nicht zum angegebenen Zwecke, zusammengestellt sind: τὴν
ἣν δ᾽ ἕκαστος αἰνέσει μεμνημένος γυναῖκα, τὴν δὲ τοὐτέρου μω-
μήσεται. Hier muss jedermann zugeben, dass die Erklärung
Blass' (Rhein. Mus. XL, S. 8 f.) im höchsten Grade verwickelt
ist und zu jenen gehört, die einer zweiten Erklärung bedürfen.
Und dabei muss der Gelehrte dem Scholion zu V. 43 widersprechen, das uns als die χοραγός die Hagesichora namhaft
macht, nicht die Agido: wie er dann damit die unvermittelte
Nennung der Hagesichora V. 53 in Einklang bringt, ist mir
völlig unerfindlich.

An οὐδ᾽ ἁμώς ‚ne tantillum quidem‘ V. 45 nimmt Bergk,
der οὐδὲ λῶσ᾽ schreibt, Anstoss: ‚languidum foret versus com-
plementum neque eo antiquiores poetae utuntur.‘ Es dürfte
genügen, auf das homerische οὐδ᾽ ἠβαιόν, z. B. B 380, N 106,
702, hinzuweisen, welches in solcher Anwendung dazu dient,
die Negation zu verstärken. — Nachdem παγὸν ἀεθλοφόρον als
Reminiscenz an Hom. I 124 ἵππους | πηγοὺς ἀεθλοφόροις er-
kannt ist, diene zum Verständniss des Epithetons καναχάποδα
Xenoph. π. ἱππ. 1, 3 πόδας (nämlich τῶν ἵππων) δ᾽ ἄν τις
δοκιμάζοι πρῶτον μὲν τοὺς ὄνυχας σκοπῶν· οἱ γὰρ παχεῖς πολὺ
τῶν λεπτῶν διαφέρουσιν εἰς εὐποδίαν· ἔπειτα οὐδὲ τοῦτο δεῖ
λανθάνειν, πότερον αἱ ὁπλαί εἰσιν ὑψηλαὶ καὶ ἔμπροσθεν καὶ
ὄπισθεν ἢ χαμηλαί· αἱ μὲν γὰρ ὑψηλαὶ πόρρω ἀπὸ τοῦ δαπέδου
ἔχουσι τὴν χελιδόνα καλουμένην, αἱ δὲ ταπειναὶ ὁμοίως βαίνουσι
τῷ τε ἰσχυρωτάτῳ καὶ τῷ μαλακωτάτῳ τοῦ ποδός, ὥσπερ οἱ
βλαισοὶ τῶν ἀνθρώπων· καὶ τῷ ψόφῳ δέ φησι Σίμων δήλους

εἶναι τοὺς εὔποδας, καλῶς λέγων · ὥσπερ γὰρ κύμβαλον
ψοφεῖ πρὸς τῷ δαπέδῳ ἡ κοίλη ὁπλή.

Im Vorbeigehen bemerke ich, dass in ὁ μὲν κέλης Ἐνετικός der Artikel demonstrativ und κέλης Ἐν. prädicativ zu
verstehen (jenes [Ross] ist ein enetischer Renner') und Ἐνετικός als ein rühmendes Beiwort beim Vortrag hervorzuheben
ist: Frgm. adesp. bei Bergk PLGr.⁴ p. 701 nr. 43 B Ἐνετίδας
πώλως στεφανηφόρως (wahrscheinlich dem Alkman gehörig),
Eurip. Hippol. 231 ff. "Ἀρτεμι, εἴθε γενοίμαν ἐν σοῖς δαπέδοις,
πώλους Ἐνέτας δαμαλιζομένα, ferner daselbst 1131 οὐκέτι συ-
ζυγίαν πώλων Ἐνετᾶν ἐπιβάσει, vgl. noch Strabo V 212, Hesych.
s. v. Ἐνετίδας πώλους und Schol. zu Eurip. Hippol. 230. —
Das logische Verhältniss der durch μέν und δέ aneinander-
gereihten Theile ist klar: ἁ δὲ χαίτα ,und so auch . . .‛ Um
den Vergleich eines Mädchens mit einem Rosse, über dessen
Sinn noch später gehandelt wird, und ferner um diese Bevor-
zugung der χοραγός vollinhaltlich zu verstehen, vgl. noch die
von Ahrens angezogene Stelle Aristoph. Lysistr. 1307 ff. Σπάριαν
ὑμνίωμες, ἱᾷ σιῶν χοροὶ μέλοντι καὶ ποδῶν κτύπος. ἁτε πῶλοι
ταὶ κόραι παρ τὸν Εὐρώταν ἀμπάλλοντι πυκνὰ ποδοῖν ἀγκονίωαι,
ταὶ δὲ κόμαι σείοντ᾽ ἅπερ Βακχᾶν θυρσαδδωᾶν καὶ παδωᾶν·
ἁγῆται δ᾽ ἁ Λήδας παῖς ἁγνὰ χοραγὸς εὐπρεπής.

V. 52 τᾶς ἐμᾶς ἀνεψιᾶς tritt mit ἐμᾶς die individuelle Person des Dichters, die zuerst V. 39 ἐγὼν δ᾽ ἀείδω, dann V. 43 ἐμὲ
aus dem Chore sich abgelöst hatte, dann V. 41 mit ἅμιν wieder
in ihm aufgegangen war, ganz selbständig hervor. Dies veranlasst mich, über die Verwendung der Pronomina bei einem
Chorlyriker einiges anzumerken. Das also muss ausser Zweifel
bleiben, dass das Pronomen der ersten Person den Dichter
bezeichnet. Es gilt dies auch für Pindar, bei welchem das
Festhalten an diesem Erklärungsprincip über manche wichtige
strittige Stelle (z. B. Pyth. V 75 Αἰγεῖδαι, ἐμοὶ πατέρες) hinweg-
hilft; auch dies zu betonen wird Croiset a. a. O. nicht müde.
Daran ändert es nichts, wenn im weiteren Verlaufe unseres
Gedichtes der Chor zu dramatischer Bedeutung kommt und
nun wirklich sprechende Person wird (V. 60 ἅμιν φεροίσαις,
73 ἐνθοῖσα, 81 ἅμ᾽ (= ἡμέτερα), 85 αὐτὰ παρσένος, 89 ἅμιν).
Hierin stellt unser Gedicht ein kleines Bild der genetischen Entwicklung der Chorpoesie dar. Zunächst setzt nämlich jedes Lied

als Schöpfung eines individuellen Dichters monodischen Vortrag voraus. Nimmt eine lauschende Schar an dessen Inhalte innigen Antheil, so drückt sie dies durch Zurufe (die Ephymnien) aus. Das letzte Stadium der Entwicklung ist dies, dass das Wort des Dichters der ganze Chor vorträgt. So kommt es, dass sowohl der Dichter als auch der Chor seine eigenen Gedanken und Gefühle aussprechen kann, beide nebeneinander, aber auch mit gegenseitiger Durchdringung so, dass der Dichter im Chore aufgeht, der Chor hinter dem Dichter bescheiden zurücktritt.

Hagesichora ist also das ‚Bäschen‘ des Dichters (v. Wilamowitz-Moellendorff a. a. O. I 72 f.). Daraus darf man aber nicht mit diesem Gelehrten mit Rücksicht auf die angebliche niedrige Herkunft des Dichters den Schluss ziehen, dass unsere Mädchen nicht zur ritterbürtigen Gesellschaft gehörten. Schon die Befähigung, das chorisch-melische Werk eines Dichters vorzutragen, spricht für feinere Ausbildung, die wieder von edler Geburt zeugt. Aber geradezu entscheidenden Wert haben die Worte Theocrits Id. XVIII 1 ff. ἔν ποκ᾽ ἄρα Σπάρτᾳ ξανϑότριχι πὰρ Μενελάῳ | παρϑενικαὶ ϑάλλοντα κόμαις ὑάκιν-ϑον ἔχοισαι | πρόσϑε νεογράπτω ϑαλάμω χορὸν ἐστάσαντο, | δώδεκα, ταὶ πρᾶται πόλιος, μέγα χρῖμα Λακαινᾶν. Auch so vornehme Namen wie Κλεισισίρα, Αἰνησιμβρότα, Δαμαρέτα sprechen für ein edles Geschlecht. Das muss uns veranlassen, auch dem Dichter eine seinem Namen (Ἀλκμάν heisst z. B. bei Pind. Pyth. VIII 46 der Sohn des Königs Amphiaraos) gemässe Abstammung, die ihn würdig erscheinen liess, in die vornehmsten Kreise Spartas Zutritt zu erlangen, zu vindicieren. Ich trage nicht das geringste Bedenken, hier K. Sittl (Gesch. der griech. Literatur I 296) beizupflichten, der sagt, dass Alkman ein freier Mann gewesen sein muss, und dass er, wenn er aus der Fremde kam, gleich Terpander und anderen einen officiellen Ruf erhalten hatte. Man darf hier so selbstbewusste Worte wie Frgm. 24 οὐκ εἰς ἀνὴρ ἄγροικος οὐδέ | σκαιὸς οὐδὲ παρ᾽ ἀσόφοιϊν (Eltern) | οὐδὲ Θεσσαλὸς γένος | οὐδ᾽ Ἐρυσιχαῖος οὐδὲ ποιμήν, | ἀλλὰ Σαρδίων ἀπ᾽ ἀκρᾶν nicht unterschätzen. Und verkehrte er so in den besten Familien der Stadt, so war es sicher ein Leichtes, zwischen dem eigenen Geschlecht und einem spartanischen verwandtschaftliche Beziehungen ausfindig zu machen, die er hier durch das vertrauliche ἀνεψιᾶς

kennzeichnet. Man wird übrigens gut thun, den Sinn dieses
Wortes nicht zu pressen: es kann ganz gut auch losere Bande
andeuten. Nicht unmöglich ist übrigens, dass in dieser Bezeichnung ein feiner Scherz enthalten ist, den sich aber natürlich nur ein Ebenbürtiger erlauben durfte. — Was übrigens
den Namen Ἀγησιχόρα anlangt, so mag sein Zusammenpassen
mit χοραγός ein Spiel des Zufalls sein — s. Gildersleeve in
der Einleitung zu seinem Pindar (London 1893), S. VII —,
man könnte aber auch annehmen, dass es ein erworbener
Ehrenname ist, dessen sich im ‚musikliebenden‘ Sparta kein
Mädchen zu schämen brauchte.

Für die nächsten Worte liegt noch keine befriedigende
Erklärung vor. Bergk schreibt:

55   τό τ' ἀργύριον πρόσωπον
        διαφάδαν — τί τοι λέγω; —
        Ἀγησιχόρα, μέν' αὔτα. —

und erklärt: ‚laudare cum vult virginis faciem, fingit se ne-
scire, qua comparatione commode uti possit, itaque orationem
non continuat, reticentia usus‘ und weiter ‚fingit Agesichoram
se avertere vel recedere, ne coram laudes suas exaudiat‘, eine
Auslegung, die an Gesuchtheit nichts zu wünschen übrig lässt.
Ich halte jetzt an Blass' Schreibung fest, aber mit folgender
Interpunction:

55   τό τ' ἀργύριον πρόσωπον - -
        διαφάδαν τί τοι λέγω;
        Ἀγησιχόρα μὲν αὔτα.

und gehe auch in der Erklärung eigene Wege. Eine genauere
Prüfung des Wortes ἀργύριον führte mich nämlich zu folgender
neuen Deutung. Ich ergänze zu τό τ' ἀργύριον πρόσωπον nicht
mit Blass aus dem Vorhergehenden ὁρῆς, sondern setze nach
πρόσωπον statt des Punktes Pausen und glaube, dass die
Worte einen unterbrochenen Satz darstellen. Was der Dichter
sagen wollte, lehrt zunächst die Stelle Sophokl. Frgm. 713 D.
πρόσωπα καλλίνοισα καὶ πληρουμένη vom Monde, wozu sich
noch Pind. Ol. III 20 ὅλον χρυσάρματος ἑσπέρας ὀφθαλμὸν
ἀντέφλεξε Μήνα anführen lässt. Von Sapph. Frgm. 3 ἄστερες
μὲν ἀμφὶ κάλαν σελάνναν | αἶψ' ἀποκρύπτοισι φάεννον εἶδος, |
ὅπποτα πλήθοισα μάλιστα λάμπῃ | γᾶν . . . | ἀργυρία hat

L. Sternbach (Melet. Graeca p. 135) aus Julian or. III, p. 140, 17 nachgewiesen, dass hier ein schönes Mädchen mit dem Monde, ihre Gespielinnen mit Sternen verglichen werden. Zu den von Sternbach a. a. O. zusammengestellten Belegen für diesen Vergleich füge ich noch hinzu: Hesiod. frgm. 154, 4 Rzach Θιρώ τ᾽ εὐειδέα ἰκέλιον φαέεσσι σελίνιος, Theokr. XVIII 27 πότνια νυκτὶ σελάνα ... ὧδε καὶ ἁ χρυσέα ʿΕλένα διαφαίνετ᾽ ἐν ἁμίν. Ueberzeugt man sich ferner aus O. Lünning's ‚Die Natur in der altgermanischen und mittelhochdeutschen Epik‘ Zürich 1888 und St. Prato ‚Sonne, Mond und Sterne als Schönheitssymbole in Volksmärchen und -Liedern‘ in ‚Zeitschr. für Volkskunde‘, V. Jahrgang 1895, Heft 4, S. 363ff., wie geläufig dieser Vergleich der volksthümlichen Dichtung ist, so wird man zugeben, dass die blosse Bezeichnung des Antlitzes als eines silbernen in den Zuhörern sofort jene Vorstellung auftauchen liess. Der Dichter brauchte also den Gedanken nicht mit klaren Worten (διαφάδαν) auszuführen, sondern durfte, durch jenes Abbrechen der Rede und durch die Frage διαφάδαν τί τοι λέγω; ‚was braucht's da deutlicher Rede?‘ die Diction zugleich lebendiger gestaltend, die Ergänzung der Worte τό τ᾽ ἀργύριον πρόσωπον getrost dem Publicum überlassen. Dennoch sei mir die Bemerkung gestattet, dass die überlieferten Spuren des Papyrus eine Conjectur überaus nahelegen. Jenes MEN gemahnt doch deutlich an Μίνα (das E wäre ein Rest aus der ‚antiqua scriptura‘ wie V. 43 φαίνEν und 44 μωμÉσϑαι), und es hätte die Lesart Ἀγ. μήνα αὐτά in metrischer Beziehung nicht viel Bedenkliches. Denn der dispondeïsche Ausgang des Pherekrateus (‿ | ‿ ‿ ‿ ‿ ‿ ‿ ⏑) lässt sich auch sonst belegen: s. Westphal-Rossbach a. a. O. III², S. 538f.; H. Gleditsch in Müller's Handbuch II², S. 754 (§. 89). War aber einmal das E als η verstanden, so verlor das schliessende α von μίνα jede Berechtigung und wurde fortgelassen. Vielleicht liess es der Dichter selbst weg: bei Pindar Ol. III 21 findet sich μίνα mit Perispasis thatsächlich in einigen Handschriften, darunter einer sehr guten (C), und es entspricht dies auch der von den Grammatikern bezeugten Verkürzung der Endsilben im Dorischen: Cherobosc. in Bekk. Anecd. III, p. 1182, s. Ahrens, Dial. Dor. p. 27—35; Spiess a. a. O. S. 355; Schubert a. a. O. S. 538 (auch Note)ff.; der richtige

Accent wäre aber vielleicht trotzdem μήνα wie hier V. ἐνϑοῖσὰ
(= ἐλϑοῖσα) und Frgm. 68 Αΐας (Schubert S. 539 oben).

Der Dichter sagt von Hagesichora weiter:

> ἁ δὲ δευτέρα πεδ' Ἀγιδὼν τὸ εἶδος
> ἵππος ειβῃνῳ Κολαξαῖος δραμεῖται.

Dass hier ἁ δὲ ... nicht ein anderes Mädchen einführen muss,
sondern vielmehr ‚fortleitet‘, macht Blass mit Recht gegen Bergk
geltend (s. auch zu V. 101). Man fasse nur den Artikel demonstrativ und δευτέρα prädicativ, ganz so wie V. 50 ὁ μὲν κέλης
Ἐνετικός, und ebenso dann ἵππος Κολαξαῖος prädicativ als
δευτέρα und ειβῃνῳ als Ἀγιδὼν entsprechend: ‚sie aber wird,
nach Agido an Schönheit die zweite (vgl. Herod. I 31 ἐπειρώτα.
τίνα δεύτερον μετ' ἐκεῖνον ἴδοι), wie (die Vergleichungs-
partikel weggelassen, s. Sitzler a. a. O. S. 57) ein kol. Ross
mit einem Fuchshunde um die Wette laufen‘. So erscheint
dann der schwierige V. 59 als von Bergk endgiltig richtig
erklärt: es ist auch nicht nöthig, den Dativ ειβῃνῳ des Papyrus zu verleugnen. Da nämlich δραμεῖται vollständig einem
specialisierten μαχεῖται gleichkommt, wie vier Verse später
μάχονται zeigt, so ist der Dativ ειβῃνῳ jener, der bei Verben
des ‚Wetteiferns‘ so häufig vorkommt, und zwar gerade solchen,
welche die einzelnen Arten der Wettkämpfe andeuten: Hom.
ϑ 188 Φαίηκες ἐδίσκεον ἀλλήλοισιν, Theocr. VIII 6 λῆς μοι
ἀεῖσαι (vgl. I 136 κἠξ ὀρέων τοὶ σκῶπες ἀηδόσι γαρύσαιντο),
Xenoph. oec. 17, 2 πολλαῖς ζημίαις παλαίσαντες (gegen . . .
ankämpfend) οἱ πρὶν κελευσϑῆναι ὑπὸ τοῦ ϑεοῦ σπείραντες, s.
Kühner, Gr. Gr. II 1, 356, A. 11.

Die grösste Mühe haben den Erklärern die Verse 60 ff.
bereitet, welche Blass so schreibt:

> 60 ταὶ Πελειάδες γὰρ ἄμιν
> ὀρϑρίαι φάρος φεροίσαις
> νύκτα δι' ἀμβροσίαν ἅτε σήριον
> ἄστρον αὐειρομέναι μάχονται.

Der Grund hiefür liegt einfach darin, dass die Worte ταὶ
(demonstr.) Πελειάδες (prädic.) ἄμιν ... ἅτε σήριον ἄστρον μάχονται eine unmögliche Zusammenstellung enthalten. Denn die
Gleichheit der Casus von Πελειάδες und σήριον ἄστρον hat zur

nothwendigen Folge, dass die *Πελειάδες* als *σίριον ἄστρον* bezeichnet würden. Da ich aus Verg. Georg. IV 231 sq. *Taygete simul os terris ostendit honestum | Pleas et Oceani spretos pede reppulit amnes | aut eadem sidus fugiens ubi piscis aquosi | tristior hibernas caelo descendit in undas* schliessen zu sollen glaubte, dass die Plejaden bei ihrem Untergange im Herbste ein matteres Licht haben als bei ihrem Aufgange im Frühlinge, so wandte ich mich um Aufklärung an den Director der Wiener Sternwarte Professor Dr. Edmund Weiss. Das Erste nun, was mir der ausgezeichnete Gelehrte sagte, als ich ihm unsere Stelle vorlegte, war, er wundere sich, wie die Plejaden als ein *σίριον ἄστρον* bezeichnet werden könnten. Denn die Plejaden, so fuhr er fort, fallen zwar jedem Auge sofort auf — nur deshalb nennt sie Athen. XI, p. 490° *τὸ ἐνδοξότατον τῶν ἀπλανῶν ἄστρων* —, aber nur dadurch, dass sie eine gedrängte Gruppe bilden. Ihre Sterne seien — im Gegensatze zu denen der Hyaden — durchwegs untergeordneter Grösse, ihr Licht müsse ein mattes genannt werden. Alle Auskunfts- mittel, eine verschiedene Lichtkraft der Plejaden im Frühling und Herbste zu erklären, seien abzuweisen. Damit stimmen nun die Beschreibungen, die die Alten von den Plejaden geben, vollkommen überein: Aratos Phainom. 255 *ὁ δ' οὔ μάλα πολλὸς ἅπάσας | χῶρος ἔχει, καὶ δ' αὐταὶ ἐπισκέψασθαι ἀφαυραί, 263 αἱ μὲν ὁμῶς ὀλίγαι καὶ ἀφεγγέες,* Nikander im Schol. zu Arat. p. 74 ed. Bekk. *αἴθ' ὑπὸ Ταύρου ὀλκαίην ψαίρουσαι ὀλίζωνες φορέονται.* Jenes *tristior* in der Vergilstelle ist daher mit den Erklärern wirklich nur von der Jahreszeit zu verstehen, ebenso Posidipp. bei Athen. XI, p. 491° *οὐδέ τοι ἀκρόνυχοι ψυχραὶ δύνουσι Πέλειαι.* Aber selbst wenn wir eine solche Verschiedenheit — die dann nur durch die Einbildungskraft erklärt werden könnte — zugeben wollten, eine solche Er- klärung der Stelle würde unmöglich gemacht durch die Worte *ὀρθρίαι* und *φάρος* (Pflug, d. i. die Zeit des Pflügens) *φεροίσαις.* *Ὀρθρίαι* kann nicht, wie man wollte, die Frühlingsplejaden bezeichnen, weil *ὄρθριος* nicht ,des Frühlings', sondern ,des Morgens' bedeutet. Da nun aber für die Festsetzung der Jahres- arbeiten (Säen und Pflügen) nur der Früh-Auf- und der Früh- Untergang der Plejaden bestimmend war (s. Schol. zu Arat. p. 75, 16 *ἑῷαι ... ἀρχομένου θέρους ἀνατέλλουσιν, ἑῷαι δὲ δυ-*

2*

νοισιν ἀρχομένου χειμῶνος, ferner ἑῴαν γὰρ ἀνατολὴν ἀνατέλλουσαι σημαίνουσι θέροις ἀρχήν, ἑῴαν δὲ δύσιν δύνονται ἀντίληψιν τῶν κατὰ σπόρον ἔργων), so wäre mit ὄρθριαι ihr Aufgang im Frühling sehr schlecht bezeichnet: das könnte nur dann geschehen, wenn für den Herbst ihr Untergang am Abend bezeichnend gewesen wäre. Dass dies aber nicht der Fall war, sagt wieder unser Scholiast ausdrücklich: τῆς δὲ ἑσπερίας δύσεως οὐκ ἐμνήσθη διὰ τὸ συμβαίνειν αὐτὴν περὶ τὴν ἑαρινὴν ἰσημερίαν καὶ μηδὲν ἐξαίρετον παρέχειν σημεῖον. Gegen diese Erwägung hilft nichts die Bemerkung von Ahrens, dass der Früh-Aufgang mit αὐειρομέναι V. 63 bezeichnet werde: denn die grammatische Construction und die Wortstellung gebietet αὐειρομέναι auf ταί, nicht auf ὄρθριαι zu beziehen; es müsste sonst heissen ταί Πελειάδες γὰρ ἅμιν ὀρθρίαι αὐειρομέναι — φᾶρος φεροίσαις . . . μάχονται.

Alle diese Schwierigkeiten aber lassen sich wie mit einem Schlage beseitigen, wenn wir ein einziges Strichelchen zu Πελειάδες hinzusetzen und schreiben Πελειάδεσι, eine Form, die in epischer ‚Zerdehnung‘ vorliegt bei Oppian cyn. I 351 Πεληϊάδεσσι. Dann geben, um zunächst den zweiten Vers fort zulassen, die Worte ταὶ Πελειάδεσι γὰρ ἅμιν ἅτε σίριον ἄστρον . . . μάχονται einen ganz klaren Sinn: ‚jene wetteifern mit uns, wie mit den (matten) Plejaden ein hellleuchtendes Sternbild‘. Ich merke gleich hier an, dass ἄστρον zunächst ‚Sternbild‘ bezeichnet: Schol. zu Pind. Ol. I 6, p. 56 ed. Abel: διαφέρει ἀστὴρ καὶ ἄστρον. ἀστὴρ γὰρ μονοειδής, ἄστρον δὲ τὸ ἐκ πολλῶν ἀστέρων συγκείμενον und s. Ach. Tatius in Arat. Isagog. p. 88 ed. Flor., was für unsere Stelle deshalb wichtig ist, weil mit ἄστρον die zwei bisher besungenen Jungfrauen Agido und Hagesichora gemeint sind. Jenes αὐειρομέναι ‚surgentes, sich emporhebend‘ will aber nichts Anderes bezeichnen als ihr Vorragen in dem Chore sowohl durch Schönheit und Gewand, als insbesondere durch hohen Wuchs, das ja der ganze Vergleich veranschaulichen soll. Denn hier handelt es sich nur um auffallende Erscheinung. Es will ein blosser Zufall, dass wir für diesen Sinn des Verbums ‚sich emporheben‘ die Stelle eines deutschen Dichters anführen können, die gerade von den Plejaden handelt: Tiedge ‚Urania‘, 2. Gesang: ‚Es heben sich der lieblichen Plejaden | bekränzte Häupter schön

empor', was nur heissen kann ,sie heben sich (vom übrigen
Sternenhimmel) ab'. Diese Bedeutung des Verbums ἀείρομαι
aus alten Dichtern zu belegen, werden Stellen dienen wie
Hom. Ψ 501 ἵπποι | ἐψόσ' ἀειρέσθην, wobei man unwillkürlich
an V. 46 ff. ἐκπρεπὴς τώς, ὥσπερ αἴ τις ἐν βοτοῖς σιάσειεν
ἵππον . . . erinnert wird. ,Nam laudatur equus non solum
cum pernix celerque est (Verg. Georg. III 195), sed etiam cum
simul praeditus est membris teretibus (παγόν), cervice ardua
(Verg. Georg. III 79, Hor. Sat. I 2, 89) et arrecta, specie
tota ac forma generosa, decora, conspicua. De equis Thes-
salis verba sunt oraculi apud schol. id. XIV 48 γαίης μὲν πάσης
τὸ Πελασγικὸν Ἄργος ἄμεινον, ἵπποι Θρηΐκιαι, Λακεδαιμόνιαι
δὲ γυναῖκες, ἄνδρες δ', οἳ πίνουσιν ὕδωρ καλῆς Ἀρεθούσης . . .
Cf. etiam Lucian. Amor. 45, Nonn. XXIX 16, Plut. Pyrrh. 17.
Arrian. Anab. III 11, 10.' Fritzsche zu Theokr. id. XVIII 30.

Den zweiten Vers unserer Stelle gibt der Papyrus so:

ΟΡΘΡΙΑΙ ΦΑΡΟΣ ΦΕΡΟΙΣΑΙΣ,

und daran ist trotz des Scholions ορθιαι φαρος nichts zu ändern,
wenn wir schreiben:

Ὀρθρία φάρος φεροίσαις.

Die Ὀρθρία ist eine ,Göttin des Morgens' und gewiss keine
andere als die Ἀώτις V. 87, welche als eine solche erkannt
hat Schubert a. a. O. S. 523 f.: denn der Name ist mit ἀώς
(bei Pind. z. B. Ol. II 91), aurora zusammenzustellen. Diese
Göttin des Morgens ist aber keine andere als die bei den
Spartanern so vielfach und besonders durch Jungfrauenchöre
gefeierte (schon Hom. II 183, dann hymn. XXVII 18 und
s. H. Flach, Gesch. der griech. Lyrik I, S. 306 über Alkm.
frgm. 101 A Ἀρτέμιτος θεράποντα) Artemis. Diese heisst bei
Eurip. Iphig. Taur. 21 geradezu φωσφόρος θεά, ebenso erwähnt Paus. IV 31, 10 eine Ἄρτεμις Φωσφόρος im Tempel des
Asklepios zu Messene; zu Phlyai in Attika verehrte man sie
als Σελασφόρος (Paus. I 31, 4). Ihr bringen nun die Jungfrauen für Rettung aus der Noth (V. 88 πόνων γὰρ ἄμιν ἰάτωρ ἔγεντο) ein φάρος dar (φεροίσαις wie Alkm. 16, 1 καὶ τὶν
εὔχομαι φεροῖσα τόνδ' ἐλιχρίσω πυλεῶνα . . . und Hom. Z 293)
nach dem Scholion (Sosibios oder Sosigenes?, s. Schubert S. 520

Note[1]) einen ‚Pflug‘. Wenn es nun V. 90 f. heisst νεάνιδες εἰρήνας ἐρατᾶς ἐπέβαν, so sind mit jenen πόνοι wohl die Mühen eines Krieges gemeint. Für Befreiung aus Kriegsnöthen zu danken steht Jungfrauen, denen von den Feinden stets grosse Gefahr droht, sehr wohl an; so heisst es bei Pind. Pyth. II 18 f. mit Bezug auf den Schutz, den König Hieron den Lokrern gegen Anaxilas von Rhegion gewährte: σὲ δ᾽, ὦ Δεινομένειε παῖ, Ζεφυρία πρὸ δόμων | Λοκρὶς παρθένος ἀπύει, πολεμίων καμάτων ἐξ ἀμαχάνων | διὰ τεὰν δύναμιν δρακεῖσ᾽ ἀσφαλές, man denke auch an die Bitten des Jungfrauenchors in Aeschylos' Sieben. Sie danken übrigens derselben Artemis, der die Spartaner im Felde eine Ziege zu opfern pflegten, Xen. Hell. IV 2, 20 σφαγιασάμενοι οἱ Λακεδαιμόνιοι τῇ Ἀγροτέρα, ὥσπερ νομίζεται, τὴν χίμαιραν: dass es gerade die Ἀγροτέρα ist, erklärt sich daraus, dass Artemis Göttin der Fluren ist und somit auch Schützerin der Saaten, was wieder mit ihrem Namen als Ὀρθρία innig zusammenhängt, weil am Morgen der Thau fällt, der die Fruchtbarkeit befördert: Alkm. frgm. 48 οἷα (jedenfalls sind damit Vegetabilien gemeint) Διὸς θυγάτηρ ἔρσα τρέφει καὶ Σελάνας. Da nun die Saaten in Kriegszeiten vom Feinde gefährdet sind, ‚so rief man die Hilfe der Ἀγροτέρα im Kriege an, wie es vor der Schlacht bei Marathon geschah. Das damals vom Polemarchen gelobte Ziegenopfer wurde seitdem regelmässig dargebracht und war mit einem kriegerischen Festzug verbunden, in welchem die ἀριστεῖα von Jünglingen getragen wurden‘ Mommsen, Heortol. S. 212 ff. bei Roscher, Mythol. Lex. I, S. 564 ff. Das Alles passt nun für unsere Stelle vortrefflich. Mit V. 90 ἐξ Ἀγησιχόρας δὲ νεάνιδες εἰρήνας ἐρατᾶς ἐπέβαν wäre angedeutet, dass ein Chor von Jungfrauen, an deren Spitze unsere Hagesichora stand, in einem Kriege den Schutz der Göttin für die Saaten anflehte und ihr als ἄγαλμα einen Pflug gelobte. Dieser wird ihr jetzt, nachdem die Göttin den Mädchenchor erhört, dargebracht, und zwar so, dass die Jungfrauen vollständig jenen Jünglingen des athenischen Artemisfestes entsprechen. Nach einem Kriege schliesslich, auf den dies passen würde, müssen wir nicht lange suchen. Alkman blühte in der zweiten Hälfte des 7. Jahr-

hunderts. Zu Beginn des zweiten messenischen Krieges um 645
war Sparta von den aufständischen Messeniern, die sich im
Hochlande um Aristomenes geschart hatten, schwer bedroht; die
Messenier waren seinen Heeren entgegengetreten und wussten
das Feld zu behaupten. Den Spartanern sank der Muth völlig.
Dazu kam jener Unfriede im Innern, der schon vor Beginn
des Krieges Sparta veranlasst hatte, Terpander aus Lesbos zu
berufen, um durch die Macht der Töne die Harmonie im
Staatswesen wiederherzustellen. Nicht viel später kam auch
Thaletas aus Gortyn nach Sparta, der Begründer der zweiten
musikalischen Katastasis in Sparta, dessen Gymnopaidien als
Vorläufer der alkmanischen Parthencia anzusehen sind. Als
Dritter, der die Kräfte Spartas gegen Messene mehren sollte,
war Tyrtaios von Aphidna erstanden; er geleitete seit 640
die Spartaner zum Siege. Zwar war es so den Spartanern
gelungen, die Messenier ‚am grossen Graben‘ zu besiegen, trotzdem ‚gelang es in der Folgezeit durch eine Reihe von
Jahren dem Aristomenes, von der gebirgigen arkadi-
schen Grenze aus in kühnen Streifzügen bis in das
Herz von Lakonien einzudringen und selbst aus dem
sicher gelegenen *Pharis* (Paus. IV 16, 8), einem locus
condendis fructibus, mit Beute beladen zurückzu-
kehren. Während er selbst kein Heer mehr aufzu-
bieten vermochte, zitterten doch vor ihm die Lace-
daimonier am Eurotas und sahen mit tiefem Unmuthe
Jahr aus Jahr ein ihre Aecker von seinen Streif-
scharen verwüstet‘ Curtius, Gr. Gesch. I, S. 203 und
die Quellen bei Busolt I, 156 ff. In diese Zeit schwerer Noth,
vielleicht dem Anlasse auch unseren Dichter nach Sparta zu
berufen (s. oben S. 15), mag also die Aufführung jenes Par-
thencions gefallen sein, in welchem die Jungfrauen der Artemis
den Pflug gelobten, den sie ihr jetzt, am Schlusse des Krieges,
darbringen.

Nach diesen Betrachtungen ist nun unsere Stelle mit der
Schreibung:

60   ταὶ Πελειάδεσι γὰρ ἆμιν
     Ὀρθρίᾳ φᾶρος φεροίσαις
     νύκτα δι’ ἀμβροσίαν ἄτε σήριον
     ἄστρον ἀυειρομέναι μάχονται.

keinerlei Zweifel mehr unterworfen, und ich brauche für die
metrische Form des ersten Verses nur noch auf Alkm. frgm.
24, 2 σκαιὸς οὐδὲ παρ' ἀσόφοιϊν (‿ ‿ _ ‿ ‿̀ ‿ _ ‿) hinzuweisen. Was aber den Papyrus anlangt, so glaubte ich in
dem Facsimile (Hermes XIII) thatsächlich einen senkrechten
Strich nach Πελειάδες zu erkennen. Aber Croiset schreibt mir
über diese Stelle: ‚Blass a bien lu. Ce qui peut, sur la
reproduction photographique, laisser supposer la pré-
sence d'un I après Πελειάδες, c'est une coupure du papyrus, mais je ne vois aucune trace de lettre.' Entweder hat also jener Riss das I verschlungen, oder es liegt
eine Verderbniss vor.

Zur Begründung des Gedankens vom Wettstreit der Mädchen dienen V. 64 ff.:

$$στρ. \ x + 5$$

οὔτε γάρ τι πορφύρας
65 τόσσος κόρος ὥστ' ἀμύναι,
οὔτε ποικίλος δράκων
παγχρύσιος, οὐδὲ μίτρα
Λυδία, νεανίδων
ἰανογλεφάρων ἄγαλμα,
70 οὐδὲ ταὶ Ναννῶς κόμαι,
ἀλλ' οὐδ' Ἀρέτα σιειδής,
οὐδὲ Συλακίς τε καὶ Κλεησισήρα,
οὐδ' ἐς Αἰνησιμβρότας ἐνθοίσα φασεῖς ·
‚Ασταφίς τέ μοι γένοιτο,
75 καὶ ποτιγλέποι Φίλυλλα,
Δαμαρέτα τ' ἐρατά τε Ἰανθεμίς' ...

Wie oben V. 59 bei εἰθήνῳ δραμεῖται müssen wir auch hier
bei der Erklärung von ἀμύναι von jenem μάχονται V. 63, das
ja derselben Gedankensphäre angehört, ausgehen. Es ist absolut gebraucht und kann daher nichts Anderes bedeuten als
‚sich wehren', wie Hom. N 814 ἔφαρ δέ τε χεῖρες ἀμύνειν εἰσὶ
καὶ ἡμῖν, daselbst 312 νηυσὶ μὲν ἐν μέσσῃσιν ἀμύνειν εἰσὶ καὶ
ἄλλοι, I 575 τὸν δὲ λίσσοντο γέροντες | ἐξελθεῖν καὶ ἀμῦναι
ὑποσχόμενοι μέγα δῶρον; vgl. auch das absolute ἐπαλέξασθαι
in ganz ähnlichem Sinne Soph. Ai. 166. Das gibt nun für
unsere Stelle einen vollkommen brauchbaren Sinn: jene kämpfen

mit uns einen ungleichen Kampf: denn nicht besitzen wir
solche Fülle an Purpur, um uns gegen die Siegreichen zu
wehren, es mit ihnen aufzunehmen.' Uebrigens scheint mir
das Scholion zu Hom. E 206 (= Eustath. 346, 29), das
unsere Stelle citiert, φησὶ γὰρ ὁ γραμματικὸς Ἀριστοφάνης τὸ
ἀμύνεσθαι ... τίθεσθαι καὶ ἀντὶ τοῦ ἀμείψασθαι· φέρει γὰρ χρῆ-
σιν ἔκ τε Ἀλκμᾶνος τό · οὐ γὰρ πορφύρας τόσσος κόρος ὥστ'
ἀμύνασθαι (sic!) weder Bergk (ἀμείψασθαι ,wechseln', nämlich
ein Kleid) noch Blass (,lohnen, vergelten') richtig verstanden
zu haben. Der Scholiast führt unsere Stelle offenbar als Beleg
an für die Bedeutung ἀμύνασθαι ,überholen' ,praeverti'. Damit
soll ἀμείβεσθαι identisch sein, und das ist es z. B. Pind. Pyth.
VI 74 γλυκεῖα δὲ φρὴν ... μελισσᾶν ἀμείβεται τρητὸν πόνον
(wozu das Schol.: ὥστε τὰ κηρία παραλλάσσειν καὶ παραπο-
ρεύεσθαι, ἀντὶ τοῦ νικᾶν τὸ μέλι). Thatsächlich könnte man
an unserer Stelle ἀμύναι auch in dem Sinne von ἀμείβεσθαι
fassen, da ja ,abwehren' hier dem Sinne nach sehr nahe kommt
der Bedeutung ,einholen'.

Die im Folgenden ausser dem Purpurgewand angeführten
Schmuck- und Putzgegenstände, der ,bunte Drache ganz aus
Gold' (Armband), das ,lydische Stirnband' (auf ein solches spielt
auch Pindar Nem. VIII 15 an φέρων Λυδίαν μίτραν πεποικιλ-
μέναν), gehören natürlich Agido und Hagesichora an. V. 70
οὐδὲ ταὶ Ναννῶς κόμαι sagt nun, dass auch die schönen Haare
der Nanno, einer der Jungfrauen des Chores, mitverstanden in
dem ἄμιν V. 60, gegen jene Pracht nicht aufzukommen vermögen, so dass der Wortlaut so zu vervollständigen ist: οὐδὲ
ταὶ Ναννῶς κόμαι τοιαῦταί εἰσιν ὥστ' ἀμῦναι. Auf diese
Weise ist ein logischer Zusammenhang mit dem Vorhergehenden
hergestellt, zugleich aber die allgemeine Annahme zurückge-
wiesen, dass im Folgenden Jungfrauen hergezählt werden, die
dem Chore nicht angehören. Ich wüsste wahrlich nicht, wo sie
denn dann unterzubringen wären. Wenn dagegen unsere Auffassung gebilligt wird, wonach die der Leitung der Agido und
Hagesichora unterstehenden Mädchen sagen, dass sie mit jenen,
weder was den Schmuck (V. 64—69) noch was körperliche
Vorzüge (V. 70—76) betrifft, wettstreiten können, so lässt sich
auch V. 71 ff. leicht verstehen: es ist bei der Herzählung der
einzelnen Namen immer wieder der Gedanke zu supplieren

... ἐστὶ τοιαῦτα ὥστ' ἀμῦναι, so zwar, dass jenes τόσσος ...
ὥστ' ἀμῦναι V. 65 die ganze Stelle grammatisch beherrscht.
Aber wie wir bei der Aufzählung der gefallenen Hippokoontiden die Wahrnehmung machten, dass der Dichter geschickt
die Eintönigkeit vermied, so hat er auch hier V. 73 durch
einen Kunstgriff seinen Zweck erreicht. Man muss sich nämlich
die Sache so vorstellen, dass der Dichter die Mädchen Revue
passieren lässt, worauf besonders der Ausdruck ἐς — ἐνϑοῖσα
V. 73 deutlich hinweist. So kommt er zu den zwei Jungfrauen, die beide Αἰνησιμβρότα heissen (also Αἰνησιμβρότας
plur., nicht genet. sing. [Blass]). Hier macht der Gedankengang eine plötzliche Wendung, indem der Dichter, statt fortzufahren ,noch wirst du, bei den beiden A. angekommen, sagen:
Astaphis und Philylla ... εἰσὶν τοιαῦται ὥστ' ἀμῦναι', die neue
Wendung gebraucht: ,noch wirst du ... sagen, Astaphis werde
die meine, und Ph. sehe mich gnädig an und D. und I.' So
ist einerseits Abwechslung erzielt — diesem Zwecke dient auch
die Verkürzung ἐς Αἰνησυμβρότας ἐνϑοῖσα, die nichts Beleidi-
gendes enthält, weil ja die blosse Nennung im Gedichte eine
schmeichelhafte Aufmerksamkeit ist: gewiss hatten schon die
Alten für das Fortleben in dem Werke eines grossen Dichters
Verständniss —, andererseits ein sanfterer Uebergang zu neuen
Gedanken hergestellt: denn innerlich verwandt sind die Gedanken ἐστὶ τοιαύτα (= οὕτως καλά) ὥστ' ἀμῦναι und μοι
γένοιτο und ποτιγλέποι doch jedenfalls.

Mit V. 77 kehrt der Dichter zu seiner Hagesichora zurück:

στρ. x + 6

ἀλλ' Ἀγησιχόρα με τηρεῖ.
οὐ γὰρ ἁ καλλίσφυρος
Ἀγησιχόρα πάρ' αὐτεῖ;
80 Ἀγιδοῖ δ' ἴκταρ μένει
ϑωστήριά τ' ἄμ' ἐπαινεῖ.
ἀλλὰ τᾶν εὐχὰς σιοί
δέξασϑε · δυῶν γὰρ ἄνα [1]
καὶ τέλος · ,χοροστάτις',
85 εἴποιμί κ', ,ἐγὼν μὲν αὐτά
παρσένος μάταν ἀπὸ ϑράνω λέλακα

_____
[1] ἄνα, nicht ἄνα: Schubert a. a. O. S. 523.

χλαὒξ · ἐγὼν δὲ τᾷ μὲν Ἀώτι μαλίστᾳ
ἀνδάνην ἐρῶ · πόνων γάρ
ᾱμιν ἰάτωρ ἔγεντο ·
90   ἐξ Ἀγησιχόρας δὲ νεάνιδες
εἰρ]ήνας ἐρατᾶς ἐπέβαν΄.

Das Verbum τηρεῖ des ersten Verses dieser Partie wurde aus
V. 90f. erklärt, man verstand ,beschützt mich'. Doch lässt
sich damit ein gedanklicher Zusammenhang nicht herstellen,
und daher gilt es, nach einer Bedeutung des Wortes zu suchen.
Nun ist τηρεῖν ganz bedeutungsgleich mit φυλάσσειν: das zeigt
z. B. Demosth. XVIII 276 φυλάττειν ἐμὲ καὶ τηρεῖν ἐκέλευεν.
Φυλάττειν aber wird Xen. rep. Laced. 1, 17 εἴ γε μέντοι συμ-
βαίη γεραιῷ νέαν ἔχειν, ὁρῶν τοὺς τηλικούτους φυλάττοντας
μάλιστα τὰς γυναῖκας ... und Lysias I, 48, p. 96 οἵ τινες
(sc. νόμοι) τοὺς μὲν φυλάττοντας τὰς ἑαυτῶν γυναῖκας ταῖς
ἐσχάταις ζημίαις ζημιώσουσι, τοῖς δὲ βουλομένοις εἰς αὐτὰς
ἁμαρτάνειν πολλὴν ἄδειαν ποιήσουσι von eifersüchtigem Auf-
passen gebraucht, und dies stimmt zu unserer Stelle vortrefflich. Ein solches Bewachen nämlich setzt räumliche Nähe
voraus, und diese ist mit V. 78f. οἱ γὰρ ἁ καλλίσφυρος Ἀγησιχόρα πάρ᾽ αὐτεῖ; angegeben. Der Sinn kann demnach nur
folgender sein: ein Mädchen (das fem. ἐνθοῖσα) macht die
Runde, um zu sehen, ob nicht doch eine da sei, die es mit
Hagesichora aufnehmen kann. Mit dieser Suche ist die Gefahr
verbunden, dass es wirklich eine findet, der sie den Vorzug gibt. ·
Darum ist Hagesichora auf der Hut: keines ihrer Schäfchen
soll ihr untreu werden. Mit V. 78 und 79 ist also blos jenes
τηρεῖ begründet; αὐτεῖ bezieht sich auf das letztgenannte Mädchen, bei welchem angelangt der Dichter am Schlusse seines
Rundganges, d. i. wieder bei Hagesichora, angekommen ist.
Hagesichora aber steht, mit ihr gleichsam ein Ganzes bildend
(das Bild vom ἄστρον), nächst der Agido: Ἀγιδοῖ δ᾽ ἴκταρ μένει.
So sehen wir, dass der Dichter, wie er in Wahrheit im Kreise
geht, so auch eine geschlossene Gedankenkette flicht, die sich
freilich aus sehr verschiedenartigen Gliedern zusammensetzt.

Dass auch Agido an bevorzugter Stelle — eine φιλόψιλος —
steht, ist aus dem Vorausgehenden unzweifelhaft. Man versteht
es, warum Blass von ihr als ,Respectsperson' spricht. Die

Sache ist aber vielmehr folgende. Agido ist Leiterin des choreographischen Theiles: eine Andeutung hiefür erblicke ich in dem zweiten Theile des Wortes χοροστάτις. Die Gedanken der directen Rede V. 84 ff. betreffen zwar vornehmlich die Hagesichora, aber da diese selbst V. 90 genannt ist, so sind die Worte zu der anderen gesprochen. Für diesen Sinn passte nun freilich V. 82

$$\vartheta\omega\sigma\tau\acute{\eta}\varrho\iota'\ \mathring{\beta}\ \tau\acute{\alpha}\mu'\ \acute{\epsilon}\pi\alpha\iota\nu\acute{\epsilon}\vec{\iota},$$

eine Kürzung des Relativpronomens, die bei Pind. Ol. I 89 ß ιέκε (‿ ‿) die Uebereinstimmung aller guten Handschriften für sich hat; über das τ in crasi mit ἁμά s. Blass S. 15 oben. Entscheidet man sich für diese Lesart, dann läge in dem Gedanken, dass Hagesichora der Agido stets zur Seite weilt und diese die Opferhandlung der Mädchen lobt, eine neuerliche Andeutung dafür, dass Agido eine führende Rolle bekleidet. Aber auch ohne diese Textesänderung wird man die Vorstellung dieses Ausnahmsverhältnisses der Beiden in den Worten finden:

$$\grave{\alpha}\lambda\lambda\grave{\alpha}\ \tau\tilde{\alpha}\nu\ \epsilon\grave{\nu}\chi\grave{\alpha}\varsigma\ \sigma\iota o\acute{\iota}$$
$$\delta\acute{\epsilon}\xi\alpha\sigma\vartheta\epsilon\ \cdot\ \vartheta\iota\tilde{\omega}\nu\ \gamma\grave{\alpha}\varrho\ \mathring{\nu}\nu\alpha$$
$$\varkappa\alpha\grave{\iota}\ \tau\acute{\epsilon}\lambda o\varsigma.$$

Mit diesen Worten nämlich zieht sich der Chor bescheiden hinter Agido und Hagesichora zurück, als wäre Festgesang und Festzug nur ihr Werk, und als brauchten die Götter nur ihre Bitten zu erhören. Denn die Worte ἀλλὰ τᾶν εὐχὰς σιοί δέξασθε enthalten nur scheinbar einen Widerspruch zu unserer Annahme vom Anlass und von der Adresse unseres Chorliedes: ein Dankopfer begreift in sich die Bitte um fernere Huld, und was σιοί betrifft, so sei daran erinnert, dass es Sitte war, bei so feierlicher Gelegenheit stets aller Götter zu gedenken. Indem Hippolytos bei Euripides der Artemis einen frischgewundenen Kranz weiht und nur sie anspricht, erinnert ihn der Chor V. 89 ἄναξ, θεοὺς γὰρ δεσπότας καλεῖν χρεών. Der Sinn der Worte V. 84 ff. ergibt sich, indem man aus ἄνα καὶ τέλος für Hagesichora schliesst, dass ihr Gesang allein das erreichte, was der ganze Chor bezweckte, ein Gedanke, der V. 85—87 γλαῦξ genauer ausgeführt wird. Schon oben V. 46 ff. hat der Chor sich selbst gegenüber Hagesichora degradiert, dort in Bezug auf das Aeussere, hier in Bezug

auf die Stimme. Sonach kann *αὐτά* V. 85 nur heissen ‚allein‘
(ohne die Chorführerin), wie Hom. Θ 99 Τυδεΐδης αὐτός περ
ἰὼν προμάχοισιν ἐμίχθη, N 729 οὔ πως ἅμα πάντα δυνήσεαι αὐτός
ἰλέσθαι, s. Apollon. de pron. p. 71, a. 80, b., zahlreiche Beispiele bei Kühner, Gr. Gr. II 1, S. 562, A. 2.

Etwas anstössig sind für den ersten Blick die beiden so
nahe aneinandergerückten ἐγών. Aber wir finden das Gleiche
schon oben V. 40 und 42 und V. 77 und 79, an letzterer
Stelle allerdings das Intervall zwischen zwei Strophen als
Entschuldigung. Gemildert wird diese kleine Unebenheit dadurch, dass man das Gefühl hat, dass das zweite jedesmal
dem ersten gedanklich untergeordnet ist, also hier: ‚Ich allein
singe vergeblich, ein Käuzlein vom Simse: nun wünsch’ ich
aber innig, der Aotis zu gefallen.‘ In sprachlicher Beziehung
ist nachzutragen, dass die Dativform Ἀώτι nach Ausstossung
des δ und Contraction der zwei ι sich auch noch findet im
lakon. Λιμνάτι (gleichfalls Epitheton der Artemis) IA. 61. 73,
ebenso Ἀριάμι (Cauer, Del.² 57), bei Homer schon Θέτι, bei
Anakreon νήνι: G. Meyer §. 321 und 348; über μαλίστᾳ derselbe §. 388, endlich γέντο für ἐγένετο auch Hes. Theog. 199,
283, Theogn. 640.

Um die Worte ἐξ Ἀγησιχόρας δὲ νεάνιδες εἰρήνας ἐρατᾶς
ἐπέβαν logisch in die Rede eingefügt zu sehen, braucht man
die coordinierende Satzverbindung nur so zu deuten: ‚Ich allein
vermag mit Singen nichts (μάταν λέλακα); da ich aber doch
der Aotis gefallen (also nicht gerne μάταν singen) möchte, so
schicke ich wieder Hagesichora voran (ich selbst verberge mich
hinter ihr, wie Bittende hinter dem Sprecher pflegen), deren
Gesang der Göttin schon einmal wohlgefallen hat.‘ So ergibt
sich ein inniger Gedankenzusammenschluss mit V. 82 ff. δυῶν
γὰρ ἄνα καὶ τέλος, s. oben S. 28.

Ob die Ansprache an Agido schon mit V. 90 zu Ende
ist, ob sie noch weiter geht und wie weit, lässt sich nicht
entscheiden; wahrscheinlich wollte der Dichter im Weiteren die
Anrede unbemerkt im Contexte verlaufen lassen.

Von der Restitution des Schlusses sagt Blass, Rhein. Mus.
XL, S. 18: ‚Wir können uns nicht verhehlen, dass für eine
sichere Herstellung aller dieser Verse des Feststehenden zu
wenig und des Unsicheren zu viel ist.‘ Ich habe mich redlich

bemüht, dies wenige Feststehende meinen Vermuthungen zu
Grunde zu legen, wobei ich aber freilich in geringfügigen
Dingen die Unsicherheit der Schriftzüge zu meinen Gunsten
in Anspruch nehme. Ich schreibe:

$$\sigma\tau\varrho.\ x+7$$

Τῷ τε γὰρ σηραφόρῳ
αὐτῶς ἐδάρημεν ἄδαν,
τῷ κυβερνάτᾳ δὲ χρή
95 κην ναῖ μάλ' εἶκεν ὦκα ·
ἁ δὲ τᾶν Σηρηνίδων
ἀοιδοτέρα — μέγ' εἶκε
σιᾷ γάρ, — ἀντὶ δ' ἕνδεκα
παίδων δεκὰς οἶ' ἀείδει ·
100 φθέγγεται δ' ἄρ' ὥτ' ἐπὶ Ξάνθω ῥοαῖσι
κύκνος· ἁ δ' ἐφιμέρῳ ξανθᾷ κομίσκᾳ

— — — — — — — — — —
— — — — — — — — — —

Zu den zahlreichen Bildern, die der Dichter auch V. 59, 60 ff.,
87 ohne Vergleichspartikel lässt, fügt er hier zwei neue hinzu,
untereinander verwandt und eines das andere erklärend. Er
vergleicht die χοραγός einem ἵππος σηραφόρος, dem im Wett-
lauf vornehmlich die Aufgabe zufiel, das Gespann in der richtigen Bahn zu erhalten, weshalb Hesychios sagt: σειραφόρον·
ἡγεμονικόν. Besonders wichtig war seine Function beim Um-
biegen ums Ziel (Soph. El. 720 ff. κεῖνος δ' ὑπ' αὐτὴν ἐσχάτην
στήλην ἔχων | ἔχριμπτ' ἀεὶ σύριγγα, δέξιόν τ' ἀνείς | σειραῖον
ἵππον εἶργε τὸν προσκείμενον, Eurip. Iph. Aulid. 223 τοὺς δ'
ἔξω σειροφόρους ἀντήρεις καμπαῖσι δρόμων), wobei es selbst
einen weiteren Bogen zu beschreiben und die Jochpferde in
engerem Halbkreis ums Ziel zu drängen hatte. Indem nun
der Dichter hier an die führende Rolle der Hagesichora beim
Einüben des Chores denkt, lässt er den Chor in scherzhafter
Uebertreibung sagen, dass er ,zwar ohne viele Umstände (αὐτῶς)
vom Seilrosse sattsam (ἄδαν, Alkm. frgm. 76, 4) geschunden
wurde (man denkt unwillkürlich an ὁ μὴ δαρεὶς ἄνθρωπος οὐ
παιδεύεται), dass man ja aber auch dem Steuermanne auf dem
Schiffe gar flink zu Willen sein müsse'. In V. 94 f. befreit
uns meine Herstellung von der Nothwendigkeit, die ungewöhn-

liche Construction von χρή mit Dativ, die Blass statuierte,
anzunehmen. Und den von Blass notierten Schriftzeichen des
Papyrus ist dabei genau Rechnung getragen: ‚MA[A]H, nämlich von *H* der untere Theil einschliesslich des Ver-
bindungsstriches, von *A* nur der Ansatz an *H*. Dann
eine Lücke von zwei Buchstaben.' Jenes *H* kann nämlich
sehr wohl ein ЄI darstellen, indem der Halbkreis des Є weniger
gerundet, der Mittelstrich aber mit dem folgenden I verbunden
ist. Man vergleiche auf dem Facsimile die Schreibung von
ЄΠANΘEI V. 53. Zur Bedeutung von εἶχεν vgl. Dem. de cor.
§. 136 ἐγὼ τῷ Πύθωνι θρασυνομένῳ καὶ πολλῷ ῥέοντι καθ' ὑμῶν
οὐκ εἶξα οὐδ' ὑπεχώρησα ἀλλ' ἀναστὰς ἀντεῖπον, Isokr. ad
Demon. §. 31 θυμουμένοις εἴκειν, Thuc. I, 38 εἶξαι τῇ ἡμετέρᾳ
ὀργῇ, und über die Infinitivform εἴκεν E. Hiller in Burs.
Jahresber. 1888, S. 169 (zu Alkm. 22, 3; 26, 2).

　　Meine Ergänzung V. 97 μέγ' εἶχε (= ἔοικε) σιᾷ γάρ (Blass:
‚MEΓA .. Є ... gleich nach dem letzten Є hört alle Schrift auf')
geht von der Annahme aus, dass hier, wo es sich nur um
Gesang handelt, unmöglich von Hagesichora und Agido *(σιαί)*
die Rede sein kann. Da ferner das letzte Є mit Nothwendigkeit auf die 3. Pers. Sing. führt, so muss der Gravis auf
ΣIΑI — an dessen Vorhandensein jedoch, wie mir sowohl Blass
als auch nach neuerlicher Revision Croiset bestätigen, nicht zu
zweifeln ist — ein Versehen des Schreibers sein: ein solches
liegt unzweifelhaft auch in χορόστατις vor. Was μέγ' εἶχε anlangt, so genügt es, auf Hom. E 800 ἦ ὀλίγον οἳ παῖδα ἐοι-
κότα γείνατο Τυδεύς zu verweisen.

　　Dass V. 98 f. so hergestellt werden müssen, dass der
Zahl 10 die Zahl 11 entgegengestellt wird, folgt sowohl aus
den deutlichen Spuren des Papyrus in V. 99 ΑΕΚ, als auch
aus dem Inhalte des beigeschriebenen Scholions. Das ‚Räthsel'
dieser Worte aber, wie es Blass nennt, zu lösen, hat schon
den alten Erklärern viel Mühe gekostet, wie sich aus dem
Scholion ergibt. Zwar wissen wir nicht genau anzugeben, wie
der Scholiast sich geholfen, jedenfalls nahm aber auch er wie
Blass, ohne den mindesten Anhaltspunkt innerhalb des übrigen
Gedichtes zu haben, zwei Chöre an, den einen von 11, den
anderen von 12 Sängerinnen. Wahrscheinlich deutete er dann
so: da der Chor bald aus 11, bald aus 10 Mädchen bestehe,

so sage der Dichter, dass Hagesichora dem Chor der 11 gegenüber allein wie ein Chor von 10 singe *(τὴν χορηγὸν ἀντὶ
τα ᾔδειν 1)*. Man merkt dieser Erklärung das Gewundene
sofort an, nicht minder aber der von Blass, nach welcher mit
den 11 der Gegenchor, mit den 10 der eigene ohne Agido
gemeint ist. Ich löse die Frage so:
Es müsste doch mit sonderbaren Dingen zugehen, wenn
es blosser Zufall wäre, dass beim Zusammenzählen der V. 70 ff.
angeführten Jungfrauen gerade die Zahl 10 herauskommt, nämlich 1. *Νavvώ*, 2. *Ἀρέτα*, 3. *Συλακίς*, 4. *Κλειoιoήρα*, 5. *Aἰνησιμβρότα* I., 6. *Aἰνησιμβρότα* II. (der plur. von zweien wie
bei Hom. *Aἴαντες* H 164, Θ 262, Σ 157, N 313, Δ 273, 280,
M 353, P 668, 707), 7. *Ἀσταφίς*, 8. *Φίλυλλα*, 9. *Δαμαρέτα*,
10. *Ἰανθεμίς*. Nehmen wir zu diesen 10 noch Hagesichora
und Agido so haben wir jene Zwölfzahl, welche in dem oben
S. 15 angeführten Epithalamion des Theokrit als Zahl der Chor-
sängerinnen genannt ist. Nun ist aber, wie wir gezeigt haben,
Agido nicht Sängerin, sondern *χορο-στάτις*, und es singen
somit im Ganzen nur 11. Wenn also Hagesichora den Chor
im Stiche lässt, so singen nur 10, wenn sie mitsingt, 11. Das
ergibt den nach allen Richtungen hin befriedigenden Sinn:
‚Wie schlecht *(οἷα)* geht es doch, wenn wir nur 10 singen
statt 11!‘ Da der Unterschied zwischen jenem Singen und
diesem nur von der Mitwirkung der Hagesichora abhängt, so
enthält auch dieser Gedanke ein sehr beredtes Lob der Chorführerin.

Uebersetzung.

Ich gebe zum Schlusse eine deutsche Uebersetzung, in
freien Rhythmen, nach Art einer Rhapsodie gestaltet, deren
vornehmster Zweck darin besteht, die Ergebnisse vorstehender
Untersuchungen über den Aufbau und inneren Zusammenhang
der Gedanken unseres Gedichtes in klarer, durchsichtiger Weise
zur Anschauung zu bringen. Obwohl ich auch um Erzielung
poetischen Colorits nach Kräften bemüht war, so möchte ich
doch auf diese Seite der Uebersetzung geringeres Gewicht gelegt wissen: vielmehr wäre es für mich die grösste Befriedigung,

wenn meine Vorarbeit einen poetisch veranlagten Nachbildner
bestimmen sollte, dieses wertvolle Bruchstück griechischer
Dichtkunst durch eine allen Anforderungen entsprechende, den
Duft echter Poesie athmende Uebersetzung in weitere Kreise
zu verbreiten.

_____ _____ _____ _____ _____ _____ _____ _____ _____ _____
_____ _____ _____ _____ _____ _____ _____ _____ _____ _____

                      . . . . Polydeukes.

Nicht zähl' ich Lykäthos nur in der Todtenschar;
Auch Enarsphoros, dann Sebros, flink an Beinen,
Bukolos' gewalt'ge Stärke,
5 Hippothos im Schmuck der Waffen,
Auch Euteiches und den Fürsten Areïtos,
Akmon zugleich, den erlesenen Halbgott.
Ihn auch, der die Mannen schart,
Held Alkimos, auch den Eurytos,
10 Walter im Gewühl der Schlacht,
Alkon auch: die Trefflichen alle
Soll mein Sang nicht übergeh'n.
Denn alle bezwang das bitt're Verhängniss —
Nein, ,Urkraft', die ält'ste der Götter,
15 Mit ,Hilfe' geeint, die herfliegt nackenden Fusses.
Keiner stürm', ein Erdenkind, zu den Höhen des Himmels,
Nie auch giere sein Herz nach Aphroditens Ehbund,
Der gold'nen Königin: nicht begehr' er
Der Nereïden eine, noch des Porkos Tochter:
20 Nur holdseligen Blicks die Charitinnen
Steigen empor zu des Vaters Saale.
Treu den Guten ist der Gott.
Drum höret mein Wort: Die Gottheit
Spendet dem, der nach ihrem Sinn,
25 Willfährig der Gaben Fülle.
Doch wer ihren Hass entfacht,
Sinkt elend dahin in der Jahre Blüte.
Wahrlich, eine kurze Zeit
Hat solchen in nichtigem Hoffen
30 Arger Hochmuthssinn gebläht: so traf von jenen
Den ein Pfeil und den ein mühlsteinschwerer Felsblock.

Sie alle beherbergt nun der Hades,
Da durch eig'nen Unverstand sie
Selbst in den Tod sich gejagt und kläglich
35 Weh erlitten für frevles Sinnen.
    Es gibt ein göttlich Strafgericht!
Doch der ist beglückt, der heiter
Seiner Tage Kette flicht
Thränenlos. Ein solcher besing' ich
40 Schön Agidos Licht; mich däucht's
Die Sonne zu sein: denn dass sie leuchtet,
Gibt Agido klare Zeugenschaft!
Doch mich nicht loben lässt
Noch schmähen sie des Singchors edle Führerin,
45 Keineswegs; denn selbst sie scheinet vorzuragen,
Wie wenn unter Kühen einer
Einen Renner hingestellet,
Stramm, klanghufig, den Sieger im Wettkampf,
Wie ihn der flatternde Traum nur zaubert.
50   Seht ihr's nicht? Mein Rösslein ist
Enetischer Zucht: und dort die Mähne
Bäschen Hagesichoras
Nicht anders ums Haupt ihr schäumet,
Laut'rem Gold an Farbe gleich.
55 Ihr Silbergesicht — —
Was soll's, noch deutlicher hier zu reden?
So, nicht anders ist Hagesichora.
Zweit' an Schöne nach Agido wird mit ihr,
Ein kolaxaïsch Rösslein mit dem Fuchshund sie wettlaufen.
60 Traun, dies Paar mit uns Plejaden, die den
Pflug der ‚Frau des Morgens' bringen,
Kämpfet und hebt sich vor wie ein leuchtendes
Doppelgestirn in ambrosischer Nachtzeit.
    Denn nicht ist des Purpurs hier
65 Solch' Fülle, um uns zu wehren,
Auch das schillernd Schlänglein nicht,
Ganz gülden, und auch kein lydisch
Band, das stolz die Stirne krönet
Sammtwimpriger Jungfräulein.
70 Was hilft Nannos reiches Haar,

Die göttliche Maid Arete,
Was auch Sylakis, und was Kleësisera?
Nah den beiden Ainesimbroten nicht sagst du:
,Wär doch Astaphis die meine,
75 Nur ein Lächeln von Philylla,
Von Damarete, der holden Ianthemis.'
Denn Hagesichoras Blicke lauern!
Siehst denn dort die knöchelschöne
Hagesichora du nicht halten?
80 Weicht nicht von Agidos Seite, wird
Nicht müde mein Opfer zu loben.
Neiget gnädig ihrem Fleh'n,
Ihr Götter, das Ohr: der Beiden Wirken
Ist Anfang uns und End'.   ,Chorstellerin',
85 So möcht' ich sagen, ,alleine
Krächz' ich Mädchen ohn' Erfolg, dem Käuzchen gleich
Hoch im Gebälk: und dennoch, dass ich Frau Aotis nur
Wohlgefall', ist heiss Begehr,
Die mich zog aus argen Nöthen.
90 Doch Hagesichora ist es, ihr Mägdelein,
Die euch ersang den holden Frieden.
Zwar vom Seilpferd wurden wir
Nur so geschunden, ganz zur Genüge:
Doch musst auch dem Steurer du
95 Im Schiffe behend dich fügen.
Selbst als die Sirenen ist
Sangkundiger sie, die einer Göttin
Gleicht: wenn die eilfte fehlet,
Ach, wie singen so schlecht wir zehne!
100 Ihr jedoch klingt's aus der Kehle, wie an des Xanthos
Fluthen dem Schwan; ihr Liebreiz athmend blond
Gelocke ...

II.

Zu Aristoteles' Poetik. II.

Von

Theodor Gomperz,

wirkl. Mitgliede der kais. Akademie der Wissenschaften.

Cap. 7, 1451ᵃ 6: τοῦ μήκους ὅρος μὲν πρὸς τοὺς ἀγῶνας καὶ τὴν αἴσθησιν οὐ τῆς τέχνης ἐστίν ... ὁ δὲ κατ' αὐτὴν τὴν φύσιν τοῦ πράγματος ὅρος κτέ.

Die unleugbare Unangemessenheit des Ausdrucks hat Bursian durch den Einschub des Artikels zwischen ὅρος und μέν zu beseitigen versucht. So scheinbar die Conjectur auch ist, sie vermag eindringender Prüfung doch nicht Stand zu halten. Einen allgemeinen Massstab für die Länge der thatsächlichen Aufführung von Tragödien kann Aristoteles unmöglich anerkennen. Dient doch der im Folgenden vorgebrachte extreme Fall mit den daraus abgeleiteten Consequenzen nur dazu, den Gedanken zu beleuchten, dass hier äussere Rücksichten den Ausschlag geben, die natürlich nicht in mehreren Fällen die gleichen sind. Da scheint es doch nicht wenig bedenklich, durch den Einschub jenes ὁ den Schein, als ob die Frage eine allgemeine Lösung zuliesse, zu erzeugen und dem Autor aufzudrängen. Ungleich räthlicher dürfte es sein, dem schadhaften Texte durch die Umstellung von zwei Wörtchen (πρὸς μέν statt μέν πρός) mit der Aldina aufzuhelfen. Derartige kleine Störungen finden sich auch 47ᵇ 15, wo die Schreibung der Wolfenbütteler Handschrift (κατὰ τὴν statt τὴν κατά) unbedingt sicher und allgemein anerkannt ist, und 48ᵇ 22, wo meine Vermuthung πεφυκότες ⟨εἰς⟩ αὐτὰ καὶ statt πεφυκότες καὶ αὐτὰ schwerlich ernster Anfechtung unterliegt. Der noch immer zurückbleibende Mangel an straffer Concinnität hängt in unserem Falle wie so häufig bei Aristoteles mit seinem Streben nach übergrosser

Knappheit des Ausdrucks eng zusammen. Ausgeführt würde
der nur angedeutete Gedanke etwa also lauten: einen allgemeinen Massstab der Länge in Rücksicht der actuellen Aufführung gibt es nicht und ihn aufzustellen kann daher nicht
eine Aufgabe der Kunsttheorie sein.

Beiläufig bemerkt, alle Versuche, die an dieser Stelle sinn-
losen Worte ὥσπερ ποτὲ καὶ ἄλλοτέ φασιν (51ᵃ 9) zu rechtfertigen,
scheinen mir gleich sehr misslungen. Aristoteles hat unmöglich
sagen wollen: wenn hundert Tragödien nach einander aufgeführt werden sollten, so müsste die Uhr über ihre Länge entscheiden, wie dergleichen einst und zu anderer Zeit angeblich geschehen ist. Denn um von dem Anstoss nicht zu
reden, den φασίν bietet und den auch M. Schmidt's εἰώθασιν
nicht vollständig beseitigt: die Beziehung auf den Gebrauch
der Wasseruhr bei Gerichtsverhandlungen ist einfach darum
ausgeschlossen, weil dieser zu Lebzeiten des Aristoteles (also
nicht ‚einst‘) zu Athen, wo er schrieb, in Uebung stand; die
Annahme aber, dass der Autor auf eine wirkliche irgendwo
und irgendwann vorgekommene Gepflogenheit bei Dramen-
aufführungen anspiele, ist womöglich noch verkehrter. Denn
von der Thorheit abgesehen, eine Bühnenaufführung etwa wie
eine Gerichtsrede nach dem Glockenschlage zu bemessen —
unmöglich ist es, dass Aristoteles aus einer hyperbolischen Prä-
misse eine thatsächliche historische Conclusion abgeleitet hat.
Man pflegt doch nicht das Flügelross der Phantasie zu be-
steigen, um sich von ihm an die nächste Strassenecke tragen
zu lassen. Es bedurfte der kühnen, ja überkühnen Fiction
von den hundert zu einer Gesammtaufführung vereinigten
Dramen nicht, wenn man ohne solchen Umweg auf einen
gleichartigen Brauch verweisen konnte, der in nicht allzu
grosser räumlicher und zeitlicher Ferne (denn wie weit reichte
die Geschichte der Tragödie zurück?) thatsächlich anzutreffen war.

Cap. 9. Ueber die Thatsache, dass am Eingang und am
Schlusse des Capitels, hier 51ᵃ 36, dort 51ᵇ 31 f., die an erster
Stelle neben εἰα ἂν γένοιτο lächerlich pleonastischen Worte καὶ
τὰ δυνατά, die an zweiter Stelle völlig vernunftwidrigen Worte
καὶ δυνατὰ γενέσθαι von der Mehrzahl der Herausgeber noch ge-

duldet werden, ist es schwer ohne Bitterkeit zu sprechen. Man
lässt in aller Gemüthsruhe den Stagiriten sagen: ‚denn nichts
hindert, dass einiges von dem wirklich Geschehenen von der
Art sei, wie es nach Wahrscheinlichkeit und Möglichkeit
geschehen mochte'. Als ob nicht alles Wirkliche möglich sein
müsste, als ob Aristoteles dies jemals verkennen konnte, ja als
ob er es nicht erst wenige Zeilen vorher mit nackten Worten
anerkannt hätte: τὰ δὲ γενόμενα φανερὸν ὅτι δυνατά · οὐ γὰρ ἂν
ἐγένετο εἰ ἦν ἀδύνατα (51ᵇ 19)! In Wahrheit hat bisher nur Vor-
länder (vgl. Ueberweg's Uebersetzung, Anhang S. 102) diese
Worte angezweifelt und Christ sie neuerlich ausgeschieden,
während Susemihl und M. Schmidt einen wenig glücklichen
Versuch gemacht haben, den Schaden durch Einschiebung der
Worte οὐκ ἄλλως zu heilen. Richtiger wird es sein, an beiden
Stellen die Hand eines Interpolators zu erkennen. Den Anlass
zur Interpolation aber gab wohl ohne Zweifel ein an der ersten
Stelle zu οἷα ἂν γένοιτο beigeschriebenes erklärendes τὰ δυνατά.
Hier wenigstens haben ältere verständige Kritiker wie Maggi
und Buhle den Fehler längst erkannt und beseitigt.

Doch enthält nicht -- so mag jemand entgegnen — der
Rest des Satzes einen kaum geringeren Widersinn? Nichts soll
hindern, dass ‚einige' der thatsächlich erfolgenden Geschehnisse
mit Wahrscheinlichkeit erfolgen. Nur einige und nicht vielmehr die meisten? Heisst dies nicht den Begriff der Wahrscheinlichkeit in sein gerades Gegentheil verkehren? Und ist
diese Behauptung etwa minder ungereimt, als wenn man sagte:
nichts hindert, dass einige der an diesem Ort und in dieser
Jahreszeit beobachteten Temperaturen den Normaltemperaturen
dieser Zeit und dieser Oertlichkeit entsprechen? Sie wäre ohne
Zweifel ganz ebenso ungereimt, wenn der Begriff des εἰκός in
der Anwendung, die Aristoteles von ihm in diesem Abschnitte
macht, mit jenem des Wahrscheinlichen schlechtweg zusammen-
fiele. Das ist jedoch keineswegs der Fall. Wir müssen das
Wort hier immer mit ‚innerer Wahrscheinlichkeit' oder ‚Natur-
gemässheit' übersetzen und dabei an das Verhältniss zwischen
einem beschränkten Ursachenkreis (den gegebenen Charakteren und Situationen) und den daraus entspringenden Wirkungen denken. Das Verständniss dieses Capitels liegt, wie
die auch in den jüngsten Uebersetzungen begegnenden schweren

1*

Missverständnisse zeigen, noch gar sehr im Argen. Es würde
wesentlich gefördert, wenn der eben angedeutete, bisher von
dem einzigen Ueberweg (vgl. die Anmerkung 39 seiner Uebersetzung) namhaft gemachte, aber auch von ihm nicht stetig
festgehaltene Gesichtspunkt in den Vordergrund der Betrachtung
treten würde. Damit hängt es zusammen, dass wir über die
berühmte, das Verhältniss der Poesie zur Geschichte betreffende
Aeusserung, die dieser Abschnitt enthält, so viel Hochtönendes,
aber so wenig Zutreffendes zu hören bekommen. Auf unrich-
tiger Wiedergabe beruht zum Beispiel Susemihl's Ablehnung
des aristotelischen Gedankens. Er übersetzt die Worte ἀλλὰ
τούτῳ διαφέρει, τῷ τὸν μὲν τὰ γενόμενα λέγειν τὸν δὲ οἷα ἂν γένοιτο
also: ‚vielmehr das ist der Unterschied, dass der Geschicht-
schreiber darstellt, was wirklich geschehen ist, der Dichter
dagegen, wie etwas geschehen kann‘. Dazu die Anmerkung:
‚wir verlangen heutzutage auch von der Geschichte zugleich
das letztere und können daher diese und die folgenden Bestimmungen nicht mehr unbedingt für richtig erkennen‘. Nicht
viel anders Gustav Freytag, der in seiner ‚Technik des Dramas‘[3]
S. 14 die fraglichen Worte also wiedergibt: ‚— weil die Geschichte vorführe, was geschehen ist, die Poesie, wie es hätte
geschehen können,‘ und nun gegen die aristotelische Bevor-
zugung der Poesie vor der Geschichte den Einwand erhebt,
dass ‚wir Modernen, die wir von der Wucht und Grösse der
geschichtlichen Ideen durchdrungen sind . . . die vergleichende
Schätzung zweier grundverschiedener Gebiete des Schaffens
ablehnen‘ u. s. w. All dies hat mit dem vorliegenden Gegenstande nichts gemein. Aristoteles, der ja in seiner Weise auch
ein Geschichtsphilosoph ist (oder was sonst als Geschichts-
philosophie wäre die in der Politik vorgetragene Lehre von
der Abfolge der Verfassungsformen?), versteht hier unter Geschichte nichts Anderes als die blosse Erzählung thatsächlicher
Begebenheiten. Wenn er das ergötzliche Spiel der Poesie mit
bewusster Paradoxie für eine ‚philosophischere und ernstere
Sache als die Geschichte‘ erklärt, so will er damit nicht mehr
und nicht weniger sagen als dieses. Der Dichter, der echte
und bedeutende wenigstens, kann und wird uns einen Verlauf
von Ereignissen vorführen, die sich aus gegebenen Situationen
und Charakteren, insbesondere aus den letzteren, mit innerer

Nothwendigkeit entwickeln. Im wirklichen Leben spielt fortwährend ein Ursachenkreis in den anderen hinein; der Zufall
trübt somit die Anschauung reiner und strenger Ursächlichkeit;
die Bahn, die eine individuelle Charakteranlage ihrer Natur
nach beschreiben würde, erleidet gleich jener der Planeten un-
aufhörliche ‚Störungen'. Darum unterscheidet Aristoteles das
‚Allgemeine', dass nämlich ‚dem so oder so Gearteten solches
oder anderes zu thun oder zu sagen nothwendig oder naturgemäss ist', von dem ‚Einzelnen', von dem was beispielsweise
‚ein Alkibiades gethan oder erlitten hat'.

51ᵇ 33ff. τῶν δὲ ἁπλῶν μύθων καὶ πράξεων αἱ ἐπεισοδιώδεις εἰσὶ
χείρισται.

Das Befremden darüber, dass hier von den einfachen
Fabeln gehandelt wird, während die Eintheilung der Fabeln
in einfache und verflochtene etwa fünfzehn Zeilen später nachfolgt, ist ein wohlbegründetes. Die zur Entschuldigung dieses
so auffälligen Verfahrens beigebrachten Parallelen können uns
unmöglich als zutreffend gelten. In unserem Falle handelt es
sich weder um einen Begriff, welchen der vorliegende Zusammenhang zu erwähnen nöthigt, während seine systematische
Erörterung einer weit späteren Stelle vorbehalten bleibt (etwa
wie ‚Peripetie' und ‚Erkennung' in Capitel 6 erwähnt und erst
Capitel 11 eingehend besprochen werden), noch um einen
Definitionsbestandtheil, dessen Anführung seiner Erläuterung
naturgemäss vorangeht (man denke an die ‚verschönte Rede'
oder an die ‚Entladung der Leidenschaften' in der Definition
der Tragödie). Hier wird eine Classe von Fällen besprochen,
während die Classeneintheilung selbst erst nachher, und zwar
unmittelbar nachher erfolgt. Für eine derartige Umkehr der
natürlichen Reihenfolge lässt sich schwerlich ein stichhältiger
Grund ersinnen oder eine wirklich gleichartige Parallele beibringen. Es liegt, wenn nicht alles täuscht, in Wahrheit ein
Textesschaden vor. Diesen durch eine Umstellung zu heilen,
davon mahnt jedoch zweierlei ab. Erstens: es zeigt sich kein
Ort, der das von dieser Stelle verdrängte Textesstück aufzunehmen wohl geeignet wäre. Wollte man es an den Schluss
des zehnten Capitels stellen, so würde die Erörterung der
‚Peripetie', die ihrer Erwähnung doch naturgemäss unmittelbar
nachfolgt, weiter hinabgerückt, was zur Vornahme jener

Transposition nicht eben einladen kann. Zweitens aber — und
dies bedeutet mehr —: die Umstellung lässt einen erheblichen
Anstoss unvermindert fortbestehen. Dass nämlich ein Uebermass des Episodenhaften gerade bei den ‚einfachen Fabeln'
gerügt wird, dies lässt sich wohl nicht ohne Künstelei dadurch rechtfertigen, dass derartige Fabeln an sich dürftig sind
und somit mehr als stoffreiche zur Anwendung solcher Füllsel
auffordern. Nicht ohne Künstelei, sage ich, weil der Unterschied zwischen einfachen und verflochtenen Fabeln nicht sowohl in dem stofflichen Gehalt (man denke an 59ᵇ 14: ἡ μὲν
'Ἰλιὰς ἁπλοῦν!) als in der Art der Entwicklung gelegen ist.
Die einfache Fabel nimmt gleichsam einen geradlinigen Verlauf,
während die verflochtene zu einem Höhepunkt (Peripetie oder
Erkennung) ansteigt, um von diesem wieder herabzusinken
(vgl. 52ᵃ 15 ff.). Und wollten wir selbst zugeben, dass jene
Auffassung nicht jedes Haltes entbehrt, schon der Umstand,
dass man diesen Gesichtspunkt errathen muss, dass er ganz
und gar nicht hervorgehoben wird, wäre auffallend genug und
müsste uns hindern, das Heilmittel der Transposition dort anzuwenden, wo es trotz seiner Gewaltsamkeit einen so gewich-
tigen Anstoss hinwegzuräumen unvermögend ist. Darum greife
ich lieber auf Castelvetro's Vorschlag zurück und schreibe mit
diesem ἁπλῶς δὲ τῶν μύθων καὶ πράξεων —. Ehe Aristoteles sich
über die ihm wünschenswerth scheinende Beschaffenheit der
Fabel des Näheren verbreitet, knüpft er an die so weitläufig
begründete Forderung der Einheit und innerlichen Geschlossenheit derselben die allgemeine Bemerkung (ἁπλῶς nicht viel
anders als τύπῳ, im Gegensatz zu einem καθ᾽ ἕκαστον, σαφέστερον
oder ἀκριβέστερον), dass die eines strengen Zusammenhangs ermangelnden Fabeln die schlechtesten sind.

Er wendet sich alsbald dazu, jene ihm über alles wichtige Forderung des strengen Causalzusammenhanges von einer
anderen Seite her zu stützen. Nicht nur ein Corollar des Ver-
langens nach Einheit und Ganzheit der Fabel sei sie; auch die
Erregung der tragischen Affecte werde dadurch gefördert. Die
anerkannt schadhafte Stelle 52ᵃ 1 ff. glaube ich nämlich durch
Annahme einer Lücke nicht zwischen καὶ μάλιστα und καὶ μᾶλλον,
sondern nach δι᾽ ἄλληλα heilen zu sollen und schreibe sie also:
ἐπεὶ δὲ οὐ μόνον τελείας ἐστὶ πράξεως [ἡ] μίμησις (nämlich die Tra-

gödie) ἀλλὰ καὶ φοβερῶν καὶ ἐλεεινῶν, ταῦτα δὲ γίνεται καὶ μάλιστα
[καὶ μᾶλλον] ὅταν γένηται παρὰ τὴν δόξαν, δι' ἄλληλα (καὶ κατὰ τοῦτο
δῆλον ὡς δεῖ γίνεσθαι τὰ μετ' ἄλληλα). τὸ γὰρ θαυμαστὸν οὕτως ἕξει
μᾶλλον κτέ. Die Argumentation besitzt hier jene Gestalt, die
Imelmann, Zur Topik, Berl. Gymn.-Progr. 1870, S. 10) ‚eine
intermittirende' genannt hat, indem dem Schlusssatz ein Theil
der Begründung vorangeht, ein anderer, vorher zurückbehaltener
mit γάρ angeknüpft nachfolgt. Zur grammatischen Form des
Satzes vergleiche man 62ª 4: χείρων δῆλον ὅτι ἂν εἴη oder de
anima, B2, 413ᵇ 27 f.: τὰ δὲ λοιπὰ μόρια τῆς ψυχῆς φανερὸν ἐκ
τούτων ὅτι οὐκ ἔστι χωριστά. Den besten Commentar liefert vielleicht G. H. Lewes' Kernwort: ‚Surprise starts from a back-
ground of knowledge or fixed belief.' Die Anwendung des
Gedankens auf unseren Fall aber ist diese. Affecterregend wirken
Begebnisse vorzugsweise dann, wenn sie in überraschender
Weise erfolgen; die Ueberraschung aber ist ein Erzeugniss, das
nur aus dem Boden strenger Causalverknüpfung hervorwächst;
wo Zufall und Willkür walten, dort ist für sie keine Stätte.

Cap. 10 und 11. Hier scheint mir der Text an mehreren
Stellen noch der Richtigstellung zu harren. Einige von diesen
sind bereits als schadhaft anerkannt. So 52ª 19f.: ὥστε ἐκ τῶν
προγεγενημένων συμβαίνειν ἢ ἐξ ἀνάγκης ἢ κατὰ τὸ εἰκὸς γίγνεσθαι
ταῦτα. Dass das letzte Wort fehlerhaft ist, bedarf in der That
keines Beweises. Dass aber Bonitzens τἀναντία das richtige sei,
darf man wohl bezweifeln. Von der Peripetie ist im Folgenden
die Rede, und sie wird als ἡ εἰς τὸ ἐναντίον τῶν πραττομένων
μεταβολή bezeichnet. Wie unwahrscheinlich, dass Aristoteles
wenige Zeilen vorher das charakteristische Merkmal der Peripetie schon mit einem Worte vorwegnahm! Doppelt unwahrscheinlich, da der Wortlaut der Stelle nur die Auffassung zu
gestatten scheint, dass die einfache und peripetielose und die
verwickelte oder mit Peripetie versehene Fabel hier noch als
eine ungeschiedene Einheit, ohne Rücksicht auf die sie tren-
nenden Differenzen behandelt werden. Minder gewaltsam in
jedem Sinne ist meines Erachtens die Schreibung τὰ ὑ(η)τ(ερ)α.
Freilich ist, falls unsere Erörterung als zutreffend erkannt wird,
damit auch der letzte Versuch gescheitert, die Worte καθάπερ
εἴρηται (52ª 23) durch eine befriedigende Erklärung zu retten.

Sie werden eben nichts Anderes sein als ein Interpretamentum
zu dem nur durch drei Wörtchen davon getrennten ὥσπερ λέγομεν, deren rückweisende Bedeutung der Glossator zum mindesten richtig erkannt hat.

52ª 29 ff. ἀναγνώρισις δὲ ὥσπερ καὶ τοὔνομα σημαίνει εἰς γνῶσιν
μεταβολή, ἢ εἰς φιλίαν ἢ εἰς ἔχθραν (ἢ ἄλλο τι) τῶν πρὸς εὐτυχίαν ἢ
δυστυχίαν ὡρισμένων · καλλίστη δὲ ἀναγνώρισις ὅταν ἅμα περιπετείαι
γίνωνται οἷον ἔχει ἡ ἐν τῷ Οἰδίποδι. εἰσὶν μὲν οὖν καὶ ἄλλαι ἀναγνωρίσεις · καὶ γὰρ πρὸς ἄψυχα καὶ τὰ τυχόντα ἔστιν 30' ὅπερ εἴρηται συμβαίνει κτέ.

So will ich die Stelle schreiben und interpungiren und
glaube meine Neuerungen, so weit sie einer besonderen Darlegung bedürfen, also rechtfertigen zu sollen. Nach μεταβολή
ist ein ‚und zwar‘ zu denken gerade so wie z. B. Cap. 13,
53ª 15 vor μὴ διὰ μοχθηρίαν κτέ. oder Cap. 22, 59ª 23 vor ἔσα
ἐν τούτῳ συνέβη, κτέ. und sonst öfter. Dass das Folgende einer
Ergänzung bedarf, zeigt wohl am besten ein Blick auf die
bisherigen Uebersetzungen der Stelle: ‚oder dass ein Freund-
schafts- oder Feindschaftsverhältniss unerwartet zu Tage tritt
bei Personen, deren Glück oder Unglück dadurch bedingt
wird‘ (Ueberweg), ‚welcher zum Glücke oder Unglücke prädes-
tinirte Personen in freundschaftliche oder feindliche Beziehungen setzt‘ (M. Schmidt, ähnlich Susemihl und Adolf Stahr).
Statt den Worten etwas zuzumuthen, was nicht füglich in ihnen
liegen kann, und überdies mit der Mehrzahl der Interpreten
hier ein Stück Schicksalstheorie einzuführen, von der die aristotelische Lehre vom Drama im übrigen völlig frei ist, so frei,
dass wir jede Spur derselben auch dort vermissen, wo man
sie nach modernen Begriffen kaum entbehren zu können glaubt
(vgl. das über die Schuld des Oedipus 53ª 10f. Gesagte) —
statt derartige Unwahrscheinlichkeiten zu häufen, glaube ich
durch die Annahme des Ausfalls weniger Worte (sei es nun
das kurze ἢ ἄλλο τι oder auch eine ganze Zeile ⟨ἢ εἰς ἄλλο
ὁτιοῦν⟩) einen völlig befriedigenden Sinn gewinnen zu dürfen.
Ich übersetze den Satz wie folgt: ‚eine Erkennung aber ist,
wie dies auch das Wort selbst besagt, eine Verwandlung von
Unkenntniss in Kenntniss, und zwar mit dem Erfolg, dass
daraus Freundschaft oder Feindschaft oder sonst ein dem Be-
reiche des Glücks oder Unglücks zugehöriges Verhältniss er-

wächst.' Einen Commentar zu dieser Stelle können die schönen
Erörterungen Gustav Freytag's in seiner ,Technik des Dramas'
(³ S. 88 ff.) liefern. Von ἐρίζω πρός τι gibt der Bonitz'sche Index
nur ein Beispiel (Meteorol. IV 4 fin.): — δῆλον ἔτι καὶ τὸ σκληρὸν
καὶ τὸ μαλακὸν ἁπλῶς πρὸς τὴν ἁφὴν ὡρίσαμεν, eine Gebrauchsweise,
die jedenfalls der von uns hier vorausgesetzten ungleich näher
steht als der herkömmlichen Auffassung der Stelle. Auch haben
,Freundschaft' und ,Feindschaft' nicht an sich, sondern nur als
Quellen von ,Glück' und ,Unglück' in der Tragödie und somit
auch in diesem Bestandtheil derselben ihre natürliche Stelle.
Im nächsten Satze haben wir nur den Accent in περιπέτεται von
der drittletzten auf die vorletzte Silbe gerückt (in Wahrheit
eigentlich blos das Properispomenon der Handschrift in ein
Paroxytonon verwandelt). ,Der schönste Fall von Erkennung'
— so verstehe ich das Sätzchen — ,ist derjenige, wo die Erkennungen von Peripetie begleitet sind'. Der Wechsel des
Numerus, der Christ so unerträglich schien, dass er καλλίστη δὲ
ἀναγνώρισις in κάλλισται δὲ ἀναγνωρίσεις verwandelt hat, und den
Spengel durch die Schreibung ὅταν ἅμα περιπέτεια γίνηται vermeiden
wollte, dünkt uns nicht im mindesten befremdlich; man vergleiche 48ᵇ 6 f.: καὶ τούτῳ διαφέρουσι τῶν ἄλλων ζῴων ὅτι μιμητικώ-
τατόν ἐστι κτέ., 52ᵇ 3 f.: ἐπεὶ δὴ ἡ ἀναγνώρισις τινῶν ἐστιν ἀναγνώρισις,
αἱ μὲν θατέρου πρὸς τὸν ἕτερον κτέ. oder 55ᵃ 33 ff.: διὸ εὐφυοῦς ἡ
ποιητική ἐστιν ἢ μανικοῦ· τούτων γὰρ οἱ μὲν — οἱ δὲ κτέ. Zu ἅμα περιπετείᾳ vergleiche man, wenn es Noth thut, Meteor. II 8, 368ᵃ 34:
ὅπου δ' ἅμα κῦμα σεισμῷ γέγονεν κτέ. Die ἅμα περιπετείᾳ erfolgenden
Erkennungen werden c. 16, 54ᵇ 29 αἱ ἐκ περιπετείας genannt. —
In dem letzten der angeführten Sätze endlich habe ich die
anerkanntermassen vorhandene Lücke so ausgefüllt, wie dies
zur Hälfte schon im Riccardianus, zur anderen Hälfte von M.
Schmidt und Spengel geschehen ist. Genauer gesprochen, es
bedarf zur Erklärung der Corruptel jetzt nicht mehr der Annahme einer Lücke, da ΟΘΟΠΕΡ durch das gewöhnlichste aller
Buchstabenverderbnisse zu dem ῳϹΠΕΡ der Handschrift zu-
sammengeschmolzen sein kann.

Cap. 12. Ueber die Unechtheit dieses Abschnittes sollten
die Acten längst geschlossen sein. Dass derselbe an völlig
ungehörigem Ort erscheint und den Zusammenhang der Dar-

stellung aufs empfindlichste unterbricht, dies hat auch die con-
servativste Behandlung der Poetik anzuerkennen nicht umhin
gekonnt. Dass aber der Eindringling nicht nur der vorliegenden
Stelle des Buches, sondern diesem überhaupt, ja den Werken
des Aristoteles fremd ist, das ist noch immer nicht so allgemein
anerkannt, wie man erwarten sollte. Darum werden ein paar
die alte Athetese bekräftigende Bemerkungen hier vielleicht an
ihrem Platze sein. Sogleich Anfang und Ende, die sich in
ihrer Uebereinstimmung stützen und eine tiefeingreifende Aenderung nicht gestatten (μέρη δὲ τραγωδίας οἷς μὲν ὡς εἴδεσι δεῖ
χρῆσθαι und μέρη δὲ τραγωδίας οἷς μὲν ⟨ὡς εἴδεσι Susemihl) δεῖ χρῆσθαι), dürfen als des Aristoteles völlig unwürdig gelten. Die
Theile, deren man sich als Arten bedienen soll oder gar deren
man sich schlechtweg bedienen soll — dies ist und bleibt ein
Unsinn, den keine Interpretationskunst in Sinn verwandeln
kann. Dass der verkehrte Ausdruck aus der dem Interpolator
bereits verstümmelt vorliegenden Stelle 50ᵃ 12 f. geflossen ist,
kann überdies kaum bezweifelt werden. Was frommt da
M. Schmidt's Restitutionsversuch, der aus ὡς εἴδεσι ein an sich
allerdings wohlverständliches ὡς εἴ(ρηται ἐν ἅπασι τοῖς εἴ)δεσι gewinnen will? Ein Leck wird zugestopft, ein anderes und noch
grösseres thut sich auf. Denn aus den Worten ὡς εἴδεσι schimmert doch etwas wie ein ungeschickter Versuch hervor, den
Begriff qualitativer Verschiedenheit auszudrücken. Wo aber
bleibt dann der Gegensatz zu κατὰ δὲ τὸ ποσόν, zu den quantitativen Bestandtheilen? Kann irgend ein anderer als der
schlimmste Stümper zwei Species eines Genus einander derart
entgegensetzen, dass er die eine Unterart ihrem Wesen nach
(mehr oder weniger geschickt) charakterisirt, von der anderen
aber nichts Anderes zu sagen weiss, als dass man sich ihrer
überall bedienen soll? Doch von dem erwähnten Rettungsver-
such abgesehen, wie widersinnig ist in jenem Eingangs- und
Schlusssatz auch der Ausdruck δεῖ χρῆσθαι, der sich mit dem
völlig sachgemässen κέχρηται (50ᵃ 13) ganz und gar nicht vergleichen lässt. Denn unmöglich kann Aristoteles es dem Tra-
gödiendichter rathen, empfehlen oder vorschreiben wollen, dass
er sich der ὄψις, der λέξις, des μύθος u. s. w. zu bedienen nicht
unterlassen möge. Sind doch diese μέρη aus der Analyse des
Bühnenbildes selbst gewonnen als die jeder Tragödie, ja man

darf sagen jedem Drama inhärirenden Bestandtheile. Ich will
auf weitere Einzelheiten nicht eingehen. Nur die Definition
des Stasimon: ‚ein Chorlied ohne Anapäste und Trochäen', also
nach seinem Versmasse gekennzeichnet, während die unmittelbar vorhergehende und augenscheinlich (man beachte auch μέν
und δέ) contrastirend entgegengesetzte Parodos nach ihrer
Stelle im Drama charakterisirt wird, mag den Freunden dieses
Abschnitts noch zu weiterer Erwägung empfohlen sein. Unser
Urtheil über denselben kann nicht anders lauten als also: das
zwölfte Capitel macht, abgesehen von der ungehörigen Stelle,
an der es erscheint, abgesehen auch von der Schiefheit seiner
Begriffsbestimmungen und Gegenüberstellungen, inmitten der
Poetik den Eindruck, den eine Polizeiverordnung inmitten eines
rechtsphilosophischen Werkes hervorbringen würde. Ueberall
sonst der schärfste Sinn für das Wesentliche, alle Forderungen
aus der Sache selbst heraus begründet, mit weitherzigem Sinn,
fern von aller Kleinlichkeit, ohne einen Gedanken daran, dass
das zur Zeit Geltende in allen Einzelheiten unwandelbar und
unverbesserlich sei (vgl. vor allem 49ᵃ 7, 51ᵇ 11 ff. und 21 ff.);
hier im besten Falle die dürre Aufzählung des eben zur Stunde
Ueblichen und Giltigen.

Die Verfechter der Echtheit des Abschnittes werden vielleicht auf die so auffällige Ungleichmässigkeit der Behandlung
hinweisen, die verschiedene Gegenstände im ‚Staatswesen der
Athener' erfahren haben, auf die erstaunliche Breite, mit der
die Einzelheiten des Gerichtswesens geschildert werden, im
Vergleich zu der Dürftigkeit, mit der andere Seiten des Ver-
fassungslebens erörtert, wenn nicht (wie die Formen der Ge-
setzgebung) ganz und gar verschwiegen werden. Allein die
Analogie ist nur eine scheinbare. Der entscheidende Grund
für die Athetese liegt nicht in dem Mangel an Gleichmässigkeit
der Ausführung sondern darin, dass jenes Capitel Dinge als
principiell wichtig behandelt, die nach der in den übrigen
Abschnitten vorherrschenden Auffassung blos accidenteller
Art sind. Eine andere Stütze der Ueberlieferung könnte der
Vergleich mit den bekannten Mittheilungen ‚über die Komödie'
(Anecd. Paris. ed. Cramer, I 403 ff.) zu gewähren scheinen, in
denen man einen Auszug aus dem verlorenen zweiten Buche
der Poetik erkannt hat. Dort erscheinen als ‚vier Theile der

Komödie' der Prolog, der Chor, der Act und der Nachact
(πρόλογος χορικὸν ἐπεισόδιον ἔξοδος). Damit sind die vier Haupt-
bestandtheile eines griechischen Dramas bezeichnet, die aus
dem Zusammenwirken von Chor und Schauspielern sich mit
Nothwendigkeit ergaben. Wenn diese allein in unserem zwölften
Capitel aufgezählt und erläutert wären, so liesse sich gegen
dasselbe wenig sagen, falls es an geeigneter Stelle und nicht
mitten in einem dadurch gewaltsam auseinandergerissenen Zusammenhang erschiene, falls es nicht den Gegensatz der constitutiven Elemente zu den äusseren Bestandtheilen in stam-
melnden Worten zum Ausdruck brächte, falls es endlich nicht
durch seine seltsame, das Ende an den Anfang ängstlich
schmiegende Stilisirung unseren Verdacht erregte. Nun liegt
freilich der Einwand nahe, dass jenes Uebermass der Theilung
und Untertheilung der Bestandtheile des Dramas, das in unserem zwölften Capitel so wohlgegründeten Anstoss erregt, in
jenen Excerpten nur darum fehle, weil es eben Excerpte sind.
Dem gegenüber darf man jedoch wohl darauf hinweisen, dass
jene schematische Darstellung zwar so viel als möglich über
Bord geworfen und in allem gespart hat, nur eben nicht in
Eintheilungen und Definitionen. Man vergleiche das Schema,
welches die Ursachen des Komischen enthält, mit seinen zwei
Haupt- und seinen ungefähr zwanzig Nebenrubriken. Nicht zu
wenig sondern zu viel hat in diesem Betrachte der excerpirende
Bearbeiter gethan; wie er denn bei der ersten Eintheilung der
Poesie der von Aristoteles einzig und allein anerkannten mi-
metischen eine nicht-mimetische gegenüberstellt und in eine
historische, paideutische u. s. w. gliedert! Wie viel des Falschen
dieses aus Echtem und Unechtem wunderlich zusammengewobene
Machwerk im übrigen enthält, das zeigt der erste Blick auf Wendungen wie ἔχει δὲ μητέρα τὴν λύπην, was von der Tragödie, und
ἔχει δὲ μητέρα τὸν γέλωτα. was von der Komödie gesagt wird (vgl.
übrigens Bernays im Rhein. Mus. VIII 561 ff.). Man sieht, es ist
eine schwache Stütze, die jene Excerpte dem fragwürdigen Abschnitt der Poetik gewähren können. Um das Geringste zu sagen:
der Möglichkeit, dass die Untertheilung jener vierfachen Eintheilung durch die Schuld des Excerptors verloren ist, steht
mindestens gleichwerthig die andere Möglichkeit gegenüber, dass
selbst jene Viertheilung nicht aristotelischen Ursprungs ist.

Cap. 14, 53ᵇ 22 ff.: τοὺς μὲν οὖν παρειλημμένους μύθους λύειν οὐκ ἔστιν — αὐτὸν δὲ εὑρίσκειν (δ᾽ ἐφευρίσκειν?) δεῖ καὶ τοῖς παραδεδομένοις χρῆσθαι καλῶς. Ich setze diesen Satz hierher, um an seine auffallende formelle Verwandtschaft mit 49ᵃ 7 ff. zu erinnern: τὸ μὲν οὖν ἐπισκοπεῖν ἂρ᾽ ἔχει ἤδη ἡ τραγῳδία τοῖς εἴδεσιν ἱκανῶς ἢ οὐ — ἄλλος λόγος. An beiden Stellen nämlich nimmt Aristoteles einen Einwand vorweg, um ihn vorgreifend zu beantworten. Und diese Antwort besteht in einer der nachfolgenden Aufstellung vorangeschickten Einschränkung. In jenem Satze des Cap. 4 geht diese einschränkende Rechtfertigung ihrem Gegenstande ziemlich weit voraus. Und so konnte es geschehen, dass Leser und Herausgeber, denen es an zulänglicher Vertiefung fehlte, diesen Sachverhalt verkannt haben.

Will man den Schluss des Capitels richtig beurtheilen und die unleugbaren Widersprüche, die sich zwischen dieser und anderen in der Poetik enthaltenen Erörterungen vorfinden, nicht durch willkürliche Conjecturen vertuschen, so darf man nicht vergessen, dass Aristoteles mehr als eine blosse Denkmaschine ist. Sein persönlicher Geschmack und die Ableitungen aus seinen theoretischen Grundsätzen stimmen nicht durchweg überein. So wenn er die bei wechselseitiger Unkenntniss der Personen erfolgende Wehethat bevorzugt oder gar der unter solchen Umständen nicht zum Vollzug gelangenden, sondern blos drohenden That den höchsten Rang einräumt. Dass im ersteren Falle doch immer ein Element des Zufalls waltet, übersieht der sonst so unermüdliche Verfechter strengster Causalität; und die Ueberlegenheit des leidvollen als des die Affecte stärker erregenden Ausgangs erkennt er zwar bereitwillig an, so lange er die Frage gleichsam abstract erörtert; allein sie tritt sofort in den Hintergrund angesichts der Erinnerung an jene Scene der Merope, die seinem verfeinerten, aller groben und crassen Bühnenwirkung abholden Geschmacke so volles Genüge gethan hat. Hat ihn doch dieselbe Geschmacksverfeinerung sogar dazu verleitet, die Bühnenwirkung in einem grundsätzlich gewiss ganz und gar nicht zu rechtfertigenden Masse zu unterschätzen. Man fragt sich seiner wiederholten Versicherung gegenüber (50ᵇ 18, 53ᵇ 4 und 62ᵃ 11), dass das Drama auch bei der Lectüre seine volle Wirkung thue, welchen Zweck denn die Aufführung überhaupt erfülle und warum man

es nicht bei Buchdramen bewenden lasse. Vor conjecturalen
Correcturen dieser Geschmacksurtheile aber hätte schon die
unverkennbare Klimax (χείριστον, δεύτερον, βέλτιον und κράτιστον)
bewahren können — ein Fingerzeig, dessen nicht misszuver-
stehende Weisungen man nicht ungestraft verachtet hat.

Cap. 15, 54ᵃ 17 ff. ἕξει δὲ ἦθος μὲν ἐὰν ὥσπερ ἐλέχθη, ποιῇ
φανερὸν ὁ λόγος ἢ ἡ πρᾶξις προαίρεσίν τινα ἦ. χρηστὸν δὲ ἐὰν χρηστήν.
Diese, die handschriftliche Gestalt der Stelle bietet drei
Anstösse dar: 1) ἦ entzieht sich jeder Construction und jedem
Verständniss. Die Apographa haben durch eine willkürliche
Interpolation, manche neuere Kritiker durch Tilgung des Wörtchens, Vahlen in seiner Ausgabe endlich durch Einschaltung
der völlig sinngemässen Ergänzung (ἢ τις ἂν) Rath geschafft.
2) Der Mangel an Congruenz zwischen φανερόν und προαίρεσιν ist
schon in der Aldina durch die Schreibung φανερὰν beseitigt
worden. Allein so gering die Aenderung ist, sie kann kaum
für wahrscheinlich gelten, weil die Tendenz der Schreiber und
Correctoren allezeit weit mehr dahin ging, vorhandene scheinbare oder wirkliche Incongruenzen zu verwischen als deren
zu schaffen. Wenn Vahlen die Incongruenz für erträglich erklärt, so hat er uns doch keine Belege mitgetheilt, die dieses
sein Urtheil zu stützen vermögen. 3) Das Subject zu ἕξει kann
hier nicht die Tragödie bilden, die ja jedesmal mehr als einen
Charakter in sich schliesst (und von individuellen Charakteren
ist, wie das Nachfolgende zeigt, an diesem Ort allein die Rede),
sondern man muss dazu denken: eine Figur des Dramas.
Diese Brachylogie ist im Munde des Verfassers der Poetik
keineswegs auffällig, wohl aber darf man erwarten, dass die
Umgebung sie deutlicher, als es bei der herkömmlichen Fassung
des Satzes geschieht, hervortreten lasse. Eine Schreibung desselben, die ohne jedes Aufgebot gewaltsamer Heilmittel den
drei namhaft gemachten Anforderungen genügt, dürfte sich
selbst ausreichend empfehlen. Ich nehme an, dass eine Zeile
von 16 Buchstaben ausgefallen ist, und schreibe: ἕξει δὲ ἦθος
μὲν ἐὰν ὥσπερ ἐλέχθη, ποιῇ φανερὸν ὁ λόγος ἢ ἡ πρᾶξις προαίρεσίν τινα
(ἔχοντα, ὁποία τις ἂν) ἦ. χρηστὸν δὲ ἐὰν χρηστήν.
54ᵃ 22 ff. habe ich bereits anderwärts (Eranos Vindobonensis S. 80) behandelt. Ich füge nur die Bemerkung hinzu,

dass mir 22 nur die Wahl gelassen scheint zwischen δεύτερον
δὲ τὸ ἁρμόττον oder, was wahrscheinlicher weil minder gewaltsam ist, δεύτερον δὲ τὸ ἁρμόττοντα (nämlich εἶναι τὰ ἤθη). So wollte
Vahlen in seinen ‚Beiträgen‘ II 33 die Stelle schreiben und
erklären, desgleichen in seiner ersten Ausgabe. Die Verwandlung des τό in das τά der Handschrift ist ein Fall jener man
möchte fast sagen unvermeidlichen Angleichung benachbarter
Worte, die uns in den Handschriften unaufhörlich begegnet.

Musste ich soeben das, was Vahlen jetzt als einen ‚error‘
bezeichnet, gegen ihn selbst in Schutz nehmen, so muss ich
nunmehr einen Interpretationsversuch anfechten, den er in den
‚Beiträgen‘ vorgebracht und in seiner Ausgabe unentwegt aufrecht erhalten hat. Es gilt die Rechtfertigung der Worte
54ᵃ 28 f. ἔστιν δὲ παράδειγμα πονηρίας μὲν ἤθους μὴ ἀναγκαῖον οἷον ὁ
Μενέλαος ὁ ἐν τῷ Ὀρέστῃ —. Hier soll ‚ein unmotiviertes Exempel
der Charakterschlechtigkeit‘ (a. a. O. 34) oder ein ‚exemplum
non necessarium, quod facile euitari potuit‘ gemeint sein, während wir, wenn irgend eine derartige Bestimmung, so doch nur
die der unmotivirten oder unnöthigen Charakterschlechtigkeit
erwarten können. Statt jedoch mit Spengel ἀναγκαῖον in ἀναγ-
καίας zu verwandeln, ziehe ich es vor, die zwei Worte μὴ ἀναγκαῖον für den ungeschickten Zusatz eines male sedulus lector
zu halten, der sich der Parallelstelle 61ᵇ 19 ff. zwar mit Recht
erinnert, dabei aber übersehen hat, dass dort das μὴ ἀνάγκης
οὔσης dem Zusammenhang wohl entspricht, hier aber demselben
ganz und gar fremd ist.

Cap. 16. Auf die ‚Sterne‘, die Karkinos in seinem
‚Thyestes‘ als Erkennungszeichen verwendet hat (54ᵇ 22 f.),
würde ich nicht zurückkommen, wenn es sich blos um die
Sammlung des hieher gehörigen literarischen Materials handelte, die bereits der treffliche Tyrwhitt aufs beste besorgt
hat. Nur der Möglichkeit möchte ich gedenken, dass dieses
Muttermal ganz ebenso wie jenes des thebanischen Geschlechtes
der Gëgeneis (wozu gleichfalls Tyrwhitt das Erforderliche bei-
gebracht hat) ein thatsächliches Vorkommniss gewesen sei. Die
Dynastie der Pelopiden in das Reich der Fabel zu verweisen
haben wir doch angesichts der mykenischen Funde wahrlich
keinen Grund, mag auch der Ursprung und die Geschichte

derselben noch so sehr mit Mythen verwoben sein. Es ist die
geschichtliche Analogie, die mich vermuthen lässt, dass uns in
dem Bericht über dieses erbliche Muttermal keineswegs ein
poetisches Figment vorliegt und dass Welcker's Ausspruch:
‚die Sterne ... scheinen den hellen Glanz zu bedeuten, der
als Muttermal die Pelopiden, wegen der elfenbeinenen
Schulter des Pelops, auszeichnete‘ (Griech. Tragödien 1063)
in sein Gegentheil zu verkehren ist. Die elfenbeinene Schulter
des legendarischen Ahnherrn dürfte ein Erklärungsmythos sein,
der eben das Vorhandensein jenes Muttermales bei den Mitgliedern des mykenischen Fürstengeschlechtes zu rechtfertigen
bestimmt war. Noch heute besteht in Süd-Arabien ein Fürsten-
haus (das Geschlecht der Fodli), dessen Mitglieder seit andert-
halb Jahrhunderten durch eine erbliche Missbildung   sechs
statt fünf Finger — ausgezeichnet und darob vom Volke hoch
geehrt sind (vgl. H. von Maltzan, Reise nach Süd-Arabien,
S. 259 und Herbert Spencer, Political institutions, p. 354).

Drei Stellen dieses und des folgenden Abschnitts versucht
Vahlen dadurch verständlich zu machen, dass er annimmt, das
Compositum ἀναγνωρίζω habe gleichfalls die bisher nur für das
Simplex γνωρίζω nachgewiesene Bedeutung des ‚Bekanntmachens‘
besessen. Es sei mir erlaubt, die Gründe darzulegen, die mich
diesen Versuch als einen gelungenen zu betrachten verhindern.
Die erste dieser Stellen lautet also: οἷον Ὀρέστης ἐν τῇ Ἰφιγενείᾳ
ἀνεγνώρισεν ὅτι Ὀρέστης (54ᵇ 31 f.). Wer sieht nicht, dass jene
Auskunft nur einen Theil der hier vorhandenen Schwierigkeit
hinwegräumt? Es bleibt eine kaum erträgliche Unbehilflichkeit
des Ausdrucks zurück (in Ὀρέστης — ἀνεγνώρισεν ὅτι Ὀρέστης).
Und während Vahlen's Arznei hier zum mindesten keine aus-
reichende Heilkraft bethätigt, erscheint uns von anderer Seite
eine Hilfe, die von diesem Heilmittel ganz und gar abzusehen
gestattet. Die, allerdings nur mit grosser Vorsicht zu be-
nützende, arabische Uebersetzung kennt jenes erste Ὀρέστης
nicht und führt uns somit zu einer schon vorher von Diels ver-
mutheten, ganz befriedigenden Gestaltung des Satzes: ‚wie in der
Iphigenie (diese) erkannt hat, dass (jener) Orestes ist‘. Noch
weniger frommt uns jener Versuch Cap. 17, 55ᵇ 21 f.: αὐτὸς δὲ
ἀφικνεῖται χειμασθείς καὶ ἀναγνωρίζας τινὰς κτέ. Müssen doch hier
zu der Hypothese, dass ἀναγνωρίζω so viel bedeute als ‚bekannt

machen', noch die zwei ungleich gewagteren Hilfshypothesen
treten, dass das Activum von ἀναγνωρίζω reflexivische Bedeutung
habe und das dazu gehörige Object die Person bezeichnen
könne, der sich jemand bekanntgibt. Es soll also ἀναγνωρίζω
τινά gleich sein einem ἀναγνωρίζομαί τινι oder πρός τινα. Doch
lassen wir Vahlen selbst sprechen: ‚— exspectamus solummodo
„postquam nonnullis ipse se declarauit quis esset." quod in
illis uerbis inesse nec nego neque uero affirmare audeo'. Ich
sollte meinen, dass die Behutsamkeit des Kritikers in jenen
von uns hervorgehobenen Worten das statthafte Mass über-
schreite. Auf alle Fälle kann diese Stelle auch von dem Urheber jenes Versuches nicht für seine These verwerthet werden.
(Da hier die Nothwendigkeit einer Emendation unverkennbar
vorliegt, so wage ich den Vorschlag: ἀναγνωρισά(μενος πρὸς φίλους)
τινὰς οὕτως [so schon M. Schmidt statt αὐτὸς] ἐπιθέμενος αὐτὸς μὲν
ἐσώθη, τοὺς δ' ἐχθροὺς διέφθειρε).[1] So bleibt denn von jenen drei

---

[1] Meine Aufmerksamkeit ist durch eine freundliche Mittheilung Herrn
Dr. Rudolf Münsterberg's auf einige Schriftstellen gelenkt worden, die
mit der hier in Frage stehenden eine gewisse Verwandtschaft besitzen.
Apollodor schreibt I 9, 8 von den Söhnen der Tyro: τελιωθέντις δὲ ἀνε-
γνώρισαν τὴν μητέρα καὶ τὴν μητρυιὰν ἀπέκτιναν Σιδηρώ; desgleichen sagt
derselbe Schriftsteller (III 5, 5) von Amphion und Zethos: οἱ δὲ ἀνα-
γνωρίσαντες τὴν μητέρα τὸν μὲν Λύκον κτείνουσι, τὴν δὲ Δίρκην κτί. Ein
Scholion zu Apollonius Rhodius (Δ 1091, p. 516, 12f. Merkel) endlich
enthält in der dem zweiten Buch des Pherekydes entnommenen Erzählung der Schicksale des Perseus den Satz: αὐτὸς δὲ ᾔη, εἰς Λάρισσαν,
καὶ ἀφικόμενος Ἀκρίσιον ἀναγνωρίζει καὶ σὺν αὐτῷ ἔπεσθαι εἰς Ἄργος κτίσι.
Die Ausdrucksweise ist in den sämmtlichen drei Stellen eine einigermassen befremdliche. Ist doch die Erkennung jedesmal eine wechselseitige, während von ihr so gesprochen wird, als ob sie eine einseitige
wäre. Es lässt sich jedoch, wenn wir nicht irren, ein Grund dieser
Seltsamkeit angeben. Akrisios war vor seinem Enkel geflohen; er wird
von diesem ereilt und zur gemeinsamen Heimkehr nach Argos bewogen.
War auch der Enkel dem Grossvater bis dahin ebenso unbekannt wie
der Grossvater dem Enkel, so fällt doch das Schwergewicht der Erkennung auf die Entdeckung des flüchtigen Akrisios durch Perseus.
Und nicht wesentlich anders steht es in den zwei übrigen Fällen. Die
Söhne der Tyro und jene der Antiope finden ihre Mutter wieder und
rächen die eine wie die andere an ihren Feinden. Das der allerdings
wechselseitigen Erkennung nachfolgende Handeln beruht somit auf der
Erkennung nicht sowohl der Söhne durch die Mutter als der Mutter
durch die Söhne.

Stellen nur eine einzige übrig: ἐλθὼν δὲ καὶ ληφθεὶς θύεσθαι μέλλων ἀνεγνώρισεν. Hier wird es wohl, da der Annahme jenes eigenthümlichen Gebrauches von keiner Seite eine Stütze erwachsen ist, bei dem sein Bewenden haben, was ehemals Vahlen selbst und später M. Schmidt vermuthet hat, dass nämlich hier eine leichte Buchstabenverderbniss vorliegt (ϵN statt ϴH), und dass ἀνεγνωρίσθη zu lesen ist, geradeso wie wir 54ᵇ 26 f. οἷον Ὀδυσσεὺς διὰ τῆς οὐλῆς ἄλλως ἀνεγνωρίσθη κτέ. und 55ᵃ 3 f. ὅθεν ἀνεγνωρίσθησαν lesen. Zu allem Ueberfluss würde ja auch an der letzten dieser drei Stellen die Doppelannahme Noth thun, dass ἀναγνωρίζω ‚bekanntgeben‘ bedeutet und dass das Activum dieses Verbums in medialem Sinne verwendet wird.

Als die dritte Erkennungsweise erscheint bei Aristoteles die durch das Gedächtniss vermittelte: ἡ τρίτη διὰ μνήμης τῷ αἰσθεσθαί τι ἰδόντα — (54ᵇ 37 f.). Es folgen zwei Beispiele: der Held in den Kypriern des Dikaiogenes, der beim Anblick eines Gemäldes aufschluchzt, und Odysseus bei den Phaiaken, der, als er des Demodokos Lied vom Kampf um Troja vernimmt, seiner eigenen Vergangenheit gedenkt und von Rührung übermannt wird. In beiden Fällen, so führt Aristoteles fort, führte dies zur Erkennung (ὅθεν ἀνεγνωρίσθησαν). Was bedeuten hier die Worte τῷ αἰσθεσθαι? Die Uebersetzer sprechen von ‚kundgegebenen Empfindungen‘ (M. Schmidt), von den ‚Empfindungen‘, die jemand ‚äussert‘ oder ‚verräth‘ (Ueberweg-Susemihl); doch

Wenden wir uns nunmehr zu dem Satz der Poetik, von dem wir ausgegangen sind, so erweist sich die Analogie dieser Parallelstellen als eine mehr scheinbare denn wirkliche. Denn wechselseitig ist die Erkennung nur in Betreff des Telemachos, und auch da ist es aus naheliegenden Gründen — da Telemach von Eumäos in Odysseus' Gegenwart als Herrscher begrüsst und mit Namen genannt wird — kaum statthaft, von einer Erkennung im technischen Sinne zu sprechen, wie denn die Inhaltsangabe jenes Gesanges mit Fug ἀναγνωρισμὸς Ὀδυσσέως ὑπὸ Τηλεμάχου, nicht aber umgekehrt lautet. Alle anderen Personen sind dem Odysseus wohlbekannt, während es für den in Lumpen heimkehrenden und von Athena absichtlich entstellten König jedesmal einer durch besondere Umstände herbeigeführten Erkennung durch dieselben bedarf. Das ἀναγνωρίσαι τινὰς gestattet somit nicht die in jenen anderen Fällen zulässige Rechtfertigung, dass die wechselseitige Erkennung als eine einseitige dargestellt werde; auch würde es an einem zureichenden Motiv für diese Darstellungsweise fehlen.

hat uns noch niemand darüber belehrt, wie αἰσθεσθαι, das ‚wahr-
nehmen' oder ‚merken' bedeutet, zu dem ihm hier beigelegten
Sinne gelangen kann. Oder vielmehr der einzige Vahlen hat
hier einen Interpretationsversuch unternommen, dem wir bei-
zupflichten ausser Stande sind: ‚τῷ αἰσθεσθαι … si recte intelligo
non tam „percipiendo" significat quam „offerendo obiiciendo
quod sensibus percipi possit", ut quae in exemplis dicuntur
κλινται ἐκκρύσαι'. Dazu in der 3. Auflage ein Zusatz, der auch
der Möglichkeit gedenkt, dass das Verbum αἰσθάνεσθαι hier
nichts Anderes bedeute als ‚sensu quodam affici uel moueri'.
Die erste dieser Erklärungen scheint mir kaum triftiger zu
sein, als wenn jemand behaupten wollte, ἐσθίω sei nicht immer
gleich ‚cibo vescor', sondern könne auch so viel bedeuten als
‚cibum offero quo alius vescatur'. Gegen die zweite Erklärung
muss ich die Thatsache geltend machen, dass αἰσθάνεσθαι schwerlich jemals und αἰσθεσθαι (so weit meine Umschau reicht) wohl
sicherlich niemals zur Bezeichnung von Gemüthsempfindungen
oder Affecten verwendet wird. Ich halte die Stelle für emen-
dationsbedürftig und glaube nach der Heilung nicht weit suchen
zu müssen. Ich nehme an, dass ἄχθεσθαι vermöge der leichtesten aller Irrungen im Archetypus als ΑΚΘΕϹΘΑΙ erschienen
ist: dass aber Κ und ΙϹ in den herculanischen Rollen z. B.
häufig gar nicht zu unterscheiden sind, weiss jeder, der mit
diesen vertraut ist. Ich beeile mich hinzuzufügen, dass, wenn
es eine Lücke auszufüllen gälte, ich nicht ἄχθεσθαι, sondern ein
Verbum von allgemeinerer Bedeutung, wie etwa παράττεσθαι, für
die angemessenste Ergänzung halten würde. Doch hat diese
Specialisirung des Gedankens für den Verfasser der Poetik,
der sich gern in einer mittleren Höhe der Abstraction erhält
und dem die zwei Beispiele, die ihm hier gegenwärtig sind,
die Richtung weisen, ganz und gar nichts Auffälliges. Wie
wenig es ihm in solchen Fällen um weitgehende Verallgemeine-
rung zu thun ist, dies kann uns ja in oben diesem Satze das
so specielle τι ἰδόντα lehren, das ihm nur darum in die Feder
kömmt, weil die Wahrnehmung in dem ersten seiner Beispiele
durch den Gesichtssinn vermittelt ist und er es nicht der Mühe
werth erachtet hat, das ἀκοῦων seines zweiten Beispieles vorweg
in Betracht zu ziehen. Denn pedantisch ist M. Schmidt's Zusatz:
ἰδόντα (ἢ ἀκούσαντα), gerade so pedantisch wie eines anderen

2*

Kritikers Vorschlag, Cap. 15, 54ª 22 f. zu schreiben: ἔστιν γὰρ
ἀνδρεῖον μὲν ⟨εἶναι ἢ ἐλεεινὸν⟩ τὸ ἦθος, weil ja im Folgenden auch
der weibische Klaggesang des Odysseus in der Skylla als Beispiel des Unziemlichen angeführt, der Leser aber auf dieses
Beispiel nicht vorbereitet werde.

War ich soeben genöthigt, Vahlen zu widersprechen, so
freue ich mich, seiner Auffassung des aus dem ‚Trugboten
Odysseus‘ entnommenen Beispiels der Erkennung beipflichten
zu können. Wir lesen 55ª 14 ff.: ὁ μὲν γὰρ τὸ τόξον ἔφη γνώσεσθαι
ὃ οὐχ ἑωράκει, τὸ δὲ ὡς δι᾽ ἐκείνου ἀναγνωριοῦντος διὰ τούτου ποιῆσαι πα-
ραλογισμόν. Darin steckt ohne Zweifel der Gedanke: A hatte
— in einer Situation, die für uns, wenn nicht etwa ein neuer
Fund Licht gewährt, immer eine dämmerhafte bleiben wird —
erklärt, er werde den Bogen des B und eben dadurch den B
selbst erkennen, während er jenen Bogen in Wahrheit nie gesehen hatte. Dadurch in Schrecken versetzt, sucht B ‚das ver-
meintlich verrätherische Moment zu beseitigen oder zu bemän-
teln, und gibt damit dem anderen nun erst einen wirklichen
Anhalt, um ... zu der Erkennung zu gelangen‘ (Vahlen, Zur
Kritik und Erklärung u. s. w., S. 17). Zur Herstellung des
verderbten Satzes hat Vahlen einen Schritt gethan durch den
Vorschlag, nach ποιῆσαι einen Beistrich zu setzen und παραλο-
γισμόν in παραλογισμός zu verwandeln; ferner hat er die Lesart
einer Handschrift: διὰ τοῦτο statt διὰ τούτου mindestens der Erwähnung werth erachtet. Mir gilt ποιῆσαι als völlig unverständlich, und ich verlange an seiner Statt ein Wort, das eben
jenes ‚Beseitigen‘, aber wohl nicht in dieser abstracten Allgemeinheit bezeichnet hat. Welche gründlichere Art der Beseitigung aber gäbe es als ein Verbrennen, mag nun dieses
vollbracht oder (was wahrscheinlicher ist) nur versucht worden
sein? Kurz, ich glaube den zweiten Theil des Satzes also
schreiben zu müssen: τὸ δὲ ὡς δι᾽ ἐκείνου ἀναγνωριοῦντος διὰ τοῦτο
ὑποπρῆσαι, παραλογισμός. Und nun noch eines. Soviel ich sehen
kann, hat bisher niemand daran gezweifelt, dass der Besitzer
des Bogens, also unser B, kein anderer als Odysseus selbst sei.
Es lag so verführerisch nahe, an den gewaltigen Bogen zu
denken, den dieser in seinem Palast zu Ithaka allein zu spannen
vermochte. Man hat jedoch hierbei, falls ich nicht irre, zweierlei
übersehen. Erstens, Odysseus tritt nur in seiner Heimat, wo das

Drama nicht wohl gespielt haben kann, nicht aber im Krieg
als Bogenschütze auf. Zweitens aber und hauptsächlich: wie
unwahrscheinlich, dass dort, wo eine feinberechnete Täuschung
mit vollendeter Kunst vollführt ward, der geriebene Schlaukopf
Odysseus der Getäuschte und nicht vielmehr der Täuschende
gewesen ist.

Den Schluss des Capitels bildet jener entweder ganz und
gar auf Interpolation beruhende oder doch aufs gröblichste
entstellte Satz (55ᵃ 19 f.): αἱ γὰρ τοιαῦται μόναι ἄνευ τῶν πεποιη-
μένων σημείων καὶ δεραίων. Wahrlich, wie Ironie klingt es, wenn
Vahlen hierzu im Commentar bemerkt: ‚haec planissima sunt
quamquam a Spengelio prave intellecta'. Spengel hat (Aristot.
Studien IV 51) unseres Erachtens das Vorhandensein eines
Textesschadens vollkommen richtig erkannt, aber seine Heilung mit unzulänglichen Mitteln in Angriff genommen. Der
Thatbestand ist einfach dieser. Aristoteles hatte im Vorangehenden fünf Arten der Erkennung durchmustert: die durch
Wahrzeichen erfolgende, die vom Dichter gleichsam gemachte,
die durch Vermittlung der Erinnerung bewirkte, die auf einem
Schluss oder einer Combination beruhende, endlich die aus
dem Verlauf der Begebenheiten von selbst hervorgehende Erkennung. Dass er der letzten Art den obersten Rang einräumt, das steht wie mit seiner allgemeinen Theorie vom Aufbau
der Fabel so mit der Reihenfolge, in der die fünf Erkennungsweisen erscheinen und die augenscheinlich eine sorgsam
durchgeführte Klimax bildet, im besten Einklang. Eine weitere Begründung dieses Vorrangs, etwa durch den Hinweis
darauf, dass diese Erkennungsweise allein von jedem Anflug
von Willkür und Absichtlichkeit frei sei, ist zwar völlig entbehrlich, aber darum nicht unmöglich. Vielleicht hat etwas
Derartiges in Wahrheit einmal dagestanden, und die Worte
μόναι γὰρ ἄνευ mögen ein Rückstand dieses verständlichen und
verständigen Gedankens sein. Der Rest des Satzes aber ist
heller Unsinn. Wenig frommt es, mit Spengel zwischen πεποι-
ημένων und σημείων ein καὶ einzuschalten, was auch darum kaum
zulässig scheint, weil Aristoteles zwar ἀναγνωρίσεις πεποιημένας
aber damit noch keineswegs πεποιημένα innerhalb der ἀναγνωρίσεις
kennt. Ich schweige von dem Anstoss, den die Coordination
des Genus und der Species (der Wahrzeichen und der Hals-

bänder) darbietet, ein Anstoss, den man vielleicht mit unge-
wöhnlicher Lebhaftigkeit der Rede — zu der nur eben kein
besonderer Anlass vorliegt — zu entschuldigen versuchen
könnte. Allein nichts und niemand vermag den Widersinn
hinwegzuräumen, der darin liegt, dass jenes ,sie allein sind
frei von den gemachten Wahrzeichen und Halsbändern' auch
den durch die Erinnerung und den durch Combination vermittelten Erkennungsweisen diesen Makel anheftet, während
selbst die nachträgliche, freilich folgewidrige Milderung dieses
Urtheils, die der vierten Erkennungsweise zu Theil wird (δεύτεραι
δὲ αἱ ἐκ συλλογισμοῦ), der dritten ganz und gar versagt bleibt.

III.

Studien zur Geschichte der altdeutschen Predigt.

Von

Anton E. Schönbach,

corresp. Mitglied der kais. Akademie der Wissenschaften.

Erstes Stück:

Ueber Kelle's ‚Speculum Ecclesiae‘.

Auf den folgenden Blättern wird der Versuch gemacht, die lateinische Vorlage der wichtigen Sammlung altdeutscher Predigten, die Johann Kelle 1858 (München, Franz) veröffentlicht hat, zusammenzustellen. Zwar hat bereits R. Cruel in seinem ausgezeichneten Werke ‚Geschichte der deutschen Predigt im Mittelalter‘ (Detmold 1879), S. 169 f. für eine bedeutende Anzahl von Stücken die Quellen mit grosser Mühe ermittelt, allein seine Angaben bedürfen doch in vielen Punkten der Berichtigung. Ich habe deshalb auch hier das Verfahren eingeschlagen, welches sich, wie mir scheint, beim zweiten und dritten Bande meiner ‚Altdeutschen Predigten‘ (1888. 1891) bewährt hat: ich habe die gefundenen lateinischen Vorlagen, so weit sie von dem deutschen Bearbeiter benutzt worden waren, zusammengetragen und in stetem Vergleiche mit dem deutschen Texte zum Abdrucke gebracht. Es ist damit, glaube ich, die urkundliche Grundlage für das Studium dieser Sammlung deutscher Predigten gegeben, und von welcher Seite her immer man an sie herantreten und sich mit ihnen wissenschaftlich beschäftigen mag, man wird diese lateinischen Quellen nirgends entbehren dürfen. Die Arbeit ist von mir zuerst 1887 unternommen und im Wesentlichen durchgeführt worden, seither habe ich sie noch zweimal genau überprüft, so dass ich jetzt nichts Besseres zu bieten weiss.

Einige Zeit hindurch habe ich geschwankt, ob ich die
behandelte Predigtsammlung nicht zweckmässiger nach dem
ältesten nachweisbaren Aufenthaltsorte der Handschrift, dem
Kloster Benedictbeuern, benennen sollte, da der vom Herausgeber gewählte Titel ‚Speculum Ecclesiae‘ sich sachlich kaum
rechtfertigen lässt und zu Schlüssen auf Beziehungen verleitet,
die nicht zutreffen. Allein diese Bezeichnung des Denkmals
ist einmal in der deutschen Philologie herkömmlich, bei allen
Wörterbüchern, Grammatiken u. s. w. im Gebrauch, und eine
Veränderung wäre nur dann räthlich, wenn es gelänge, eine
vollkommen passende ausfindig zu machen. Das ist aber so
lange nicht der Fall, als wir das alemannische Kloster nicht
kennen, in dem diese deutsche Arbeit ursprünglich entstand,
und so lange wir nicht wissen, woher die Abschrift kam, die
nachmals in Benedictbeuern eine bleibende Stätte fand. So
mag es bis auf weiteres bei dem bekannten Titel bleiben.

Den Eingang der Handschrift bilden sieben vollständige
liturgische Stücke und der Anfang eines achten; sie sind sämmtlich zuletzt unter der Ueberschrift ‚Benedictbeurer Glaube und
Beichte III‘ in der dritten, durch Steinmeyer besorgten Auflage
von Müllenhoff-Scherer's Denkmälern als Nr. XCVI herausgegeben worden. vgl. dazu die Anmerkungen 2, 451 ff. Nach 3ᵇ
folgt eine Lücke von zwei Blättern. Da, wie sich zeigen wird,
von der ersten Predigt nur ein kleines Stück fehlt, so hat auf
den mangelnden Blättern entweder eine ganz kurze Predigt gestanden, oder, was ich für wahrscheinlicher halte, noch ein paar
Gebete, vielleicht eines des Predigers oder eine Ansprache an
die Zuhörer, wie sie gelegentlich vorkamen; vgl. Guibertus de
Novingento, Liber, quo ordine sermo fieri debeat, Migne 156,
24 C. Gottfried von Admont, Liber de benedictionibus Jacob
cap. 11, Migne 174, 1158. Hugo de St. Victor, Miscellanea (Excerpte aus seinen echten Werken, aber nicht von ihm, sondern
von Victorinern zusammengestellt, vgl. Hauréau, Notices et Extraits 2, 269), Lib. 6, tit. 15, Migne 177, 819 B. Petrus Cantor,
Verbum Abbreviatum cap. 7, Migne 205, 40 ff. Demnach wäre
das Stück, welches 8, 10 beginnt, die erste Predigt der Sammlung.

1. 8, 10 — 13, 16.

Die fehlende Ueberschrift des Stückes wird gelautet haben *De adventu Domini*; Steinmeyer hat Anz. f. d. Alterth. 2, 228 etwas zu enge den ersten Adventsonntag angenommen. Als Quelle der Predigt hat Cruel S. 169 den Sermo de adventu Domini ermittelt, der in den Deflorationes Patrum des Werner von Ellerbach, Migne 157, 751 ff. steht. Er sagt über dieses Verhältniss: ,Den Schluss hat der Verfasser hinzugefügt, die ganze übrige Predigt ist eine Uebersetzung —, woraus nur eine Anzahl längerer und kürzerer Stellen weggelassen ist'. Diese Angabe kann ich nicht ganz als richtig gelten lassen. Es gibt nämlich von dieser lateinischen Predigt noch eine zweite gedruckte Fassung, die von Beaugendre und Bourassé als Eigenthum Hildeberts von Lavardin, Bischof von Le Mans, später Erzbischof von Tours, angesehen und in ihrer Sammlung der Sermones de Tempore dieses Autors als Nr. 1 In adventu Domini, Sermo primus, gedruckt worden ist, Migne 171, 343—347. Aber auch Hildebert ist nicht der Verfasser dieser Predigt, sondern Gaufredus Babion, der Scholasticus von Angers (vgl. Bourgain, La chaire française au XIIe siècle, p. 63 f.), das hat Hauréau, Notices et Extraits 2, 100) gezeigt, der hinzufügt S. 101: ,Faisons remarquer que ce sermon n'est pas complet dans l'édition de Beaugendre. La fin manque.' Die Vergleichung des deutschen Stückes mit den beiden lateinischen gedruckten Fassungen bestätigt diese Beobachtung von Hauréau. Vor allem aber ergibt sich, dass nicht die Fassung in Werner's Deflorationes dem deutschen Bearbeiter vorgelegen hat, sondern eine andere, welche dem Drucke in Hildeberts Werken ganz nahe steht, wahrscheinlich aber mit der handschriftlich überlieferten des Cod. 12420 der Bibliothèque Nationale identisch ist. Den Text der Predigt bildete Isai. 35, 4—6: Dicite pusillanimis *(pusillanimes* hat Hildebert und das Pariser Ms.): confortamini et nolite timere: ecce Deus vester (ultionem adducet retributionis, Deus ipse — fehlt bei Hildebert und Werner) veniet et salvabit vos. tunc aperientur oculi caecorum, et aures surdorum patebunt. tunc saliet sicut cervus claudus, et aperta erit lingua mutorum —. Der Anfang der Predigt, welcher im Deutschen mangelt, lautete lateinisch: Ante adventum Domini,

1*

fratres charissimi, in tanta caligine genus humanum volvebatur,
quod nec Deum cognoscebant, neque verba ejus audire vole-
bant, neque bene operabantur, neque peccata sua confitebantur.
cumque multis animae infirmitatibus detinerentur, placuit summo
medico eos visitare et suis medicinis eos relevare. sed notat
Isaias propheta in quatuor languoribus eos specialiter laborare.
caeci enim erant, et surdi, et muti, et claudi. Mit dem nächsten Satze beginnt das deutsche Stück.

8, 10—13 Hildebert 343 B: cum aegritudines eorum sanare
vellet, ne miseri desperarent, voluit eis adventum suum prae-
nuntiare, voluit consolationibus suis eos confortare. Werner
liest 751 D: *voluitque eos confortationibus suis consolare*; der
deutsche Text hat: *unte mit sinem troste sterchen*, woraus
schon erhellt, dass die Fassung im Drucke bei Hildebert benutzt wurde. Ich merke an, dass in diesem Stücke durch die
einfachen Worte *zwirelu* 8, 12. 17. 10, 32. 11, 5; *zwivil* 10, 26.
11, 11 *desperare* und *desperatio* übersetzt werden. Althoch-
deutsch war das, wenn Graff 5, 724 ff. gut unterrichtet ist,
noch nicht der Fall, und die Beispiele des Mhd. Wtb. 3, 960
scheinen zu lehren, dass diese Bedeutung in alter Zeit auf die
geistliche Prosa beschränkt war.

8, 13 f. Hildebert 343 B: vultis audire qui sunt legati?
Isaias et alii prophetae. — Daraus und aus der allzu grossen
Knappheit des deutschen Ausdruckes scheint mir hervorzugehen, dass hier etwas ausgefallen ist, vielleicht: *wellet ir ver-
nemen, wer die boten sint (die) er da vur sante?* oder eine
kürzere Construction.

8, 15—22 Hildebert 343 B: Audite quam consolationem
legatis injunxit: vos, ministri mei, dicite miseris, qui jacent in
doloribus, qui desperant in infirmitatibus: o, ,pusillanimes, confortamini, quia ecce Deus vester veniet'. ecce medicina vestra.
ecce salus vestra veniet et salvabit vos. eas infirmitates, quibus
subjacetis, sanabit. quia ,tunc aperientur oculi caecorum, et
aures surdorum patebunt, tunc saliet sicut cervus claudus, et
aperta erit lingua mutorum'. Weil der deutsche Bearbeiter
16 *ligent* für das Präsens *jacent* schreibt, braucht man nicht
zu schliessen, er habe für sein *die da gezwivelt habent* in der
Vorlage *desperaverunt* gefunden: er fasste die Verzweiflung
als einen vorübergehenden, das Krankenlager als einen dauern-

den Zustand auf. — 19 ff. *got iwir, iu, iuch, iwirn* (mit lateinischer Wortstellung) weist auf Hildeberts Fassung *rester, restra, ros,* gegen Werner's *noster, nostra, nos.* — 19 f. ziehen die Vorlage zusammen, dagegen sind die *botin* 21 verdeutlichend eingeschaltet.

8, 22—27 Hildebert 344 A: cacci erant, quia Deum ignorabant; surdi, quia verba ejus negligebant; claudi, quia recte per bona opera non incedebant; multi, quia peccata sua tacebant. haec surditas et caecitas et alia, quae sequuntur, a primo homine initium sumpserant.

8, 27—9, 13 Hildebert 344 A B: Adam enim in primo praecepto sibi a Deo injuncto surdus effectus est. cum enim dictum sit ei: ,in quacunque die de ligno scientiae boni et mali comederitis, morte moriemini‘ (Genes. 2, 17), non audisse visus est ,morte moriemini‘, cum non fuerit observator mandati. caecus fuit, cum verba daemonis intellexit, dicentis: ,et eritis sicut dii‘ (Genes. 3, 5). cum enim putaret se fieri Deum, excaecatum jam gerebat animum. quod deinceps ei improperavit Dominus, dicens: ,ecce, Adam factus est quasi unus ex nobis‘ (Genes. 3, 22). quod deridendo dixit. qui putavit se futurum Deum, modo invenit se miserum. ,factus est quasi unus ex nobis‘, id est, similis Patri et Filio et Spiritui sancto, id est, factus est Deus. quod sub ironia dictum est, quia se aliter invenit, quam putavit. — Der deutsche Bearbeiter hat also in Wirklichkeit nur ein paar kleine Zusätze aus seiner Kenntniss der biblischen Erzählung des Sündenfalles beigefügt, im Uebrigen die Abfolge der Gedanken vereinfacht und ist der Freiheit des französischen Predigers ausgewichen, indem er Gottes Worte nicht als Spott und Ironie bezeichnete. — 6 *gewizzin* bedeutet hier unzweifelhaft ,Sinne, sensus‘: Gesicht und Gehör. *daz er gotis gebot ver-chos* braucht nicht in *do er* geändert zu werden, vgl. C. Kraus, Deutsche Gedichte des 12. Jahrhunderts (1894), Anm. zu XI, 477.

9, 13—23 Hildebert 344 B: claudicavit Adam, quia, dum coepit incedere, id est operari (das fehlt Werner, in deutschen Texte muss es statt: *do er got solte haben geworft* heissen: *do er guot solte haben geworht),* pravo gressu incessit. vulneratus est enim aculeo mortis et venenosi serpentis, et male operando claudicavit. primum, quod legitur fecisse, peccatum est. duos

pedes debet habere homo, dilectionem Dei et proximi. qui
altero eorum caret (somit ist 19 zu lesen: *swer der dewedirs
ane ist*), claudus est. Adam vero claudicavit, quia nimium
uxorem dilexit, sed ab amore Dei se retraxit. Deum non dilexit, cujus mandatum neglexit. uxoris amorem Dei amori
praetulit, cum libentius uxoris persuasioni quam Dei obedivit
voluntati. itaque claudicavit (fehlt Werner). — Der deutsche
Bearbeiter hat hier seine Vorlage ein wenig zusammengezogen.

9, 23—30 Hildebert 345 A: mutus vero fuit in confessione
peccati, quia non solum non confessus est peccatum, sed ex-
cusare coepit malefactum, dicens: ‚mulier, quam dedisti mihi,
dedit mihi de ligno, et comedi‘ (Genes. 3, 12). cum enim ait:
‚mulier, quam dedisti mihi‘, in mulierem culpam convertit, et
Deum etiam infamare voluit in hoc verbo, quod dedit. —
24 l. *leider sine schulde*, wofern nicht überhaupt etwas ausgefallen ist, vgl. Zeitschr. f. d. Alterth. 24, 88. — Die Fassung
Werner's schliesst hier S. 755 f. zwei grössere Citate aus Augustinus an und die Bemerkung: hic dividatur sermo, si placet.
Das fehlt Hildebert und dem deutschen Texte gleichermassen.

9, 30 — 10, 8 Hildebert 345 A: audistis, fratres, quomodo
Adam surdus, caecus, claudus et mutus effectus est. in haec
eadem vitia genus humanum devolutum erat, antequam Christus
in mundum venisset. adeo homines excaecati erant, quod idola
colerent (33 *an pettin*, Werner *coluerunt*). — surdi erant juxta
hoc quod Isaias ait: — ‚Domine, quis credit auditui nostro‘?
(Isai. 53, 1 == Joann. 12, 38. Rom. 10, 16 — fehlt Werner). —
claudicaverunt male operando, juxta illud: ‚omnes declina-
verunt —; non est qui faciat bonum‘ (Psalm. 13, 3). muti facti
sunt tacendo peccata. — Sechs Bibelcitate sind im Deutschen
fortgelassen, offenbar weil es dem Bearbeiter unmöglich schien,
sie ohne Erläuterung zu verstehen.

10, 8--19 Hildebert 345 C: haec omnia, fratres charissimi,
sanavit medicus coelestis. caecos illuminavit, cum aperuit sensus hominum, ut intelligerent Scripturas, et cum Patrem suum
annuntiavit mundo (wird im Deutschen in den verständlicheren
heilant umgesetzt) —. aures aperuit, cum clamabat: ‚qui habet
aures audiendi, audiat‘ (Matth. 7, 16). et gentilis populus
habuit aures apertas, cum praedicationem ejus libenter suscepit.
— et haec sunt (*illa duo* Werner), quae promisit propheta, cum

ait: ‚tunc aperientur oculi caecorum, et aures surdorum patebunt‘.
— Hier sind drei Bibelstellen im Deutschen weggelassen.

10, 19 — 11, 5 Hildebert 345 D: Sequitur — claudi erant,
ut diximus, quia recte non incedebant, bonis operibus non va-
cantes; sed gressus hominum direxit, cum corda eorum ad viam
coelestis patriae direxit (es ist also 22 statt *erwachte* zu lesen
errachte). corda directa sunt, cum neque ad dexteram, neque
ad sinistram divertunt. dextera est misericordia Dei. sinistra
autem est desperatio, unde ait Isaias: ‚haec est via, ambulate
in ea, neque ad dexteram, neque ad sinistram divertentes‘ (Isai.
30, 21). Judas et diabolus, qui desperaverunt, ad sinistram
diverterunt (31 l. *rervielin*). Origenes vero, qui nimium con-
fidendo in misericordia Dei praedicavit diabolum salvandum
esse, idque post mille annos, nimis ad dexteram exorbitavit.
itaque medius callis sequendus est, ut neque desperent homines,
neque confidentes in misericordia licenter peccent. — Ein folgender Vergleich mit der Bundeslade bleibt im Deutschen weg.

11, 6—17 Hildebert 346 B: ideo David ait: ‚beneplacitum
est Deo super timentes eum, et in eis, qui sperant super misericordia ejus‘ (Psalm. 149, 4 + 32, 18). utrumque posuit, spem
et timorem. spes sine timore praesumptio est: timor sine spe desperatio est. timor aufert nimiam securitatem, ne nimis adhaereat dexterae (zu ergänzen wird sein: spes in misericordia
aufert praesumptionem, ne nimis adhaereat sinistrae. Beide
Sätzchen sind im Deutschen 12 f. zusammengezogen). de hac
via recta ait Johannes: ‚parate viam Domini, rectas facite semitas Dei nostri‘ (Isai. 40, 3. Matth. 3, 3. Marc. 1, 3. Luc. 3, 4).
sed in hac recta via saliendum est, unde dicitur: ‚et saliet
sicut cervus claudus‘. — Bei Werner steht darnach eine grosse
Einschaltung über die *genera cerqorum*, die bei Hildebert und
im Deutschen fehlt.

11, 17 — 12, 3 Hildebert 346 C: cum venerit ad loca spi-
nosa et lutosa, transiliet (Werner: *saliendo* transilit). similiter,
peccator, si occurerit tibi amor divitiarum, quae pungunt sollicitudine, si lutum (so Werner, bei Hildebert: tactus amore)
luxuriae vel alicujus voluptatis fetidae, transilito mente (so
Werner, Hildebert: transiliendo dimitte). Hier setzt der
deutsche Text eine Fassung voraus, die der Werner's näher
steht. Das geht schon aus den letzten Worten hervor, die 23

wiedergegeben werden: *so schuln wir mit rrumchlichem muote
drubir springin;* das Folgende wird dann zu lesen sein: *unt
schuln diz ze gemuote (diz ze guote?) da hicherin.* Die lateinische Vorlage hält den Gegensatz des Bildes fest: *spinae—
lutum.* Vielleicht ist darnach im Deutschen 22 ein unbelegtes
sunftecliche zu schreiben = *lutosa*, vgl. Otfrid 5, 23, 110:
*wir hirun zi unmezze hiar emmizzen mit hazze, in suntôno
sunftin mit grôzên ungizunftin.* — cervus deserit valles et
ascendit montes. tu desere terrena et pete coelestia. (Darnach
bleibt eine Bibelstelle im Deutschen weg.) cervus senescens
devorat serpentem et tunc nimio ardore currit ad fontem, post
cujus potum deponit veterem pellem et cornua et rejuvenescit
(Werner: *reririscit*). sic, peccator, occide serpentem et curre
ad fontem, id est ad Christum, et depone veterem hominem,
id est superbiam, ut dicas cum David: ‚quemadmodum desiderat cervus ad fontes aquarum, ita desiderat anima mea ad
te‘ (Psalm. 41, 1). — Ausser einigen kleinen Zusätzen aus der
Bibelsprache ist im Deutschen 35 f. als Erläuterung beigefügt.

12, 3—15 Hildebert 346 D: Sequitur: ‚et aperta erit
lingua mutorum‘. cum enim clamaret Christus (der Zusatz im
Deutschen hält die Disposition aufrecht): ‚agite poenitentiam‘
(Matth. 3, 2), qui prius erubescebant confiteri peccata sua,
tunc poenituerunt; confessione peccata sua detexerunt. clamavit veniam Maria, quae prius muta erat. clamavit veniam
latro in cruce, qui prius tacebat (*peccata* nach Werner). ecce
muta locuta est, ecce mutus locutus est. ostendimus, quid utili-
tatis adventus summi medici mundo intulit. completa est prophetia, venit medicus, aegrotos curavit. — Hiermit schliesst
Werner's Fassung; dass er aber seine Vorlage nur abgebrochen
hat, lehren seine eigenen Worte 755 D): verum quia de primo
adventu Christi quaedam protulimus, congruum est, ut et de
secundo ejus adventu aliqua proferamus.

12, 15—30 Hildebert 346 D: sed quae utilitas nobis salus
aliorum, nisi nobis haec curatio profuerit. timendum, ne aliquis
inter nos adhuc in infirmitate jaceat. omnium tamen nostrum
oculi sunt aperti, quia fideles estis, Deum cognovistis —. sed
aliquando surdi estis, quia verbum Dei audire fugitis, aut
auditum contemnitis. cavete, ne vobis dicatur: ‚propterea vos
non auditis, quia ex Deo non estis‘ (Joann. 7, 37). aliqui enim

vestrum claudicant, quia male operantur. aliqui etiam ob-
mutescunt, quia peccata confiteri erubescunt. sed modo est
tempus confessionis et satisfactionis, quia imminent jejunia.
(Es ist also klar, dass die Predigt auf einen Sonntag des Adventes fällt.) quid autem est jejunium nisi satisfactio? quid
autem valet satisfactio, nisi praecedat confessio? prius dimitte
culpam et recognosce eam, antequam quaeras veniam et susti-
neas satisfactionis poenam. parate ergo vos Domino venienti
et praecinite Domino in confessione peccatorum, ut in die
Nativitatis ejus psallatis ei in confessione laudum. dies enim
Adventus non sunt nisi praeparatio quaedam, — ut videlicet
digni simus futura solemnitate et gaudio Nativitatis nostri regis.
antiqui Patres contra Adventum Christi se praeparabant, ut
digni essent redemptione futura. — 24 f. *gemelichen*. — Die Erwähnung des jüngsten Gerichtes ist ausgeführt mit Hilfe der
bekannten Stellen: Matth. 16, 27. 2 Tim. 4, 1. 1 Petri 4, 5.
Job 19, 25 ff. Joann. 5, 25 ff. 1 Cor. 15, 35 ff. Wahrscheinlich
fand sich das schon in der benutzten Fassung der lateinischen
Vorlage.

12, 31 — 13, 16 Hildebert 347 C: ergo ,hora est jam nos
de somno surgere. abjiciamus ergo opera tenebrarum et induamur arma lucis, sicut in die honeste ambulemus. non in
comessationibus et ebrietatibus' (Röm. 13, 11 f.). vitate ebrie-
tates, abstinete a carne. gula vos non inquinet. amator enim
munditiae et sobrietatis est Dominus, quem exspectamus. nonne
domus vestras egregie ornaretis (daher l. 6: *so ziertit irz*),
si ad vos venturus esset imperator temporalis? ornate corda
vestra virtutibus, ut digne recipiatis Regem angelorum. — Es
ist nicht unbedingt nöthig, dass für 9—15 noch eine Vorlage
angenommen werde, da sich hier nur bereits vorgekommene
Gedanken wiederholen. 13 l. *sinen zorn ruoch von uns ze
chern*. Die Formel 16 lautet: Adjuvante eodem Domino nostro,
qui cum Patre et Spiritu sancto vivit et regnat per saecula
saeculorum. So heisst sie auch in der Fassung Hildeberts.

2. 13, 17 — 17, 11.

Hier verhält sich die Sache fast ebenso wie bei dem
ersten Stück. Cruel hat zuerst die Quelle dafür angegeben
und spricht sich darüber S. 169 folgendermassen aus: ,Auch

diese Predigt ist die Uebersetzung einer Rede in Werner's
Deflorationes (col. 788), und zwar der zweiten Hälfte, während
der doctrinäre Inhalt der ersten Hälfte in ein paar einleitenden
Sätzen erledigt wird. Dass der Uebersetzer einzelne Stellen
ausgelassen, ist hier wie überall selbstverständlich, dagegen
hat er den Passus über das Einhorn aus der Weihnachtspredigt des Honorius entlehnt und hier eingefügt.' Der Sermo
de Nativitate Domini bei Werner 788—794 ist aber eine Bearbeitung dessen, der als In Nativitate Domini sermo tertius
unter dem Namen Hildeberts von Lavardin in der Sammlung
De tempore Nr. 11 (Migne 171, 390—394) abgedruckt ist.
Und dieser hinwiederum gehört nicht Hildebert, sondern aber-
mals dem Gaufredus Babion, wie Hauréau a. a. O. 1, 34 f. nachgewiesen hat. Wenn Cruel meinte, der deutsche Bearbeiter
habe so sehr Vieles aus seiner lateinischen Vorlage fortgelassen,
so steht es nunmehr so, dass er eine andere Fassung genau
benutzt hat, indess das Original durch Werner bedeutend erweitert worden ist.

13, 18 — 14, 1 Hildebert 390 C: ,Apparuit benignitas et
humanitas Salvatoris nostri Dei, non ex operibus justitiae,
quae fecimus nos, sed secundum misericordiam suam salvos nos
fecit' (Tit. 3, 5: lectio zur zweiten Messe des Weihnachtsfestes).
Acquisierat sibi, fratres, genus humanum astutia diabolicae
fraudis. subdiderat illud suae ditioni per peccatum primi parentis. Dominus vero — sic voluit genus humanum per gratiam
redimere —. tali ergo consilio egit Dominus de humana reparatione. necessarium erat, ut — talis mitteretur, qui — cum
sapientia omnia tractaret. Adam purus homo fuit et ideo ex
humana fragilitate tentationibus diabolicis succubuit; et propterea purus homo ad redemptionem mittendus non foret, qui
vel per se, vel, cum tentaretur, peccare potuisset. angelus
tamen non erat mittendus in hac militia, quia peccare poterat,
qui prius peccavit in superbia. necessario igitur mittendus erat,
qui peccare non poterat. — missus est ergo Filius —. Dabei
ist eine Erörterung über das Verhältniss der Personen der
Trinität im Deutschen weggeblieben. 13, 29 ist statt *niemen
wolte er sentin* zu lesen: *deheinen reinen menschen wolte er sentin.*

14, 1—26 Hildebert 391 B: ,apparuit' ergo ,benignitas et
humanitas Salvatoris nostri Dei', id est Deus et homo. ,non'

tamen ,ex operibus justitiae. quae fecimus nos, sed secundum
misericordiam suam salvos nos fecit. revelata est enim Christi
nativitas multis modis. revelata est per angelos pastoribus,
revelata est per stellam regibus. audivimus enim in Evangelio,
quod ,pastores erant in regione eadem vigilantes et custodientes
vigilias noctis super gregem suam. et ecce angelus Domini
stetit juxta illos, et timuerunt timore magno. et dixit eis angelus: nolite timere. ecce enim evangelizo vobis gaudium magnum, quod erit omni populo, quia natus est vobis hodie Salvator, qui est Christus Dominus' (Luc. 2, 8 ff.). et ubi est natus?
in civitate David, id est Bethlehem. ,et hoc vobis signum:
invenietis infantem pannis involutum et positum in praesepio.
et subito facta est cum angelo multitudo militiae coelestis exer-
citus laudantium Deum et dicentium: gloria in excelsis Deo,
et in terra pax hominibus bonae voluntatis'. hoc audientes pastores venerunt usque Bethlehem, et viderunt, sicut dictum
fuerat, ad illos per angelum. — 14, 9 *gelern* übersetzt *audivimus*;
12 *allin gahes* == *ecce.* Dass 12 der Engel bei den Hirten
Gabriel heisst, steht nicht im Evangelium, ist aber eine alte
Ansicht der Kirchenlehrer; vgl. Gregor M., Homil. in Evang. 34,
Migne 76, 1250 f.; Beda im Lucascommentar, Migne 92, 332. —
13 Luc. 2, 9: et claritas Dei circumfulsit eos. Es muss daher
gelesen werden: *unt wiel* (statt *ril*) *michil licht al umbe si.*
Der deutsche Bearbeiter citiert also das Evangelium genauer
als die Vorlage. — 14 f. gemäss dem Texte ,nolite timere, ecce
enim evangelizo vobis gaudium magnum —' ist hier etwas
ausgefallen; ich vermuthe, es ist zu lesen: niwit furhtit iu,
wan ich tuon iu hic ze stete chundunge —. 18 f. *chint,* 20 f.
menige sind χατα χοινου construiert, aber unter dem Zwange der
lateinischen Vorlage. — 19 Es darf nicht *iz* vor *ist geleit* eingeschaltet werden, vgl. Kraus a. a. O. Anm. zu II, 107. X, 39.
— 21 Auf eine Ergänzung weist wohl das Einschaltungszeichen
der Handschrift nach *got* (Zeitschr. 24, 89).

14, 26 — 15, 7 Hildebert 391 D: merito hoc angelus nuntiavit, quia Rex angelorum natus erat. et dignum erat, ut cum
magna luce apparuisset angelus, quia solem justitiae, lumen
in tenebris declaravit exortum. pastoribus nuntiatus est, quia
natus est ille, qui ait: ,ego sum pastor bonus' (Joann. 10, 11).
per stellam apparuit regibus, quia Rex erat et Stella. Rex,

unde scriptum est: ‚ego autem constitutus sum Rex ab eo‘
(Psalm. 2, 6); Stella, unde scriptum est: ‚orietur stella ex Jacob‘
(Numer. 24, 17). merito itaque apparuit pastoribus et regibus,
quia ipse erat rex et sacerdos natus de regali et sacerdotali
genere. de regali semine, quia de semine David; de sacerdotali, quia Maria cognata Elisabeth erat. — 14, 30 *wesin offin-
bare inrunnin* ist ganz der Vorlage nach construiert; mit der
Auffassung von *inrunnin* hatte übrigens Bech, Germania 4, 495
recht. — Die selbständige Bibelkenntniss des Bearbeiters zeigt
sich 33, wo er aus Joann. 10, 11 noch übersetzt: bonus pastor
animam suam dat pro ovibus suis, dann 35 f., die nach ‚Rex
regum et Dominus dominantium‘ 1 Timoth. 6, 15. Apoc. 19, 16,
sowie nach Ps. 146, 4. 148, 3 erweitert sind. — Zu 15, 1
vgl. Rabanus Maurus, Migne 112, 1051. — Gemäss der Vorlage ist 15, 5 nach *geslahte* ausgefallen: *was er geborn, wan er
was uz kunic Davidis geslahte; von ewartlichem geslahte* —.
Die überlieferte Verbindung zwischen Christi Abstammung und
der Verwandtschaft Maria's und Elisabeth's ist Unsinn.

15, 7—25 Hildebert 392 A: sed audite, quid attulit:
‚ecce evangelizo vobis gaudium magnum, quia natus est vobis
hodie Salvator‘. vere gaudium magnum. captivi eramus in carcere, jacebamus in infirmitate. natus est medicus. ecce gaudium
magnum. multo magis erat gaudendum (so Werner, Hildebert
gaudium) hominibus, cum angeli gauderent et dicerent: ‚gloria
in excelsis Deo‘. gaudium erat apud angelos de restauratione
diminuti ordinis. laudabant Dominum de reparatione hominum
ad restaurationem angelorum. — notandum est, quare dixit
‚bonae voluntatis‘, et non actionis, quia voluntas bona sufficit,
si facultas operationis desit. itaque bona voluntas valet aliquando sine operatione bona; operatio vero nunquam sine bona
voluntate. — Fortgelassen ist im Deutschen ein dogmatisches
Stück, zugesetzt 16 f. die wohlbekannte Auffassung des zehnten
Engelchores und seines Falles mit Lucifer. Gemäss der Vorlage ist 22 zu schreiben: *der genuogit da ze guote* und 23 *hilfet
da ze guote*.

15, 25 — 16, 13 Hildebert 392 C: ostendimus, fratres charissimi, quomodo apparuit benignitas et humanitas Salvatoris,
sed non est silendus ordo gloriosae ejus nativitatis. — ait enim
Isaias: ‚egredietur virga de radice Jesse, et flos de radice ejus

ascendet —' (Isai. 11, 1). hoc etiam ostensum est prius in figura
Aaron. Dominus enim praecepit de singulis tribubus virgas
afferri. allatae sunt virgae duodecim, inter quas etiam una,
quae fuerat Aaron sacerdotis; positae sunt a Moysi in tabernaculo testimonii. virga autem Aaron post alterum diem invenitur produxisse flores et frondes. et peperisse nuces (Numer.
17, 1—8). ecce prophetia et figura: Jesse fuit pater David,
radix Jesse familia Judaeorum, virga est Maria, flos filius ejus —.
similiter virga Aaron, quae sine semine produxit nuces, signat
Mariam, quae sine semine genuit Christum. in nuce, quae
signat corpus Dominicum, tria sunt: cortex, testa, nucleus.
cortex amarus designat carnem, quae habuit passionis amaritudinem. testa significat ossa. nucleus interior animam virtutibus candidam. — Nur an einer Stelle 15, 28 ist vor dem
Citat ein Satz ausgelassen, der auf die Fülle der Prophezien
und Vorbilder hinweist. — 26 l. *guotheit* (statt *gotheit*). —
28 l. *Dannin sprichit s. Isaias.* — 30 ff. Die Erzählung von
Aarons Gerte ist hier sowohl nach den Angaben der Vulgata
selbst als nach denen der Commentatoren (denn dass die Gerten
dürr waren, steht nicht im biblischen Text) bestimmter gegeben
worden. Sie war besonders bekannt durch die Nachbildung
im Evangelium Pseudo-Matthaei, ed. Tischendorf cap. 8, p. 66 ff.
— 16, 31. wahrscheinlich: *do iz des andern morgins wart.* —
4 l. *gicunnin.* — 7 fehlt gemäss der Vorlage nach *bezeichente:
der judin kunni, diu gerte bezeichente* —. Vgl. dazu Anselm
Salzer, Die Sinnbilder und Beiworte Mariens (1893), bes. 118,
Anm. 1. — Recht geschickt ist 10 ff. die schwierige Auslegung
der Vorlage vereinfacht worden.

16, 14—23 ist, wie schon Cruel angab, aus der Weihnachtspredigt bei Honorius Augustodunensis im Speculum Ecclesiae,
Migne 172, 819 B übertragen. Die Uebereinstimmung ist wörtlich,
daher nicht daran gedacht werden darf, der deutsche Bearbeiter
habe vielleicht einen Physiologus benutzt. Es heisst bei Honorius: Unicornis dicitur bestia uno tantum cornu ferocissima;
ad quam capiendam virgo bella (so zu lesen statt *puella*) in
campum ponitur, ad quam veniens et se in gremio ejus reclinans
capitur. per bestiam hanc Christus exprimitur, per cornu
(schon Kelle hat im Glossar *horn* zu *horn* gebessert) insupera-
bilis fortitudo exprimitur. qui in uterum virginis se reclinans

captus est a venatoribus, id est, in humana forma inventus
est a suis amatoribus.

16, 23 — 17, 10 Hildebert 393 A: missus est itaque Gabriel
angelus ad Mariam in Nazareth, et nuntiavit descensum Domini
in uterum ejus (Luc. 1, 26). Der Satz verschmilzt sehr gut
mit dem Schlusse der Einschaltung aus Honorius durch die
gemeinsamen Bestandtheile. Es bleibt dann ein grösseres Stück
aus Hildebert fort: die Deutung von Nazareth und der Besuch
Marias bei Elisabeth. Dann folgt Hildebert 393 C: postea con-
tigit Joseph ire in Bethlehem cum uxore sua praegnante; cumque impleti essent dies, ut pareret, diverterunt in stabulum, et
peperit sine dolore, et pannis eum involvit (Luc. 2, 7). Daran
schliesst sich 16, 30 — 17, 2 eine Einschaltung, die besonders
Isai. 1, 3 verwendet, wie es in der Weihnachtspredigt bei Werner,
Deflorationes 778 D geschieht: Legerat in Isaia: ‚bos cognovit
possessorem suum, et asinus praesepe Domini sui‘. videbat in
praesepio Dei Filium, — unicum Filium vagientem. An diese
Stelle knüpft auch der Aberglaube an, dass die Thiere, besonders die Rinder im Stalle, während der Christnacht sprechen.
Vgl. schon Honorius a. a. O. 816 A: fertur etiam brutum animae
hodie fuisse humana voce locutum, insinuans videlicet, quod
ad laudem Domini os gentium debuit aperiri, prius mutum.
Mit 17, 3 geht der deutsche Bearbeiter wieder auf Hildebert
393 D über: hodie, fratres charissimi, celebramus temporalem
nativitatem propter nos acceptam. hodie suscepit mundus in-
firmus (so ist mit Werner 794 C zu lesen) sanitatem, hodie
captivus libertatem, hodie recuperavit exul haereditatem. suscipiamus ergo hodie Regem venientem, praeparemus ei habita-
cula pectorum contra talem imperatorem, ut nos dignetur suscipere in coelesti Jerusalem, qui vivit et regnat per omnia
saecula saeculorum, Amen. Durch die Einfügung 17, 8 f. ist
der deutsche Schluss sehr gut geworden.

3. 17, 11 — 20, 17.

Für dieses Stück ‚In octava Domini‘ (scil. nativitatis)
weist Cruel S. 169 f. die Quelle in Beda's Homiliae Genuinae
Lib. 1, Nr. 10 nach (Migne 94, 53 ff.). Sein Ausdruck, der
deutsche Text bilde ‚eine auszügliche Uebersetzung‘, kann leicht

missdeutet werden; jedenfalls verfährt der Bearbeiter hier kaum
weniger genau als in den beiden ersten Stücken, und wo er
Sätze und Abschnitte der Vorlage weglässt, sind seine Gründe
dafür leicht zu erkennen.

17, 12—30 Beda 53 C: ‚Dum consummati essent dies octo,
ut circumcideretur puer, vocatum est nomen ejus Jhesus, quod
vocatum est ab angelo, priusquam in utero conciperetur' (Luc.
2. 21). sanctam venerandamque praesentis festi memoriam
paucis quidem verbis evangelista comprehendit, sed non pauca
coelestis mysterii virtute gravida (so statt *gravidam*) reliquit.
— Hier wird von dem Bearbeiter ein Satz weggelassen, der
sich auf frühere Vorgänge bezieht. — subjunxit atque ait:
(folgt der Textspruch). haec sunt festivitatis hodiernae gaudia
veneranda, haec sacrae solemnitatis diei, haec illa supernae
pietatis munera sacrosancta, quae fidelium cordibus commendans
apostolus ait: ‚ubi venit plenitudo temporis, misit Deus Filium
suum factum ex muliere, factum sub lege, ut eos, qui sub lege
erant, redimeret, ut adoptionem filiorum reciperemus' (Galat.
4, 4). — Darnach fällt ein Satz aus über die Sendung nicht
eines Engels, sondern des Sohnes Gottes. — quem — providit,
ut hunc factum ex muliere, hoc est, ex maternae carnis substantia, ad humanos verum hominem proferret aspectus, qui —
veram naturae mortalis infirmitatem — induceret. et ut nobis
necessariam obediendi virtutem praecipuo commendaret exemplo — suscepit ergo circumcisione lege decretam in carne. —
17, 20 gemeint ist also *erwirdeclichen*. Ich nehme nicht mit
Lexer 1, 717 an, dass *ewirdeclichen* ‚aus einer alten Verwechslung' entstanden sei, sondern glaube, dass hier *r* ebenso
abgefallen ist wie in dem parallelen *ér* (prius) ≻ *é*. Vgl.
Weinhold, Mhd. Gramm.³ § 213; Schaper, Zur Laut- und
Flexionslehre des Spec. Eccles. (1891) § 16. — 25 Nach *wibe*
fehlt wohl *geborn*. — 27 *den wunsch siner kinde* übersetzt *adoptionem filiorum* etwas seltsam. Das Wort *adoptio* kommt
in der Vulgata nur in den Paulinischen Briefen (Römer und
Galater) vor. Ahd. Glossen aus St. Gallen (Steinmeyer 1, 758)
geben *adoptionis* Rom. 8, 15 durch *kasazzit* wieder. Das Verbum *adoptare* enthalten Exodus und Esther in der Vulgata; so
findet es sich in Karlsruher Glossen zu Exod. 2, 10: *adoptavit
sibi in filium, zua kiununscta hiru zi suniu* (Steinmeyer 1, 335,

15 f.) und ohne bestimmte Stelle in Oxforder Junius und Karlsruher Glossen: *adoptantes*, *zua uunscante* (Steinmeyer 1, 271,
18). Diefenbach's Novum Glossarium belegt für adoptio: *ze
wünschend*, für *adoptivus: zogewunsciter*, für *adoptatus czic-
gesaczt* und *czicgebunscht erben*. Daraus erhellt schon die Un-
vollkommenheit der Uebersetzung hier.

17, 30 — 18, 10 Zunächst sind die Angaben über die Beschneidung von dem Bearbeiter aus eigener Kenntniss hinzugefügt, vgl. Genes. 17, 12: infans octo dierum circumcidetur
in vobis; Levit. 12, 3: et die octavo circumcidetur infantulus.
Dazu Beda 55 A: cuncta et legalis et evangelicae purificationis
genera, qui nullo indiguit, Dominus suscipere non despexit,
ut consummandae jam legis decreta suo tempore doceret esse
saluberrima, et advenientis Evangelii cunctis fidelibus ostenderet aequa subeunda remedia. — 54 D: sed veniens in carne
Dei Filius, qui — nullam peccati contagionem contraxit de
Adam — utrumque genus purificationis subire dignatus est, et
circumcisus videlicet a parentibus octava die circumcisionis —
salutaris hostiae munus ipse templi Dominus pro se non respuit
offerri. — scire etenim debet vestra fraternitas, quia idem sa-
lutiferae curationis auxilium circumcisio in lege contra origi-
nalis peccati vulnus agebat, quod nunc baptismus agere reve-
latae gratiae tempore consuevit, excepto, quod regni coelestis
januam necdum intrare poterant, donec adveniens benedictionem daret, qui legem dedit. — Da 18, 2 *des allis* wohl kaum
etwas anderes sein kann als der Genetiv zu *gehorsam* (in Bezug
auf das Alles?), so wird der zweite Genetiv *sinir gebot* schwerlich bleiben dürfen, sondern zu *sinem gebot* geändert werden
müssen. Vgl. Beda 54 A: non quia ipse legi quidquam debeat,
qui — unus est legislator et judex —.

18, 11 — 19, 2 Beda 55 A: sed et hoc, quod eodem die
suae circumcisionis nomen, ut Jesus vocaretur, accepit, ad imita-
tionem fecit priscae observationis, quam ex eo credimus sumptam,
quod Abraham patriarcha, qui primus circumcisionis sacramentum in testimonium suae magnae fidei et divinae ad eum
promissionis accepit, eodem die suae suorumque circumcisionis
etiam nominis amplificatione simul cum sua conjuge benedici
promeruit, ut, qui catenus Abram ,pater excelsus' dictus est,
deinde Abraham, id est, ,pater multarum gentium' vocaretur —.

quae fidelissima promissio tam late per orbem jam patet impleta, ut etiam nos ipsi de gentibus ad fidei illius devotionem vocati, ipsum nos patrem spiritualiter habere gaudeamus, dicente etiam nobis apostolo: ,si autem vos Christi, ergo semen Abrahae estis, secundum promissionem haeredes' (Galat. 3, 29). ,et Sarai', inquit, ,uxorem tuam, non vocabis Sarai, sed Saram' (Genes. 17, 15), id est, non ,principem meam', sed ,principem'; videlicet aperte docens, ut eam — absolute ,principem', id est, omnium recte credentium feminarum vocaret et intelligeret esse parentem. — 18, 33 *frouwe* übersetzt hier noch *princeps*, und dasselbe Wort mit weiblichem Bezug wird 19, 1 durch das männliche *vurste* wiedergegeben.

19, 2 — 12 Beda 55 C: ,sicut Sara', inquit, ,obediebat Abrahae, dominum eum vocans, cujus estis filiae benefacientes, et non timentes ullam perturbationem' (1 Petri 3, 6). haec dilectionem vestram, fratres, admonere curavimus, ut singuli vestrum meminerint etiam scipsos percepta fide Christi cum patriarchis nominis excelsi meruisse consortium, si percepta in Christo purificatione, baptismi salutaris derivatum a nomine Christi gaudeant mutuasse cognomen. — 19, 11 ist nach *vroude* ausgefallen: *mit den heiligen patriarchen.*

19, 12—26 Beda 55 D: — nomen datum est hominibus, in quo oporteat eos salvos fieri. — quare autem puer — Jesu, id est, Salvatoris nomen acceperit, non expositione, ut a nobis possit intelligi, sed sollicita ac vigili eget intentione, ut etiam nos possimus ejusdem nominis participatione salvari. legimus quippe, angelo interpretante, quia ,ipse salvum faciet populum suum a peccatis eorum' (Matth. 1, 21). et indubitanter credimus ac speramus, qui a peccatis salvat, ipse etiam a corruptionibus, quae ob peccata contigerunt, et ab ipsa morte salvare non omittit, psalmista testante, qui ait: ,qui propitius fit omnibus iniquitatibus tuis, qui sanat omnes languores tuos' (Psalm. 102, 3). — et haec est vera et plenaria nostra circumcisio, cum in die judicii, cunctis simul animae carnisque corruptionibus exuti, mox peracto judicio ad videndam perpetuo Creatoris faciem aulam regni coelestis ingredimur. — vera enim circumcisione purgatus templum Domini cum muneribus ingreditur, qui gloria resurrectionis — cum bonorum fructibus operum supernae civitatis gaudia sempiterna subit. — 19, 12 ff. ist die Darstellung aus der Auffassung Beda's sehr praktisch auf den Engel allein gewendet. — 20 ist zu lesen: *unde gedingen daz (er) unsich niwet einost heilet von den sunten, sunder* —. Vgl. Schaper a. a. O. § 14. 22. — 23 ff. sind im Deutschen zwei lateinische Sätze in einen zusammengezogen, und zwar so, dass die Form des ersten massgebend bleibt.

19, 26 — 20, 4 Hier wird zunächst ein Citat (Psalm. 115, 17 f.) weggelassen und dann ein Satz, der aber zum Verständniss des Ueberganges unentbehrlich ist, Beda 56 C: quod desideratissimum tempus coelestis introitus illa dies octava, qua circumcisio celebratur, indicat. sex etenim sunt hujus saeculi aetates, — in quibus pro Deo laboribus insistere et pro adipiscenda requie sempiterna ad tempus operari necesse est. septima est aetas non in hac, sed in alia vita quiescentium usque ad tempus resurrectionis animarum. octava autem aetas ipsa est dies resurrectionis sine ullo temporis fine beata, quando — non ultra corpus — aggravat animam. — et ideo necesse est, fratres charissimi, ut, qui ad hujus pulcherrimae renovationis — desideramus praemia pertingere, curemus circumcisionis — subire remedia. deponamus veterem hominem, qui corrumpitur secundum desideria carnis (so l. statt *erroris*), renovemur — et induamus novum hominem, qui secundum Deum creatus est in justitia et sanctitate veritatis. — 20, 2 l. *unde leigin an den niwen man.*

20, 4—17 Hier ist die Wiedergabe der Vorlage sehr frei: es kommen zwar alle erwähnten Punkte bei Beda 57 vor, aber vielfach anders gefasst: neque circumcisionem in uno corporis nostri membro nos castigare sufficere credamus —. est utique cordium et aurium circumcisio, — est et omnium exterioris interiorisque hominis nostri sensuum. — incircumcisus est visus, qui viderit mulierem ad concupiscendam cam. — incircumcisi sunt auribus, incircumcisi lingua et manibus sunt, quorum os locutum est vanitatem, et dextera eorum dextera iniquitatibus: qui loquuntur pacem cum proximo suo, mala autem sunt in cordibus eorum, et dextera eorum repleta est muneribus. incircumcisi sunt gustu — olfactu et tactu —. at qui omni custodia servant suum cor, qui avertunt oculos suos, ne videant vanitatem, qui sepiunt aures suas, ne audiant linguam nequam, qui gustant —, qui custodiunt vias suas, ut non delin-

quant in lingua sua, — in naribus eorum, non loquuntur labiis
iniquitatem, nec lingua eorum meditatur mendacium, qui levant
manus suas ad mandata Dei, qui ab omni via mala prohibent
pedes suos, — isti omnes suos sensus petra spiritualis exercitii
se ostendunt habere circumcisos. — Zu dem gern behandelten
Gegenstande vgl. Werner 804 C, Hildebert 400 B, Honorius
842 B; bei Werner 804 C steht auch das Citat Jerem. 9, 21:
ne mors intret ad animas nostras per fenestras. Ferner vgl.
meine Altdeutschen Predigten 1, 188, 26 ff. 265, 6 ff. 2, 26, 36 ff.
und die Anmerkungen dazu. — Beda 57 D: petrinis quippe
cultris circumcisionem fieri legimus: petra autem erat Christus,
cujus fide, spe et charitate — devota purificantur corda bonorum.
quae et ipsa quotidiana nostra circumcisio, id est, continua
cordis mundatio, — quia nos in exemplum Dominicae resurrectionis, quae octava die — sanctificare consuevit, ut quomodo
surrexit Christus a mortuis per gloriam Patris, ita et nos in
novitate vitae ambulemus, praestante Deo, qui vivit et regnat
in saecula saeculorum. Amen. — Die letzten Sätze von 20, 10
ab werden so stark zusammengezogen und gekürzt, dass sie
ohne Vorlage kaum verständlich sind. Wahrscheinlich ist für
rawichlichen 15 *rainichlichen* zu lesen.

4. 20, 18—27.

Vgl. über dieses stille Gebet vor der Predigt Linsenmayer,
Geschichte der Predigt in Deutschland S. 137, Anm. 1, wo
noch eine zweite Fassung in einer Münchner Handschrift (clm.
19112, Tegernsee, 12. Jahrh.) nachgewiesen wird.

5. 20, 28 — 22, 17.

20, 29 — 21, 8 Psalm. 144, 18 f.: Prope est Dominus omnibus invocantibus eum in veritate. Dazu noch 19: voluntatem
timentium se faciet et deprecationem eorum exaudiet, et salvos
faciet eos. Aus diesem Textspruch wäre an sich nicht genau
festzustellen, für welchen Zeitpunkt des Adventes die Predigt
bestimmt ist. Denn er wird verwendet in Feria quarta quatuor temporum adventus im Graduale der Messe und an derselben Stelle auch in der Messe des 4. Adventsonntages. Die

zweite Bestimmung wäre hier am wahrscheinlichsten, weil das
nächste Stück In vigilia nativitatis Domini gesetzt ist. Aber
der andere 21, 18 gebrauchte Text Rom. 13, 11 stammt aus
der Epistel des ersten Adventsonntags (vgl. Steinmeyer, Anz.
f. d. Alterth. 2, 228; meine Altd. Pred. 3, 177 ff.), und dahin
wird die Predigt auch gehören. Der Eingang stimmt so ziemlich
mit dem des lateinischen Stückes in meinen Altd. Pred. 1, 250,
Nr. 161. Die deutsche Fassung bis 21, 8 ist in jüngerer Gestalt beinahe wörtlich auch in eine deutsche Predigt einer
Oberaltaicher Handschrift (clm. 9611) 12./13. Jahrhundert ein-
gegangen, die von Steinmeyer a. a. O. 223 f. abgedruckt wurde.
Vgl. Linsenmayer S. 209, Anm. 1. — Für den ersten Abschnitt
ziehe ich den Eingang des entsprechenden Stückes der Leipziger Sammlung an, das auch in der Blaubeurer Handschrift
überliefert ist: dilectissimi fratres, propheta sanctus David
blande nos alloquitur, et quamvis peccatores, benigne nos con-
solatur, nam, sicut testatur, omnipotens Deus, qui nos sanguine
suo redemit, prope nos est, quocienscunque cum invocamus
ex medullis cordis, paratus est ad exaudiendum et ad omne
bonum, quod in ejus nomine pecierimus tribuendum. — Dominus a regione dissimilitudinis, in quam praeceptis suis non
parendo devenimus, revocat nos dicens: ,revertimini ad me et
ego revertar ad vos' (Malach. 3, 7). — modo blanditur ut pater
mitissimus. Vgl. noch den Psalmencommentar des Haymo (aber
nicht von Halberstadt), Migne 116, 682 f.; Gerhoh von Reichersberg, Migne 194, 968 f.
      21, 9—18 Vgl. das Leipziger Stück (meine Altd. Pred.
1, 250): blanditur ad illos, quibus dicit: ,venite, filii, audite me,
timorem Domini docebo vos' (Psalm. 33, 12). — specialiter
tamen in salutem populo suo venit, quando per nativitatem
suam genus humanum ad gaudia, unde ceciderat per culpam,
redemit. — Rabanus Maurus, Homil. Nr. 2, Migne 110, 12 B C:
ita gratiae suae misericordiam dispensabit.
      21, 18—28, Rom. 13, 11: scientes quia hora est jam nos
de somno surgere, nunc enim propior est nostra salus, quam
cum credimus. Die Auslegung ist die ganz gewöhnliche, weshalb ich aus der Tradition nur ein Beispiel anzuführen brauche,
Haymo's Expos., Migne 117, 483 C: quia hora est, nos de somno
— vitiorum surgere. ille surgit, qui jacebat, et nos si hactenus

jacuimus in vitiis et torpore vitiorum, surgamus ad bona opera
agenda. — quae est ista salus? vita aeterna, gaudium sine
fine mansurum, beatitudo perpetua (vgl. dazu 21, 11 ff.), quam soli
e'ecti cum angelis possessuri sunt (vgl. 22, 3 ff.), ista beatitudo
et salus aeterna propior est modo nobis quam eo tempore quando
eredidimus, quoniam dum finis mundi magis ac magis appro-
pinquat, vita futura et salus aeterna magis ac magis festinat.
— Rom. 13, 11: abjiciamus ergo opera tenebrarum et induamur
arma lucis, ut in die honeste ambulemus. Vgl. noch meine Altd.
Pred. 1, 87, 34 f.
21, 28 — 22, 17 Vgl. ausser der angegebenen Haymostelle
noch Rabanus Maurus, Homil. 1 und 2 (ante natalem Domini),
Migne 110, 10 ff.: (10 B) appropinquante jam sacratissima solemnitate, qua Salvator noster inter homines nasci misericorditer voluit, fratres charissimi, attentius considerate, qualiter
oporteat nos — praeparare, ut Dominum nostrum — mereamur suscipere et in conspectu ejus inter coetus felices sanctorum gratulabundo exsultare magis —, et ideo — cum Dei
adjutorio laboremus, ut in illo die cum sincera et pura conscientia, mundo corde et casto corpore — possimus accedere.
— ad natalem Domini Salvatoris cum secura conscientia proce-
dant: castitate — charitate — eleemosynis —. Christus enim
Dominos, si vos ita compositos — cognoverit (22, 15) — ipse
in perpetuum in illis dignabitur habitare. 12 A B: — omni
studio ac sollicitudine sacrarum virtutum ornamento vosmetipsos
praeparare statuite, ut condigni fieri valeatis coelesti convivio
et societate sanctorum, cum quibus gaudere appetitis. — nam
Christus Dominus noster, licet post passionem resurrexerit et
in coelum ascenderit — considerat tamen — secundum quod
unumquemque ornatum bonis operibus viderit (22, 9) —. ecce
qualem sententiam in die judicii acceperit —. festinent se a
malis eruere, ut quae bona sunt mereantur implere, ut cum
dies judicii advenerit, non cum impiis et peccatoribus puniantur,
sed cum justis et misericordibus pervenire ad aeterna praemia
mereantur. — Gregor, Homil. in Evang. Nr. 8 (Migne 76,
1105 A): curemus ergo, fratres charissimi, ne qua nos immunditia polluat, qui in aeterna praesentia et Dei cives et angelis
ejus aequales (socii 1104 D) sumus. Vgl. ferner Werner, Deflorationes, Migne 157, 788 B. Hildebert, Sermones de tempore

Nr. 10, Migne 171, 389 f. (= Babion nach Hauréau 2, 101,
auch fälschlich unter Augustinus und Maximus von Turin gedruckt). — 22, 6 l. *den die deheinen.*

6. 22, 18 — 25, 11.

Der Textspruch Psalm. 95, 11 f. (statt *quando* hat die
Vulg. *quia*) steht im Offertorium der ersten Messe am Weih-
nachtsfest, auch im Brevier als Antiphon in tertio nocturno
desselben Tages. Das Stück ist in allem Wesentlichen nach
der Weihnachtspredigt des Honorius August., Spec. Eccles.,
Migne 172, 815 ff. gearbeitet.

22, 19 — 23, 16 Honorius 815 A: merito jubentur hodie
coeli laetari —. hodie namque rex coelorum terras sua praesentia visitare et damnum in coelo — per homines voluit re-
parare. — justi — hodie laetati sunt, quia quod multis precibus
diu praeoptaverant, desiderium suum in Christi nativitate hodie
impletum est et suum adventare praemium senserunt. peccatores hodie exultare monentur, quia ad veniam vocari merentur.
Vgl. dazu und zu 23, 3 ff. die beim vorigen Stücke ausgehobenen Abschnitte aus Rabanus Maurus. — Die unbiblische
Stelle 22, 28 f. (Aehnliches sehr oft bei Augustinus) kann ich
im Wortlaute derzeit nicht nachweisen. — 23, 3 ff. Honorius
816 C: hi, qui fuerunt in tristitia, hodie a Domino consolantur —.
pauperum quoque suorum miserebitur. pauperes sunt mei con-
similes, qui mandata Domini facere neglexerunt —. hi a mi-
seria peccatorum et poenarum ab eo liberari toto corde concupiscunt. pauperes etiam sunt, quia se non posse salvari nisi
sola Domini gratia norunt. ideo eorum Dominus miseretur, cum
eis spem veniae pollicetur. festivae ergo laetitia hodiernae
lucis —. verumtamen cum brevitate volo vobis intimare, qualiter in hunc mundum venit genus humanum de potestate diaboli liberare. — et ideo cum magna debetis intentione audire —.

23, 16—30 Gregor, Homil. i. Evang. 8, Migne 76, 1104 C:
prius quippe quam Redemptor noster nasceretur per carnem,
discordiam cum angelis habuimus, a quorum claritate atque
munditia per primae culpae meritum, per quotidiana delicta
longe distabamus. — Rab. Maur., Migne 110, 151): et dicetur
de vobis: ecce populus meus, quem acquisivi sanguine meo —.

21 ff. vgl. Act. 20, 28. Rom. 5, 9. Ephes. 1, 7. Hebr. 9, 12 ff. —
23 f. Gal. 4, 4: at ubi venit plenitudo temporis, misit Deus
Filium suum (in *terris* fehlt der Vulg., erklärt sich aber aus
Honorius 817 D: tunc plenitudo temporis advenit, in quo Deus
de coelo in terram prospicere decreverat). — Rab. Maur., Migne
110, 14 D: hodie totius mundi peccatum tollitur.

23, 30 — 24, 10 Honorius 817 B: ut refert Evangelium,
Augustus Caesar illo tempore Romanum regebat imperium, qui
suae ditioni omnia regna subjugaverat —. hic edidit edictum,
ut totus mundus subiret census inscriptum; et tale decretum
promulgaverat, ut omnis homo in patriam remearet, unde generis originem duxerat. — ibique quisquis judici provinciae
suae familiae genealogiam recitaret. — (818 B) legitur, quod
quidam interempti sunt, qui generationis suae seriem ignora-
verunt. — (817 C) eo tempore quidam de Bethleem, Joseph,
nomine, fuerat, qui sanctam Domini virginem Mariam — a regali prosapia ortam desponsaverat. — abiit et Joseph profiteri
censum cum sponsa sua Maria in Bethleem regis David civitate, eo quod ipse et virgo descenderint de David familiae
generositate. — Psalm. 84, 12: veritas de terra orta est et
justitia de coelo prospexit. Citiert bei Honorius 815 A, steht
im Brevier zur Weihnacht in secundo nocturno.

24, 10—25 Luc. 2, 6 f.: quia impleti sunt dies Marie, ut
pareret filium suum primogenitum. — Honorius 817 D: cum
hospitium deesset, manserunt in platea. — et illa nocte beata
virgo — partum fudit, qui totum mundum pugillo conclusit. —
nativitatem mox coeli gratulando nova stella prodiderunt —.
18 Luc. 2, 14. Honor. 818 D: angeli se — magniloga voce
laudis hominibus demonstrabant, quia eos ad — perpetuam
Conditoris laudem per Regem hodie natum futuros praesigna-
bant. — 818 B: quod vero omnes patriam repetebant, significat, quod cuncti per Christum ad patriam paradysi reverti
debebant. ablatum eis patrimonium restituitur, quia amissa paradysi possessio fidelibus per Christum restituitur.

24, 25—32 Honorius 818 D: fons olei in Roma de terra
erupit et in flumen Tyberim larga vena cucurrit, quia fontem
misericordiae munda Virgo hodie produxit, qui largiter in humanum genus profluxit. Vgl. Werner, Deflorationes 786 B:
septimum signum erat, quo tota die nativitatis Dominicae rivus

olci in urbe Roma Tiberi effusione emanavit. oleum significat
misericordiam, et in hoc demonstrabatur, quod in illa die natus
est, qui sola sui misericordia venit quaerere et salvum facere,
quod pericrat. 25, 1—11 Rabanus Maurus, Migne 110, 11 D: haec ergo,
fratres charissimi, assidue cogitantes, qui boni sunt, cum Dei
gratia contendant perseverare in operibus bonis. Vgl. dazu
die zu 21, 28 ff. citierten Stellen. Dann 13 B: haec fideliter si
volueritis Christo adjuvante implere et in hoc saeculo ad altare
Domini cum secura conscientia poteritis accedere et in futuro
ad aeternam beatitudinem feliciter pervenire. Dazu vgl. den
schon genannten Sermon bei Hildebert, Migne 171, 390 B, der
hauptsächlich aus der zweiten Homilie des Rabanus Maurus
schöpft.

Das lateinische Citat 22, 28 ff., die Beschaffenheit des
Schlusses, die Unterschiede von Honorius und die freie Art,
wie die dort vorhandenen Stellen hier durcheinander geschoben
sind, legen die Vermuthung nahe, der deutsche Text sei nicht
unmittelbar nach Honorius gearbeitet, sondern schon nach einer
Umbildung von dessen Weihnachtspredigt.

7. 25, 12 — 29, 8.

Die Quellen dieses Stückes sind bereits von Cruel S. 170
folgendermassen angegeben worden: ‚Die ersten drei Sätze gehören dem Anfang von Sermo 22 des Papstes Leo an. Nach
ein paar eingeschobenen Sätzen folgt dann als Hauptbestand-
theil die abgekürzte Predigt des Bischofs Maximus von Turin
In natali Domini I über die zwei Geburten Christi, die ewige
und die zeitliche. Den Beschluss macht ein Auszug aus Gregors
Hom. VIII über das Weihnachtsevangelium Luc. 2.‘
25, 13—28, Joann. 1, 14: Verbum caro factum est et habi-
tavit in nobis. Leo M., Migne 54, 193 f.: Exsultemus in Domino,
dilectissimi, et spirituali jucunditate laetemur, quia illuxit nobis
dies redemptionis novae, praeparationis antiquae, felicitatis
aeternae. Der nächste Satz wurde als zu schwierig vom Bearbeiter fortgelassen, der *praeparationis* übersetzt hat, als ob *re-
parationis* stünde, vielleicht veranlasst durch die folgenden
Worte: Reparatur enim nobis salutis nostrae annua revolutione

sacramentum —. Es müsste also 16 f. heissen: *der tak ainer alten garwunge, der tak der ewigen sælicheit.* — (17) in quo dignum est nos erectis sursum cordibus divinum adorare mysterium, ut, quod magno Dei munere agitur, magnis Ecclesiae gaudiis celebretur. Deus enim omnipotens et clemens, cujus natura bonitas, cujus voluntas potentia, cujus opus misericordia est, statim ut nos diabolica malignitas veneno suae mortificavit invidiae, praeparata renovandis mortalibus suae pietatis remedia inter ipsa mundi primordia praesignavit; denuntians serpenti futurum semen mulieris, quod noxii capitis elationem sua virtute contereret (Genes. 3, 2): Christus scilicet in carne venturum Deum hominemque significans, qui natus ex Virgine violatorem humanae propaginis incorrupta nativitate damnaret. Eigentlich enthält also das deutsche Stück bis 28 nichts Selbständiges, denn auch die Botschaft Gabriels ist bei Leo 195 B ausführlich besprochen.

Von 25, 28 — 28, 9 reicht die Maximuspredigt, Homil. Nr. 10, Migne 57, 241 ff.: Hodie, fratres carissimi, Christus natus est, nos renati. hodie Salvator mundi per matrem nascendi tempus accepit, qui de Patre nativitatis non habet tempus. hodie per hominem Filius Dei ingressus est mundum, cujus manu ante hominem factus est mundus. Darauf werden zwei kurze Sätze und ein Citat aus dem 67. Psalm über Gottes Wunder weggelassen, wodurch es geschieht, dass 26, 2 *er* nicht auf Gott, wie in der lateinischen Vorlage, sondern auf Christus bezogen werden muss. Zu dem Uebergangsstück vgl. noch die Homil. Nr. 7 des Maximus, Migne 57, 237 ff. — 26, 3 si mirabilis in Joanne, quem nasci de patre senissimo et sterili de matre praecepit, quanto magis in se est mirabilis, qui, ut nostrae conditionis carnem indueret, novum virgini et conceptum dedit et partum. 26, 6 steckt in *novum.* — 26, 7 ait S. Habacuc propheta: ‚Domine, audivi auditionem tuam, et timui; consideravi opera tua, et expavi‘. In der Vulgata steht Habac. 3, 2 nur die erste Hälfte des Citates, die zweite könnte sich höchstens auf Habac. 3, 16 beziehen: audivi, et conturbatus est venter meus, a voce contremuerunt labia mea. Der Wortlaut bei Maximus und in der deutschen Bearbeitung findet sich in der Vulgata nicht. Vielleicht darf man aus Habac. 3, 2 noch hinzunehmen: Domine, opus tuum, in medio annorum vivifica illud. — 26, 10 Maxi-

mus 242 B: quis non expavescat et metuat tanti profunditatem
mysterii, quandoquidem unus idemque sine conceptione natus
est Deus et sine creante factus est homo. duas in Christo
generationes legimus, fratres carissimi, sed in utraque incom-
prehensae divinitatis est virtus. ibi enim illum ex semetipso
genuit Deus (vgl. Maximus 237 B); hic cum virgo Deo operante
(26, 15) concepit. ibi sine initio, hic sine exemplo. ibi natus, ut
conderet vitam; hic factus, ut tolleret mortem. ibi Patri natus,
hic hominibus (l. 26, 18: *den mennischen*) procreatus. (Die
beiden Sätze sind im Deutschen vertauscht.) illa (somit ist 26, 20
das *ener* der Handschriften berechtigt, vgl. Zeitschr. 24, 89) hominem fecit, hac generatione hominem liberavit. — Vier Sätze
werden fortgelassen. Dann Maximus 243 A: ibi quod erat
natus est, hic quod non erat factus est (die Uebersetzung erläutert also zugleich). ait de his beatus evangelista Johannes
(Joann. 1, 1) et iterum (Joann. 1, 14). -- 26, 26 ist nach *fleisk*
ein Punkt zu setzen. Zwei Sätze werden fortgelassen, dann:
itaque non bis natus est Deus, sed ex duabus nativitatibus, id
est, Dei et hominis seipsum Unigenitus Patris atque sese hominem unum voluit esse Deum. Darauf Isai. 53, 8 = Act.
8, 33. — 26, 29 fratres, generatio Christi, si narrari non potest,
credi potest. magnus enim profectus est fidei, cum tantum de
Deo suo concipit, quantum sermo non potest parturire. — quia
si homo non valet explicare, quod sentit, Deus sine dubio potest
implere, quod voluit. Es sind dabei mehrere kleine Sätze abstracten Inhaltes fortgelassen worden. — 27, 3 Maximus 243 B:
amentiae res est, ut operationes majestatis immensae inter exigua
corruptibilis oris nostri conemur verbo concludere. quomodo
enim comprehendere potest homo Deum, factus ingenitum, mortalis aeternum? si investigare niteris, qualiter Deus in hominem
vel homo transivit in Deum, investiga prius, si potes, quomodo
ex nihilo factus est mundus, coelum unde resplenduit, aquarum
liquor, terrae soliditas, qua ratione (hier wird gemäss *alliu dinch
27, 9* einzuschalten sein: *omnia*) subsistunt; quomodo etiam de
terra homo, de masculo femina; quid illud est post omnia, quod
lumen gignit ac tenebras, quod vitam facit ac mortem? Diese
Sätze sind im Deutschen zu einem verbunden. — 27, 12 Maximus 244 A: si ergo te ipsum, o homo, et quae propter te facta
sunt (anders 14), qualiter aut unde sint facta, comprehendere

non vales: qua praesumptione quave stultitia tuum ipsius atque
omnium discutis creatorem? natum ergo de Deo Patre Deum,
eumdemque hominem factum de virgine confitemur. sed haec,
carissimi, rationi caeca sunt, fidei manifesta. Der nächste Satz
wird fortgelassen. — 27, 22 Exod. 33, 20 — ut ait Dominus ad
Moysen (ausgeführt — 26). id est, non potes (Druck *potest*)
carnalibus oculis meam, sicut est, inspicere Deitatem. beatus
namque David, virtutem omnipotentiae ejus intendens (29 zu
genau übersetzt), clamabat dicens: Psalm. 138, 14 (den Text
des Spec. hat auch Maximus, die Vulgata lautet: M. o. t. et
anima mea cognoscit nimis). — Wunderlich und stümperhaft
wird 27, 31 — 28, 3 ein Satz des Maximus in zwei zerlegt, weil
der Bearbeiter meinte, mit dem ersten nicht alles wiedergegeben zu haben: valde enim sciebat anima prophetalis opera
Dei omnem meditationem humanae mentis excedere, propter
quod sapientissimus patriarcha, mortalis sensus conclusus angu-
stiis, quae investigare non poterat, mirabatur. — 28, 3 Maximus
244 A: et ideo, fratres (für den Uebersetzer bedeutet ‚Brüder‘
nicht mehr das zuhörende Volk, sondern ‚Klosterbrüder‘), non
discutiamus, qualiter Deus de Deo natus est, sed credamus: nec
retractemus (wird 28, 6 durch *betrahten* etymologisch übersetzt)
partum virginis, sed miremur, ut — inoffensam teneamus coelestis fidei veritatem. Der Uebersetzer hat 28, 7 ff. das finale
ut qualitativ genommen und darauf hin *miremur* falsch wiedergegeben. — Damit schliesst die Homilie des Maximus.

28, 9 — 29, 8 Der erste deutsche Satz gibt nur den unent-
behrlichen Inhalt der evangelischen Lection (Luc. 2, 1—14)
wieder, die der Homilie Gregors (Nr. 8, Migne 76, 1103 ff.)
vorangeht. Sie ist auch schon in Nr. 5 der deutschen Sammlung
benutzt worden. — 28, 11 Gregor 1103 D: quid est, quod nasci-
turo Domino mundus describitur, nisi hoc quod aperte monstra-
tur quia ille veniebat in carne, qui electos suos ascriberet in
aeternitate? quo contra de reprobis per prophetam dicitur:
Psalm. 68, 29. qui bene etiam in Bethleem nascitur; Bethleem
quippe ‚domus panis‘ interpretatur. ipse namque est, qui ait:
Joann. 6, 51. — Es ist also 19 *kint* für *kiut* verschrieben, und
damit erledigt sich die Annahme von Bech, Germania 4, 497,
der *kint* als masc. fassen wollte. — 28, 21 Gregor 1104 A:
qui non in parentum domo, sed in via nascitur, ut profecto

ostenderet, quia per humanitatem suam, quam assumpserat,
quasi in alieno nascebatur. Das ist wieder unrichtig übersetzt,
weil *per humanitatem* missverstanden und *in alieno* nicht betont wurde (wie 24). — 28, 23 Gregor 1104 B: in natura
etenim sua ante tempora natus est, in nostra venit ex tempore.
qui ergo aeternus permanens temporalis apparuit, alienus est
ubi descendit. et quia (*also* 24) per prophetam dicitur: Isai.
40, 6. factus homo, fenus nostrum vertit in frumentum, qui
de semetipso ait: ,nisi granum frumenti cadens in terram mortuum fuerit, ipsum solum manet' (Joann. 12, 24). Das Citat ist
nicht übersetzt, sondern nur angedeutet worden, und dadurch
entsteht Unklarheit. — 28, 28 unde et natus in praesepio recli-
natur, ut fideles omnes videlicet sancta animalia carnis suae
frumento reficeret, ne ab aeternae intelligentiae pabulo jejuna
remanerent. Durch die Weglassung von *fideles omnes* und des
Schlusses ist der ganze Passus im Deutschen unverständlich
geworden. — 28, 30 quid autem est, quod vigilantibus pastoribus
angelus apparet, eosque Dei claritas circumfulget, nisi quod illi
prae caeteris videre sublimia merentur, qui fidelibus gregibus
praeesse sollicite sciunt? (Auch hier fehlt im Deutschen die
Pointe.) regem vero natum angelus nuntiat (29, 1 undeutsch
übertragen), ejusque voci angelorum chori concinunt et congau-
dentes clamant: Luc. 2, 14. — 29, 4 Gregor 1105 A: nec habere
dedignantur angeli hominem socium, qui super se adorant hominem Deum. curemus ergo, fratres charissimi, ne qua nos
immunditia polluat, qui — angelis aequales simus. vindicemus
moribus dignitatem nostram —. — qui vivit et regnat in omnia
saecula saeculorum.

Die deutsche Uebersetzung ist in Nr. 7 sehr schlecht gerathen: nicht überall in gleicher Weise, sondern verschieden
nach dem Grade der Schwierigkeit. Erzählendes und Umschreibung der Thatsachen gelingt eher, gar nicht fügt sich
die Uebertragung abstracter Gedanken. Darum ist der Eingang
am übelsten ausgefallen. Vielleicht war das auch der Grund,
weshalb mit dem Sermo Leos so rasch abgebrochen wurde;
hat ja doch auch im weiteren Verfolge des Stückes der Bearbeiter alle, selbst die wenigst entbehrlichen Sätze fortgelassen,
deren Gedankengehalt er nicht zu bewältigen vermochte. Lateinische Constructionen zeigen sich darum auch dort am

meisten, z. B. 25, 9. 10. 12. 16. 18. 27, 14. 29, 1), wo die Kräfte des Uebersetzers der Vorlage am wenigsten gewachsen sind. Man braucht darnach, was sich sonst vermuthen liesse, nicht anzunehmen, dass die Stücke aus Leo, Maximus, Gregor schon in einer besonderen lateinischen Predigt vorhanden waren (vgl. übrigens den Sermo Nr. 9 unter Hildebert's Namen, Migne 171, 381 ff.). Im Homiliarius des Paulus Diaconus stehen die drei hier benutzten Predigten als Nr. 24. 25 und 18 nahe beisammen.

8. 29, 9 — 30, 31.

Cruel sagt S. 177 über das Stück: ,Die erste Rede über S. Stephanus ist aus Augustini De Sanctis entnommen, und zwar der Hauptsache nach aus De S. Stephano V, während einzelne Sätze aus II eingeschoben und nach VII summarisch die Wunder aufgezählt werden, die durch seine Reliquien geschehen sind.' Diese Angaben bedürfen der Besserung und Ergänzung.

29, 10 — 19 Matth. 5, 44. Pseudo-Augustinus, Appendix, Sermo Nr. 210 (Migne 39, 2137 ff.; ohne Einleitung in den Homilien des Maximus von Turin, Nr. 64, Migne 57, 379 ff., das Fehlende folgt dann 701 f. als Sermo 85; auch dem Caesarius von Arles zugeschrieben): Hesterno die Natalem habuimus Domini Salvatoris, hodie summa devotione veneramur sancti martyris Stephani passionem. — hodierno provocamur ad exemplum. — omni ergo Ecclesiae beatus Stephanus datus est ad profectum. adhuc laicus diaconii meruit electionem —. in plebe adhuc positus erat, sed jam virtutibus eminebat. humilis erat loco, sed celsus fide. discipulus erat ordine, sed factus est magister exemplo. quos sequebatur devotione fidei, praecessit velocitate fidei. Vgl. noch die Stellen der echten Sermone Augustins über Stephanus Nr. 316, Migne 38, 1432; Nr. 317, Migne 38, 1435 f.; Nr. 314, Migne 38, 1426.

29, 19—24 Pseudo-Augustinus, Appendix, Sermo Nr. 211 (Migne 39, 2141 f.; auch als Lection in secundo Nocturno des Breviarium Romanum in octava S. Stephani), 2141: ecce athleta Christi (vgl. Notker's Sequenz von St. Stephan, Mone 3, 507: alacer Domini athleta — *miles* nennen ihn wiederholt die Hymnen des Brevieres). -- 2140: cujus passionis vestigia prior

secutus beatissimus Stephanus confitendo Christum, lapidatus
a Judaeis coronam meruit (das deutsche Verspaar 21 ist richtig
gebaut), tanquam suo sibi nomine impositam. Stephanus enim
graece, latine ‚Corona‘ appellatur. jam ‚corona‘ nomen habebat,
et ideo palmam martyrii suo nomini praeferebat. Vgl. Ennodius,
Carm. 44; Petrus Chrysologus, Sermo 154, Migne 52, 608 f.
Hildebert, Migne 171, 720 f.

29, 24—27 *Posuisti, Domine, super caput ejus coronam
de lapide pretioso* heisst es in der Antiphon ad Laudes im
Brevier des Tages. Vgl. noch Augustinus im echten Sermo
Nr. 314, Migne 38, 1426: quando ergo beatus Stephanus pro
Christo primus sanguinem fudit, quasi corona processit de
coelo —. quicumque postquam sanguinem pro Christi confessione fuderunt, imposuerunt coronam illam capiti suo, et eam
secuturis integram servaverunt.

29, 27 — 30, 1 Pseudo-Augustinus, Migne 39, 2138: scriptum est enim de eo in Actibus Apostolorum (6, 1—5), quod ad
ministerium viduarum sit ab Apostolis deputatus. in hoc etiam,
quod praepositus est feminis, testimonium meruit sincerissimae
castitatis.

30, 1—23 ist hauptsächlich die Erzählung Act. im 6. und
7. Capitel benutzt. Ausserdem noch Einiges aus dem Pseudo-
Augustinischen Sermo 210, Migne 39, 2138: videte, dilectissimi
fratres, affectum beati viri, videte magnam et admirabilem
charitatem. in persecutione positus erat, et pro persecutoribus
deprecabatur —, atque in lapidum ruina — ille Domino com-
mendabat inimicos. — 30, 4 Act. 6, 8. — 9 ff. Pseudo-Augustinus Sermo 211, Migne 39, 2140: qui cum lapidaretur, non
solum non expetebat de persecutoribus reportare vindictam,
sed eis potius a Deo veniam postulabat. meminerat enim di-
xisse Dominum —. 2138 f. quid enim dicebat, cum lapidaretur:
‚Domine, ne statuas illis hoc peccatum!‘ — 2141: ecce mem-
brum Christi —. inspice illum, qui primo pependit in ligno.
crucifigebatur ille, iste lapidabatur. ille dixit: ‚Pater, ignosce
illis, quia nesciunt quid faciunt‘ (Luc. 23, 34); iste quid dicit?
audiamus illum, si forte vel ipsum possimus imitari. primo beatus
Stephanus stans oravit pro se, — deinde genu flexit, et flexo
genu ait: ‚Domine, ne statuas illis hoc peccatum!‘ — 20 ff.
Act. 7, 55: ‚ecce‘ (inquit beatus Stephanus) ‚video coelos apertos,

et Filium hominis stantem a dextris Dei'. Bei Hildebert, Migne 171, 720 ff. (der Sermon gehört Babion nach Hauréau 2, 101 f.): vidit ergo eum stantem, quia in passione eum habuit adjutorem. 30, 23—26 Diese Wunder des heil. Stephanus sind sehr ausführlich erzählt von Augustinus, De civitate Dei lib. 22, cap. 8: De miraculis, quae, ut mundus in Christum crederet, facta sunt, et fieri mundo credente non desinunt; Migne 41, besonders 766 ff. Das Stück ist dann auch selbständig weiter überliefert worden, so steht es bei Gregor von Tours, De gloria martyrum, cap. 32. (Vgl. Hildebert a. a. O. S. 721 f.: suscitavit enim beatus Stephanus post mortem in Africa, sicut beato Augustino referente didicimus, sex mortuos —.) Dort heisst es Abs. 10: ibi caeca mulier — protinus vidit. Abs. 14: sanati sunt illic per eumdem martyrem podagri duo —.

30, 26—31 Pseudo-Augustinus, Sermo 211, Migne 39, 2141: ergo, charissimi, si non potestis imitari Dominum, imitamini conservum, imitamini sanctum Stephanum. — a Christo sunt coronati. — 2139: unde rogo vos, fratres, quantum possumus, cum Dei adjutorio cor nostrum ad patientiam praeparemus — pro malis oremus —. Vgl. Hildebert a. a. O. 721 CD: imitemur ergo saltem hujus tam praeclari magistri dilectionem. diligamus in Ecclesia hoc animo fratres nostros, quo ille tunc dilexit inimicos suos. imitemur charitatem ejus, ut virtutis consortes simus et praemii participes. Ferner Honorius, Spec. Eccl., Migne 172, 832 D: itaque, karissimi, implorate sanctum Stephanum, ut possimus eum in hoc imitari, quo valeatis pro inimicis vestris deprecari, ut quia Stephanus dicitur ,coronatus', mereamini cum illo in illa gloria coronari —.

Diese Uebereinstimmung des deutschen Schlusses mit dem des Sermons bei Hildebert-Babion legt es nahe, zu vermuthen, dass die deutsche Arbeit überhaupt nicht selbständig aus den drei Stücken unter Augustins Namen zusammengefügt wurde, sondern auf eine lateinische Predigt zurückgeht, in der das bereits geschehen war. Auch das Citat aus dem Brevier spricht dafür. Sehr bemerkenswerth scheint, dass zwei von den benutzten Stücken, der Pseudo-Augustinische Sermon Nr. 210, unter dem Namen des Maximus, und die Beschreibung der Wunder aus Augustins De civitate Dei bei Paulus Diaconus im Homiliarius de Tempore als Nr. 32 und 34 hinter einander stehen.

9. 31, 1 — 32, 21.

Das Stück ist identisch mit Nr. 166 des ersten Bandes meiner Altd. Pred. S. 256 ff., dort sind auch die vier anderen Ueberlieferungen verglichen. Hier ist von der Predigt nur der reflectirende Theil bewahrt, dort der Vorspruch Prov. 11, 8 angegeben.

31, 2—9 Honorius, Spec. Eccl., Migne 172, 832 C; — quia totum ad laudem Dei refertur, quicquid a fidelibus honori sanctorum quolibet tempore exhibetur; quem jubemus in sanctis suis laudare et in omni tempore benedicendo magnificare. itaque, karissimi, implorate sanctum —, ut vester interventor sit apud Deum —.

31, 9—18 Maximus von Turin, Homil. Nr. 65 (Migne 57, 383 ff.): solemnitatem nobis diversorum martyrum, fratres carissimi, vitae praesentis occasus et suscepta ab eis pro Christi nomine passio consecravit. multimoda namque veterum relatione didicimus nonnullos martyrum prostratos gladio, igni alios concrematos, complures bestiarum dilaceratos dentibus, innumeros et variis tormentorum cruciatibus affectos, spreta sui corporis morte Christianae fidei testimonium reddidisse. Vgl. noch Rabanus Maurus, Homil. 36, In natali martyrum, Migne 110, 68 C D; Honorius Augustod., Spec. Eccl., Migne 172, 1016 C.

31, 18—23 Vgl. die erwähnte Homilie Rabans, Migne 110, 69 C: si tibi aliquis dicat, ut virtutes — debeas imitari, justa potest esse excusatio tua, quia virtutes et mirabilia facere non omnibus datum est; juste autem et caste vivere, et castitatem cum omnibus custodire cum Dei adjutorio omnibus praeceptum est. — imitemur ergo sanctos martyres Christi in fide, in humilitate, in mansuetudine, in patientia, in longanimitate, in dilectione; et sic poterimus ipsos martyres apud Deum habere intercessores, ita ut deleantur peccata nostra et praemia aeterna nobis conferantur — (31, 7 ff.). Vgl. die Anm. zu meinen Altd. Pred. 1, 257, 5 ff.

31, 24 — 32, 3 gibt die Erzählung Act. Apost. 6 und 7 wieder, zum Theil (31, 30 ff.) mit denselben Worten wie im vorhergehenden Stück (30, 20 ff.). Vgl. das Responsorium in tertio Nocturno im Brevier des Tages: S. Stephano, qui in numero martyrum inventus est primus et ideo triumphat in coelis coronatus. Honorius a. a. O. 832 B.

32, 3—17 Maximus, Homil. 64, Migne 57, 381 BC = Pseudo-Augustinus, Sermo 210, Migne 39, 2139 (bei Nr. 8 benutzt): o quicunque ille es, attendis quid tibi fecerit homo, et non consideras quid tu feceris Deo; cum enim tu multo graviora in Deum peccata commiseris, quare non dimittis homini parum, ut tibi Deus dignetur dimittere multum? recole quod tibi in evangelio Veritas ipsa promiserit, et quam tibi quodammodo cautionem fecerit, vel quale pactum inierit. ,si enim' inquit, ,dimiseritis hominibus peccata eorum, dimittet et vobis Pater vester coelestis peccata vestra. si autem non dimiseritis, nec Pater vester dimittet debita vestra' (Matth. 6, 12. 15) videtis, fratres, quia cum Dei gratia in potestate nostra positum est, qualiter a Domino judicemur. Vgl. Augustinus, Sermo 315, Migne 38, 1431.

32, 17—21 Vgl. 30, 26 und die dazu angeführte Stelle des Honorius. Aehnlich lautet die Oration, die dreimal im Brevier des Tages (sie steht auch im Introitus und zum Theil in der Postcommunio der Messe) vorkommt: da nobis, quaesumus, Domine, imitari quod colimus, ut discamus et inimicos diligere: quia ejus natalitia celebramus, qui novit etiam pro persecutoribus exorare Dominum nostrum —.

Zu beachten ist, dass der in meinen Altd. Pred. 1, 257 f. bewahrte erzählende Theil des Stückes genauer mit der auch hier benutzten Predigt des Honorius übereinstimmt. Wahrscheinlich ist dafür schon eine einheitliche lateinische Vorlage anzunehmen.

10. 32, 22 — 34, 26.

Cruel hat S. 179 ermittelt, dass dieser Textspruch aus dem Brevier, und zwar dem Responsorium nach Lectio I der Matutin des Tages, genommen ist. Vgl. meine Altd. Pred., Anm. zu 3, 17, 7 sowie überhaupt die dort angeführten Quellen. — Valde honorandus est beatus Joannes, qui supra pectus Domini in coena recubuit. —

32, 23—31 Dass Johannes seinen Vater Zebedaeus verlässt, steht im Tagesevangelium von S. Joannes Evangelista ante Portam Latinam: Matth. 20; Marc. 10. — Honorius, Spec.

Eccl., Migne 172, 834 B: qui nuptias celebrans Christum cum matre sua invitavit; sed deficiente vino Christus, aquam in vinum commutans, convivas laetificavit. hoc viso Johannes sponsam suam deseruit, Virginis filio ipse virgo adhaesit. et quia carnis copulam ejus amore despexit, Christus eum prae omnibus apostolis dilexit. Vgl. Petrus Damiani, Sermo 63, Migne 144, 863 C: qui nimirum nuptialis copulae thalamum deserens, omnem illecebrae carnalis ardorem in coelestium deliciarum transtulit voluptatem —.

32, 32 — 33, 4 Honorius 834 B: cum enim Regina austri corpus et sanguinem suum discipulis suis tradidit, Johannes supra pectus Jesu recubuit (Joann. 13, 23), et de hoc fonte sapientiae tunc potavit, quod postmodum mundo eructavit, arcanum verbi scilicet in Patre reconditi, quia in pectore Jesu sunt omnes thesauri sapientiae et scientiae absconditi (Coloss. 2, 3). Petrus Damiani 858 D: hanc denique supereminentem divinae scientiae celsitudinem tunc divinitus illustrata mente concepit, cum in sacrosancto mysticae coenae convivio supra pectus recubuit Redemptoris. et quia in pectore Jesu sunt omnes thesauri sapientiae absconditi, ex illo coelesti gazophylacio summam traxit, — imo supra fontem perennis vitae recubuit, ut et ipse tunc semper manentia fluenta divinae doctrinae hauriret, et eadem nobis postmodum praefixo certi temporis articulo propinaret. — Vgl. noch Haymo, Hom. de Temp. Nr. 11, Migne 118, 75 D. — 32, 2 nach *ezzenne* Punkt. —

33, 4 — 12 Hugo von Folieto, De bestiis lib. 1, cap. 56 (De natura aquilae), Migne 177, 53 D: nam et contra radium solis fertur obtutum non flectere, unde et pullos suos, ungue suspensos, radiis solis objicit, et quos viderit immobilem tenere aciem, ut dignos genere conservat; si quos vero perspexerit reflectere obtutum, quasi degeneres abjicit. — 54 B: aquilae vocabulo subtilis sanctorum intelligentia exprimitur. unde idem propheta, dum sub animalium specie evangelistas quatuor se vidisse describeret (Ezech. 1), in eis quartum animal, id est Joannem, per aquilam significavit, qui volando terram deseruit, quia per subtilem intelligentiam interna mysteria Verbi videndo penetravit. similiter, qui haec terrena mente deserunt, velut aquila cum Joanne per contemplationem coelestia quaerunt. — Petrus Damiani 857 D: hodie scilicet illa mirabilis aquila, quam

et olim Ezechiel eminere caeteris quatuor animalibus vidit, et
ipse Joannes sumet, ut ita loquar, propheta factus, volantem
in mystica visione conspexit. iste tamen tanto familiarius ad
vitae pabulum, corruptionis vinculis jam solutus accedit, quanto
et in carne adhuc positus in ipsum aeterni solis orbem, hoc est,
in divinae substantiae claritatem, radios purificatae mentis infixit.

33, 12—30 Petrus Damiani 858 C: propterea igitur Redemptor noster dilectum sibi speciali praerogativa discipulum ad
declarandam suae divinitatis essentiam quoddam quasi organum
fecit, atque ut — hic coessentialis et coaeterni Deo Verbi pan-
deret sacramentum dicens: Joann. 1, 1 (33, 14). — 859 B: ad
tantum scilicet gratiae provectus est privilegium, ut omnem
transgrediens creaturam illuc acie mentis attingeret, quo non
propheta, non patriarcha, non denique quisquam ab ipso mundi
primordio cognoscatur in carne positus aspirasse. nec mirum,
si Redemptor noster beato Joanni vicem suam ad declarandum
divinitatis suae mysterium delegavit, quem et ad custodiendam
venerabilem matrem suam, perpetuam videlicet Virginem, quasi
alterum filium sui loco supposuit. (Joann. 19, 26 f.: cum vidisset
ergo Jesus matrem et discipulum stantem, quem diligebat,
dicit matri suae: ,mulier, ecce filius tuus‘. deinde dicit disci-
pulo: ,ecce mater tua‘. et ex illa hora accepit eam discipulus
in sua.) Vgl. noch 858 CD. — Honorius 834 C: Christus —
cernens comminus matrem suam cum Johanne cruci adstare,
optimum duxit Virginem virgini commendare. — Transitus B.
Mariae (Tischendorf, Apocalypses Apocryphae p. 124 f.) cap. 1:
igitur cum Dominus et Salvator Jesus Christus pro totius seculi
vita confixus clavis crucis penderet in ligno, vidit circa crucem
matrem stantem et Johannem evangelistam, quem prae ceteris
apostolis peculiarius diligebat, eo quod ipse solus ex eis virgo
esset in corpore. tradidit igitur ei curam sanctae Mariae, dicens
ad eum: ecce mater tua, et ad ipsam inquiens: ecce filius tuus.
ex illa hora sancta Dei genitrix in Johannis cura specialius
permansit, quamdiu vitae istius incolatum transegit. — cap. 17
(p. 136): apostoli autem susceptis (Domino et Maria) in nubibus
reversi sunt unusquisque in sortem praedicationis suae, narrantes
magnalia Dei —. 33, 23 nach *ganzen* fehlt *sol* und wahrscheinlich
noch ein Substantivum. Dagegen gibt 24 *heilichaite* wohl nur
einen lat. Genet. qualit. wieder. Spuren von Reimen 19 f. 24.

3*

33, 30 — 34, 19 Vgl. Jacobus de Voragine, Legenda Aurea
Nr. 9 (ed. Graesse p. 56 ff.) cap. 1: divisis apostolis in Asiam
est profectus, ubi ecclesias multas (die Siebenzahl der vom
Apostel Johannes gestifteten Kirchen ist eine alte Ueberlieferung,
die schon der Prolog zum Johannesevangelium enthält; über
diesen vergl. Lipsius, Apokr. Apostelgesch. 1, 445 ff.) fundavit.
— cap. 5: — tunc apostolus calicem accipiens et signo crucis
se muniens totum venenum bibit et nullam laesionem incurrit.
— cap. 1: Domitianus igitur imperator — eum in dolium fer-
ventis olei mitti jussit, ille autem inde exiit illaesus. — imperator — eum in Pathmos insulam in exsilium relegavit, ubi solus
degens Apocalipsim scripsit. — sicque factum est, ut sanctus
Johannes — cum honore Ephesum rediret. — cap. 5: et apostolus: vade et mitte tunicam meam super corpora defunc-
torum —. quod cum fecisset, illico surrexerunt. — cap. 11:
cum igitur esset nonaginta octo annorum — apparuit ei Dominus cum discipulis suis dicens: veni, dilecte mi, ad me, quia
tempus est, ut in mensa mea cum tuis fratribus epuleris. —
veniente igitur dominica (missas celebravit, omnes dominicis sacramentis communicavit — Honorius 836 B) — hortans eos —.
fossam quadratam juxta altare fecit fieri —. (deinde fossam descendit — Honorius 836 B). — cap. 1: sicut a corruptione carnis exstiterat alienus. — Die Erzählung bei Honorius ist im
Allgemeinen viel kürzer und stimmt vielfach mit Pseudo-Isidor,
De ortu et obitu patrum, cap. 72, Migne 83, 151 f. (vgl. Lipsius,
Apokr. Apostelgesch. 1, 213 ff.).

34, 20—26 Honorius 836 D: nunc, karissimi, in auxilium
vestrum invocate hunc, assiduis precibus 'pulsate, ut — vobis
et omnibus christianis obtineat omnipotentis Dei gratiam in
superna patria, quatenus post hujus vitae terminum exultetis
cum eo in perpetuum in illa gloria —.

11. 34, 27 — 35, 25.

Dieses Stück enthält im Vergleich mit dem vorhergehenden fast gar nichts Neues und schöpft aus denselben Quellen.
Der Textspruch gehört derselben Antiphon des Breviercs an,
die in Nr. 10 benutzt wurde: cui Christus in cruce matrem
virginem virgini commendavit.

34, 28 — 35, 8 Diese Züge aus dem Leben des Heiligen
stehen sämmtlich in der Legenda Aurea (welche hauptsächlich
die *Virtutes S. Johannis* umschreibt) und bei Honorius 834 f.
Die ersten Punkte gehören zu den ,quatuor privilegia, quae
fuerunt in beato Johanne', mit denen Jacobus de Voragine
seinen Bericht einleitet. 35, 7 bezieht sich auf dieselbe Geschichte mit Aristodemus, die 34, 6 f. erwähnt wurde. — Zu
34, 32 f. vgl. die wiederholten Versikel des Brevieres: Qui privi-
legio amoris praecipui ceteris altius a Domino meruit honorari.
35, 8—25 Diese Erzählung ist etwas reichlicher mit Einzelnheiten ausgestattet als 34, 8 ff., geht aber natürlich ebenso
wie jene durch die lateinischen Bearbeitungen auf die gnosti-
schen Johannesacten zurück, deren Abfassung Lipsius noch
an das Ende des zweiten Jahrhunderts setzte. Vgl. Honorius
836 B: huic Dominus — apparuit et eum ad coeleste convivium
invitavit. — 35, 15 Der Spruch ist nicht biblisch (die gewöhnliche Form citirt schon Hieronymus im Commentare zum
Galaterbriefe: Filioli, diligite alterutrum), sondern stammt aus
der Legende, wo er die Anschauung wiedergibt, die sich aus
dem ersten Johannesbriefe über die Lehre des Apostels von
der caritas gebildet hatte. — 35, 17 ff. Honorius 836 B: et subito
lux immensa de coelo super eum resplenduit. post haec in
fossa illa non nisi manna inveniebatur —. unde creditur sanctus
Johannes in illo lumine ab angelis ad coelestia raptus fuisse —.
Vgl. Anno 89 f. und Roediger's Anm. — 12 f. ist eigentlich ein
Missverständniss, denn gemäss der Construction ist 13 nach
hete Punkt zu setzen, während dem Inhalte nach der Passus
da er — hete schon zum Folgenden gehört. — 20 f. Honorius
836 B: sed beatus Johannes, karissimi, si adhuc in fragili
carne manens in tantum potuit peccatoribus subvenire, quanto
magis nunc cum Christo regnans cunctis eum invocantibus
praevalet intervenire. Zu dem Schlusse ist noch 34, 20 ff. (und
Honorius dort) zu vergleichen.

12. 35, 26 — 36, 20.

35, 27 — 36, 11 Apoc. 3, 4. Vgl. im Homiliarius des
Paulus Diaconus, De Tempore Nr. 38 (Severianus), Migne 95,
1174 B: zelus quo tendat, quo prosiliat livor, invidia quo fera-

tur, Herodiana hodie patefecit immanitas. quae dum temporalis regni aemulatur augustias, aeterni regis ortum molitur
exstinguere. Beda, Homil. 9, Migne 94, 51 C: Herodes quoque in diabolo fremit, et auferri sibi iniquitatis suae regnum
in his, qui ad Christum transeunt, ingemiscit. Vgl. noch die
Historia Scholastica des Petrus Comestor, In evangelia cap.
7—18, Migne 198, 1541 ff. — 36, 1 ff. Matth. 2, 1—15.
36, 11—20 Severianus bei Paulus Diac., Migne 95, 1174 C:
ad sinus matrum militum cogit castra, intra ubera arcem pietatis oppugnat. (Das Stück steht auch in den Sermonen des
Petrus Chrysologus als Nr. 152, Migne 52, 606 C.) Honorius
836 D: hi etiam flores martyrum dicuntur —. hi quoque primitiae appellantur, quia sicut in lege primi fructus, sicut ipsi in
Ecclesia primi Deo immolantur. Vgl. Ambrosius, Comm. i.
Apoc., Migne 17, 888 ff. Pseudo-Augustinus, App. Nr. 219, Migne
39, 2151. Fulgentius, Sermo Nr. 4, Migne 65, 732 ff. Radulphus Ardens, Hom. de Temp. Nr. 7, Migne 155, 1328 B. Auch
die schon erwähnte Homilie Beda's, Migne 94, 52 C. — 14 Apoc.
14, 4: hi empti sunt ex hominibus primitiae Deo et Agno.
Das ist auch der Messtext (Apoc. 14, 1—5) des Tages. — Paul.
Diac., Migne 95, 1175 B: praemisit ergo Christus suos milites —.
Vielleicht ist auch der Hymnus im Brevier des Tages ‚Audit ty-
rannus anxius' hier benutzt. — 36, 16 Apoc. 14, 5: sine macula
sunt ante thronum Dei. — Honorius 836 D: nulla sorde corpora
sua unquam commaculaverunt —. qui corpora sua post baptismum gravibus criminibus non inquinabunt, in sempiterna laetitia
cum Christo ambulabunt (835 D). Vgl. Pseudo-Augustinus,
Sermo 221, Migne 39, 2155. — Zu der Schlussformel vgl. Honorius 840 C: hos, karissimi, deposcite tota devotione, ut vobis —
fautores apud Christum existant —. Bemerkenswerth ist, dass
mehrere der Stücke, aus denen hier Phrasen verwendet scheinen,
im Homiliarius des Paulus Diaconus, De Tempore Nr. 37—40,
beisammen stehen.

13. 36, 21 — 37, 18.

Die unmittelbare Quelle dieses Stückes kann ich zur Zeit
nicht nachweisen, wohl aber die Einzelnheiten belegen.

36, 21 — 37, 1 Beda, Homil. 10, Migne 94, 54 f.: suscepit
ergo circumcisionem lege decretam in carne, qui absque omni

prorsus labe pollutionis apparuit in carne, et qui in similitudine carnis peccati, non autem in carne peccati advenit, remedio, quo caro peccati consueverat mundari, non respuit: sicut etiam unda baptismatis, quae novae gratiae populos a peccatorum sorde lavari voluit, ipse non necessitatis, sed exempli causa subiit. — sed veniens in carne Dei Filius, qui solam carnis naturam, nullam autem peccati contagionem contraxit de Adam, et quia Spiritus sancti virtute de virgine conceptus et natus est, nullo eguit munere gratiae renascentis: utrumque genus purificationis subire dignatus est, et circumcisus videlicet a parentibus octava die nativitatis — imo etiam tertium salutaris hostiae munus ipse templi Dominus pro se non respuit offerri. — cuncta, inquam, et legalis et evangelicae purificationis genera, qui nullo indiguit, Dominus suscipere non despexit, ut consummandae jam legis decreta suo tempore doceret esse saluberrima, et advenientis evangelii cunctis fidelibus ostenderet aeque subeunda remedia.

37, 1 ff. Vgl. Beda a. a. O. 54 A: providit — ut ad humanos verum hominem proferret aspectus: qui in divina virtute ac substantia manens per omnia, quod erat, veram naturae mortalis infirmitatem, quam non habebat, induerat. Die Ansicht, dass Christus sich der Beschneidung ebenso wie anderen menschlichen Dingen unterworfen habe, um den Teufel zu täuschen, ist meines Wissens zuerst aufgestellt von S. Zeno, Episcopus Veronensis, Sermo de circumcisione, Bibliotheca Maxima Patrum 3, 389 C. Dann findet sie sich bei Ambrosius im Lucascommentar, Migne 15, 1699 ff. Beda im Lucascommentar, Migne 92, 365 ff. Vgl. noch Maximus, Homil. 35, Migne 57, 299; Rabanus Maurus, Homil. 6, Migne 110, 17 f.; Haymo, Homil. de Temp. 14, Migne 118, 90 ff.; Ivo von Chartres, Sermo 9, Migne 162, 571 f.; Bernhard von Clairvaux, Sermo I in circumcisione, Migne 183, 133 C. Besonders aber findet sich in einer Predigt, die unter Augustins Namen, Migne 47, 1135 ff. (= Fulgentius, Migne 65, 833 ff.), veröffentlicht ist, ausgeführt, die Beschneidung sei geeignet, den *Manichaeus* über Christi menschliche Natur zu täuschen; von da war der Uebergang zum Teufel leicht gefunden. Vgl. noch meine Altd. Pred. 3, 65 f. und die Anm. dazu. Honorius stellt dieselbe Auffassung im Spec. Eccl. Migne 172, 841 f. dar, nur eingekleidet.

in die allegorische Deutung von Gedeons Kampf wider die
Madianiter (Judi. cap. 6 und 7). Jacobus de Voragine führt
Leg. Aur. cap. 13 (Graesse p. 84) unter den Gründen der Beschneidung des Herrn an: quarta ratione daemonum, ne scilicet incarnationis mysterium cognoscerent. cum enim circumcisio fieret contra originale peccatum, credidit diabolus et hunc,
qui circumcidebatur, similiter peccatorem esse, qui circumcisionis remedio indigeret.

14. 37, 19 — 39, 5.

Im Wesentlichen ist das Stück nach Honorius gearbeitet.
37, 20—30 Isai. 60, 1: surge, illuminare, Jerusalem, quia
venit lumen tuum. Honorius 843 D: sancta Ecclesia, karissimi,
Hierosolima nominatur, quod dicitur ‚visio pacis‘, quia aeternam et veram pacem visura est, Christum videlicet in coelis.
huic in mundo desideriis jacenti dicitur: ‚surge‘, id est, terrena
respuens ad coelestia appetenda te subrige, et tunc a vera luce
mereberis illuminari et donis Spiritus sancti illustrari. Schon
bei Hieronymus im Isaiascomm., Migne 24, 610 f.
37, 20 — 38, 16 Honorius 845 A: qualiter hoc lumen mundo
illuxerit, evangelista nobis in Evangelio dicit. cum Christus
sponsus Ecclesiae de thalamo virginei uteri processit, stella
rutilans veniente luce tenebras detersit et Regem stellarum
venisse expressit. qua visa tres reges ab oriente ad regiam
urbem Hierosolimam venerunt et cum muneribus natum Regem
quaesierunt. — magi autem, mox stella duce cupitum iter per-
egerunt. illa vero, ut eos ad Bethlehem perduxit, super domum,
in qua coeli habitator hospitabatur, gradum fixit. tunc illi tres
nimium felices feliciter domum cum tribus muneribus intra-
verunt, et tres ultra omnes homines et angelos felicissimos
invenerunt, videlicet Dei unigenitum —, ejus genitricem felicita-
tem omnium in gremio gestantem et Joseph —. protinus eum
ut Deum adoraverunt, ut regi munera obtulerunt. — pro nobis
mortalem factum invenerunt. — aurum ei offertur, dum rex
omnium et principium nostrae redemptionis creditur. thus ei
immolatur, dum Deus super omnia se sacrificium Deo Patri pro
nobis obtulisse praedicatur. myrra ei sacrificatur, dum sua mor-
talitate putredo vitiorum nostrorum exterminata affirmatur.

38, 16—25 Exod. 23, 15. Eccli. 35, 6. Pseudo-Augustinus, Sermo Nr. 135, Migne 39, 2013: per hoc ergo pervigili intentione cordis coelum semper studeamus aspicere, si ad Christum cupimus pervenire. dirigat ergo nobis semitas vitae perfecta stella justitiae, qui dixit: ,non apparebis in conspecto meo vacuus'. offeramus ei aurum fidei, pietatis aromata, castitatis holocausta. spiritualem quoque myrrham habeamus in nobis, quae ita animas nostras condiat, ut illaesas a peccati corruptione custodiat. — Vgl. Gregors Homil. i. Evang. Nr. 10, Migne 76, 1113. Raban. Maur., Homil. 7, Migne 110, 19 A. Haymo, Homil. de Temp. 15, Migne 118, 114.

38, 25 — 39, 5 Die drei Erscheinungen Christi an dem Tage bilden das Thema einer grossen Anzahl von Predigten. Honorius 847 B: hodie, karissimi, Christus a Johanne in Jordane post triginta annos baptizatur. — hodie etiam Dominus — deficiente vino sex hydrias aquae in vinum commutavit. — Wernher, Deflorationes, Migne 157, 809 C: in tertio (miraculo) divina potentia declaratur. — Vereinzelt steht die Notiz 38, 30, wonach der Herr an diesem Tage auch den Lazarus zu Bethania von den Todten erweckte. Es wird zwar zuweilen noch eine vierte Erscheinung Christi zu dem Tage berichtet, das ist aber das Speisewunder (χρησανία) Beda im Lucascomm.; Marbodus, De Epiphania, Migne 171, 1663; Joannes Belethus, Rationale divin. offic. cap. 73. 74, Migne 202, 79 ff. — Die Erweckung des Lazarus wird von der abendländischen Ueberlieferung gemeinhin auf den 17. December angesetzt, das Lazarusevangelium wird gelesen feria sexta post quartam Dominicam in Septuagesima. Vgl. Andreas Cretensis, Oratio 10, Bibliotheca max. Patr. 10, 640 ff. Amphilochius von Iconium Homil. Bibl. max. Patr. 5, 1067 f. Alcuin, Johannescomm., Migne 100, 905 f. Rupert von Deutz, Johannescomm., Migne 169, 649. Ferner Stadler, Heiligenlexikon 3, 725 ff. Vielleicht ist das Datum hier auf eine Zusammenstellung zurückzuführen, wie sie Garnerius, Sermo 8, Migne 205, 625 bringt, wo an diesem Tage die Auferstehung der Gläubigen durch die Taufe mit der Auferweckung des Lazarus verbunden wird. — 38, 31 Honorius 850 A: hunc diem — solemnem Ecclesia judicat et Regi omnium cum triumphali laude jubilat —. hujus imperio vos, karissimi, tota mente et corde subdite. debitum servicium ei

omni tempore solvite, ut post hujus miserae vitae inopiam per-
cipiatis ab illo gloriam —.

15. 39, 6 — 44, 6.

Dieses Stück (früher bereits gedruckt durch Pfeiffer,
Zeitschr. f. d. Alterth. 1, 285 ff.) ist wörtlich aus dem Sermon
übersetzt, der unter dem Namen Hildeberts als Nr. 56, Migne
171, 611 ff. veröffentlicht wurde, aber dem Gaufredus Babion
gehört, wie Hauréau 1, 35 gezeigt hat. Dieselbe Vorlage ist
auch in einer Predigt der grossen Leipziger Sammlung, in
meinen Altd. Pred. 1, Nr. 6, S. 34—40 bearbeitet worden.

39, 7 — 40, 3 Postquam impleti sunt dies purgationis
Mariae, secundum legem Moysi, tulerunt Jesum in Jerusalem,
ut sisterent cum Domino — et ut darent hostiam, secundum
quod dictum est in lege Domini, par turturum aut duos pullos
columbarum (Luc. 2, 22. 24). Hildebert 611 A: consuetudo erat,
fratres charissimi, in veteri lege, ut, si mulier masculum pepe-
risset, ipsa ab ingressu templi per quadraginta dies abstineret;
postea veniens ad templum offerebat cum hostiis filium (Levit.
12, 12; darauf bezieht sich wohl auch 39, 14). praeceperat
autem Dominus in lege offerre pro filio agnum, si posset, simul
et turturem vel columbam. qui vero non sufficeret ad offeren-
dum agnum, duos turtures aut duos pullos columbarum offerret.
Dominus igitur, qui non venerat legem solvere, sed implere —,
voluit octavo die circumcidi, et in quadragesimo in templo cum
hostiis praesentari. sed quia de paupertate nos instructurus
erat, ubique exemplum paupertatis proponebat; et ideo maluit
par turturum aut duos pullos columbarum, quae erat hostia
pauperum, quam agnum, qui erat hostia divitum. pauper enim
Filius Virginis, in humili loco natus, vilibus pannis invo-
lutus, in vili praesepio repositus (der Dativ *in ainer armen
krippe* 39, 29 ist durch das Latein der Vorlage bestimmt),
in mundo non habens ubi caput suum reclinaret (der deutsche
Satz müsste der Construction nach 39, 30 mit *Der* beginnen,
nicht 31 mit *Vil*, vgl. Zeitschr. 24, 90), multa opprobria passus,
et in famoso loco turpi morte occisus, per omnia documentum
paupertatis et humilitatis et contemptus omnium praesentium
tribuit.

40, 3 — 15 Hildebert 611 C: et erat quidam beatus senex, qui desiderans videre diem Domini, ‚responsum acceperat a Spiritu sancto, non visurum se mortem, nisi videret Christum Domini' (Luc. 2, 25; das Deutsche hält sich genauer an das Evangelium: 40, 5 *der was reht* = *homo iste justus;* 9 *von des heiligen geistes ordenunge* missverstanden aus *in spiritu* Luc. 2, 27). veniens itaque hodie in templum in spiritu, promissionem suam accepturus, vidit quem desideraverat, recepit, portavit et ait: ‚nunc dimittis servum tuum, Domine, secundum verbum tuum in pace — quia viderunt oculi mei salutare tuum' (Luc. 2, 29 f.).

40, 15 — 41, 1 Hildebert 611 D: haec est hodie, fratres charissimi, festivitas, quam tanto gaudio celebratis (im Deutschen ist *celebretis* übersetzt), si non in re, saltem in specie. (40, 16 ist *iwere kerzen* zu lesen statt *iweriu herze;* vgl. meine Altd. Pred. 1, 35, 17). lumen in candela Christum de Virgine natum designat. Christus enim exortus est lumen rectis corde. cera virginitatem Mariae designat. virgo est apicula, quae ceram fabricat et sine coitu procreavit (hier ist die lateinische Vorlage nicht in Ordnung: zum wenigsten fehlt *mel* und es soll *procreatur* heissen). de melle enim apes nascuntur. eamdem speciem virginitatis habet cera, sed sicut gestatis eum (scil. Christum in cereo) in specie, ita in mente portate (40, 27 l. *also sult ir hiute*). sed si vultis eum ita portare, etiam turturem et columbam offerte (dafür im Deutschen 40, 28 nur *die turteltuben*, wahrscheinlich, weil im Folgenden *columba* und *turtur* wechseln). columba enim simplicitatem, turtur indicat castitatem. castitatis enim ita turtur amator est, ut, si conjugem casu perdidit, non aliam ultra quaerere curet. — Der Zug 40, 32 f. fehlt in der Vorlage (vielleicht nur durch Zufall), ist aber sonst wohl bekannt, vgl. die Anm. zu meinen Altd. Pred. 1, 36, 9 ff. — 41, 1 *ez*, also Wechsel des Pronomens rasch nach einander bei derselben Person.

41, 2—10 Hildebert 612 A: ille igitur columbam offert, qui se innocentem custodit, neminem laedit, nullius odii fel in mente gerit. turturem vero offert, qui caste vivens cum uxore, ab altera se a mente gerit et abstinet (der Herausgeber schlägt vor: *ab altera tam mente quam corpore abstinentem se gerit;* aber nach dem Deutschen ist wohl eher zu lesen: *ab alterius*

inquinamento se abstinet). vel si uxore caret, ab omni inquinamento luxuriae se removet. nec solus justus, sed et peccator
turturem vel columbam offert. utraque avis, quae gemitum pro
cantu edere solet, in hoc saeculo ploratum designat poeniten-
tium. tunc ergo peccator columbae vel turturi comparatur,
cum peccatorem se recognoscendo pro nequitiis lamentatur (das
wird im Deutschen vereinfacht).

41, 10 — 42, 2 Hildebert 612 A: sed sunt duo genera poe-
nitentium. alii enim publice, alii in occulto, pro diversitate
criminum poenitentiam agunt. qui enim publice peccant et
malo exemplo alios corrumpunt, publice debent poenitere —.
caeteri autem privatim puniuntur. — nam turtur solivagus
gemere consuevit. columba vero in grege aliarum gemitus suos
edit. turtur itaque eos, qui in occulto, columba vero designat
publice poenitentes. hac ergo aviculae, fratres charissimi, sunt
vobis (so l. statt *nobis*) forma vitae. qui libros ignoratis (nach
kunnet 41, 21 Komma), et in eis, quid facere debeatis, legite.
creaturae enim Dei non solum vobis ad cibum sunt, sed etiam
ad exemplum. — in his avibus reperit justus, quid imitari
debeat; hae aves docent peccatorem, quid faciat. sed spiritualiter columba nos informans septem virtutum nobis est exemplum. felle caret; non vivit de cadavere (41, 27 *botich*), nec
de vermibus; semine pascitur; meliora germina eligit (im Lateinischen fehlt hier nichts, wie Hugo de Folieto zeigt, Migne
177, 19 D); gemitum pro cantu habet; alienos saepe nutrit pullos;
super aquas sedet, ut, cum viderit umbram venientis accipitris,
illum devitet; in foramine petrae vel in caverna nidificat. in
his omnibus, fratres, haec avis est imitanda (so zu lesen statt
miranda; vgl. auch Hildebert 615 D, hier 43, 28).

42, 3—33 Hildebert 612 C: omnis enim fellis amaritudo
debet abesse a cordibus nostris; nullum adeo pessimum vitium
est sicut odium; nullum martyrium (durch *guottate* übersetzt,
weil *martyrium* den Zeitverhältnissen nicht angemessen ist)
valet, si odium in corde habitet (hier und im Folgenden lässt
der Bearbeiter viele Schriftcitate weg, die in der Uebersetzung
der Leipziger Sammlung bewahrt sind). rursum columba nec
cadavera nec vermes comedit (*kerere* ist 42, 6 natürlich falsch,
es muss gelesen werden: *der botiche noh der wurme*). sic
homo mortuis operibus non debet delectari; vermes, id est

pravas conscientias (daraus erklärt sich 42, 8 *boser*, vgl. Zeitschr. 24, 90) — curet devitare. cadavera enim sunt peccata, vermis prava conscientia. — non auderet homo in conspectu hominum apparere (42, 9 nach *lute* Komma), si dicerent sibi homines (stand in der Vorlage *discerent?*), quod sibi conscientia objicit quotidie. — vitanda sunt peccata, quia homo est servus tot dominorum, quot vitiorum (ist 42, 11 schlecht übersetzt, weil *er* einen falschen Bezug hat). — item columba semine pascitur et meliora grana eligit (42, 13 ist der Sing. und Plur. *korn* gut auseinander gehalten). sic justus Dominicis verbis debet satiari. ait enim Christus: Matth. 4, 4. sicut enim in homine duae sunt substantiae, id est corpus et anima, sic duo cibi sunt necessarii, id est corporalis, qui corpus pascit, et verbum Dei, quod animam reficit. sumus in peregrinatione, et ideo viatico (*phruonde* = provenda ist eine wunderliche Uebersetzung von *viaticum*) indigemus. hunc panem petimus in Dominica oratione, dum dicimus: Matth. 6, 11; id est in praesenti vita, quem Dominus donat omnibus, dicens: Matth. 15, 32. in via deficit, si peccatori cibus praedicationis subtrahitur. (Bei den deutschen Uebersetzungen fehlt die Erklärung von *meliora grana eligit*, wohl weil sie zu subtil ist.) — est et alia virtus columbarum, quae multum imitanda est. nutrit enim alienos pullos. in hoc virtus misericordiae designatur. — qua etiam alienos amare praecipitur, dum dicitur: Luc. 6, 30 (das Citat 42, 29 *Gregorius* ist falsch). quod et alibi: Luc. 6, 36. ergo alieni sunt diligendi propter Dominum (42, 32 l. *fremeden* — *got unsern herren*).

42, 33 — 43, 27, Hildebert 614 B: quinta virtus admirabilis columbae est, quod juxta fluenta habitat, ut videns umbram venientis accipitris illum devitet; quod melius in columba sequendum est. habemus enim quemdam hostem spiritualem per aera volitantem, qui semper circuit, quaerens quem devoret. nec omnino inter nos habitat, nec multum a nobis remotus est (daher l. 43, 4: *und ist ouch niht [vil?] verre von uns*). si semper in terra habitaret, vix posset aliquis ejus insidias devitare. unde daemones aëris potestates nominantur. et quanto invisibilior, tanto formidabilior est. sed umbram ejus videmus in aqua, quia similitudinem astutiarum ejus discimus in Scriptura. fugiamus ergo ad Scripturam, quoties sentimus tenta-

tionem ejus callidam. — gemitum pro cantu habet columba.
in hoc aviculam peccator imitari debet. vertat gaudium in
lacrymas. Luc. 6, 21. lacrymis peccata lavit Maria. — Petrus
post peccatum amare flevit et meruit veniam. — nec solum
pro nobis, sed et pro miseris proximis sunt lacrymae fundendae.
— sequitur ultima virtus. in foraminibus petrae vel in caver-
nis maceriae nidificat. petra Christus est, supra quam Ecclesia
debet nidificare. nil valet alicui bene operari, si sibi, non
gratiae Dei ascribat —. foramina petrae sunt vulnera Christi,
unde sanguis profluit, pretium redemptionis nostrae. caverna
est latus apertum, unde sacramenta nostrae salutis, scilicet sanguis et aqua exierunt; alterum ad redemptionem, alterum ad
regenerationem.

43, 27 — 44, 6 Hildebert 615 B: in omnibus his, fratres
charissimi, imitemur columbam, sic nos in templo columbam
offeramus. quod factum est figuraliter antiquo tempore, modo
spiritualiter impleamus. sequamur vestigia beatae Mariae virginis —. rogamus beatissimam Reginam, quae — porta est
coeli, spes miserorum, consolatio peccatorum, ut Filium, quem
hodie praesentavit in templo, faciat nobis placabilem et tribuat
nobis illam pacem, quam senex beatus intellexit, cum ait: Luc.
2, 29. ut mereamur videre salutare Dei, de quo ait idem:
Luc. 2, 30. — Dominum nostrum Jesum Christum, qui vivit et
regnat Deus per omnia saecula saeculorum Amen.

16. 44, 7 — 47, 16.

Das Stück ist im Wesentlichen getreu übersetzt aus des
Ivo von Chartres Sermo Nr. 12, de Septuagesima, Migne 162,
577 ff., der seinerseits zum grossen Theile übereinstimmt mit
dem Liber de divinis officiis, cap. 9, der fälschlich Alcuin zugeschrieben wurde, Migne 101, 1184 ff. Vgl. Zs. f. d. Phil. 15, 31 f.

44, 8—18 Psalm. 136, 4: quomodo cantabimus canticum
Domini in terra aliena. Ivo 577 A: scientes, dilectissimi, quia
quamdiu sumus in mundo, peregrinamur a Domino (2 Cor.
5, 6), quotidianis lacrymis oportet nos hujus exsilii mala deflere,
et ad aeternam patriam toto desiderio anhelare. sed quia
Ecclesia, multis honorata sacramentis, hoc publicis conventibus
quotidie frequentare non valet, sub typo universi temporis com-

mendati sunt nobis specialiter hi septuaginta dies, quibus reci-
tatione lectionum et canticorum casum generis humani reco-
limus, et mortalitatis nostrae dolores attendentes quotidie
dolemus.

44, 18—25 Ivo 577 C: ad hoc etiam significandum vocem
usitatissimam in Ecclesia, ‚Alleluia‘ scilicet, ab hodierna die
usque ad Pascha intermittimus et pro hac hebraica voce latinam: ‚laus tibi, Domine, Rex aeternae gloriae‘ frequentamus.
sicut enim terrena Jerusalem gerit imaginem patriae coelestis,
sic vox ista, a supradicta civitate quondam in Dei laudibus
frequentata, signat laudes civium supernae Jerusalem, matris
nostrae —. unde in introitu hodiernae missae sancta Ecclesia
per lapsum primi parentis mortem sibi illatam esse deplorat,
et in doloribus hujus vitae ad haec inferiora detrusae, dolere
se clamat: ‚circumdederunt me dolores mortis —. dolores inferni circumdederunt me‘ (Psalm. 17, 5. 6).

44, 25 — 45, 14, Ivo 577 C: huic significationi septuaginta
dierum concordat significatio septuaginta annorum, quibus cives
terrenae hujus Jerusalem sub rege Assyriorum ducti sunt captivi et in Babylonia servitute detenti —. Pseudo-Alcuin, Migne
101, 1184 C: qui sacrae legis, veteris scilicet historiae libros
legunt, satis in promptu habent, Israeliticum populum saepius
contra Deum deliquisse. unde frequenter admoniti per prophetas, poenitentiam agere noluerunt. quapropter, sicut legitur
in libro Regum et beati Ezechielis prophetia, post multas
correctiones, sicut diximus, in impudentia illis permanentibus,
tradidit illos Deus in manus diripientium. (Einzelne Ausdrücke
im Deutschen sind aus der Bibelkenntniss des Bearbeiters
geschöpft.) — unde regressus rex Assyriorum Nabuchodonosor
cum exercitu regiones illorum vastavit et civitatem Hierusalem
munitionibus circumdedit et tamdiu obsedit, quousque defi-
cientibus alimentis victi omnes cederent, et relicta civitate, rex
Sedechias cum filiis et paucis, qui secum remanserant, fugeret.
quem, capta civitate, persequens populus Assyriorum appre-
hendit et in conspectum regis sui Nabuchodonosor cum filiis et
principibus populi filiorum Judaeorum, qui residui fuerant,
adduxit. — praecepitque rex Nabuchodonosor in conspectu
regis Sedechiae interficere filios ejus et omnes principes Judaeorum (daher ist 45, 6 zu lesen *die tirreristen*, wie schon Bech,

Germania 4, 500 vermuthet hatte), qui remanserant (daher ist
frume 45, 8 schwerlich richtig; etwa *die da vore waren?*). oculos
autem Sedechiae jussit eruere, et vinctum catenis duxit in
Babylonem. — unde, sicut illic scribitur, Nabuzardam, princeps coquorum, destruxit muros Hierusalem. et ita omnes
ducti sunt in captivitatem in Babyloniam —. in qua captivitate
morati sunt in magna afflictione et penuria et servitute per
annos septuaginta. postea vero, miserante divina clementia, —
magna illorum pars reversa est Hierusalem —.

45, 14—23, Ivo 577 D: Assur quippe ,elatus' interpretatur;
Babylon ,confusio': Jerusalem ,pacis visio'. ergo rex Assyriorum, rex superborum, idem rex Babyloniorum, id est, inordinate viventium rex diabolus est, qui filios pacis, populum ad
supernam visionem suspirantem, duro premit jugo servitutis,
et quantum praevalet, retardat a reditu et introitu supernae
civitatis.

45, 23 — 46, 1, Ivo 578 B: malorum itaque Babyloniae
taedio fatigati, et supernae civitatis desiderio afflati, quasi in
salicibus organa nostra suspendimus, dum, in mundi cupidi-
tatibus radicatis oppressoribus saeculi nostri, imo contemptoribus
divinae gratiae coelestis regni gaudia praedicare dissimulamus,
ne margaritas spargere ante porcos, et sanctum dare canibus
videamur. unde captivati suis captivatoribus dicunt: ,quomodo
cantabimus canticum Domini in terra aliena?' (Psalm. 136, 4;
das Citat 45, 25 war == Psalm. 136, 3: et qui abduxerunt nos:
,hymnum cantate nobis de canticis Syon'). — 45, 30 Psalm.
136, 5. Die Vulgata liest den Vers: si oblitus fuero tui, Jerusalem,
oblivioni detur dextera mea. Augustinus jedoch, aus dessen
Enarratio des 136. Psalms (Migne 37, 1761 ff.) alle diese Er-
läuterungen geflossen sind, hat 1770: — obliviscatur me dextera
mea. — Ivo 577 D: quo tempore Dei laudes patrio more celebrare non poterant, sed exsilii sui mala deflebant. hoc psalmista
praevidens — dicens: super flumina Babylonis illic sedimus et
flevimus, dum recordaremur Syon. — 45, 35 ist *s. d.* aufzulösen
in *sicut dicitur*?

46, 1—11 Pseudo-Alcuin 1185 B: hanc ergo captivitatem
Judaici populi, quae nostram praefiguravit peregrinationem, an-
nuatim colens sancta Ecclesia, et in memoriam reducens celebrat
Septuagesimam: ut sicut ille populus septuaginta annos, quam-

vis invitus, in captivitate et peregrinatione est detentus (46, 3
wartin = wartetin; vgl. Schaper § 21, 5), ita nos, id est Christianus populus, septuaginta dies nostram peregrinationem et praesentis vitae aerumnam voluntarie recolentes, ad patriam, quae
est superna Hierusalem, redire cum omni aviditate, bonis dediti
operibus, vigiliis scilicet et jejuniis et orationibus, intente
studeamus.

46, 12—23 Ivo 578 C: his ergo diebus, quod omni tempore
faciendum est, specialius et propensius gemitibus et fletibus
operam demus, ut ad patriam nostram, a qua mortifera delecta-
tione corruimus, per amaritudinem cordis et lamenta redeamus.
— terra aliena reproborum est multitudo, ad supernam non
pertinens civitatem —. nos ergo in hac servitute detenti, quasi
super flumina Babylonis sedemus, dum transitoriis hujus mundi
concupiscentiis mentem non immergimus (46, 19 l. *dar ane
denchet*), et tamen flemus, quia miseri sumus et frequenti desiderio visionis supernae et aeternae suspiramus. Ferner die
Stelle, welche bereits zu 45, 23 ff. ausgehoben wurde. Deshalb
ist *praedicare = 46, 22 vûrleigen = vür legen,* wie schon Kelle
im Glossar wollte. — 46, 23 Matth. 7, 6: nolite sanctum dare
canibus.

46, 23 — 47, 3 Hugo von St. Victor, Allegoriae in Vetus
Testamentum, lib. 7, cap. 42, Migne 175, 726 D: venit Nabu-
zardan, qui interpretatur, ,ventilabrum', cum aliquis spiritus
malignus plebem invadit fidelium, et domum regis et domos
Hierusalem, id est rectores et eos, qui videbantur in visione
pacis manere, inflammatos cupiditate subvertit. omnem domum
comburit, cum uniuscujusque conscientiam per illiciti amoris
flammam succendit. muros Hierusalem in circuitu destruxit,
cum intentionem orationis et virtutum studia, quae contra se
valere novit, in desperantibus dissolvit, ne per spem veniae ad
divina currant auxilia, et correptionis vitae apprehendant muni-
mina. — Hugo schöpft da wörtlich aus der alten Ueberlieferung,
nämlich dem Commentar des Rabanus Maurus zu den Büchern
der Könige 4, 25 (Migne 109, 276 f.) und aus desselben Autors
Commentar zu Jeremias cap. 52 (Migne 111, 1178). — 46, 33
die Stelle stammt nicht aus der Bibel, sondern aus Augustinus,
Sermo 5. de verbis Domini. — 47, l. *m. daz vl. br.,* vgl. Kelle
im Glossar.

47, 3—14 Ivo 578 D: ibi (scil. in patria coelesti) nunc
intermissum ‚Alleluia' recuperabimus et cum supernis civibus
Deum sine fine laudabimus. — interim ergo lugeamus in via,
ut postmodum gaudeamus in patria. amarescat nobis, quidquid
dulce est in rebus saeculi, prae dulcedine Dei et decore domus
Dei: quanto quisque prae omnibus diligit, tanto se amplius ad
supernam patriam pertinere intelligat. — Pseudo-Alcuin 1186 C:
ergo quicunque in his diebus Septuagesimae saluberrime in-
stitutis cursum suum, id est, vitae hujus praesentis statum bene
direxerit, ut deposita omni inepta laetitia et vanitate, in jejuniis
et vigiliis et orationibus eleemosynisque ac caeteris bonis operibus assidue insistat, et peregrinationis suae assidue recordatus
fuerit, hic sanctum Pascha feliciter celebrabit —. transitum
faciamus a vitiis ad virtutes, et de terrenis ad coelestia, et de
transitoriis ad semper manentia et aeterna transmigrare studeamus. — 47, 8 Psalm. 26, 13.

Die Vorstellungen dieses Stückes sind von der Theologie
des 12. Jahrhunderts öfters verknüpft worden: vgl. Honorius,
Gemma Animae, Migne 172, 690 f. Werner, Deflorationes 157,
847 f. Hildebert, Sermo 25 de Diversis, Migne 171, 852 f. (besser
Petrus Lombardus, Hauréau 1, 219). Petrus Blesensis, Sermo 13,
Migne 207, 599 f. Hugo von St. Victor, Spec. Eccl. (gehört
einem jüngeren Prediger, Hauréau 1, 25 f.), Migne 177, 1043 ff.
Abälard, Sermo 6, Migne 178, 428 f. Bernhard v. Clairvaux,
Migne 183, 164 f.

17. 47, 15 — 52, 2.

Quelle dieses Stückes ist der unter dem Namen Hildeberts,
Nr. 22, bei Migne 171, 440—443 gedruckte Sermon, der aber,
wie Hauréau gezeigt hat 1, 35, dem Gaufredus Babion zuzuschreiben ist. Die Bearbeitung lässt den Eingang 440 A—C nach
Baruch 3, 9—11 fort und beginnt 440 D. Vgl. Zs. f. d. Phil. 15, 32.

47, 18—33 Der Textspruch ist 2 Cor. 6, 2. Hildebert
440 D: duae civitates sunt, diaboli et Dei, infernus scilicet et
paradisus: et duae familiae, justi et injusti. milites Dei in libro
viventium scribuntur. milites diaboli cum his, qui in inferno
sunt, deputantur. de quibus dicit: Psalm. 68, 29. et quare?
‚coinquinatus es et cum mortuis deputatus' (Baruch 3, 11). quia
‚dereliquisti fontem aquae vivae', id est Christum, qui est fons

aeterni boni, de quo (47, 30 l. *der des brunnin*) aliquis potatus non sitiet in aeternum, qui abluit peccata mundi, unde fluit aqua viva, id est, copia (daher hat Bech, Germania 4, 499 *gnussam* 47, 32 richtig gedeutet) aeternae vitae.

47, 33 — 48, 30 Hildebert 441 A: audistis, fratres charissimi, quam terribilis sententia super vos (Druck *nos*) est data (daher ist 47, 34 nach *getan ist* ein Punkt zu setzen, der Punkt nach *sunti* zu streichen). quia peccavistis, in inferno deputati estis. heu, quam malum meritum, quam grave praemium! de malo opere fructus malus, de turpi militia turpis corona. ,stipendia enim peccati', ut ait apostolus, ,mors' (Rom. 7, 23). non haereditaria (*wilgelich* 48, 4 bedeutet daher: vom Schicksal bestimmt, schicksalsgemäss), non transitoria, sed aeterna. — quo fugietis, gens caeca? vitam deseritis et in mortem itis. in inferno nulla est redemptio, in inferno nulla est confessio utilis. ,quoniam non est in morte — confitebitur tibi' (Psalm. 6, 6). utiliter debemus intelligere. dives enim in inferno peccatum Abrahae confitebatur, sed inutiliter, quia ibi tantum est locus poenitentiae, ubi est locus confessionis. (Im Deutschen wird dieser Satz zerlegt und das Ganze etwas reichlicher nach dem Evangelium gegeben) unde apostolus: Galat. 6, 10. dicit enim Dominus per Isaiam: ,tempore accepto exaudivi te — (Isai. 49, 8). sed quando est tempus illud exauditionis idoneum? — Zu 48, 27—30 vgl. Honorius 883 A: ideo isti (quadraginta) dies sunt ad hoc constituti, ut nos orationibus purgemus et Creatori nostro pro peccatis nostris satisfacere jejuniis curemus, quia per haec duo hostes sternuntur, vitia vincuntur, daemones expelluntur.

48, 30 — 49, 28 Hildebert 441 B: ,ecce nunc tempus acceptabile —' (2 Cor. 6, 2), id est, in praesenti est tempus acceptabile ad poenitendum, ad confitendum, ad orandum, ad bene operandum (daher 49, 1 nach *vrumin* Punkt), in quo Dominus exaudiet et in quo salutem promereri potestis. dies duo sunt, dies hominum (49, 3 l. *der mennischn*), dies Domini. *dies hominum est* (diese drei Worte fehlen bei Hildebert), quamdiu vivitur, quia tunc homines in potestate sua sunt, ut ad vitam tendant, si velint, vel in mortem se praecipitent (wahrscheinlich ist 49, 7 statt *werche* zu lesen *werbin*). dies hominum sunt, quia homines in manu hominum sunt, id est sacerdotum, ut modo

4*

eos solvant, modo eos ligent. ultra vero potestas eorum non
porrigitur. unde dicitur: Deus, cui soli competit medicinam
praestare post mortem. itaque post mortem eorum dies Domini
est, quia tunc homines in manu ejus sunt, ut non secundum
velle eorum vel ad mortem vel ad vitam ducantur, sed secundum
gratiam vel justitiam Domini omnia agantur. dies Domini est,
quia tunc Dominus apparet, sicuti est. — unde dicitur: 2 Petri
3, 10. quid ergo exspectamus hic, ubi positi sumus (49, 22 f.
ist daher zu schreiben: *Von diu — in dizze ellendi;* diese
letzten Worte sind hier ἀπὸ κοινοῦ gebraucht), ut operemur, ut
mereamur in patria Christi esse cohaeredes. in praesenti militia
exercetur, in futuro munus reddetur. in praesenti seritur, in
futuro colligetur. ,tempus vero breve est', ut ait apostolus,
,praeterit enim figura hujus mundi' (1 Cor. 7, 31).

49, 28 — 50, 25 Hildebert 441 D: exspectat nos Dominus
(daher l. *Nu bitit er — unser becherde* ist Gen. Vgl. Zeitschr.
24, 90), qui dicit: ,nolo mortem peccatoris, sed ut convertatur
et vivat' (Ezech. 18, 33). — 49, 30 ff. Nach dem falschen Citat
ist auch die Uebersetzung falsch gerathen; überdies muss *liebir*
statt *leider* geschrieben werden, wie schon Bech, Germania
4, 500 annahm. — exspectat, ut poeniteamus. sed nisi poeni-
tuerimus (49, 34 l. *buoztin*), exspectatio illa nobis iram generat,
dicente apostolo: Rom. 2, 4. 5 (*bonitas* Hildebert). — Von dem
Citat wird 49, 35 f. nur der erste Theil gegeben, 50, 3—5 übersetzt aber auch den zweiten: secundum autem duritiam cordis
tui et impoenitens cor, thesaurizat tibi iram in die vel irae vel
judicii. — 50, 5 nach *zorn* Fragezeichen. — ,surge igitur, qui
dormis', ut ait apostolus, ,et exsurge a mortuis, et illuminabit
te Christus' (Ephes. 5, 14). dormimus, quia obliti sumus coelestis
patriae. hic veras divitias per somnum videmur invenisse,
sed in morte excitati nihil inveniemus, quia nudi discedemus,
dicente psalmista: dives, cum interierit, non sumet omnia, neque
descendet cum eo gloria ejus (Psalm. 48, 18). excitemur ergo
in praesenti, comperientes hic non esse veras divitias, quia
hora est jam nos de somno surgere, scilicet de somno oblivionis.
— Nun werden im Deutschen 30 Zeilen des Migne'schen Textes
weggelassen: 50, 15 ist *digna poenitentia* allein daraus entnommen. — sed vos, fratres charissimi, negligentes in poenitentia estis, quia venientes ad confessionem non defletis peccata

vestra. et tamen plus valent lacrymae poenitentiae quam multi temporis cum gaudio et risu jejunia. Petrus ter negans Dominum flevit amare. unde quidam dixit: ‚lacrymas legi Petri, satisfactionem non legi‘ (ist 50, 20 f. wunderlich übersetzt). Maria mulier peccatrix accessit ad Christum, pedes ejus rigavit lacrymis. — David enim poenitens ait: Psalm. 6, 7.

50, 25 — 51, 17 Hildebert 442 D: et alibi: exaudivit Dominus vocem fletus mei (Psalm. 6, 9). haec secunda ablutio est, prima praecessit in baptismate. Im Deutschen wird das ausgeführt. — 50, 31 Psalm. 125, 5. — vita enim praesens pro lacrymis fuit extenta, velut cum dictum est Ezechiae: ‚morieris tu, et non vives‘, et conversus ad parietem flevit (4 Reg. 13). et adjuncti sunt ei quindecim anni. — flete ergo peccata vestra in praesenti spontanei (das ist *dancicillen* 51, 6), ne defleatis in futuro coacti. unde scriptum est: Matth. 8, 12. — addendum tamen est jejunium lacrymis, ut, cum anima particeps peccati cruciatur, caro, quae peccavit, per abstinentiam puniatur. — Das Citat fehlt Hildebert und ist hier wohl vorausgenommen aus In capite jejunii: Honorius 876 D. Ivo von Chartres, Migne 162, 579 C. — 51, 12 Joel 2, 12; daher muss es heissen: per Joelem prophetam. — 51, 15 f. ist zu lesen: *ir schult wizzin, daz diu vaste niwet frumit an almůsin, unde niwet mer hilfet daz almosin ani vastin den diu vaste ane almosin.* Denn nach *puniatur* heisst es bei Hildebert: sed jejunium sine eleemosyna nihil plus valet quam eleemosyna sine jejunio.

51, 17 — 52, 2 Hildebert 443 A: jejunium cum eleemosyna duplex bonum. jejunium sine eleemosyna nullum bonum est. et iterum nihil valet abstinere a cibis, nisi abstineatur a peccatis. — 21—23 fehlen Hildebert, bei dem sofort das Citat 51, 24: Isai. 58, 7 folgt. Doch ist der kleine Zusatz nur aus dem Vorhergehenden erschlossen. — 51, 24 l. *Denchet dar ane di ir da e. e.* — Hildebert 443 B: cum Dominus prohibeat in jejuniis peccare, postea ostendit, quid e contrario faciamus. scilicet ut solvamus peccata poenitendo, confitendo, lacrymando, jejunando, eleemosynam dando, ut purificati a peccatis in his sanctis jejuniis (daher l. 30: *dietvaste*, vgl. Bech, Germania 4, 499) mereamur Dominum recipere corde puro in die resurrectionis, et gaudere cum eo per omnia saecula saeculorum. Amen.

18. 52, 3 — 53, 12.

Cruel hält S. 177 diese Predigt nur für einen Auszug
aus Nr. 10 der Wiener Sammlung bei Hoffmann, Fundgruben
1, 88 f. Ist nun auch die Aehnlichkeit sehr stark, so sind die
beiden Stücke doch durchaus nicht identisch. Jedenfalls darf
unsere Predigt hier als eine freiere Arbeit angesehen werden,
wie sich schon aus der Abwesenheit von Citaten ergibt. Für
die hier ausgesprochenen allgemeinen Gedanken scheinen hauptsächlich zwei Quellen verwendet zu sein: Ambrosius und Gregor.
Von Ambrosius kommt (ausser den Sermonen Nr. 23 und 25)
besonders Sermo 17, Migne 17, 654 ff. in Betracht: ideo solici-
tiores vos esse oportet in vigiliis, in jejuniis, in eleemosynis
et orationibus. qui usque modo eleemosynam fecit, amplius his
diebus faciat, quia sicut aqua exstinguit ignem, ita eleemosyna
exstinguit peccatum (Eccli. 3, 33). — nam quamvis omni tempore Christianus a maledictionibus et conviciis et juramentis
et risu nimio atque verbis otiosis se abstinere debet, maxime
tamen sanctis his diebus, qui ad hoc constituti sunt, ut peccata
totius anni in his quadraginta diebus per poenitentiam deleantur. — ita et vos, si ex toto corde — ad Deum clamaveritis,
divinam super vos misericordiam provocabitis, in tantum, ut
laetiores et securiores diem Dominicae resurrectionis celebretis,
et felices ad coelestem patriam post hanc vitam transeatis —.
Aus Gregor ist insbesondere anzuführen Homil. 16 in Evangelia, und zwar Migne 76, 1137 f.: sed quia his diebus lectio
congruit, nam quadraginta dierum abstinentiam nostri Redemptoris audivimus, qui Quadragesimae tempus inchoamus, discu-
tiendum nobis est, cur haec ipsa abstinentia per quadraginta
dierum numerum custoditur. — nos quoque, in quantum possumus, annuo Quadragesimae tempore carnem nostram per
abstinentiam affligere conemur. — dum vero per trecentos et
sexaginta quinque dies annus ducitur, nos autem per triginta
et sex dies affligimur, quasi anni nostri decimas Deo damus,
ut qui nobismetipsis per acceptum annum viximus, auctori
nostro nos in ejus decimis per abstinentiam mortificemus. —
ita ei offerre contendite et decimas dierum. unusquisque, in
quantum virtus suppetit, carnem maceret, ejusque desideria
affligat, concupiscentias turpes interficiat —. caro nos laeta

traxit ad culpam, afflicta reducat ad veniam. — illud ergo jejunium Deus approbat, quod ad ejus oculos manus eleemosynarum levat, quod cum proximi dilectione agitur, quod ex pietate conditur. hoc ergo, quod tibi subtrahis, alteri largire, ut unde tua caro affligitur, inde egentis proximi caro reparetur. — jejunium quippe sanctificare est, adjunctis bonis aliis, dignam Deo abstinentiam carnis ostendere. cesset ira, sopiantur jurgia. incassum enim caro atteritur, si a pravis voluptatibus animus non refrenatur —. Vgl. Rabanus Maurus, Homil. Nr. 9, Migne 110, 21 A: nobis ergo in his omnibus Redemptor noster, fratres dilectissimi, exemplum dedit, quia nobis jejunavit, nobis contra tentatorem conflixit, nobisque superavit. victoria Christi gloria est nostra: sicque nos per abstinentiam carnem nostram mortificantes, animas nostras debemus praeparare ad tentationem, et per orationem — victoriam capientes, aeternam cum sanctis angelis in coelo sperare beatitudinem. — Ferner vgl. Leo M., Sermones Nr. 39 und 42, De Quadragesima I et IV, Migne 54, 263 ff. 275 ff. Pseudo-Augustin, Appendix, Migne 39, 2019 ff. Beda, Homil. 23, Migne 94, 124 CD. Werner, Deflorationes, Migne 157, 872 ff. Honorius, Migne 172, 884 A B. — 52, 7 ist wahrscheinlich *wizen* zu lesen. 53, 4 *waize* = *weiz*.

19. 53, 13 — 55, 15.

Diese Homilie erläutert das Evangelium des Palmsonntags in der seit den ältesten Commentatoren üblichen Weise. Besonders nahe steht sie der unter dem Namen Haymos von Halberstadt gedruckten Homil. de Temp. Nr. 63, Migne 118, 353 ff., auch Nr. 1, ebenda S. 11. Vgl. Beda bei Migne 94, 121 f. Hildebert, Sermo Nr. 31, Migne 171, 490 f. = Werner, Deflorationes, Migne 157, 999 ff. Honorius 919 f.

53, 14 Joann. 12, 12; ist eine Antiphon der Messe des Tages. — Vgl. Beda, Homil. 23, Migne 94, 121 A: Christus Jesus, qui pro humani generis salute passurus de coelo descenderat ad terras, appropinquare voluit loco passionis —. hodie incipiat, quicunque cum turbis illis fidelibus fidei opera assumat, implorans pietatem ejus — salvari se superna in patria flagitet. 53, 23. 25 Matth. 21, 1 f. Haymo 118, 354 C: cum ergo venisset Dominus per incarnationis mysterium ad populum

Judaeorum salvandum, misit duos discipulos Jerusalem, hoc est, in hunc mundum, ut sua praedicatione rebellium corda gentilium fidei Christi subjugarent. — quia totus mundus jugum fidei recipere nolebat, misit duos discipulos — propter geminae dilectionis praeceptum, quo praecipimur, ut diligamus Deum ex toto corde, et proximum nostrum tamquam nos ipsos.

54, 1 Haymo 354 D: juxta spiritalem intelligentiam per haec duo animalia onus duorum populorum aperte declaratur. asina enim, quae oneribus ferendis assueta est, populum Judaeorum significat, qui longo tempore sarcinam legis traxerat. pullus ergo, qui lascivus et liber est, significat gentilium plebem, quae ante adventum Domini sine legis doctrina et prophetarum quasi libera et vaga incessit. et bene utrique alligati dicuntur fuisse, quia veniens Redemptor in mundum utrumque populum vinculis peccatorum suorum alligatum invenit. — solvite gentes a vinculis peccatorum, et adducite mihi vestra praedicatione et miraculis.

54, 13 Haymo 357 C: ramos ergo de arboribus caedunt, qui de Scripturis diversis utilia quaedam excerpunt ad utilitatem eorum, qui ad coelestem patriam tendunt. — Matth. 21, 9. — ,osanna' interpretatur autem ,salva' sive ,salvifica' populum tuum vel totum mundum. — sed spiritualiter quod turba, quae Dominum praecedebat et quae sequebatur, consona voce laudis Dominum collaudabant, hoc significat, quod populus Judaeorum, qui in fide praecessit, et gentes, quae eos secutae sunt, pari et aequali fide et concordi Deum omnipotentem collaudant.

54, 21 Haymo 353 D: Jerusalem ,visio pacis' coelestem patriam significat, — Bethania quippe interpretatur ,domus obedientiae', ut aperte ostenderet, quia per summam obedientiam ad passionem veniret. — Bethphage enim interpretatur ,domus buccae' — (Migne 118, 11 C) significat Ecclesiam, quae sine intermissione os, quod vulgo ,bucca' dicitur, in confessione apertum habet —. — Matth. 21, 4 f.: hoc autem totum factum est, ut adimpleretur, quod dictum est per prophetam dicentem: ,dicite filiae Sion: ecce Rex tuus venit tibi mansuetus; sedens super asinam et pullum filium subjugalis' (Isai. 62, 11. Zachar. 9, 9. Joann. 12, 15) — id est, non superborum, sed humilium mentes inhabitans, ut discat ab eo, qui mitis est et humilis corde (Matth. 11, 29).

55, 6 Diese Auslegungen stehen auch in den Messorationen des Tages. Vgl. Bcda, Homil. 23, Migne 94, 124 D: — quia quanto districtius se sanctis his diebus Domino mancipasse meminit, tanto amplius gaudens sanctum Dominicae resurrectionis tempus exspectat. — quicunque ergo — cum tentatore superbo certare coeperunt, videant caute, ne coepta deserant, priusquam hoste prostrato ministeriis donentur angelicis. — sternat vestimenta sua in via, id est, membra sui corporis humiliet in praesenti —. sicque gressus suac actionis praemuniat ac sic etiam ipse cum caeteris fidelibus redemptoris sui vestigia sequatur, passionis et resurrectionis ejus mysteria digna mentis puritate veneretur — et coelestium gaudiorum pignus dare dignatus est Jesus Christus —. Vgl. zu dem Schluss noch die Anmerkung zu meinen Altd. Pred. 2, 77, 6 ff.

20. 55, 16 — 56, 1.

Schon Steinmeyer hat im Anzeiger f. d. Alterth. 2, 229 erkannt, dass zwischen den Seiten 43ᵇ und 44ª der Handschrift etwas fehlt (vielleicht nur ein Blatt), und dass daher mit 55, 17 ein Bruchstück beginnt, welches er wohl mit Recht dem ersten Sonntag in Quadragesima zuweist. Vgl. Stejskal, Zs. f. d. Phil. 15, 32. Es ist für diese wenigen Zeilen eine besondere Quelle nicht auszumachen, nur das sei angemerkt, dass die einfachen Gedanken 23 ff., 30 ff. bei Honorius im Spec. Eccl., Migne 880 BC. 884 sich finden. — 55, 17 Isai. 55, 7: — et vir iniquus cogitationes suas. — 26 latten ist jedenfalls unrichtig, vielleicht laiten? — 28 Zachar. 1, 3.

21. 56, 1 — 61, 9.

Das Stück gehört, wie schon Steinmeyer a. a. O. ermittelt hat, für ‚Coena Domini‘, und zwar mit dem Textspruche 1 Cor. 11, 20. Es kann davon nicht viel fehlen. Dass man sonst nicht gemerkt hat, wie hier zwei verschiedene Predigten aneinander stossen, ist nicht zu verwundern. Denn auch in lateinischen Sermonen In coena Domini werden ähnliche Gedanken und Citate, wie hier S. 55, in der Einleitung verwendet, vgl. Abbo von St. Germain, Sermo 2, Migne 132, 764 ff. Ratherius von Verona, Sermo 3, Migne 136, 714 f. Honorius

921 ff., Bernhard v. Clairvaux 183, 273 f. — Nur Einzelnheiten vermag ich bei diesem Stücke nachzuweisen, aber nicht die Quelle des Ganzen.

56, 1 ff. Vgl. dazu den ‚Sermo in coena Domini‘, der in Werner's Deflorationes, Migne 157, 911 ff. steht: fratres, ista dies, quam hodie celebramus, magna est et excelsa et nulla major per totum annum. hodie coenavit Dominus cum discipulis suis. hodie tradidit illis corpus et sanguinem suum. hodie consecratur tribus modis oleum trium officiorum. — et ideo ista dies magna et consecrabilis est Domino, et plena laetitia et exsultatione. — in eadem quoque die consecratur oleum ad tria officia, oleum ad infirmos, ad neophytos, chrisma quoque, unde confirmantur homines post baptismum, et unde ipsum baptismum consecratur, per quod homines salvantur. — congrue in ea consecratur oleum pro poenitentibus, ubi eorum sacrificium Deo offertur. — 56, 6 ff. Werner 907 C: quid mirum, si misit aquam in pelvim, unde lavaret pedes discipulorum, qui in terram sanguinem fudit, quo immunditiam dilueret peccatorum? — 7 l. jungern und gab —.

56, 24 ff. Werner 910 A: sciendum, quia tota natura humana in anima et corpore erat corrupta. oportuit ergo, ut Deo, qui veniebat utrumque liberare, uniretur uterque, ut anima per animam, corpus per corpus competenter liberaretur. — Die folgenden drei Nutzen des Altarssacramentes kann ich, obwohl jeder für sich wohl bekannt ist, zusammen jetzt nachweisen nur bei Jacobus de Voragine, Sermones Aurei 1, 418 ff. (Ausgabe von Figarol, Toulouse 1874). Radulfus Ardens, Migne 155, 1835 f. — 57, 2 Luc. 22, 19. — 57, 4 Joann. 6, 57: qui manducat carnem meam et bibit sanguinem meum, in me manet et ego in eo. — 57, 11 Joann. 6, 54: nisi manducaveritis carnem filii hominis et biberitis ejus sanguinem, non habebitis vitam in nobis. — 57, 17 1 Cor. 11, 27. 29 ist die Epistel des Tages. — 57, 26 1 Cor. 11, 28. — Zu der Erläuterung vgl. Ivo v. Chartres, Migne 162, 589 CD, Hildebert (Babion), Migne 171, 536 CD.

58, 2 ff. Beda zu Luc. 9, 38: ‚et tollat crucem suam‘: duobus modis crux tollitur, cum aut per abstinentiam afficitur corpus, aut per compassionem proximi affligitur. — Pseudo-Augustinus, Sermo 149, Migne 39, 2036: unde, dilectissimi fratres, rogo et admoneo vos, ut unusquisque recurrat ad — conscientiam suam, confugiat ad remedium lacrymarum — poeniteat se fecisse, quod fecit. — illud — pia fide et tota animi devotione cogitate, accessuros vos ad altare Domini Dei nostri. inspicite universa latibula cordis vestri, ne forte sint ibi aliqua peccata, quae necdum curata sint eleemosynis atque jejuniis, et timete illud apostoli: 1 Cor. 11, 27 f. — et ideo sic agere debetis, ne per unius diei negligentiam perdatis, quod per totam Quadragesimam acquisistis. — 58, 12 l. *dei nuwe getoufet sint.* — 5ᴺ, 33 Matth. 26, 28. — 58, 35 Luc. 22, 20 — effundetur. — 59, 3 ff. ist das Evangelium des Tages: Joann. 13, 1—16. — 59, 20 ff. Beda, Homil. Lib. 1, Nr. 25, Migne 94, 131 B: surrexit autem a coena et posuit vestimenta sua, quando temporaliter cum hominibus amplius conversari desistens membra corporis assumpti deposuit in cruce. — coepit lavare pedes discipulorum et extergere linteo, quo erat praecinctus, quando defunctus in cruce aquam una cum sanguine de latere suo profundit in terram, quibus credentium opera mundaret, eademque opera non solum passionis sacramentis sanctificare, sed etiam ejusdem exemplis confirmare dignatus est. — Hildebert, Migne 171, 531: cum enim Judas pravam voluntatem suam nulli patere putasset, notificavit eum sine nomine multoties ante passionem. velut cum dixit: ‚nonne duodecim vos elegi, et unus ex vobis diabolus est?‘ (Joann. 6, 70). — et post coenam dixit: ‚vos mundi estis, sed non omnes‘ (Joann. 13, 10). — 532 D: qui ergo lotus est in baptismate, totus per baptismum est lotus. sed cum necessarium sit ei transire per hunc mundum, et pulvis pedibus adhaereat, id est, venialia peccata committat —, sic indiget quisque, ut pedes, id est, transitum hujus mundi a venialibus purget, vel affectus mentis —. unde consuetudo fuit pedes sanctorum hospitio receptorum abluere, ut si quid madidum in via contraxerint, communicatio dilectionis fratrum purificet. — 60, 25 Luc. 6, 37. Beda a. a. O. 132 C: ob quorum quotidianam sordidationem simul et emundationem quotidie dicimus orantes: et dimitte nobis debita nostra, sicut et nos dimittimus debitoribus nostris (Matth. 6, 12). dimittite et dimittemini (Luc. 6, 37). — Dass die Verbindung der in diesem Stücke behandelten Stoffe für die Predigt des Tages bereits überliefert war, zeigt am deutlichsten die Sammlung Werner's.

deren vier Stücke In coena Domini, Migne 157, 907 ff. eben
diese Themata erörtern.

22. 61, 10 — 64, 12.

Cruel hat S. 170 die Quellen dieses Stückes nachgewiesen
und zwei davon auch S. 174—176 abgedruckt; ich beschränke
mich daher hier auf eine Ueberprüfung im Vergleich mit dem
deutschen Texte.
61, 11 = 1 Cor. 5, 8: Pascha nostrum immolatus est
Christus, itaque epulemur in azymis sinceritatis et veritatis.
Der Textspruch ist nicht willkürlich gewählt, wie Cruel meint,
sondern stammt aus dem Graduale der Messe des Tages. Auch
Paschasius Radbertus bringt im Matthäuscommentar die Stelle
in Verbindung mit der Auferstehung Christi und erklärt sie
wie hier, Migne 120, 928 f.
61, 12—20 bearbeitet den Anfang der Homilie 58 des
Maximus von Turin, Migne 57, 363 ff., bei Cruel S. 174. —
61, 24 — 62, 32 gibt in freier Auswahl die Predigt wieder,
welche als pseudo-augustinisch im Appendix als Nr. 159 steht,
Migne 39, 2058 f., bei Cruel S. 175 f. — 61, 29 Psalm. 117, 24:
— exsultemus et laetemur in ea. — 62, 8 qui facit peccatum,
servus est peccati (Joann. 8, 34). — 62, 9 f. Pseudo-Augustin:
de domibus suis non egrediebantur. Der deutsche Bearbeiter
hat aber nicht dieses Präteritum in die Zustände der Gegenwart übertragen, denn es heisst später: illi per diem sabbati
non ambulant in itinere. — 62, 11 Joann. 14, 6. — 62, 12
Psalm. 118, 1: — qui ambulant in lege Domini. — 62, 30—32
ist eingeschaltet, um den Uebergang zu vermitteln, wiederholt
aber nur 28—30. Vielleicht darf man darnach doch annehmen,
dass die Vorlagen von dem deutschen Bearbeiter selbst zusammengestellt worden sind.
62, 33. Hier beginnt das dritte, von Cruel a. a. O. nicht
gedruckte Stück, Gregors Homilie in Evang. Nr. 21, Migne
76, 1173: quod bene in libro Judicum Samson illius facta significant (Judic. 16, 1 ff.), qui cum Gazam civitatem Philistinorum
fuisset ingressus, Philistaei ingressum ejus protinus cognoscentes,
civitatem repente obsidionibus circumdederunt, custodes deputaverunt (63, 5 l. wohl: *lâge und mit hûtârn*), et Samson for-

tissimum jam comprehendisse gavisi sunt. sed quid Samson
fecit agnovimus. media nocte portas civitatis abstulit et montis
verticem ascendit. quem, fratres charissimi, hoc in facto, quem
nisi Redemptorem nostrum Samson ille significat? quid Gaza
civitas nisi infernum designat? quid per Philistaeos nisi Judaeorum perfidia demonstratur? qui cum mortuum Dominum
viderent ejusque corpus in sepulcro jam positum, custodes
illico deputaverunt, et eum, qui auctor vitae claruerat, in inferni claustris retentum, quasi Samsonem in Gaza se deprehen-
disse laetati sunt. Samson vero media nocte non solum exiit,
sed etiam portas tulit, quia videlicet Redemptor noster ante
lucem resurgens (63, 16 l. *van den totin*), non solum liber (daher
63, 17 nicht *vridelichen* sondern *vrielichen* wie 66, 5. 6. 8. 27)
de inferno exiit, sed et ipsa etiam inferni claustra destruxit.
portas tulit et montis verticem subiit (63, 18 l. *berch, wande*),
quia resurgendo claustra inferni abstulit, et ascendendo coelorum regna penetravit. hanc ergo resurrectionis ejus gloriam,
fratres charissimi, quae et prius demonstrabatur ex signo, et
post patuit ex facto, tota mente diligamus, pro ejus amore
moriamur. — 63, 23 l. *des allir st. S.* —. ecce in resurrectione
auctoris nostri ministros ejus angelos concives nostros agnovimus. — 63, 26 nach *dienste* Punkt, dann *habt, wie* —. 27 l.
ril fruo, do der tac erran; vgl. Bech, Germania 4, 495. —
63, 26 — 64, 4 sind hier zugesetzt, aber es sind lauter wohlbekannte Dinge, vgl. Werner, Deflorationes, Migne 157, 920 C:
prius itaque eum ostendit sibi, et tunc praeposuit caeteris —.
Galilaea autem ,transmigratio facta' interpretatur. et jam Redemptor a passione ad resurrectionem, a morte ad vitam —
transmigraverat. Ferner meine Altd. Pred. 1, 155, 22 ff. 2, 34, 40.
66, 31 und Anm. — 64, 1 nach *an bettin* Fragezeichen. —
64, 3 Gregor a. a. O.: ad horum ergo civium illam frequentem
solemnitatem festinemus. his, cum necdum visione possumus,
desiderio et mente jungamur. transmigremus a vitiis ad virtutes, ut in Galilaea Redemptorem nostrum videre mereamur.
adjuvet omnipotens Deus ad vitam desiderium nostrum, qui
pro nobis in mortem dedit unicum Filium suum, Dominum
nostrum Jesum Christum, qui cum eo vivit et regnat Deus in
unitate Spiritus sancti (so also auch 64, 12 zu lesen) per omnia saecula saeculorum. Amen. — Ueber die Auslegung Sam-

sons auf Christum in diesem besonderen Falle vgl. den Liber
de promissionibus et praedictionibus Dei, Pars 2, cap. 21. 22,
Migne 51, 790 ff. als Anhang zu Prosper von Aquitanien.
Ferner die anonyme Osterpredigt bei Paulus Diaconus im Homiliarius
de Temp. Nr. 124, Migne 95, 1328. Rabanus Maurus, Comm.
in libr. Judicum, Migne 108, 1194 f. Rupert von Deutz, De Trinitate et operibus ejus, Lib. 42, Migne 167, 1041 ff.

23. 64, 13 — 65, 30.

Der Textspruch 64, 14 = Psalm. 117, 24 stammt aus
dem Graduale der Messe des Tages. Die Bearbeitung benutzt,
so weit ich sehe, verschiedene Quellen.
64, 14 ff. Vgl. Honorius, Spec. Eccl., Migne 172, 927 ff.
Nach demselben Vorspruche heisst es dort: omnes dies, karissimi, Dominus in sua majestate fecit, sed hanc prae omnibus
sua pietate et angelis et hominibus ad gaudium elegit. nocti
quippe mortis et miseriae, quae a peccato Adae inchoans
cunctos suae caligini involvit, haec sacra nox finem imposuit. —
totum tempus ab Adam usque ad Christum dies mortis dice-
batur —. hac enim die — de carne subtracti, mox gaudium
Domini intrabunt. — Vgl. Maximus von Turin, Migne 57,
601 f. 613 f.
64, 27 ff. Gregor, Homil. in Evang., Lib. 2, Nr. 25, Migne,
76, 1196: adest testis divinae misericordiae, haec ipsa, de qua
loquimur Maria —. quid itaque, fratres, quid in hac re debemus aspicere, nisi immensam misericordiam conditoris nostri,
qui nobis velut in signo ad exemplum poenitentiae posuit eos,
quos per poenitentiam vivere post lapsum fecit? perpendo enim
Petrum, considero latronem, aspicio Zachaeum, intueor Mariam,
et nihil in his aliud video, nisi ante oculos nostros posita spei
et poenitentiae exempla. — ecce omnipotens Deus ubique oculis
nostris, quos imitari debeamus, objicit, ubique exempla suae
misericordiae exponit.
65, 12 ff. Vgl. Leo, Sermo Nr. 54, Migne 54, 359: effusio
enim pro injustis sanguinis justi tam potens fuit ad privilegium,
— ut si universitas captivorum in Redemptorem suum crederet,
nullum tyrannica vincula retinerent. ,quoniam', sicut apostolus
ait, ,ubi abundavit peccatum, superabundavit et gratia' (Rom.

5, 20; nach der Vulgata *delictum*). et cum sub peccati prae-
judicio nati potestatem acceperint ad justitiam renascendi, vali-
dius donum factum est libertatis quam debitum servitutis.
Zum Schlusse vgl. den Schluss bei Honorius 942 A. Die
Benediction =- Psalm. 128, 8.

24. 65, 31 — 70, 8.

Cruel sagt S. 170 über dieses Stück, ‚es ist eine Uebersetzung der berühmten Predigt des Caesarius Arelatensis über
die Höllenfahrt Christi, welche auch in Augustini Sermones de
tempore als Nr. 137 steht. — Vor dem Schluss aber schiebt
der Uebersetzer eine Anzahl Sätze zur Verherrlichung des
Ostertages ein, die aus Augustin und Maximus an einander ge-
reiht sind, wozu ihn wohl die Erinnerung an den Vorspruch:
Hac est dies etc. veranlasst hat.' Das lässt sich noch genauer
feststellen. Zunächst bemerke ich, dass die von Cruel nachgewiesene lateinische Osterpredigt schon vor P. Morin, weder
in der Caesariusausgabe, Migne 67, 1041 f., noch im Appendix
zu Augustinus Nr. 160, ·Migne 39, 2059 ff. für das Eigenthum
des Caesarius gehalten worden ist. An der zweiten Stelle
heisst es sogar in der Anmerkung: consarcinatus ex Gregorii
et Eusebii sententiis. et quidem hic plura sunt ansulis inclusa,
quae minime reperiuntur in manuscriptis, quibus detractis caetera in se aptius cohaerent. Dann werden Stellen zur Vergleichung citirt.

65, 32 Psalm. 117, 24. In der Vorlage kein Textspruch.
Migne 39, 2059: Passionem vel resurrectionem Domini et Salvatoris nostri Jesu Christi, fratres dilectissimi, licet omnia Veteris Testamenti volumina multo ante praedixerint; tamen etiam
per os David prophetae Spiritus sanctus evidenter ostendit
dicens (66, 3 fehlt vor *David* wohl *wissagen*): Deus ultionum
dominus, Deus ultionum libere egit (Psalm. 93, 1). solus etenim
ipse libere egit, qui nobis hodie ostendit, quid egerit. libere enim
egit, de quo multo ante fuerat prophetatum, quia — (Psalm.
87, 5. 6). vultis tamen scire quid egerit? audite quid fecerit.
nulla necessitate, sed propria voluntate in ligno se suspendi
permisit, clavis corpus suum perforari renuit, animam po-
nendo (pro suis ovibus) mortem sustinuit, carnem in sepulcro

reposuit, et comitante secum anima ad infera descendit. — Dann beginnt im lateinischen Texte eine Einschaltung aus Gregors Homil. in Evang. Nr. 22, welche aber dem Uebersetzer fehlt, dem also eine Fassung ohne Interpolationen vorlag; denn er fährt sogleich fort:

66, 19: tunc enim Dominus noster Jesus Christus illum tenebrarum et mortis principem colligavit, legiones illius perturbavit, portarum inferni vectes ferreos *(fraislichen!)* confregit, omnes justos, qui originali peccato astricti tenebantur (es ist also von *viwerime gebenti* 66, 23 nicht die Rede, das widerspräche auch den Descensuserzählungen und der kirchlichen Auffassung), absolvit, captivos in libertatem pristinam revocavit, peccatorum tenebris obcaecatos splendida luce perfudit. (Man sieht daraus, wie fehlerhaft 66, 25 überliefert ist, l. *die unsaligen blinten von der vinstir der sunti erlüchte er —*.) ecce audistis, quid defensor noster, ultionis dominus libere egisse describitur. postquam enim exaltatus, id est, a Judaeis in cruce suspensus est, ut haec breviter cuncta perstringam (dafür 66, 29 *und — 30 was*), mox ut spiritum reddidit, unita suae divinitati anima ad inferorum profunda descendit. cumque tenebrarum terminum quasi quidam depraedator splendidus ac terribilis attigisset, aspicientes eum impiae ac tartareae legiones, territae ac trementes inquirere coeperunt dicentes: —. Hier beginnt wieder im lateinischen Texte der Drucke eine Interpolation aus Eusebius, Homil. 1 de Pascha, welche der deutsche Bearbeiter nicht kannte, der weiter übersetzt

66, 1: unde est iste tam splendidus, tam fortis, tam praeclarus, tamque terribilis? mundus ille, qui nobis subditus fuit, semperque nostris usibus mortis tributa persolvit, nunquam nobis talem (*mortuum* fehlt) misit, nunquam talia inferis munera destinavit. quis ergo iste est (67, 5 wird wohl die Interjection *wergot* sein), qui sic intrepidus nostros fines ingreditur, et non solum nostra supplicia non veretur, insuper et alios de vinculis nostris absolvit? an forte ipse est ille, de quo princeps noster paulo ante dicebat, quod per ejus mortem totius mundi acciperet potestatem? sed si ipse est, in contrarium est nostri praeliatoris (principis?) versa sententia, et dum sibi vincere visus est, ipse potius victus atque prostratus est. o princeps noster, hicne est ille, de cujus tibi semper futura morte plaudebas?

ipsene est, in cujus cruce omnem mundum tibi subjugandum esse credebas? — quid est quod egisti? — ecce jam totas tibi tenebras suo splendore fugavit, et omnes. tuos carceres fregit, captivos ejecit, ligatos solvit (l. 67, 17 *gelosit*), luctus eorum in gaudium commutavit. ecce ipsi, qui sub nostris solebant suspirare tormentis, insultant nobis de perceptione salutis. — nunquam hic ita superbi erant mortui nec aliquando sic potuerunt laeti esse captivi. — utquid huc istum adducere voluisti, quo veniente omnes sunt laetitiae restituti, qui ante fuerant desperati (also 67, 22 l. *rerzicivelet hetin?*). Darauf wird wieder eine Stelle aus Eusebius interpoliert, die im Deutschen fortbleibt.

67, 22: o princeps noster, illas tuas divitias, quas primum acquisieras per paradisi amissionem, nunc perdidisti per crucem. — dum tu Christum suspendis in lignum, ignoras — quia eversorem regni tui in mortem sine reatu aliquo perducebas? — in quo nihil mali cognoveras, quare cum ad nostram patriam perducebas? istum liberum adduxisti, et totos obnoxios perdidisti. post istas — voces sine aliqua mora — omnes ferrei confracti sunt vectes: et ecce subito innumerabiles sanctorum populi, qui tenebantur in morte captivi, Salvatoris sui genibus obvoluti, lacrimabili cum obsecratione deposcunt, dicentes: advenisti, Redemptor mundi; advenisti, quem desiderantes quotidie sperabamus; advenisti, quem nobis futurum lex nuntiaverat et prophetae; advenisti donans in carne vivis indulgentiam peccatoribus mundi: solve defunctos et captivos inferni. — Die lateinische Formel 67, 35 stimmt nicht mit der hier, wohl aber mit der Fassung in der Osterpredigt der Legenda Aurea. Eine Einschaltung aus Eusebius fehlt dann wieder im Deutschen.

68, 8: descendisti pro nobis ad inferos; noli nobis deesse, cum fueris reversurus ad superos. posuisti titulum gloriae in saeculo, pone signum victoriae in inferno (daher ist 68, 10 zu lesen: *ein herzeichen dines siges in der helle*). — Von nun an wird die deutsche Bearbeitung freier. — nec mora; — statim Domini jussu omnes antiqui justi jura potestatis accipiunt, — humili supplicatione cum ineffabili gaudio clamantes Domino, atque dicentes: ascende, Domine Jesu, — redde jam laetitiam mundo. jucundentur in ascensu tuo fideles tui, aspicientes cicatrices corporis tui. fecit hoc Christus, sicut jam superius dictum est. facta praeda in inferno vivens exiit de sepulcro:

ipse se sua potentia suscitavit (also l. 17 *bechucti*, wie Bech, Germania 4, 498 vermuthete), et iterum se immaculata carne vestivit. discipulis suis apparuit, ut dubitationem auferret incredulis: clavorum vulnera demonstravit —. manifeste manducavit et bibit, postea vero in conspectu multorum apparuit. — Vier Sätze der lateinischen Vorlage sind nunmehr fortgelassen, der letzte ist dann wieder 70, 5 übersetzt: unde exultantes voce humili supplicemus, ut pro quibus ista pertulit, cum venit in mundum, liberatos nos de manu inferi attollere secum dignetur in coelum: cui est honor et gloria cum Patre et Spiritu sancto in saecula saeculorum. Amen. 69, 1 Rom. 13, 12. — 69, 5 Joann. 1, 9: erat lux vera, quae illuminat omnem hominem venientem in hunc mundum. — 69, 7 Isai. 9, 2: —, lux orta est eis. — 69, 9 das Citat ist nicht richtig, denn es heisst Psalm. 88, 30: et ponam in saeculum saeculi semen ejus et thronum ejus sicut dies caeli. — 69, 20 Luc. 23, 42.

Die ganze eingefügte Stelle 68, 21 — 70, 4 stimmt am meisten mit dem Sermo Nr. 168 im Appendix der unechten Predigten Augustins, Migne 39, 2068 f. == Maximus von Turin, Sermo Nr. 33, Migne 57, 600 f. Sermo 39, Migne 57, 613 ff. Vgl. noch dessen Sermone 29 und 30, Migne 57, 594 ff. — Der bezügliche Passus lautet: Pascha Christi, fratres dilectissimi, regnum est coeli, salus mundi, vita credentium, occasus inferni, gloria superorum, resurrectio mortuorum, testimonium miserationis divinae, praemium redemptionis humanae, contritio mortis abolitae. quae festivitas Dei sacrata mysterio et cognita sacramento, virtutem Dominicae resurrectionis per angelos indicat, per apostolos manifestat, per corda credentium bona multiplicat. hic igitur est dies, dilectissimi, quem fecit Dominus, ut audistis, excelsior cunctis, lucidior universis, in quo Dominus resurrexit, in quo sibi novam plebem, ut ipsi videtis, regenerationis spiritu conquisivit, in quo singulorum mentes gaudio et exultatione perfudit. hic ergo dies resurrectionis Christi, defunctis vita, peccatoribus venia, sanctis est gloria: si quidem operatione virtutum elevat de imis, suscitat de terrenis, collocat in excelsis, consummat justos, firmat dubios, damnat incredulos. ad hoc enim Dominus hodie resurrexit, ut imaginem nobis futurae resurrectionis ostenderet: et ideo hodie vitali lavacro resurgens Dei populus ad instar resurrectionis Ecclesiam nostram splendore nivei candoris illuminat. — Darauf die Geschichte des rechten Schächers mit dem Citat aus Lucas und dem Beisatz: attendite ergo, charissimi, et videte quid fidelis obtinet, quid meretur. regnum Salvatoris latro posuit in cruce, et dum poenae multitudinem patitur, ad praemia aeterna perducitur. imitamini ergo ejus devotionem, imitamini amare Christum: quod poscit latro moriendo, vos desiderate bene vivendo. — Uebrigens vergleiche zu dem Ganzen den Eingang von Augustins echtem Sermo 189, Migne 38, 1005, und insbesondere Sermo 226, Migne 38, 1098 f. und Sermo 170, Migne 38, 926 ff. — Zu dem Passus 68, 27 ff. vgl. den Liber de promissionibus et praedic. Dei, Pars 1, cap. 37, Migne 51, 764 = Rabanus Maurus, Allegoriae in Sacr. Script., Migne 112, 909 f. — Zu 68, 32 Gregor in einem Briefe ad Petrum, Domitianum et Elpidium, Migne 77, 860 ff. — Zu 69, 1 Alanus de Insulis, De arte praedic., cap. 48. — Zu 69, 26 Leo, Migne 54, 498, cap. 4. — Zu 69, 32 die Glossa Ordin. zu Psalm 117, 24, Migne 113, 1040.

Es ist übrigens noch zu bemerken, dass die Einschaltung mit mehreren Stellen der beiden vorangehenden deutschen Predigten stark übereinstimmt; also vgl. 68, 22 mit 61, 14; 68, 27 mit 61, 21; 64, 15; 69, 9 mit 61, 24; 69, 12 mit 65, 9; 69, 15 mit 64, 27.

25. 70, 9 — 75, 15.

Cruel bemerkt S. 170 f. über dieses Stück, es ,ist in der ersten Hälfte mit Auslassungen und Veränderung des Anfanges eine Uebersetzung der Homilie des Maximus „In Letaniis et de jejuniis Ninivitarum" und findet sich auch unter den unechten Sermonen des Ambrosius Nr. 40. Die zweite Hälfte enthält nach Hinweisung auf Evangelium und Epistel des Tages verschiedene Ermahnungen zur Beichte, Busse und Gebet, Versöhnlichkeit, wie Liebe Gottes und des Nächsten, und ist wohl Zusatz des Verfassers'. Dass diese Annahme nicht richtig ist, wird sich im Folgenden zeigen.

70, 10, Jacob. 5, 16: — vestra et orate pro invicem, ut salvemini. Zu dem einleitenden Satze vgl. die Predigt ,in Litaniis' des Rabanus Maurus, Homil. 19, Migne 110, 37 ff., in welche überdies ein grosser Theil des Sermones des Maximus auf-

genommen worden ist: oportet, fratres charissimi, ut conventus
istius causam non ignoretis, quo, secundum patrum praeceden-
tium constituta omnes in unum, viri et feminae, pueri et senes
convenistis. ad conciliandum ergo nobis Dei misericordiam tempus est opportunum —. Die folgende Erzählung stimmt weniger mit den ersten Sätzen des Maximus als mit Jonas selbst
1, 2. — 70, 19 l. *subvertetur.* — 70, 20 l. *daz got in gebot* —.

70, 21 Maximus: dicitur enim in illa tribulatione ipse rex,
deposita imperiali purpura, regali ambitione submota, membra
sua cilicio praecinxisse atque in sacco se diebus ac noctibus
volutasse. — Die deutsche Stelle schliesst sich aber mehr an
Jonas 3, 6ff.: et pervenit verbum ad regem Ninive, et surrexit
de solio suo et abjecit vestimentum suum a se et indutus est
sacco et sedit in cinere. et clamavit et dixit in Ninive ex ore
regis et principum ejus, dicens: homines et jumenta et boves
et pecora non gustent quidquam nec pascantur, et aquam non
bibant. et operiantur saccis homines et jumenta et clament ad
Dominum in fortitudine et convertatur vir a via sua mala et
ab iniquitate, quae est in manibus eorum. — 70, 30 = Jonas
3, 9. — 70, 32 f. nicht bei Maximus, sondern Jonas 3, 3: et
Ninive erat civitas magna itinere trium dierum.

71, 1 Maximus (aus zwei Sätzen): sapiens ergo rex, qui
sciret, quemadmodum adversa (= *vraise*) sibi superare deberet:
hostes enim virtute superabat, Deum autem humilitate vincebat.
sapiens plane rex, qui intelligeret, quibus armis uteretur pro
temporis qualitate: cum enim insidiantur illi homines, appre-
hendit arma bellica; cum irascitur ei Deus, corripit arma justitiae. sapiens, inquam, rex, qui pro salute civium peccatorem
se magis confitetur esse quam regem; obliviscitur enim se regem
esse, ubi Deum regem omnium pertimescit; nec potentiae suae
meminit (daher l. 71, 9: *er negehugte s. g.*), ubi potentiam divinitatis agnoscit. obliviscitur ergo se regem esse, dum projicit
purpuram, dum diadema deponit, cilicio autem vestitur et sacco,
jejuniis perseverat, orationibus immoratur.

71, 13 Maximus: religiosus igitur princeps non perdidit
imperium, sed mutavit. principatum enim ante militaris disciplinae tenuit, nunc coelestium disciplinarum obtinet principatum. non, inquam, perdidit imperium, quia sive ferro, sive
justitia, pro civium salute primus invigilat: primus plane in-

vigilat, quia, ut tota civitas jejunaret, famem sibi rex primus indixit, et solus omnium causa prior coepit esurire quam miles; necesse enim erat, ut qui potentior caeteris fuerat, devotior fieret universis. — additur religioso exercitui numerus, cum in tali devotione etiam infantia militare compellitur. — 71, 19—22 hat nur wenig Berührung mit dem Sermo des Maximus.

71, 22 Maximus 461 B: aliter ergo proximi Deo esse non possumus, nisi ad cum jejuniis, orationibus et eleemosynis propinquamus. Deus enim ipse misericors, jejunus et sanctus est; atque ideo qui vult proximus Deo esse, debet imitari hoc esse quod Deus est. tota igitur in tribulatione Ninivitarum civitas jejunavit (daher I. 71, 29: durch daz vastot elliu diu stat; schon vorgeschlagen durch Bech, Germania 4, 501); bene, quod dixit tota; non solum enim senes, juvenes et infantes, sed etiam pecudes legimus jejunasse. mira res: jejunat pro civitatis peccato, quem peccati conditio non constringit.

72, 1 Maximus: unde et nos, fratres carissimi, temporum angustias sustinentes omnes pariter jejunare debemus et misericordiam Dei cunctorum abstinentia implorare. nam quale sit hoc Christianum, pro salute sua non facere, quod pecudes pro hominum salute fecerunt? nisi quod stolidior pecude est, qui indicto pro se a sacerdote jejunio non jejunat: nonne enim pecus est, qui non intelligit quid illi immineat, quid illi incumbat. et pecus quidem videns declinat foveam, cavet praecipitia. — 72, 11—14 entspricht bei Maximus nur: tu autem non vis jejunando periculum declinare quod cernis? — 72, 14—16 Maximus: desperationis enim genus est tunc te manducare, cum abstinere debes; tunc gaudere, cum debeas deplorare. — Dann schliesst Maximus mit einer allgemeinen Ermahnung, die hier erst am Ende des Stückes benutzt wird.

72, 18 Matth. 5, 6: — quoniam ipsi saturabuntur. — 72, 20, Matth. 5, 5: — quoniam ipsi consolabuntur. — 72, 22 Jacob. 5, 16.

Das Folgende ist nun keineswegs blos ein Zusatz des deutschen Bearbeiters. Zu 72, 24—32 vgl. Haymo, Homil. de Temp., Nr. 91 (Feria secunda post ,Vocem jucunditatis' in Litaniis majoribus), Migne 118, 529 A: ad optimum salutis nostrae remedium hortatur nos apostolus Jacobus, ut praesenti lectione, cum legeretur, audistis: —. non quod Deus indigeat

confessione nostra, cui omnia praesto sunt, quae cogitamus,
loquimur et agimus, sed nos aliter salvi esse non possumus,
nisi confiteamur poenitentes, quod inique gessimus delinquentes.
nam qui seipsum accusat in peccatis suis, hunc diabolus non
habet iterum accusare in die judicii. debet enim poenitens di-
luere poenitendo, quae fecit, et non iterum revocare, quod
flevit. qui autem abscondit scelera sua, non dirigetur: qui autem
confessus fuerit et reliquerit ea, a Deo misericordiae veniam
merebitur aeternam.

72, 32 Isai. 43, 25 f.: ego sum, ego sum ipse, qui deleo
iniquitates tuas propter me et peccatorum tuorum non recordabor. reduc me in memoriam et judicemur simul: narra si
quid habes, ut justificeris. Das wird auch in der Einleitung
von des Radulphus Ardens Homil. 64, In Litania majori, Migne
155, 1899 mit der Bemerkung angeführt: quod vero sine confessione habenti tempus et locum peccata non dimittantur,
ostendit propheta, cum dicit —.

73, 2 die Erwähnung der Leprosen folgt hier gemäss
Beda's Commentar zum Jacobusbrief cap. 5, Migne 93, 40, der
vom 16. Vers ab als Homilia in Evang. et Epist. Nr. 92, Migne
94, 223 f. gilt. Dann vgl. auch Radulphus Ardens a. a. O.:
sicut et leprae judicium solis sacerdotibus in lege erat com-
missum etc.

73, 5 Luc. 17, 14. — 73, 8, Jacob. 5, 16. — 73, 10 Jacob.
5, 17. Das Folgende bis 20 umschreibt den Jacobustext, beziehungsweise die Erzählung 3 Reg. 17, mit Anklängen an
Beda und Haymo. Vgl. Honorius, Spec. Eccles., Migne 172,
954 D. — 73, 20—22 vgl. Radulphus Ardens a. a. O. 1901 D.
— 73, 23 ist nicht eine Bibelstelle, sondern stammt aus Augustinus, Sermo I, Dominica in octava Paschae, Nr. 157. -
73, 26 vgl. Radulphus Ardens a. a. O. 1900 B, der ‚philosophus‘
(= Boëtius, De consol. philos. 4, 21) citiert: ‚si operam‘, inquit,
‚medicantis exspectas, oportet, ut vulnus detegas‘.

73, 29 das Citat stammt nicht aus Gregor, obschon sich
bei diesem (besonders Moral. Lib. 22, cap. 9) Aehnliches findet,
sondern aus Hieronymus, Super Eccles. cap. 10 = Caesarius
von Arles, Homil. 4 und 13. Vgl. die Beschlüsse des Triden-
tinums, Sessio 19, cap. 5, de Confessione: si erubescat aegrotus
vulnus medico detegere, quod ignorat, medicus non curat. —

Das Deutsche 28 und das lateinische Citat 29 decken sich nicht, das Deutsche passt besser zu dem Citat bei Radulphus Ardens. — Das ganze Bild ist hauptsächlich von Augustinus sehr häufig verwendet worden und hat sich von da durch die gesammte kirchliche Literatur (z. B. Haymo, Migne 118, 530 B C) verbreitet. 73, 31 Matth. 7, 7 (= Luc. 11, 9): petite et dabitur vobis, quaerite et invenietis, pulsate et aperietur vobis. Dieses Tagesevangelium wird dann im Folgenden erklärt, indem der Bearbeiter dabei Beda's Homilie Lib. 2, Nr. 8, Migne 94, 168 ff. zu grunde legt.

73, 33 Beda 168 D: petenda est ergo janua regni orando, quaerenda recte vivendo, pulsanda perseverando. non enim sufficit verbo tantummodo rogare, si non etiam quaesierimus diligentius, et qualiter nobis vivendum, ut digni simus impetrare quae poscimus, ipso attestante, qui ait: ,non omnis, qui dicit mihi: Domine, Domine, intrabit in regnum coelorum, sed qui facit voluntatem Patris mei etc.' (Matth. 7, 21). non aliquid prodest bona inchoasse, si non quisque studeat ea, quae bene inchoaverat, usque ad finem firma perducere.

74, 10 Matth. 10, 22: — hic salvus erit. — Auch 11—13 sind durch das Nächste in Beda angeregt. — 74, 13 Marc. 11, 25, was der Parallele zu Matth. 7, 7 folgt. — 74, 15—17 Beda 170 D: male petunt, qui vocem Domini jubentis venire, audire obtemperando contemnunt; et nihilominus Dominum suam vocem supplicantium exaudire miserando deposcunt. Luc. 6, 46. — 74, 17—25 sind freier aus Beda 170 D, 171 A geschöpft.

74, 25 vgl. Beda 171 A: charitas vera est, quae et Deum ex toto corde, tota anima, tota virtute, et proximum tamquam nos diligere praecipimur. nec tantum proximis et amicis, verum etiam inimicis perfectus quisque beneficium dilectionis impendere debet, Domino dicente (30) = Matth. 5, 44. Luc. 6, 17. — 74, 33 Rom. 13, 8: qui enim diligit proximum, legem implevit. — Zu 75, 2—10 vgl. Rabanus Maurus, Homil. Nr. 19 (In Litaniis), Migne 38 B. 39 B C.

74, 10—15 übersetzt wieder den Schluss der Homilie des Maximus, Migne 57, 462 B: jejunemus ergo, fratres, sine intermissione (daher ist 10 wileclichen statt willeclichen zu lesen), ut hostes nostros orationibus et abstinentia superare possimus auxiliante Domino nostro, qui r. —.

26. 75, 16—32.

Cruel hat S. 156 und 177 bereits erkannt, dass dieses
Stück theilweise identisch ist mit dem letzten Absatze (78, 13 ff.)
von Nr. 3 der Wiener Sammlung in Hoffmann's Fundgruben I,
und hält unsere Fassung für die jüngere. Zugleich nennt er
S. 156 im Allgemeinen Honorius als Quelle, und das ist wenigstens insoferne der Fall, als der Schlusssatz des Sermo in
Rogationibus bei Honorius, Spec. Eccles., Migne 172, 956 A
mit dem Eingange hier übereinstimmt: karissimi, quo crux
ante nos portatur, nos sequimur, ita exempla crucifixi Christi
sequamur, ut per triumphum victoriosae crucis ad illa gaudia
pervenire mereamur. — 75, 24 = Wiener Sammlung 78, 21;
hier wird Johannes, dort Paulus citiert, Beides mit Recht, indem
1 Joann. 2, 6 und Rom. 6, 4 im Wesentlichen stimmen. —
26 mit, Wiener S. lip. Der Satz 27—29 fehlt der Wiener
Sammlung, ebenso 30—32, an dessen Stelle sich dort die An-
rufung von S. Marcus findet. — Zum Ganzen vgl. noch Joannes
Belcthus, Rationale divinorum officiorum, cap. 122. 3, Migne
202, 128 ff.

27. 76, 1 — 78, 33.

Für dieses Stück kann ich nur Einzelnheiten nachweisen.
Mit 77, 21 beginnt Strauch's Münchner Fragment, Zeitschr.
f. d. Alterth. 38, 207 f. 76, 2 Act. 1, 4: — praecipit eis (so ist
wohl zu lesen) ab Jeros. — 76, 4 ff. gehen zurück auf Psalm.
67, 19 = Ephes. 4, 8: Dominus ascendens in altum captivam
duxit captivitatem; das ist eine Antiphon nach der Epistel im
Brevier des Tages, indess der Text der Apostelgeschichte die
Epistel bildet. Vgl. Atto von Vercelli, Sermo 10, Migne 134,
846 B C. — 76, 8 Matth. 6, 21. Die Beziehung und Auslegung
hier ist schon angedeutet in der Glossa Ordinaria, Migne 114,
104. Ferner bei Paschasius Radbertus im Matthäuscomm., Migne
120, 303 ff. Rupert von Deutz, Matthäuscomm., Migne 168, 1438 ff.
Vgl. noch Pseudo-Augustin, Append. Nr. 180, Migne 39, 2086
Abs. 2. — 76, 16 und 18 Joann. 16, 7. Die Stelle findet sich auch
im Brevier zwischen Stücke einer Homilie Leos eingeschaltet.
— 77. 4 Luc. 24, 41 ff. — 77, 7 Luc. 24, 50; *montem Oliveti*
steht dort nicht. — 77, 10 Joann. 14, 27: — pacem relinquo

vobis. — 77, 12 Act. 1, 9. — 77, 14 *luft* überträgt *nubes*. —
77, 15 Psalm. 46, 6: ascendit Deus in jubilo et Dominus in
voce tubae. Zu der Erklärung stimmt genau Atto von Vercelli, Sermo 10, Migne 134, 845 D: jubilum est, cum tanta
laetitia corde concipitur, quanta sermonis efficacia non expletur.
quod ideo dixit, quia apostoli, videntes tale miraculum, ineffabili laetitia cordis repleti sunt, quia Redemptorem nostrum,
quem mortuum jam resurrexisse veraciter credebant, illuc cor-
poraliter ascendere videbant. Entweder ist 17 *icuoffin* zu streichen oder, was ich für richtig halte, 16 das zweite *sahen* zu
tilgen und 17 *icuoftin* zu schreiben; es müsste denn *icuofin*
einen lateinischen passiven Infinitiv vertreten. — 77, 19 l. *uf*
cuoren sahen, sone —; schon Bech, Germ. 4, 501. — 77, 24 l.
si unsers herrin botich sahen, si erchomin harte u. ic. —.
77, 26 und 28 Act. 1, 11: — est a vobis in c. —. 77, 31 ff.
Gregor, Homil. 1. Evang. Nr. 29, Migne 76, 1218: in albis
autem vestibus gaudium et solemnitas mentis ostenditur. quid
est ergo, quod nato Domino non in albis vestibus, ascendente
autem Domino in albis vestibus angeli apparent, nisi quod tunc
magna solemnitas angelis facta est, cum coelum Deus homo
penetravit? — 78, 3 ff. Die ganze Ausmalung des Empfanges
Christi durch die Engel im Himmel bildet eine feste Ueberlieferung der kirchlichen Literatur, bei der immer dieselben
Psalmenstellen wieder verwendet werden. Vgl. Augustinus,
Sermo 387, Migne 39, 1671 ff. Pseudo-Augustinus im Appendix
Nr. 179, Migne 39, 2085. Beda's Homil. Lib. 2, Nr. 9, Migne
94, 174 f. und sein Hymnus in Ascensione Domini, Migne 94,
624 ff. Hildebert, Sermo de Temp. Nr. 49 (Babion, Hauréau
1, 38), Migne 171, 583 B, und von da in Werner's Deflorationes,
Migne 157, 976 A—C. Abälard, Sermo 15, Migne 178, 495 ff. —
78, 8 Psalm. 23, 7. — 78, 12 Psalm. 23, 8. — 78, 15 Der Gedanke findet sich noch bei Thomas a Kempis. — 78, 21 hier
sollte nach *frouwin* wohl *ouch* übergeschrieben werden.

28. 79, 1 — 80, 3.

Dieses Stück bearbeitet im Auszuge den ersten Theil der
Homilie des Rabanus Maurus In Ascensione Domini, Migne
110, 42: Sacratissimae festivitatis, fratres charissimi, quam

hodie celebramus, lectiones sacrae, quae inter haec missarum solemnia recitatae sunt, pandunt exordium. ante dies ergo quadraginta Dominico Paschae resurrectionis Domini tempus celebravimus, hodie ejusdem Redemptoris nostri Ascensionis solemnia veneramur: quia Salvator noster post resurrectionem suam per dies quadraginta apparens discipulis suis, veraciter se resurrexisse in multis argumentis manifestavit. novissime recumbentibus illis undecim apparuit, et verba praedicationis ob confirmationem eorum jam ascensurus in coelum impertivit, fideique magnitudinem ostendit, ac signa, quae per praedicationem eorum credituros subsecuta erant, praedixit, eisque benedicens, Spiritus sancti promisit adventum. — ecce, cum Dominum in coelum ascendisse auditis, in cordibus vestris immensa laetitia exhilaramini, laudes debitas ore depromitis, gaudium vestrum etiam in vultu ostenditis, quia majestatem Christi et gloriam regni coelestis mente recogitatis. et revera magna est et ineffabilis causa gaudendi, cum audimus et corde credulo tractamus, quod in conspectu sanctae multitudinis supra omnium coelestium creaturarum dignitatem humani generis natura conscenderit, supergressa angelicos ordines et ultra cunctarum altitudinem potestatum elevata, ad Dei Patris provecta est consessum. quia igitur Christi ascensio nostra provectio et, et quo praecessit gloria capitis eo spes tendit et corporis, dignis exsultemus gaudiis et pia gratiarum actione laetemur. hodie enim non solum paradisi possessores firmati sumus, sed etiam coelorum in Christo superna penetrabimus, ampliora adepti per ineffabilem Christi gratiam, quam per diaboli amiseramus invidiam. — ascendamus, dilectissimi, cum Christo interim corde, cum dies ejus promissus advenerit, sequemur et corpore. — mundemus — quia sic solummodo Deum videre possumus, sicut ipsa Veritas dixit. — 79, 21 f. Christus == porta, das ist ein weitverbreitetes altes Bild, vgl. Gregor, Homil. i. Ezech., Lib. 2, Nr. 10, Migne 76, 1063 f. — Zu dem Schlusse vgl. Pseudo-Augustin, Append. Nr. 176. 177, Migne 39, 2083 f. — 79, 5 hier ist ein grösserer Passus, wahrscheinlich nach *urchunde warn* ausgefallen, wie man aus Rabanus Maurus sieht. Vielleicht bezeugten die Apostel und Jünger die Identität des begrabenen mit dem auffahrenden Christus. Jedesfalls fehlt vor *daz er* mindestens ein Sätzchen wie: *wir gelouben — wizzen.* —

Auch 79, 25 kann unmöglich so bleiben; vielleicht ist einfach zu lesen: *von diu, lieben liute,* —.

29. 80, 4 — 86, 20.

Cruel sagt über dieses Stück S. 171: ‚Die Pfingstpredigt — ist der Hauptsache nach eine Bearbeitung von Gregors Homil. 30, indem als Einleitung eine kurze Betrachtung des Pfingstevangeliums vorausgeschickt wird.' Das bedarf der Ergänzung: die Einleitung ist aus Rabanus Maurus, Homil. de Festis Nr. 22, Migne 110, 43 ff. übersetzt.

80, 6 Psalm. 32, 6; in Feria quarta der Pfingstwoche steht dieser Vers im Missale nach der Epistel. — Rabanus Maurus 44 A: hodierna etenim die, ut novimus, positis in coenaculo discipulis, factus est repente de coelo sonus et Spiritus sanctus in visione ignis apparens, scientiam illis omnium linguarum tradidit. — 80, 9 Joann. 16, 12: — sed non potestis portare modo. cum autem venerit —. 80, 19 zwischen *zungin* und *allir zungin* ist ein Passus ausgefallen, dem in der nächsten Predigt das Stück 86, 33—87, 2 entspricht.

80, 21 Rab. Maur. 44 B: facta autem hac voce convenere viri religiosi, qui de diversis nationibus Hierosolymam paschalis festivitatis gratia confluxerant, stupebantque mirantes, quoniam audiebat unusquisque lingua sua illos loquentes magnalia Dei. — 24 Act. 2, 7: — omnes isti, qui loquuntur, Galilei sunt? — exponentibus autem discipulis, quia Spiritus sanctus esset gratia, quam cernebant, olim quidem voce prophetarum promissa, tunc autem Christi munere missa, crediderunt ex eis tria millia virorum, et baptizati etiam ipsi donum sancti Spiritus acceperunt. haec est diei hujus annua celebritas, haec (81, 1) gratiae coelestis semper grata festivitas. ob hujus memoriam — pulcherrimus sanctae Ecclesiae mos inolevit, ut annis singulis in ea baptismatis mysteria celebrentur — supervenienti Spiritui sancto templum venerabile paretur (daher l. 81, 5 *gewihit*). — Der Vergleich 81, 6 ff. ist alt: Isidor, De ecclesiast. offic. Lib. 1, cap. 34, Migne 83, 768 f. Pseudo-Augustin, Append. Nr. 186, Migne 39, 2094. Beda, Ascetica Dubia, Migne 94, 537. Pseudo-Alcuin, Liber de divin. offic. cap. 26, Migne 101. 1226 B—D. Ratherius von Verona, Sermo 10, Migne 136, 746 f.

Hildebert (Babion, Hauréau 1, 38), Sermo 52, Migne 171, 593 ff.
-- Rab. Maur. 44 C: qualiter ergo huic nostrae festivitati legalis festi typus et figura concinnat, charitas vestra attendat: liberati de Aegyptiaca servitute filii Israel, post immolationem agni paschalis, exierunt per desertum, ut venirent ad terram repromissionis (81, 9 l. *got ir vordirn*), perveneruntque ad montem Sinai (81, 10 l. *Synai. an deme v.*); et descendens Dominus in igne super montem, — quinquagesimo die peracti Paschae, legis decalogum eis aperta voce disposuit (Exod. 19). atque in memoriam datae legis statuit eo die, per annos singulos, sibi sacrificium novum de frugibus ejusdem anni, panes videlicet primitiarum duos ad altare deferri. sic quoque per immolationem veri Agni, hoc est Christi, quia Pascha nostrum immolatus est Christus (1 Cor. 5, 7), quinquagesimo aeque die, hoc est hodie (81, 20 fehlt wohl *und* nach *schalchait*. — 81, 26 Komma vor und nach *also hiute ist*), data est gratia Spiritus sancti discipulis in coenaculo constitutis, hoc est, in sublimitate coelestium praeceptorum: quia apparente foris igne visibili invisibiliter eorum pectora luce scientiae irradiavit et inexstinguibili charitatis ardore succendit.

81, 32 — 82, 2 ist aus dem folgenden Satze entwickelt bei Rab. Maur. 44 D: novumque statim sacrificium ipsi quoque apostoli, mox accepto dono Spiritus sancti, in duobus obtulerunt panibus, hoc est duobus populis, cum evangelizantes his qui convenerunt, plurimos converterunt ad fidem, et hos de fonte baptismatis renatos de Spiritus gratia sanctificatos, vivas utique Novi Testamenti primitias, ad communionem Dominici altaris obtulerunt. — 81, 33 ist nach *gehugdi* einzuschalten *gesetzit waren.*

82, 2 — 83, 3 Gregor, Homil. i. Evang. 30 (die Lection des Breviers am Pfingstsonntag), Migne 76, 1220 C: in ipso autem lectionis exordio audistis, quid Veritas dicat: ,si quis diligit me, sermonem meum servabit' (Joann. 14, 23). probatio ergo dilectionis exhibitio est operis. — vere etenim Deum diligimus, si ad mandata ejus a nostris voluptatibus coarctamus. nam qui adhuc per illicita desideria diffluit, profecto Deum non amat, quia ei in sua voluntate contradicit. pensate, fratres charissimi, quanta sit ista solemnitas, habere in cordis hospitio adventum Dei. certe si domum vestram quisquam dives ac praepotens amicus intraret, omni festinantia domus tota mundaretur, ne quid fortasse esset, quod oculos amici intrantis offenderet. tergeat (Druck: *tergat*) ergo sordes pravi operis, qui Deo praeparat domum mentis (also ist 82, 17 zu lesen: *der goti garwet sine sele ze huse* — vgl. Bech, Germ. 4, 501 und Strauch, Zeitschr. f. d. Alterth. 38, 208 f.). sed videte quid Veritas dicat: (Joann. 14, 23). in quorumdam etenim corda venit et mansionem non facit, quia per compunctionem quidem Dei respectum percipiunt (also l. 82, 21: *sint si mit vil grozzir riwe gotis vorhte ofte gewinnint*, vgl. das Münchner Fragment, Zs. 38, 208), sed tentationibus tempore hoc ipsum, quo compuncti fuerant (23 l. *geriuetin*, vgl. Zs. 38, 208), obliviscuntur; sicque ad perpetranda peccata redeunt, ac si haec minime planxissent. qui ergo Deum vere diligit, qui ejus mandata custodit, in ejus corde Dominus et venit et mansionem facit, quia sic eum amor divinitatis penetrat, ut ab hoc amore tentationis tempore non recedat. ille ergo vere amat, cujus videlicet delectatio prava ex consensu non superat. nam tanto quisque a superno amore disjungitur, quanto infernis delectatur. unde et adhuc subditur: (Jann. 14, 24). ad vosmetipsos, fratres charissimi, introrsus redite; si Deum vere amatis, exquirite. — nunquam est Dei amor otiosus. operatur enim magna, si est in corde. Darauf bleibt Gregor 1221 B — 1224 D unübersetzt, wohl wegen der Schwierigkeit des Inhaltes dieser dogmatischen Erörterungen.

Dafür wird hier 83, 3—14 die Uebersetzung einer Stelle eingeschaltet, welche in der Pfingstpredigt bei Werner, Deflorationes, Migne 157, 988 BC steht, die ‚Divisio‘ überschrieben ist: olim genus humanum habebat tantum unius linguae usum. sed LXX et duo gigantes turrim contra Deum construebant; inde offensus linguas eorum confundebat, ita quod nullus alterius linguam intelligebat, sicque per orbem disperserat, quos omnes hodie Spiritus sanctus in unitatem fidei per genera linguarum congregaverat.

Mit 83, 14 beginnt wieder Gregor 1224 D: de isto quippe Spiritu scriptum est: (Job 26, 13). ornamenta enim coelorum sunt virtutes praedicantium. quae videlicet ornamenta Paulus enumerat dicens: ‚alii datur per Spiritum sermo sapientiae, alii sermo scientiae secundum eumdem Spiritum, alteri fides in eodem

Spiritu, alii gratia sanitatum in eodem Spiritu, alii operatio virtutum, alii prophetia, alii discretio spirituum, alii genera linguarum, alii interpretatio sermonum. haec autem omnia operatur unus atque idem Spiritus, dividens singulis prout vult' (1 Cor. 12, 8 ff.). — hinc rursus scriptum est: verbo Domini coeli firmati sunt et spiritu oris ejus omnis virtus eorum (Psalm. 32, 6). Daher 1. 83, 27: *alli die tugindi* —.

83, 28 Gregor 1225 A: verbum enim Domini Filius est Patris. coelorum ergo virtus de Spiritu sumpta est, — nisi eos sancti Spiritus fortitudo solidasset. quales namque doctores sanctae Ecclesiae ante adventum hujus Spiritus fuerint, scimus et post adventum illius, cujus fortitudinis (participes?) facti sint, conspicimus. certe iste ipse pastor Ecclesiae (fortgelassen: ad cujus sanctissimum corpus sedemus), quantae debilitatis, quantae formidinis ante adventum Spiritus fuerit, ancilla ostiaria (84, 2 *smelinge* ist die ,schmelge' = Mädchen aus der alemannischen Mundart des Bregenzerwaldes; vgl. jetzt Strauch, Zeitschr. 38, 208) requisita dicat. una enim mulieris voce perculsus, dum mori timuit, vitam negavit (ein *verlougenote*, wahrscheinlich das von 84, 4 ist zu streichen; das bestätigt Strauch, Zeitschr. 38, 208). Joann. 18, 17. et tunc Petrus negavit in terra, cum latro confiteretur in cruce (Luc. 23, 41 f.). Daher ist 84, 6 zu lesen: *an dem der schachare* —; 7 *lougenote er uf*, diesmal darf das Pronomen nicht fehlen. — sed vir iste tantae formidinis, qualis post adventum Spiritus existat, audiamus. fit conventus magistrorum atque seniorum, caesis denuntiatur apostolis, ne in nomine Jesu loqui debeant. — 84, 10 *also hiute ist* muss zwischen Kommata gesetzt werden. — 84, 16 Act. 5, 29. — 84, 17 Act. 4, 19 f. — Der Bericht ist ergänzt durch des Bearbeiters eigene Kenntniss der Apostelgeschichte.

84, 25 Gregor 1225 C: ecce gaudet Petrus in verberibus, qui ante in verbis timebat. et qui prius ancillae voce requisitus timuit, post adventum Spiritus vires principum caesus premit. libet oculos fidei in virtutem opificis hujus attollere atque sparsim Patres novi testamenti ac veteris considerare. implet namque citharoedum puerum et psalmistam facit (84, 28 l. *gewiste Daviden, der herphare was, daz der den saltir tichte*; zum Theil schon von Bech vermuthet, Germ. 4, 501; bestätigt durch Strauch, Zeitschr. 38, 208; das Münchner Fragment schliesst mit 84, 29). 1 Reg. 16, 18. — implet pastorem armentarium, sycomoros vellicantem, et prophetam facit (Amos 7, 14). implet abstinentem puerum et judicem senum facit (Daniel 13, 46 ff.). implet piscatorem et praedicatorem facit (Matth. 4, 19. Das ist 84, 32 begreiflicher Weise geändert, denn Gregor konnte als Papst nicht wohl anders reden). implet persecutorem et doctorem gentium facit (Act. 9, 1 ff.). implet publicanum et evangelistam facit (Luc. 5, 27 f.). o qualis est artifex iste Spiritus! nulla ad discendum mora agitur in omne quod voluerit. mox et tetigerit mentem, docet, solumque tetigisse docuisse est. nam humanum animum subito ut illustrat immutat; abnegat hunc repente quod erat, exhibet repente quod non erat. pensemus sanctos praedicatores nostros quales hodierna die reperit, quales fecit. certe qui in uno conclavi pro Judaeorum metu residebant, nativitatis suae singuli linguam noverant. — venit Spiritus et in ore eos per diversitatem linguarum docuit, in mente autem ex auctoritate roboravit. — Dann werden drei ausführende Sätze Gregors fortgelassen.

85, 10 Gregor 1226 B: pensate, fratres charissimi, post incarnationem unigeniti Filii Dei, qualis sit hodierna (12 *also hute ist* zwischen Kommata zu setzen) solemnitas de adventu Spiritus sancti. — in illa quippe Deus in se permanens suscepit hominem, in ista vero homines venientem desuper susceperunt Deum. in illa Deus naturaliter factus est homo, in ista homines facti sunt per adoptionem dii. — Nun wird ein längerer Passus Gregors über die Wirksamkeit des heil. Geistes fortgelassen. Gregor schliesst mit einer Ausführung, die er schon in der Homil. i. Evang. Nr. 26, Migne 76, 1198 f. gegeben hatte.

85, 16 Gregor 1227 B: idem Spiritus secundo legitur discipulis datus, prius a Domino in terra degente (85, 19 l. *liplichen* statt *liebilichin* — Joann. 20, 23), postmodum a Domino coelo praesidente. in terra quippe datur, ut diligatur proximus; e coelo vero, ut diligatur Deus. sed cur prius in terra, postmodum e coelo, nisi quod patenter datur intelligi, quia juxta Joannis vocem: 1 Joann. 4, 20. (85, 30 vor *zem ersti* und vor *da mit* Kommata.) diligamus ergo proximum, fratres, qui juxta nos est, ut pervenire valeamus ad amorem illius, qui super nos est. meditetur mens in proximo, quod exhibeat Deo, ut perfecte mereatur in Deo gaudere cum proximo. — tunc ad illam

supernae frequentiae laetitiam perveniemus, de qua nunc sancti
Spiritus pignus accepimus. ad istum finem (86, 12 fehlt vor
schulin zum allerwenigsten *dar*) toto amore tendamus, in quo
sine fine laetabimur. ibi supernorum civium societas sancta, ibi
solemnitas certa, ibi requies secura, ibi pax vera, quae nobis
jam non relinquitur, sed datur per Dominum nostrum — (ganz
wie 86, 19 f.).

30. 86, 21 — 88, 11.

Dieses ganze Stück hat keine eigene Quelle, sondern
stellt nur eine verkürzte Bearbeitung des vorhergehenden dar.
Es genügt zum Beweise, wenn folgende Stellen verglichen
werden: 86, 27 ff. = 80, 6 ff. — 86, 30 ff. = 80, 17 ff. — 87, 10
vgl. 84, 11. 85, 8. — 87, 11 = 84, 3. 26. — 87, 15 ff. vgl. 80,
21 ff. — 87, 33 f. vgl. 82, 6 f. — 88, 5 ff. = 82, 10 ff. + 87, 6 f.
86, 22 Act. 2, 1. Vgl. dazu die Homilie des Rabanus
Maurus, Migne 110, 43 f., welche für den Eingang von Nr. 29
benutzt wurde. — 87, 3 Joann. 15, 26: — spiritus veritatis —.
Vgl. Haymo, Homil. de Temp. Nr. 87, Migne 118, 518: παρά-
κλητος enim Graece, Latine ‚consolator' sive ‚advocatus' dicitur.
— 87, 15 ff. zuerst Act. 2, dann Act. 5, 14 ff. — 87, 30 Act.
5, 30. — 87, 32 l. *wie g. wart s. Petrus, daz* —.

31. 88, 12 — 89, 5.

Dass dieses Stück, welches, so weit sein Inhalt greifbar
ist, die sieben Gaben des heil. Geistes in besonderer Anwendung auf Reue, Busse, Sündenvergebung bespricht (wie das
von Augustinus angebahnt, von Rupert von Deutz ausgeführt
wurde), nicht als eine Predigt im engeren Sinne aufgefasst
werden kann, zeigt sich bald. Das Stückchen hat aber sonst
noch eine sehr merkwürdige Eigenschaft: es ist nämlich durchaus in einer rhythmischen Prosa geschrieben, ja es kann sogar
ohne besondere Kunst in 28 Hexameter geschieden werden,
die sich zwar anfangs recht holprig lesen (freilich nicht viel
schlimmer, als wir die daktylischen Verse der Minnesänger zu
scandieren pflegen, vgl. Wilmanns, Beiträge zur Geschichte
der älteren deutschen Literatur 4, 25), aber gegen Ende besser
werden. An sich wäre das ja gar nichts Unmögliches; weshalb

soll nicht etwa ein lateinisches Gedicht über das Pfingstfest,
wie es dergleichen im 12. Jahrhundert reichlich gibt, von einem
Deutschen nachgebildet worden sein? Dass das bairische Gedicht
vom Himmelreich Hexameter nachahmt, hat zuerst W. Wackernagel gemeint, Literaturgesch. S. 273 (2. Aufl. S. 349), dann
Bartsch, Germania 7, 371, darnach Moriz Haupt in seiner Ausgabe des ,Uebelen wibes‘, Anm. zu V. 787. Hävemeier's Abhandlung (Bückeburg 1891) hat meines Erachtens nicht alle
Zweifel behoben. Das altdeutsche geistliche Stück, welches
Docen (in Hormayr's Archiv 1822, S. 200, vgl. Wackernagel,
Kleine Schr. 2, 20) für hexametrisch halten wollte, kenne ich
nicht. Zur Literatur vgl. noch: Weichelt, Versuch einer Geschichte der Einführung der antiken Metra in die deutsche
Poesie. Demmin, 1861. — Um hier alle Bedenken zu beseitigen, müsste das lateinische Gedicht, nach dem die deutsche
Arbeit hergestellt wurde, nachgewiesen werden. Das vermag
ich zur Zeit nicht, und deshalb verzichte ich auch darauf, die
Herstellung dieser ältesten deutschen Hexameter hier vor-
zulegen.

32. 89, 6 — 90, 32.

Ueber dieses Stück sagt Cruel S. 177: ,Anfang und Ende
gehören Augustini De Sanctis Nr. 21 an, und dazwischen wird
nur die evangelische Geschichte erzählt.‘ Das ist nicht ganz
richtig, wie sich zeigen wird. Vgl. Zs. f. d. Philol. 15, 33.

89, 7 Matth. 11, 11. Zunächst wird die von Cruel bezeichnete Pseudo-Augustinische Predigt auf Johannes den Täufer
benutzt, Appendix Nr. 197, Migne 39, 2113 ff. == Rabanus
Maurus, Homil. de Festis Nr. 26, Migne 110, 50 ff. Es heisst
dort: natalem sancti Joannis, fratres charissimi, hodie celebramus, quod nulli unquam sanctorum legimus fuisse concessum.
solius enim Domini et beati Joannis dies nativitatis in universo
mundo celebratur et colitur. illum enim sterilis peperit, istum
virgo concepit. in Elisabeth sterilitas vincitur, in beata Maria
conceptionis consuetudo mutatur. Elisabeth virum cognoscendo
filium genuit, Maria angelo credidit et concepit. hominem concepit Elisabeth et hominem Maria; sed Elisabeth solum hominem,
Maria Deum et hominem. — Dazu vgl. Augustinus, Sermo
Nr. 287, Migne 38, 1301. Nr. 289 und 290, Migne 1308. 1312.

89, 17 Luc. 1, 5: — regis Judaeae, sacerdos —. 89, 26
Luc. 1, 7: — sine querela —. 90, 4 Luc. 1, 13: — est omnis
deprecatio tua et Elisabeth, uxor tua, pariet tibi filium. —
Die evangelische Erzählung (Luc. 1, 13—17) ist, wie sich aus
den Zusätzen ergibt, nach Pseudo-Augustinus, Appendix Nr. 199,
Migne 39, 2117f. bearbeitet; nach Lucas 1, 5 ff. hat nämlich
dieser Sermo den Passus: beati igitur, fratres, quos in sacculo
isto aliqua culpa non percutit, nullum vulnerat crimen. beati
plane isti, quos ulla non potuit aliquando tangere querela. —
Zu 90, 4 vgl. die Grieshaber'schen Bruchstücke, Germania
1, 445.

90, 17 vgl. Pseudo-Augustin 2114 = Rab. Maur. 51 B:
magnus igitur Joannes, cujus magnitudini etiam Salvator testimonium perhibet, dicens: Matth. 11, 11. praecellit cunctis, eminet
universis; antecellit prophetas, supergreditur patriarchas, et
quisquis de muliere natus est, inferior est Joanne.

90, 21 ff. Pseudo-Augustin 2117: — nascitur major hominum, par angelis — praeco Christi — Filii nuntius, signifer
superni regis, vocatio gentium et, ut proprie dicam, Legis et
Gratiae (d. i. alter und neuer Bund) fibula, quae diploidem
summi sacerdotis sancto Patri jungebat in corpore. — Aus
90, 25 surgite sieht man, dass des Bearbeiters Kenntniss des
Latein mangelhaft war, denn er hat offenbar fibula trotz des
Beisatzes für fistula gehalten.

Der Schluss 90, 25 ff. bearbeitet den letzten Absatz des
Sermo des Rabanus Maurus, der sich darin von dem Pseudo-
Augustinischen Stücke unterscheidet, mit dem er sonst übereinstimmt, Migne 110, 52: — curramus ad eum, audiamus quid
resonet. ipse quidem vox est, sicut dicit Isaias: vox clamantis
in deserto etc. (Isai. 40, 3. Matth. 3, 2: — enim regnum coelorum). — tollamus offensiones peccatorum per confessionem
et poenitentiam —. cujus visione perpetua nos perfrui, prae-
cursoris sui precibus exoratus, ipse concedat —.

33. 91, 1 — 92, 25.

Cruel meint S. 177 von diesem Stücke, es sei aus Theilen
der Grieshaber'schen Fragmente, Germania 1, 441 ff. zusammengesetzt. Auch hat er S. 207 bereits bemerkt, dass ein von

Hoffmann, Altdeutsche Blätter 2, 32 f. abgedrucktes Wiener
Pergamentblatt ein Stück dieser deutschen Predigt enthält.
Ueber den Schluss vgl. Cruel S. 227. Nach Cruel's Angaben
wäre es zunächst überflüssig, über die Quellen des Stückes zu
sprechen, doch lässt sich immerhin Einiges dazu bemerken.
Der Inhalt der Predigt entspricht nämlich, wie ich meine,
der Hauptsache nach der ‚adhortatio‘, mit welcher der Pseudo-
Augustinische Sermon, Appendix Nr. 197, Migne 39, 2115 Abs. 4,
schliesst, den Cruel für das Original des vorangehenden Stückes
erklärte. Vgl. auch Rabanus Maurus, Migne 110, von 51 D ab.

Nos vero, fratres charissimi, ut tam sanctam festivitatem
non solum corporali, sed etiam spirituali cum gaudio celebrare
possimus, secundum vires nostras ad dandas eleemosynas et ad
tenendam cum omnibus pacem nostros animos praeparemus: et
ab omni scurrilitate vel turpiloquio non solum nosmetipsos, sed
et omnem familiam nostram et universos ad nos pertinentes
pro amore Dei et zelo sanctae disciplinae prohibere totis viri-
bus laboremus, nec permittamus voluptuosos quotque solemnitatem sanctam cantica luxuriosa proferendo polluere. tunc enim
pro nobis sanctus Joannes, quidquid petierimus, poterit obtinere, si nos festivitatem suam pacificos, sobrios, castos, absque
ullo turpiloquio cognoverit celebrare. haec ergo, fratres charissimi, pro paterna sollicitudine suggero: nam Deo propitio
ita de vestra devotione confido, quod non solum vos ipsos, sed
etiam omnes, qui ad vos pertinent, cum omni honestate castos
sobriosque conservetis. unde Deo gratias agens supplico, ut qui
vobis dedit ea, quae sancta sunt, fideliter incipere, concedat
vobis felicem perseverantiam custodire, qui cum Patre et Spiritu sancto etc.

34. 92, 26 — 94, 8.

Auch dieses Stück hält Cruel S. 177 für einen Auszug
aus Grieshaber's Fragmenten, meint aber selbst, dass sich dies
‚bei deren Unvollständigkeit nicht genau nachweisen lässt‘. Der
weggelassene Textspruch war Genes. 1, 16: fecitque Deus duo
luminaria magna —. Die unmittelbare Quelle der Predigt kann
ich nicht nachweisen, doch zeigt sich der einfache Inhalt mehreren älteren Sermonen verwandt, z. B. Appendix zu den
Werken Leos, Sermo 16, Migne 54, 511. Maximus von Turin,

Sermo 66, Migne 57, 666 A—C. Besonders findet sich der grössere Theil bei Rabanus Maurus, Homil. Nr. 27, Migne 110, 52 ff. Zu dem Eingange 92, 27 ff. vgl. Beda, Homil. Lib. 2, Nr. 15, Migne 94, 219 A: non solum autem maxima illa Ecclesiae luminaria, sed et reliqua electorum turba, vel vivendo, vel moriendo Deum suo quique tempore clarificat. Bernhard von Clairvaux beginnt seinen Sermon über Petrus und Paulus, Migne 183, 405: gloriosa nobis solemnitas illuxit, quam praeclari martyres, martyrum duces, apostolorum principes morte clarissima consecrarunt. isti sunt Petrus et Paulus, duo magna luminaria, quos Deus in corpore Ecclesiae suae constituit quasi geminum lumen oculorum. Aehnlich leitet Petrus Damiani seinen 27. Sermon ein, Migne 144, 649 und vgl. Hugo von St. Victor (?), Sermo 64, Migne 177, 1098 ff.

93, 1 ff. Rab. Maur., Migne 110, 53 A: ergo, fratres, Dominus Christus merito hos duos apostolos in coetu sanctorum suorum eminere fecit, quos suo judicio in tantam gloriam exaltavit. nam Petro, sicut bono dispensatori, clavem regni coelestis dedit —. Vgl. Beda, Homil. Lib. 2, Nr. 16, Migne 94, 222 f.: ut constaret omnibus, quia absque ea confessione et fide regnum coelorum nullus posset intrare. — nec non etiam nunc in episcopis ac presbyteris omni Ecclesiae officium idem committitur, ut videlicet agnitis peccantium causis, quoscunque humiles ac vere poenitentes aspexerit, hos jam a timore perpetuae mortis miserans absolvat; quos vero in peccatis, quae egerint, persistere cognoverit, illos perennibus suppliciis obligandos insinuet. — tales nec vinculis peccatorum absolvi, nec januam possint regni coelestis intrare. — Vgl. Henricus Autissiodorensis' Sermo im Homiliarius des Paulus Diaconus, Migne 95, 1485 A B. — Zu den erzählenden Stückchen vgl. Honorius, Spec. Eccl., Migne 172, 969 ff.

93, 26 Rab. Maur. 53 B: non enim sine causa factum putemus, quod una die, uno in loco, unius tyranni toleravere sententiam. uno die passi sunt —. Petrus crucis exitium tulit —. Paulus vero capite caesus est. — ecce, fratres, quantos patronos habemus, quales duces — adjutores —. honoremus sanctos apostolos — qui nobis salutem pro effusione sui sanguinis pepererunt —. et sic per eorum orationem perveniemus ad gaudii ipsorum perpetuam societatem, praestante hoc auctore et largitore omnium bonorum, Domino J. Chr. etc.

35. 94, 9 — 96, 25.

Der Textspruch Psalm. 138, 17 ist das Offertorium in der Vigil des Tages, und ebenso bei der Messe in commemoratione S. Pauli. Vgl. Bernhard von Clairvaux, Sermo 2 de P. et P., Migne 183, 410 f. Zu der Einleitung vgl. Augustinus, Enarrationes in Psalmos, Migne 37, 1799: factum est in eis os illud per resurrectionem Domini in abscondito, et pro ejus nomine passi sunt, in cujus passione trepidaverunt. facti apostoli, facti duces Ecclesiae, valde confortati sunt principatus eorum. — 94, 23 Joann. 15, 14: —, si feceritis, quae ego praecipio vobis. — 94, 30 l. ze zwein —. 95, 4 ff. vgl. Honorius, Spec. Eccl., Migne 172, 969: ex quibus unum Dominus pisces insequentem de navi vocavit, claves regni coelorum ei donavit, principem Ecclesiae exaltavit. alterum homines persequentem de coelo elegit, claves scientiae ei dedit, praeceptorem gentibus eum praefecit. haec est mutatio dexterae Excelsi, quia de piscatore principem, de persecutore constituit doctorem mundi. igitur Paulus aperit sua clave credentibus januas Scripturae; Petrus aperit sua clave in bono perseverantibus portas vitae mansurae. — 95, 32 l. an gesigit—. — 96, 5 ff. vgl. Honorius 976 C D. — 96, 14 Matth. 19, 28: — sedebitis et vos super sedes duodecim, judicantes duodecim tribus Israel.

36. 96, 26 — 97, 32.

Das Tagesevangelium ist Luc. 7, 36 ff. Benutzt ist in diesem Stücke hauptsächlich Honorius, Spec. Eccles., Migne 172, 979 ff. und die 33. Homilie Gregors in Evang., Migne 76, 1238 ff. Der Gedanke der Einleitung findet sich bei Gotfrid von Admont, Homil. Festiv. Nr. 60, Migne 174, 933 C D; die Umschreibung des Evangeliums ähnlich bei Augustinus, Sermo Nr. 99, Migne 38, 595 f.

96, 32 ff. Gregor a. a. O. 1244 B: pensemus quantae pietatis peccatricem mulierem non solum ad se admittere, sed ei etiam ad tangendum pedes praebere. consideremus gratiam misericordis Dei et damnemus multitudinem reatus nostri. ecce peccatores videt et sustinet, resistentes tolerat, et tamen quotidie per Evangelium clementer vocat. — apparuit Conditor et Redemptor noster in carne, confessioni peccatorum non poenam, sed vitam promittit; mulierem sua vulnera confitentem suscipit et sanam dimittit. inflexit ergo ad misericordiam duritiam legis, quia quos juste illa damnat, ipse misericorditer liberat. — Honorius 979 C: revera, karissimi, prius Dominus actibus declaravit, quod verbis praedicavit. vocavit enim — qui se peccatores humiliter affirmabant. — venit in hunc mundum peccatores salvos facere. — ex quibus nobis, ut hodie evangelium sonuit, beatam Mariam Magdalenam exemplum suae clementiae posuit. Folgt die Erzählung ihres Lebens.

97, 7 ff. Gregor 1242 A: quae cum alabastro venit, unguentum fudit, retro secus pedes Domini stetit, lacrymis pedes rigavit, capillis tersit, eosdemque, quos infundebat et tergebat, pedes osculari non desiit. nos ergo, nos illa mulier expressit, si toto corde ad Dominum post peccata redeamus, si ejus poenitentiae luctus imitemur. — Honorius 980 B C: ad pedes Domini procubuit, exitus aquarum oculi ejus deduxerunt, quia legem Dei non custodierunt; lacrimis sordes pedum se lavantis lavit, et ipsa a sordibus criminum ablui meruit. — nunc non veretur coram convivantibus hominibus confundi, et quomodo ipsum fontem misericordiae ibi invenit, ab omni labe purgata recedit. at infelix hospes scandalizatur, quod se Dominus tangi a peccatrice non dedignatur. — de ea etiam fertur, quod postquam Dominum cum aliis discipulis coelum ascendere viderit, Spiritumque sanctum cum aliis acceperit —. unde et angelum videre meruit Dominusque resurgens primo omnium ei publice apparuit —.

97, 18 ff. Gregor 1244 D: hanc nobis sequentibus misericordiae promissionem innotuit, cum per prophetam dicit: nolo mortem peccatoris, sed ut convertatur et vivat (Ezech. 33, 11). Mit ähnlicher Betrachtung wie hier verbindet Odo von Clugny im Sermo 2 über Maria Magdalena, Migne 133, 718 A das hier verwendete Ezechielcitat. Und ebenso Innocenz III., Sermo 23,

Migne 217, 562 D. — Die hier gebrauchte Form des Citates
97, 21 ist sehr gewöhnlich, weicht aber von der Vulgata stark
ab. Dort heisst es Ezech. 18, 21 f.: si autem impius egerit
poenitentiam ab omnibus peccatis suis, quae operatus est, et
custodierit omnia praecepta mea et fecerit judicium et justitiam:
vita vivet et non morietur. omnium iniquitatum ejus, quas ope·
ratus est, non recordabor.

97, 25 ff. Honorius 981 C: nunc ad nosmetipsos, karissimi,
redeamus et quid de nostris criminibus agendum sit videamus.
propter hoc enim scripti sunt lapsus sanctorum et poenitentia
ipsorum, ut qui casum fragilitatis eorum imitati sumus in malum proruendo, eorum etiam exemplo per poenitentiam ad bonum
convertamur malum deserendo. — saltem hodie exemplo hujus
mulieris transacta bonis sequentibus contingere satagamus. —
Vgl. Gregor 1245 B C, und zum letzten Satze den Introitus der
Messe des Tages: Beatae M. M. quaesumus, Domine, suffragiis
adjuvemur —.

37. 98, 1—20.

Vielleicht ist das Stück ein Auszug einer grösseren Predigt, deren Fragment Leyser in der Einleitung seines Werkes
S. XXV veröffentlicht hat (= Anz. f. Kunde d. d. Vorzeit 1833,
S. 233). Wenigstens stimmt der Schlusssatz wörtlich mit 98, 7 ff.:
*nu bittet den guten sente Laurentium hiute der ime fiure lach
unt nicht nebran* (vgl. Eccli. 51, 6: et in medio ignis non sum
aestuatus), *daz er uns helfe wider got, daz wir von dem ewigen
fiure erloset werden daz da lip unt sele brinnet.* Das Gleich-
niss 98, 11 ff. steht schon im Messgebet des Tages zum Introitus: Da nobis, quaesumus, omnipotens Deus, vitiorum nostrorum flammas extinguere, qui beato Laurentio tribuisti
tormentorum suorum incendia superare. — Desgleichen entspricht der Schluss 98, 16 ff. den Secreta beim Offertorium der
Messe: et beati Laurentii suffragantibus meritis ad nostrae salutis auxilium provenire concede. — Demgemäss braucht nach
einer besonderen Quelle des Stückes nicht gesucht zu werden.

38. 98, 21 — 101, 21.

Das Stück ist eigentlich eine Predigt über die Eigenschaften des vollkommenen Almosens, wobei nur die Einleitung

mit einem kurzen Auszug der Legende und ferner Anwendungen
auf St. Laurentius eingeschaltet sind. In ganz ähnlicher Weise
wird die Erörterung des Almosens und die Legende des Heiligen auseinandergehalten bei Radulphus Ardens, Homil. de
Temp. Nr. 29, Migne 155, 1415 ff., der 2 Cor. 9 als Text dient.
Die Gedanken, welche hier über das Almosen vorgetragen
werden, finden sich schon frühzeitig und werden durch die
kirchliche Literatur hin ununterbrochen (bis auf die Gegenwart) überliefert. So handelt schon Ambrosius, Epist. 4, Migne
17, 330 A über die Eigenschaften des Almosens kurz in zwei
Punkten, ferner im Commentar zu 2 Cor. 9, 6, Migne 17, 331 f.
Maximus von Turin, Homil. 74, Migne 57, 407 ff., wo auch
Psalm. 111 angezogen wird. Cassiodor erörtert das vollkom-
mene Almosen im Commentar zum 36. Psalm, Migne 70, 265 f.,
vgl. noch zu Psalm. 111, 5, Migne 70, 806. Mit Anwendung
des hier benutzten Textspruches St. Laurentius, Bischof von
Novara, Homil. 2, Migne 66, 105 ff. Pseudo-Augustinus im
Appendix Nr. 309, Migne 39, 2337 f. Rabanus Maurus, Homil.
Nr. 147 über 2 Cor. 9, Migne 110, 431 f. Bei Haymo, Homil.
de Temp. Nr. 26, Migne 118, 188 f. ist die Erörterung des Al-
mosens mit Psalm. 111, 5 verknüpft. Ratherius von Verona,
Praeloquiorum Lib. 4, cap. 23, Migne 136, 272 f.; im Sermo 2
(In Quadrag.) hat er die Hauptpunkte und Stellen unserer
Predigt schon beisammen, Migne 136, 698 ff. Petrus Cantor,
Verbum Abbreviatum, cap. 104—107, Migne 205, 286 ff. Be-
sonders vgl. Guntherus Cisterziensis, De oratione, jejunio et
eleemosyna, Lib. 13, cap. 2, Migne 212, 211 ff. Alanus ab Insulis, Summa de arte praedicatoria cap. 33, Migne 210, 175 f.
Innocenz III., Lib. de Eleemosyna cap. 5, Migne 217, 753 ff.

98, 21 Psalm. 111, 5: — miseretur — disponet — judicio,
quia in aeternum non commovebitur. — 98, 32 ist zusammen-
geflossen aus Rom. 14, 10: omnes enim stabimus ante tribunal
Christi — itaque unusquisque nostrum pro se rationem reddet
Deo — und 2 Cor. 5, 10: omnes enim nos manifestari oportet
ante tribunal Christi, ut referat unusquisque propria corporis,
prout gessit, sive bonum, sive malum. — 99, 10 Psalm. 111, 9,
ist der Introitus (auch im Graduale) zur Messe in vigilia S.
Laurentii. Die Stellen 99, 10 (= 2 Cor. 9, 9). 100, 29. 101, 4
stammen aus der Epistel des Tages 2 Cor. 9, 6—10. — 99, 21

ist die bekannte, von der Vulgata abweichende Stelle der Genesis 4, 7, über die Cruel S. 217 f. ausführlich gehandelt hat. — 99, 16 ff. Das Beispiel behandelt Gregor, Moralia Lib. 22, cap. 14, Migne 76, 229 f.: eleemosynae meritoriae conditiones. — Radulphus Ardens bringt a. a. O., Migne 155, 1416 A folgende Eintheilung vor: primo ostendit, ob quam causam debeamus eleemosynam facere large; secundo, quomodo; tertio, quo fine; quarto, qua fiducia eam debeamus donare. Das stimmt in der Sache völlig mit der deutschen Behandlung. Desgleichen Innocenz III. a. a. O., Migne 217, 753 C: restat modo, ut circa eleemosynam quatuor diligenter attendas, videlicet causam et finem, modum et ordinem. causam, ut fiat ex charitate; finem, ut fiat propter beatitudinem: modum, ut fiat ex hilaritate; ordinem, ut fiat secundum regulam. — 100, 3 Matth. 6, 5. 16. — 100. 6 l. tuont. — 100, 7 l. almuosen unt wanent —. 100, 9 ff. die Augustinusstelle findet sich De Spiritu et Littera, Migne 44, 230: sicut enim non imp. — nihil prosunt impio aliqua bona opera, — invenitur. — 100, 17 l. der nie einer âne ist —. Nach 100, 20 f. hat man es hier, wie ich bereits andeutete, mit keiner eigentlichen Laurentiuspredigt zu thun. — Von 100, 19 auf 22 ist ein Stück des deutschen Satzes ausgefallen, vielleicht nur: — gesaget in der heiligen scrift —. 100, 25 ff. vgl. Radulphus Ardens 1416 B: large seminate, quia secundum quod aliquis seminat, metet. qui nihil seminat, nihil metet; et qui parce seminat, parce et metet; et qui seminat in benedictionibus, id est in largitatibus, de largitatibus large metet. vocat autem semen largitatem benedictionibus, quoniam causa est benedicendi. vocat quoque datorem eleemosynae seminantem. — et in aetate copiam colligit messis, ita dator eleemosynae modicum dat in hac vita et aeternam beatitudinem recipiet in futura. — 100, 33 Luc. 6, 38. — 101, 4 Eccli. 35, 11. 2 Cor. 9, 7. — 101, 8 l. gewinnunge. Unter der heil. Schrift ist Eccli. 34, 24 zu verstehen: qui offert sacrificium ex substantia pauperis, quasi qui victimat filium in conspectu patris. Das wird schon von Augustinus, Migne 40, 1068 so citiert: ex rapina sive ex substantia pauperis — und so überhaupt in der späteren Zeit, z. B. Innocenz III., Migne 217, 758 B, der hinzufügt: de illis, in quibus dominium non transfertur, ut de furto, rapina, sacrilegio et usura, non licet eleemosynam erogare;

quia, cum sint aliena, non tua, teneris a his, quorum sunt,
restituere, non autem ea invitis dominis contrectare.

39. 101, 21 — 104, 26.

Dass dieses Stück für sich eine Predigt auf Assumptio
Mariae bildet, hat schon Steinmeyer bemerkt, Anz. f. d. Alterth.
2, 233. Es ist in der Hauptsache nach dem Commentar des
Rupert von Deutz zum Hohen Liede gearbeitet.

101, 21 Cant. 3, 6: — pulveris pigmentarii? — Es sind
das die Lectionen des Breviers an dem Tage. — 101, 32 l.
lobet unser vrouwen. — Cant. 2, 10: surge, propera, amica mea
(*speciosa* ist aus 2, 13), columba mea, et veni. jam enim hiems
transiit, imber abiit et recessit. flores apparuerunt in terra nostra — vox turturis audita est — vineae florentes dederunt
odorem suum etc. — Zu der Predigt vgl. im Allgemeinen:
Honorius Augustod., Sigillum B. Mariae, Migne 172, 495 ff.
Spec. Eccles. 991 ff. Bernhard von Clairvaux, Sermo de Diversis
91, Migne 183, 710 ff., dann Ad S. Mariam Sermo Panegyr.,
Migne 184, 1009 ff. — Zu 102, 5 ff. vgl. Bernhard, Sermo in
Cant. 58, Migne 183, 1056 BC. 1061 B—D. Innocenz III., Sermo
28, Migne 217, 581 f. Aber schon die Commentare des Ambrosius und Beda enthalten Migne 15, 1885 A; 91, 1110 das
Entsprechende. — 102, 17 l. *ze libe* und darnach Punkt. —
102, 19 Rupert von Deutz im Commentar zum Hohen Liede,
Migne 168, 867 B: tu autem ,amica mea' per humilitatem, ,co-
lumba mea' per charitatem, ,formosa mea' per castitatem. tu
contra Deum non tenuisti, immo mente humili Altissimo com-
placuisti et ecce amica es. tu serpenti aurem non praebuisti,
imo inimicitias inter te et serpentem ego posui, et ecce columba es. tu nuditatem libidinis non incurristi, imo Spiritus
sanctus obumbravit tibi, et ecce formosa es. (Daher l. 102, 27:
dure daz bistu min vil sconiu, womit der Satz zu Ende ist.)
veni ergo, Maria, veni; nam Eva ad latebras fugit. — Dann
wird ein kleiner Passus fortgelassen, darauf 102, 18 Rupert
867 D: ex ipsa ergo qualitate temporis auspicium cape magnae
felicitatis, quia per istud quod dicitur tibi, quod agitur tecum,
transiit, id est, certissime pertransibit, hiems peccati abiit et
recessit, id est, certissime abibit et recedet imber irae coelestis,

quae videlicet hiems ex eo venit, quod Eva jam dicta fugiens abscondit se a facie Dei, et qui imber idcirco terram, id est, omne genus humanum verberavit, quia peccavit. hic est imber, haec est ira coelestis. — Genes. 3, 16 f. — hic talis imber abiit et recessit etc.

103, 9 ff. vgl. Bernhard, Sermo de Diversis 91, Migne 183, 711 AB, und Guillebertus Abb., In Cantica Sermo 15, Migne 184, 76 f. Rupert v. Deutz 877 A: o felicem mentis habitum, qui tam magnum habet praeconium. humilitas tua est, o ancilla Domini, beata Maria, quam tali admiratione Spiritus sanctus collaudat. odor tuus, odor humilitatis tuae praecipuus ascendit ad cum ut vere sacrificium contribulati spiritus. quid enim est fumus et quid pulvis nisi spiritus lacrymosus et conscientia valde humilis?

103, 15 ff. ist sehr stark zusammengezogen aus Rupert 895 ff. vgl. Bernhard, Sermo de Diversis 91, Migne 183, 711 D. — 103, 21 Cant. 4, 12. — 103, 22 Rupert 896 B: nam inde nominatur hortus, quod semper ibi aliquid oriatur. — unde ergo hortus es tu, o dilecta dilecti, nisi quia a te natum est aliquid, quod nunquam desinit, et fructus tuus nunquam marcescit et deficit. quomodo enim hortus sic conclusus? hic uterus unus est fecundus et incorruptus. unde autem ‚fons signatus'? nimirum ex eo, quod Spiritus sanctus — obumbravit tibi. ipse Spiritus sanctus signaculum est hujus fontis nostri, signaculum pectoris tui. — 103, 31 Cant. 7, 1 wird ebenfalls von Rupert 941 f., aber sehr ausführlich, auf Maria Himmelfahrt bezogen. — 103, 34 Cant. 6, 9.

104, 3 ff. vgl. Bernhard, Sermo de Diversis 91, Migne 183, 711 f. Innocenz III., Migne 217, 582 f., das bezeugt die Tradition. Rupert 936 D: quando nata es, o Virgo beata, tunc vera nobis aurora surrexit, aurora praenuntia diei sempiterni, quia sicut aurora quotidiana finis praeteritae noctis et initium diei sequentis, sic nativitas tua — finis dolorum et consolationis fuit initium —. quando autem Spiritus sanctus in te superavit et filium virgo concepisti, virgo peperisti, tunc tu — ‚ut luna'. sicut enim luna lucet et illuminat luce non sua, sed ex sole concepta, sic tu, o beatissima, hoc ipsum, quod tam lucida es, non ex te habes, sed ex gratia divina, gratia plena. quando autem de hoc mundo assumpta atque ad aethereum

thalamum translata es, tunc tu — ‚electa ut sol‘; electa, inquam, nobis, quia sicut ex te natum Dei filium solem verum,
solem aeternum adoramus et colimus ut Deum verum, sic et
te honoramus atque veneramur ut veri Dei genitricem, scientes
quia totus honor impensus matri sine dubio redundat in gloriam
Filii. — Im Folgenden wird die Umgestaltung durch den
deutschen Bearbeiter immer freier und der Auszug immer
kürzer. Zu 104, 11 ff. vgl. Rupert 937 B: finis cantici idem
sonat, quod principium ‚terribilis ut castrorum acies ordinata‘,
sicut superius jam dictum est. Die Auslegung steht 933 A B.

40. 104, 27 — 105, 33.

Dieses Stück (durch Pfeiffer bereits gedruckt, Zeitschr.
f. d. Alterth. 1, 289 f.; auch in der Leipziger Handschrift überliefert, vgl. meine Altd. Predigten 1, 219 f.) wird schwerlich
eine besondere Quelle haben, denn es bewegt sich ohne
charakteristische Einzelnheiten in den gewöhnlichen Formeln
der älteren Busspredigt. Darum zeigt es ziemliche Berührung
mit des Rabanus Maurus Homil. 26, Migne 110, 55 f. und noch
weitergehende Uebereinstimmung mit der Sequenz des 11. Jahrhunderts zu dem Feste, die bei Kehrein als Nr. 246, S. 190 f.
abgedruckt ist.

41. 106, 1 — 110, 18.

Wie weit dieses Stück (auch gedruckt von Pfeiffer, Zeitschr.
1, 290 ff.) reicht, ist nicht ganz sicher. Ich fasse es als eine
ganze Predigt auf Maria Geburt, weil die Angabe 108, 5: ‚hec
predices in quocunque festo beate Marie velis‘ nur auf Möglichkeiten des Gebrauches, nicht aber auf die ursprüngliche Bestimmung zu schliessen gestattet; vgl. die ganz ähnliche Angabe 100, 20 f., nach welcher das Stück doch mit deutlichster
Beziehung auf Laurentius schliesst. Ferner wird die Theophilus-
geschichte 109, 32 ff. herkömmlich (vgl. Honorius August., Spec.
Eccl., Migne 172, 992 ff. Legenda Aurea ed. Graesse S. 593 f.)
an diesem Feste erzählt. Endlich und hauptsächlich schöpft
das ganze Stück gleichermassen aus den drei Predigten auf
Maria Geburt, die unter den Sermonen des Fulbert von Chartres
(† 1028) bei Migne 141, 320 ff. als Nr. 4—6 gedruckt sind.

Ich weiche daher diesmal von Steinmeyer ab, der 108, 5 bis 110, 18 als besonderes Stück (De s. Maria) auffasst, Anz. f. d. Alterth. 2, 232. Vgl. Zs. f. d. Philol. 15, 34.

106, 1f. 13 ff. Diese Stelle wird zwar als heil. Schrift citiert, stammt jedoch aus der 56. Oratio Anselms von Canterbury ,ad sanctam Virginem Mariam, in nativitate ejus', Migne 158, 962 D : quando nata es, Virgo sanctissima, tunc illuminatus est mundus. stirps beata, radix sancta, et benedictus fructus tuus —. 106, 7 Psalm. 44, 11 f.: — et vide et inclina aurem tuam — et concupiscet rex decorem tuum. — 106, 11 Sap. 4, 1: — est casta generatio cum claritate —.

106, 18 ff. Fulbert von Chartres, Migne 141, 321 C: hinc breviter attingamus. nata est igitur beatissima Virgo matre Betlehemita, patre Nazareno, quas urbes Christi nativitati vel conversationi destinatas esse prophetae non tacuerunt. descendit autem ab radice illius fide praeclari Abrahae, cui superna promissa fuerat benedictio omnium gentium in semine suo, et ab stirpe David, quem Deus propter notam sibi probitatem egregia laude sublimavit, dicens: (Psalm. 88, 21 in der Fassung von Act. 13, 22: i. D., filium Jesse, virum secundum cor meum, qui faciet omnes voluntates meas). de regali 'nempe tribu simul et sacerdotali duxit originem, quae summum regem atque pontificem erat paritura. non tamen haec idcirco diximus, quod Dominus, qui peccatores vocare venit, dedignatus sit matrem suam peccatores habere cognatos, inter quos speciosa velut inter spinas lilium appareret. — 107, 7 Cant. 2, 1. — 107, 14 Isai. 11, 1: — et flos de radice ejus ascendet.

107, 24 ff. Fulbert 321 A: acceptae sunt a sancto Moyse singulae virgae de singulis tribubus Israel, nominibus earum inscriptae, jubente Domino, et positae in tabernaculo ejus: inter quas una, quae fuerat Aaronis inventa est sequenti die germinasse, floruisse, fronduisse et peperisse amygdala. — quod ergo Deus designavit miraculo, hoc a secreto Isaias prodit vaticinio. et quod vates cecinit, consequenter rei exitus approbavit. nam sicut illa virga sine radice, sine quolibet naturae vel artis adminiculo fructificavit: ita virgo Maria sine conjugali opere filium procreavit, filium sane flore designatum et fructu.

108, 6 ff. Fulbert 322 A: Maria interpretatur ,maris stella'. nautis quippe mare transeuntibus notare opus est stellam hanc,

longe a summo coeli cardine coruscantem, et ex respectu illius
aestimare atque dirigere cursum suum, ut portum destinatum
apprehendere possint. simili modo, fratres, oportet universos
christicolas inter fluctus hujus saeculi remigantes attendere maris
stellam hanc, id est Mariam, quae supremo rerum cardini Deo
proxima est, et respectu exempli ejus cursum vitae dirigere.
— prospere veniet ad portum quietis aeternae.

108, 14 ff. Fulbert 328 B: haec est, inquam, dies, in qua
praelucida stella, imo lumen insuperabile maris, hoc est, hujus
mundi, velut Eous, cum decoris amoenitate ex mortali geni-
tura cunctis, qui salvandi sunt, illuxit.

108, 21 ff. Fulbert 330: hodie — congratulentur ei cunctae
virgines, quia nascitur pudica puella, quae amatorem peperit
integrae castitatis. — gaudete, omnes virgines —. hilares estote
et vos, puellae aevo tenerae, quia habetis et vos puellam angelorum Dominam quasi primis auspiciis nunc pubescentem. ad-
vocate angelos ad custodiam puritatis vestrae —. laetamini
etiam, vos jam maturae virgines —. ne subtrahatis vos a prae-
fatae matris jubilatione, conjugatae et conjugali jugo subnexae,
quoniam qui suae Matri et omnibus piis virginibus contribuit
integritatis palmam, ipse vos naturali foedere mutua copulatione junxit, quo decentem et genuinum servantes modum castitatis filios procreetis. — ne desperetis, o viri vel feminae
quocunque modo carnaliter corrupti, quoniam illa coelestis
mansio, non de virgineo tantum ordine, sed et de quibusdam
non solum justis, sed et publicanis et ante peccatoribus im-
pletur. quantoque vos conspicitis apud majestatem Domini no-
xios existere, eo amplius respirate ad Genitricem Domini plenam
misericordiae: habetis apud Patrem advocatum ipsum Filium
Virginis et ipse propitiatur peccatis vestris tantum, ut veniam
de ipso ac matre ejus speretis, qui etc. —. 108, 35 Matth. 9, 13.
— 109, 3 Luc. 15, 7: — p. poenitentiam agente —. 109, 20
Isai. 24, 22. — Die Eintheilung der *castitas* stammt von Ambrosius und ist nachmals sehr beliebt geworden: docemur tri-
plicem castitatis esse virtutem: unam conjugalem, aliam virgi-
nalem, tertiam vidualem (Ambrosius, De Viduis).

109, 30 ff. Fulbert 323 B: illa etiam te, o peccator quondam Theophile, poenitentem et suppliciter invocantem ab ipsis
diaboli faucibus potenter eripuit. Darauf folgt die Erzählung.

110, 7 ff. Honorius August., Schluss seines Sermo zu Mariä Geburt, Spec. Eccl., Migne 172, 994 C: ad hanc omnes, karissimi, tota mente fugiamus, vota precum, hostias laudum ei reddamus, quatenus eam cum Filio suo coetibus angelorum imperantem videamus et aliquam particulam gaudii ejusdem regni ea favente obtineamus.

42. 110, 19 — 116, 25.

Cruel sagt S. 171 von diesem Stücke: ‚Die Predigt Exaltationis crucis S. 110 ist nur eine Zusammenstellung von Sätzen mehrerer augustinischer Sermone. Dieselbe deutet nämlich die beiden Erzählungen von der Erhöhung der ehernen Schlange durch Moses, wie von der Opferung Isaaks durch Abraham auf den Kreuzestod Christi, und zwar nach Augustinus, De tempore Nr. 101 und 71. Den Beschluss bildet eine Erklärung der vier Theile und vier Masse des Kreuzes nach Augustinus, De verbis apostoli Nr. 7 und De tempore Nr. 181. Die der letzteren Stelle vorangehenden Gedanken hat der Verfasser zur Einleitung benutzt.' Das ist nicht richtig, denn das Stück übersetzt den Sermon, der unter dem Namen des Hildebert von Le Mans als Nr. 71 bei Migne 171, 683 ff. gedruckt ist, aber, wie Hauréau 1, 40 gezeigt hat, dem Gaufredus Babion gehört. Der Text dieses Sermons ist 1 Cor. 1, 18, weshalb dann das Citat nicht mehr ausdrücklich vorgebracht wird. Im Deutschen ist, da ein anderer Textspruch gewählt wurde, die Anführung 110, 28 uncorrect. Vgl. Zs. f. d. Philol. 15, 35.

110, 20 Joann. 3, 14. Es ist das Responsorium im Brevier in tertio nocturno. Die Lection des Breviers bildet Numeri 21. — 110, 28 1 Cor. 1, 18: verbum enim crucis pereuntibus stultitia est; iis autem, qui salvi fiunt, id est nobis, Dei virtus est.

110, 21 ff. ist erweitert aus dem Anfange bei Hildebert 683 A: quia fidelibus, fratres charissimi, de mysterio crucis locuturi sumus, ideo non credimus vos stultitiam judicaturos, Deum vobis crucifixum praedicare; infidelibus autem, quibus Deus consilii sui arcana non revelavit, iis ‚quidem pereuntibus‘, ut ait apostolus, ‚stultitia est‘, Deum omnium creatorem et immortalem mortuum esse praedicare, et in tam vili supplicio, sicut crux erat eo tempore, suspensum fuisse affirmare. sed

‚his qui salvi fiunt‘, id est fidelibus, quibus per Spiritum sanctum Deus misericordiae suae majestatem cognoscere praebuit,
non solum non dedecus, sed etiam maxima ‚virtus Dei, verbum
crucis‘ esse videtur. quod autem dedecus et scandalum et stultitia infidelibus crux Domini, audite iterum apostolum dicentem:
1 Cor. 1, 23.

111, 6 Hildebert 683 B: Judaeis scandalum erat, quoniam
Dominum suum crucifixisse dicebantur, cum a gentibus deridebantur. gentibus autem stultitia reputabatur, quia eis impossibile
videbatur Deum mori. quanta autem virtus Dei fuisset, tantum
se pro nobis humiliasse, et quam necessarium, audiamus. facta
enim erat quaedam inimicitia (Druck: mutatio) inter Deum et
homines peccato primi hominis; quia cum homo prius (also l.
111 B: *gote ê gelich was*) similis esset Deo vivendo (Druck: videndo) innocue, factus est dissimilis a crimine; et quia verus
(Druck: vetus) homo postea malus fuit, jumentis similis factus
est, dicente psalmista: Psalm. 4ℵ, 13. 21: — jumentis insipientibus et similis factus est illis.

111, 20 Hildebert 683 C: in honore erat homo, cum esset
similis Deo. non intellexit, quando peccavit. similis igitur
factus est jumentis, quando peccando factus est irrationalis.
duae creaturae peccaverant, scilicet diabolus et homo; sed alius
per se, alius per alterum. quia igitur per se diabolus peccavit,
reparari non meruit —; homo, quia de limo factus est, cum a
tam callido tentatore deceptus fuerit, spem veniae non amisit.
cum igitur ita essent Deus et homo contrarii — (hier ist ein
grösserer Passus fortgelassen, wegen der Schwierigkeiten dogmatischer Erörterung). itaque justo judicio Deus volens genus
humanum reconciliare, factus est homo. — prius enim multis
praefiguravit adventum suum symbolis, in multis prophetiis
praenuntiavit, ut auctorabilis esset tantis temporibus praesignatus. sed de multis aliis dicamus —. cum filii Israhel propter
peccata sua (112, 1 l. *vuoren*) in deserto ab igneis serpentibus
urgerentur et interimerentur. jussit Dominus (112, 3 *ire leitere*
ist Apposition zu *Moyses*, vgl. 107, 25) serpentem aeneum fieri
et in virga exaltari ante filios Israel, quem qui respiciebant ab
aliis serpentibus vulnerati, auxilio illius restituebantur sanctitati
(Num. 21). quod autem per hanc figuram Dominus voluisset
intelligi, se manifestat, cum dixit in evangelio Joann. 3, 14:

sicut exaltavit Moyses serpentem in deserto, ita exaltari oportet Filium hominis. — 112, 9 1. *in dem evangelio.*

112, 11 Hildebert 684 B: serpens duplicem significationem continet. venenosum est animal et astutum. caput enim abscondit, cum percutitur —. (Die jährliche Verwandlung der Haut ist aus dem Physiologus eingeschaltet.) in bona significatione accipitur, cum dicitur: Matth. 10, 16. et in mala (daher l. 112, 18: *In ubeler bizeichenunge sculen wir in versten*), cum dicitur Judaeis: Luc. 3, 7 (l. *genimina*). itaque serpens Dominum significat, in quantum prudens est, quia ipse est sapientia Patris; diabolum significat, in quantum venenosus est. voluit enim Dominus per serpentem designari, quia contra serpentes spirituales erat pugnaturus. Daher ist 112, 24 ausgefallen: *rande er vehtende was wider die gaistlichen slangen*; es ist beim Abschreiben von einem *slangen* auf das andere verschen worden.

112, 25 Hildebert 684 C: per aeris materiam fortitudo Christi describitur. serpens aeneus fuit, quia duo sunt necessaria in bello, fortitudo et prudentia. — 112, 28—30 entspricht nichts bei Hildebert. — cum ergo ipse esset verus David, id est ,manu fortis', qui pugnaturus erat contra Goliath, id est diabolum, merito aeneus ut fortis, merito dicitur serpens, ut prudens describitur. in summitate virgae ponitur, id est, in altitudine crucis suspenditur. vulnerati ab aliis serpentibus, id est daemonibus, peccando, respiciunt ad verum serpentem, id est prudentem, credendo et bene operando salvantur liberati a peccatorum venenis.

113, 11 Hildebert 684 D: audite etiam figuram evidentius mysterium incarnationis designantem. unicus filius erat Abrahae, id est Isaac, quem Dominus tentans praecepit immolare in monte, quem monstraret ei. Abraham stravit asinum suum, ducens secum duos juvenes, et Isaac collegit ligna, et tandem tertia die pervenit ad locum. — Dann Genes. 22, 5: ego et puer illuc usque properantes, postquam adoraverimus, revertemur ad vos. Daher ist 113, 25 zu lesen: *wellen da beten; so wir gebetoten* —. cumque paravisset, filium suum posuit super struem lignorum, et sic volenti filium suum immolare ait angelus: non extendas manum tuam super puerum (Genes. 22, 12; die übrigen Einzelnheiten ergänzte der Bearbeiter aus seiner Bibelkenntniss).

114, 6 Hildebert 685 A: tunc Abraham respiciens vidit
arietem inter vepres haerentem cornibus, quam immolavit pro
filio suo. Abraham Deum Patrem significat, qui immolavit Filium
suum, mittendo (ergänze: eum in mundum) et tradendo (ergänze: pro peccatoribus). unde apostolus: proprio filio suo non
pepercit, sed pro nobis omnibus tradidit illum. Abraham ,mul-
tarum gentium pater' interpretatur. Isaac Christum significat,
qui interpretatur gaudium. (Hier ist die Ueberlieferung des
lateinischen Textes sehr mangelhaft: Isaac wird seit Hieronymus
als ,risus, gaudium' erklärt; das Deutsche ist besser.) Christus
vero est gaudium hominum et angelorum. duo juvenes, qui secum ibant, sunt populus Judaeorum, qui ideo duo dicuntur,
quia post mortem Salomonis divisus est in duo regna: in decem
videlicet tribus Israel, quibus Jeroboam imperavit (vgl. 114, 21),
et in duas alias tribus, scilicet Benjamin et Juda, super quas
Roboam, filius Salomonis, regnavit. asinus vero designat stultitiam Judaeorum: ligna crucem; tertia dies venturum eum ad
locum (wohl falsch überliefert), quia in tertio tempore mundi
sub gratia immolatus est Jesus. — Da ist 114, 27 — 115, 6
viel ausführlicher behandelt; entweder weil der Bearbeiter
deutlicher sein wollte, oder weil ihm eine andere Fassung des
lateinischen Textes vorlag. 114, 28 lies *daz aine* statt *ananie.*
— 114, 33 vgl. 1 Timoth. 1, 15. — 115, 2 Genes. 22, 5.

115, 6 Hildebert 685 B: nec immolatus est Isaac, quia non
est immolata divinitas, id est Filius Dei, sed aries, id est caro
Christi, quae haerebat vepribus, id est tribulationibus, cornibus,
id est brachiis extensis in cruce. — 115, 13—16 entspricht
nichts bei Hildebert; wahrscheinlich ist von dem Bearbeiter ein
reicherer Text benutzt worden. — haec crux tot temporalibus
figuris praesignata, tandem salus mundi effecta est; et est ratio,
quare voluit Dominus hoc genus supplicii potius quam aliud.
hinc quadrifaria est, quasi amplectens quatuor mundi partes. —
115, 21—25 stehen nicht bei Hildebert, wohl aber beginnt mit
dem Citat Joann. 12, 32 (— exaltatus fuero a terra, omnia tra-
ham ad me ipsum) das nächste Stück bei Hildebert, Nr. 72:
De laudibus sanctae crucis, das nach Hauréau 1, 223 dem
Petrus Lombardus gehört.

115, 25 Hildebert 685 C: hinc etiam alia significatio (also
fehlt *anderiu* vor *bizeichenunge* 115, 26) in partibus ejus con-

tinetur. — Hildebert führt gleich fort (für 115, 26—28 ist nichts
vorhanden): altitudo spem salutis, quam habemus in coelestibus,
significat; latitudo charitatem, quae extensa est usque ad inimicos; longitudo perseverantiam (das wohlbekannte Citat Matth.
10, 22 fehlt Hildebert; 115, 34 l. *vol starte*) bonorum operum;
profunditas, id est illa pars quae latet, profunda mysteria ju-
diciorum Dei. unde apostolus: incomprehensibilia sunt judicia
tua, Domine (Rom. 11, 33). — 116, 4 steht das verwandte
Citat Sap. 17, 1. — Hildebert lässt noch Ephes. 3, 18 folgen. —
Vgl. den Excurs in den Anmerkungen zu meinen Altd. Pred.
2, 6, 24 ff.

116, 5 Hildebert 685 C: hanc igitur crucem debemus omnes
venerari, in qua pependit pretium mundi. datum est pretium
pro omnibus nobis, si volumus exire a vitiis. — 116, 18: hodie
exaltata est in Jerusalem. nos similiter exaltemus eam in singulis ecclesiis, ut nobis sit communiter salus, juvante Domino
n. J. Chr. etc. — Für das dazwischen liegende Gebet suche
ich keine besondere Quelle. Dagegen beziehen sich die Worte
116, 24 f. (l. *utrique festo*) auf die allbekannten Legenden von
Kreuzerfindung und -erhöhung. Vgl. dazu meine Altd. Pred.
1, 202, 1 ff. 206, 28 ff. und Anm.; besonders 3, Nr. 95 und 96,
S. 217 ff. und Anm.

43. 116, 26 — 119, 2.

Cruel nennt S. 177 dieses Stück ,dürftige Excerpte aus
Beda oder dessen Quelle Gregor'. Das ist nicht ganz richtig,
wie sich zeigen wird. Das Stück beginnt mit dem evangelischen
Berichte über die Berufung des Matthäus, wie sie fast alle
Homilien zu diesem Aposteltage enthalten.

117, 9 Matth. 9, 11. — 117, 12 Matth. 9, 12. — 117, 15
Matth. 9, 13. — 117, 18 Matth. 9, 13. — 117, 22 ff. Beda,
Homil. Genuin. Nr. 22, Migne 94, 255 B: libet autem memi-
nisse, fratres charissimi, ad quantam Dominus arcem justitiae
Matthaeum, quem de publicanis actibus elegit, ut spem re-
missionis peccatoribus amplificaret, advexerit. qualis namque
sit factus, ipse apostolorum numerus, cui insertus est, docet.

117, 30 ff. Honorius, Spec. Eccl., De s. Matthaeo, Migne
172, 1005 C: hunc quippe de theloneo in apostolatum vocavit,

7*

judicem orbis super thronos XII collocavit. hic primus Evangelium scripto edidit, per quod gloria Christi universo mundo innotuit. — 117, 30 l. *erwelte.* — 117, 33 Matth. 19, 28. Luc. 22, 30. — 118, 1 f. und 8 f. stimmen fast wörtlich. 118, 3 l. *daz ist daz v. r.* — Die Stelle bezieht sich auf Ezechiel 10, 9 : et vidi, et ecce quatuor rotae juxta Cherubim: rota una juxta Cherub unum, et rota alia juxta Cherub unum. species autem rotarum, quasi visio lapidis chrysolithi: et aspectus earum similitudo una quatuor, quasi sit rota in medio rotae. cumque ambularent, in quatuor partes gradiebantur et non revertebantur. Das ist auf die Evangelisten (besonders V. 10) sehr früh ausgelegt worden: eingehend bei Gregor, Homil. in Ezech., Lib. 1, Nr. 4, Migne 76, 815 ff. Rabanus Maurus, Comm. in Ezech., Migne 110, 635. 637 CD. Petrus Damiani, Sermo 49, Migne 144, 780 CD. 118, 8 ff. Honorius a. a. O.: in Aethiopia verbum vitae disseminavit, multum fructum signis et portentis Deo congregavit. — unde jussu regis apostolus missas celebrans super altare decollatur. — Beda a. a. O. 255 B: docet et ipsa gens Aethiopum, quam de finibus terrae ultimis ad sanctae Ecclesiae societatem praedicando convertit, ablutamque fonte baptismatis de fusca formosam reddidit, quia vitiorum nigredinem exuit ac virtutum decoravit ornatu. 118, 16 ff. Gregor a. a. O. 815 A : nam quia ab humana generatione coepit, jure per hominem Matthaeus designatur. — Das ist dann von den späteren theilweise wörtlich übernommen, theilweise aber auch ausgeführt worden, wie bei Petrus Damiani a. a. O. 781 B : Matthaeus itaque in declaranda regia stirpe Domini familiarius vacat, et sicut ab hac narrationis exordium sumpsit, sic in eadem intentione totam styli sui seriem ad fines usque perducit. generationis quippe lineam texens ad David pervenit, deinde per Salomonem transiens, caeteros reges in enumeranda generis successione percurrit. et paulo post refert etc. — Ganz kurz Honorius: hunc inter evangelistas forma hominis repraesentat, quia Christum pro peccatoribus in humana forma prae aliis narrat. — 118, 28 Matthäus als ‚columna‘ ausführlich bei Petrus Damiani 779 D, aber auch bei Rupert von Deutz u. A.

44. 119, 3 — 120, 12.

Dieses Stück ist nur ein verkürzender populärer Auszug von Nr. 43. — 119, 4 vgl. 117, 27 f. — 119, 6—26 umschreiben zum Theil wörtlich 116, 30 — 117, 22. 119, 26 ff. = 119, 4 ff. — 119, 29 f. vgl. 117, 29 f. — Die Schlussformel ist ganz allgemein. Das Allegorische ist durchaus vermieden. — 119, 28 l. *er nenphach iuch.* — 119, 33 Matth. 24, 42: — Dominus vester venturus sit.

45. 120, 13 — 126, 14.

Es unterliegt keinem Zweifel, dass dieses Stück nur nach einer einzigen lateinischen Predigt gearbeitet ist: der gesammte Aufbau, die wörtliche Uebertragung einer Gregorstelle, das Wortspiel *Lucifer, letifer*, Alles spricht dafür. Aber ich kann sie zur Zeit nicht nachweisen, höchst wahrscheinlich stammt sie von einem französischen Prediger des 12. Jahrhunderts. Ich muss mich daher damit begnügen, nach Kräften wenigstens die mittelbaren Quellen aufzuzeigen.

120, 14 ist natürlich unbiblisch. Ganz ähnliche Formeln enthält zum Michaelstage das Missale mixtum secundum regulam beati Isidori, Migne 85, 878 ff. — Ebenso wie hier werden in der Einleitung die neun Chöre der Engel behandelt und dann auf S. Michael übergegangen bei Honorius, Spec. Eccl., Migne 172, 1007 C. Vgl. Bernhard von Clairvaux, Migne 183, 417 ff. — 121, 22. 125, 27 = coelestis praepositus, eine bekannte liturgische Formel. — 120, 24 l. *s. Michaelis* statt *s. Marien.* —

Von 120, 25 bis ungefähr 121, 30 reicht eine Darstellung, deren Grundlage sich im Commentar des Hieronymus zu Daniel 10, 12 ff. (diese Danielstelle ist im Brevier Lection ad Laudes) findet: vicesima quarta die mensis primi, id est Nisan, expletis tribus hebdomadibus, hoc est viginti diebus et uno, cernit hanc visionem et audit ab angelo, quod ex die primo, quo orare coeperit et affligere se in conspectu Dei, exaudita sunt verba ejus. quaeritur, si statim exauditus est, cur non statim ad eum missus sit angelus. data est ei per moram occasio amplius Deum deprecandi: ut ex eo quod plus desiderat, per

laborem plus audire mereatur. quod autem ait: ,et ego ingressus
sum ad verba tua', hunc habet sensum: postquam tu coepisti
bonis operibus et lacrymis atque jejunio Dei invocare misericordiam, et ego accepi occasionem, ut ingrederer in conspectu
Dei et orarem pro te. — ,princeps autem etc.' videtur mihi
hic esse angelus, cui Persis credita est juxta illud, quod in
Deuteronomio legimus —. ,et ecce Michael unus de principibus etc.' resistente Persarum angelo precibus tuis et meae le-
gationi, qui orationes tuas Deo offerebam, venit in adjutorium
mihi angelus' Michael, qui praeest populo Israel. principes
autem primos archangelos intelligimus. — Etwas mehr bietet
schon die Sammlung des Paterius, Testimonia in Danielem,
Migne 79, 1001 f.: cumque, ut adversus Persarum principem
praelietur, egreditur, Graecorum sibi princeps apparet adveniens: qua ex re innuitur, quod adversus Graecos quoque
Judaea aliquid commiserat, quorum profecto causa ereptioni
illius resistebat. prophetae igitur preces angelus exaudit; sed
Persarum princeps resistit, quia etsi jam vita justi deprecantis
ereptionem populi exigit, ejusdem tamen populi adhuc vita contradicit; ut quia nec plane hi, qui in captivitatem fuerant ducti,
purgati sunt, jure ejus adhuc Persae dominantur. Michael ad-
juvat, sed Graecorum princeps ad proelium venit: quia mereri
quidem veniam tam longa oppressorum captivitas poterat, sed
ereptionis eorum beneficio hoc quoque, quod in Graecos delin-
querant, obviabat. recte ergo dicitur, quod contra se angeli
veniunt, quia subjectarum sibi gentium vicissim merita contra-
dicunt. nam sublimes spiritus eisdem gentibus principantes nequaquam pro injuste agentibus decertant, sed eorum facta juste
judicantes examinant. cumque uniuscujusque gentis vel culpa
vel justitia ad supernae curiae consilium ducitur, ejusdem gentis
praepositus, vel obtinuisse in certamine, vel non obtinuisse perhibetur: quorum tamen omnium una victoria est et sui super
se opificis voluntas summa; quam dum semper aspiciunt, quod
obtinere non valent, nunquam volunt. — Daraus lassen sich
die Anschauungen unserer Predigt leicht ableiten. Vgl. dazu
noch Rupert von Deutz, De Trinitate et operibus ejus, in Danielem, Migne 167, 1509 f., anlässlich Balthasars: Babylon civitas
diaboli. et illius quidem Babylonis regnum datum est hominibus
Medis et Persis, — dabitur non hominibus, sed daemonibus,

non Medis et Persis, sed malignis spiritibus, non Dario (das ist der rex Persiae), sed diabolo et angelis ejus. — 120, 28 nach *liute* Punkt. — 121, 1 das seltsame *vrolichen* erklärt sich wohl aus Daniel 10, 3: panem desiderabilem non comedi —. 121, 10. 18 l. *ruogte.* — 121, 11 l. *zalte daz durc* —.

121, 25 Deuteron. 32, 8: quando dividebat Altissimus gentes, quando separabat filios Adam, constituit terminos populorum juxta numerum filiorum Israel. Die Uebersetzung darnach ist schon Auslegung. Benutzt scheint hier Gregor, Homil. in Evang. 34 (die auch in den Lectionen des Brevieres vorkommt), Migne 76, 1252 ff. Ferner desselben Moralia, Lib. 4, cap. 29, Migne 75, 665 C. — Zu 121, 30 ff. vgl. Pseudo-Augustinus, Sermones ad fratres in eremo, Nr. 46, Migne 41, 1324 f. Rabanus Maurus, De Universo, Lib. 1, cap. 5, Migne 111, 28 ff., besonders 31 B C. Vgl. den Tractatus Theologicus cap. 22 (De missione angelorum), der unter dem Namen Hildeberts von Le Mans bei Migne 171, 1009 (bes. 1015) gedruckt ist, aber nicht ihm gehört, sondern richtig unter der Ueberschrift ‚Sententiae' in die Werke des Hugo von St. Victor aufgenommen wurde, wie Hauréau 5, 251 zeigt. — 121, 35 Matth. 18, 10: videte, ne contemnatis — mei, qui in coelis est. Das ist das Tagesevangelium, der Commentar des Hieronymus dazu dient als Lectio 7—9 des Breviers. Damit beginnt ein zweiter Gegenstand, der besonders bei Honorius, Spec. Eccl., Migne 172, 1008 B C erörtert wird.

122, 17 Matth. 21, 33. Marc. 12, 1. Luc. 20, 9. Diese Auslegung steht zuerst bei Beda im Matthäuscomm., Migne 92, 94: Deus Pater ‚plantavit vineam', quia in terra repromissionis ejectis gentibus populum suum collocavit. ‚sepem circumdedit', vel murum urbis, vel auxilia angelorum. Das wird bei den späteren Commentatoren und in der Glossa Ordinaria immer ausführlicher. — 122, 19 darf es sicher nicht *win* heissen, sondern etwa *winzurel* = vinitor. — 122, 11 l. *den ubelen geisten.*

122, 31 ff. vgl. dazu die Anm. in meinen Altd. Predigten 1, 123, 11, woraus hervorgeht, dass hier auch nicht unter der heil. Schrift die Vitae Patrum verstanden sind, denen diese Geschichte des Paulus Eremita sonst zuzutrauen wäre. Die Fassung hier stimmt ziemlich genau mit der, welche Honorius Augustod. in sein Spec. Eccles. zur Dominica in Quinquagesima

aufgenommen hat, Migne 172, 881 D: unde legitur, quod quidam sanctorum hanc gratiam a Deo habuerit, quod posset singulorum merita per vultus illorum discernere. quadam itaque
die, dum fratres ecclesiam frequentarent, vidit eos hilari vultu
et splendida facie intrantes et angelos Dei laeti eis comitantes.
unum vero turpi ac deformi et nebuloso vultu vidit, et daemones
horribili visu ignem et fumum ex ore et naribus exhalantes
(l. 123, 9: *stanche unde mit*) juxta eum ambulare et utrumque
catena eum trahere, angelum autem Domini longe retro tristem
sequi. hoc ut senex conspexit, magno ejulatu flevit. peracto
divino officio iterum intuetur eos gloriosa facie egredientes et
angelos Dei cum eis hilariter incedentes, et eum, quem tam
miserabili vultu viderat prius ingredientem, nimis perfulgida
facie conspicit egredientem, atque angelum Dei amplexibus ejus
inhaerentem, diabolum vero longe cum catena sequentem. hoc
viso senex exaltavit, et cunctos convocans, omnia quae prius
et quae postea viderit, narravit. quem cum rogarent, ut eis
sua facta manifestaret, ait: ‚hactenus in immunditia vixi (123,
25 l. *huorare*); sed hodie ingressus ecclesiam, lectionem de
poenitentia audivi et mox eadem mala nunquam me perpetra-
turum Deo promisi'.

123, 32 Luc. 15, 7. — 124, 9 Gregor a. a. O., Migne 76,
1251 A: et quoties mirae virtutis aliquid agitur, Michael mitti
perhibetur, ut ex ipso actu et nomine detur intelligi, quia
nullus potest facere, quod facere praevalet Deus. (Vorher:
Michael namque ‚quis ut Deus?‘) unde et ille antiquus hostis,
qui Deo esse per superbiam similis concupiscit, dicens: Isai.
14, 14. — dum in fine mundi in sua virtute relinquetur ex-
tremo supplicio perimendus, cum Michaele archangelo proelia-
turus esse perhibetur, sicut per Joannem dicitur: Apoc. 12, 7.
— ut qui se ad Dei similitudinem superbus extulerat, per
Michaelem peremptus discat, quia ad Dei similitudinem per
superbiam nullus exsurgat.

124, 24 ff. vgl. Rabanus Maurus, De Universo, Lib. 9,
cap. 15, De Lucifero. Das Wort wird in zweierlei Sinne gebraucht, im guten und bösen: in contrarium vero ponitur Lucifer, ubi per Isaiam prophetam (cap. 14) in onere Babylonis
sub typo regis Babyloniae ad apostatam angelum dicitur: ‚quomodo cecidisti de coelo, Lucifer, qui mane oriebaris?‘ nam ibi

ruina ejus de claritate aeterna in infernales tenebras ostenditur.
Vgl. ferner Gerhoh von Reichersberg, Gregorianum Lib. 1,
cap. 8, Migne 193, 43 f. Petrus Blesensis, Sermo 55, Migne 207,
722 f.: lucebat olim ille filius irae, ille filius perditionis, qui de
coelo corruit. unde et Lucifer vocabatur, nunc autem noctifer
sive tenebrifer. qui si arsisset, nullo unquam tempore cecidisset.
— Die ihm folgen: ardebunt igne illo, ,qui praeparatus est
diabolo et angelis ejus' (Matth. 25), cujus fetor occidit, cujus
ardor mortificat etc. Weiteres über die Umwandlung Lucifers
in den Antichrist Alanus de Insulis, Contra Haereticos, Lib. 1,
cap. 12, Migne 210, 317 f.

124, 33, 2 Thessal. 2, 4: extollitur super omne, quod dicitur deus aut quod colitur deus. Das ist auch die Tagesepistel
im Missale Isidors, Migne 85, 877. — 125, 5 Daniel 12, 1:
Michael princeps magnus, qui stat pro filiis populi tui —. Das
Folgende ist nach der Auslegung des Hieronymus gegeben,
der darstellt, wie dieses Capitel sich auf die Auferstehung
der Todten, die Regierung des Antichrist bezieht, und manifeste de adventu Christi atque sanctorum ejus handelt. hunc
(Michaelem) autem esse angelum clementissimum, qui orationes
Danielis in conspectu Dei obtulerat: quando ei viginti et uno
diebus Persarum angelus resistebat. interrogabat autem haec
mirabilia, quae in praesenti visione dicuntur, quo complenda
sint tempore: quod Porphyrius more suo de Antiocho, nos de
Antichristo interpretamur. — 125, 11 Daniel 10, 20 f.: — ad
te? et nunc revertar, ut praelier adversus principem Persarum.
cum ego egrederer, apparuit princeps Graecorum veniens.
verumtamen annuntiabo tibi, quod expressum est in scriptura
veritatis: et nemo est adjutor meus in omnibus his nisi Michael
princeps vester. — 125, 23 das Citat ist falsch. —

Zu dem ganzen Stück ist noch Radulphus Ardens, Homil.
de Temp. Nr. 38, In festo angelorum, Migne 155, 1456 ff. zu
vergleichen.

46. 126, 15 — 127, 10.

Dieses Stück excerpiert nur das Vorhergehende, besonders den Schluss, und benutzt in etwas die dort verwendete
Homilie Gregors genauer, ist jedoch im Allgemeinen ziemlich
inhaltsleer.

47. 127, 11 — 128, 33.

Auch dieses ist ein ganz simples Stück, das eigentlich
nur aus der Angabe der acht Seligkeiten besteht, und für das
eine besondere Quelle weder zu suchen noch zu finden ist. —
127, 12 Matth. 25, 34: — possidete paratum vobis regnum a
constitutione mundi. — 127, 20 Matth. 5, 3 ff.

48. 129, 1 — 130, 7.

Sämmtliche Punkte der Legende, die dieses Stück enthält, finden sich in dem Sermon des Honorius, Spec. Eccl.,
Migne 172, 1021 ff.

129, 1 ff. Honorius 1021 C: Sanctus Martinus, dilectissimi,
fuit Deo dilectus —. hominibus extitit dilectus, quia nimirum
populus Dei ejus patrocinio ab hostibus animae et corporis est
protectus. — hic a Romanis parentibus, tamen gentilibus —
generatur. duodennis toto animo heremum concupiscit —. adhuc
unda baptismatis eum non abluebat, et tamen evangelica praecepta sollicite implebat, scilicet carentes alebat, et oppressis
prout potuit in tribulatione subveniebat, uno tantum servulo
contentus, cui ipse saepius vice versa serviebat. quodam hiemis
tempore dum pergit Martinus —, obviat ei nudus pauperculus,
poscens misericordiam a transeuntibus; et dum omnes praeter-
eunt miserum, Martinus arripuit gladium, clamidem, qua indutus erat, dividit, partem pauperi tribuit. cui Dominus nocte
insequenti cum multitudine angelorum apparuit, partem vestis
a Martino datam praetulit; hac se a Martino — vestitum retulit. — 129, 18 Matth. 25, 40. — 129, 20 Eccli. 3, 33: ignem
ardentem extinguit aqua et eleemosyna resistit peccatis. —
129, 25 Honorius 1021 D: nam absque multis signis, quibus
est glorificandus, tres mortuos per eum ad vitam resuscitavit.
— 1024 D: — sicque a dolore et morte pariter eripitur, atque
angelis et sanctis concinentibus gaudium Domini sui laetus ingreditur, sed coelestis modulatio a multis percipitur. — quando
anima Martini a carne soluta coeli templa adibat. qui angelicam
audiens armoniam — Martinum de hac vita migrasse retulit
atque animam illius choros angelorum excepisse; sed turbam
daemonum occurrisse et nichil suum invenisse, confusos ab-

scessisse et ideo coelestem exercitum laudisonum ymnum tanta
exultatione concrepuisse. heu, karissimi, quid fiet de miseris
omnibus flagitiis involutis, si turba daemonum Martino occurrit,
qui omnibus virtutibus floruit? — hunc, karissimi, devota
mente flagitemus, quatenus ejus suffragio in superna patria
cum Christo regnemus.

49. 130, 8 — 131, 14.

Solche ganz unbestimmte Ermahnungen wie hier finden sich
in verschiedenen Predigten, die ganz allgemein von einem
Heiligen handeln, z. B. in den vier Stücken (z. Th. des Caesarius von Arles), welche in den Appendix der Augustinischen
Sermone eingereiht sind als Nr. 280 ff., Migne 39, 2274 ff. Vgl.
Rabanus Maurus, Homil. de Festis Praecip. Nr. 41, Migne
110, 76 ff.

50. 131, 15 — 137, 5.

Cruel hat S. 171 die Quelle dieses Stückes bereits nachgewiesen, nämlich Gregors Homil. in Ezech. Nr. 4, Migne
76, 814 D. — Vgl. Zs. f. d. Philol. 15, 35.

131, 15 f. Der deutsche Bearbeiter hält, wie sein erster
Satz lehrt, diese Worte für ein Citat aus Ezechiel, es ist aber
eine Anführung aus Gregor a. a. O. 815 C. — 131, 16 ff. Gregor
814 D: per sanctum prophetiae Spiritum pennata animalia (*als
rogele* 19 ist ein erläuternder Zusatz) quatuor subtiliter describuntur, ut per haec evangelistarum significari personas ipsa
nobis subtilitas descriptionis aperiat, nihilque sermo Dei nostro
intellectui dubietatis relinquat. — 131, 22 Ezech. 1, 10 ff. —
131, 29 Gregor 815 C: quod enim quatuor haec pennata animalia sanctos quatuor evangelistas designent, ipsa uniuscujusque libri evangelici exordia testantur. nam quia ab humana
generatione coepit, jure per hominem Matthaeus; quia per cla-
morem in deserto, recte designatur per leonem Marcus. —
132, 4 ist mit dem *er* Johannes der Täufer gemeint, Matth.
3, 2: agite poenitentiam, appropinquabit regnum coelorum. —
132, 5 Gregor 815 C: quia a sacrificio exorsus est, bene per
vitulum Lucas; quia vero a divinitate Verbi coepit, digne per
aquilam significatur Joannes. — dum in ipsam divinitatis sub-

stantiam intendit, quasi more aquilae oculos in solem fixit. sed
quia electi omnes membra sunt Redemptoris nostri, ipse autem
Redemptor noster caput est omnium electorum, per hoc quod
membra ejus figurata sunt, nihil obstat, si etiam in his omnibus
et ipse signetur. — Das ist 15 f. etwas gekürzt.

132, 16 Gregor 815 B: ipse enim unigenitus Dei filius
veraciter factus est homo; ipse in sacrificio nostrae redemptionis
dignatus est mori ut vitulus; ipse per virtutem fortitudinis
surrexit ut leo. leo etiam apertis oculis dormire perhibetur,
quia in ipsa morte, in qua ex humanitate Redemptor noster
dormire potuit, ex divinitate sua immortalis permanendo vigi-
lavit. ipse etiam post resurrectionem suam ascendens ad coelos,
in superioribus est elevatus, ut aquila. totum ergo simul nobis
est, qui et nascendo homo et moriendo vitulus et resurgendo
et ad coelos ascendendo aquila factus est. sed quia per
haec animalia evangelistas quatuor et sub eorum specie simul
perfectos omnes jam superius significari diximus (das ist in
der 2. und 3. Homilie Gregors ausführlich geschehen; hier aber
132, 32 ist diese Verweisung mit übersetzt worden, weil der
Bearbeiter sie auf den Eingang des Stückes bezog), restat, ut
quomodo unusquisque electorum istis animalium visionibus exprimitur, ostendamus. omnis etenim etc. (das wird 133, 3 wieder
für ein Schriftcitat gehalten). homo enim rationale est animal
(133, 7 sehr merkwürdig übersetzt durch: *der mennesce rêit*).
vitulus autem in sacrificio mactari solet. leo vero fortis est
bestia, sicut scriptum est: Proverb. 30, 30: — ad nullius pavebit
occursum. aquila ad sublimia evolat et irreverberatis oculis
solis radiis intendit. omnis itaque, qui in ratione perfectus est
(133, 12 wieder übersetzt durch: *der den gewalt hat, daz er wol
reden mac* —), homo est. et quoniam semetipsum ab hujus
mundi voluptate mortificat, vitulus est (mit begreiflicher, aber
komischer Scheu und den Zusammenhang durchaus störend
wird *vitulus* 133, 15 durch *ein salic man* übersetzt). quia vero
ipsa sua spontanea mortificatione contra (ergänze wahrscheinlich
diaboli tentationem) fortitudinem securitatis habet, unde scriptum
est: (Proverb. 28, 1), leo est. quia vero sublimiter contemplatur
ea, quae coelestia atque aeterna sunt, aquila est. igitur quoniam
justus quisque per rationem (133, 22 *von guoter rede*) homo,
per sacrificium mortificationis suae vitulus, per fortitudinem

securitatis (Druck: *securitas*) leo, per contemplationem vero effi-
citur aquila, recte per haec sancta animalia signari unusquisque
perfectus potest. Demnach ist die Uebersetzung 133, 26 falsch
und es muss heissen: *zů den vieren vihen* —.

133, 27 ist der ganze Passus Gregor 816 A—D fortgelassen,
weil die Erörterung über die Stellung der vier Thiere, bezogen
auf die Evangelisten, zu schwierig schien. Dann folgt Gregor
817 A das Citat Ezech. 1, 11 (hier 133, 28). facies et pennae
extentae desuper describuntur, quia omnis intentio omnisque
contemplatio sanctorum super se tendit, ut illud possit adipisci,
quod in coelestibus appetit. sive enim bono operi, sive vero
invigilet contemplationi, tunc veraciter hoc quod agit bonum
est, quando ei complacere concupiscit, a quo est. nam qui bona
agere videtur et per haec non Deo sed hominibus placere desiderat, intentionis suae faciem deorsum premit. — Ein Passus
gegen die gelehrten Prediger, die nicht um der Seligkeit willen
lehren, wird fortgelassen. — qua in re pensandum est, ut omne
bonum quod agitur per intentionem semper ad coelestia levetur.
qui enim per bona quae facit terrenam gloriam concupiscit,
pennas suas et faciem suam deorsum deprimit. hinc etenim per
prophetam de quibusdam dicitur (134, 12): Osea 5, 2. quid
enim sunt aliud lacrymae orationis nisi victimae oblationis
nostrae? sicut scriptum est (134, 15): Psalm. 50, 19. et sunt
nonnulli, qui idcirco se in prece lamentis afficiunt, ut aut terrena commoda acquirant, aut hominibus (daher ist 134, 20 vor
heilec zu ergänzen *mennescen*) sancti esse videantur. quid isti,
nisi victimas in profundum deferunt? qui per hoc quod in imo
sunt quae requirunt, orationis suae sacrificium deorsum depo-
nunt. electi autem, qui et in bono opere omnipotenti Deo placere appetunt, et per contemplationis gratiam aeternam jam
beatitudinem degustare concupiscunt, facies et pennas desuper
extendunt.

134, 27 Ezech. 1, 11. Gregor 817 C: dictum fuerat: ,et
facies et pennae eorum extentae desuper', atque mox subjunctum
est, quod protulimus, qui ,duae pennae singulorum jungebantur'.
ubi aperte intelligitur, quia et extendebantur desuper et jungebantur, duae vero tegebant corpora eorum. quia autem pennae
animalium (also wird 135, 1 wieder unrichtig übersetzt, statt
der vier vihe oder wenigstens *der heiligen* allein) nisi alae

nominantur? qua in re nobis diligenti perscrutatione quaerendum
est, quae sint quatuor pennae sanctorum, ex quibus duae superius extensae junguntur, duae vero eorum corpora contegunt.
si enim vigilanter aspicimus, quatuor esse virtutes invenimus,
quae a terrenis actibus omne pennatum animal levant, in futuris videlicet amor et spes, de praeteritis autem timor et poenitentia. Das wird 135, 3 ff. schlecht übersetzt, denn es werden
nur zwei Tugenden besprochen, trotzdem vorher vier == den
Flügeln erwähnt wurden. Ein Passus bleibt fort, es wird nur
der nächste Satz berücksichtigt: pennae ergo sibimet junctae
superius extenduntur, quia sanctorum mentem amor et spes ad
superna sublevant. quae apte quoque conjunctae nominantur, quia
electi procul dubio et amant coelestia quae sperant, et sperant
quae amant. Das ist 135, 11 f. frei, aber nicht gut umgestaltet.
135, 12 ff. Gregor 818 A: duae vero corpora contegunt,
quia timor et poenitentia ab omnipotenti Deo oculis eorum
mala praeterita abscondunt. duae itaque, ut dictum est, pennae
junguntur sursum (also fehlt 17 nach *gevuoget* wohl *obene*),
quando amor et spes electorum corda ad superiora elevant, ad
coelestia suspendunt. duae autem pennae tegunt corpora, quando
eorum mala praeterita a conspectu aeterni judicis timor et
poenitentia abscondunt.
135, 22 ff. wird ein längerer Passus Gregors über die
Verwendung der Flügel bei den Heiligen mit biblischen Citaten
fortgelassen und nur der Schluss des Abschnittes übersetzt:
quatuor itaque pennis sancta animalia utuntur, quia per amorem et spem ad coelestia evolant, et per timorem et poenitentiam facta in se illicita deplorant. Wieder fehlt ein Passus
über die Verbindung der Flügel. — 135, 27 Ezech. 1, 9. Dieses
Zurückgreifen auf einen früheren Vers begründet Gregor, der
Bearbeiter lässt das weg. — 135, 31 ff. zieht zusammen, was
bei Gregor 819 C steht: omnis etenim justus, qui vitam suam
sollicitus aspicit et diligenter considerat, quantum quotidie in
bonis crescat, aut fortasse quantum a bonis decrescat, iste quia
se ante se ponit, coram se ambulat, quippe qui vigilanter videt.
utrum surgat an defluat. — 136, 5 Ezech. 1, 12. Der Schluss
der 4. Homilie Gregors bleibt nun wegen seiner subtilen Erörterungen über Moral ganz weg, und es wird ein Abschnitt der
folgenden fünften bearbeitet.

136, 7 Gregor 821 C (nach *ganc* ist ein Punkt zu setzen): in electis videlicet impetus spiritus (also ist 136, 9 *ernestet* richtig und mein Vorschlag Zeitschr. f. d. Alterth. 24, 93 un- richtig), in reprobis impetus carnis. impetus quippe carnis ad odium, ad elationem, ad immunditiam, ad rapinam, ad exteriorem gloriam, ad crudelitatem, ad perfidiam, ad desperationem, ad iram, ad jurgia, ad voluptates animum impellit. (Es ist sehr bezeichnend, wie diese Liste im Deutschen verändert wurde: grobe Laster sind statt der feineren geistigen eingesetzt.) im- petus vero spiritus ad charitatem, ad humilitatem, ad conti- nentiam, ad largitatem misericordiae, ad interiorem provectum, ad pietatis opera, ad aeternorum fidem, ad spem sequentis gaudii, ad patientiam, ad pacem, ad considerationem vitae mor- talis, ad lacrymas mentem protrahit.

136, 17. Die Stelle Apoc. 4, 8 wird aus dem Gedächtnisse citirt und sollte eigentlich Ezech. 1, 18 sein, worauf der Pre- diger sich noch besonnen hatte. Die folgenden Gedanken rühren aber nicht von dem Verfasser her, wie Cruel S. 171 meint, sondern sind aus Gregors Homil. in Ezech. Nr. 7 (also der zweitnächsten) entnommen, Migne 76, 841 A: corpora ita- que animalium idcirco plena oculis describuntur, quia sanctorum actio ab omni parte circumspecta est, bona desiderabiliter pro- videns, mala sollerter cavens. — circumspecta ergo est vita sanctorum, ne sic sit libera, ut superba sit, quia saepe superbia excedit in verbis et videri appetit libertas puritatis. ne sic sit humilis, ut formidolosa, quia aliquando timor restringit animum, et loqui quae recta sunt non praesumit, sed tamen in ipsa timida agitatione humilitatem esse se simulat. ne sic sit parca, ut tenax sit, quia plerumque tenaciam parsimonia appetit etc. Vgl. Moralia, Lib. 19, cap. 12, Migne 76, 109 A. Ferner Homil. in Ezech. Lib. 2, Nr. 9, Migne 76, 1054 B: et saepe etiam con- tingit, ut disciplinae regulam quam scit dicere nesciat tenere, quia aut, nimio zelo motus, minus se per mansuetudinem tem- perat; aut, nimia mansuetudine placidus, minus se contra vitia in zeli stimulo inflammat. Es folgen dann wieder die Vergleiche der sacerdotes mit den Thieren, und darauf: tanta quippe debet esse discretio, ut nec disciplina nimia, nec misericordia sit re- missa, ne si inordinate culpa dimittitur, is, qui est culpabilis, in reatu gravius astringatur; et rursus, si culpa immoderate

retinetur, tanto qui corrigitur deterior fiat, quanto erga se nil
ex benignitatis gratia agere considerat etc. Die Verbindung
der Ezechielstelle mit der der Apokalypse findet sich ebenso
bei Rupert von Deutz, De Trinitate, In Ezech., Lib. 1, cap. 5. 6,
Migne 168, 1425 ff.

51. 137, 6 — 139, 19.

Cruel nennt S. 177 dieses Stück ‚dürftige Excerpte aus
Beda oder dessen Quelle Gregor‘. Benutzt ist zunächst die
unter Beda's Namen bekannte Redaction von Alcuins Johannes-
commentar.   137, 7 Joann. 15, 12. Beda bei Migne 92, 840 D. Dort
ist allerdings die hier 137, 14 citierte Stelle 1 Joann. 4, 16 nicht
ausdrücklich angeführt, aber es heisst 841 A: etsi in charitate,
hoc est in dilectione, concluduntur duo sua praecepta. Dadurch
mochte der Prediger auf sein Citat gekommen sein. Vgl.
übrigens die Pseudo-Augustinische Homilie de apostolis, App.
Nr. 222, Migne 39, 2157, die auch sonst benutzt wurde.
137, 18 Beda 841 B: discernitur quippe ista dilectio ab
ea dilectione, qua se invicem diligunt homines sicut homines.
nam ut discerneretur, adjunctum est: ‚sicut dilexi vos‘. ut quid
enim nos dilexit Christus, nisi ut possimus regnare cum Christo?
ad hoc ergo et nos invicem diligamus, ut dilectionem nostram
discernamus a caeteris, qui non ad hoc se invicem diligunt,
quia nec diligunt. — 137, 23 ist bei Beda 1 Joann. 3, 16 citiert,
hier 3, 14 f., wozu dann die Beda fehlende Bemerkung, die
nur das Gebot übersetzt, nicht passt. — 137, 29 Joann. 15, 14.
Vgl. Gregor, Homil. in Evang. Nr. 27, Migne 76, 1206 C: ‚vos
amici mei estis‘: o quanta est misericordia conditoris nostri!
servi digni non sumus et amici vocamur. Beda 841 D: magna
dignatio, cum servus bonus esse non possit, nisi praecepta
Domini sui fecerit, hinc amicos suos voluit intelligi, unde boni
servi possunt probari. — 138, 1—5 übersetzt nur Joann. 15, 14 f.
Vgl. Beda 842 C: cum servire non possimus, nisi praecepta Domini fecerimus, quomodo praecepta faciendo servi non erimus?
— 138, 5 Joann. 15, 16: — et posuit vos u. e. — Von 138, 9
ab steht dann nichts mehr bei Beda.
138, 9—34. Solche Aufzählungen der Thaten der Apostel
sind sehr häufig. Das nächstliegende Beispiel bietet Honorius,

August., Spec. Eccl., Migne 172, 1016. — 138, 13 Psalm. 18, 5.
Rom. 10, 18.

Schon 138, 34 beginnt der Einfluss der genannten Pseudo-
Augustinischen Predigt (35 Matth. 13, 16), erst 139, 3 wird er
ganz deutlich; Pseudo-Augustin, Migne 39, 2157: isti sunt lux
mundi, quia per ipsos lumen fidei et verae scientiae primum
Dominus huic mundo tradidit. — isti sunt lapides pretiosi, quos
in fundamento coelestis aedificii positos Joannes in Apocalypsi
sua describit (cap. 21); quia praedicatio eorum ecclesiae fundamenta locavit. — isti sunt duodecim portae Jerusalem novae,
quae de coelo descendit; quia per ipsos januam fidei primum
intravimus et inter cives sanctorum annumerati sumus. hic
ergo considerantes, fratres charissimi, quae tanti duces populi
nos docuerunt, studeamus factis implere, quae illi jusserunt.
discamus eorum exemplo mundi divitias contemnere, praesentis
saeculi voluptatem non amare, regnum coeleste desiderare,
Christo nihil praeponere, sed ejus mandatis in omnibus obedire.
— et si ita dileximus, — et sancti apostoli — exorant pro
nobis, ut in universali judicio Christi cum ipsis in perpetuum
coronemur. — Die Vergleichungen der Apostel mit ‚lux, lapides angulares, portae‘ werden in dieser Reihenfolge ausführlich behandelt bei Radulphus Ardens, Homil. de Sanctis
Nr. 1, Migne 155, 1489 ff.

52. 139, 20 — 141, 6.

Steinmeyer setzt im ‚Anz. f. d. Alterth.‘ dieses Stück für
‚Martyrum omnium‘ an und, wenn man 140, 34 ff. liest, mit
gutem Grunde. Trotzdem spricht eine gewisse Wahrscheinlichkeit noch dafür, dass man das Stück als eine zweite Nummer
‚De apostolis‘ gelten lässt, weil die besondere Ueberschrift fehlt,
weil der Eingang 139, 20 ff. dazu passt, und weil darin die Homilia de Sanctis Nr. 6, De apostolis, des Radulphus Ardens bei
Migne 155, 1509 ff. benutzt erscheint. Vgl. Zs. f. d. Philol. 15, 36.

139, 20 Matth. 10, 16. Luc. 10, 3. Radulphus Ardens a.
a. O. 1509 B: in hac sancti Evangelii lectione, fratres charissimi, Dominus ac redemptor noster discipulos suos, quos ad
praedicandum per universum mundum erat missurus, praein-
struit. mitto vos, non ad securitatem, sed ad timorem; non ad

dominationem, sed ad subjectionem; non ad gloriam, sed ad passionem. — porro luporum nomine daemones et daemoniacos homines designat, qui more luporum ovibus Christi insidientur, eis mala irrogent, in eis saeviant et eas devorent. contra quorum malitiam boni Christiani more ovium benefici, mansueti, patientissimi perseverant. — 139, 32 Matth. 10, 16.

140, 1 Hieronymus, Matthäuscomm., Migne 26, 64 C: ut per prudentiam devitent insidias, per simplicitatem non faciant malum. Rabanus Maurus, Matthäuscomm., Migne 107, 897: contraria sunt ista sibi animalia, ut alia ab aliis devorentur. Radulphus Ardens 1510 C: quorum profecto prudentiam non solum pastores, sed etiam omnes fideles tenentur imitari, ut scilicet fidem Christi, qui caput nostrum est, prae ceteris cunctis custodiamus, sine qua non est nobis salus. — porro nec prudentia sine simplicitate, nec simplicitas sine prudentia prodest. — simplicitas quippe columbae est, quam a malitia fellis aliena est, ecce mansuetudo. — simus itaque, fratres mei, simplices sicut columbae, ut videlicet nemini irascamur, nemini noceamus.

140, 12 Matth. 7, 13. Das Folgende finde ich nur bei Radulphus Ardens, der auch die Beziehung dieses Citates verständlich macht, 1510 D: est et alia serpentis astutia, quoniam jejunans et per angustias se coarctans, pellem exuit veteranam. cujus prudentiam omnes quoque imitari debemus, ut videlicet carnem nostram macerantes (140, 18 f.) et per angustam praeceptorum Dei portam nos coarctantes (140, 11. 19) veterem hominem exuamus. — Matth. 10, 17: — enim vos in conciliis, et in synagogis suis flagellabunt vos. et ad praesides et ad reges ducemini propter me, in testimonium illis et gentibus. — 140, 28 Matth. 10, 22: et eritis odio omnibus propter nomen meum; qui autem perseveraverit usque in finem, hic salvus erit. — 140, 35 l. *vehten wider die l. s.*

140, 31 ff. Nur bei Radulphus Ardens 1512 B wird das auf den Teufel ausgelegt, nur dort 1511 D werden die Märtyrer aufgeführt. Auch der Schluss des Stückes stimmt zu Rad. Ard.: et si non est externis, qui nos torqueat, qui nos crucifigat et occidat, saltem nos ipsi per abstinentiam et continentiam nosmet crucifigamus et torqueamus, cum vitiis et concupiscentiis mortificemus, quatenus ipsis martyribus pro nobis intercedentibus socii eorum in coelo esse mereamur (141, 5) largiente Deo etc.

53. 141, 7 — 142, 18.

In diesem Stücke kommen nur Deutungen des evangelischen Textes vor, die sich zuerst bei Beda im Lucascommentar, Migne 92, 495 f. finden und von da aus eine feste Ueberlieferung bilden. Vgl. die Homilie unter Beda's Namen, Migne 94, 465 ff. Radulphus Ardens, Homil. de Sanct. Nr. 26, Migne 155, 1590 ff.

141, 8 Luc. 12, 35: et lucernae ardentes in manibus vestris. Beda a. a. O. 495: docet, et lumbos praecingere propter continentiam ab amore rerum saecularium. — lumbos praecingimus, cum carnis luxuriam per continentiam coarctamus. lucernas autem ardentes in manibus tenemus, cum per bona opera proximis nostris lucis exempla monstramus.

141, 22 Luc. 12, 36: — exspectantibus dominum suum, quando revertatur a nuptiis. Beda 495 D: ad nuptias quippe Dominus abiit, quia resurgens a mortuis ascendens in coelum supernam sibi angelorum multitudinem novus homo copulavit. qui tunc revertitur, cum nobis jam per judicium manifestatur.

141, 34 Luc. 12, 36: ut, cum — aperiant ei. Beda 495 D: venit quippe, cum ad judicium properat, pulsat vero, cum jam per aegritudinis molestias esse mortem vicinam designat. cui confestim aperimus, si hunc cum amore suscipimus. aperire etenim judici pulsanti non vult, qui exire de corpore trepidat; et videre eum, quem contempsisse se meminit, judicem formidat. qui autem de sua spe et operatione securus est, pulsanti confestim aperit, quia laetus judicem sustinet; cum tempus propinquae mortis agnoverit, de gloria retributionis hilarescit.

142, 9 Luc. 12, 37: beati servi illi, quos cum venerit dominus, invenerit vigilantes. Beda: vigilat, qui ad aspectum veri luminis mentis oculos apertos tenet. — Zu 142, 13 vgl. Rabanus Maurus, Homil. de Fest. praec. Nr. 37, De confessoribus, Migne 110, 70 C: confessores vero latine laudatores significant. — quia in verae fidei confessione persistentes coronam vitae acceperunt.

54. 142, 19 — 144, 17.

In diesem Stücke ist hauptsächlich des Augustinus Sermo 93, Migne 38, 576 f. benutzt, ausserdem die unter Beda's Namen

bekannte Bearbeitung des Matthäuscommentars von Claudius
von Turin und Rabanus Maurus.

142, 20 Matth. 25, 1. Die Verse folgen hier in der Ordnung: a e b c d. — Beda, Migne 92, 106 D: regnum coelorum
Ecclesiam nominavit. — et quia ex utroque sexu fidelium multitudo colligitur, sancta Ecclesia decem virginibus similis denuntiatur, in qua quia mali cum bonis et reprobi cum electis ad-
mixti sunt: recte similis virginibus prudentibus et fatuis esse
perhibetur.
143, 4 ff. Vgl. Gregor, Homil. in Evang. Nr. 12, Migne
76, 1119 D: quia dum venire judex ad extremum judicium
differt, electi et reprobi in mortis somnio sopiuntur. dormire
etenim mori est. — Den Beisatz *ab Adam* = 143, 5 hat nur
Augustinus a. a. O. 576. — 143, 9 Matth. 25, 6: — et ecce
sponsus venit, exite obviam ei. — 143, 14 Act. 1, 7. — 143, 18
1 Thessal. 5, 2.
143, 12 Augustinus a. a. O.: quid est ,media nocte?' noc-
tem posuit pro ignorantia. — dum nescis, veniet. Nur bei
Augustinus stehen die beiden Citate 143, 14. 18 und die Erklärung: ergo vigila nocte, ne furem patiaris. nam somnus
mortis, velis nolis, veniet (= 143, 22).
143, 25 Augustinus 577: quid est ,in vasis suis?' in cordibus suis. — ibi oleum, magnum oleum: de dono Dei est hoc
oleum. etenim ecce istae virgines stultae, quae non portaverunt
oleum secum, abstinentia sua, qua virgines appellantur, et bonis
operibus suis, quando lampades ferre videntur, hominibus volunt
placere. et si hominibus volunt placere, et ideo omnia ista
laudabiliter faciunt, oleum secum non portant.
143, 31 Matth. 25, 8. Augustinus 577: hoc quaerebant
quod consueverant, id est, alieno oleo lucere, ad alienas laudes
ambulare. — 144, 1 Matth. 25, 9. — 144, 4 Augustinus 578:
non consulentium, sed irridentium est ista responsio. — vix
enim de nobis judicamus, quanto minus possumus judicare de
vobis? Nur bei Augustinus folgt dann, wie hier 144, 9, die
Anführung von Matth. 25, 34. Vgl. Bernhard von Clairvaux (?),
De decem virginibus, Migne 184, 1046. — Die Schlussformel
von 144, 13 ab ist wohl Eigenthum des deutschen Bearbeiters.

Es folgen nun 524 deutsche Verse, die ich hier nicht
weiter berücksichtige. Jedesfalls erklärt sich die Einschaltung

gerade an dieser Stelle durch die Uebereinstimmung des Inhaltes mit dem soeben vorhergehenden Stücke.

55. 157, 1 — 158, 19.

Ueber die Quelle dieses Stückes vgl. Heinzel, Anz. f. d. Alterth. 14, 269 ff. und meine Altd. Pred. 3, 412. 157, 2 Matth. 5, 8 : — deum videbunt. Vgl. die unter Beda's Namen bekannte Allerheiligenpredigt, Migne 94, 452 f.: legimus in ecclesiasticis historiis, quod sanctus Bonifacius, qui quartus a beato Gregorio Romanae urbis episcopatum tenebat, suis precibus a Phoca Caesare impetraret, donari Ecclesiae Christi templum Romae, quod ab antiquis Pantheon ante vocabatur, quia hoc quasi simulacrum omnium videretur esse deorum. in quo eliminata omni spurcitia fecit ecclesiam sancte Dei genitricis atque omnium martyrum Christi, ut, exclusa multitudine daemonum (157, 9), multitudo ibi sanctorum a fidelibus in memoria haberetur, et plebs universa in capite Kalendarum Novembrium, sicut in die natalis Domini, ad ecclesiam in honore omnium sanctorum consecratam conveniret, ibique missarum solemnitate a praesule sedis apostolicae celebrata (157, 13 ff.) omnibusque rite peractis, unusquisque in sua cum gaudio remearet. ex hac ergo consuetudine sanctae Romanae Ecclesiae, crescente religione Christiana, decretum est, ut in ecclesiis Dei, quae per orbem terrarum longe lateque construuntur, honor et memoria omnium sanctorum in die, qua praediximus, haberetur, ut quidquid humana fragilitas per ignorantiam vel negligentiam seu per occupationem rei saecularis in solemnitate sanctorum minus plene peregisset (die Fassung bei Honor., Spec. Eccl., Migne 172, 1021 f. liest *neglexisset* == *versumpten* 157, 19), in hac observatione solveretur, quatenus, eorum patrociniis protecti, ad superna populorum gaudia pervenire valeamus.

157, 23 ff. Es ist im Folgenden nur ein Satz aus dem Tagesevangelium (158, 1 Matth. 5, 10) herausgegriffen. Im Uebrigen könnten die nächsten Sätze der eben angezogenen lateinischen Predigt wohl auch den allgemeinen zweiten Theil des deutschen Stückes angeregt haben, vgl. a. a. O. 453 A B: orationibus non deficiendo instantes, jejuniis adhaerentes, vigilias sacras adamantes, eleemosynas sectantes, pauperes recre-

antes, nudos vestientes, infirmos visitantes, in tribulationibus
gaudentes, in verbis calumniae vel contumeliae patientes, in
augmento suae profectionis humiles, in damno rerum tempora-
lium Deo gratias agentes. his omnibus et his similibus pro
desiderio regni coelestis et propter spem aeternae remunera-
tionis ardentissimo amore indesinenter atque libenter insistentes
— Deo soli vitam finire gaudebant. Vgl. noch die unter Beda's
Namen gehende Fassung des Matthäuscomm. Migne 92, 25 B:
ad Domini resurrectionem pertinere videtur, quia — caput
surrexit Ecclesiae devicto persecutionis labore — unde et nos,
Spiritus sancti gratia et remissione peccatorum accepta, in
coelorum regnum inducimur.

56. 158, 20 — 160, 25.

Für die Einleitung dieses Stückes kann ich eine beson·
dere Quelle nicht namhaft machen. Vgl. (Pseudo-)Beda's Homil.
subdit. Nr. 66, Migne 94, 439 ff. Werner, Deflorationes 157,
1225 ff., die beide nur aus den entsprechenden Abschnitten von
Beda's Lucascommentar, Migne 92, 559 ff. hergestellt sind, der
wieder seinerseits hauptsächlich den Sermo Nr. 174 Augustins
ausgeschrieben hat, Migne 38, 939 ff., aber auch noch den
Sermo 99 des Maximus von Turin, Migne 57, 729 ff. benutzt.

158, 21 Luc. 19, 1. — 158, 26 1 Cor. 3, 17. — 158, 30
möchte man fast *tougen* statt *ougen* lesen, wofern nicht 159, 25
bedenklich machte. — 158, 31 ist vielleicht *geheilte* statt *geteilte* zu lesen? aber *geteilte* mag die allzu enge Uebersetzung
eines lat. *divisa* sein.

159, 1 ff. Vgl. den Eingang des Sermo 100 des Maximus
von Turin, Migne 57, 731 B: superioris dominicae tractatu credo
divites quosque laetari et gratulari eos, quibus patrimonii causa
praeclusam coelestem januam Zachaeus aperuit. aperuit enim
ille coelestem januam, dum eos docuit hoc ipso pervenire ad
regnum, quo arcebatur a regno, scilicet ut substantia, quae eis
exprobrabatur ad perniciem, proficeret ad salutem.

159, 12 Beda's Lucascomm., Migne 92, 559 D: mystice
autem Zachaeus, qui interpretatur ‚justificatus‘, credentem ex
gentibus populum significat. qui quanto curis saecularibus occu-
patior, tanto flagitiis deprimentibus erat factus humilior. sed

ablutus est, sed sanctificatus, sed justificatus in nomine Domini nostri Jhesu Christi et in spiritu Dei nostri, qui intrantem Jericho Salvatorem videre quaerebat, sed prae turba non poterat. quia gratiam fidei, quam mundo Salvator attulit, participare cupiebat, sed inolita vitiorum consuetudo, ne ad votum perveniret, obsistebat. Die Deutung Jericho = Welt 159, 13 ist in diesen Sätzen schon implicite enthalten, aber auch sonst sehr wohl bekannt, und zwar durch Beda's Commentare selbst, z. B. zu Josua cap. 7, zum 86. Psalm u. s. w. Vgl. die Anm. zu meinen Altd. Pred. 1, 125, 19. 2, 154, 16. 3, 95, 18. 96, 1.

159, 16 Beda 560 A : — ita pusillus necesse est turbae nocentis obstaculum altiora petendo transscendat, terrena relinquat, arborem crucis ascendat. sycomorus namque, quae est arbor foliis moro similis, sed altitudine praestans, unde et a Latinis celsa nuncupatur —. quam videlicet arborem pusillus statura Zachaeus, quo exaltari possit, ascendit, dum quilibet humilis et proprie conscius infirmitatis —. ascensa autem sycomoro transeuntem prope Dominum cernit, quia per hanc laudabilem fatuitatem, et si nedum, ut est solide, jam tamen raptim, et quasi in transitu luci sapientiae coelestis intendit. — hodie autem in domo pusilli Zachaei oportet illum manere, hoc est, novae lucis gratia coruscante in humili credentium nationum corde quiescere. — 159, 26 Luc. 19, 5. — 159, 32 Apoc. 3, 20. — Vgl. Honorius, Migne 172, 1105 ff. zu 159, 30: o quam beatus, in quo habitat Deus! — 160, 7 Luc. 19, 6. — 160, 10 Luc. 19, 8. — 160, 17 ff. Beda 561 D: filius Abrahae dicitur Zachaeus, non quia de ejus stirpe generatus, sed quia ejus est fidem imitatus. ut sicut Abraham terram, cognationem, domumque paternam ob spem futurae haereditatis, Domino jubente, deseruit, ita et ille, quo thesaurum in coelis acquireret, bona sua pauperibus partienda relinqueret. et pulchre dicit ,et ipse', ut non solum eos, qui justi perseverant, sed et eos, qui ab injustitia resipiscunt, ad filios promissionis pertinere declaret.

57.   160, 26 — 165, 30.

Dieses grosse Stück übersetzt, mit Ausnahme des Schlusses, den Sermon, der unter dem Namen des Hildebert von Le Mans als Nr. 83, De dedicatione ecclesiae, bei Migne 171, 733 ff. ge-

druckt ist, aber wahrscheinlich dem Gaufredus Babion gehört,
wie Hauréau 5, 134 vermuthet.

160, 26 Genes. 28, 17. — 160, 31 Hildebert a. a. O. (wo
Psalm 86, 1 als Textspruch verwendet wird) 733 B: gloriosam
super omnia tabernacula Jacob, fratres charissimi, civitatem coepit
ab initio mundi aedificare Dominus, necdum tamen consummata
est. voluit namque habere (domum), in qua habitaret; voluit
etiam familiam habere —; non quia ipse indigeret, sed ut sibi
servientibus causam benefaciendi inveniret. sed quia rex ditior
— omnibus dominantibus erat (161, 4 *ist*) voluit mirabiliorem
domum habere, ut qui aeternus erat (161, 6 *ist*), aeternam sibi
civitatem aedificaret. ut autem esset aeterna, stabile ejus aedificium voluit (161, 7 nach *cimberen* Punkt, 8 nach *sprichet* ist
wolt er zu ergänzen), et ideo ,fundamenta ejus in montibus
sanctis, diligit Dominus portas Syon super omnia tabernacula
Jacob' (Psalm. 86, 1).

161, 11 Hildebert 733 C: portae enim illius civitatis meliores quam omnia tabernacula Judaeorum, quia huic domui
non potest templum Salomonis comparari (13 nach *gezierde*
Komma). de hac civitate multa gloriosa dicta sunt et dicuntur,
quae multi prophetae et apostoli dixerunt. haec est civitas
multis nominibus nuncupata, Sion, Jerusalem, regnum coelorum,
Ecclesia — appellatur. haec in coelo aedificatur, sed in terra
lapides quadrantur et postea ad coelum sublevantur (21 *hus*
für *coelum* der Deutlichkeit halber). laborant omnes angeli in
aedificatione ejus, quia hoc ministerium usque in finem saeculi
eis est injunctum (*eis* ist 22 zu *uns* umgebildet im Zusammenhang mit der Kürzung), ut ea perfecta in aeternum ibi Deum
glorificent. — et qui bene operantur, non pecuniam, sed regnum sibi acquirunt; qui vero male, in carcere aeterno reli-
gantur. archiepiscopi, episcopi (25 *sus* und *biscove* sind zu
trennen) et sacerdotes hujus aedificii artifices constituti sunt;
ab angelis (27 l. *engelen*) quotidie visitantur, et quod lapides
praeparant, ad alta praecepta deferunt.

161, 29 Hildebert 733 D: Dominus dedit (die von Beaugendre vorgeschlagene Ergänzung *eos* ist unrichtig, nach unserem Texte etwa *iis praecepta sua*) in terra, quibus operarii
instruantur. et qui aliter operatur, a summo judice vel in praesenti corrigitur, vel in futuro damnatur. non fuit conventio cum

operariis, ut laborarent una die, sed spatio unius diei praesentis. tota enim vita est una dies. — sed operarius desidia saepe fatigatur. sed summus rex (162, 1 l. *oberoste*), qui tot operarios habet, qui tot angelos laborare facit, artifices suos tot praeceptis instruit, multos adversarios habet, qui illud aedificium conantur destruere —. allicit enim blande, dum falsa bona promittit; et ita ab opere Dei removet et secum miserum ducit, et deceptum morte perpetua occidit. —

162, 10 Hildebert 734 B: civitas haec, fratres charissimi, de qua locuti sumus, nihil aliud est quam collectio beatorum. — de hac civitate ait David: Psalm. 121, 3. aedificatur civitas, dum ad coelum animae beatae transferuntur, et numerus beatorum augmentatur. — quia apostoli sunt fundamenta Ecclesiae —; unde apostolus: Ephes. 2, 20: superaedificate super —. Durch die zahlreichen Auslassungen wird bisweilen im Deutschen Undeutlichkeit hergestellt statt der beabsichtigten Klarheit.

162, 21 Hildebert 734 B: portae illius civitatis sunt fides et baptismus, quia post baptismum relapsis est poenitentia et confessio et satisfactio (23 die drei *der* sind Genet. Plur. = *eorum*), quae sunt meliores quam omnia tabernacula Jacob. — lapides hujus civitatis sunt singuli fideles —. artifices sunt praedicatores — sicut autem ait apostolus Paulus: 1 Cor. 3, 9. Die beiden Citate 28—33 (30 1 Cor. 3, 10: — architectus —) stehen bei Hildebert als eines. — angeli ministri sunt hujus civitatis, quia deputati sunt ad custodiam nostram (ist 163, 1 ganz anders wiedergegeben).

163, 2. Vor *Michel* fehlt ein grosses Stück Hildeberts. Dadurch wird das Folgende im Deutschen ganz sinnlos. Man merkt den Ausfall schon aus dem Citat 163, 2, welchem der lateinische Text fehlt; übrigens war das ein Satz Hildeberts, nicht die heilige Schrift. In dem ausgelassenen Stück ist zunächst von den adversarii = daemones die Rede und von ihrer Thätigkeit. Daraus wird die Nothwendigkeit abgeleitet, ihnen abzuschwören. Auch allen weiteren Versuchen des Teufels muss man widerstehen, mit Berufung auf Matth. 12, 14. — Hildebert 735 B: melius est enim veritatem non agnoscere quam post agnitam retro abire; quia tunc facit labi in unum peccatum, deinde in aliud et sic vertit in consuetudinem (im Deutschen übel umgestaltet). accidit ergo illud, quod ait Salomon:

Proverb. 18, 3 (impius — contemnit). quia tunc non erubescit
pro peccatis, nec patitur correctionem — sed vertitur in desperationem. Von dem letzten Wort ist in 5 eine Spur geblieben.
— iste lapis non poterit — poni in aedificio Domini. — Das
Folgende wird sehr gekürzt: est aliud genus hominum, quos
adeo amor saecularium amplectitur, ut audita quidem praedicatione emollescant; sed funis consuetudinis eos retrahit et
collectam pecuniam non possunt negligere. unde Dominus: Matth.
19, 24: — per foramen acus transire, quam divitem intrare in
regnum coelorum. — 13 l. *olbente*. — Ganz fortgelassen wird
dann die Begründung des Vergleiches, ebenso die folgende
Ausführung über den Schaden der Gier nach Reichthümern.
Die Sätze 163, 13—17 bilden den Rest des bei Hildebert vor-
gebrachten Citates 1 Timoth. 6, 9 f.

163, 17 Hildebert 735 D: propterea ait David: Psalm.
61, 11. — sunt alii, quos retinet aliqua voluptas carnis; hi nec
curant pecuniam, sed adeo fragiles sunt, quod tentationi gulae
et luxuriae vix possunt resistere; imo tota die, vel in com-
messationibus et ebrictatibus delectantur, vel in lupanaribus cum
meretricibus demorantur, vel domum suam faciunt lupanar. hi
multoties poenitent, et tamen ad eadem revolvuntur, et sic
augmentant peccatum, cum ad vomitum redeunt. (Das Alles
liegt 19—21 zugrunde.) hi jumentis comparantur, quia quasi
jumenta computruerunt in stercore suo. — Die nächsten Ausführungen über Unkeuschheit und Mord werden vom Uebersetzer weggelassen. Erst mit Hildeberts 736 B beginnt er wieder,
kürzt aber sehr stark (163, 24): sunt alii homines, qui non
possunt nocere manifeste, nec possunt esse divites, sed divitibus
invident et detrahunt et tacite accusant, et semper illis mala
machinantur, cum tamen de illis coram bone loquantur. de
quibus David: Psalm 27, 3.

Damit bricht die Predigt Hildebert-Babions im Drucke
bei Migne ab. Alle Wahrscheinlichkeit spricht dafür, dass der
Rest des deutschen Stückes den Theil des lateinischen Sermones übersetzte, der bei Migne fehlt. Die Vorstellungen,
welche dieses Schlussstück verwendet, sind auch anderwärts
zu belegen. So von 164, 18 ab bei Hugo von St. Victor (?),
Sermo 1, Migne 177, 901. Vgl. ferner Pseudo-Augustinus im
Appendix, Sermo 230, Migne 39, 2168 ff., besonders Absatz 3:

Beda, Homil. 21, Migne 94, 244 B; Rabanus Maurus, Homil. de
Fest. Praecip. 40, Migne 110, 75 B. — 164, 4 1 Cor. 3, 17. —
164, 9 Ephes. 3, 14. Die deutsche Bearbeitung übersetzt das
Citat in folgendem Ausmasse: — ex quo omnis paternitas in
coelis et in terra nominatur, ut det vobis secundum divitias
gloriae suae, virtute corroborari per Spiritum ejus in interiorem
hominem, Christum habitare per fidem in cordibus vestris: in
charitate radicati et fundati, ut possitis comprehendere cum
omnibus sanctis, quae sit latitudo et longitudo et sublimitas et
profundum. — 164, 21 Psalm. 118, 96. — 164, 23 die erste
Hälfte des Satzes steht nicht genau 1 Cor. 8, 3. Ephes. 6, 24;
genau Matth. 22, 37. 39. Marc. 12, 30 f. Luc. 10, 27. Die zweite
Hälfte Rom. 13, 8. 9. Galat. 5, 14. — 165, 17 also war die Geschichte des Zachäus auch hier das Tagesevangelium. Vgl.
noch 166, 24.

58. 165, 31 — 166, 32.

Für dieses kurze populäre Stück, das sich hauptsächlich
mit 3 Reg. 8, 29 ff. befasst, weiss ich keine besondere Quelle.

59. 166, 33 — 167, 17.

Dieses Stück ist entnommen dem Sermo primus de dedicatione ecclesiae im Spec. Eccl. des Honorius Augustod.,
Migne 172, 1105 f. (vgl. Kelle, Einleitung S. VII). — 166, 35
2 Cor. 6, 16. 2 Cor. 3, 17. — 167, 1 2 Cor. 6, 18. — 167, 3 ist
nach *Deus* ein Passus fortgelassen. Was hier folgt, steht schon
1106 A. — Honorius liest Verschiedenes anders, 167, 5 *for-
matur* statt *fabricatur.* — *spiritualia cogitat.* — *8 Deo offe-
runtur.* — '10 über *fenestrae* und *lucerna* ist hier fortgelassen.
— *perpetrat.* — 11 *immunditia vel aliquo criminali peccato
— disperdens damnabit.* — Von 12 ab steht bei Honorius,
dessen Sermon offenbar aus ganz verschiedenen Stücken zusammengestellt ist, etwas völlig Anderes. Dagegen stimmt der
Schluss bei Honorius mit den Darstellungen über Zachäus
165, 16 ff. 166, 24 ff. auffällig überein: ita, charissimi, debemus
hodie templum sancti Spiritus scopis confessionis purgare, ster-
cus peccatorum eliminare et lacrymis poenitentiae lavare, flori-
bus bonorum operum et aulcis virtutum decorare. et sicut

Zachacus ascendit in arborem, ut posset Jesum videre, ita nos ascendamus in arborem charitatis, ut mereamur Christum in superna patria conspicere. et sicut eum Zachaeus in domum suam excepit et convivium ei fecit, ita et nos eum in cordis nostri hospitio suscipiamus et sanctis operibus ei convivium faciamus, ut ipse in nobis habitare et (nos) ad Agni nuptias dignetur vocare, atque post laborem hujus miseriae in templum aeterni regis in laetitia et exsultatione adducere.

60. 167, 18 — 171, 21.

Dass dieses Stück den Sermo Generalis des Honorius August. im Spec. Eccl. bei Migne 172, 861 ff. benutzt, haben Pfeiffer und Kelle bereits gesehen, Cruel bezeichnet es S. 171 als einen ‚Auszug‘. Diese Bezeichnung scheint mir nicht ganz passend gewählt, weil die vom deutschen Bearbeiter ausgehobenen Stücke wirklich übersetzt sind.

167, 18 Psalm. 33, 12. Honorius 861 C: hodiernum sermonem, fratres karissimi, debetis omnes instantissima aure percipere, quia hodie dicturus sum vobis, quomodo divites vel pauperes Domini -- ad gaudia aeterna possitis pertingere. [ad sacerdotes.] nos sacerdotes debemus linguam vestram esse et cuncta, quae in divinis officiis canuntur vel leguntur, vobis interpretando exponere. — quae autem verbis docemus, speculum nos factis exhibere debemus. si enim vobis bonum dicimus et nos malum facimus, similes candelae erimus, quae aliis lumen praebet et ipsa liquescendo a lumine deficiet. nobis dicitur a Domino: Ezech. 3, 17. speculator solet in alto stare, ut praevisos hostes possit civibus nuntiare. Ecclesiae pastores vel speculatores sunt sacerdotes, quorum vita in alto virtutum debet locari. — si igitur verbum Dei vobis praedicamus, nos quidem absolvimus et vos fortiter obligamus. si autem salutem animae vestrae vobis non annuntiaverimus (ist 168, 1 falsch übersetzt), et vos moriemini in criminibus, sanguis autem vester de manu nostra requiritur.

168, 3 Honorius 862 C: legati summi Regis omnium rerum sumus, ejus mandata (also ist 3 *diu gebot* zu lesen, nicht *die botescaft*, was übrigens auch aus 4 hervorgeht) vobis referimus. quibus si humiliter obedietis, — ab illo autem aeterna praemia

capietis; quod si contempneritis, nullum damnum a nobis, sed
a Domino vestro ut rebelles servi aeterno supplicio subacti
detrimentum animae feretis. — Das Citat 168, 6 f. ist vom Uebersetzer eingeschaltet. Charakteristischer Weise ist es falsch, denn
die Stelle kommt bei Paulus gar nicht vor, wohl aber Matth.
8, 12 etc. Luc. 13, 28. Ein grösserer Passus wird dann fortgelassen, der sich auf die Folgen schlechter Pflichterfüllung
seitens der Prediger bezieht.

168, 9 Honorius 862 D: in veste nostra duo ligamina
(Druck: *linguae*) formantur, quia potestas peccantes ligandi et
potestas poenitentes solvendi nobis divinitus commendatur. igitur,
karissimi, cum sitis vos oves Domini, et nos vestri pastores,
nos pro vestra salute et vos pro nostra (Druck: *vestra*) salva-
tione debetis preces effundere, quatenus ea, quae vobis praedicamus, factis vobis implere valeamus —. Die Auslassungen und
Aenderungen lassen es klar erkennen, dass der deutsche Bearbeiter den Priesterstand vor den Zuhörern rücksichtsvoller behandeln will als die lateinische Vorlage.

168, 18—31 == Honorius 863 A B: praesul quidam —.
19 fehlt *ab aliis* vor *rebus*. — 26 nach *angelorum* fehlt *ad se
venisse*. — 28 cum ymnologa angelorum jubilatione ad sidera
vehitur. o karissimi, quam beata anima, quae meruit angelorum
consortia.

168, 32 Honorius 863 B: ad judices. nunc vos alloquor,
o judices, quos Deus justus judex constituit populi sui principes. verba aeterni judicis non debetis moleste ferre, — tunc
et hic divitias et gloriam, et in futuro obtinebitis gaudium et
laetitiam. — nunquam propter pecuniam vel munera judicium
subvertere, pauperibus vero in judicio parcere, quia scriptum
est: Jacob. 2, 13. (Es werden dann verschiedene Ermahnungen
zur Gerechtigkeit fortgelassen, auch der Satz des Evangeliums:
es möge lieber Einer verderben, denn Viele zugrunde gehen.)
ipsi debetis omne malum declinare et omnes quos potestis ab
injustitia prohibendo revocare. — si hoc facere nitimini, a justo
judice Deo coronabimini. si autem per potentiam populum Dei
(dem Bearbeiter lag vielleicht vor: *pauperes Dei*) vultis opprimere, timeo vos tremendum Dei judicium incidere. ne autem
vento oblivionis haec a memoria vestra tollantur, vinculo hujus
exempli fixa teneantur. — 169, 14 respondet —. 16 J. v. cum

prosecutam firmavit. — 20 in memoriam reduxit. — 21 tr.
uberrime lacrimari. — adst., se exaud. — 22 ausführlicher bei
Honorius.

169, 23 Honorius 864 B: ad divites. nunc moneo vos, divites,
quos dives Dominus voluit esse pauperum patres, mementote
quod nudi in hunc mundum venistis et quod nudi hinc exituri
estis. et cum necesse sit vos alienis divitias vestras relinquere,
festinate nunc eas per manus pauperum in coelestes thesauros
praemittere —. Es wird nun Folgendes weggelassen: ecclesias
debetis libris, palliis et aliis ornamentis decorare, lapsas vel
destructas restaurare, praebendas Deo servientium ampliare,
per hoc orationes eorum comparare, pontes et plateas aedificare,
per hoc vobis viam ad coelum parare. Diese Auslassung ist
sehr bezeichnend, weil sie darauf hinweist, dass dieser Theil
der deutschen Sammlung für kleine einfache Pfarren, wohl auf
Dörfern, bestimmt war. — pauperibus et egenis et peregrinis
hospitia, victus et vestitus necessaria praebere —. si hoc, karissimi, facitis, divitias non minuetis, sed centupliciter ubi non
possunt auferri vel minui invenietis.

169, 32 Honorius 864 C: ad pauperes. pauperes autem
paupertatis onus patienter ferant, ut — indeficientes divitias
accipiant. sciant se peccata hominum in eleemosynis accipere
et ideo pro eis satagant orationem reddere —. 169, 35 h. hoc
desideranti r. — 170, 3 c. g. de carcere corporis excepit —.
4 ad coeleste palatium cum ymnis perd. — 7 d. horribili aspectu
d. i. — 9 rec. Nunc sol vitae tibi obscuratur. N. i. t. n. auxi-
liatur. — 13 inv. cum cereis et lampadibus s. tr. — inf. inter
daemones cr.

170, 14 Honorius 865 A: ad milites. vos, milites, estis
brachium Ecclesiae, quia debetis eam ab hostibus defendere. —
convenit vos a rapina et fornicatione vosmetipsos custodire,
hos, qui malis actibus Ecclesiam impugnant, reprimere —. tali
militia obtinebitis a summo rege praeclara beneficia. — Die
weitere Ermahnung und die Erzählung sind fortgelassen. 170, 18:
1 Cor. 2, 9.

170, 20 Honorius 865 C: ad mercatores. nunc vos hortor,
qui mercatores estis, ne in tantum terrenis lucris inhietis, ut
animam vestram venalem faciatis et eam fraudibus, perjuriis,
mendaciis perdatis. cavete, ne simplices et ignaros decipiatis —.

omnium nationum ministri estis —. itaque omnes gentes debi-
tores sunt vestro labori orationes reddere. quam gratiam, karissimi, non debetis vili re amittere. — Schluss und Erzählung
bleiben fort, nur der letzte Satz aus dieser ist 27 wiedergegeben.
170, 28 Honorius 866 A: ad agricolas. vos quoque, fratres,
— pedes Ecclesiae estis, quia eam pascendo portatis (ist im
Deutschen geändert, aber dadurch unverständlich geworden).
sacerdotibus debetis obedire, — terminos agrorum non arando
— excedere, non fenum, non ligna nisi statutis terminis succum-
bere (dieses Wort ist entschieden falsch, vielleicht *succidere*?
Die Wendung, welche der Satz im Deutschen bekommen hat,
ist lehrreich und lässt wohl auf ein Kloster oder auf eine geistliche Herrschaft schliessen). decimam omnium rerum vestrarum
Deo fideliter (was meine Lesung Zeitschr. f. d. Alterth. 24, 92
bestätigt) reddere. qui enim decimam retinuerit, — ipse ei
novem auferet, nunc per grandinem, nunc per uredinem, nunc
per pestilentiam. 171, 2 *mit aller slahte note* gibt verkürzt
wieder: nunc per judicum vel militum violentiam, nunc per
ignis invasionem, nunc per furum vel latronum direptionem.
Die Ermahnung und ein Satz, der zu der Erzählung überleitet,
bleiben weg, die Erzählung selbst wird stark gekürzt. 171,
19—21 wird vom deutschen Bearbeiter hinzugefügt. Dafür
wird der Abschnitt *ad conjugatos* und der ganze Schluss des
„Sermo Generalis" fortgelassen.

61. 171, 22 — 174, 31.

Cruel sagt S. 171 von diesem Stücke über den Antichrist:
„Es ist eine stellenweise Uebersetzung der Narratio de Antichristo in Werner's Deflorationes. Letzterer hat dieselbe einem
anonymen Tractate entnommen, der auch in Augustini Opera
1569, Tom. IX, 1187 gedruckt ist." Das ist nicht ganz richtig.
Die lateinische Schrift, die hier verwerthet wurde, ist nämlich
ein Brief des Abtes Adso von Moutier-en-Der, † 992, den er
zwischen 949 und 954 noch als Mönch zu Luxeuil an die
Königin Gerberga gerichtet hat. Nach einander ist sein Büchlein dem Augustinus, Alcuin, Rabanus Maurus zugeschrieben
und in deren Werken veröffentlicht worden. Es ist selbst eine
Compilation, vornehmlich aus Augustinus, Gregor, Alcuin, Ra-

banus Maurus (was er übrigens selbst zugesteht 1292 A: hoc
autem obtestor in Christo, quod dicturus sum, ex proprio sensu
non fingo, sed in libris authenticis diligendo haec omnia scripta
invenio), so dass dem Verfasser eigentlich so Unrecht nicht
geschah, wenn seine Schrift diesen Autoren beigelegt wurde.
Die deutsche Bearbeitung hier steht dem Originale Adso's
(Migne 101, 1289 ff.) in manchen Punkten näher als der Fassung Werner's (Migne 157, 744 ff.), bei dem das Stück ver-
schiedentlich umgestaltet wurde. Es bleiben aber doch noch
Unterschiede übrig, und zwar von einer solchen Beschaffenheit,
dass sich nur vermuthen lässt, auch die unmittelbare Vorlage
der deutschen Uebersetzung sei gleichfalls eine, meines Wissens
ungedruckte Bearbeitung des Adso'schen Tractates gewesen.
Die vorgenommenen Einschübe wenigstens lassen sich nachweisen.

171, 22 die ersten Sätze fehlen bei Adso und Werner.
24 1 Cor. 10, 11. — 28 Adso a. a. O. 1291 C: inprimis pro-
ferendum est nobis, quare Antichristus dicitur. ideo scilicet,
quia in cunctis Christo contrarius erit, id est, Christo contraria
faciet. Christus venit humilis, ille venturus est superbus. Christus humiles venit erigere, peccatores justificare. ille e contrario
humiles dejiciet (171, 30 l. *nidert die deumuotigen*) et peccatores magnificabit, impios exaltabit et semper vitia, quae sunt
contraria virtutibus, docebit. legem evangelicam dissipabit, daemonum culturam in mundum revocabit, gloriam propriam quae-
ret et omnipotentem Deum se nominabit. — nunc quoque nostro
tempore multos Antichristos novimus esse; quicunque enim,
sive laicus, sive canonicus, sive monachus, contra justitiam vivit
et ordinis sui regulam impugnat — Antichristus et minister
Satanae est (Plural bei Werner). Antichristus ex populo Judaeorum nascetur de tribu Dan, secundum prophetiam dicentem:
‚fiat Dan coluber in via, et cerastes in semita, mordens un-
gulam equi, ut cadat ascensor ejus retro' (Genes. 49, 17; also
keine Prophetie, sondern der Jacobssegen). — Der nächste
Satz über die Schlange wird fortgelassen und dafür eine Deutung des *cerastes* eingeschaltet, die aus einer anderen Ueberlieferung gekürzt ist, nämlich Gregor, Moralia Lib. 31, cap. 24,
Migne 76, 596 D: qui non solum coluber, sed etiam cerastes
vocatur. Κέρατα enim graece, ‚cornua' latine dicuntur, serpens-

que hic cornutus esse perhibetur, per quem digne Antichristi
adventus asseritur, quia contra fidelium vitam cum morsu pesti-
ferae praedicationis armatur etiam cornibus potestatis. quis
autem nesciat semitam angustiorem esse quam viam? fit ergo
Dan coluber in via, quia in praesentis vitae latitudine eos ambulare provocat, quibus quasi parcendo blanditur. sed in via
mordet, quia eos, quibus libertatem tribuit, erroris sui veneno
consumit. fit cerastes in semita, quia quos fideles reperit, et
sese ad praecepti coelestis angusta itinera constringentes, non
solum nequitia callidae persuasionis impetit, sed etiam terrore
potestatis premit et in persecutionis angore, post beneficia
fictae dulcedinis, exercet cornua potestatis. Das ist dann in
Isidors Etymologien übergegangen und von da zu Rabanus
Maurus, De Universo, Lib. 8, cap. 3, De serpentibus, Migne
111, 228; die Beschreibung ist da etwas ausführlicher: est
autem flexuosus plus quam alii serpentes, ita ut spinam non
habere videatur. Dorther entnimmt es Hugo von Folieto, De
bestiis etc., Lib. 3, cap. 42, De ceraste, Migne 177, 100 f.

172, 10 Adso 1292 B: nascetur autem ex patris et matris
(Werner: maris et feminae) copulatione, sicut alii homines, —
totus in peccato concipietur, in peccato generabitur et in peccato nascetur. in ipso vero conceptionis suae initio diabolus
simul intrabit in uterum matris ejus, et ex virtute diaboli con-
fovebitur et tutabitur in ventre matris ejus, et ipse diabolus
semper cum illo erit (Cod. Vatic. Adsos). — ut quod natum
fuerit, totum sit iniquum, malum, perditum. unde et ille homo
,filius perditionis' appellatur (2 Thessal. 2, 3) —.

172, 16 Adso 1293 A: ecce audistis, qualiter nascetur,
audite et locum, ubi nasci debeat. nam sicut Dominus Betlehem
sibi praevidit (die hieronymianische Deutung des Deutschen
steht in den mir bekannten Fassungen des Tractates nicht),
sic diabolus illi homini perdito, qui Antichristus dicitur, locum
novit aptum, unde radix omnium malorum oriri debeat, scilicet
civitatem Babyloniae. in hac enim civitate — Antichristus nascetur, et in civitatibus Bethsaide et Corozaim nutriri et conversari dicitur; quibus civitatibus Dominus in Evangelio im-
properat, dicens: ,vae tibi, Corozaim; vae tibi, Bethsaida' (Matth.
11, 21. Luc. 10, 13). habebit autem Antichristus magos et ariolos
et maleficos et incantatores et divinatores (Drucke: *divinos*),

qui eum nutrient et docebunt et imbuent in omni iniquitate et
falsitate et nefaria arte; et maligni spiritus erunt duces ejus
et socii semper et comites indivisi. deinde Hierosolymam veniens
— suam sedem in templo sancto parabit. — et Filium Dei
omnipotentis se esse mentietur. — 172, 32 2 Thessal. 2, 4: et
extollitur supra omne, quod dicitur Deus, aut quod colitur, ita
ut in templo Dei sedeat ostendens se tamquam sit Deus.

173, 2 Adso 1293C: — omnes Christianos, quos ad se non
poterit convertere, per varia tormenta jugulabit. — loca vero,
per quae Dominus Jesus Christus ambulavit, et ipse peram-
bulabit, sed prius destruet, quae Dominus illustravit. deinde
per universum orbem mittet nuntios —. praedicatio autem ejus
et potestas tenebit a mari usque ad mare, ab oriente usque
ad occidentem. faciet quoque signa multa et miracula magna
et inaudita. faciet — arbores subito florere et arescere, —
aquarum cursus et ordinem converti — mortuos in conspectu
hominum resuscitari, ut in errorem inducantur, si fieri potest,
etiam electi (Matth. 24, 14). — 1294 A: cum enim tanta et
talia signa viderint, etiam illi, qui perfecti et electi Dei sunt,
dubitabunt, utrum ipse sit Christus, qui in fine mundi secundum scripturas venturus est, annon. excitabit persecutionem sub
omni coelo (173, 14 ist ungenau übersetzt) super Christianos
et omnes electos. — eriget itaque se contra fideles tribus modis,
id est, terrore, muneribus et miraculis. dabit credentibus in se
auri atque argenti copias. quos autem muneribus corrumpere
non poterit, terrore superabit; quos autem terrore non poterit
vincere, signis et miraculis seducere tentabit; quos nec signis
poterit illudere, in conspectu omnium miserabili morte cruciatos
crudeliter necabit.

173, 21. Abgesehen von dem Fehler *Can* für *Van* ist hier
im Deutschen Verwirrung eingetreten. Der Uebersetzer ist
von einem *Tunc erit tribulatio* auf den gleichlautenden Beginn
des nächsten Abschnittes übergesprungen und dann zu dem
Satze: *Tunc abbreviabuntur dies propter electos.* Deshalb hat
er diesen Satz dann auch nicht als Citat (Matth. 24, 22) kenntlich gemacht. — Adso 1294 C: tempus siquidem, quando Antichristus venerit, vel quando dies judicii apparere coeperit,
Paulus apostolus in epistola ad Thessalonicenses demonstrat
dicens: nisi venerit discessio primum etc. (2 Thessal. 2, 3).

scimus autem quoniam post regnum Graecorum sive etiam post
regnum Persarum, ex quibus unum quodque suo tempore magna
gloria viguit et magna potentia floruit, ad ultimum quoque post
caetera regna regnum Romanorum incoepit (Alexander wird
bei Adso erst 1296 B genannt); quod fortissimum omnium
regnorum superiorum fuit et omnia regna sub dominatione sua
habuit: omnes quoque populorum nationes Romae subjacebant
et serviebant ei sub tributo. inde ergo dicit apostolus, Anti-
christum non antea in mundum esse venturum, ‚nisi venerit
discessio primum‘, id est, nisi omnia regna discesserint a Romano
imperio, cui prius subdita erant. — Erst dadurch versteht man
den Zusammenhang der deutschen Bearbeitung.
173, 33 — 174, 6. 174, 13—17 fehlen in den verschiedenen
Fassungen Adso's. Nur die 173, 33 ff. dargelegte Falschheit der
Wunder des Antichrists wird auch bei Adso 1294 A erwähnt,
doch werden dort die Wunder des Simon Magus zum Vergleich
herangezogen. — 174, 7 Adso 1296 A: tunc ad eum concurrent
omnes Judaei et existimantes se recipere Christum, recipient
diabolum. — 174, 12 l. *unde von viunf wunden w. w.* — 174, 14
Joann. 19, 37. — 174, 16 eigentlich Malach. 4, 5, dann anders
Luc. 1, 17. — 174, 17 Adso 1296 C: tunc mittentur in mundum
duo magni prophetae, Elias et Enoch, qui contra impetum Antichristi fideles divinis armis praemunient et instruent eos et con-
fortabunt et praeparabunt electos ad bellum. tunc implebitur
Scriptura, quae dicit: Rom. 9, 27. — 174, 26 Adso 1296 D:
postquam vero impleverint praedicationem suam, insurget Antichristus in eos et interficiet eos. — post caeteros fideles persequens reddet gladio aut apostatas faciet. — Der Anfang des
Satzes 174, 31 kann sich nur auf das jüngste Gericht beziehen,
dessen Darstellung bei Adso nun folgt. Uebrigens mag von
dem Quaternio, der in der deutschen Handschrift jetzt fehlt,
kaum noch eine Seite zu der Predigt über den Antichrist gehört haben, denn bis zum Ende von Adso's Büchlein bleiben
(inclusive der Schlussformel) nur etwa 40 Druckzeilen Migne's
unbearbeitet.

62. 174, 32. 33.

Welchem Stücke diese Schlussworte angehört haben, ist
aus der Formel durchaus nicht zu entnehmen.

63. 175, 1 — 176, 21.

Dieses Stück hat ziemlich viel Berührung mit dem allgemeinen Sermon ‚Ad quamlibet diem‘, der unter den unechten Homilien Beda's als Nr. 102 steht, Migne 94, 503 f. Lateinische Predigten wie diese und die folgende Nr. 103 haben jedesfalls den deutschen Bearbeiter dort angeregt, wo er sonst keine bestimmte Vorlage gehabt hat.

175, 1 Psalm. 37, 6. — 175, 8 ff. vgl. Honorius, Spec. Eccl., Domin. in Quadrag., Migne 172, 880 A: dum igitur vivimus et sani sumus, ad poenitentiam et satisfactionem curramus, ne tenebris mortis praeventi velimus et nequeamus. nemo apud se dicat: adhuc juventute floreo, sanitate vigeo, ideo gaudiis mundi et carnis deliciis frui bene adhuc potero. cum vero senex fuero vel infirmari coepero, tunc satis emendare valebo. est enim Deus misericors et praestabilis super malitia et sicut unum, ita multa mihi relaxat flagitia. — Es ist das dieselbe Stelle, welche Hartmann von Aue beim Eingange seines Gregor im Sinne gehabt und dort fast wörtlich wiedergegeben hat. — 175, 14 Matth. 25, 13. Marc. 13, 33. — 175, 27 Matth. 25, 41, aber *pabulum mortis* ist nicht biblisch. — 175, 33 ff. vgl. Bernhard von Clairvaux, Sermones in Cant. Nr. 28, Migne 183, 926 f. Der Rabe als Sinnbild der Sünde und des Sünders kommt schon bei Hilarius von Poitiers vor, später bei Rabanus Maurus, De universo, Lib. 8, cap. 6, De avibus, Migne 111, 252 C. — 176, 12 Psalm. 64, 5.

64. 176, 22 — 178, 11.

Dieser Predigt liegt eine Anpreisung des Sonntags zugrunde, die allem Anscheine nach sehr alt ist. Sie steht unter den Pseudo-Augustinischen Sermonen Nr. 280, Migne 39, 2274 ff., dann bei Beda unter den Ascetica Dubia, Migne 94, 531 f., in dem Pseudo-Alcuin'schen Liber de divinis officiis, cap. 27, Migne 101, 1226 f., bei Rabanus Maurus, De clericorum institutione, Lib. 2, cap. 2, Migne 107, 355 f. und anderwärts.

176, 22 Psalm. 96, 3. Beda 531 C: dies quique ideo Dominicus appellatur, ut in eo a terrenis operibus et mundi illecebris abstinentes tantum divinis cultibus serviamus, dantes

scilicet diei hujus honorem et reverentiam —. 176, 29 Beda
532 C: ipse est enim dies primus saeculi, in ipso formata sunt
elementa mundi, in ipso creati sunt angeli, in ipso mortuis
resurrexit Dominus, in ipso de coelis super apostolos descendit
Spiritus sanctus. manna autem eodem die in eremo primum de
coelo data est. — 176, 33f. Dass sich die armen Seelen in der
Hölle am Sonntag freuen, ist eine Volksmeinung des Mittelalters, welche mit einer Erzählung zusammenhängt, die sich
als Homilie Nr. 100, Migne 94, 501 f. unter den unechten Beda's
findet: S. Paulus und der Erzengel Michael besuchen die Hölle.
Es erbarmt sie der Elenden, und sie legen bei Gott Fürbitte
ein, dass am Sonntag die Höllenstrafen ausgesetzt werden
möchten. Darauf erwidert der Herr: ,propter Michaelem et
Paulum et angelos meos et maxime pro resurrectione mea con-
cedo vobis requiem ab hora nona sabbati usque ad horam pri-
mam feriae secundae'. — tunc laetati sunt omnes, qui erant
in poenis, clamantes una voce: ,benedicimus te, fili David, qui
dedisti nobis misericordiam. nam plus prodest nobis remedium
unius diei ac noctis, quam totum tempus vitae nostrae, quod
consumpsimus super terram.' et dixit Angelus: ,qui custodierit
diem Dominicum, habebit partem cum angelis Dei.' — 177, 2
Psalm. 117, 14. — 177, 29 ist vermengt aus dem Textspruch
und Hebr. 10, 27: terribilis autem quaedam exspectatio judicii
et ignis aemulatio, quae consumptura est adversarios. — Ebenso
ist 177, 34 zusammengezogen aus Rom. 14, 10 und 2 Cor. 5, 10.
Derartige Mischungen von Bibelcitaten traut man am besten
dem mangelhaften Gedächtnisse des deutschen Bearbeiters zu.
— 177, 25 Beda 531 C: nam sicut ipse Dominus Jesus Christus
et Salvator noster tertia die resurrexit a mortuis, ita et nos
resurrecturos in novissimo saeculo speramus. unde etiam Dominico die stantes oramus, quod est signum futurae resurrectionis.

Die übrigen heiligen Bedeutungen des Sonntags, welche
dieses Stück vorbringt, finden sich fast alle in einem Pseudo-
Augustinischen Sermo Nr. 167, Migne 39, 2070: bene quoque
dominicus sermo ac resurrectio Domini conjunguntur. venerabilis est hic dies, qui dominicus dies et dies primus atque perfectus est, et dies clarus, in quo visa est prima lux (Genes.
1, 3), in quo transgressi sunt filii Israel mare Rubrum siccis

pedibus (Exod. 14), et in quo pluit manna filiis Israel in de-
serto (Exod. 16), et quo Dominus baptizatus est in Jordane
(Matth. 3). quo vinum de aqua in Cana Galilaeae factum est
(Joann. 2), quo benedixit Dominus quinque panes, quibus sa-
tiavit quinque millia hominum (Matth. 14). in quo resurrexit
Dominus a morte (Matth. 28), quo intravit Dominus in domos
clausas, ubi erant discipuli congregati propter metum Judaeorum
(Joann. 20, 19). in quo Spiritus sanctus descendit in apostolos
(Act. 2, 4), et in quo speramus Dominum nostrum Jesum Christum ad judicium venire, in quo die omnis creatura reforma-
bitur in melius: ut sol et luna septuplum lumen accipiant, et
sancti homines vitam aeternam propter merita bonae obedientiae recipiant a Domino —. hodie fides Ecclesiae confirmata est
in Christo et in semine Abrahae omnes gentes benedicuntur,
ac Salvator mundi innotuit. Dass am Sonntag der Census,
dann die Himmelfahrt Christi stattgefunden haben, steht noch
in den namenlosen Quaestiones de veteri et novo Testamento,
welche im Appendix Augustinischer Werke abgedruckt sind,
Migne 35, 2289 Nr. 95. So bleibt nur das eine Datum noch
übrig, dass am Sonntag die Arche Noë auf den Bergen Ar-
meniens festsass 177, 6 f.; dieses kann ich bis zur Stunde nicht
nachweisen.

65. 178, 11 — 180, 9.

Cruel gibt für dieses Stück als Quelle an S. 171 den
Tractat De quinque septenis in Werner's Deflorationes, Migne
157, 1066 ff. = Hugo v. St. Victor(?), Migne 175, 405 ff. (zur
Dominica VII. post octavam Pentecostes). Es finden in der
That ziemliche Berührungen zwischen diesem und dem deut-
schen Stücke statt, sie reichen aber nicht aus; auf keinen Fall
ist der genannte Tractat die alleinige Quelle der deutschen
Arbeit. Vgl. Scherer in den Denkmälern[3] 2, 263.

178, 11 Matth. 26, 41. Marc. 14, 38. Luc. 22, 40. 46.
Die Einleitung bis 178, 28 fehlt bei Werner. — 178, 28 Werner
1066 B: primo loco septem ponuntur vitia, id est superbia,
secundo loco invidia, tertio ira, quarto tristitia, quinto avaritia,
sexto gula, septimo luxuria. contra haec secundo loco consti-
tuuntur septem petitiones, quae in Dominica oratione continentur.
— Vgl. dazu meine Erörterung in den Mittheilungen aus alt-

deutschen Handschriften 2, 36 f. (= Sitzungsberichte 94, 220 f.).
— 179, 7 die sieben Gaben des heil. Geistes finden sich zwar
bei Werner sofort erwähnt, aber nicht angeführt, erst in dem
Stück De septem petitionibus 1068 ff. und in dem dritten De
petitionibus, quae conveniant praesentibus et futuris 1071 f.
werden sie eingehend in diesem Zusammenhange behandelt.
Vgl. zu diesen Siebenzahlen (ausser Isidor): Aldhelm, Epistola
ad Acircium sive Liber de Septenario, Migne 89, 161 ff.; Walafrid
Strabo, Glossa Ord. zu Matth. 6, 1 ff., Migne 114, 100; Ivo von
Chartres, De oratione Dominica, Migne 162, 599; Anselmus
Laudunensis, Enarrationes in Matthaeum, Migne 162, 1305 ff.;
Hugo von St. Victor, Allegoriae in novum Testamentum Lib. 2,
cap. 6, Migne 175, 777, besonders 779 ff.; Hugo Rothomagensis
Archiep., Super Fide Catholica et Oratione Dominica, Migne
192, bes. 1330 ff. Dagegen bietet das Werkchen des Joannes
Saresberiensis, de septem septenis, Migne 199, 945 ff. gar nichts.

179, 12 Werner 1066 D: de his septem vitiis vastatoribus
humani generis et universam integritatem naturae corrumpenti-
bus simulque malorum omnium germina producentibus, quantum
ad praesens negotium explicandum sufficere putamus, loquamur:
— invidia aufert homini proximum, ira aufert ei se ipsum;
tristitia spoliatum flagellat, avaritia flagellatum ejicit, gula ejec-
tum seducit, luxuria seductum servituti subjicit. Erst in dem
nächsten Stück Werner 1068 ff. werden die sieben Bitten den
Hauptlastern entgegengestellt, und zwar so ausführlich, dass
davon im Deutschen nur die Anfänge der Abschnitte vorkommen. 179, 20 Werner 1068 D: prima ergo petitio contra
superbiam est — secunda contra invidiam — tertia contra
iram — quarta contra tristitiam — quinta contra avaritiam —
sexta contra gulam — septima contra luxuriam.

179, 30 (182, 26) vgl. Walafrid Strabo, Glossa Ord., Migne
114, 100: ‚amen‘ significat in omnibus his petitionibus indubitanter a Domino tribui quod petitur, si ultimae conditionis
pactum servare non negligimus. Martinus Legionensis, Sermo
29, In rogationibus (darin eine ausführliche Expositio des
Vaterunsers), Migne 208, 1079 A: ‚amen‘ igitur hujus Dominicae
orationis signaculum est, sicut sigillum confirmatio est alicujus
edicti. Auch die Angabe des Joslenus Suessionensis, Expos.
de orat. Domin., Migne 186, 1496, bezeugt, dass diese Deutung

sehr verbreitet gewesen ist. — 179, 34 die Theilung in 4 + 3
kommt bei allen Auslegungen vor, vgl. zu 180, 11 ff. — 180, 7
l. *teilnunftech.*

66. 180, 10 — 183, 6.

Zunächst ist der Anfang dieses Stückes 180, 11—26
übersetzt aus Honorius, Spec. Eccl., Migne 172, 822 A, im
Anschluss an die Auslegung des Paternosters: Karissimi, hac
oratione mundus Deo conciliatur. corpus nostrum animae con-
foederatur. sunt enim in ea septem petitiones, quae dividuntur
in tres et quatuor partes. per tria Pater et Filius Spiritus
sanctus intelligitur; per quatuor vero mundus, qui ex quatuor
elementis constat, scilicet ex terra, ex aqua, ex aëre, ex igne
accipitur. tria quoque pertinent ad animam, quatuor ad corpus.
anima est irascibilis, quia indignatur malis; est concupiscibilis,
quia delectatur bonis; est rationalis, quia discernit bona a malis.
corpus autem constat ex supradictis quatuor elementis. homo
ergo, qui minor mundus dicitur, per hanc orationem Deo con-
jungitur. — Zu 180, 15 ff. vgl. noch Gregor, Moralia, Lib. 25,
cap. 8, Migne 76, 757 ff. Wilhelm von Conches, De philosophia
mundi, Lib. 1, cap. 23, Migne 172, 55. Honorius (wenn er der
Verfasser ist?), Elucidarium, Lib. 1, cap. 11, Migne 172, 1116 B:
unde corporalis substantia hominis? de quatuor elementis: unde
et microcosmus, id est minor mundus dicitur: habet namque
ex terra carnem, ex aqua sanguinem, ex aëre flatum, ex igne
calorem. —

180, 26 Werner, De septem petitionibus, 1068 D: prima
ergo petitio contra superbiam est, qua Domino dicimus: sancti-
ficetur nomen tuum. hoc enim petimus, ut det nobis timere et
venerari nomen suum —. huic petitioni datur Spiritus timoris
Domini. — secunda petitio est contra invidiam, qua dicitur:
adveniat regnum tuum. regnum siquidem Dei salus est hominum, quia tunc Deus in hominibus regnare dicitur, quando
ipsi homines Domino subjiciuntur et modo ei adhaerendo per
fidem —. tertia petitio est contra iram, quae dicitur: fiat voluntas tua. — huic ergo petitioni datur Spiritus scientiae, —
ut sciat homo — si quid autem boni habuerit, ex misericordia
Domini procedere —. quarta petitio est contra tristitiam, qua
dicitur: panem nostrum quotidianum da nobis hodie. tristitia

namque — quando mens — interna bona non appetit. — quinta petitio est contra avaritiam, qua dicitur: dimitte nobis debita nostra, sicut et nos dimittimus debitoribus nostris. huic ergo petitioni datur Spiritus consilii, qui doceat nos in hoc saeculo libenter peccantibus in nos misericordiam impendere —. Was 181, 23 f. steht, findet sich nicht bei Werner. — 181, 25 Werner 1070 A: sexta petitio est contra gulam, qua dicitur: ne nos inducas in tentationem. (27 f. fehlt Werner.) in quam profecto tentationem nequaquam inducimur, si sic studemus secundum mensuram necessitatis naturae subsidium impendere —. quod ut implere valeamus, datur nobis petentibus Spiritus intelligentiae, ut interna refectio verbi Dei appetitum exteriorem cohibeat —. propterea namque Dominus ipse tentatori suo — respondit dicens: Matth. 4, 4. Der folgende deutsche Satz 182, 1 enthält nur so ungefähr den Sinn, welcher in den weiteren Ausführungen bei Werner steckt: ut aperte demonstraret, quia, cum mens illo pane intus reficitur, non magnopere curat, si foris ad tempus famem carnis patiatur. datur ergo contra gulam Spiritus intelligentiae, sed ille ad cor veniens emundat illud atque purificat, et illum interiorem oculum ex ratione verbi Dei quasi quodam collyrio sanans, eo usque luminosum atque serenum efficit, ut ad ipsam etiam deitatis claritatem contemplandam perspicax fiat. contra vitium igitur gulae remedium opponitur, scilicet Spiritus intelligentiae. ex Spiritu autem intelligentiae munditia cordis nascitur. munditia vero cordis visionem Dei promeretur, sicut scriptum est: Matth. 5, 8. — 182, 8 Werner 1070 C: septima petitio est contra luxuriam, qua dicitur: libera nos a malo. convenienter sane servus libertatem petit, idcirco huic petitioni datur Spiritus sapientiae, qui amissam captivo libertatem restituat et jugum iniquae dominationis — per gratiam adjutus evadat. — Für den übrigen deutschen Text bietet Werner nichts mehr. — 182, 32 beruht auf Isai. 29, 13, aber in Vermengung mit anderen Stellen. ·

67. 183, 7—30.

Das Stück handelt De die dominico. Vgl. im Allgemeinen die Anmerkungen zu Nr. 64. — 183, 19 ff. wird bei Berthold von Regensburg des Oefteren erwähnt und eingeprägt. — 183, 24 ff.

eine allbekannte Sache, vgl. Haymo, De varietate librorum,
Lib. 1, cap. 12, Migne 118, 884: septem enim diebus universum
tempus volvitur. aeterna enim quies, quae expleta sex dierum
vicissitudine sequitur — Dominicus dies. sabbatum = requies.
Vielleicht sind in dem Stück auch die gewöhnlichen Vorschriften
der Heiligung des Sonntags benutzt, vgl. z. B. Paulinus von
Aquileja, Concil. Forojul., Can. XIII, Migne 99, 500 f. und die
Note dazu 535 f.

68. 183, 31 — 184, 16,

69. 184, 17 — 185, 2.

Eine besondere Vorlage wird für diese beiden Leichen-
reden schwerlich aufzutreiben sein. Sie zeigen einige Verwandtschaft mit dem schönen Stück der St. Pauler Sammlung. So
ziemlich alle Gedanken, welche sie enthalten, finden sich in
dem Sermon bei Honorius, Spec. Eccl., Migne 172, 1081 ff.: si
potens defunctus est sepeliendus, taliter populus est admonendus.
Aber Ordnung und Fassung sind verschieden. — 184, 5 Eccle.
7, 3. Honorius 1083 CD: in convivio quippe homines mortis et
aeternae vitae obliviscuntur; in luctu mortui hominis futurae
mortis recordabuntur. In 183, 31 ff. passt das Vorhergehende:
post pusillum alienis divitias suas reliquit. — 184, 30 1 Cor.
2, 9. — 184, 17 Der Vergleich findet sich ausführlich bei
Gregor, Moralia, Lib. 12, cap. 7, Migne 75, 991 C: qua in re
vigilanter intuendum est, quia vita praesens, videlicet quousque anima moratur in corpore, mari comparatur et fluvio.
Auch Lib. 22, cap. 2. Er ist alt, geht wahrscheinlich schon
auf die antike Literatur (Seneca) zurück, findet sich bei Chrysostomus, Homil. 82 super Matthaeum, bei Augustinus, Quaestiones in Heptateuchum, Lib. 5, Nr. 54, Migne 34, 772 u. s. w.

70. 185, 3 — 186, 10.

Die ganze Deutung ist aus Honorius, Spec. Eccl., Migne
172, 820 ff. genommen. 185, 4 Honorius 821 A: et si opera, quae
Patri vestro placent, ut filii fiatis, haereditatem absque dubio
cum Jesu a Deo percipietis. per haec verba admonendi rogare,
ut ipsi coeli fiatis, in quibus Deus velit habitare. — illud

nomen, quod vester Pater dicitur, petitis tali modo in vobis
sanctificari, ut per bona opera digni sitis ejus filii vocari. —
185, 21 ff. stammt aus der früheren Exposition Nr. 65. 66. —
185, 24 Honorius 821 B: hoc est, sicut ci complacet in coelo
in angelis, qui nunquam peccaverunt, ita in terra ci quoque
placeat, et nos aequales angelis, ut promisit, faciat. rogatis
quidem Deum, ut, sicut ejus voluntas est in justis bona, ita
vos a malo ad justitiam convertens in vobis quoque fiant bene-
placita. — 185, 31 Honorius 821 C: panis etiam corpus Christi
intelligitur. — 186, 2 Honorius 821 D: si in vobis peccantibus
dimittitis, dimittet vobis Deus, quae in eum peccatis. si vos non
remittitis, nec Deus remittet vobis; et his verbis vobis maledicitis,
quia Deum, ut non dimittat, rogatis. si autem illud reticetis,
orationem Dominicam non dicitis, et ideo non exaudiet vos
Deus. — 186, 6 Honorius 822 A: rogatis itaque Deum, ut nunquam sinat vos in tantum a diabolo temptari, ut per consensum
et delectationem peccati possitis superari. — Vgl. mit dem
ganzen Stück noch die kleine Expositio, welche unter den
Opuscula spuria des Anselm von Lucca steht, Migne 149, 576 f.

71. 186, 11—18.

Uebersetzt das Vaterunser.

Ueberblickt man die hier mitgetheilten lateinischen Vorlagen
von Kelle's 'Speculum Ecclesiae', so scheiden sich darnach die
deutschen Stücke von selbst in drei Reihen, die mit den Unterschieden des Umfanges, welche Cruel schon besprochen hat,
zusammenfallen. Die 20 grossen Stücke gehen zumeist auf
die Predigten berühmter französischer Kanzelredner aus dem
Anfange des 12. Jahrhunderts zurück; ich meine, dass dies
noch mehrfach bei solchen Nummern der Fall sein wird,
die sich jetzt als Compilationen aus Theilen von Sermonen
der Kirchenväter uns darstellen: die Verarbeitung wird eben
schon ein französischer Theologe besorgt haben. Die 25 Stücke
mittleren Umfanges stützen sich auf Honorius Augustodunensis

und auf die weitverbreiteten Sammlungen von Gregor, Beda, Rabanus Maurus und wenigen anderen. Dasselbe ist der Fall bei den 21 kleinen Stücken, soweit für diese überhaupt unmittelbare Quellen namhaft gemacht werden können. Die Verschiedenheit der Vorlagen hängt mit der des Zweckes der Predigten zusammen. Die grossen Stücke wenden sich ohne Zweifel an ein gebildetes Publicum; ich vermuthe, dass sie für ein geistliches Haus, ein Kloster, eine Domkirche berechnet waren. Die mittleren Stücke einfacheren Gehaltes entsprechen den Bedürfnissen des Laienpublicums in grösseren Gemeinden, die kleinen mögen zunächst auf Zuhörer in Landpfarren zählen. Es muss jedoch zugegeben werden, dass diese Unterschiede auch in den persönlichen Wünschen der Prediger selbst begründet sein können, die sehr mannigfach sein mochten und in den Fähigkeiten der Einzelnen ihre Erklärung fanden. Die Hauptsache war, dass in der ganzen Benedictbeurer Sammlung für alle wichtigen Feste des Kirchenjahres eine Auswahl brauchbarer Predigten dargeboten wurde.

Wie von selbst wirft sich da die Frage auf, ob diese deutsche Arbeit von einem Verfasser herrühre oder von mehreren. Eines ist so wahrscheinlich und möglich als das andere. Scherer hat einmal (Denkmäler, 3. Aufl. 2, 180) auf formelhafte Erwähnungen Gottes und der Heiligen hingewiesen, deren Beobachtung und Sichtung vielleicht als Kriterium benutzt werden könnte, die verschiedenen Bearbeiter zu sondern. Ich habe es mir angelegen sein lassen, daraufhin das Denkmal zu untersuchen, und habe Manches verzeichnet, was Anhaltspunkte für Scheidungen zu bieten schien. Stets wurden aber diese Wahrnehmungen durch beobachtete Uebereinstimmungen gekreuzt und widersprachen sich so oft selbst, dass ich zu gar keinem brauchbaren Ergebniss gelangt bin. Dass Unterschiede in Stil und Syntax vorhanden sind, kann schon einem oberflächlichen Blick nicht entgehen. Sie erklären sich jedoch zum Theil bereits aus der Verschiedenheit der Arbeit: die Uebersetzung der grossen Stücke gieng, mit Respect vor der Vorlage, in genauem Anschlusse daran vor sich: bei den kleineren fühlte sich der Bearbeiter freier, er gebrauchte gerne die erbaulichen und eindrucksvollen Wendungen, an welche die Gemeinde gewöhnt war, und die neben den schwerfälligen Perioden der

langen Reden stehen wie die poetischen Formeln des Volks-
epos neben der zierlichen Sprache des höfischen Romanes.

Trotzdem wird sich vielleicht noch eine Möglichkeit finden,
auf verschiedene Arbeiter in der Benedictbeurer Sammlung
zurückzuschliessen, und zwar von der Geschichte der Verbreitung einzelner Nummern aus, wie sie durch ihr Vorkommen
an anderen Stellen uns erkennbar wird. Da scheint mir vor
allem die eine Thatsache bedeutsam, dass nur die mittleren
und vornehmlich die kleineren Stücke sich auch in anderen
Predigthandschriften antreffen lassen, nicht aber die grossen.
Das weist meines Erachtens mit ziemlicher Sicherheit darauf
hin, dass diese zwei Kategorien von Predigten in Collectionen
für sich verbreitet waren. Damit ist freilich noch nicht behauptet, sie könnten nicht mit den grossen zugleich entstanden
und in eine Sammlung verbunden worden sein; diese Annahme
wird aber sich als wenig wahrscheinlich herausstellen. Die
Vorarbeiten für die Geschichte der Beziehungen des ‚Speculum
Ecclesiae‘ zu den übrigen Handschriften und Bruchstücken altdeutscher Predigten habe ich vor zehn Jahren bereits gemacht,
werde jedoch die Resultate erst am Schlusse der Reihe von
Studien mittheilen, deren Anfang diese Blätter bilden.

Durch die Untersuchung der Sprache der Benedictbeurer
Sammlung von Wilhelm Schaper (Halle a. S. 1891) ist mit
grosser Wahrscheinlichkeit festgestellt worden, dass die Handschrift von alemannischen Schreibern aufgezeichnet, demnach
wohl in Alemannien entstanden ist. Da dürfen wir uns denn
wohl erinnern, dass in diesem Lande auch Werner von Ellerbach gewirkt hat, der von 1102—1126 Abt zu St. Blasien im
Schwarzwalde gewesen ist. Seine ‚Deflorationes Patrum‘ sind
nach Cruel's Ansicht (S. 145) um 1120 entstanden. Er hat
schon viele der neuesten französischen Predigten aufgenommen,
ja er muss zu denjenigen Prälaten gehört haben, die durch
eigens nach Paris geschickte Scholaren sich Niederschriften
der dort gesprochenen Sermone berühmter Kanzelredner ver-
schafften, denn es liegen zwischen seinem Sammelwerk und
den von ihm aufgenommenen neuen Predigten (z. B. denen
des Gaufredus Babion) kaum zehn bis zwanzig Jahre. Das
bestätigt, nebenbei gesagt, die Meinung, welche ich an anderem
Orte (Ueber eine Grazer Handschrift lateinisch-deutscher Pre-

digten 1890) über die Lebhaftigkeit des literarischen Verkehres
zwischen Frankreich und Deutschland in der ersten Hälfte des
12. Jahrhunderts ausgesprochen habe. Aehnlichen Antrieben wie
Werner's ‚Deflorationes‘ dankt auch das ‚Speculum Ecclesiae‘
seinen Ursprung. Sie herrschten aber nicht nur in Alemannien,
auch in Bayern, wie uns Linsenmayer's Analysen z. B. der
Kaisersheimer und Tegernseer Sammlungen, ‚Geschichte der
Predigt in Deutschland‘ (1886), S. 226 ff. 229 ff. überzeugen.
Eine Arbeit von der Art, wie sie in Kelle's ‚Speculum Ecclesiae‘
vorliegt, musste, wenn sie etwa 1220—1230 von einem Ale-
mannen unternommen war, alsbald auch in Bayern Anklang
und Verbreitung finden. Freilich, wie wir uns diese Bezüge
ineinandergreifend vorzustellen haben, auf welchen Wegen,
durch welche Mittel die einzelnen Abschriften, Sammlungen,
Bearbeitungen, neuen Ordnungen zu Stande gekommen sind,
darüber wird sich erst Klarheit gewinnen lassen, wenn auch
die Bestände der ungedruckten Handschriften lateinischer Predigten aus dem 12. und 13. Jahrhundert in Deutschland genau
werden verzeichnet worden sein.

IV.

Zu Aristoteles' Poetik. III.

Von

Theodor Gomperz,

wirkl. Mitglede der kais. Akademie der Wissenschaften.

Es hat uns zunächst die Frage nach der Anordnung des
in den Capiteln 15—18 behandelten Stoffes zu beschäftigen.
Schon der Umstand, dass das Capitel 15 in seiner zweiten
Hälfte manches enthält, was nicht zu dem dort ex professo behandelten Gegenstande, den Charakteren gehört, hat die
Verwunderung mancher Kritiker erregt. Jeden Zweifel an der
einheitlichen Conception dieses Abschnitts schlägt jedoch die
Wahrnehmung nieder, dass die weitere Ausführung einer der
an die Charakterschilderung gestellten Forderungen (des ὅμοιον
nämlich) mit offenbarem Bedacht für den Schluss des Capitels
aufgespart ist. Auch der Grund dieses Verfahrens ist unschwer
zu erkennen. Es liess sich eben dieser Punkt nicht gleich den
anderen mit wenig Worten und dem raschen Hinweis auf ein
oder zwei Beispiele erledigen. Die Abschweifungen von dem
unmittelbar vorliegenden Gegenstand, die eben dieses Capitel
im übrigen unzweifelhaft aufweist, möchte ich durch die Vermuthung zu erklären versuchen, dass es dem Autor darum zu
thun war, hier noch manches nachzutragen, wofür er vorher
keine passende Stelle gefunden hatte, um so den Boden frei-
zumachen für die Behandlung der noch allein übrigen ‚Tra-
gödientheile‘, der διάνοια und λέξις. Den Ausgangspunkt dieser
Vermuthung liefern die Schlussworte des Capitels mit ihrem
flüchtigen Blick auf den vom Stagiriten am wenigsten ge-
schätzten Tragödientheil, die ὄψις, der zugleich ein Hinweis auf

die ἐκλελεγμένοι λόγοι, d. h. auf den Dialog über die Dichter ist.
So pflegen doch Schriftsteller mit einem Gegenstande abzu-
schliessen; man behandelt das Geringwerthigste zuletzt und
verweist zugleich den nach reicherer Belehrung verlangenden
Leser auf andere Erörterungen desselben Themas. Im übrigen
ist es, wie wir meinen, die Ideenassociation, die dem Verfasser
der Poetik hier mehrfach die Feder lenkt. Er hat von der
‚Gleichmässigkeit‘ oder Consequenz der Charaktere gehandelt.
Dies legt ihm die allgemeinere Erwägung nahe, dass bei diesen
nicht minder als beim Aufbau der Fabel strenge Ursächlichkeit zu walten habe. Und dies gibt ihm wieder den Anlass,
einiges auf die ‚Lösung‘ Bezügliche nachzutragen, insbesondere
in Betreff der Verwendung des deus ex machina, woran sich
wieder ohne Gewaltsamkeit eine allgemeine Bemerkung über
die Statthaftigkeit des ἄλογον (wozu ja in gewissem Sinne auch
das Auftreten und die Allwissenheit der Götter gehört) in der
Tragödie anschliesst.

So viel über das Capitel 15, wo zur Annahme von Lücken,
zu Athetesen oder Transpositionen nicht der mindeste ernste
Anlass vorliegt.

Die Capitelfolge 15—16 hingegen ist und bleibt eine
völlig unbegreifliche. Mag man nun mit uns aus dem Schluss
des Cap. 15 die Absicht des Autors erkennen, mit allen μέρη
τῆς τραγῳδίας ausser der διάνοια und λέξις aufzuräumen oder
nicht, mit der Behandlung der ‚Fabel‘ war jedenfalls am Ende
des Cap. 14 in einer keinen Zweifel gestattenden Weise abgeschlossen worden durch die Worte: περὶ μὲν οὖν τῆς τῶν πρα-
γμάτων συστάσεως καὶ ποίους τινὰς εἶναι δεῖ τοὺς μύθους, εἴρηται ἱκανῶς.
Die ἀναγνώρισις, über die das Cap. 16 handelt, ist nicht nur
offenkundigermassen ein Bestandtheil der Fabel, sie wird auch
von Aristoteles in unzweideutigen Worten als solcher anerkannt
(Cap. 10, 52ᵃ 16ff. und Cap. 11, 52ᵇ 9f.). Dass er nunmehr,
nachdem er in Cap. 15 den zweiten μέρος, die ἤθη, erledigt hat,
zu einem Theil des ersten, des μῦθος, zurückkehre, dass er mit
Vorbedacht diese sachwidrige Anordnung gewählt habe —
das ist eine Voraussetzung, die dem gesunden Sinne jederzeit
als unannehmbar gelten wird. Nur über die Erklärung der
Art und Weise, wie dieser Sachverhalt entstanden ist, sollte
unter Kritikern eine Meinungsverschiedenheit möglich sein.

Nichts liegt näher als der Gedanke, dass die zwei Capitel ihre
Stelle zu tauschen haben. Allein kaum hat man diesen Gedanken näher ins Auge gefasst, so wird man auch die ernsten
Bedenken gewahr, die an ihm festzuhalten uns verhindern.
Der Uebergang von Cap. 14 zu Cap. 15 erfolgt, wie die oben
ausgehobenen Worte zeigen, in völlig naturgemässer Weise.
Schieben wir das 16. ausschliesslich mit einem Theil der Fabel
sich befassende Capitel dazwischen, so erscheint jene allgemeine
Wendung jedenfalls nicht angemessener, eher minder angemessen, als sie es jetzt ist. Doch das ist von mehr neben-
sächlicher Bedeutung. Der Haupteinwurf gegen diesen Trans-
positionsvorschlag ist ein anderer. Man muss es sich zweimal
überlegen, ehe man zu der Annahme greift, dass ein ganzer
in sich wohl geschlossener Abschnitt eine Versetzung erfahren
hat. Derartige Vorgänge pflegen ja nicht dem Muthwillen
sondern dem Zufall zu entspringen. Ihre Ursachen sind äusser-
licher oder mechanischer Art: eine Blattvertauschung, die Auslassung einer grösseren Stelle und die der Unkenntnis entspringende nachträgliche Einfügung an einem ihr fremden
Ort u. s. w. Die Fälle einer wirklich stattgehabten Transposition
verrathen sich durch eine unmittelbare Störung des Zusammenhanges, und zwar an zwei Stellen: an derjenigen, wo das Stück
fälschlich steht, und an der anderen, wo es stehen sollte. Doch
wir haben wohl schon zu viele Worte an das gewendet, was
selbstverständlich sein sollte. In einem Falle wie der unsrige
spricht die Präsumtion für eine andere als eine rein mechanische
Entstehung des vorhandenen Misstandes. Nicht blindes Ungefähr sondern Unvollständigkeit der Redaction, Hinzufügung
eines Nachtrages, der mit seiner Umgebung nicht verwoben
wurde, sind in einem derartigen Falle mit weit grösserer Wahrscheinlichkeit vorauszusetzen. Solch einer Präsumtion erwächst
diesmal eine besondere Stärke aus einer Wahrnehmung, die,
so viel ich sehe, bisher noch keine Verwerthung gefunden hat.
Der Widerstreit zwischen Cap. 16 und 15 ist längst bemerkt
worden, nicht ebenso der Widerstreit zwischen Cap. 16 und 17.
Die Art, wie Polyeidos die Erkennung des Orestes durch Iphigenie vor sich gehen liess, wird in diesem und in jenem Capitel erwähnt; man vergleiche:

1*

c. 16, 55ᵃ 6 ff. καὶ ἡ Ἡσ- | c. 17, 55ᵇ 9 ff. εἶθ' ὡς Εὐ-

λεείδου τοῦ σοφιστοῦ περὶ τῆς Ἰφι- | ριπίδης εἶθ' ὡς Πολύειδος ἐποίησεν.

γενείας· εἰκὸς γὰρ τὸν Ὀρέστην συλ- | κατὰ τὸ εἰκὸς εἰπὼν ἔτι οὐκ ἄρα

λογίζεσθαι ὅτι ἥ τ' ἀδελφὴ ἐτύθη | μόνον τὴν ἀδελφὴν ἀλλὰ καὶ αὐτὸν

καὶ αὐτῷ συμβαίνει θύεσθαι. | ἔδει τυθῆναι —.

Dazwischen liegen 35 Zeilen (der Berliner Akademie-Ausgabe).
Sollen wir erst darauf hinweisen, wie wenig die zweite Stelle
eine Bekanntschaft des Lesers mit der ersten voraussetzt, in
wie hohem Masse unwahrscheinlich es ist, dass Aristoteles die
zwei Stellen, bezichentlich die Capitel, in denen sie erscheinen,
in einem Zuge geschrieben hat? Die Annahme einer blossen
Unterbrechung der schriftstellerischen Arbeit aber würde
schwerlich genügen, wie sich denn eine derartige Auskunft
auch in anderen Fällen als eine wenig zulängliche erwiesen hat;
vgl. des Verfassers Herodoteische Studien II 79 [597]. Denn
der Schriftsteller, der eine unterbrochene Arbeit wieder auf-
nimmt, pflegt das vorher Geschriebene zu lesen; besitzt er doch
kein anderes Mittel, um sich zu orientiren und den plumpsten
Wiederholungen oder noch schlimmeren Missgriffen vorzubeugen.
Die Hypothese hingegen, dass Cap. 16 nachträglich verfasst
und mit dem Vorangehenden wie mit dem Nachfolgenden nicht
zusammengearbeitet ward — diese Voraussetzung entspricht
allen Bedingungen des Falles und empfiehlt sich überdies durch
den Inhalt des Abschnittes, die genauere Ausführung eines
Nebenpunktes, die bei der ersten Ausarbeitung eines vielumfassenden Themas leicht übergangen wird, während sie sich
naturgemäss dann einstellt, wenn der Schriftsteller und insbesondere wenn der Lehrer zu erneuter Behandlung eines in
seinen Grundzügen erledigten Gegenstandes zurückkehrt. Um
alles zu sagen, was sich mir hier an Vermuthungen aufgedrängt
hat: ich möchte glauben, dass Aristoteles die Lehrvorträge
über Poetik dreimal gehalten hat. In der Niederschrift, in der
er seinen ersten Vortragscursus fixirt hat, werden die Cap. 16
—18 noch gefehlt haben. Auf eine solche Phase der Abfassung weist eben, wenn wir nicht irren, die Beschaffenheit
der Schlusspartie und insbesondere des eigentlichen Schlusses
des Cap. 15 hin. Bei einer Wiederholung des Curses wurde,
so darf man vermuthen, die Detailausführung über die „Arten

der Erkennung' nachgetragen, bei einer anderen (ob früheren
oder späteren, darüber lässt sich nicht einmal eine Vermuthung
wagen) die Cap. 17 und 18, die ihrerseits ganz und gar den
Charakter solch einer nachträglichen Zuthat besitzen. Um dies
zu erkennen und um bei diesem Anlasse die kritischen An-
fechtungen, mit denen diese Abschnitte so oft heimgesucht
wurden, auf ihre Begründung zu prüfen, thut es Noth, den Inhalt derselben genauer zu durchmustern.

Die zerstreuten Bemerkungen, aus denen sich Cap. 17
zusammensetzt, schliessen sich dadurch zu einer inneren Einheit zusammen, dass es durchweg Winke oder Rathschläge
sind, die den Process des dichterischen Schaffens selbst
zu ihrem Gegenstande haben. Dem Dichter wird in diesem
und nur in diesem Abschnitte gesagt, nicht sowohl was als
wie er zu dichten habe. Dass dies der ungemein angemessene
Inhalt eines Nachtragscapitels ist, braucht kaum gesagt zu
werden. Den objectiven Forderungen, die an die Tragödie
gestellt wurden, schlossen sich sehr passend, wie wir meinen,
die subjectiven Forderungen an, durch deren Befriedigung die
Erfüllung der ersteren gefördert und erleichtert werden sollte.
Ich gehe auf das Einzelne nur insoweit ein, als es sich
um Punkte handelt, die von keinem der Kritiker bisher in
einer Weise geordnet worden sind, bei der ich mich beruhigen zu können glaube, oder in denen die Ansicht, die
mir als die richtige gilt, doch noch einer wesentlichen argu-
mentativen Verstärkung fähig und bedürftig scheint. Zunächst
ein Wort über den Verstoss gegen die Bühnentechnik, der dem
Karkinos vorgeworfen ward. Amphiaraos hatte das Heiligthum verlassen, während die Bühnenvorgänge seine Anwesen-
heit darin voraussetzten; dies kam erst bei der Aufführung
ans Licht und verursachte das Fiasco des Stückes. Unmöglich, so dürfen wir bemerken, konnte dies in der Weise
vor sich gehen, dass der Schauspieler, der die Rolle des
Amphiaraos gab, einfach die Bühne verliess und sie während
jener Scene, in der er hinter der Bühne im Heiligthum
anwesend gedacht werden sollte, nicht wieder betreten hat.
Denn woraus sollte dann das Publicum seine Entfernung aus

dem Heiligthum erschlossen haben? Vielmehr kann die Sache
sich nur so zugetragen haben, dass jener Schauspieler auf
der Bühne mittlerweile in einer anderen Rolle erschienen ist,
während gleichzeitig (um einen von mehreren möglichen Fällen
zu nennen) eine andere Person das Heiligthum besuchte, um
mit dem darin angeblich befindlichen Amphiaraos Zwiesprache
zu pflegen. Ein solcher Conflict der Rollen konnte einem
Dichter, der sich mit Regie und Proben wenig zu schaffen
machte und sein Werk nicht auf seine scenische Wirkung
prüfte, gar leicht entgehen. Was die Textesworte betrifft, so
scheint es mir zweifellos, dass Dacier die Stelle richtig verstand, als er den θεατήν durch den ποιητήν ersetzen wollte.
Doch ist die Aenderung zu gewaltsam, um keinen Scrupel
zurückzulassen. Ich nehme den Ausfall eines Buchstabens und
die ihm fast unvermeidlich nachfolgende Interpolation eines
Wortes an. Aus δ μή ὁρῶντ' x(ὐ)τὸν ἐλάνθανεν (55ª 27f.) konnte
sehr leicht das werden, was jetzt in der Handschrift steht:
δ μή ὁρῶντα τὸν θεατήν ἐλάνθανεν. Vahlen's Schreibung δ μή
ὁρῶντ' ἂ(ν) τὸν θεατήν ἐλάνθανεν heisst doch nichts anderes als:
,was dem Zuschauer verborgen bliebe, wenn er in diesem
Falle eben kein Zuschauer wäre'. Vielleicht führt jemand zur
Vertheidigung dieser Seltsamkeit die Erwägung ins Feld, dass
das Wort θεατής nicht sofort und immer an seine Grund-
bedeutung erinnern musste. Die θέατραι oder das θέατρον können
einfach das Publicum bedeuten, und so angesehen würde die
Vahlen'sche Fassung des Textes etwa besagen: wenn das
Publicum dem Drama nur mit dem Ohre, nicht mit dem
Auge folgte, so könnte ihm jener Verstoss entgehen. Doch
was wäre mit dieser Vertheidigung gewonnen? Auch vom
Publicum kann hier nicht die Rede sein, da ja eben die
Bühnenaufführung und der Eindruck, den sie auf das Publicum hervorbrachte, diesem Satze contrastirend gegenüber gestellt wird: ἐπὶ δὲ τῆς σκηνῆς ἐξέπεσεν (Subject ist der Dichter,
wie 56ª 18f.) δυσχεραινάντων τοῦτο τῶν θεατῶν.

Der unmittelbar folgende Satz: ὅσα δὲ δυνατὸν καὶ τοῖς σχήμασιν
συναπεργαζόμενον — hat, soviel ich weiss, bisher keine befriedigende Erklärung gefunden. Ich verzichte auf jede Polemik
und begnüge mich damit, zu bemerken, dass hier dem Dichter
einfach der Rath ertheilt wird, ,insoweit als dies möglich ist,

(d. h. insoweit als dies noch vor den Proben und ohne die
Einwirkung des Regisseurs geschehen kann) ,die Gesticulation
festzustellen'. An den Rath, sich bei der Composition der
Fabel und der Ausarbeitung der Diction das Bühnenbild so
lebendig als möglich vor Augen zu halten, schliesst sich, ich
meine sehr passend, der weitere Rath an, auch jenen Theil des
Bühnenbildes, der sich nicht im Gehen und Kommen, in der
wechselnden Stellung und Gruppirung der Schauspieler erschöpft
sondern die Gesticulation des Einzelnen begreift, gleichzeitig zu
fixiren. Ueber solche Bühnenweisungen, die παρεπιγραφαί hiessen,
vergleiche man übrigens Karl von Holzinger's lehrreiche Zusammenstellung ,Ueber die Parepigraphä zu Aristophanes' (Wien
1883). So wenig τῇ λέξει ἀπεργάζεσθαι — oder auch συνπεργά-
ζεσθαι, was sich meines Erachtens als = ἅμ' ἀπεργάζεσθαι halten
lässt — ein Vordeclamiren des Stückes bedeutet, ebensowenig kann τοῖς σχήμασιν συναπεργάζεσθαι ein Vorspielen desselben besagen. Denn beides lässt sich unmöglich trennen.
Zuerst wird die Feststellung der Diction unter gleichzeitiger Ver-
gegenwärtigung der scenischen Vorgänge, dann wird die Feststellung der Action unter der gleichen Bedingung gefordert.
Beides zusammen umfasst die doppelte Sprache, in der der
Schauspieler zu uns redet, die des Wortes und jene der Geberde.
Es folgt eine Begründung der zweiten dieser Forderungen, die einen Gedanken, man darf wohl sagen als einen
selbstverständlichen, zunächst unausgesprochen lässt, den Gedanken nämlich, dass der Dichter während seines poetischen
Schaffens von dem jedesmaligen Affect, den er darstellt, zeit-
weilig selbst erfüllt ist. Mit Ueberspringung dieses Gedanken-
gliedes, das übrigens nach einigen Zeilen wieder an die Ober-
fläche tritt, begründet Aristoteles seine Forderung einfach mit
dem Satze: πιθανώτατοι γὰρ ἀπ' αὐτῆς τῆς φύσεως οἱ ἐν τοῖς πάθεσίν
εἰσιν. Das heisst: Pectus facit disertum, und die also dem
Affect entspringende Beredsamkeit beschränkt sich keineswegs
auf die Ausdrucksweise, deren Vehikel der articulirte Laut
ist. Leider ist uns dieses Sätzchen nicht unversehrt überliefert. Aus ἀπ' αὐτῆς τῆς φύσεως hat Laune oder Irrthum eines
Schreibers das thörichte, längst schon von Twining, Tyrwhitt,
G. Hermann und vordem auch von Vahlen berichtigte ἀπὸ τῆς
αὐτῆς φύσεως gemacht. ,Mit dem höchsten Grade von Natur-

wahrheit' — so ungefähr führt Aristoteles fort — ‚rast der
Rasende und tobt der Zornerfüllte.' Da es nun aber, so mag
man den Gedanken ergänzen, unthunlich ist, die von wirklicher
natürlicher Leidenschaft erfüllten Personen auf die Bühne zu
bringen, die dieser einen Forderung, aber freilich keiner
anderen vollständig genügen würden, so ist es die Sache
des nachempfindenden Dichters, und zwar in dem Zeitpunkte,
da sein Nachempfinden das kräftigste ist, die das Geberden-
spiel betreffenden Anweisungen zu ersinnen und niederzu-
schreiben. Und da hier das Nachempfinden des Dichters den
Stagiriten beschäftigt, so drängt sich ihm zugleich eine Antwort auf die naheliegende Frage in die Feder, welche Eigenschaften den Dichter für diesen hochwichtigen Theil seiner
Aufgabe am besten befähigen. So entstand das inhaltschwere
Sätzchen: διὸ εὐφυοῦς ἡ ποιητική ἐστιν ἢ μανικοῦ · τούτων γὰρ οἱ
μὲν εὔπλαστοι οἱ δὲ ἐκστατικοί εἰσιν, zu deutsch: ‚darum ist das
Dichten Sache theils ungemein geistvoller, theils überaus tem-
peramentvoller Naturen; denn jene wissen sich leicht in alles zu
finden, diese treten gar leicht aus sich heraus'. In dem einen
Fall, so mag man den Gedanken weiter ausführen, ist die posi-
tive Fähigkeit, sich in fremde Gemüthszustände zu versetzen,
die Bildsamkeit oder Plasticität des Talentes entscheidend, in
dem anderen die geringe Widerstandskraft gegen die derartige Naturen so leicht überwältigende Macht des Affectes.
Man könnte in diesem Sinne von solchen sprechen, die aus
dem Geist heraus, und von solchen, die aus dem Temperament
heraus dichten, wobei man natürlich nicht vergessen darf,
dass auch der geistvollste Poet nicht des Temperamentes, der
temperamentvollste nicht des Geistes ganz und gar entrathen
darf. In dem höchsten Dichtergenius, so in einem Shakespeare, werden beide Elemente einander nahezu die Wage
halten. Will man aber die zwei Typen in schöpferischen Naturen wenn auch von ungleichem Werth verkörpert sehen, so
denke man an Goethe und an Victor Hugo. Fast hätte ich
des kleinen Fehlers der Ueberlieferung vergessen, der aus
dem ursprünglichen ΕΚCΤΑΤΙΚΟΙ wahrscheinlich durch Vermittlung der Schreibung ΕΞCΤΑΤΙΚΟΙ das absurde ΕΞΕΤΑ-
CΤΙΚΟΙ gemacht hat. In einer der Handschriften, die ihm
vorlagen, hat schon Pietro Vettori die richtige Schreibung vor-

gefunden; Tyrwhitt hat sie in den Text gesetzt. In neuerer
Zeit war es vorzugsweise Vahlen's Einfluss, der die Schreibung der massgebenden Handschrift wieder zu Ehren bringen
half. Darnach soll der μανικός der εὔπλαστος, der εὐφυής aber
der ἐξεταστικός sein. Gegen die erste Gleichstellung kann ich
nur an das gesunde Gefühl jedes unbefangenen Lesers appelliren. Der von irgend einer Art der μανία Ergriffene und
Uebermannte, der Besessene, wenn wir die Sache so stark ausdrücken wollen, wie der Grieche es zu thun liebt, soll εὔπλαστος heissen können. Schon das Präfix εὖ, so darf man
wohl sagen, erhebt dagegen Einspruch und weist deutlich auf
εὐφυής hin, in dem wieder das Stammwort von der Paarung
mit ἐξεταστικός ganz und gar nichts wissen will! Wenn das
eines vollgiltigen deutschen Aequivalents entbehrende Adjectiv
irgend etwas in sich schliesst, so ist es der Begriff der ge-
nialen Leichtigkeit. Wir schämen uns unseres Fleisses und
verstecken ihn ἵν' εὐφυεῖς εἶναι δόξωμεν (Topik III 2, 118ᵃ 22).
Gute Metaphern zu bilden ist das einzige, was man nicht von
anderen lernen kann, εὐφυίας τε σημεῖόν ἐστι (Poet. 22, 59ᵃ 6 f.).
Sollen wir an den stehenden Gegensatz der φύσις und μελέτη
erinnern? Und bedarf es eines Beweises dafür, dass, wenn ein
Dichter jemals ἐξεταστικός heissen konnte (ein Wort übrigens,
das in den echten Schriften des Aristoteles nur einmal und
dort in Verbindung mit Dialektik begegnet, Topik I 2, 101ᵇ 3),
damit nur ein solcher gemeint sein konnte, dem die natürliche Leichtigkeit abgeht und der — etwa wie Lessing sich
selbst, wenngleich mit Unrecht, schildert — auf den Krücken
der Kritik nicht mühelos zur Höhe poetischen Schaffens empor-
klimmt? Wenn jenes Adjectiv jemals in solch' einem Zusammenhang auftreten konnte, so musste es in scharfem Gegensatz stehen zu aller Unmittelbarkeit, zu aller Intuition, zum
instinctiven Treffen des Richtigen, und gerade dies ist im
Begriffe des εὐφυής beschlossen. Schliesslich vergleiche man
dieselbe Corruptel und ihre Beseitigung durch Bywater (Con-
tributions to the textual criticism of Aristotles Nicomachean
Ethics, Oxford 1892, p. 2 n. 1) in des Aspasios Commentar
zur Nikomachischen Ethik p. 136, 3 ed. Heylbut.

   Es folgt ein anderer hochbedeutsamer Wink für den
schaffenden Dichter, ein Wink, der von des Stagiriten scharfem

Blick für das Wesentliche das ehrenvollste Zeugnis ablegt.
Der Dramatiker soll, um nicht etwa durch schöne Einzelheiten
über die Unzulänglichkeit der Fabel getäuscht zu werden, diese
vorerst auf ihren Wesenskern zurückführen, von allen äusser-
lichen Zuthaten entkleiden und so gleichsam ihr Knochen-
gerüste nackt und scharf vor das geistige Auge stellen. Der
Eingang dieses zweiten Haupttheils des Cap. 17 leidet an
zwei kleinen Textesstörungen, deren erste (τούτους τε statt τούς
τε) bereits von den Anfertigern eines Theiles der Apographa,
deren zweite (περιτείνειν statt παρατείνειν) von Pietro Vettori beseitigt ward. Der Satz hat also zu lauten: τούς τε λόγους καὶ
τοὺς πεποιημένους δεῖ καὶ αὐτὸν ποιοῦντα ἐκτίθεσθαι καθόλου, εἶθ᾽ οὕτως
ἐπεισοδιοῦν καὶ παρατείνειν. Ich würde diesen Satz nicht anführen,
wenn ich nicht die überaus befremdliche Wahrnehmung zu
verzeichnen hätte, dass der klare Wortsinn desselben von den
Interpreten, soweit ich sehen kann, durchweg nicht richtig er-
fasst worden ist. Man hat den Unterschied zwischen πεποιημένους und αὐτὸν ποιοῦντα auf die Verschiedenheit traditioneller
und selbsterfundener Stoffe bezogen. Die einen haben, um
für diese Unterscheidung einen angemessenen Ausdruck zu
gewinnen, πεποιημένους in παρειλημμένους geändert, andere sind
dafür eingetreten, dass πεποιημένους seinen Platz behaupten und
soviel als παρειλημμένους bedeuten könne. Gegen die letztere
Aufstellung genügt es, auf den gesammten Sprachgebrauch der
Poetik zu verweisen, der zugleich trotz vereinzelter Stellen, in
denen ποιεῖν = fingo ist (wie 51ᵇ 20—22), in entscheidender
Weise lehrt, dass αὐτὸν ποιοῦντα sich nicht auf die eigene Erfindung des Dichters beziehen kann. Man denke an Stellen
wie κἂν ἄρα συμβῇ γενόμενα ποιεῖν oder εἴ τις τὸν τῆς Ἰλιάδος ὅλον
ποιοῖ μῦθον oder ὅσοι πέρσιν Ἰλίου ὅλην ἐποίησαν oder εἰ αὐτὰ (nämlich τὰ ἐν Ὀδυσσείᾳ ἄλογα) φαῦλος ποιητὴς ποιήσειεν (51ᵇ 29 f.; 56ᵃ
13, 16; 60ᵇ 1); ποιεῖν heisst eben dichterisch bearbeiten
oder gestalten — gleichviel ob der Stoff ein erfundener
oder ein überkommener ist. Darum und überdies auch weil
der Fall völlig freier Erfindung eines Tragödienstoffes ein so
völlig vereinzelter ist (vgl. c. 9, 51ᵇ 21), dass wir einem Hinweis darauf in diesem Zusammenhange zu begegnen unmöglich
erwarten können, hat auch jene conjecturale Aenderung nicht
die mindeste Berechtigung. Der Unterschied der durch πε-

ποιημένους und der durch αὐτὸν ποιοῦντα bezeichneten Fälle
ist kein anderer als der zwischen Vergangenheit und
Gegenwart. Soll der Dichter zur Zeit, da ihn die Composition eines Dramas beschäftigt, die Fähigkeit besitzen, jene
ihm hier so dringend ans Herz gelegte Scheidung des Wesentlichen vom Unwesentlichen mit Sicherheit vorzunehmen, so
muss er sie gleich jeder anderen Fähigkeit durch Uebung erworben oder doch vervollkommnet haben. Und den Gegenstand solcher Uebung können lediglich bereits vorhandene,
von anderen Poeten gedichtete Dramen bilden. Auf diese pro-
gymnasmatische Thätigkeit weist Aristoteles, wie es seine
Art ist, mit knappen aber unzweideutigen Worten hin und
stellt zugleich Musterstücke solcher Analysen, diese aber in
grosser Ausführlichkeit dem Leser vor Augen. Dass das
Sätzchen εἰθ' οὕτως — παρατείνειν wieder ausschliesslich dem im
dramatischen Schaffen begriffenen Dichter gilt, auf den das
Augenmerk des Autors ja vorzugsweise gerichtet ist, kann
uns weder Wunder nehmen noch an unserer Deutung irgend
irre machen.

Jene meisterlichen Probestücke von analytischer Behandlung dichterischer Stoffe sind mehrfach durch Interpolationen
entstellt, welche die Absicht des Stagiriten in ihr Gegentheil
verkehren und die man erheiternd nennen könnte, wenn nicht
der sogenannte Conservatismus der Herausgeber den einleuch-
tenden Besserungen, die Castelvetro, M. Schmidt und Adolf
Torstrik vorgeschlagen haben, zumeist einen hartnäckigen
Widerstand entgegensetzte. Meine Zustimmung zu jenen Aus-
scheidungsvorschlägen im einzelnen zu registrieren, erspare ich
mir um so lieber, als meine ungefähr gleichzeitig mit dieser
Abhandlung veröffentlichte Uebersetzung der Poetik ein Ver
zeichnis der mir billigenswerth scheinenden Textesänderungen
überhaupt enthalten wird.

Der Inhalt des Cap. 18 setzt Umstellungsversuchen einen
minder nachhaltigen Widerstand entgegen als jener des vorangehenden Abschnitts. So will es wenigstens scheinen. Denn
zu Gunsten der von Heinsius und Spengel vorgeschlagenen,
von Susemihl und M. Schmidt befolgten Anordnung, wonach

die Cap. 17 und 18 vor dem Cap. 15 zu stehen hätten, sprechen
in Ansehung dieses Capitels in Wahrheit gar manche Umstände.
Mit der ‚Fabel‘, deren Behandlung jene Gelehrten erledigt
wissen wollten, ehe die Charaktere mit Cap. 15 in Angriff genommen werden, beschäftigen sich ja in der That mindestens
ansehnliche Stücke dieses Abschnitts. Man muss genau zusehen,
um zu erkennen, dass diese Vorbedingung jener Transposition
(ganz abgesehen von den unlöslichen Schwierigkeiten, die dann
Cap. 16 und 17 bereiten) in Wirklichkeit doch nicht vorhanden ist. Die Unterscheidung der Partien des Dramas, die
zur Schürzung und zur Lösung des Knotens gehören, wird
nicht zur Grundlage irgend welcher den Bau der Fabel be-
treffender Vorschriften gemacht. Sie dient einzig und allein,
wie schon Vahlen vollkommen richtig erkannt hat, zur Vorbereitung des Satzes: ‚Vielen Dichtern gelingt die Schürzung
wohl, während ihnen die Lösung missräth; es gilt aber stets,
beider Aufgaben Herr zu werden.‘ Und dieser Satz stellt wieder
nur einen Einzelfall der vielumfassenden Bemerkung dar: ‚In
erster Reihe muss man nun darnach trachten, alle Vorzüge zu
vereinigen, oder doch jedenfalls die meisten und bedeutendsten.‘
Dass der Stagirit hier unmöglich die Fabel allein im Auge
haben kann, dass nicht der mindeste Grund vorliegt, die weite
Allgemeinheit dieser Empfehlung an die Erörterung eines einzelnen Tragödienbestandtheils geknüpft zu denken, dies darf
als selbstverständlich gelten. Wenn im übrigen die in diesem
wie in Cap. 16 zerstreuten Einzelwinke sich mehrfach auf die
Fabel beziehen, so hat dies seinen natürlichen Grund darin,
dass dieser Theil der Tragödie in den Augen des Aristoteles,
der dessen Vorrang mit so nachhaltigem Eifer behauptet hat,
eben den Haupttheil derselben bildet. Was hätte aber in einem
der Fabel ausschliesslich gewidmeten Abschnitt die den Chor
und die richtige Art seiner Verwendung betreffende, mit so
behaglicher Breite ausgeführte Erörterung am Schluss des Capitels zu bedeuten?
     Ich wende mich zur kurzen Besprechung einiger Einzel-
heiten. Die durch zwei Lücken verunstaltete Stelle 55ᵇ 26 ff.
lese ich mit leichter Modificirung der Verbesserungsvorschläge
von Vahlen, Spengel und Christ (dessen Ergänzung durch die
arabische Uebersetzung bestätigt ward) wie folgt: λέγω δὲ δέον

μὲν εἶναι τὴν ἀπ' ἀρχῆς μέχρι τούτου τοῦ μέρους ἐξ οὗ μεταβαίνειν (εἰς
δυστυχίαν συμβαίνει ἢ) εἰς εὐτυχίαν, λύσιν δὲ τὴν ἀπὸ τῆς ἀρχῆς τῆς
μεταβάσεως μέχρι τέλους· ὥσπερ ἐν τῷ Λυγκεῖ τῷ Θεοδέκτου δέσις μὲν
τά τε προπεπραγμένα καὶ ἡ τοῦ παιδίου λῆψις καὶ πάλιν ἡ αὐτῶν δή(λωσις,
λύσις δ' ἡ) ἀπὸ τῆς αἰτιάσεως τοῦ θανάτου μέχρι τοῦ τέλους. Es folgt
die vielbehandelte Stelle: τραγῳδίας δὲ εἴδη εἰσὶ τέσσαρα, τοσαῦτα
γὰρ καὶ τὰ μέρη, ἐλέχθη, ἡ μὲν πεπλεγμένη κτέ. Hier will ich
nur mit wenigen Worten meine Ueberzeugung aussprechen,
dass uns bloss die Wahl gelassen ist zwischen der Tilgung und
der Verbesserung des hervorgehobenen Sätzchens in dem Sinne,
den Tyrwhitt und Ueberweg als den allein angemessenen erkannten, indem statt τὰ μέρη jener τὰ μύθων, dieser τὰ μύθου
oder τοῦ μύθου zu schreiben vorschlug, während der sprachlich zulässige Ausdruck τὰ τοῦ μύθου sich allerdings von den
überlieferten Worten am weitesten entfernt. Alles, was über
die Stelle zu sagen Noth thut, ist bereits von Ueberweg
in Nr. 84 seiner Anmerkungen und von Vahlen (Beiträge
II 49 f.), soweit seine Darlegung sich gegen die Ueberlieferung
kehrt, gesagt worden. Bei dieser Berufung von dem Herausgeber der Poetik auf den Verfasser der ‚Beiträge‘ darf es
hoffentlich sein Bewenden haben. Ebenso mag es uns gestattet
sein, von einer eingehenden Widerlegung jener Darlegung abzusehen, die in dem Stücke 56ᵃ 18—21 einen ungestörten Ge-
dankenzusammenhang nachweisen will. Dass der Archetypus
eben in dieser Partie eine schwere Schädigung erlitten hat,
dies bezeugen die vier unleugbaren Lücken 55ᵇ 28, 31, 34 und
56ᵃ 3 (an letzterer Stelle bisher freilich nur von Ueberweg anerkannt, aber ebenso unabweisbar als Schrader's treffliche
Besserung: τὸ δὲ τερατῶδες). Da wird man sich denn auch be-
sinnen dürfen, ehe man den Gedankensprung von Agathon zu
den ‚jüngeren Tragikern‘ 56ᵃ 19 unternimmt und ehe man
zwischen στοχάζονται ὧν βούλονται θαυμαστῶς und τραγικὸν γὰρ τοῦτο
καὶ φιλάνθρωπον einen ununterbrochenen Gedankenfluss anerkennt,
den kein unbefangenes Auge wahrzunehmen im Stande ist.
Oder sollte es wirklich Noth thun, darauf hinzuweisen, dass
jenes ἐν δὲ ταῖς περιπετείαις καὶ ἐν τοῖς ἁπλοῖς πράγμασι (καὶ ἁπλῶς
ἐν τοῖς πράγμασι?) στοχάζονται ὧν βούλονται θαυμαστῶς nur von einer
Classe von Tragikern gesagt werden konnte, vielleicht in der
That von jenen νεώτεροι, deren Werke zumeist ἀήθεις waren

(50ᵃ 25) und die diesen Mangel durch Geschick in der Führung der Handlung (als antike und tragische Scribe's) com-
pensiert haben mögen, — dass diese aber unmöglich in dem
einen Punkte übereinstimmten, dass sie allzu weitschichtige
Stoffe in den Rahmen eines Dramas zwängten. Denn dies ist
ein specieller, man möchte sagen zufälliger Fehler, in dem
gewiss Dichter der verschiedensten Richtungen gelegentlich zu-
sammentrafen. Wenn Aristoteles in dem angeführten Satze die
jüngeren Tragiker meinte, so hat er dies gewiss auch ausdrücklich gesagt und uns nicht zugemuthet, in Agathon (der
übrigens fast sicherlich nicht um seines Stoffreichthums willen
im allgemeinen sondern ob dieses in einem bestimmten Drama
begangenen Fehlers getadelt wird) den Typus der jüngeren Dramatiker schlechtweg zu erblicken. Die innere Unwahrscheinlich-
keit dieser Annahme erhellt auch aus der folgenden Erwägung.
Die einzige gemeinsame Eigenschaft der jüngeren Tragiker‘,
mit welcher der Verfasser der Poetik uns bekannt macht, ist
ihre mangelhafte Charakterzeichnung (ἤθεις τραγῳδίαι, s. oben);
Agathon aber wird in einem bestimmten derartigen Falle in Betreff der Art, wie er den ‚Starrsinn‘ Achills geschildert hat,
als Vorbild hingestellt und neben Homer genannt (54ᵇ 14)!
    Jenes τραγικὸν γὰρ τοῦτο καὶ φιλάνθρωπον mit dem, was sich
daran reiht, 56ᵃ 21 ff., enthält übrigens einen scheinbaren
Widerspruch mit dem, was 53ᵃ 1 ff. gesagt ward, der soviel
ich sehen kann noch nicht beleuchtet worden ist. An unserer
Stelle wird das Unterliegen des Bösewichts und des Unge-
rechten ‚zugleich tragisch und menschenfreundlich‘ genannt,
während an jener früheren Stelle solch einem Fall nur die
letztere, nicht die erstere Bestimmung zuerkannt wird. Der
Widerspruch lässt sich nicht einfach und unmittelbar dadurch
lösen, dass hier von Bösewichten die Rede ist, die zugleich
durch Intelligenz hervorragen (ὁ σοφὸς [μὲν] μετὰ πονηρίας), und
dass der hier gemeinte Ungerechte sich durch Tapferkeit aus-
zeichnet (ὁ ἀνδρεῖος μὲν ἄδικος δέ). Nicht einfach und unmittelbar,
sage ich; denn die Begründung, mit welcher an jener früheren
Stelle diesem Falle die tragische Wirkung abgesprochen ward
(‚das Mitleid gilt dem schuldlos Leidenden, die Furcht dem
uns Gleichartigen‘), wird durch die hier eingeführte Combination nicht eigentlich entkräftet. Was diese wirklich leistet,

ist das Folgende. Den verwerflichen Eigenschaften werden
Vorzüge beigesellt, die uns deren Träger zwar nicht anziehend
machen, aber die abstossende Wirkung, die sie sonst üben
würden, wesentlich mildern. So entspringt ein Eindruck, der
aus Freude über die Niederlage des Helden und aus innerem
Antheil an seinem Loose sich zusammensetzt. Dies darf man
zwischen den Zeilen lesen. Und auch noch ein anderes.
Der Einwand liegt nahe, dass die hier vorausgesetzten Vorgänge, die Täuschung des Schlauen und das Unterliegen des
Tapferen, gegen die innere Wahrscheinlichkeit (das εἰκός) ver-
stossen. Diesem stillschweigend erhobenen Einwurf begegnet
Aristoteles durch die Anwendung des erweiterten Wahrschein-
lichkeitsbegriffes, durch den Hinweis auf Agathons Wort, dass
eben das Unwahrscheinliche oft das Wahrscheinliche sei. Dabei
sagt er sich wohl im Stillen, das man jenen zwiefach genuss-
reichen, weil zugleich tragischen und menschenfreundlichen
Eindruck auch durch eine Ermässigung der strengen Wahr-
scheinlichkeitsforderungen zu erkaufen geneigt sein wird. Geben
wir uns doch der dramatischen Illusion um so williger hin,
je reicher der Genuss ist, den wir von dieser Hingabe empfangen. Wie natürlich es übrigens ist, dass ein complicirter
Fall, wie ihn die Behandlung gemischter Charaktere darbietet,
und desgleichen die aus ihm sich ergebende ausnahmsweise
Ermässigung der in der Regel geltenden strengen Anforderungen eben in nachträglichen Zusätzen Platz gefunden hat,
braucht kaum gesagt zu werden.

Es folgt das 19. Capitel, dessen erster Satz den Inhalt
der vier nächsten Abschnitte ankündigt mit den Worten: περὶ
μὲν οὖν τῶν ἄλλων ἤδη εἴρηται, λοιπὸν δὲ περὶ λέξεως καὶ διανοίας εἰπεῖν. Die διάνοια wird in Wahrheit nur ihres engen
Zusammenhanges mit der λέξις wegen erwähnt, nicht um hier
behandelt, sondern um aus dem Rahmen dieser Untersuchung
hinaus- und der Rhetorik zugewiesen zu werden. Nicht anders
wird jener Theil der λέξις, der der διάνοια am nächsten steht,
die σχήματα τῆς λέξεως, der Vortragskunst überwiesen. So ist
endlich Raum geschafft für die weitläufige, drei ungewöhnlich
lange Capitel einnehmende Behandlung der λέξις. Nichts kann
auf den ersten Blick verwunderlicher scheinen, als dass hier,

wo in Wahrheit noch immer eine Dichtungsart, die Tragödie,
in Frage steht, ein Gegenstand in Angriff genommen wird,
der nicht nur mit allen anderen Zweigen der Poesie ganz
ebensoviel als mit dem Trauerspiel zu schaffen hat, dessen
Bedeutung vielmehr über den Bezirk der Poesie überhaupt
hinausreicht, dieser mit der Prosa gemein ist und seine natür-
lichste Stelle vielleicht in einer der Poetik und Rhetorik gemeinsamen Einleitung gefunden hätte. Dennoch ist gerade
dies der Punkt, an welchem wir die Disposition des Verfassers
als eine ungemein kunstvolle zu bewundern allen Grund haben.
Als er die ‚Poetik' schrieb, war die ‚Rhetorik' noch nicht vorhanden. Aber auch davon abgesehen spielt der Schmuck
der Rede in der Poesie eine so weit grössere Rolle als in der
Prosa, dass sobald nur die Wahl offen stand zwischen der
Behandlung dieses Themas in der Poetik oder in der Rhetorik (und das müssen wir in der That als eine gegebene
Thatsache hinnehmen), die Entscheidung nicht zweifelhaft sein
konnte. Wie Aristoteles in Betreff der διάνοια hier auf sein
Werk über die Redekunst, so hat er in Betreff der Ziermittel
der Rede in jenem Werke (Rhet. III 2) auf die Schrift über
die Dichtkunst verwiesen. Darüber handeln nun in Wahrheit allerdings nur die Cap. 21 und 22. Dem systematischen
Geiste des Stagiriten aber widerstrebte es, die ἐνόματος εἴδη, das
heisst die Abarten eines Bestandtheils der Rede, zu erörtern,
ehe er diesem seine Stelle unter den übrigen Bestandtheilen
angewiesen und ehe er gesagt hatte, was Rede überhaupt ist
und in welcher Stufenfolge sie sich aus ihren Urelementen
vom Sprachlaut bis zum λόγος in dem weiten Sinne, der sogar
die ganze Ilias als eine Einheit umfasst, aufbaut und gliedert.
Wo aber sollte innerhalb der Poetik diese ganze Erörterung
Platz finden? Der Eingang des Werkes blieb in naturgemässer
Weise der Aussonderung der Poesie aus dem Gesammtbereich
der ihr nächstverwandten, der musischen Künste vorbehalten.
Daran schloss sich nicht minder naturgemäss die Gliederung
der Poesie in ihre Gattungen an. Die nächste Stelle nimmt
die Frage nach dem Ursprung und der Entwicklung der
von Aristoteles anerkannten Hauptgattungen der Dichtung ein.
Durch diese hatte er sich unmerklich den Weg gebahnt
zur Feststellung der Werthunterschiede und der dadurch be-

stimmten Reihenfolge jener drei Hauptgattungen: Tragödie, Epos und Komödie. Die Betrachtung der Tragödie hat ihn zur Unterscheidung ihrer Bestandtheile und im Anschluss hieran zur Feststellung der Rangfolge derselben geführt. Der ‚Sprache' ward keineswegs der oberste oder einer der obersten Plätze zugewiesen. Ebensowenig aber einer der letzten. Sie aber an letzter Stelle zu behandeln war ein Gebot zwingender Nothwendigkeit, und zwar aus zwei Gründen. Der so sehr beträchtliche Umfang, den diese Erörterung erheischte, musste das Ebenmass der Darstellung, wenn diese an einem früheren Orte stattgefunden hätte, aufs empfindlichste stören. Weit mehr aber besagt ein anderes: die λέξις ist ein μέρος der Tragödie; aber sie ist ganz ebenso sehr ein μέρος des Epos und ein μέρος der Komödie, um von den dem Stagiriten nicht als vollwerthig geltenden Dichtungsarten zu schweigen. Da war es denn ein überaus glücklicher Griff, diese weitläufigen Sprach-capitel an den Schluss der von der Tragödie handelnden Partie und damit zugleich unmittelbar vor den Anfang der für die an-deren Dichtungsarten, zunächst der das Epos betreffenden Ab-schnitte zu setzen. Man versuche es im Geiste diese Ordnung zu ändern; man denke, dass irgendwelche die Tragödie allein angehenden Bemerkungen, etwa jene, die jetzt die Schluss-partie des Cap. 15 bilden, sich zwischen Cap. 22 und 23 ein-geschoben hätten, und man wird das bis zur Lächerlichkeit Ungereimte solch einer Reihenfolge empfinden. Daraus ergeben sich uns zwei Folgerungen. Es wird uns erstens völlig ver-ständlich, dass das Cap. 15, das ex professo über die Cha-raktere handelt, manches andere damit nur in sehr losem Zusammenhange stehende enthält; denn wir begreifen jetzt die gebieterische Nothwendigkeit, die es dem Verfasser anbefahl, mit allem, was zur Tragödie aber nicht zur λέξις gehörte, gründlichst aufzuräumen. Zweitens aber und hauptsächlich: es darf uns nunmehr als unbedingt unglaubhaft gelten, dass ein Schriftsteller, der so viel verständige Ueberlegung auch an die blosse Anordnung seines Stoffes gewandt hat, die grelle Verkehrtheit begehen sollte, die in der Abfolge der Capitel 15—16 gelegen ist.

Es ist Zeit, zur Betrachtung einiger Stellen dieser Ab-schnitte überzugehen. C. 19, 56ᵇ 7 f. bietet die Handschrift:

τί γὰρ ἂν εἴη τοῦ λέγοντος ἔργον εἰ φανοῖτο ἡ,δέα καὶ μὴ διὰ τὸν
λόγον; Mit der Meinung, dass ἡ,δέα ,einen weder unrichtigen
noch unklaren Gedanken darbietet', und dass man darum ,bei
der Ueberlieferung ... zu beharren' gut thun werde (Beitr.
III 303), blieb Vahlen vereinzelt, und er gab sie in seiner
zweiten Ausgabe auf mit den Worten: ,cuius nec olim aptam
explicationem inueni neque nunc reperio', während er in seiner
dritten Auflage wieder zu seiner ersten Ansicht, wenn auch
mit geminderter Zuversicht zurückkehrt. Ich kenne nur eine
gründliche Heilung des hier vorliegenden Textesschadens und
erwähne sie darum, weil ihr Urheber, der nicht selten durch
allzu grosse Zuversicht gefehlt hat, diesmal meines Erachtens
allzu zaghaft gewesen ist. Es ist dies Leonhard Spengel, der in
seiner Flugschrift (,Aristoteles' Poetik und Joh. Vahlen's neueste
Bearbeitung derselben', Leipzig 1875, S. 8) sich über diese
Stelle wie folgt äussert: ,Man erwartet ein Substantivum, wovon
das Folgende den Gegensatz bildet, z. B. τῇ θέᾳ. durch blosses
Anschauen, die Darstellung (c. 7 θεωρία dreimal, 14 διὰ τῆς
ὄψεως dreimal, ἄνευ τοῦ ὁρᾶν, 24 διὰ τὸ μὴ ὁρᾶν εἰς τὸν πράττοντα),
ich sage beispielsweise, damit V. nicht etwa glaube, ich wollte
mit diesem seltenen Ungethüme, wie er mit seinem verfehlten
ἢ ἰέοι. den schlimmen Text des Ar. beglücken.' Ich halte das
,beispielsweise' Vorgebrachte für eine wohlgelungene Emendation. τῇ θέᾳ bildet genau den hier erforderten Gegensatz
zu μὴ διὰ τὸν λόγον. Das Wort begegnet zwar nicht häufig,
aber doch mehrmals in echten Schriften des Aristoteles, darunter einmal Phys. IV 2, 209ᵇ 20 als ganz gleichwerthig mit
θεωρία (wodurch auch Simplicius in seinem Commentar p. 542,
26 D. es wiedergibt). Auch wäre nicht der mindeste Grund
abzusehen, warum Aristoteles das bei Platon ungemein häufige
Wort hätte meiden sollen, zumal in der Besprechung des
Dramas, wo es neben θεατής, θέατρον u. s. w. ganz und gar an
seinem Platze ist. Allerdings glaube ich Spengel's unwillkür-
liche Emendation noch dadurch vervollständigen zu sollen, dass
ich Castelvetro's Conjectur ἤδη damit verbinde. Aus ΗΔΗ-
ΤΗΔΕΑ konnte sehr leicht ΗΔΕΑ entstehen, während es der
Verlesung von Θ zu Δ an einer genau entsprechenden Parallele im Texte der Poetik nicht fehlt. C. 23, 59ᵇ 36 bietet die
Handschrift δίς, wenn auch unter einer Rasur, statt des dort

allein möglichen und allgemein als richtig erkannten εἰς. Ganz
ebenso ist 55ᵇ 31 aus dem von Vahlen und Spengel zweifellos richtig erschlossenen Ἀπνχοῦ das θανάτου der Handschrift
geworden. Das Ι adscriptum fehlt z. B. ebenso 56ᵃ 23 in
ή;ππήθη (sic).

Die Frage, ob die Nennung und Definition des vierten
der von Aristoteles allein anerkannten Redetheile, des ἄρθρον,
nicht etwa auf Interpolation beruhe, kann schwerlich als eine
endgiltig gelöste gelten. Das Für und Wider dieser Frage
scheint mir wenigstens noch nicht einlässlich genug durch-
gesprochen zu sein. Gegen die Echtheit spricht die ausdrückliche zweimalige Meldung des Dionysios von Halikarnass (V 7 f.
und VI 1101 Reiske), dass Aristoteles diesen Redetheil noch
nicht gekannt habe. Das Gewicht dieses Zeugnisses wird durch
Vahlen's sehr wohl erwogene Bemerkungen entkräftet (Beitr. III,
S. 233 ff.), aus denen jedenfalls hervorgeht, dass des Dionysios
Angabe, erst die Stoiker hätten diesen vierten Redetheil gekannt, eine zweifellos irrige ist. Auch eine Erklärung des Irr-
thums hat Vahlen geliefert, indem er daran erinnerte, dass
Dionysios an beiden Stellen Aristoteles mit Theodektes verbindet und dadurch gleichwie durch sein sonstiges Ignoriren
der Poetik (auch dort, wo man diese genannt oder benützt zu
finden mit Fug erwarten könnte) klärlich zeigt, dass seine
Meldung nicht auf die Sprachcapitel der Poetik, sondern auf
die Θεοδέκτεια zielt. Allein aus eben jener Beweisführung Vahlen's erwächst eine neue Schwierigkeit. Theophrast hat einen
Redetheil ἄρθρον gekannt, aber darunter den Artikel verstanden,
was schlechterdings nicht der Sinn des in der Poetik erscheinenden ἄρθρον sein kann. Da darf es uns denn zunächst höchst
auffällig, ja kaum glaublich scheinen, dass ein neuer technischer
Ausdruck, kaum dass er aufgekommen ist, alsbald wieder seine
Bedeutung wechselt. Vor Aristoteles und wenn nicht in einem
Theile seiner Schriften, so doch in dem von ihm gebilligten und
herausgegebenen Buche seines Freundes Theodektes noch keine
Spur des ἄρθρον als eines besonderen Redetheiles; dann bei
seinem Schüler Theophrast das ἄρθρον im Sinne des Artikels
gebraucht und dazwischen derselbe Kunstausdruck von Aristoteles selbst zur Bezeichnung von etwas ganz anderem verwendet, nämlich entweder bloss der Präpositionen, worauf die

2*

Beispiele, oder dieser und einer zweiten Gattung von Partikeln,
worauf der uns erhaltene Definitionsbeginn hinweist. Da darf
man wohl stutzig werden. Und der also neugeweckte Verdacht
erhält frische Nahrung noch von einer anderen Seite her, nämlich von dem Umstande, dass die Stelle, an der dieser Redetheil bei seiner ersten Nennung auftritt (56ᵇ 21), im Parisinus
und in der arabischen Uebersetzung eine verschiedene ist (vor
dem ὄνομα am letztgenannten, nach ὄνομα ῥῆμα am erstgenannten
Orte).

Dennoch gibt es eine Ueberlegung, die uns zu dem Er-
gebnis führt, dass wir diesen Verdachtsgrund und jene Unwahrscheinlichkeiten hinnehmen müssen, und dass die Einführung
des ἄρθρον in die Poetik von ihrem Urheber selbst herrühren
muss. Fehlte dieser Redetheil, so bliebe neben ὄνομα und ῥῆμα
und ihren πτώσεις nur der σύνδεσμος übrig. Dann müsste diese
Rubrik alles umfassen, was wir, wenn wir uns der aristotelischen Unterscheidung von σημαίνοντα und ἄσημα anzubequemen
versuchen, im Gegensatze zu Stoff- oder Gehaltworten, Be-
ziehungs- oder Formworte nennen können, d. h. diese Kategorie
müsste alle Arten von Partikeln im weitesten Sinne des Wortes
mit Einschluss der Präpositionen umschliessen. Dann wäre aber
eines völlig unverständlich. Aristoteles erklärt den σύνδεσμος
für eine φωνὴ ἄσημος, aber nicht für eine solche schlechtweg; vielmehr nennt er mehrere Functionen derselben, die sie
zum σύνδεσμος machen. Ein σύνδεσμος ist nach ihm die φωνὴ
ἄσημος, welche (um alles zweifelhafte Detail bei Seite zu lassen
und durch eine schematische Darstellung zu ersetzen) die
Functionen A und B erfüllt; welchen Sinn hätte dies, wenn
es ausserhalb des σύνδεσμος überhaupt keine als φωνὴ ἄσημος zu
bezeichnende Wortart gäbe? Jene Aufzählung kann nur dem
Zwecke der Differenzirung dienen, der Unterscheidung einer
aus zwei jeder Sonderbezeichnung ermangelnden Unterarten
bestehenden Art der φωνὴ ἄσημος, während daneben mindestens
noch eine andere Art derselben anerkannt ward. Auch lässt
sich nur unter dieser Voraussetzung die von der Kürze, mit
der das ὄνομα und das ῥῆμα definirt werden, so auffällig ab-
stechende Weitläufigkeit in der Begriffsbestimmung des σύνδεσμος
erklären. So dunkel hier übrigens vieles bleibt, man fühlt sich
versucht, den genetischen Vorgang zu errathen, der bei dieser

Erweiterung des grammatischen Schemas stattgefunden hat.
So lange σύνδεσμος für Aristoteles der einzige Redetheil war,
der neben ὄνομα und ῥῆμα eine Stelle fand, so lange genügte
dafür die Definition als φωνή, ἄσημος, mit einem Zusatz, der
diesen von der gleichfalls als φωνή, ἄσημος σύνθετή, bezeichneten
Silbe unterschied (denn nebenbei bemerkt: so wundersam uns
dies auch anmuthet, es ist eine Thatsache, dass die sonst so
überreiche griechische Sprache dem Aristoteles noch keinen
von störenden Nebenbedeutungen freien Ausdruck für den Begriff ‚Wort' zur Verfügung stellte!). Als der Verfasser der
Poetik es als zweckdienlich erkannte, das ἄρθρον vom σύνδεσμος
abzuspalten, behielt er den gemeinsamen Gattungsbegriff (φωνή
ἄσημος) bei und bildete die Definition so, dass die artbildende
differentia deutlich, nur leider nicht mehr für uns deutlich,
hervortrat.

Kurz vor dem Schlusse des Capitels erscheint jene Definition des Satzes oder vielmehr des Redegefüges im weitesten
Sinne des Wortes, an den sich einige begründende Sätze anschliessen, die mir bisher nicht durchweg richtig verstanden
worden zu sein scheinen. Ich setze die Stelle zunächst in der
Gestalt und insbesondere mit der Interpunction hieher, die mir
als die angemessene gilt, und lasse ihr eine Uebersetzung sammt
einer Darlegung meiner Auffassung nachfolgen: 57ᵃ 23 ff. λόγος
δὲ φωνή, συνθετή, σημαντική, ἧς ἔνια μέρη καθ' αὐτὰ σημαίνει τι. οὐ γὰρ
ἅπας λόγος ἐκ ῥημάτων καὶ ὀνομάτων σύγκειται, οἷον ὁ τοῦ ἀνθρώπου ὁρις-
μός· ἀλλ' ἐνδέχεται ⟨καὶ⟩ ἄνευ ῥημάτων εἶναι λόγον · μέρος μέντοι ἀεί τι
σημαῖνον ἕξει. οἷον κτέ. ‚Ein Redegefüge ist ein zusammengesetztes
bedeutsames Lautgebilde, dass mindestens einige durch sich
selbst bedeutsame Theile besitzt. Denn nicht jedes Redegefüge
besteht aus Nenn- und Aussageworten, wie etwa die Definition
des Menschen (kann ein solches doch sogar der Aussageworte
entrathen); irgend ein selbstbedeutsamer Bestandtheil wird aber
immer darin vorhanden sein, wie z. B.' u. s. w. Man pflegt den
ἀνθρώπου ὁρισμός als Beispiel eines kurz gesagt unvollständigen
Satzes zu betrachten und stützt diese Auffassung auf die vermeintliche Parallelstelle in der Schrift de interpretatione c. 5,
17ᵃ 9 ff.: ἀνάγκη δὲ πάντα λόγον ἀποφαντικὸν ἐκ ῥήματος εἶναι ἢ πτώ-
σεως ῥήματος · καὶ γὰρ ὁ τοῦ ἀνθρώπου. ἐὰν μή, τὸ ἔστιν ἢ ἦν ἢ ἔσται ἤ τι
τοιοῦτον προστεθῇ, οὔπω λόγος ἀποφαντικός. Diese Zusammenstellung

(die sich bei Prantl, Gesch. d. Logik I 141 Anm. 183 ebenso wie bei Vahlen, Beitr. III 242 vorfindet) gilt mir als wenig begründet. In dem soeben angeführten Satze der Schrift de interpr. wird das Definiens durch den Zusatz: ἐὰν μὴ τὸ ἔστιν κτέ. deutlich hervorgehoben im Gegensatze zu dem durch die Copula damit verbundenen Definiendum. Es wird damit gesagt, dass jenes, nämlich ζῷον δίπουν πεζόν keinen Aussagesatz (λόγος ἀποφαντικός) sondern nur einen Satz im weiteren Wortverstande, eine bedeutsame Lautgruppe bilde. Nun ist an unserer Stelle allerdings gleichfalls vom λόγος σημαντικός die Rede, und es lag nahe genug, auch hier die Verwendung desselben Beispieles vorauszusetzen. Man hat aber dabei zweierlei übersehen. Erstens, dass die blossen Worte ὁ τοῦ ἀνθρώπου ὁρισμός für sich genommen und unbefangen angesehen zu einer derartigen Deutung nicht den mindesten Anlass geben. ‚Die Definition des Menschen‘, das besagt doch nicht so viel als ein Theil, es bedeutet vielmehr das Ganze dieser Definition. Zweitens aber: das, was wir einen unvollständigen Satz nennen können, der blosse λόγος σημαντικός, wird am Schlusse der Stelle exemplificirt; warum sollte auch die erste Exemplification ihm und nicht vielmehr dem vollständigen Satze gelten, der ἐκ ῥημάτων καὶ ὀνομάτων σύγκειται? Auch bedurfte es dazu nicht des Bestandtheiles einer Definition; vielmehr hätte jede beliebige nicht eben sinnlose Wortgruppe denselben Dienst geleistet. ‚Nach dem Mahle‘, ‚in Bewegung‘, ‚hoher Baum‘, ‚schönes Pferd‘ — jedes derartige Beispiel hätte ausgereicht, wie denn in der That das letzte derselben in der Schrift de interpr. c. 2, 16ª 21 f. diese Aufgabe erfüllt: ἐν γὰρ τῷ Κάλλιππος τὸ ἵππος οὐδὲν αὐτὸ καθ' ἑαυτὸ σημαίνει, ὥσπερ ἐν τῷ λόγῳ τῷ καλὸς ἵππος.[1]

Man kennt die Abzweckung der ganzen Stelle. Platon hatte den λόγος als eine Verbindung von Nenn- und Aussage-

---

[1] Die nächsten Zeilen, wo die einfachen den zusammengesetzten Worten gegenübergestellt werden, scheinen mir einen schweren Textesschaden zu enthalten, der noch nicht bemerkt, geschweige denn geheilt ist: ἐν ἐκείνοις μὲν γὰρ τὸ μέρος οὐδαμῶς σημαντικόν, ἐν δὲ τούτοις βούλεται μέν, ἀλλ' οὐδενὸς κεχωρισμένον (ἀλλ' οὐ δύναται εἰ μὴ oder καθ' ὅσον οὐ κεχωρισμένον?). Man vergleiche etwa Polit. I 6, 1255ᵇ 2ff.: ἡ δὲ φύσις βούλεται μὲν τοῦτο ποιεῖν πολλάκις, οὐ μέντοι δύναται.

worten bezeichnet (vgl. die platonischen Aeusserungen bei
Vahlen, Beitr. III 242). Nun will der Stagirit diese Lehre
seines Meisters zwar nicht in Betreff des eigentlichen, des
Aussagesatzes, oder doch nur andeutungsweise insoweit bestreiten, dass er neben den σημαίνοντα auch den ἄσημα ihren
Platz im Satze gewahrt wissen will; wohl aber soll auch jede
nicht sinnlose Wortverbindung, selbst wenn sie noch keine
Aussage enthält, ein Satz heissen dürfen. In Betreff eines
solchen muss ihm denn die platonische Bestimmung als fehlerhaft gelten. Denn in einem derartigen Wortcomplexe muss
nicht nothwendig ein ὄνομα und ein ῥῆμα auftreten; es genügt,
damit die Wortgruppe einen Inhalt habe, dass irgend ein
μέρος σημαῖνον, d. h. ein ὄνομα oder ein ῥῆμα darin erscheine.
Dass aber nunmehr gerade das ῥῆμα (und somit nicht das
ὄνομα) darin fehlen dürfe, wie kann man dem Stagiriten solch
einen monströsen Gedanken zutrauen? Man verstehe λόγος
im logischen Sinn oder im rein sprachlichen, immer ist das
ὄνομα weit eher zu entbehren als das ῥῆμα. Darum schalte
ich nach ἐνδέχεται ein καὶ ein und verstehe das Sätzchen so,
dass Aristoteles das vorher Gesagte: ‚nicht jeder Satz besteht,
wie Platon will, aus Aussage- und Nennworten‘ — durch die bei
ihm so beliebte Anführung eines extremen Falles noch schärfer
zuspitzt und bekräftigt, indem er hinzufügt: ‚kann ein Satz
doch sogar ohne Aussagewort bestehen‘.

Ich schliesse diese nothgedrungen langwierige Ausführung
mit der Bemerkung, dass das dem letzten Satzgliede: μέρος
μέντοι ἀεί τι σημαῖνον ἔξει nachfolgende Beispiel: οἷον ἐν τῷ βαδίζει Κλέων ὁ Κλέων mir nach wie vor als sinnlos gilt. Wenn
Vahlen es hinnimmt, dass Aristoteles in dem Satze ‚Kleon
geht‘ Kleon als den ‚für sich bedeutenden Bestandtheil‘ betrachtet (Beitr. III 243), so kann ich meinerseits nur mit
Tyrwhitt ausrufen: ‚neque sane ulla ratio est, juxta ipsius
doctrinam superius traditam, cur Κλέων in hac enuntiatione
magis quam βαδίζει significare dicatur‘. Bis auf weiteres wird
man sich wohl bei M. Schmidt's auf der Schreibung der
Handschrift (βαδίζειν) beruhender und theilweise durch die arabische Uebersetzung (Κλέωνος) bestätigter Herstellung beruhigen
dürfen: οἷον ‚ἐν τῷ βαδίζειν‘, ‚Κλέων ὁ Κλέωνος‘.

Hat uns vor kurzem die unbefangene Erwägung aller in
Frage kommenden Momente zur Abwehr eines Interpolations-
verdachtes geführt, so gelangen wir bei sorgfältigster Betrachtung der auf die Geschlechtsunterschiede der Nennworte
bezüglichen Schlusspartie des Cap. 21 (58ᵃ 8—16) zu dem
entgegengesetzten Ergebniss. Es scheint mir völlig unmöglich,
jenen Kritikern, die gleich Ritter dieses Stück dem Aristoteles
abgesprochen haben, die Zustimmung zu versagen. Von ent-
scheidendem Gewicht sind hier nicht die manchen als verdächtig geltenden Anfangsworte: αὐτῶν δὲ τῶν ὀνομάτων, die
man zur Noth als Gegensatz zu ὀνόματος δὲ εἶδη im Beginn
des Capitels auffassen kann, ähnlich wie es im Eingange der
Poetik heisst: περὶ ποιητικῆς αὐτῆς τε καὶ τῶν εἰδῶν αὐτῆς —.
Ebensowenig ist der Umstand entscheidend, dass ὄνομα hier
wieder im engeren, ja im engsten Sinne als Substantiv gebraucht wird, während es im Verlaufe des Capitels bereits mehrfach in der weitesten Bedeutung ‚Wort‘ verwendet worden ist.
Befremden kann uns freilich auch dies, und man mag es mit
manchen Kritikern nicht wenig verwunderlich finden, dass
dieses Stück, wenn es schon in der Poetik seinen Platz finden
sollte, vom Verfasser nicht lieber dort untergebracht wurde,
wo das ὄνομα im engeren Wortverstande den Gegenstand
der Betrachtung gebildet hat. Unsere Verwunderung wächst,
ohne jedoch noch zur Begründung einer Athetese auszureichen, wenn wir bedenken, wie wenig das hier behandelte
grammatische Detail mit den Absichten der Poetik zu thun
hat, und wie ganz anders geartet doch jene rasche Umschau
über Sprachlaute, Redetheile und Sätze ist, die Aristoteles
seiner Behandlung der für die dichterische Diction ernstlich
in Frage kommenden ‚Wort-Arten‘ voranschicken zu müssen
geglaubt hat. Doch über all dies könnte man allenfalls streiten.
Lässt sich doch die Neigung zu Abschweifungen, zumal dort,
wo es sich um Bestandtheile eines Wissensgebietes handelt,
das noch nicht umfänglich genug geworden ist, um eine
selbstständige Behandlung zu erfahren, nicht in unverrückbare
Grenzen bannen. Allein der Inhalt dieses Gelegenheitsexcurses
zeigt eine Beschaffenheit, die es unmöglich macht, Aristoteles für
seinen Urheber zu halten. Zunächst freilich muss man diesem
Stücke manch ein kritisches Heilmittel verabreichen und manch

eine interpretatorische Krücke leihen, damit es nur überhaupt
gehen und stehen und sich als das Werk eines alten Griechen
darstellen könne, was es ja unzweifelhaft ist. Kein solcher
konnte jemals schreiben oder sagen wollen: ‚männlich sind jene
Nennworte, die auf Ν Ρ ⟨und Σ⟩ ausgehen', was wunderbarer
Weise selbst Vahlen dem Verfasser dieses Stückes, ja sogar
dem Verfasser der Poetik zutraut. Konnte denn dieser oder
konnte irgend ein Grieche auch nur einen Augenblick Feminina wie νόσος χείρ φρήν und die ungezählten Scharen der auf
-ις ausgehenden Verbalsubstantive vergessen? Etwa auch nur
die λέξις, von der dieses Capitel, oder die ποίησις, von der
dieses Buch handelt? Es ist natürlich unbedingt nothwendig,
nach ἄρρενα μὲν ὅσα ein ἐστί entweder mit Ueberweg zu setzen
oder doch zu denken. Dann enthält jener Satz nur die an
sich richtige Angabe, dass alle Masculina — aber freilich nicht
nur diese — auf jene drei Buchstaben ausgehen. Desgleichen
ist der auf die kurze Zwischenbemerkung über Ψ und Ξ als
Abarten des Σ folgende Satz gleichfalls mit Ueberweg also zu
schreiben: θήλεα δὲ ὅσα [ἐκ] τῶν φωνηέντων εἴς τε τὰ ἀεὶ μακρά,
οἷον εἰς Η καὶ Ω, καὶ τῶν ἐπεκτεινομένων εἰς Α. Und auch hier
kann θήλεα δὲ ὅσα nur so viel als ὅσα δὲ θήλεά ἐστι bedeuten;
möglicherweise ist ἐκ eben aus ἐστί verdorben. Dann entbehrt
auch diese Angabe nicht der thatsächlichen Wahrheit; denn
sie besagt nicht mehr als dies: alle weiblichen Nomina, die
mit einem Vocal endigen, gehen auf die immer langen Buchstaben Η und Ω und von den doppelzeitigen auf Α (nicht
aber auf Ι oder Υ) aus. Welche aber ist die Abzweckung
dieser Gegenüberstellung? Zu Grunde liegt ihr die richtige Wahrnehmung, dass die Masculina überhaupt nur drei,
und zwar consonantische, die Feminina nebst diesen drei
consonantischen, von denen bei ihnen keine Erwähnung geschieht, auch noch drei vocalische Ausgänge besitzen. Aus diesem Sachverhalt wird nun der wundersame
Schluss gezogen: ὥστε ἴσα συμβαίνει πλήθη, εἰς ὅσα τὰ ἄρρενα καὶ τὰ
θήλεα. Das heisst: den drei consonantischen Endungen, auf
welche alle Masculina ausgehen, werden die drei vocalischen
gegenübergestellt, auf welche jene Feminina, die keine
consonantische Endung haben, ausgehen. Das Verhältnis
der weiblichen zu den männlichen Endungen ist in Wahrheit

das von 6 : 3. Damit es aber 3 : 3 werde, wird über die consonantischen Endungen der Feminina geschwiegen! Die Freude
an dieser Spielerei, an der Aufstellung eines ganz und gar
schiefen und schielenden Gegensatzes ist augenscheinlich Grund
und Anlass des ganzen Excurses. Es folgt noch die sachlich
richtige Bemerkung, dass kein Nomen auf eine Muta noch
auf E und O ausgeht (— οὐδὲ εἰς φωνῆεν βραχύ, d. h. auf einen
Buchstaben, der immer einen kurzen Vocal bezeichnet, während
die ἐπεκτεινόμενα die bald kurz bald lang gebrauchten Vocal-
zeichen bedeuten). Daran reiht sich die Namhaftmachung der
drei einzigen auf Ι und der fünf einzigen auf Υ ausgehenden
Substantive; dass die letzteren im Archetypus nicht nur erwähnt
sondern aufgezählt waren, dies macht jetzt die Uebereinstimmung,
die in diesem Punkte zwischen der arabischen Uebersetzung
und einem Theile der Apographa besteht, wahrscheinlich. Die
verstümmelte, von G. Hermann durch die Einsetzung von Α
und Ρ ergänzte Aufzählung der Ausgänge der Neutra bildet
den Schluss des Excurses, dessen abgeschmackte Spitzfindelei
dem Verfasser der Poetik ebenso fremd ist wie seine zwischen
breiter Kleinkrämerei und geflissentlichem Verschweigen seltsam schillernde Eigenart. Doch die Hauptsache ist, dass man
eben diese Eigenart des Stückes richtig erkenne und rück-
haltlos anerkenne. Wer dies thut und dasselbe dennoch für
aristotelisch hält, darf es jedenfalls nicht unterlassen, das Ge-
sammtbild, das er von der Geistesart des Stagiriten in der
Seele trägt, mit dem Eindruck, den er von diesem Stück
empfangen muss, in Einklang zu setzen.

Das Capitel 22 bietet mir nur Stoff zu einer kleinen
kritischen Nachlese. Nachdem 58ᵃ 25 f. das Kauderwelsch,
das aus der Anwendung von lauter Fremdworten entstehen
würde, kurz erwähnt ist (ἐὰν δὲ ἐκ γλωττῶν, βαρβαρισμός). kehren
Z. 30 f. die ähnlichen Worte wieder: ἐκ τῶν γλωττῶν βαρβαρισμός. Hier ist nur ein Zweifel darüber möglich, ob dies, wie Us-
sing will, eine mechanische Wiederholung des Vorangehenden
oder ob es, wie Vahlen vermuthet, der Rest einer die Sache
erklärenden Bemerkung ist. So geringfügig die Frage auch
ist, so will ich zur Stütze der letzteren Ansicht doch auf
den Umstand hinweisen, dass eine unabsichtliche Wiederholung

nicht wohl den an der ersten Stelle fehlenden Artikel aufweisen könnte. Dies und die eine Fortsetzung heischende
Partikel τὲ in αἰνίγματός τε γὰρ ἰδέα κτέ. (Z. 26) scheinen mir
die Frage zu Gunsten der Annahme einer Lücke, sei es nun
vor, sei es nach den in ihrer Vereinzelung unverständlichen
Worten zu entscheiden.

Es scheint noch nicht bemerkt zu sein, dass Aristoteles
nicht zwei sondern drei die metrischen Licenzen der Dichter
verspottende Knüttelverse des ,alten Eukleides' namhaft macht.
Er führt diesen mit den Worten (58ᵇ 7 ff.) ein: οἷον Εὐκλείδης
ὁ ἀρχαῖος, ὡς ῥᾴδιον ποιεῖν, εἴ τις ζώσει ἐκτείνειν ἐφ᾽ ὁπόσον
βούλεται, ἰαμποποιήσας ἐν αὐτῇ τῇ λέξει. Die von uns hervorgehobenen Worte lauten doch ganz und gar nicht wie der
natürliche ungekünstelte Ausdruck des Gedankens: wenn man
dem Dichter jede beliebige Längung verstattet. Kaum würde
jemand ohne besonderen Anlass hier ζώσει, sicherlich würde er in
diesem Zusammenhang nicht ἐφ᾽ ὁπόσον gebrauchen. Man lese:

$$\text{ζώσει} \mid \text{ἐκτεί-} \mid \text{νειν} \mid \text{ἐφ᾽ ὁπόσ-} \mid \text{ον βόλε-} \mid \text{ται.}$$

Der Spötter hat seine Klage über Freiheiten der Dichter selbst
in einen mit solchen Freiheiten reich ausgestatteten Vers gekleidet, und eben dies besagen die bisher in gar gewundener
Weise erklärten und seltsam übersetzten Worte: ἰαμβοποιήσας
ἐν αὐτῇ τῇ λέξει. (So Ueberweg: ,er legt den Spott in die
Redeform selbst [durch Silbenverlängerung] hinein'. Aehnlich
Susemihl. M. Schmidt: ,und ihr Verfahren in seinem eignen
Ausdruck persiflirte: ἥ, τ᾽ ἐχάρην σ᾽ ἰδών κτέ.' Vahlen endlich
gibt ἐν αὐτῇ τῇ λέξει durch ,in purer Prosa' wieder.) Ich habe
βόλεται geschrieben in Erinnerung an die Homerstellen, die ja
sicherlich auch Euklid vor Augen hatte, Α 319 und π 387.
Wendet uns jemand ein, dass hier ja nur von Längungen,
nicht von Kürzungen die Rede und somit jenes βόλεται oder
βούλεται nicht am Platze sei, so ertheilt ihm die arabische
Uebersetzung, die vor ἐκτείνειν auch ein συστέλλειν gekannt hat,
die erforderliche Antwort. Vielleicht haben wir auf Grund
derselben den Text so zu gestalten: εἴ τις συστέλλειν ζώσει ἢ
ἐκτείνειν κτέ. Damit käme freilich eine der parodistischen Längungen in Wegfall, aber der Charakter des Verses wäre dadurch nicht verändert, und massvoll war ja im Alterthum jede,

auch die parodistische Gattung der Dichtung. Auch an den
als solchen anerkannten Spottversen des Eukleides bleibt noch
einiges zu bessern. Ich sehe wenigstens keinen Grund, weshalb man dort, wo es sich um willkürliche Längungen handelt,
das ἰδον (sic) der Haupthandschrift mit den Apographis in
εἶδον ändern soll, während man doch (insoweit mit M. Schmidt)
ebensogut lesen kann: Ἐπιχάρην[1] ἰδὼν Μαραθῶνάδε βαδίζοντα. Auch
aus dem γεράμενος (sic) der Handschrift möchte ich nicht mit
den Apographis und den Ausgaben das jeder Construction
widerstrebende γ᾽ ἐράμενος sondern lieber das nicht eben weit
abliegende πριάμενος machen. Liest man aber: οὐκ ἂν πριάμενος
τὸν ἐκείνου ἐλλέβορον, so hat man einen σπονδειάζων vor sich,
dessen vierter Fuss gleichfalls einen Spondeus bilden soll. Das
wäre eine metrische Seltsamkeit, die allerdings nur von Ni-
kander, Koluthos und Tryphiodor vollständig, von anderen
späteren Dichtern nahezu vollständig gemieden ward, die jedoch auch in der Ilias und Odyssee nicht einmal in dem vierten
Theil aller Spondeiazontes vorkommt (vgl. A. Ludwich, Quae-
stionis de hexametris poet. graec. spondiacis capita duo, Halle
1866, p. 24 sq.). Da mag es räthlich scheinen den vorliegenden
Vers als einen Pentameter anzusehen und mit dem vielleicht
von einer ähnlichen Erwägung geleiteten Immanuel Bekker
κείνου statt ἐκείνου zu schreiben.

58ᵇ 11 τὸ μὲν οὖν φαίνεσθαί πως χρώμενον τούτῳ τῷ τρόπῳ
γελοῖον —. Da mindestens Twining und G. Hermann, I.
Bekker und M. Schmidt, Christ und vormals auch Susemihl die Worte φαίνεσθαί πως χρώμενον für verbesserungs-
bedürftig gehalten haben oder halten, so ist es vielleicht nicht
unnöthig, auf eine Parallelstelle zu verweisen, an die wahrscheinlich auch Vahlen in seinem Commentar gedacht hat. Ich
meine Rhet. III 7, 1408ᵇ 5, eine Stelle, über die ich einst

---

[1] Man wird übrigens gut thun, sich daran zu erinnern, dass die Lesung
Ἐπιχάρην eine blosse, von den erhaltenen Zeichen ἤτα χάριν ziemlich
weit abliegende Vermuthung ist. Wer meine oben ausgesprochene Vermuthung billigt, wird aus ἤ vielleicht das zur Verbindung mit dem vorhergehenden Citat erforderliche καὶ entnehmen. Was in dem übrigblei-
benden ΤΕΙΧΑΡΙΝ stecken mag, weiss ich freilich nicht zu sagen.
Die arabische Uebersetzung ‚appellatum cum favore‘ könnte auf ein als
Κλέοχαριν aufgefasstes Κλεοχάρην zu führen scheinen. Oder sollte Τει(μό)-
χαριν das ursprüngliche sein?

in meinen ‚Beiträgen‘ III 5 (565) gehandelt habe und aus der ich die hier in Frage kommenden Sätze in gereinigter Gestalt hiehersetze: ἔτι τοῖς ἀνάλογον μὴ πᾶσιν ἅμα χρήσασθαι · οὕτω γὰρ κλέπτεται ὁ ἀκροατής · λέγω δὲ οἷον ἐὰν τὰ ὀνόματα σκληρὰ ᾖ, μὴ καὶ τῇ φωνῇ καὶ τῷ προσώπῳ τοῖς ἁρμόττουσιν · εἰ δὲ μή, φανερὸν γίνεται · ἐὰν δὲ τὸ μὲν τὸ δὲ μή, λανθάνει ποιῶν τὸ αὐτό. Es folgt nach einem Zwischensätzchen, welches das richtige Mass als ein gemeinsames Erfordernis in all diesen Dingen bezeichnet, der Satz: καὶ γὰρ μεταφοραῖς καὶ γλώτταις καὶ τοῖς ἄλλοις εἴδεσι χρώμενος ἀπρεπῶς καὶ ἐπίτηδες [ἐπὶ τὰ γελοῖα] τὸ αὐτὸ ἂν ἀπεργάσαιτο. Ich vermag die Ausscheidung der von mir eingeklammerten Worte allerdings nicht durch eine zwingende Beweisführung zu begründen. Nur so viel scheint mir festzustehen. Man erwartet hier nach dem Vorhergehenden und auch im Hinblick auf das Folgende (τὸ δ' ἁρμόττον ὅσον διαφέρει κτέ.) am ehesten den Gedanken anzutreffen: ‚eine geschmacklose und gleichsam geflissentliche Verwendung würde in Ansehung dieser sämmtlichen Kunstmittel eine lächerliche Wirkung erzeugen'. Dem Ausdruck dieses Gedankens entsprechen auch alle Theile des Satzes mit Ausnahme der auch von ihrem Inhalt abgesehen bedenklichen, weil, wenn mein Sprachgefühl mich nicht täuscht, an ἐπίτηδες in kaum zulässiger Weise angeschlossenen Worte: ἐπὶ τὰ γελοῖα. Wollte Aristoteles von einem absichtlichen, auf eine komische Wirkung abzielenden Gebrauche jener Zier- mittel sprechen, so würde er, meine ich, von der Erreichung eines Zweckes (wie M. Schmidt übersetzt: ‚würde diesen Zweck ebenfalls erreichen'), nicht von dem blossen Hervorbringen einer Wirkung reden. Es lag nahe genug, ἐπίτηδες, das neben ἀπρε- πῶς nur die Beflissenheit (das ἐπιτηδεύειν τὰ τοιαῦτα, derartiges wie ein Geschäft oder einen Sport betreiben) bedeuten sollte, im Sinne des bewussten Anstrebens eines Effectes zu verstehen und durch das beigefügte ἐπὶ τὰ γελοῖα zu vervollständigen. Für die jambischen, d. h. dramatischen Dichtungen passen, weil sie sich dem Conversationston am meisten nähern, jene Wortarten ὅσοις κἂν ἐν τοῖς λόγοις τις χρήσαιτο (59ᵃ 13 f.). Statt τοῖς bietet die Handschrift ὅσοις, das die Herausgeber einfach tilgen, während mir der Artikel hier geradeso am Platze zu sein scheint wie c. 6, 50ᵇ 6: ὅπερ ἐπὶ τῶν λόγων κτέ. und 14 f.: ὃ καὶ ἐπὶ τῶν ἐμμέτρων καὶ ἐπὶ τῶν λόγων ἔχει τὴν αὐτὴν δύναμιν.

Ein einigermassen erschöpfender Commentar der Poetik
sollte übrigens diesen Abschnitt nicht verlassen, ohne mit Verwunderung dessen zu gedenken, was darin vermisst wird.
Unerwähnt lässt Aristoteles mindestens drei Kategorien stili-
stischer Verschönerungsmittel: 1. den Gebrauch alterthüm-
licher Ausdrücke. Ist es doch nicht nur die räumliche sondern
ebensosehr auch die zeitliche Entfernung, die den Eindruck
des Ungewohnten und Fremdartigen zu erzeugen und dadurch
die Diction zu veredeln geeignet ist. Das Schweigen darüber
erklärt sich wohl daraus, dass der Verfasser der Poetik hier
den Blick fast ausschliesslich auf die alte epische, nicht auf
die jüngere tragische Dichtung geheftet hat. 2. Mit keinem
Worte wird der sinnlichen Klangschönheit oder auch der
Tonmalerei gedacht. Ein oder das andere Beispiel, wie jenes
ἠϊόνες βοῶσι, wohl auch θοινᾶται (statt ἐσθίει), gehört hierher,
aber die Kategorie selbst wird nicht namhaft gemacht. Ebensowenig 3. die ungewöhnliche Art der Wortverwendung,
die weder unter die Rubrik der Metapher noch unter jene
des Fremdwortes fällt; so in dem eben hier angeführten ὀλίγη
τράπεζα oder in μικρὸς Ὄλυμπος. Mindestens auf die letzten zwei
Gesichtspunkte haben die späteren Bearbeiter dieses Themas
vielfach hingewiesen, wie wir jetzt insbesondere aus den Ueber-
resten der hiehergehörigen Schriften Philodems ersehen können.

Cap. 23. Ich beginne mit einer Kleinigkeit. Der Anfang des Abschnittes lautet: περὶ δὲ τῆς διηγηματικῆς καὶ ἐν μέτρῳ
μιμητικῆς —. Das ungewöhnliche ἐν μέτρῳ möchte ich beileibe
nicht mit M. Schmidt zu ἐν ⟨ἁπλῷ⟩ μέτρῳ ergänzen (oder auch nur
mit Vahlen an ἁπλοῦν μέτρον dabei denken), ebensowenig aber
mit Heinsius (dem noch Susemihl gefolgt ist) in ἐν ⟨ἑξα⟩-
μέτρῳ verändern. Denn wenn auch das ‚heroische‘ Versmass
dem Stagiriten als ständiges Merkmal der epischen Dichtung
gilt (so wenige Zeilen vorher: αἱ δὲ γλῶτται τοῖς ἡρωικοῖς und
καὶ ἐν μὲν τοῖς ἡρωικοῖς), so darf man doch nicht hier, wo
anders als Cap. 6 in. eine begriffliche Abgrenzung gegen
das Gebiet der τραγῳδίας καὶ τῆς ἐν τῷ πράττειν μιμήσεως versucht wird, dieses äusserliche Kennzeichen dem Text durch
Conjectur aufdrängen wollen. Wohl aber ist es völlig angemessen, das Epos eben durch seine metrische Form von

anderen Unterarten jener grossen gemeinsamen Gattung, die
auch die Mimen des Sophron gleichwie die platonischen Dia-
loge umfasst (vgl. 47ᵃ 28 ff.), zu unterscheiden. Dazu genügt
aber die Erwähnung der gebundenen Rede überhaupt. Und
da nun Aristoteles sehr häufig ἐν μέτροις und μετὰ μέτρου, niemals aber ἐν μέτρῳ geschrieben hat, so darf man wohl mit
Fug voraussetzen, dass hier ἐν μέτρῳ aus dem sprachüblichen
ἐμμέτρου entstanden ist. Sobald die Assimilation wie so häufig
in Handschriften vernachlässigt und somit ἐνμέτρου geschrieben
war, musste die Schlimmbesserung ἐν μέτρῳ fast mit Nothwendigkeit nachfolgen.

Die Ermahnung, dem Epos strenge innere Einheit zu
verleihen und sich bei ihm nicht mit der zeitlichen Einheit
zu begnügen, die für die Geschichtsdarstellung ausreicht, wird
in Worten ertheilt, deren Schluss fehlerhaft überliefert, aber
von Dacier durch eine ‚pulcherrima conjectura‘, die Tyrwhitt
seinem Text unbedenklich einverleibte, berichtigt worden ist.
Statt καὶ μὴ ὁμοίας ἱστορίας τὰς συνήθεις εἶναι hat der französische
Kritiker, dem neuerlich Spengel, Ueberweg, M. Schmidt und
Christ gefolgt sind, καὶ μὴ ὁμοίας ἱστορίαις τὰς συνθέσεις geschrieben.
Da Vahlen nicht müde wird, die Ueberlieferung durch ein
Aufgebot immer neuer Parallelen zu vertheidigen, so mag
die Bemerkung nicht überflüssig sein, dass sein Hinweis auf
Vergleiche, bei denen ‚uariant interdum ueteres ita ut ex
nostro more dicendi contrarium potius exspectaueris‘ (ed. tertia,
p. 337), unseren Fall nicht im mindesten berührt. Vahlen
übersieht hier den eingreifenden Unterschied, der zwischen
einer thatsächlichen Constatirung und einer Vorschrift ob-
waltet. Hätte Aristoteles wirklich hier, wo er dem Epiker
Rathschläge ertheilt, bemerkt, dass die Geschichtsdarstellung
in dem fraglichen Punkte nicht dem Heldengedicht gleichen
dürfe, statt umgekehrt, so wäre seine Ausdrucksweise genau
so verkehrt gewesen, als wenn jemand seinem Schneider ein-
schärfen wollte, nicht dass der Rock zum Körper, sondern
dass der Körper zum Rocke passen solle. Zu allem Ueberfluss
unternimmt Vahlen nicht den geringsten Versuch, das von
Dacier so glücklich beseitigte συνήθεις zu erklären. Auch wäre
jeder solche Versuch ein vergeblicher, da Aristoteles himmel-
weit davon entfernt ist, die ‚übliche‘ Geschichtsdarstellung

etwa einer anderen vollkommeneren entgegenzusetzen. Spricht
er doch auch im 9. Capitel in ganz analoger Weise von dem
Unterschied, der zwischen Poesie und Historie besteht, ohne
dort mehr als hier durch den leisesten Wink zu verrathen,
dass ihm ein diesen Unterschied beseitigendes oder modifi-
cirendes Ideal der Geschichtschreibung vor Augen stehe.

Hat sich uns hier die ‚conservative‘ Kritik als ein Abweg
erwiesen, so gelangen wir nunmehr zu einer Stelle, die fast
jeder Herausgeber mit anderen Aenderungsvorschlägen bedacht
und die, soviel ich sehen kann, noch nicht die einfache Erklärung gefunden hat, die sie vor jedem Missbrauch der Kritik
und Hermeneutik zu sichern geeignet ist. Homer wird darum
gerühmt, weil er weit entfernt davon, das Epos wie eine Geschichtsdarstellung zu behandeln, nicht einmal den trojanischen
Krieg, der doch die Merkmale einer einheitlichen Handlung
besitzt, in seinem ganzen Umfange darzustellen unternommen
hat. Denn solch eine Darstellung wäre entweder durch ihre
Ausdehnung unübersichtlich oder bei mässigem Umfang durch
die Buntheit ihres Inhalts verwirrend gewesen. νῦν δ' ἓν μέρος
ἀπολαβὼν ἐπεισοδίοις κέχρηται αὐτῶν πολλοῖς, οἷον κτέ. (59ᵃ 35 f.).
Ich glaube diese Worte wie folgt verstehen zu sollen. Sobald
Aristoteles durch ἓν μέρος ἀπολαβὼν den einen Theil aus der
Gesammtheit der Theile herausgehoben hat, stehen ihm die
übrigen Theile oder doch die Thatsache ihres Vorhandenseins
so lebhaft vor Augen, dass er keinen Anstand nimmt, αὐτῶν
zu schreiben, gerade als ob er von den μέρη in der Vielzahl
ausdrücklich gesprochen hätte. ἐπεισοδίοις κέχρηται αὐτῶν πολλοῖς
besagt so viel als: ‚er bedient sich vieler der übrigen Theile
als Episoden.‘ Niemand hätte an dem Satz Anstoss genommen,
wenn er also lautete: νῦν δ'ἕν τι τῶν μερῶν ἀπολαβὼν ὡς ἐπεισοδίοις κέχρηται πολλοῖς αὐτῶν. In Wahrheit besteht aber zwischen
dieser und der uns vorliegenden Fassung kein wesentlicher
Unterschied. Ich bemerke erst jetzt mit Vergnügen, dass
Tyrwhitt die Stelle ganz ebenso verstanden zu haben scheint.
Denn er übersetzt sie wie folgt: ‚Nunc autem unam partem
pro argumento a ceteris desumens, multis ipsarum partium
usus est ut episodiis.‘

Im Gegensatze zur strengen Einheit und Uebersichtlich-
keit der Handlung, die den Stoff der Ilias bildet, werden nun-

mehr andere Epen genannt, und zwar die Kyprien sowohl als
die kleine Ilias. Während man aus Ilias und Odyssee nur je
eine oder höchstens zwei Tragödien mache, haben die Kyprien
den Stoff zu vielen, die kleine Ilias zu mehr als acht Trauer-
spielen geboten, von denen nun zehn aufgezählt werden. Hier
hat man sich über jenes ‚mehr als acht‘ (πλέον ἐκτώ). da ja
acht keine runde Zahl ist, mit Recht verwundert. Nicht minder
befremdet es mich, in dieser Aufzählung den rasenden Aias
zu vermissen, mit dessen Inhalt die äschyleische Ὅπλων κρίσις
nicht identisch war, da vielmehr das zweite Stück dieser Tri-
logie, die Θρῆσσαι. nach dem Zeugnis der Scholiasten zu Sophokles' Aias 134 und insbesondere 815 den Selbstmord des
Helden zu seinem Gegenstande hatte. Es scheint mir völlig
unbegreiflich, dass Aristoteles, dem es doch darum zu thun
ist, möglichst viele dem Sagenstoff der kleinen Ilias entnommene
Dramen aufzuführen, weder den sophokleischen Aias noch das
äschyleische Paralleldrama genannt hat, während wir doch aus
Proklos' Chrestomathie mit Sicherheit wissen, dass der Wahn-
sinn des Aias, sein Wüthen gegen die Herden und schliesslich
gegen sich selbst in jenem Epos zur Darstellung gelangt
ist. Darum hat sich mir die Vermuthung aufgedrängt, dass
an zweiter Stelle, nach den Worten: οἷον Ὅπλων κρίσις die Nennung des Αἴας ausgefallen ist. Billigt man diese Vermuthung,
so steigt die Anzahl der hier genannten Dramen auf elf. Das
erste der unter dieser Voraussetzung über die Achtzahl hinaus-
gehenden wird im Unterschied zu der bis dahin statthabenden
asyndetischen Anreihung mit καί eingeführt. Es ist die Ἰλίου
πέρσις, die zum achten der angeführten Stücke wird; darauf
folgen (als 9—11) καὶ ἀπόπλους καὶ Σίνων καὶ Τρωάδες. In diesem
Wechsel der Aufzählungsweise glaubte man vordem das An-
zeichen einer Interpolation zu erkennen. Dem gegenüber hat
Vahlen mit bestem Recht auf eine Parallele in περὶ ψυχῆς I 1,
403ᵃ 16 ff. hingewiesen: ἔοικα δὲ καὶ τὰ τῆς ψυχῆς πάθη πάντα
εἶναι μετὰ σώματος · θυμὸς πραότης φόβος ἔλεος θάρσος, ἔτι χαρὰ καὶ
τὸ φιλεῖν τε καὶ μισεῖν. Allein wie es hier doch zum mindesten
dem Autor auch darauf ankam, das zusammengehörige Paar
des Liebens und Hassens enger zu verbinden, und wie das die
neue Anreihungsweise einleitende ἔτι gewiss nicht ohne Grund
und Absicht gewählt ward, so darf man auch in unserem Falle

vermuthen, dass es irgend ein den letzten zwei oder drei
Dramen gemeinsam anhaftendes Merkmal war, das zu ihrer
Sonderung von der vorangehenden Reihe den Anlass gab. Und
da werden wir denn vermuthen dürfen, dass es eben dasselbe
Merkmal war, welches diese drei Dramen wie eine Art von
Ueberschuss erscheinen liess, so dass die beiden uns auffälligen
Umstände, jenes ‚mehr als acht‘ und dieser Wechsel in der Art
der Anreihung innerlich zusammenhängen und Aristoteles etwa
sagen wollte: streng genommen ist der Inhalt der kleinen Ilias
zu acht selbständigen (keine Doubletten bildenden und jenen
Stoff unter sich vertheilenden) Dramen verarbeitet worden;
man kann aber, wenn man es minder genau nimmt, auch
noch drei andere Dramen hieherrechnen. Weiter kann unsere
Muthmassung nicht mehr auch nur mit einiger Sicherheit vor-
schreiten. Allein vielleicht verdient es doch in diesem Zusammenhang einige Beachtung, dass die Sinon-Episode und
ebenso die Vertheilung der Beute, die Opferung der Polyxena
und anderes, was den Inhalt der euripideischen Trojanerinnen
bildet, von Proklos nicht mehr dem Sagenstoffe der kleinen
Ilias sondern jenem der im Cyklus zunächst folgenden Dichtung,
der Ἰλίου πέρσις, zugewiesen wird. Vielleicht ist der wahre
Sachverhalt, der die Lösung unserer Aporien enthält, der gewesen, dass die kleine Ilias jene den Abschluss des Krieges
bildenden Vorgänge nur mehr in summarischer und andeutungs-
weiser Darstellung enthielt, so dass man von Tragödien, welche
diese Schluss-Scenen behandelten, nicht mit derselben strengen
Wahrheit wie von der Reihe, die sich vom ‚Waffengericht‘
bis zur ‚Iliupersis‘ erstreckte, sagen konnte, ihr Stoff sei der
kleinen Ilias entnommen. Eine Stütze dieser Muthmassung —
deren Unsicherheit ich keineswegs verhehlen will — kann man
in dem Umstand finden, dass der Scheinrückzug der Griechen
(εἰς Τένεδον ἀνάγονται) von Proklos noch der kleinen Ilias, die
Rückkehr aus Tenedos aber und die ihr unmittelbar vorangehende Herbeirufung durch das Feuerzeichen des Sinon bereits
der Iliupersis zugetheilt wird. Da ja jede dieser Dichtungen
eine selbständige und ihre Zusammenfügung zu einem Cyklus
keineswegs von vornherein beabsichtigt war, so darf es als
nicht wenig unwahrscheinlich gelten, dass die eine derselben
mitten in einer Action abbrach oder vielmehr die Vorbereitung

zu einer solchen, nicht aber ihre Ausführung in sich schloss.
Ganz und gar nicht unwahrscheinlich aber ist es, dass der
Schluss des einen Gedichtes gewisse Vorgänge nur mehr in
raschester Uebersicht vorführte, während eben diese Kürze
den Nachfolger zu breiter Ausführung derselben einlud.

Cap. 24 zeigt in seinen ersten zwei Drittheilen einen völlig
durchsichtigen Gedankengang. Nachdem im Cap. 23 zunächst die
Hauptforderung, die an den nach aristotelischer Schätzung weitaus wichtigsten Theil jeder Dichtung, an den Bau der Fabel
zu stellen ist, die Einheitlichkeit und innere Geschlossenheit
der Handlung nachdrücklich betont ward, wendet sich der
Autor nunmehr zur Betrachtung der Uebereinstimmungen sowohl als der Unterschiede, die zwischen Epos und Tragödie bestehen. Die auffällige Zusammenschiebung der auf die ,Arten'
sowohl als die ,Theile' bezüglichen Bemerkungen, in der Weise,
dass die Begründung für beides gemeinsam erfolgt und nicht,
wie man zunächst erwarten möchte, gesondert, hat wohl darin
ihren Grund, dass es Aristoteles darum zu thun ist, zu zeigen,
wie sehr weitgehend diese Uebereinstimmung ist. Der also
erzeugte Eindruck würde abgeschwächt, wenn die (vollständige)
Identität der Arten und die (nahezu vollständige) Identität der
Theile jede für sich abgehandelt und durch die der ersten
Behauptung sofort nachgeschickte Begründung derselben auseinandergehalten wäre. Die Emphase aber, mit der das den
beiden Dichtungsarten Gemeinsame hervorgehoben wird, soll
wohl zwei Zwecken dienen: 1. der Rechtfertigung der ver-
hältnissmässigen Kürze, mit der das Epos behandelt wird, und
2. der Vorbereitung auf die vergleichende Schätzung der beiden
im Schlusscapitel, wo der Tragödie, welche πάντ' ἔχει ὅσπερ ἡ
ἐποποιία, auf Grund dessen, was sie vor dieser voraus hat, der
Vorrang zuerkannt wird. Die Stelle ist in der Handschrift,
von zwei längst berichtigten kleinen Irrungen abgesehen, vollkommen wohl erhalten; wenn einige neuere Herausgeber eine
Erwähnung der ᾠδή vermissen, so vermag ich ihnen nicht bei-
zupflichten. Dass eine Handlung handelnde Personen voraussetzt, und dass diese wieder nicht qualitätlos sein können, dies
brauchte, nachdem es einmal anlässlich der Tragödie gesagt
war, nicht beim Epos wiederholt zu werden. Nur in Betreff

3*

der διάνοιαι (man beachte den Plural), die ja im Epos in Wahrheit eine viel geringere Rolle spielen, konnte eine besondere
Erwähnung nöthig scheinen, und diese zog, da διάνοια und
λέξις zumeist zu einem Paar vereinigt sind, auch die Nennung
der letzteren und der auf sie zu verwendenden Sorgfalt nach
sich. Nur die Interpunction der Stelle lässt wohl in allen
Ausgaben einiges zu wünschen übrig und verdunkelt den Ge-
dankenzusammenhang. Man muss, wie ich meine, wie folgt
interpungiren: ἔτι δὲ τὰ εἴδη, ταῦτα δεῖ ἔχειν τὴν ἐποποιίαν τῇ τραγῳδία, ἢ γὰρ ἁπλῆν ἢ πεπλεγμένην ἢ ἠθικὴν ἢ παθητικήν, καὶ τὰ μέρη
ἔξω μελοποιίας καὶ ὄψεως ταὐτά · καὶ γὰρ περιπετειῶν δεῖ καὶ ἀναγνω-
ρίσεων καὶ παθημάτων, ἔτι τὰς διανοίας καὶ τὴν λέξιν ἔχειν καλῶς.
Es folgt die Besprechung der Unterschiede, von denen
zunächst zwei namhaft gemacht werden, die Verschiedenheit
der Länge und jene des Versmasses. Des dritten und eigentlichen Hauptunterschiedes, der erzählenden Form, war bereits
bei der Einführung des ganzen Gegenstandes, Cap. 23 in.,
gedacht worden. Nun wird er 59ᵇ 22 unter einem neuen
Gesichtspunkt ins Auge gefasst, insofern nämlich die erzählende
Form im Gegensatze zur dramatischen die Ausdehnung des
Umfanges der Dichtung begünstigt. Es folgt 59ᵇ 31 die Besprechung des zweiten Unterschiedes, der das Versmass betrifft,
und zwar so, dass die Eigenart des heroischen Versmasses zu
der sonstigen Eigenart des Epos in Beziehung gesetzt wird.
Bis hierher ist die Anordnung eine durchaus systematische.
Von 60ᵃ 5 angefangen zerfällt die Darstellung in Einzel-
bemerkungen, die man mit Vahlen, auf dessen lesenswerthe
Ausführungen (Beitr. III 229 ff.) ich gern verweise, den ebenso
vereinzelten Winken, wie sie Cap. 17 und 18 für die Tragödie
enthalten, einigermassen vergleichen kann. Nur in einem Punkte
besteht ein auffälliger Unterschied. Die Ertheilung von Vorschriften, die aus der Sache selbst geschöpft werden, wechselt
mit Aeusserungen des Lobes ab, deren Gegenstand Homer
und seine Dichtungen sind. Einen Ansatz hierzu hat übrigens
schon das vorhergehende Capitel, 59ᵃ 30 ff., aufgewiesen, desgleichen auch Cap. 4, 48ᵇ 34 ff. und Cap. 7, 51ᵃ 22 ff. Dieser
Unterschied der Darstellung hat M. Schmidt bewogen, eine
dieser Partien (60ᵃ 5—11) als ‚von den Umgebungen grund-
verschieden‘ und ‚ihrem Charakter nach ähnlich wie 60ᵃ 18—26‘

einzuklammern. Soll das besagen, dass diese zwei Stellen darum,
weil sie auf Homer Bezug nehmen, unmittelbar zu einander
gehören, so erhebt dagegen der Autor selbst kaum ein Dutzend
Zeilen vorher den kräftigsten Einspruch. τὸ γὰρ ὅμοιον ταχὺ
πληροῦν κτέ. (59ᵇ 30 f.)! Warum sollte Aristoteles das ‚Einerlei,
das bald Uebersättigung erzeugt‘, in der Theorie ängstlich gemieden, in seiner stilistischen Praxis eifrig aufgesucht haben?
Die Sache ist völlig plan. Es läuft auf dasselbe hinaus, ob dem
epischen Dichter ein Rath direct ertheilt wird, oder ob dies auf
dem Wege geschieht, dass ein Vorzug Homer's gerühmt und
damit seinen Nachfolgern zur Nachahmung empfohlen wird.
Das Epos besass eben einen anerkannten Musterdichter, was
bei der Tragödie nicht der Fall war. Hätte es statt der drei
grossen Tragiker nur einen gegeben, wäre z. B. der Vorrang
des Sophokles ein ebenso unbestrittener gewesen wie jener
Homer's. dann hätte Aristoteles auch einen Theil jener Winke,
aus denen sich die Cap. 17 und 18 zusammensetzen, in dieses
Gewand zu kleiden vermocht und dies zu thun schwerlich
unterlassen. Man darf hinzufügen, dass diese Art, allgemein
giltige Normen zu gewinnen, seiner empirischen Denkweise,
welche Kunstregeln lieber aus der Betrachtung der Meister-
werke abstrahirt als auf synthetischem Wege aufbaut, ganz
und gar gemäss ist. Nichts aber kann wohl verkehrter sein
und der Absicht des Schriftstellers entschiedener widerstreiten,
als wenn man alles, was die eine und die andere der hier
verwendeten Darstellungsformen aufweist, auf einen Haufen
zusammenträgt.

    Entbehrt diese Partie einer eigentlich planmässigen An-
ordnung, so lassen sich doch fast durchweg die Gedanken-
fäden erkennen, welche die einzelnen Bestandtheile im Geiste
des Schreibenden zusammenhalten und ihn von einem Punkte
zum anderen hinüberleiten. Im Vordergrunde steht für den
Verfasser der Poetik allezeit der Begriff der μίμησις. und darum
wird zuvörderst Homer das vielsagende Lob ertheilt, dass er
allein hinter seinem Gegenstande zu verschwinden und sich
dadurch als ein wahrhaft mimetischer Dichter zu bewähren
wisse. Dann wendet sich das Augenmerk des Stagiriten der
Wirkung der Dichtung zu. Die Erregung von Affecten, die
ihr eigentliches Ziel ist, wird durch Ueberraschung gefördert

(vgl. Cap. 9, 52ª 1 ff.); darum wird es als ein Vorzug des
Epos gerühmt, dass es der Einführung des Wunderbaren
einen grösseren Spielraum gewähre. Daran schliesst sich ein
innerlich verwandter Rathschlag: man solle von Homer lernen,
wie man Unwahres vorzubringen habe, mit anderen Worten,
wie man die Illusion des Lesers und dadurch die Anziehungs-
kraft der Dichtung zu steigern vermöge. Eng hängt damit
wieder der Rath zusammen, die Scheinbarkeit höher als die
Naturwahrheit zu achten. Da das Unwahre, das Unmögliche,
das Wunderbare und das Ungereimte eine Gruppe verwandter
Begriffe bilden, so kann es uns nicht befremden, wenn hier
die Ermahnung einfliesst, nicht das ganze Gedicht aus lauter
Ungereimtheiten bestehen zu lassen. Hieran reiht sich wieder
ganz naturgemäss eine über den Bereich des Epos hinaus-
greifende allgemeine Anweisung in Betreff des Gebrauches des
ἄλογον oder Ungereimten und desgleichen der Hinweis auf das
Beispiel Homer's, der auch derartiges durch die Kunst seiner
Darstellung zu verdecken und dem Sinn des Lesers einzu-
schmeicheln wisse. Den Schluss bildet eine an diesen Hinweis
sich zwanglos anlehnende, wieder ganz allgemein gehaltene Entscheidung der Frage, welchen Partien einer Dichtung aus-
nehmende stilistische Sorgfalt zuzuwenden und in welchen hinwiederum eine solche nicht nur entbehrlich sondern sogar vom
Uebel sei.

Es ist nicht der Schatten eines Grundes vorhanden, irgend
welche Stücke sei es aus diesem Capitel auszuscheiden, sei es
darin umzustellen oder auch nur als nachträgliche Zusätze des
Autors zu betrachten. Von M. Schmidt's hiehergehörigen Versuchen haben wir bereits gesprochen. Wo Schmidt's Klammern
enden, dort lässt Christ seine Sternchen beginnen (60ª 12—19:
δεῖ μὲν οὖν—ὡς χαριζόμενοι). Susemihl endlich hat vor 60ª 5
(Ὅμηρος δὲ ἄλλα τε πολλὰ κτλ.) eine „längere Lücke" angenommen,
ferner eine kleinere Lücke vor 27 ff. (πρὸς τε λόγους μὴ συνί-
στασθαι κτλ.), wo aus seinen Ergänzungsversuchen hervorgeht,
dass ihm der Uebergang zur Tragödie als ein allzu schroffer
gegolten hat. Dieses Befremden lässt sich begreifen, da ja in
der That die Unterscheidung zwischen dem, was innerhalb, und
dem, was ausserhalb des μύθευμα gelegen ist, einzig und allein
auf das Drama Bezug hat. Dennoch scheint die Annahme

eines Ausfalls nicht wohl begründet. Bildet doch den Anfang
dieses Absatzes eine Vorschrift von ganz allgemeiner Art, die
Warnung vor Häufung oder allzu starker Anwendung des
ἄλογον. Erst daran schliesst sich die specielle, lediglich auf
das Drama gemünzte Regel. Und von dieser aus schlingt sich
sofort wieder ein Gedankenfaden zur Poesie überhaupt zurück,
der in eine specielle, auf die Odyssee bezügliche Anwendung
und von hier aus alsbald in jene allgemeine, den Abschluss
der ganzen Epos und Tragödie behandelnden Partien aufs beste
markirende Stilregel mündet.

Ich berühre nur wenige einzelne Stellen dieses Capitels.
59ᵇ 37 f. bietet die Handschrift: τὸ δὲ ἰαμβεῖον καὶ τετράμετρον
κινητικαί. τὸ μὲν ὀρχηστικόν. τὸ δὲ πρακτικόν. Dass hier nur κινητικαί möglich ist, hat zuerst Goulston und nach ihm wohl jeder
Herausgeber erkannt. Desgleichen haben sie καὶ hinzugefügt,
was eine zwar sehr gelinde, aber, wie ich meine, nicht völlig
gedankengemässe Aenderung ist. Ist doch der Zusammenhang
dieser. Es ward gezeigt, dass das hexametrische als ‚das
stetigste und wuchtigste der Versmasse‘ der Wucht und Hoheit des Epos am meisten entspricht. Wenig geeignet für diese
Aufgabe sei das jambische und das trochäische Mass, weil sie
unruhiger Art, κινητικαί, sind. Hier hat Aristoteles keinen Grund,
also fortzufahren: und zwar besitzt das eine Tanzrhythmus,
das andere einen solchen, der die Bühnenaction am passendsten
begleitet. Denn davon abgesehen, dass die eine dieser Bemerkungen bereits im Cap. 4 (49ᵃ 22 f.) zu lesen war, woran
der Verfasser nicht eben zu denken braucht, kann es ihm an
dieser Stelle nicht darum zu thun sein, jenes Urtheil zu ex-
pliciren, sondern es zu begründen. Das ὀρχηστικόν und das
πρακτικόν sind Unterarten des Gattungsbegriffes κινητικαί. Da
scheint es sachgemässer und mindestens ebenso wenig gewaltsam, also zu schreiben: τὸ δὲ ἰαμβεῖον καὶ τετράμετρον κινητικά, εἰ
τὸ μὲν ὀρχηστικόν, τὸ δὲ πρακτικόν. Für diesen Gebrauch von εἰ
vergleiche man, wenn es Noth thut, Krüger 65, 5. 7. Derartige durch den Itacismus verschuldete Schreibfehler begegnen
z. B. 59ᵇ 8, 60ᵃ 33, 60ᵇ 8, 61ᵃ 8, um nur Fälle anzuführen,
die jedem Meinungsstreit entrückt sind. — ‚Aus diesem Grunde
hat denn,‘ so heisst es auf der nächsten Zeile, ‚auch niemand
eine umfängliche (epische) Composition in einem anderen als

dem heroischen Versmass gedichtet; es lehrt eben, wie wir
schon einmal bemerkten, die Natur selbst das Passende er-
greifen.' Der Schluss dieses Satzes hat eine Verunstaltung
erlitten, die erst Bonitz (im Jahre 1862!) beseitigen musste,
indem er das wahnwitzige διαιρεῖσθαι durch das allein angemessene — seither auch durch die arabische Uebersetzung
bestätigte — αἱρεῖσθαι ersetzt hat (Aristotelische Studien I 98).
Damit ist die Stelle jedoch noch nicht völlig geordnet. In
den Worten: ἀλλ' ὥσπερ εἴπομεν, αὐτὴ ἡ φύσις διδάσκει τὸ ἁρμόττον
αὐτῇ [δι]αἱρεῖσθαι ist noch das widersinnige αὐτῇ (im Parisinus
αὐτή) zurückgeblieben. Denn nicht von dem Naturgemässen
sondern von der dem jedesmaligen Gegenstand gemässen Behandlung, von der dem Inhalt entsprechenden Form muss
hier die Rede sein. Wer Parallelstellen mehr als der Vernunft
vertraut, der möge den Satz nachlesen, an den Aristoteles
hier ausdrücklich erinnert (Cap. 4, 49ᵃ 23ff.): λέξεως δὲ γενομένης αὐτῇ ἡ φύσις τὸ οἰκεῖον μέτρον εὗρε, μάλιστα γὰρ λεκτικὸν τῶν
μέτρων κτέ.

In dem Lobspruch, der Homer alsbald darum ertheilt
wird, weil er allein unter den Dichtern wisse, was der Dichter
selbst zu thun hat, nämlich so wenig als möglich in eigener
Person zu reden, wird sein Verfahren also geschildert (60ᵃ 9ff.):
ὁ δὲ ὀλίγα φροιμιασάμενος εὐθὺς εἰσάγει ἄνδρα ἢ γυναῖκα ἢ ἄλλο τι
[ἦθος] καὶ οὐδὲν' ἀήθη, ἀλλ' ἔχοντα ἦθη. Da Vahlen das von Reitz
als unecht ausgeschiedene ἦθος vertheidigt hat, so scheint es
nothwendig, seine Beweisführung, der es an äusserem Erfolge
nicht gefehlt hat, kritisch zu beleuchten. Es sind zwei Stellen
der aristotelischen Rhetorik, auf die er (Beitr. III 337) seine
Rechtfertigung gründet. Wer die Stellen aufschlägt und
darin ἦθος in dem hier von Vahlen postulirten Sinne von
‚Person‘ oder Figur verwendet zu sehen erwartet, wird arg
enttäuscht werden. Die eine der beiden Stellen (Rhet. III 7,
1408ᵃ 28 ff.) handelt von verschiedenen Menschenarten, bezeichnet je eine solche als γένος und illustrirt diesen Begriff
durch Beispiele οἷον παῖς ἢ ἀνὴρ ἢ γέρων, καὶ γυνὴ ἢ ἀνήρ, καὶ
Λάκων ἢ Θετταλός. Hierbei zu verweilen fehlt jeglicher Anlass.
Die andere Stelle (Rhet. II 12, 1388ᵇ 32ff.) lautet wie folgt:
τὰ δὲ ἤθη, ποῖοί τινες κατὰ τὰ πάθη, καὶ τὰς ἕξεις καὶ τὰς ἡλικίας καὶ
τὰς τύχας, διέλθωμεν μετὰ ταῦτα. Das heisst: ‚wie die Menschen

aber in ihrer Eigenart beschaffen sind, je nach ihren Leidenschaften und moralischen Qualitäten, nach ihrer Altersstufe
und Lebenslage, wollen wir nunmehr erörtern.‘ Wie das gemeint ist, zeigt sogleich die erste Anwendung 1389ᵃ 2 ff.: οἱ
μὲν οὖν νέοι τὰ ἤθη εἰσὶν ἐπιθυμητικοὶ καὶ οἷοι ποιεῖν ὧν ἂν ἐπιθυμή-
σωσιν. Darin liegt doch wahrlich nicht, dass ‚die ἤθη . . . nach
ἡλικία γένος u. s. w. unterschieden‘ werden. Wenn ‚junge Leute
— wie Aristoteles hier bemerkt — starke Begehrungen und
die Neigung besitzen diesen zu willfahren‘, so werden ihre ἤθη
insoweit durch ihre Altersstufe bedingt. Andere Charakter-
typen werden durch andere Altersstufen, Nationalitäten, Lebens-
stellungen u. s. w. bedingt. Dem Schöpfer der Logik aber
zuzumuthen, dass er das Bedingende mit dem Bedingten
verwechsle, dazu läge auch dann kein Grund vor, wenn nicht
mehrere Umstände gegen die Annahme solch einer Verwechslung zeugten. ἀνήρ und γυνή können sehr wohl als je ein
γένος. aber angesichts der unendlichen Mannigfaltigkeit, die
unter den Gliedern dieser γένη besteht, wahrlich nicht als die
Träger je eines ἦθος oder Charaktertypus gelten. Die Verbindung ἦθος καὶ οὐδέν᾽ ἀήθη ἀλλ᾽ ἔχοντα ἤθη, müsste man dann,
aber auch nur dann hinnehmen, wenn die hier fingirte Bedeutung von ἦθος irgend einen Anhalt im Sprachgebrauche
besässe und nicht ausschliesslich für diese eine Stelle ersonnen
wäre. Endlich: wie wenig die Worte ἄλλο τι der Anlehnung
an ein Substantiv in diesem Zusammenhang bedürfen, das
kann ein Blick auf die Stelle lehren, an welcher der Verfasser
der Poetik den hier ausgeführten Gedanken bereits skizzirt
hat, Cap. 3 in.: καὶ γὰρ ἐν τοῖς αὐτοῖς καὶ τὰ αὐτὰ μιμεῖσθαι ἔστιν
ὁτὲ μὲν ἀπαγγέλλοντα ἢ ἕτερόν τι γιγνόμενον ὥσπερ Ὅμηρος ποιεῖ
κτἑ. Eine wirkliche Schwierigkeit muss uns noch einen Augenblick festhalten. Sollen wir οὐδέν᾽ ἀήθη mit der Aldina und
Bekker in οὐδὲν ἄηθες verändern, sollen wir es beibehalten
und als Plural des Neutrums verstehen? Wäre ἄηθες überliefert, so brauchte uns der Mangel an strengem Parallelismus
nicht im mindesten zu beunruhigen. Im ersten Satzglied wäre
der Gedanke eben distributiv, im zweiten collectiv ausgedrückt:
‚kein Wesen ohne ausgeprägte Eigenart: nur derartige, die
eine solche besitzen‘. Ob aber die Aenderung unvermeidlich
ist, das wage ich nicht zu entscheiden. Während οὐδένας bei

attischen Rednern nicht selten ist und auch schon bei Herodot
begegnet, scheint es an sicheren Belegen für den Plural des
Neutrums überhaupt zu fehlen. Darnach könnte dieses ἄπαξ
λεγόμενον (das übrigens erst aus dem οὐδένα ἤθη der Handschrift gewonnen ist) überaus bedenklich scheinen, wenn nicht
bei Aristoteles selbst ein Parallelfall (Phys. Z 4, 234ᵇ 33) nachgewiesen wäre. Leider ist auch dieser die heikle Frage endgiltig zu entscheiden nicht geeignet. Denn dem καὶ οὐδένων
(sic) ἄλλων von E steht καὶ οὐκ ἄλλων anderer Handschriften
gegenüber. Und auf welcher Seite hier die grössere Autorität
zu finden ist, das werden vielleicht auch jene nicht zu sagen
wissen, die gleich Diels die ‚Textgeschichte der aristotelischen
Physik‘ zum Gegenstand eines eindringenden und ergebnis-
reichen Studiums gemacht haben (vgl. des genannten Gelehrten
also betitelte akademische Abhandlung, Berlin 1882, insbesondere S. 10, 11, 16 f. und 19 f.); leider versagt uns auch
Simplicius hier seine Hilfe. Nachdem wir hierüber so weitläufig gehandelt haben, mag über den Anfang des auf derselben Zeile beginnenden Satzes die kurze Bemerkung genügen,
dass dem von Christ hier, wie ich meine, mit Recht empfun-
denen Mangel durch die Einfügung des blossen, anerkanntermassen mehrfach ausgefallenen Wörtchens καὶ in ausreichender
Weise abgeholfen wird: δεῖ μὲν οὖν ⟨καὶ⟩ ἐν ταῖς τραγῳδίαις ποιεῖν
τὸ θαυμαστόν, μᾶλλον δ' ἐνδέχεται ἐν τῇ ἐποποιίᾳ τὸ ἄλογον κτἑ.
(60ᵃ 12 ff.).

Die verderbte Stelle 60ᵃ 22 ff. erachte ich als durch
Bonitz nahezu vollständig geordnet; nahezu, weil ich Vahlen,
dessen Behandlung des Satzes ich im übrigen nicht billige
und dessen Begründung derselben ich nicht zu folgen vermag, darin beipflichte, dass das ἤ, vor προσθεῖναι nicht zu
tilgen sondern als ἤ, aufzufassen ist. Ich schreibe mithin: δὲ
δεῖ, ἂν τὸ πρῶτον ψεῦδος, ἄλλο δὲ τούτου ὄντος ἀνάγκη, εἶναι ἤ, γενέσθαι ἤ, προσθεῖναι. Zur Erklärung der Stelle hat Ueberweg in
der Anmerkung 116 seiner Uebersetzung das beste gethan.
Er hätte allenfalls noch hinzufügen können, dass der hier
vorausgesetzte Schluss von der Wirkung auf die Ursache nur
darum ein Fehlschluss ist, weil in der Natur das existirt, was
J. St. Mill die ‚Plurality of Causes‘ genannt hat, vermöge deren
zwar jede Ursache allezeit dieselbe Wirkung hervorbringt oder

doch hervorzubringen strebt, nicht aber jede Wirkung jedesmal
durch dieselbe Ursache erzeugt wird. Den hier von Aristoteles ins Auge gefassten ‚Fehlschluss‘ begehen wir somit dann,
wenn wir aus dem Vorhandensein einer Wirkung ohne Zögern
und ohne jedes Bedenken auf eine unter mehreren dieser
Wirkung fähigen Ursachen zurückschliessen. Diese Schluss-
weise wird hingegen dann zu einer völlig berechtigten und
sie führt je nach den Umständen zu bloss wabrscheinlichen
oder auch zu völlig sicheren Ergebnissen, wenn die verschiedenen Möglichkeiten der Verursachung nach Gebühr gewürdigt
und auf Grund eines wohlerwogenen Eliminationsverfahrens eine
derselben als die in dem betreffenden Fall allein in Frage
kommende erkannt wird (‚Zusammentreffen der Umstände‘ der
Criminalisten, besonnene Conjecturalkritik u. dgl. m.).

Der ganz erstaunlich gedankenreiche Schlusssatz des Capitels wird hoffentlich bei künftigen Commentatoren der Poetik
eine reichere Beleuchtung finden, als ihm bisher zu Theil geworden ist. Der Rath, den an sich unergiebigen Partien einer
Dichtung die grösste stilistische Sorgfalt zuzuwenden, bedarf
freilich keiner Erläuterung, wohl aber die daran geknüpfte,
vom erlesensten Geschmack eingegebene Bemerkung: ἀποκρύπτει
γὰρ πάλιν ἡ λίαν λαμπρὰ λέξις τά τε ἤθη καὶ τὰς διανοίας. Der Grund
dieser mit so überraschendem Feinsinn beobachteten Thatsache
ist ein zwiefacher: 1. Eine übermässig glänzende und aus-
gearbeitete Sprache zieht einen allzu grossen Theil der Aufmerksamkeit auf sich und thut somit der vollen Vertiefung in
den Gefühls- und Gedankengehalt eines Kunstwerkes Eintrag
(man denke an die ‚over-elaborateness‘, die z. B. englische Kritiker
an Kinglakes' ‚Geschichte des Krimkrieges‘ mit Recht getadelt
haben, um von heimischen Beispielen zu schweigen). 2. Die
Illusion wird gestört und wo Illusion nicht in Frage kommt,
doch jedenfalls der Eindruck gehindert, wenn wir die Absicht des Schriftstellers und seine führende Hand allzu deutlich
merken und empfinden. (Aus beiden Gründen sind z. B.
einige der affectreichsten Partien des jüngst wiederentdeckten
Ur-Faust wirksamer als ihr mit weit grösserer Kunst aus-
gearbeitetes Gegenstück in der vollendeten Dichtung Goethe's).
Ein anderer und der Beachtung gar werther Gesichtspunkt
ist jener, den anlässlich des Wilhelm Meister August Wilhelm

Schlegel und nach ihm Victor Hehn (Gedanken über Goethe
I 113) hervorgehoben hat und der sich auf die durch ein derartiges Vorgehen ‚des Künstlers über das Ganze verbreitete
harmonische Ausgleichung‘ bezieht.

Cap. 25, 60ᵇ 16 ff. habe ich an einem anderen Orte (Zu
Philodem's Büchern von der Musik, Wien 1885, S. 26) eingehend besprochen. Vielleicht ist es einem oder dem anderen
Leser nicht unerwünscht, wenn ich die dort begründete Schreibung der Stelle hieher setze: εἰ μὲν γὰρ προείλετο μιμήσασθαι
(ὀρθῶς, ἀπέτυχε δὲ δι') ἀδυναμίαν, αὐτῆς ἡ ἁμαρτία · εἰ δὲ τὸ προελέ-
σθαι μὴ ὀρθῶς ἀλλὰ τὸν ἵππον ἄμφω τὰ δεξιὰ προβεβληκότα, καθ' ἑκάστην
τέχνην τὸ ἁμάρτημα, οἷον κατ' ἰατρικὴν ἢ ἄλλην τέχνην ὁποιανοῦν, οὐ
καθ' ἑαυτήν.

60ᵇ 33 f. οἷον καὶ Σοφοκλῆς ἔφη, αὐτὸς μὲν οἵους δεῖ ποιεῖν,
Εὐριπίδης δὲ οἷοι εἰσίν —. Hier pflegt man Heinsius zu folgen,
der Εὐριπίδης in Εὐριπίδην verwandelt hat. Es will mich be-
dünken, dass der lässliche Gang der aristotelischen Rede dieser
schulmeisterlichen Berichtigung entrathen kann. Eine völlig
genau zutreffende Parallele bietet c. 3, 48ᵃ 36 f.: οὗτοι μὲν γὰρ
κώμας τὰς περιοικίδας καλεῖν φασιν. Ἀθηναῖοι δὲ δήμους. Und auch
davon abgesehen, wer nur die bei Krüger 65, 11, 7/8 oder
bei Kühner II² 595 f. verzeichneten Fälle des Uebergangs von
obliquer in directe Rede und seines Gegentheils und des Nomi-
nativs ‚in Gegensätzen nach vorausgegangenem Acc. c. Inf.‘
durchsieht, wird einen principiellen Unterschied von dem hier
auftauchenden sprachlichen Vorkommnis nicht wahrzunehmen
vermögen.

61ᵃ 25 ist der zweite empedokleische (Halb-)Vers durch
den Ausfall eines Buchstabens geschädigt worden. Man schreibe:
Ζωρά τε ⟨ἃ⟩ πρὶν κέκρητο. Und die zwei Möglichkeiten der Interpunction und der dadurch bedingten verschiedenen Auffassung
bestehen darin, dass die einen das aus dem vorangehenden
Verse zu ergänzende ἐρύοντο zum Hauptsatz, die anderen zum
relativen Nebensatz zogen, also: ζωρά τε (ἐρύοντο) ἃ πρὶν κέκρητο
oder: ζωρά τε ἃ πρὶν (ἐρύοντο oder ἦν) κέκρητο. Ich behandle
das kleine Problem und was damit zusammenhängt an einem
anderen Orte. Zu der ebendaselbst 25 f. hier und anderswo
vielfach erörterten homerischen Aporie werden künftige Inter-

preten der Poetik ihren Lesern hoffentlich sagen, dass deren Lösung eine sehr einfache ist. Man setze einen Beistrich nach ?πρώχηκεν δὲ πλέων νύξ, verstehe τῶν δύο μοιράων als == δύο τῶν μοιρῶν, was Apposition zu πλέων νύξ ist, und man wird es nicht verwunderlich finden, dass nach Ablauf von zwei Drittheilen der Nacht das letzte noch übrig ist: τριτάτη δ' ἔτι μοῖρα λέλειπται. Es erscheint mir geradezu unbegreiflich, wie Ebeling (Lexicon Homericum s. v. μοῖρα, 1114ᵇ) diese Erklärung eine künstliche nennen kann. Von neueren Homerherausgebern deutet nur Nauck durch seine Interpunction an, dass er die Stelle so versteht, wie sie (vgl. Ebeling a. a. O.) bereits von Döderlein und Koch verstanden worden ist. — Gern wüsste ich, wie dem Widersinn abzuhelfen ist, den man 61ᵇ 19 f. in den Worten liest: ὅταν μὴ ἀνάγκης οὔσης μηθὲν χρήσηται τῷ ἀλόγῳ. Auch M. Schmidt, der zwei Zeilen vorher αὐτόν glänzend zu λυτέον emendirt hat,[1] nimmt an μηθέν keinen Anstoss. Und doch weiss ich mir Vahlen's Rechtfertigung des Wortes: ‚nunc μηθέν ponitur quasi non μὴ ἀνάγκης οὔσης sed μὴ ἀναγκαίου ὄντος ante scriptum esset' nicht zurechtzulegen. Den von ihm selbst angeführten Parallelen μήτε ἀνάγκης ἡμῖν μηδεμιᾶς γενομένης, μηδὲ ἀνάγκη μηδεμία, μήτε ἄλλης ἀνάγκης μηδεμιᾶς würde unter jener an sich gewagten Voraussetzung doch nur ein μηθενός entsprechen. Wenig empfiehlt es sich μηθέν durch μάτην zu ersetzen; soll man etwa ⟨πρὸς⟩ oder ⟨εἰς⟩ μηθέν für das Richtige halten und darin den Hinweis auf die völlige Zweck- und Nutzlosigkeit der von Aristoteles getadelten Verwendungen des ἄλογον und der πονηρία erblicken?

Ueber das Schlusscapitel der Poetik habe ich bereits im ‚Eranos Vindobonensis' (1893), S. 71—82, gehandelt.

---

[1] Unfassbar ist es mir, wie Christ diese treffliche Besserung ignoriren konnte. Fast ebenso unfassbar, dass man das von Heinsius gefundene τὰ δ' ὡς ὑπεναντία (statt ὑπεναντία ὡς) εἰρημένα, was den hier erforderten Gedanken τὰ δ' ὑπεναντίως εἰρῆσθαι δοκοῦντα aufs beste ausdrückt, wieder fallen gelassen hat.

V.

Die Involutio im arabischen Schriftwesen.

Von

Joseph Karabacek,

wirkl. Mitgliede der kais. Akademie der Wissenschaften.

Unter Involutio verstehe ich einen graphischen Vorgang, welcher darin besteht, dass in zwei aufeinanderfolgenden Wörtern gleichlautend zusammenstossende Buchstaben oder Silben einmal geschrieben und zweimal gelesen werden, wodurch eine versteckte Zusammenziehung der beiden ungekürzten Wörter stattfindet. Es kann umgekehrt auch geschehen, dass die nicht-punktirten Buchstabenelemente eines Wortes zweimal gelesen, zwei verschiedene sinnentsprechende Wörter geben. Ulrich Friedrich Kopp hat die beiden ersterwähnten Erscheinungen zunächst in lateinischen Texten festgestellt und hiefür mit dem Satze ‚atque eadem ratione in libris quoque manuscriptis literas, quin etiam integras syllabas, in aliis involutas esse etc.‘ den zutreffenden Ausdruck gefunden. Allein seine Exemplificationen sind nicht mit der nöthigen Schärfe abgegränzt. Involutio-Beispiele sind: CVIVS für CVI IVS (Inschrift), necesset für necesse esset, foreceperint für fore receperint, presenteste für praesente teste (Manuscript der florentinischen Pandekten);[1] ferner ad comparationemali für comparationem mali (Veron. Palimps., ca. saec. VIII)[2] u. a. Dagegen enthält CVIVSVS für CVI IVSSVS (Kopp, l. c. 184) nur eine Involutio, sodann eine vereinfachte Schreibung (Haplographie) innerhalb desselben Wortes, und VIRTVS IN AMO VIVET (Kopp, I, 185),

---

[1] Kopp, Palaeographia critica, I, 184, 186.
[2] Mon. graph. I, 2; vgl. auch I, 3.

wo AMO = ANIMO ist, böte eigentlich nur eine Ligatur (NI),
welche in doppelter Schriftgeltung (auch als M) zu lesen wäre,
wenn diese Zergliederung richtig ist.[1]
Aus meiner Definition ergibt sich, dass die Involutio wesentlich verschieden ist von der ‚Abkürzung durch Zusammenziehung‘ im eigentlichen paläographischen Sinne;[2] auch zeigt
sie das Gegentheil der auf dem Principe der Wortverstümme-
lung beruhenden Abbreviatur, hat aber wie diese und jene für
sich die Raumersparniss zum Zwecke.

Beobachtet wurde die Involutio auch im Sanskrit.[3] Dort
nennen sie die Fachgelehrten nach dem Muster der Philologen
Haplographie. Das, was die Letzteren mit diesem seit langem
fixirten Ausdruck zu bezeichnen pflegen, ist zumeist ein Wirr-
warr von Corruptelen, Abkürzungen und vereinfachten Schreibungen (innerhalb eines Wortes), wogegen die echte Involutio,
meiner Ansicht nach, alle diese Dinge vollkommen ausschliesst.[4]

Was nun das Arabische betrifft, so glaubte J. G. Stickel
in der ZDMG., 1866, XX, 357 f., die Involutio an Bleisiegeln
‚in zwei völlig sicheren Beispielen‘ entdeckt zu haben. Ich
werde sogleich zeigen, dass diese Entdeckung auf irrigen Le-
sungen beruht. Nichtsdestoweniger bin ich in der Lage, die
Involutio in arabisch-epigraphischen Texten nachweisen zu kön-

---

[1] Kopp, l. c. 495 s. v. Involutio syllabarum.

[2] Vgl. dazu C. Paoli, Die Abkürzungen in der lateinischen Schrift des
Mittelalters, übersetzt von K. Lohmeyer, 1892, p. 8 f.

[3] J. Burgess, Archaeological Survey Reports of Western India, vol. IV,
p. 106, steht in den Worten *paṭihārakhia Loṭāya* ‚durch die *paṭihārakhi
Loṭā*‘. *paṭihārakhi* nach Note 5 für Sanskrit *pratihārarakṣi* ‚die erste
Kammervorsteherin‘. Diese von G. Bühler erklärte Inschrift gehört in
den Anfang des 2. Jahrhunderts n. Chr. — M. Bloomfield, The Kau-
śika Sūtra, p. LXI: ‚A few cases of haplography occur: *caraṇāninaya-
nejyā* for *caraṇānininayejyā* (und noch drei andere Fälle). Manuscript aus
später Zeit. (Nach einer freundlichen Mittheilung von Georg Bühler.)

[4] Den Beweis hiefür liefert die Zusammenstellung von ‚Haplographien‘ in
H. Hagen's Gradus ad criticen, Leipzig 1879, p. 78—80. Beispiele wie:
taurum für Tartarum, pro legione für pro religione, mare für me-
rere u. a. sind einfach sinnlose Verderbungen, aber nicht Haplographien.
Darunter finden sich jedoch: deartiñ für dea artinm und memoreatote
für memores estoto als Beispiele echter Involutio litterarum sive syllabarum.

nen. Seit achtundzwanzig Jahren bildet sie, im Anschluss an
die Lehre von den Ligaturen, ein Capitel der arabischen Paläo-
graphie in meinen Vorlesungen an der Wiener Universität. Ihr
Vorkommen ist, von jenen Fällen abgesehen, die sich als Zufälligkeiten aus Verschreibungen darstellen, allerdings ein sel-
tenes. Die Beachtung der Involutio dürfte aber trotzdem in
den ebenerwähnten Fällen zu textkritischer Erkenntniss in paläographischem Sinne verhelfen und dadurch die Vermeidung
von Zweifeln und Irrthümern befördern. Denn in keinem anderen
Schriftsystem sind die Beziehungen zwischen Absicht und Zufall einander so nahe gerückt, wie in der arabischen Schrift
mit ihrem vieltausendfältigen Formengewirr.

Ich bespreche zunächst die beiden vermeintlichen Fälle
einer Involutio an den obenerwähnten Bleisiegeln. Die Legenden
des mit Nr. 1 bezeichneten Stückes, l. c. 341, 356, liest und
übersetzt Stickel folgendermassen:

بسم الله الله البركة لجالية الكريم والبرج المعتمد على الله امير المومنين اعزه

الله مما امر به الامير عبد العزيز بن دلف سنة سبع حسين ما[تين] يخ

‚Im Namen Gottes! Gotte ist der Segen für die Schutzgenossenschaft von al-Karadsch und al-Burdsch! — al-Mu'tamid
a'l-Alláh, der Fürst der Gläubigen, den Gott verherrliche! —
Einer der Befehle des Emir Abd-ul-Aziz, Sohnes Dulaf's, im
Jahre zweihundert sieben und fünfzig. — Gültig.'

Die Involutio, meint Stickel, liege darin, dass der ‚über
der Zacke des ـ befindliche Punkt, die folgenden Elemente,
ausser für حسين gültig, noch zu einem zweiten Male zur Ver-
vollständigung der für [ما]تين erforderlichen und sonst fehlenden Buchstaben verwendet haben wollte' (l. c. S. 357). Nun
stellt aber jener ‚Punkt' sehr deutlich die Schlinge des ـ vom
Eigennamen دلف vor, was Stickel in dem Wirrsal der stern-
förmig angeordneten Schriftzüge, nachdem er den Eigennamen
schon richtig gelesen, zu guter Letzt übersah. Aber wie die
Worte, Silben und Buchstaben hier behufs Erreichung des or-
namentalen Zweckes abgebrochen, versetzt und durcheinander-
geworfen erscheinen, zeigt es sich, dass die vermeintliche Sigle

1*

بخ ‚giltig' den Schlusspunkt der Inschrift und sohin den zweiten
Theil der Hundertzahl, d. i. تين تين zu ماتين bildet.[1]
Der Schluss der Inschrift lautet demnach:

سنة سبع [و]احسين [و]ماتين

und die Uebersetzung, welche sich bei Stickel überdies auf
eine irrige Auffassung der Bedeutung von جالة gründet:
‚Im Namen Gottes! Gottes ist der Segen! Für die Kopf-
steuer von al-Karadsch und al-Burdsch — al-Mu'tamid 'ala
Allâh, Fürst der Gläubigen, den Gott verherrlichen möge! —
(Dies ist) von dem, was verordnet hat der Emir 'Abd ul-Aziz,
Sohn des Abû Dulaf, im Jahre sieben und fünfzig und zwei-
hundert.'

Dies Stück gehört also zu jenen Toleranzmarken, die
zur Bestätigung des geleisteten Kopfgeldes an den Händen oder
Hülsen der nichtmuhammedanischen Tributarier befestigt und
auf die Dauer der finanziellen Controlszeit zur Schau getragen
werden mussten.[2]
Genau so verhält es sich mit dem anderen Bleisiegel (l. c.
Nr. 4), an welchem nur eine sehr arge Verlesung zur Annahme
einer Involutio führen konnte. Hier der Text und die Uebersetzung nach Stickel:

بسـم الله و ركة جـ]الية الكرج والبرج المعتمد على الله امير المومنين

مما امر احمد امير (بن) عبد العزيز سنة ثلث و٠٠سس وماس

---

[1] Ueber die Schreibung ماتين für مايتين vgl. meine Abhandlung: Der
Papyrusfund von el-Faijûm, Denkschr. der kaiserl. Akad. der Wissensch.,
1882, XXXIII, p. 26. Stickel hat in der ZDMG. XLIX, 70 f., die Lesung
des بن auf Grund eines Einwandes von Casanova zurückgenommen. Die
Abhandlung des Letzteren ist mir unbekannt geblieben, doch möchte es
mich freuen, wenn wir in der Emendirung übereinstimmen sollten.
[2] Papyrus Erzherzog Rainer: Führer durch die Ausstellung, p. 177.
Wenn Stickel auch noch zuletzt, l. c. XLIX. 70, an der Fassung ‚Schutzgenossenschaft' für جالية zähe festhielt, so irrte er, trotz des einmal an
diese Stelle tretenden اهل الذمّة auf dem Siegel in der Sammlung
Drouin. Es sind ihm offenbar meine vorausgegangenen diesbezüglichen
Publicationen: Susandschird, 1881, p. 110, und Mittheilungen aus der

‚Im Namen Gottes! Segen der Schutzgenossenschaft von al-Karadsch und al-Burdsch! — al-Mu'tamid 'ala-Allâh, Fürst der Gläubigen. — Einer der Befehle des Ahmed Emirs des Sohnes von Abd-ul-Aziz, im Jahre zweihundert und drei und sechzig.‘

Vor Allem bemerke ich, dass nach der Basmala, deren zweiter Theil zerstört ist, durchaus kein Raum für كرة zur Verfügung steht. Die Jahrzahl ist richtig zu lesen: ثلث وسن ومئين d. i. ثلث وسن ومتين; die Schreibung des Zehners سن für ستين beruht auf einer üblichen Abkürzung, ist daher keine Verstümmelung infolge Raummangels. Ein Protokoll der Papyrus Erzherzog Rainer, Inv. Ar. Pap., Nr. 4068,[1] vom Jahre 164 H. = 780 n. Chr. aus der Papyrusfabrik in Phragonis (الافرجون) bietet in seiner Jahrzahl

كادرع و سن و ما لك

اربع وستن ومابة

den Zehner in gleicher Kürzung geschrieben. Die Falschlesung der Befehlsformel endlich hat Stickel zur Entdeckung seiner Involutio verholfen, indem er seine Wortgruppe امر (richtig: بى) auf Grund einer Doppellesung in امير بن auflöst. Auf dem Siegel steht nun keineswegs كما امر, sondern ما امر به, wie auf dem Exemplar Nr. 2 (p. 341); denn der Graveur, welcher an امر irrthümlich gleich den Namen احمد setzte, fügte nach diesem das vergessene و ein und versah das daraufolgende zu احمد gehörige بن mit dem diakritischen Punkt am Bé, damit es eben nicht امر gelesen werden könne, wie Stickel auf Grund der

Sammlung der Papyrus Erzherzog Rainer, II/III, 1886, p. 176, entgangen. Im Anhange zu dieser Arbeit werde ich aus Stickel's letzter Abhandlung einen weiteren Beweis gegen seine Annahme erbringen.
[1] Papyrus Erzherzog Rainer: Führer, p. 22, Nr. 91.

Vieldeutigkeit dieser Schriftzüge that. Die Inschrift lautet demnach bis auf die Umstellung ganz correct:

بس[م الله] جالية الكرج والبرج المعتمد على الله امير المومنين

ما امر احمد به‘ بن عبد العزيز سنة ثلث وست[ين].[ان ومتين

‚Im Namen Gottes! Kopfsteuer von al-Karadsch und al-Burdsch. — al-Mu'tamid ‘alâ Allâh, Fürst der Gläubigen. — (Dies ist), was verordnet hat Ahmed Sohn des ‘Abd ul-‘Aziz im Jahre drei und sechzig und zweihundert.‘

Damit sind auch die chronologischen Schwierigkeiten, welche Casanova (bei Stickel, l. c. XLIX, 71) zu der graphisch ganz unstatthaften Lesung ست für ثلث verleiteten, insoferne behoben, als Ahmed vor seinem Regierungsantritt (265 H. = 878 n. Chr.) ersichtlich an der Spitze der Finanzen als عامل die Verwaltung der Steuern inne hatte. Und deshalb fehlt vor seinem Namen der Emirstitel.[2]

Die nachfolgenden Beispiele wirklicher Involutio sind durchwegs epigraphischen Charakters. Massgebend für ihre Bestimmung muss, soweit mir Belege bis jetzt vorliegen, stets die Feststellung ihrer beabsichtigten Anwendung sein, gleichviel ob auf Grund vorausgegangener Raumberechnung oder infolge nachträglichen Zwanges bei gebotener Raumausnützung.

I.

Steininschrift von Sevilla, aus der Zeit des ‘Abbâditen Muhammed II. al-Mu'tamid ‘ala Allâh, 461—484 (1068—1091

---

[1] Lies به احمد.

[2] Wenn Stickel, l. c. XX, 354, bemerkt, dass mit el-Hârith († 284 H.), einem der Söhne des ‘Abd ul-‘Aziz das Geschlecht der Dulafiden oder ‘Idschliden aus der Geschichte des Islâm verschwindet, so ist dies ein Irrthum; denn am 15. Dschumâda I, 739 H., starb der im Jahro 666 H. geborene Oberstrichter von Aegypten und berühmte Rechtslehrer Muhammed ibn ‘Abd ar-rahmân, ein director Abkömmling des Ahmed, Bruders des oben genannten ‘Abd ul-‘Aziz und Oheims von Ahmed ibn ‘Abd ul-‘Azîz. Vgl. die ausführliche Biographie mit der genealogischen Kette bis auf Abû Dulaf, bei ‘Askalânî, ad-Durrar al-kâmine, Handschr. der k. k. Hofbibl. in Wien, Mxt. 245, III. Bd, fol. 187a—189a.

n. Chr.), in Conde's Hist. de la dominacion de los Arabes en
España, I, zu Seite 517 abgebildet.

Ich gebe hier den Text, welcher meines Wissens noch
nicht correct publicirt worden ist, sowie die Uebersetzung:

1 بسم الله الرحمن الرحيم وصلى الله على محمد خاتم النبيين

2 امرت السيدة الكبرى ام الرشيد ابى الحسين عبد الله بن المعتمد

3 على الله المويد بنصر الله ابى القاسم محمد بن عبادام الله تأييده

4 وامره واعزازهما باقامة هذه الصومعة بمسجدها صانه الله طلبا

5 لجزيل الثواب تمت بمون الله على يدى الوزير الكاتب الامير ابى

6 القاسم بن حجاج وفقه الله وذلك فى شعبن من عام ثمانية وسبعين

واربع مايه

Uebersetzung.

1 Im Namen Gottes des Barmherzigen, des Erbarmenden!
Segen Gottes über Muhammed den Letzten der Propheten!

2 Es hat befohlen die grosse Herrin, Mutter des ar-Raschid
Abû-l-Husein 'Abdallâh, Sohnes des al-Mu'tamid

3 'ala Allâh al-Mu'ajjad bi-naṣr Allâh Abû-l-Ḳâsim Muhammed, Sohnes des 'Abbâd — Gott lasse dessen Beistand,

4 und Macht, sowie Beider Verherrlichung lange dauern! —
die Aufstellung dieser Zelle in ihrer Moschee — Gott be-
wahre sie (diese Stätte) mit dem Wunsche

5 nach reichlicher Vergeltung! Vollendet wurde sie nun mit
Hilfe Gottes unter der Leitung des Wezir, Kâtib (und)
Emîr Abû-

6 l-Ḳâsim, Sohnes des Haddschâdsch — dem Gott beistehen
möge! — und Solches geschah im Scha'bân vom Jahre
achtundsiebzig und vierhundert (= 22. Nov. bis 20. Dec.
1085 n. Chr.).[1]

---

[1] Der volle Name des hier genannten Wezîrs ist: ابو القاسم ابراهيم بن
حجاج اللخمى. Manche Quellen schreiben das Patronymicon mit dem
Artikel, الحجاج, mit Unrecht, wie unsere Inschrift zeigt. Ibn Haddschâdsch
war Gouverneur von Sevilla. Al-Makkari, The hist. of the moham. Dy-
nasties in Spain, by P. de Gayangos, II, 439, 451.

Die Involutio findet sich, wie die beifolgende Copie der dritten Schriftzeile zeigt, in der Wortgruppe عادام, welche in Doppellesung عباد ادام ergibt. Ein Blick auf das Facsimile lehrt

weiters, dass der Raum der Schriftzeile von dem Schreiber am Steine für die Buchstabenfolge wohl abgezirkelt worden, dass somit die versteckte Zusammenziehung der beiden ungekürzten Wörter keine zufällige sein kann.

II.

Moscheeinschrift zu Thobâd bei Ta'izz in Arabien, vom 15. April bis 14. Mai des Jahres 540 H. == 1146 n. Chr., bei Niebuhr, Beschreibung von Arabien, Tab. IX, C, zu Seite 96, Textschluss:

١   الائمة الكرام ووالديه وجميع المسلمين امين

٢   كتبه عمر ابن احمد ابن محمد فى ذى الحجة' سنة اربعين

٣   وخمسمائة وهو بنا وهو بلاخيه عبد الله غفر الله

٤   لهما ولوالديهما ولجميع المسلمين اللهم صلى

٥   على سيدنا محمد النبى

٦   وعلى اهله وسلـــــــم

Uebersetzung:

1   Die verehrungswürdigen Imâme und seine Eltern und sämmtliche Muslimen, Amen.

2   Geschrieben von 'Omar, Sohne des Ahmed, Sohnes des Muhammed im Dsû-l-hiddscha des Jahres vierzig

3   und fünfhundert. Er baute, und baute für seinen Bruder 'Abd allâh — Gott verzeihe

---

¹ Orig. الحجة.

4 ihnen Beiden, ihren Beiden Eltern und sämmtlichen Muslimen! O Gott segne

5   unseren Herrn Muhammed, den Propheten

6   und seine Familie und gebe (ihnen) Heil!

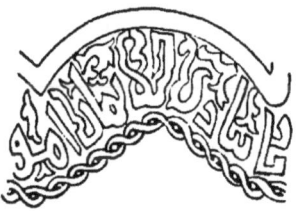

Die vorstehende Abbildung der dritten Schriftzeile lässt
wiederum deutlich die Gesetzmässigkeit der Involutio erkennen.
In der festgefügten Buchstabenfolge tritt uns hier die versteckte
Zusammenziehung der beiden Wörter بـا لاخـ in بـلاخـه entgegen,
wofür sich der monumentale Schriftductus des 6. Jahrhunderts
d. H. ganz besonders geeignet erweist. Denn die unten offene
Form des verschlungenen لا lässt in der Verbindung von rechts
die linke obere Spitze schriftgerecht als das Elif von بـا erscheinen; für sich allein betrachtet gibt sie hinwieder das لا
zu لاخـه.[1]

III.

Marmor-Stuhl in der Basilica di S. Pietro del Castello in
Venedig, 6. Jahrhundert d. H. (= 12. Jahrhundert n. Chr.).
Lanci, Trattato delle simboliche ecc., II, 26, Tav. XVIII.[2]

Vorstehendes Schriftfragment zeigt den Beginn der inscrip-
tionellen Randbordure, Korân, Sûre III, Vers 190:

---

[1] Reiske hat (Nieb. l. c. p. XXVII) diese Inschrift zum Theil unrichtig
und zum Theil gar nicht entziffert. Bezüglich der Bauformel verweise
ich auf eine mir vorliegende Thurminschrift von Radekân, wo بنا له ابنـه
بنى له من ابرهيم بن محمد الخ zu lesen ist.

[2] Dieses merkwürdige Schaustück gelangte gegen 1310 als Geschenk des
byzantinischen Kaisers mit dem Bedeuten nach Venedig, dass es der

رَبَّنَا اتَّا سَمِعْنَا مَنَا]دِيَا يَنَادِى لِلَاِيمَان (انّ) امنوا‖ يربّكُ فَامنّا

‚O Herr, wir haben einen Prediger[1] gehört, uns mahnend
zum Glauben mit den Worten: glaubet an euren Herrn! und
wir haben geglaubt.‘

Die Involutio, welche hier aus der ingeniös erdachten und
kunstvoll ausgeführten Eintheilung der die Bordure füllenden
Inschrift resultirt, zeigt sich klar in der Gruppe لِلَاِيمَان für
لِلَاِيمَان انّ.

IV.

Thonsiegel. In zwei Exemplaren auf Papyrusurkunden des
7. Jahrhunderts n. Chr. — Papyrus Erzherzog Rainer, Inv. ar.
Pap., Nr. 20 und 20a (Führer durch die Ausstellung, p. 144,
Nr. 572; 20a defect wegen unvollkommener Aufprägung des
Petschafts).

Die vorstehende, sehr stark vergrösserte Abbildung lässt
folgende Transcription zu:

ابو هم س

يحى بالله

Den Schlüssel zur sicheren Lösung liefert der griechische Text der Urkunde, Inv. Nr. 20, welcher beginnt:

συν⁰ αβου ειμ υι⁰ ιαεις τ απο λαυρ απερα⁰ πολ' αρσινοης

d. i. σὺν Θεῷ· Ἀβοὺ Εἴμ υἱὸς Ἰαειὲ τοῖς ἀπὸ λαύρας Ἀπεράτου πόλεως
Ἀρσινόης·

‚Mit Gott! Abu Eim, Sohn des Jaeje an die Bewohner
der Strasse Aperatu der Stadt Arsinoë.‘[2]

---

vom heiligen Petrus in Antiochia benutzte Stuhl sei, infolge dessen ihm
in Venedig von Seiten der Gläubigen andächtigste Reliquienverehrung
widerfuhr. Die Inschriften enthalten Sûre III, Vers 190—196 und Sûre
XXIII, Vers 118 des Korân.

[1] Muhammed.

[2] Nach der Lesung von K. Wessely.

Aus der zweiten Urkunde (Inv. Nr. 20a) erfährt man, dass die fragliche Persönlichkeit ein ἀμρῖ, Emîr war.[1] Ihr Name ist zweifellos arabisch

$$\text{ابو هيم (= هانم) بن يحي}$$

Abû Hâim Sohn des Jahja

wobei zu bemerken ist, dass beide Namenstheile laut griechischer Umschreibung mit der Imâle gesprochen worden sind.[2] Darnach bleibt nur noch بالله übrig, das für sich allein بالله, بالله bei Gott! oder بالله (= بالله) o Gott! gelesen, sinnlos und überhaupt mit Rücksicht auf den gebotenen Zusammenhang in der arabischen Sigillographie ganz ohne Analogie wäre. Hier tritt also der in der eingangs gegebenen Definition vorgesehene zweite Fall einer Involutio ein, nämlich, dass die nichtpunktirten Buchstabenelemente يحى, nach ihrer Beanspruchung als Patronymicon, ein zweites Mal in sinnentsprechendem Zusammenhange mit dem folgenden Wort بالله gelesen werden müssen. Unter dieser Voraussetzung ergibt sich wie von selbst die Formel نجّني يالله ‚Errette mich o Gott!‛, also die ganze Siegelinschrift:

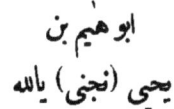

Abû Hâim, Sohn des
Jahja, errette mich o Gott!

Zur Rechtfertigung dieser Lesung möchte ich in Kürze Einiges beibringen. Als nächstes Beispiel einer Involutio werde ich eine historisch überlieferte Siegelinschrift gleicher Art mittheilen. Unsere Siegelformel ist korânisch, Süre XXVIII, Vers 20, und begegnet uns auf dem prächtigen Talisman der Papyrussammlung Erzherzog Rainer, Führer, S. 249, Nr. 948, einem

---

[1] Beide Documente werden in meinem ersten arabischen Bande des Corpus Papyrorum Raineri publicirt werden.
[2] Vgl. meine Abhandlung: Zur Kenntniss des Umlautes im Arabischen. Mitth. Papyrus Erzh. Rainer, V, 59 ff.

Modeldruck des 10. Jahrhunderts n. Chr. Dort gibt die Formel
نجني من, errette mich von —' dem Besitzer des Talisman die
Freiheit, seinen Wunsch einzufügen. Sie findet sich ferner in
allen Erzeugnissen der arabischen Gebetlitteratur, wo Exorcis-
men, Talismane und Zaubermittel eine grosse Rolle spielen, in
verschiedenen Variationen vor. So liest man z. B. in einem
Gebetbüchlein [1] unserer Siegelinschrift entsprechend: نجني من
يا الله يا الله عظيم كرب كل, Errette mich vor jeglichem grossen Kummer, o Gott! o Gott!' Ein anderes Gebetbuch [2] hat: نجني من
الكرب العظيم والغم والحزن الخ u. s. w. Auf einem mir zur Entzifferung überwiesenen Carneolsiegel las ich die gereimte Inschrift:

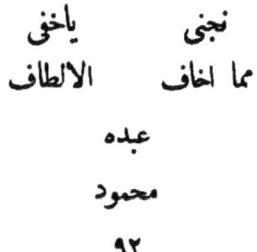

نجني   ياخفي
مما اخاف   الالطاف

عبده

محمود

٩٢

O unsichtbarer Spender der Wohlthaten (Gott)
errette mich von dem, was ich fürchte!
Sein (d. i. Gottes) Knecht:
Mahmûd [3]
92 = 1092 d. H. (1681 n. Chr.)

An die Stelle der im Singular gefassten Gebetformel tritt
zuweilen auch der Plural: [4] نجنا ما نخاف, wofür ich zum Schlusse

---

[1] Manuscript in meinem Besitz, letzte Seite.

[2] Manuscript in meinem Besitz, fol. 97a. Diese prächtig ausgestattete Handschrift ward, laut Einzeichnung, im Jahre 1700 von dem Prager könig-
lichen Appellationsrath Ritter ,Ioannes Carolus Zitschy de Zuoriza', welcher den kaiserlichen Botschafter Wolfgang Grafen in Oettingen und
Wallerstein nach Constantinopel begleitete, daselbst gekauft worden.

[3] Dies ist der Name des Besitzers.

[4] Reinaud, Monuments etc., II, 281.

noch ein sehr altes Beispiel aufführen möchte, weil es die Lesung
unseres Thonsiegels bekräftigt.

Es handelt sich um die von Stickel, ZDMG., XX, 368 ff.
veröffentlichte Bleibulle mit dem Christusbild am Avers und
einer arabischen Legende am Revers, welche letztere Michel-
angelo Lanci in seinem nichtswürdigen, gegen den hochacht-
baren Jenenser Gelehrten gerichteten Pamphlete[1] nach eigener
Manier gleichfalls zu entziffern versucht hat. Ich beziehe mich
indes hier nur auf die der Wahrheit näher kommende Lesung
Stickel's:

$$\text{بالله}$$

$$\text{سمعون بطرس}$$

Durch Gott — Simon Petrus . . .

Der zweite Name ist etwas defect, kann jedoch nur بطره
Petre (= Πέτρος) gelesen werden; von einem ن nach بطر, woraus
sich بطرس ergeben würde, ist keine Spur, statt dessen steht
vielmehr deutlichst نجا, d. i. نجنا, somit hat die Inschrift zu
lauten:

$$\text{بالله}$$

$$\text{سمعون بطره نجنا}$$

Simon, Sohn des Petre, errette uns o Gott!

Der Annahme Stickels, dass ohne Zweifel ein Wort einer
dritten Zeile verloren gegangen sei, weil ein grosses Stück des
Feldes bis in die zweite Zeile hinein zerfressen ist, kann ich
nicht beipflichten: es mag höchstens ein ornamentales Beizeichen,
wie etwa ein Stern ✳ oder ein Ringelchen o, oder auch der
im Abschnitt arabischer Siegeltexte ebenso häufig anzutreffende
Stern im Halbmonde ☽ u. dgl. dagestanden haben.

Man ersieht unschwer aus meiner Lesung, dass diese zweifellos um die Wende des 3. Jahrhunderts d. H. (= 9./10. Jahr-

---

[1] Lettera filologica — al Cavaliero Vincenzo Tommasoni da Fano, Roma
1867, p. 35, und dazu Stickel's ebenso würdige als gründliche Abfertigung
in der ZDMG., XXIII, 326 ff.

hundert n. Chr.) entstandene Bulle ägyptischer Herkunft ist,
einem Kopten und wahrscheinlich höheren geistlichen Würden-
trüger, Namens ⲥⲓⲙⲉⲱⲛ ⲡⲉⲧⲣⲉ angehört habe.[1] Im gleichen
Sinne möchte ich auch die von Stickel auf Pius II. (Aeneas
Sylvius) bezogenen (!!) schwach sichtbaren und plump geschnit-
tenen griechischen Buchstaben der Vorderseite links und rechts
vom Christusbilde deuten. Da sie sich wie Cⲓⲙ — ⲓⲧ darstellen,
können sie meines Erachtens kaum anders, als für CIM — ΠET
(ET in Ligatur), d. i. Σίμων Πέτρου genommen werden.

V.

. Siegelring. Nach der historischen Ueberlieferung des Chalil
ben Schâhîn az-Zâhiri in seinem: زبدة كشف الممالك وبيان الطرق
والمسالك bei de Sacy, Chrest. arabe, 2° éd., II, p. ١٠ f.; vgl. auch
Reinaud, l. c. I, 83. Ich lasse hier vorerst den kurzen interessanten Originaltext folgen:

وكان اسمه نجما وكان للخليفة ولد اسمه يحيى وكانوا اتهموا الوزير به

لعجته له وكان مكتوبا على فصّ خاتم الوزير احرف فاجتهدت الحسّاد

ان الخليفة يقرا ما فى خاته فوجد مكتوبا فيه حم عسق يحى فامر بقتله

فساله التمثل بين يديه فلما مثل بين يدى الخليفة ساله عن ذنبه فقال

له ما هذا المكتوب فى خاتك فأجابه هو اسم الله الاعظم من القران

فقال له اقراه فقرا بحم عسق نجنى فاستحسنه وخلع عليه واعتذر اليه

, . . . Dieser Wezir hiess Nedschm. Der Chalife hatte
einen Sohn, Namens Jahja. Da der Wezir dem jungen Prinzen

---

[1] Ich denke an den ⲁⲛⲁ eines Klosters, oder einen Bischof. Bezüglich der
Namensformen vgl. Corpus Papyrorum Raineri, II. Bd. Koptische Texte,
herausgegeben von J. Krall, Index s. v. Dass der Doppelname nach be-
kannter koptischer Schreibung auch in der arabischen Transcription im
zweiten Theile das Patronymicon enthalte, wird aus den Beispielen in
meinem ersten arabischen Bande des Corpus Papyrorum Raineri hervor-
gehen.

in liebevoller Weise zugethan war, brachten ihn die Neider, wegen einiger Worte, die auf dem Steine seines Siegelringes standen, fälschlich in Verdacht und machten alle Anstrengungen, den Chalifen dahin zu bringen, dass er die Inschrift jenes Siegelringes lese. Als dies geschah, fand derselbe darauf die (unpunktirten) Worte: نجم عشق يحيى (welche er نجم عشق يحيى, Nedschm liebt leidenschaftlich den Jahja' deuten zu müssen glaubte). Der Chalife befahl sofort die Hinrichtung des Wezirs. Dieser aber bat, noch einmal vor dem Herrscher erscheinen zu dürfen, und als er vor diesem stand, frug er ihn nach seiner Schuld. Da sprach der Chalife zu ihm: ‚Was besagt diese deine Siegelinschrift?' Der Wezir gab zur Antwort: ‚Es ist der Name des Allmächtigen Gottes aus dem Korân.' ‚Lies ihn', erwiderte der Chalife, worauf Nedschm las: بحم عسق نجى ,Bei (der Wahrheit von) HM—'ASK errette mich!' Der Chalife war von dieser Rechtfertigung so sehr befriedigt, dass er dem Wezir ein Ehrenkleid schenkte und ihn um Verzeihung bat'.

Die zwei talismanischen Buchstabengruppen حم عسق, in welchen manche Commentatoren versteckte Namen Gottes erblicken, sind in der That korânisch; sie leiten die XLII. Sûre ein und werden in Gebeten vielfach aufgerufen, so z. B. in der oben citirten Handschrift (S. 12, Note 2), Fol. 124 r, wo entgegen der elliptischen Fassung an dem in Rede stehenden Siegeltexte, voll يحق حمسق ,Bei der Wahrheit von HM'ASK!' zu lesen ist.

Sehr interessant ist nun das aus dem hübschen Geschichtchen für uns sich ergebende Beispiel einer beabsichtigten Involutio, wobei wir davon absehen können, dass die hiefür ingeniös ersonnene Combination des Formeleinganges mit dem Namen des schändlicher Knabenliebe beinzichtigten Siegelinhabers: نجم — بحم, diesem sehr bald den Kopf gekostet hätte. Dies Involutiobeispiel kann als Specimen einer ganzen Classe von Siegelinschriften, in welche sich auch die unter IV. vorbeschriebene einreiht, gelten, bezüglich welcher zu hoffen ist, dass noch andere lehrreiche Beispiele dereinst zum Vorschein kommen werden.

Ausser diesen Beispielen wirklicher Involutio an epigraphischen Denkmälern begegnet man noch ungemein häufig
Schreibungen, welche auf den ersten Anblick vielleicht als solche
aufgefasst werden könnten. Allein bei genauerer Ueberlegung
und mit Berücksichtigung meiner Definition, durch welche eine
sachlich-kritische Scheidung versucht worden ist, wird man
finden, dass es sich in diesen Fällen entweder um Haplographien oder Ligaturen handle. Zu den ersteren möchte ich
auch jenen Fall rechnen, welchen ich in diesen Sitzungsberichten,
Bd. CXXIX, Abh. V, p. 22, in weiterem Sinne noch auf die
Involutio zu beziehen mich versucht fühlte. Das fragliche Wort
steht in der vierten Zeile der a. a. O. publicirten Globus-Inschrift
vom Jahre 622 H. (= 1225 n. Chr.), deren Facsimile hier folgt:

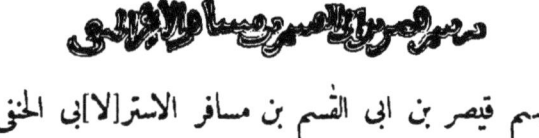

رسم قيصر بن ابى القسم بن مسافر الاستر[لا]ابى الحنى

Man ersieht hieraus, dass الاستر[لا]ابى vereinfacht geschrieben ist, indem das einmal gesetzte und zu lesende لا ein zweites
Mal in Verbindung mit dem daneben gestellten letzten ابى zu
lesen ist. Dass dieser, durch die Nebeneinanderstellung positiv
gewordene Fall arabischer Haplographie aus einem Versehen
des Graveurs resultirt, ist zweifellos.

Was die Ligaturen betrifft, deren ungeheuere Zahl von
der Entwicklungsfähigkeit der arabischen Schrift Zeugniss ablegt, so giebt es manche, welche sich dem graphischen Anschein
nach der Involutiobildung nähern, dennoch aber einer wirklichen Involutio nicht entsprechen. Ich führe nur zwei Beispiele

Fig. 1.   Fig. 2.

an: 1. die Wortgruppe (Fig. 1) aus einer persischen Inschrift
der inneren Festung (Itsch Ḳala'a) von Erzerum, Jahr 351 H.

= !)62 n. Chr.: [¹] خالك الملك, und 2. den Namen ساط ساتل Sàti-beg
(Fig. 2), der Ilchaniden Sultànin, 739 H. = 1339 n. Chr. auf
einer Kupfermünze.[²] In diesen beiden Fällen treten zwei aufeinander folgende Wörter, nämlich Name und Titel, graphisch
nur in das Verhältniss einer Ligatur, da in Fig. 1 die Elifs beider Wörter und Fig. 2 der Balken von ل mit dem Jâ von ج
lediglich blos zusammenstossend (ligirt) angesehen werden können.

Von der Beachtung der Involutio an epigraphischen Denkmälern zu Gunsten textkritischer Erkenntniss in paläographischem Sinne habe ich bereits in den einleitenden Worten andeutungsweise gehandelt. Ist, wie ich annehme, das Vorkommen
derselben an den ersteren gesichert, so werden sich nothwendig
auch in handschriftlichen Texten gewisse Erscheinungen damit
in Beziehung bringen lassen, schon wegen des von mir stets
betonten Schriftparallelismus. Freilich aber führt die Betrachtung dieser paläographischen Beispiele durchaus zu keinem ge-
setzmässigen Ergebniss; mit anderen Worten: eine wirkliche,
meiner Definition entsprechende Involutio habe ich in Handschriften bisher nicht feststellen können. Dem Buch- oder Ur-
kundenschreiber gestattete seine Kunst eine freiere Ausübung,
nicht so dem Schreiber auf Stein und anderem epigraphischen
Materiale, welcher eben durch das Missverhältniss zwischen der
gegebenen Schriftvorlage und dem ihr zur Verfügung gestellten
Raume mit Vorbedacht die Involutio anzuwenden veranlasst
werden konnte, ohne dadurch seinem Texte eine unverständ-
liche graphische Gestaltung zu geben. Wenn daher Fälle einer
der Involutio ähnelnden Erscheinung in paläographischem Sinne
sich dennoch constatiren lassen, so liegen ihnen oft nur un-
beabsichtigte Auslassungen des Schreibers zu Grunde, der,
wenn er auch seinen Irrthum gewahr wurde, die Auslassung
nur selten berichtigte, sondern vielmehr die textkritische Erkenntniss des involutioartigen Charakters derselben dem Scharf-
sinne seines Lesers anheimstellt. Höchstens geschieht es, dass
er durch Ansetzung eines zuweilen doppelgiltigen diakritischen
Punktes oder anderer Auxiliarzeichen die Aufmerksamkeit des

[¹] Journal asiatique, 1852, IV. Serie, 19. Bd, Pl. II (wo unrichtig ملكد gelesen ist).

[²] In der Sammlung des Prinzen Philipp von Sachsen-Coburg-Gotha.

Lesers auf das Vorhandensein jenes Vorkommnisses hinlenkt.
Wenn also beispielsweise ein Codex احمدكريا bietet, so ist diese
Gruppe, ohne dass etwa vorher die Vergleichung eines zweiten
handschriftlichen Exemplares nothwendig wäre, positiv durch
احمد بن زكريا aufzulösen: hier resultirt die involutioartige, durch
den diakritischen Punkt gekennzeichnete Erscheinung aus der
versteckten Zusammenziehung des بن mit ز von زكريا, welche
nur möglich geworden ist infolge der verschleiften Schreibung
des بن in einem Zuge, wodurch derselbe gewissermassen wie
ein einziges Buchstabenelement mit der ز-Form graphisch
identificirt erscheint.

Beispiele dieser Art lassen sich in grosser Menge den
Handschriften entnehmen. Denn im Principe gilt das Gesagte
überhaupt von der Rê-Form in der Zusammenziehung mit بن,
selbst auch, wenn sie eine Verbindung von rechts her einge-
gangen ist. Man vergleiche: Muschtabih, ed. de Jong, ٣٨١,
N. 4, Cod. A ابو منصور غزو für غزو بن منصور ابو (da ر = cursivisch بن
ist); l. c. ٣٣٩, N. 8, Cod. C نصر بن الدجاجى für نصر الدجاجى;
Belâdsorî, ed. de Goeje, ٣٣٩, N. ٤ جعفر المنصور امير المومنين für
جعفر بن المنصور الخ u. s. w. In diese Kategorie gehören auch solche
Buchstaben, deren cursivische Umformung den constitutiven
Schriftcharakter so verändert, dass sie eine graphische Zusammenziehung mit بن recht wohl einzugehen vermöchten, daher
die Auslassung des letzteren leicht erklärlich ist, z. B. Muschtabih, l. c. ٢١٦, N. 10 العباس بن الرحا العباس الرحا für العاس aus
الرحا رب da سى = سى und بن sein kann.

Hieran schliessen sich die anscheinend involutioartigen Zu-
sammenziehungen durch Auslassung von Silben, denen bisweilen dieselben graphischen Veränderungen zu Grunde liegen,
wie sie eben geschildert worden sind: Belâdsorî, l. c. ١٨١, N. ٣,
Cod. B وصوافى فى ربض حران für وصوافى فى ربض الخ; sodann: Muschtabih, l. c. ٢٢٨, N. 4, Cod. C الرقاى عن ابى بكر für الرقاى الى بكر;
l. c. ٢٥٨, N. 11, Cod. A ويحيى بن عمار für ويحيى عمّار u. a.

Als dritte Reihe endlich, in welche sich Beispiele für den
in der eingangs gegebenen Definition vorgesehenen zweiten
Fall einer Involutio einordnen lassen, treten involutioartig in
paläographische Erscheinung die Auslassungen, beziehungsweise
Einmalschreibungen von Wörtern: Belâdsori, l. c. vv, N. *e*, Cod. A
اى الى für حتى الى الى الى ابى aus حتى الى الى ابى, indem hier
vorauszusetzen ist, dass die beiden unpunktirten Wörter
اى الى des Leidener Codex vom Jahre 623 H. (1226 n. Chr.) in
dem Ductus seines Jerusalemitischen Schreibers Ahmed ibn
Ni'me[1] sich graphisch decken, dass also, weil ٮ von الى fast die
Höhe des ا von الى hatte, sehr leicht die involutioartige Zusammenziehung beider Wörter stattfinden konnte. Diese Annahme fand ich zu meiner Ueberraschung in der That bestätigt
bei Heranziehung der von mir 1879 in Leiden angefertigten
photographischen Copie von S. 543 des Codex (Ausgabe p. ٤٧١),
wo sich zufällig dieselben Worte vorfinden: dort ist الى = الى
(Z. 4 v. u.) und الى = الى (Z. 5 v. u.) geschrieben. — Ferner
l. c. ٢١٨, N. *c*, Cod. A دينارين على ان فوض على القبط دينارين für دينارين
wo) من بين ايدى المسلمين für بين ايدى المسلمين, N. *b*, Cod. A ٢٤٩
من mit offenem Mîm = من); l. c. ٢١٦, N. *c*, Cod. A واتاه بشراب
Al- واتاه بشرب يشرب فسكر aus واتاه بشراب يشرب فسكر فكر für فكر ;
Bondârî, Hist. des Seldjoucides de l'Iraq, ed. Houtsma, ٥٠,
l. 15, Cod. O كل سهم für عن القائم القائم عز القائم; l. c. ١٣٣, l. 1, Cod. O
für منهم (wo منهم mit offenem Mîm = سهم); l. c. ١٧٠, كل سهم منهم für
l. 5, Cod. O لاضعاف آخية اخيه für لاضعاف آخية اخيه; l. c. ٢٨٩, l. 12, Cod. C
منثورا وضم ماكان هناك منثورا für مثورا منثورا aus der cursivischen Schreibung منثورا مثورا u. v. a.

Derjenige, welcher die Mühe nicht scheut, viele Handschriften auf ihre Lesevarianten hin zu prüfen, wird bald zu
der Ueberzeugung gelangen, dass den besprochenen, wenn ge-

---

[1] Vgl. Muschtabih, l. c. ٥٣٣ s. ٧. نعمة.

2*

20 V. Abhaudlung: Karabacek.

radezu systematisch sich wiederholenden Einmalschreibungen eine gewisse Praktik, aus welcher keineswegs eine gemeine Nachlässigkeit, sondern vielmehr die Schreiberindividualität hervortritt, zugrunde liegt. Ich verweise in dieser Beziehung nur auf den vorhin citirten Erzerûmer Codex des Al-Bondàri vom Jahre 725 H. (1325 n. Chr.) in der Oxforder Bibliothek. Die scharfe Beobachtung seines Herausgebers, Herrn Houtsma,[1] über das handschriftliche Verhältniss dieses Buches zu seinen anderen Vorlagen, scheint mir in dem Gesagten durchaus eine Stütze zu finden.

Indem ich diese vorläufigen Ausführungen beschliesse, bin ich weit entfernt, die fürs Erste in der arabischen Epigraphik nunmehr positiv nachgewiesene Involutio ohneweiters in gleicher Gesetzmässigkeit auch aus den geschilderten paläographischen Erscheinungen ableiten zu wollen. Aber ich meine, dass die Thatsache des Auftretens der Involutio im arabischen Schriftwesen an sich wichtig genug ist, um wohl beachtet zu werden. Dadurch würde der Conjecturalkritiker in bestimmten Fällen sicherer, als dies mit anderen Mitteln zu geschehen vermöchte, die zunächst aus logischer Nöthigung festgestellte Textverderbniss auf graphisch natürliche Weise alsbald zu erklären und darnach zu verbessern im Stande sein.

Anhang.

Bemerknngen zn den Hamadâner Bleisiegeln.

S. 4, Anm. 2 habe ich mich gegen die Gleichstellung des Terminus جالة mit امل الذّمة auf den Bleisiegeln ausgesprochen und die Beweisführung für diesen Anhang in Aussicht gestellt, zumal der Herausgeber, J. G. Stickel, von seiner irrigen Ansicht über die zweckliche Bedeutung dieser Bleisiegeln auch in seiner letzten Abhandlung, ZDMG. XLIX, 70, abzugehen nicht vermochte. So sehr mich das Andenken des nunmehr heim-

---

[1] Al-Bondâri, l. c. XLI f.

gegangenen Gelehrten und insgleichen die Erinnerung an die
vor Jahresfrist erfolgte Zusendung dieser letzten litterarischen
Gabe des Neunzigjährigen mit verehrungsvoller Gesinnung erfüllt, muss ich doch offen aussprechen, dass mich diese Arbeit
zu einem von dem Verfasser gewiss nicht erwarteten Urtheil
geradezu herauszufordern schien. Indem ich mich jetzt der mir
selbst auferlegten Zurückhaltung für entbunden erachte, muss ich
meinem Erstaunen Ausdruck geben über die Fülle von gelehrten
Verirrungen, welche sich auf dem engen Raum von wenigen
Blättern zusammendrängen. Kaum eine einzige Aufstellung ist
stichhältig. Ich kann natürlich hier nicht auf alle Einzelheiten
eingehen und beschränke mich auf das Nöthigste.

Dass die von Stickel publicirten, in vorstehender Abhandlung besprochenen Hamadâner Bleisiegeln als Toleranz-
oder Kopfsteuermarken zu betrachten sind, bestätigt neben
den von mir anderwärts gegebenen Nachweisen ein von ihm
l. c. XLIX, 66, publicirtes, S. 67 in achtfacher photographischer
Vergrösserung abgebildetes Bleisiegel des Jenaer Münzcabinets.
Stickel liest und übersetzt dessen Inschrift folgendermassen:

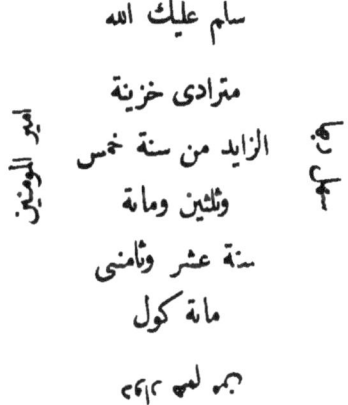

‚Gott gebe dir Frieden, Fürst der Gläubigen! Forderung des Proviantmagazins vom Jahre 135. Acht-
hundert und sechzehn Scheffel ihrer Dörfer vom Flach-
land ihrer Inhaber.'

So viele Worte, fast ebensoviele Verlesungen! Und welch'
inhaltliche Ungereimtheiten! Die Heilsformel für den Chalifen,
wenn sie wirklich so da stehen könnte, würde nicht عليك سَلِّم
يسلمك الله يا امير المومنين sondern اله امير المومنين, lauten; ferner soll
خزنة الزايد ,Proviantmagazin' bedeuten! Aus Belâdsorî, l. c. ٢١٩,
Z. 2, hätte Stickel hiefür die ächte Bezeichnung دار الرزق, eine
Nachbildung von griech. σιταρχία, schöpfen können. Der Vor-
steher solch eines Provianthauses, der Proviantmeister (σιταρχος),
begegnet uns in einer griechisch textirten Papyrusurkunde arabischer Zeit.[1] Doch wozu die sprachlichen Vergewaltigungen
in Stickel's Entzifferungsversuch einzeln hier vorführen? Bei
allen Schwierigkeiten einer Lesung ohne Original und blos auf
Grund einer undeutlichen Abbildung, scheint sich mir der Siegel-
text klar und einfach so darzubieten:

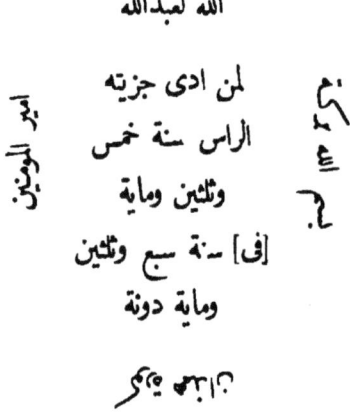

,Im Namen Gottes! Segen Gottes dem 'Abd allâh,
Fürsten der Gläubigen! Für denjenigen, welcher seine
(rückständige) Kopfsteuer des Jahres einhundert fünf-
unddreissig, im Jahre einhundert siebenunddreissig
bezahlt hat. Dûna, Bezirk Hamadân.'

---

[1] Papyrus Erzherzog Rainer: Führer, p. 146, Nr. 579.

Man sieht, dass hier an Stelle von جالة, welcher Terminus im Mafâtîh al-'olûm[1] als in einigen Ländern gebräuchlich,
durch مال الجاحم وهى جمع جمجمة وهى الرأس ‚Kopfgeld' erklärt
wird, die andere parallele Bezeichnung جزية الرأس tritt.[2] Dieser
Wechsel ist auch urkundlich gesichert, sowohl was die Kopfsteuerlisten, als auch was die Kopfsteuerquittungen betrifft. Den Gebrauch von جالة in den letzteren habe ich schon
vor Jahren in den Urkunden der Papyrus Erzherzog Rainer
nachgewiesen.[3] Da der von mir herauszugebende, derzeit im
Drucke befindliche, erste arabische Band des Corpus Papyrorum Raineri zahlreiche Belege dieser Art bieten wird, begnüge
ich mich hier mit der Aufführung von ein paar Beispielen
wechselweiser Anwendung jener parallelen Kunstausdrücke.

In den Kopfsteuerlisten begegnet man entweder (Pap.
Erz. Rainer, Führer, Nr. 677) der Rubriküberschrift:

علیهم من جزیة رسهم   Auf ihnen liegt von ihrer Kopfsteuer

دينر   in Gold:

und einfach:

جزیة رسهم   ihre Kopfsteuer

دينر   in Gold:

oder, l. c. Nr. 715:

الجالية   die Kopfsteuer

دينر   in Gold:

Eine Kopfsteuerquittung vom Jahre 229 H. (= 843/4
n. Chr.), l. c. Nr. 752 beginnt:

ادى زمني كيل عما يلزمه من الجالية ربع ٥ الخ

‚Es hat bezahlt Zimnis Chaël gemäss dem, wozu er verpflichtet ist in Betreff der Kopfsteuer einen Viertel(-Dinâr), ¹/₄ etc.'

---

[1] Ed. van Vloten, p. ٥٩
[2] Am Bleisiegel جزيته الرامى für راسه جزية الرأس Vgl. Papyrus Erzherzog
Rainer: Führer, Taf. XIV, Nr. 670, Z. 6: جزية راسك u. a. a. O.
[3] Mittheilungen aus der Sammlung der Papyrus Erzherzog Rainer, 1887,
II/III, p. 162, 164 ff.

Eine andere, ausgefertigt am Donnerstag den 14. Paophi
241 H. (= 10. October 855 n. Chr.) auf Grund der Eintragung
in Folio 5 der Steuerlisten, l. c. Nr. 762 beginnt:

اد ى اثناس الخياط عما يلزمه من جزية راسه عن المدينة ربع دينر مثقال

يّ اخ

,Es hat bezahlt Athanasios der Schneider gemäss dem,
was ihm obliegt von wegen seiner auf die Hauptstadt entfallenden
Kopfsteuer, einen Viertel-Dinâr des Mitskâl-Fusses, ¼ etc.'[1]

Aus dem Doppeldatum des Jenaer Bleisiegels erhellt zur
Evidenz, dass es sich um die Bezahlung eines das vorver-
gangene Jahr betreffenden Steuerrückstandes handle, also, dass
das Stück in dieser Beziehung eine Controlsmarke sei, die der
Tributarier, wie oben bemerkt, öffentlich zur Schau trug, um
sodann dieselbe nach Ablauf der Controlszeit gegen eine neue
umzutauschen. Damit gehen auch wieder die Textirungen der
Kopfsteuerquittungen mit ihren Doppeldaten parallel. Sie lehren
uns, dass derlei verspätete Zahlungen von Steuerrückständen,
die sich selbst auf eine Frist bis zu vier Jahren erstreckten,
nicht ungewöhnlich waren. Als Muster diene die folgende
Quittung.

Papyrus Erzherzog Rainer, Inv. ar. Pap. Nr. 4432
(Führer, S. 222, Nr. 823), vom 16. December 878 n. Chr.:

1 كيه x الرقة α دينر

/// ٢

٢ بسم الله الرحمن الرحيم

٣ ادى جرجس اخو مينا بيجوبه عما يلزمه من الحالية

٤ عن المدينة لشهور سنة خمس وستين وماتين ٢

---

[1] Das hier angezogene ,Folio 5' der Steuerliste hat sich wunderbarer
Weise gleichfalls in der erzherzoglichen Papyrussammlung, Inv. Ar. Pap.
Nr. 11345, gefunden. In dieser, von derselben Hand wie obige Quittung
geschriebenen Kopfsteuerliste, erscheint ,Athanasios der Schneider' genau
mit der Rate ,¼ Dinâr' eingetragen.

٥ نصـــف دينـــــر مثقال الى اندونه

٦ بن قوريل القسطال بحضرة خليقتين احمد

٧ بن عمرو والحسن بن علي عامل ابى عيسى

٨ اعزه الله لخراج سنة   ٢٦٥

L. S.

بالله

اندونـه بن قـــوربـــل

يتق

Uebersetzung.

1 Choiak 20. Folio 1. Dinâr
   $\frac{1}{2}$ . . .

2 Im Namen Gottes des Barmherzigen, des Erbarmenden!

3 Es hat bezahlt Georgios, Bruder des Menas Petschoie, gemäss dem wozu er verpflichtet ist bezüglich der Kopfsteuer

4 der Hauptstadt, für die Monate des Jahres zweihundert-
  fünfundsechzig, $\frac{1}{2}$,

5 einen halben Dinâr des Mitskal-Fusses an Antonios

6 Sohn des Kyrillos, den Säckelmeister, in Gegenwart zweier
  Stellvertreter des Ahmed,

7 Sohnes des 'Amr, und des el-Hasan, Sohnes des 'Ali, Tri-
  buteinnehmers des Abû 'Isa,

8 den Gott geehrt machen möge! für die Steuer des Jahres 264.

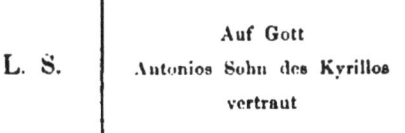

L. S.

Auf Gott
Antonios Sohn des Kyrillos
vertraut

Ich halte diese Belege für ausreichend zur Erklärung auch
jenes Doppeldatums auf dem Bleisiegel Nr. 2 bei Stickel,

l. c. 64, welches Herr Casanova so sehr räthselhaft findet, dass
er sich durch dasselbe zu einer — fast möchte ich sagen aben-
teuerlichen — Conjectur verführen liess, wogegen Stickel das
Doppeldatum überhaupt nicht gelten lassen will. Es ist hier
nicht der Ort, noch weiter auf diese Fragen einzugehen oder
andere Falschlesungen, wie S. 68 f., Nr. 9, berichtigen zu wollen.
Diese Bleisiegeln bieten so viel des Wichtigen und Interessanten,
dass es sich wohl verlohnt, dieselben ein anderes Mal für sich
allein einer eingehenden Behandlung zu unterziehen.

Nachtrag zu Seite 7. Die Marmor-Inschrift befindet sich,
wie ich aus Amador de los Rios, Inscripciones Arabes de
Sevilla, Madrid 1875, p. 106 f. ersehe, jetzt im Museo Provin-
cial de Sevilla, wohin sie aus der äusseren Mauer der Kirche
San Juan de la Palma gebracht worden ist. Der Herausgeber
las Zeile 5 falsch الخزبال الثوب und Zeile 6 das Patronymicon des
Wezirs ohne historische Kenntniss: بطاح ,Battáh'! Die Jahr-
zahl 1086 J. C. ist in 1085 zu verbessern. Das beigegebene
Facsimile zeigt gegenüber der vortrefflichen Abbildung bei
Conde, wie sehr die Beschädigung der Schriftzüge durch äussere
Einflüsse in der Zwischenzeit Fortschritte gemacht hat.

VI.

Die armenischen Handschriften von Sewast (Siwas) und Šęnquš.

Von

Dr. Friedrich Müller,

Professor an der Wiener Universität.

Neben der Sammlung der armenischen Handschriften des Klosters von Arγni (Arghana), deren Verzeichniss ich in den Sitzungsberichten der kaiserl. Akademie der Wissenschaften, Bd. CXXXIV (Wien, 1896), veröffentlicht habe,[1] sind vor Allem die beiden Sammlungen von Sewast (Siwas) und Šęnquš (Šęnquš) zu erwähnen, deren Beschreibung ich im Nachfolgenden mitzutheilen mir erlaube.

I. Die armenischen Handschriften von Sewast (Siwas).

Die Zahl der in Sewast vorhandenen armenischen Handschriften beläuft sich im Ganzen auf 86. Davon sind 20 im Privatbesitz, 66 werden in dem dortigen Kloster aufbewahrt.

Sewast (Siwas), das alte Σεβάστεια, Σεβαστία, Σεβαστή liegt am rechten Ufer des oberen Kizil Irmak (des alten Halys) und ist die Hauptstadt des türkischen Wilajets Siwas.

Das Material zu dem nachfolgenden Handschriften-Verzeichnisse ist derselben Quelle wie jenes des Handschriften-Verzeichnisses von Arγni (Arghana), nämlich dem Werke von Sruandzteantsh, Թորոս աղբար, Bd. I, S. 183—200 (Constantinopel, 1879), entnommen. Leider hatte der Autor wahrscheinlich

---

[1] Diese schöne Sammlung soll leider nicht mehr existiren; sie soll bei der Zerstörung des Klosters durch die Türken verbrannt worden sein.

nicht die Zeit, die Handschriften von Sewast genau zu untersuchen, da er blos drei derselben (eine Bibel- und zwei Evan-
gelien-Handschriften) näher beschreibt, dagegen von den anderen blos die Titel mittheilt.

Bei der Aufzählung der Handschriften habe ich das in
meiner oben citirten Abhandlung ‚Die armenischen Handschriften des Klosters von Arγni (Arghana)' befolgte System beibehalten.

1. Die Bücher der heiligen Schrift.
(8 Handschriften.)

1. Die Bibel (սուրբ գիրք). — Geschrieben im Jahre ռլթ
   (1089 = 1640).
2—3. Der Psalter. Zwei Exemplare.
4. Ecclesiastes (ժողովող. քարոզ).
5. Die vier Evangelien. — Geschrieben im Jahre փա (711 =
   1262) in Hromklah, als Hethum König und Kostandin I.
   Katholikos war.
6. Die vier Evangelien. Pergament-Handschrift.
7—8. Die vier Evangelien. Zwei Exemplare.

2. Erklärungen der heiligen Schrift.
(14 Handschriften.)

1. Mçchithar Göš (12 Jahrh.). Commentar zur Genesis (Մեկնութիւն ծննդոց).
2. Wardan oder Grigor oder Cornelius. Commentar zur Genesis (Մեկնութիւն արարածոց) mit noch anderen kurzge-
   fassten Commentaren.[1]
3. Nerses Lambronatshi (12. Jahrh.). Erklärungen der zwölf
   Propheten (Մեկնութիւն երկոտասան մարգարէից).
4—5. Erklärung des Propheten Isaias.[2] Zwei Exemplare.
6—7. Grigor Tathewatshi (14. Jahrh.). Commentar zum Buche
   Hiob. Zwei Exemplare.
8. Commentar zum Buche Hiob[3] (յաղ. Յովբայ).

---

[1] Vgl. Մայր ցուցակ von Edžmiatsin, S. 142, Nr. 1068 ff. — S. 144, Nr. 1090.
S. 144, Nr. 1093.
[2] Vgl. Մայր ցուցակ von Edžmiatsin, S. 151, Nr. 1200 ff.
[3] Von demselben?

9. Commentar zu den Parabeln der Evangelien (*Մեկնութիւն առակաց աւետարանի*).
10. Moses Chorenatshi (5. Jahrh.). Commentar zum Evangelium Matthäi. Dazu bemerkt Sruandztean ausdrücklich: *այսպէս է գրուած*.
11. Commentar zum Evangelium Johannis (*Մեկնութիւն ի վարդապետ էր բան' ն.*).[1]
12. a) Commentar zur Offenbarung Johannis;[2]
    b) Commentar zu den Definitionen Dawith's von Aŕaqel Siu-netshi (15. Jahrh.).
13. Ausführlicher Commentar zur Offenbarung Johannis.[3]
14. Nerses Lambronatshi (12. Jahrh.). Erklärung der sogenann-ten katholischen Apostelbriefe (*Մեկնութիւն կաթողիկեայց*).

3. Canones.
(1 Handschrift.)

Canones (*կանոնագիրք*).

4. Rituale und Missale.
(1 Handschrift.)

Messbuch (*Մաշտոց գիրք*).

5. Hymnologium.
(2 Handschriften).

1. Šarakan. Pergament-Handschrift.
2. Šarakan.

6. Horologium.
(1 Handschrift.)

Horologium oder Breviarium (*ժամագիրք գիրք*).

7. Calendarium.
(1 Handschrift.)

Jacob Ŕimetshi (15. Jahrh.). Commentar zum Kalender (*Մեկնու-թիւն տումարի*).

---

[1] Vgl. *Ցուցակ գրչագ* von Edžmiatsin, S. 157, Nr. 1306 ff.
[2] Vgl. *Ցուցակ գրչագ* von Edžmiatsin, S. 163, Nr. 1385 ff.
[3] Vgl. a. a. O.

8. Predigten.
(19 Handschriften.)

1. Grigor Tathewatshi (14. Jahrh.). Predigten (*բարգք*).
2. Grigor Tathewatshi (14. Jahrh.) und Jacob Ѕrimetshi (15. Jahrh.). Predigten.
3. Karapet Gandzaketshi, Patriarch von Jerusalem (18. Jahrh.)[1] *բարգզաϯϯ·*
4. Predigten (*բարգզϯϯϯ*).
5. Predigten (*բարգզϯϯϯ*).
6. Predigten (*բարգզϯϯϯ*).
7. Predigten (*բարգզϯϯϯ*) in der Volkssprache (*խjϯϯϯ·*).
8. Commentar (wozu?) und Predigten von einem unbekannten Verfasser.
9. Getezereantsh. Lobrede (*իϯ. իϯϯϯ·*).
10. Johannes. Predigt (*բարգ*).
11. Busspredigt (*բարգ ϯϯϯϯϯϯ·*).
12. Predigten. *բարգ ϯϯϯϯϯϯϯ ϯ· ϯϯϯϯ.*
13. Ayamalean. Sonntags-Predigten (*ϯϯϯϯ·*).
14. Jacob Nalean Zimaratshi, Patriarch von Constantinopel und Jerusalem (18. Jahrh.). *ϯϯϯϯϯ.*
15. Simeon. *ϯϯϯϯϯ.*
16. *ϯϯϯ ϯϯϯϯϯ·*
17. Evagrios: *ϯϯϯ ϯϯϯϯϯ·*
18. Mechithar Göš (12. Jahrh.) und Komitas, Katholikos von Edžmiatsin (617—625). *ϯϯ.*
19. Efrem. *ϯϯϯ.*

9. Gebete und Lieder.
(2 Handschriften.)

1. Gesangbuch (*ϯϯϯϯϯ·*).
2. Liederbuch (*ϯϯϯϯϯϯ·*).

10. Theologische Tractate.
(16 Handschriften.)

1. Erklärung der sieben heil. Sacramente (*ϯϯϯϯϯ ϯϯϯ ϯϯϯϯϯϯ·*).[2]

---

[1] Vgl. Tshamtshean III, S. 866, 867.
[2] Von Jacob, Patriarch von Constantinopel? vgl. *ϯϯϯ ϯϯϯϯ* von Edžmiatsin, S. 167, Nr. 1430.

2. Nerses Lambronatshi (12. Jahrh.). Erklärung des heil. Mess-
   opfers (*Մեկնութիւն պատարագի*).
3. Ueber die vier letzten Dinge (*չորք վերջնոց*).
4. *Կանոն խաղբութեան.*.
5.—6. *Վեցօրէից.*[1] Zwei Exemplare.
7. a) Dionysius Areopagita. *աստուածաբանութիւն 'ի վերայ Հրե-*
   շտակաց;
   b) Stephannos Lehatshi (17. Jahrh.). *բանք.*
8. Guilielmus Theologus (*Վիլլելմու աստուածաբան*). Die Prophe-
   zeiung Isaias' (*Մարգարէութիւն Եսայեայ*).
9. Duns Scotus. Theologie (*աստուածաբանութիւն*).
10. Thomas von Aquino. Theologie (*աստուածաբանութիւն*). I. Theil.
11. Johannes, Erzbischof. Testament (*կտակ*).
12. *Կերպակ բ խաչետայք.*[2]
13. *աստուածաբանութիւն* und andere Tractate.
14. *պատճէն արարութիւն որ կոպր գրոյ.*[3]
15. Martinus Becanus. *անյոֆխ*, d. i. Vergleichung des alten
    und neuen Testaments.[4]
16. *բնթիր ճառ եւ մեկնութիւն*, von einem unbekannten Verfasser.

11. Leben der Heiligen.
(2 Handschriften.)

1. Martyrologium (*յայսմաւուրք Հին*).
2. Leben der Väter (*Հարանց վարք*).

12. Philosophie.
(9 Handschriften.)

1.—3. *բանք իմաստասիրաց.*[5] Drei Exemplare.
4. a) Isagoge des Porphyrius;
   b) Dawiths' Definitionen;

---

[1] S. Die armenischen Handschriften des Klosters von Aryni (Arghana) X,
Nr. 8 (S. 10).
[2] S. *Մայր ցուցակ* von Edžmiatsin, S. 46, Nr. 717.
[3] Vgl. *Մայր ցուցակ* von Edžmiatsin, S. 178, Nr. 1608?
[4] Vgl. *Մայր ցուցակ* von Edžmiatsin, S. 3. Nr. 30 ff.
[5] Vgl. *Սոփերք Հայկականք*. (Venedig, 1853.) I. und Jac. Dashian „Das
Leben und die Sentenzen des Philosophen Secundus des Schweigsamen'
Wien, 1895. 4°. Denkschriften der kais. Akademie der Wissenschaften.
Phil.-hist. Classe, Bd. XLIV/3.

c) Aristoteles, Kategorien und περὶ ἑρμηνείας;
d) Brief des Aristoteles an Alexander;
e) Vergleichung des alten Testaments mit dem neuen; [1]
f) Aṙaqel's Commentar zu Dawith's Definitionen;
g) *ա‍ւ‍ե‍տ‍ա‍ր‍ա‍ն զ‍ա‍ր ա‍ա‍ն‍ե‍ր‍ի*.

5. Dawith Bagrewandatshi (7. Jahrh.). Ueber die zwei Naturen in Jesus Christus (*Ճ‍ա‍ր‍գ‍ճ‍ա‍ն‍ց բ‍ն‍գ ե‍ր‍ղ‍ա‍ր‍ն‍ա‍կ‍ա‍ն*).

6. Dawith. *բ‍ա‍ն‍ը*, ebenso *բ‍ա‍ն‍ը* von Wardan und Grigor Magistros.[2]

7. Aṙaqel Siunetshi (15. Jahṙh.). Commentar zu den Definitionen (*ա‍ա‍Ճ‍ճ‍ա‍ն‍ը*) Dawith's.

8. Grigor Tathewatshi (14. Jahrh.). *գ‍ի‍ր‍ք Ճ‍ա‍ր‍գ‍ճ‍ա‍ն‍ց.*[3]

9. Grigor Tathewatshi (14. Jahrh.). *ն‍ա‍.‍ծ‍ճ‍ն‍ա‍ն‍ը և‍. ‍բ‍ա‍ց‍ա‍ւ‍ա‍ծ‍ը գ‍ա‍ն‍ա‍ց‍ա‍ն‍ը.*

Aṙaqel Siunetshi (15. Jahrh.). Commentar der Definitionen Dawith's, s. II. Erklärungen der heil. Schrift, Nr. 12.

13. Geschichte.
(4 Handschriften.)

1. Moses Chorenatshi (5. Jahrh.). Brief an Sahak Bagratuni.

2. Geschichte des Concils von Nicäa (*պ‍ա‍ա‍մ‍ճ‍ա‍ն‍ի‍ն ‍Ն‍ի‍կ‍ի‍ա‍յ ‍մ‍ո‍ղ‍ո‍վ‍ո‍յ*).

3. Matthëos Erëtsh (11. Jahrh.). Geschichte des Johannes Chrysostomus. (*պ‍ա‍ա‍մ‍ճ‍ա‍ն‍ի‍ն ‍Յ‍ո‍վ‍հ‍ա‍ն‍ն‍ո‍ւ ‍բ‍ա‍ն‍ի.*)

4. *պ‍ա‍ա‍մ‍ճ‍ա‍ն‍ի‍ն ‍Ն‍ե‍ր‍ց ‍ե‍պ‍ս‍ո‍յ.*

14. Rechtswissenschaft.
(1 Handschrift.)

Nerses Lambronatshi (12. Jahrh.). Rechtsbuch (*գ‍ա‍ա‍ա‍ա‍ա‍ա‍ն‍ա‍ ‍գ‍ի‍ր‍ք*).[4]

---

[1] Vgl. X. Theologische Tractate, 15.

[2] Grigor (11. Jahrh.), Sohn des Nahapet Wasak, aus dem Geschlechte der Pahlawunier, war von dem Kaiser Constantin IX. Monomachos (1042—55) mit der Würde eines Magistros ausgestattet worden. Darüber bemerkt Tshamtshean: *զ‍ա‍յ‍ս ‍ա‍ն‍ո‍ւ‍ն ‍պ‍ա‍ա‍ո‍ւ‍ո‍յ ‍ի‍շ‍խ‍ա‍ն‍ո‍ւ‍թ‍ե‍ա‍ն ‍ա‍ա‍յ‍ի‍ն ‍յ‍ո‍յ‍ք ‍ե‍ր‍ե‍ւ‍ե‍լ‍ի ‍գ‍ո‍ր‍ա‍ց‍ե‍ա‍ց ‍և‍. ‍ա‍ա‍յ‍ե‍ա‍ա‍ց.*

[3] Vgl. Neumann, Geschichte der armenischen Literatur, S. 215 ff.

[4] Vgl. Die armenischen Handschriften des Klosters von Aṙγni (Arghana). S. 13, Note 2.

15. Poesie und Briefstellerei.
(4 Handschriften.)

1. Nerses Klajetshi Šnorḫali (12. Jahrh.). *ֆամէս որդի.*
2. *բարոյական եւ բաստասահղձակած գուարծայի ծասաա .*
3. Grigor Magistros (11. Jahrh.). *եաժակադրուիիւր.* oder *ծայդ Թրր աա գաիայաիս.*
4. Jeremias (17. Jahrh.). Musterbuch der Testamente und Briefe (*աե արակ կասկայ եւ եաժակայ*).
Der Koran (*գրեբրաի Ս*ա*ֆ֏աֆ).*[1]

II. Die armenischen Handschriften des Klosters von Šenquš.

Diese Sammlung umfasst 43 Codices; da jedoch von dem Berichterstatter der Codex 32 nicht erwähnt wird, so kann, wenn ein Irrthum bei der Zählung stattgefunden hat, die Sammlung blos aus 42 Handschriften bestehen.

Šenquš oder Šnquš (oder wie die ältere Schreibart lautet: Šenquš) ist eine Ortschaft im Süden von Arɣni (Arghana). P. Leon Alischanean schreibt in seinem Werke *աեգագֆր Հայոց Ашьшу*, S. 43, § 69 darüber Folgendes: *ֆ Հարաւ Սրղիս րֆգ Ֆֆ Սֆֆրաաս եւ ՍֆրՑեԼԼրգաֆգ оֆաֆգակֆ ծոֆֆ կաֆ ֆֆրր ֆֆ֏աֆր Ֆֆրֆֆֆ եւ Շֆ֏ֆ֏ եւ Սֆֆֆ յոֆֆ ֆֆ եւ.* 600 *աֆֆ Ֆֆֆֆ րֆֆ աֆֆֆֆֆֆ аֆֆֆֆֆֆֆֆ.* ,Im Süden von Arɣni zwischen dem Euphrat und seinem Zuflusse Kęzçllębuk befinden sich die kleinen Ortschaften Džermig, Šnquš und Adiš, in welchen auch 600 armenische Familien unter eigenen Vorständen wohnen.'

Die in dem nachfolgenden Verzeichnisse beschriebene Handschriftensammlung von Šenquš befindet sich in dem Kloster ,der liebeblickenden heiligen Gottesmutter' (*աֆֆАֆֆ֏ֆֆ աա աֆֆֆֆֆֆֆֆ*). Sie enthält, wie man sehen wird, manchen werthvollen Codex und verdient es, den europäischen Armenisten näher bekannt gemacht zu werden.

Das Material zu dem vorliegenden Handschriften-Verzeichniss ist derselben Quelle wie jenes zu dem vorangehen-

---

[1] Vgl. Verzeichniss der armonischen Handschriften der k. Bibliothek zu Berlin von N. Karamianz, S. 78, Cod. 96.

den Verzeichniss, nämlich dem Werke **Ժամագիրք գրեալ ի վ. Ս** ; **Սրբազան աթոռ**. Band II. (Constantinopel, 1885.) S. 452—486, entnommen.

1. Die Bücher der heiligen Schrift.
(11 Handschriften.)

1. Die Bücher der heil. Schrift (**Աստուածաշունչ**). — Mit Randnotizen aus dem 18. Jahrhundert. Ohne Zeitbestimmung. — Nr. 36.
2. Die Bücher der heil. Schrift (**Աստուածաշունչ**). Mit Malereien und Vergoldungen. — Geschrieben im Jahre **ԱՁԵ** (1075 = 1626). — Nr. 38.
3. Der Psalter. Alte Handschrift. — Ohne Zeitbestimmung. — Nr. 10.
4. Die vier Evangelien. Geschrieben vom Schreiber Kasbar nach einem guten und schönen Exemplar in Šcnquš. Ein Andenken der Fürstin Miḥrē. — Ohne Zeitbestimmung. — Nr. 4.
5. Die vier Evangelien. — Ohne Zeitbestimmung. — Nr. 14.
6. Die vier Evangelien. — Stark abgenützt. Geschrieben im Jahre **ՋԿԳ** (913 = 1464). — Nr. 27.
7. Die vier Evangelien. Pergament-Handschrift. — Geschrieben in Constantinopel im Jahre **ՌՂ** (1098 = 1649). — Nr. 28.
8. Die vier Evangelien. — Ohne Zeitbestimmung. — Nr. 30.
9. Die vier Evangelien. Mit Malereien. — Geschrieben im Jahre **ԱՃ** (1070 = 1621). — Nr. 31.
10. Die vier Evangelien. — Geschrieben im Jahre **ՋՂ** (990 = 1541). — Nr. 34.
11. Die Apostelbriefe (die Briefe des Apostels Paulus und die sogenannten katholischen Briefe) und die Apostelgeschichte. — Geschrieben im Jahre **ՉՁԷ** (787 = 1338). — Nr. 21.

2. Erklärungen der heiligen Schrift.
(3 Handschriften.)

1. Commentar zum Buche Hiob und dem Psalter, von einem nicht zu bestimmenden Verfasser. Mank. — Ohne Zeitbestimmung. — Nr. 25.

2. Grigor Tathewatshi (14. Jahrh.). Commentar zum Evangelium
des heil. Matthäus. — Ohne Zeitbestimmung. — Nr. 20.
3. Matthēos Wardapet, Schüler des Grigor Tathewatshi (15.
Jahrh.). Commentar zur Apostelgeschichte (*Մեկնութիւն
գործոց առաքելոց*). — Geschrieben im 15. Jahrh. — Nr. 42.

3. Canones.

(1 Handschrift.)

a) Canones (*կանոնագիրք*);
b) Mechithar Goš. Rechtsbuch (*դատաստանագիրք*).
Geschrieben im Jahre *ռձէ* (1136 = 1687). — Nr. 37.

6. Rituale und Missale.

(7 Handschriften.)

1. Maštotsh. Tauf-Rituale (*Հայոց Մկրտութեան*). — Ohne Zeitbestimmung. — Nr. 7.
2. Maštotsh. Rituale der Taufe und der Ordination (*Հայոց
Մկրտութեան եւ ձեռնադրութեան*). — Geschrieben im Jahre
ռճկ (1163 = 1714). — Nr. 22.
3. Maštotsh. — Geschrieben im Jahre *ՋԺ* (917 = 1468). —
Nr. 33.
4. Maštotsh (*Սայր Հայոց*).[1] — Geschrieben im Jahre *ՋԷ* (907
= 1458). — Nr. 40.
5. Maštotsh (*Սայր Հայոց*). — Geschrieben im Kloster Arɣni
*ի Թագաւորութեան սահմանն 'Ի ստոյգ արքային. եւ ի կաթո-
ղիկոսութեան Ս. Որդոյ* (1470—1490). — Nr. 41.
6. Missale (*Հայոց գիրք*). — Geschrieben im Jahre *ՋԺԵ* (915 =
1466). — Nr. 39.
7. Missale (*խորՀրդատետր*). — Geschrieben in Jerusalem im
Jahre *ռճկ* (1126 = 1677). — Nr. 13.

5. Hymnologium.

(2 Handschriften.)

1. Šarakan. Pergament-Handschrift. Der Anfang von anderer
Hand. — Geschrieben im Jahre *ռՃՁ* (1179 = 1730). —
Nr. 9.

---

[1] Ueber den Unterschied, der zwischen *Հայոց* und *Սայր Հայոց* besteht, s. meine oben citirte Abhandlung ‚Die armenischen Handschriften
des Klosters von Arɣni (Argbana)‘, S. 5, Note.

2. Hymnologium (Šarakan). Kleines Format, stark abgenützt.
— Geschrieben im Jahre *ՊՁՊ* (886 = 1437). — Nr. 26.

6. Horologium oder Breviarium.
(3 Handschriften.)

1. Horologium (*ժամագիրք*) oder Breviarium. — Ohne Zeitbestimmung. — Nr. 12.
2. Horologium (*ժամագիրք*) oder Breviarium. — Ohne Zeitbestimmung. — Nr. 16.
3. Erbauungsbuch. *խրատք և բանք ոգևորական.* Anfang und
Ende beschädigt. — Ohne Zeitbestimmung. — Nr. 3.

7. Calendarium.
(1 Handschrift.)

Festkalender (*տոնացույց*). — Geschrieben im Jahre *ՌՃԺԴ* (1114
= 1665). — Nr. 23.

8. Predigten.
(4 Handschriften.)

1. Grigor Tathewatshi (14. Jahrh.). Predigten, II. Theil. (*ժա-
մարգ Թաղթից գիրք.*) — Ohne Zeitbestimmung. — Nr. 2.
2. Predigten. Mank. — Ohne Zeitbestimmung. — Nr. 5.
3. Predigt. Mank. — Ohne Zeitbestimmung. — Nr. 6.
4. Predigten (*քարոզք*). Mank. — Ohne Zeitbestimmung. —
Nr. 8.

9. Gebete und Lieder.
(3 Handschriften.)

1. Gebet- und Liederbuch für die heil. Messe (*պատարագ*). —
Geschrieben *ի ձեռն ... Գրիգորի ՍԱբնակյայ ունող* im
Jahre *ՊՁԶ* (887 = 1438). — Nr. 1.
2. Gebet- und Liederbuch für die heil. Messe (*պատարագ*). —
Ohne Zeitbestimmung. — Nr. 15.
3. Gebet- und Liederbuch für die heil. Messe mit Noten. —
Grosses Format. — Ohne Zeitbestimmung. — Nr. 18.

10. Theologische Tractate.
(2 Handschriften.)

1. a) Nerses Lambronatshi (12. Jahrh.). Erklärung der Gebete
der Kirche, sowie der heil. Messe. — (*բացատրութիւն
աղաւթից եւ խորհրդոյ եկեղեցւոյ եւ պատարագի*);
b) Nerses Klajetshi Šnorhali (12. Jahrh.). Glaubensbekennt-
niss der armenischen Kirche (*հաւատոյ հայաստանեայց
եկեղեցւոյ*);
c) Chosrow Andzewatshi (10. Jahrh.). Erklärung des Horo-
logiums oder Breviers (*մեկնութիւն ժամագրքի*).
Ohne Zeitbestimmung. — Nr. 11.
2. Nerses Lambronatshi. Erklärung der Mysterien der heil.
Messe (*մեկնութիւն խորհրդոյ պատարագի*). — Geschrieben
vor dem 17. Jahrh. — Nr. 43.

11. Leben der Heiligen.
(1 Handschrift.)

Legendarium (*յայսմաւուրք*). — Geschrieben im Jahre ՆԼԸ (989
= 1540). Am Ende findet sich *յիշատակ համառաւտութեան
վասն լսողի գրակի, որ եղեւ ի ԹՎ Հայոց Թ. Է եւ Խ. Թ
որք իբդդիՅագոն Հայոց ազգին աղգ Հոռոմոց եւ. վրաց, գերմաց
եւ Հագարացւց* · · · Sonst findet sich noch eine Menge von
Bemerkungen darin verzeichnet. — Nr. 20.

12. Philosophie.
(2 Handschriften.)

1. Dawith (5. Jahrh.). Definitionen (*գիրք սահմանաց*). — Geschrieben im Jahre ԳՂԲ (1043 = 1594). — Nr. 19.
2. Dawith. Definitionen (*գիրք սահմանաց*) und die Isagoge (*ներ-
ածութիւնք*) des Porphyrius. — Ohne Zeitbestimmung. —
Nr. 24.

13. Geschichte.
(1 Handschrift.)

Faustos von Byzanz. Geschichte.[1] Mank. — Ohne Zeitbestimmung. — Nr. 17.

---

[1] Vgl. Die armenischen Handschriften des Klosters von Arγni (Arghana),
S. 10, XIII. Geschichte, 3 und WZKM. III, S. 52.

14. Rechtswissenschaft.
(1 Handschrift.)

Mechithar Goš. Rechtsbuch (𝘨𝘢𝘳𝘵𝘶𝘢𝘱𝘦𝘵), s. 3. Canones.

Bruchstücke einer alten Handschrift mit Notizen aus dem 18.
Jahrhundert:

a) *ԼՆ* . . . {𝘩𝘶𝘵𝘢𝘩 *𝘱𝘦𝘳𝘪𝘵𝘢𝘶𝘩 𝘥𝘸𝘢𝘢𝘺* 𝘔𝘱𝘩𝘦𝘨𝘩, 𝘰𝘳 𝘚𝘩𝘨𝘳𝘢𝘶𝘶𝘩𝘦𝘳
𝘤𝘳𝘨𝘩, 𝘘𝘳𝘯𝘨𝘸𝘻𝘣 𝘜: 𝘗𝘢𝘶𝘩𝘧𝘩𝘢𝘶𝘩 𝘰𝘳𝘨𝘩.

b) *ԼՆ* 𝘶𝘬𝘳𝘸𝘨𝘯𝘶 𝘘𝘴𝘸𝘶𝘱𝘢𝘳𝘣 𝘥𝘸𝘢𝘢𝘺 𝘢. 𝘜𝘶𝘢𝘶𝘶𝘢𝘶𝘥𝘢𝘶𝘩𝘯𝘢𝘺 . . .

c) *ԼՆ* 𝘶𝘬𝘳 𝘘𝘴𝘦𝘩𝘨𝘯𝘳𝘶 𝘐𝘶𝘶𝘱𝘳𝘣𝘦𝘳𝘨𝘩, 𝘘𝘭 𝘯𝘶𝘭𝘶𝘶 𝘨𝘩𝘦𝘨𝘬𝘶 . . .

d) *ԼՆ* 𝘗𝘢𝘤𝘩𝘶𝘶𝘩 𝘷𝘶𝘳𝘨𝘨𝘶𝘶𝘺𝘬𝘸𝘶 . . .

Dann folgen Notizen über die Theuerungsverhältnisse
in Šenquš um die Mitte des 18. Jahrhunderts.

Dann findet sich noch folgende interessante Notiz:

Թվ. ա𝘩𝘦 𝘶𝘨𝘤𝘦𝘯𝘱 𝘶𝘶𝘶𝘨 𝘥𝘩 𝘦𝘭𝘸𝘶. 𝘻𝘳𝘯𝘶 𝘶𝘶𝘭𝘱𝘶 𝘻𝘶𝘳𝘥 𝘦𝘢𝘶𝘶. 𝘣
Թ𝘸𝘨𝘶𝘶𝘶𝘳 𝘘𝘶𝘳𝘢𝘩𝘨 𝘴𝘬𝘶𝘶𝘶.. 𝘈𝘬𝘩 𝘊 𝘶𝘶𝘚 𝘐𝘶𝘶𝘴𝘶𝘺𝘩𝘭, 𝘈𝘬𝘩 𝘊 𝘶𝘶𝘚 𝘐𝘥𝘶𝘶𝘚·
𝘚𝘶𝘢𝘨. 𝘘𝘴𝘶𝘢𝘱𝘢𝘬𝘶𝘭 Թ𝘷. 𝘢 𝘴𝘥𝘨 𝘫𝘶𝘶𝘚𝘶𝘬𝘶𝘶𝘩𝘩 𝘨𝘦𝘬𝘨𝘮. 𝘣 𝘈𝘭𝘨 𝘨𝘩𝘤𝘩𝘳𝘣
𝘶𝘨𝘣𝘦𝘯𝘱 𝘢 𝘶𝘶𝘶𝘨 𝘥𝘩 𝘶𝘭𝘭 𝘦𝘭𝘸𝘶. 𝘘𝘩𝘢𝘶𝘚𝘴𝘶𝘢𝘨 𝘤𝘢𝘶𝘩𝘩 𝘣𝘦𝘳 𝘨𝘶𝘶𝘱𝘶𝘶𝘶𝘱 𝘤𝘢𝘳𝘶𝘢·
Թ𝘶𝘳𝘱𝘣𝘬𝘶𝘭 Թ𝘷. 𝘢 𝘴𝘥𝘨 𝘫𝘶𝘶𝘚𝘶𝘬𝘶𝘶𝘩𝘩 ,𝘫𝘶𝘶𝘣𝘪𝘧𝘣 𝘶𝘨𝘣𝘦𝘯𝘱 𝘶𝘶𝘶𝘶𝘨 𝘥𝘩 𝘢𝘭𝘭
𝘦𝘭𝘸𝘶 . . .

,Im Jahre 1027 = 1578 erschien ein Komet, der sich
vier Monate am Himmel bewegte; zwei Könige der Perser
starben; der eine war Šāh Ismail, der andere Šāh Thaḥmaz: dann im Jahre 1114 == 1665 im Monate Dezember
erschien wieder ein Komet um Mitternacht; Thaḥmaz Chan
ging mit seinem Heere zu Grunde. Dann im Jahre 1114
== 1665 im Monate Januar[1] erschien wiederum ein Komet . . .

Anhang
(einige wichtige Handschriften enthaltend).

I. Agn (𝘈𝘨𝘯).[2] Kirche des heil. Georg.

   Michael Asori. Geschichte. — Ohne Zeitbestimmung.

II. Charberd (𝘊𝘩𝘶𝘳𝘣𝘦𝘳𝘥).

   Egiše. Geschichte Wardan's und seiner Genossen (𝘜𝘳-
   𝘨𝘢𝘶𝘶𝘨𝘩𝘳𝘢). — Geschrieben im Jahre 𝘮𝘭𝘦[3] (837 = 1388).

---

[1] Das armenische Jahr beginnt mit dem Monate 𝘶𝘢𝘷𝘦𝘭𝘦𝘢𝘳𝘨, der unserem
Monate August entspricht.

[2] Agn (Agin, Egin) liegt am oberen westlichen Euphrat, nördlich von Arabkir.

[3] Angeblich 𝘶𝘺𝘣, was nur ein Druckfehler für 𝘶𝘺𝘬 sein kann.

III. Tigranakert (S.............), d. i. Dijärbekr.[1]
Bibliothek des Bischofs Jacob im Vorstandshause der
Kirche des heil. Kirakos.
Sammelhandschrift:

1. ....

2. ....
....
....

3. ....
....

4. ....
....

5. ....

6. ....

7. ....
....

8. ....

9. ....
Ohne Zeitbestimmung.

Ausser den in Arghana, in Sewast und in Šenquš aufbewahrten und von mir mitgetheilten armenischen Handschriften
hat P. G. Sruandztean in seinem Werke .... nicht
weniger als ungefähr 200, an verschiedenen Orten aufbewahrte
Codices, darunter meistens schöne und ziemlich alte Bibel-Hand-
schriften nachgewiesen.

---

[1] Alischanean a. a. O, S 44, § 72: ....
....
....

VII.

Notes on Ou-k'ong's account of Kaçmīr.

By

M. A. Stein, Ph. Dr.

In the number of the *Journal Asiatique* for September-October 1895 which has recently reached me, I have greeted with no small pleasure Messrs. Lévi and Chavannes' learned article on the *Itinerary of Ou-k'ong'* which unexpectedly opens up to us a fresh source of most valuable information for an obscure period of Indian history.

In the account which we receive there of Ou-k'ong's wanderings through Central Asia and India, the notices relating to the Chinese pilgrim's visit of Kaçmīr have naturally attracted my special interest, in view of the labours I have devoted for some years back to the elucidation of Kalhaṇa's Chronicle of Kaçmīr. Considering the attention which Messrs. Lévi and Chavannes' important publication is sure to receive among Indologists, it will, perhaps, be acceptable if I venture to communicate here the observations which a rapid comparison of these new *data* with those furnished by the *Rājataraṅgiṇī* has suggested to me. I need scarcely say that they are put forward with all the reserve which my ignorance of Chinese and consequent inability to judge independently in matters like the Chinese transcriptions of Indian names, enjoins upon me. In offering these remarks I am actuated only by the hope that the learned editors and other competent scholars may possibly find them of some use for further investigation.

Ou-k'ong reached Kaçmīr from the Kābul Valley and Gandhāra (the modern Peshawer district) in the year 759 A. D.

He took there the final vows of a Buddhist Çramaṇa and spent
there no less than four years, engaged, as we are told in the
Itinerary (*L'Itinéraire d'Ou-K'ong, Journal Asiatique*, 1895,
VI, p. 356), in the study of Sanskrit and in pilgrimages to
sacred sites of which the Valley has always boasted in abun-
dance. If we may judge from this long stay — the longest
which Ou-k'ong seems to have made anywhere in India after
assuming the monk's garb, — our pilgrim appears to have
fully realised the attractions both spiritual and material, which
the Valley has at all times offered to pious visitors, — in particular if they hailed from northern climes.[1]

To this circumstance we may attribute the comparative
fullness of the notices relating to Kaçmīr which strikingly con-
trast with the very meagre statements given by the biography
as to Ou-k'ong's visits to the most sacred sites in India proper, such as Kapilavastu, Kuçinanagara, etc.

Messrs. Lévi and Chavannes have already pointed out
in an instructive note, *L'Itinéraire*, p. 362, that the picture
which Ou-k'ong's relation gives us of the flourishing condition
of the Buddhist establishments and shrines in Kaçmīr during
the time of his visit, fully agrees with the numerous notices
which we find in the Rājataraṅgiṇī as to the erection of Vihāras
and Stūpas under King Lalitāditya-Muktāpīḍa. In the reign
of the latter or the period immediately following must have
fallen the visit of the Chinese pilgrim.[2]

---

[1] To this day the Mecca pilgrims from Yarkand, Kashgar and other parts
of Chinese Turkestān regularly pass the summer months in Kaçmīr,
whether on their way to the Indian plains or on the return journey en
route for Ladāk. They can be seen in numbers at the pilgrimages to
the more popular of the Muhammadan shrines in the Valley. I have
never met on the march these ruddy-faced pilgrims from the North,
cheerful to behold in their homely fur-coats and imposing boots, without
thinking of Hiouen-tsang and other Buddhist pilgrims who may have
followed his track through the „paradis terrestre des Indes‘ to the sacred
places of the dusty hot plains.

[2] That the data of the Annals of the T'ang dynasty necessitate an adjustment in Kalhaṇa's Chronology of the Kārkoṭa dynasty, and in particular
indicate a later date for Lalitāditya-Muktāpīḍa than that assumed in the
Chronicle (699—735), has already been pointed out by General Cunningham, *Ancient Geography of India*, pp. 91 sq., and Professor Bühler,

Ou-k'ong found in the kingdom more than three hundred monasteries or Vihāras, nine of which are distinctly named in the Itinerary (*Journal Asiatique*, p. 354). But none of these have yet been identified.

The first in the list is ,the monastery of *Moung-ti'* in which Ou-k'ong appears chiefly to have pursued his studies. Its Sanskrit name was *Moung-ti-wei-houo-lo* which is re-transcribed by the editors into *Mundi-vihāra*. The Itinerary clearly indicates the identity of *Wei-houo-lo* with the term *Vihāra* and further informs us that ,this monastery was built by the King of Northern India after he had obtained the dignity'. That the signs *Moung-ti* are intended to represent the name of this king, can be shown from twofold evidence.

In the account of Gandhāra which follows immediately after that of Kaçmīr, the Itinerary, p. 356, mentions a number of monasteries founded there by members of the royal family descended from Kaniṣka or by relatives of the king of the Turks *(Tou-kiue)*. With reference to these establishments we are distinctly told that each of them had received its name from the founder.

Though no express statement of this kind is found with reference to the Kaçmīr monasteries, yet we find among the names of the latter designations exactly corresponding to, or identical with, those used for the Gandhāra Vihāras. Thus we have in both lists a monastery of the *Ko-toen* who is described as the queen of the Turks. The Editors are unquestionably right in recognizing in this name the well-known Turkish title *Kātūn* which is borne by the Khān's wife. Again both lists mention monasteries founded ,by the son of the king of Turks': they are designated as the monasteries of *Yeli-ṭe-le* and *T'e-k'in-li,* respectively, both names evidently representing, as assumed by the Editors, Turkish titles for younger members of the ruling family. In view of these coincidences the assumption seems justified that the same system of nomenclature for religious estaplishments prevailed in both countries, and that

---

Indian Antiquary, II, p. 106. The exact extent of this adjustment cannot be determined without fresh evidence, independent of Kalhaṇa's statements as to the lengths of the individual reigns, the accuracy of which we have at present no means of testing.

accordingly the Kaçmīr Vihāras whose founders are referred
to in Ou-k'ong's account, bore the names or titles of those
who established them.

We are led to the same conclusion by an examination
of the names which Kalhaṇa's Chronicle has recorded of Vihāras
founded in Kaçmīr. Apart from four Vihāras referred to in
the first and least historical canto of the Chronicle — the statements of which regarding particular foundations can often be
shown to be based on very vague traditions — we find that all
Vihāras whose names are specified, were with one exception
called after the founders or, in rare instances, after the
latters near relatives.[1]

___

[1] The Vihāras thus named are the following: The Vihāra called *Amṛtabhavana*, III. 9, founded by the queen Amṛtaprabhā; the *Indradevibha-
vanavihāra*, III. 13, VIII. 1172, comp. VIII. 1172, founded by queen In-
dradevi; Vihāras founded by Khādanā, Sammā and other queens of
Meghavāhana under their own names, III. 14; the *Jayendravihāra*, established by Jayendra, III. 355, V. 428; the *Anaṅgabhavana* founded by
queen Anaṅgalekhā, IV. 3; the *Prakāçikāvihāra* of queen Prakāçadevi;
IV. 79; the *Rājavihāra*, called after King (Rāja) Muktāpīḍa, IV. 200
(VII. 1335); the *Kayyavihāra* founded by King Kayya of Lāṭa, IV. 210;
the *Caṅkuṇavihāra* built by the Tuhkhāra Caṅkuṇa, IV. 211 (see below);
the *Skandabhavanavihāra*. VI. 137 (VIII. 1442), evidently the vihāra
mentioned in III. 380 as having been built by Skandagupta; the *Diddā-
vihāra*, built by queen Diddā, VI. 303, VIII. 580; the *Sullāvihāra*, built
in honor of Sullā, VIII. 248. 3318; the *Bijjāvihāra*, erected by Dhanva
in memory of his deceased wife Bijjā, VIII. 3343.

The Vihāras mentioned with special names in the first Taraṅga
are the *Narendrabhavana* and *Sauraso* Vihāras ascribed to King Surendra, I. 93 sq.; the Vihāra of *Jalora* (probably a local name) attributed
to King Janaka, and the *Dharmāraṇyavihāra* connected with the legen-
dary account of King Açoka. Regarding the grave doubts attaching to
the names of Surendra, Janaka and other kings which Kalhaṇa took
from Helarāja's *Pārthivāvali*, see the very just remarks of Dr. Hultzsch,
Indian Antiquary XVIII, p. 69. — The solitary exception alluded to
above is the name *Krīḍārāmavihāra* which King Muktāpīḍa is said to
have given to a monastery he founded while at play (krīḍan) IV, 184.
According to Kalhaṇa's statement IV. 182 sqq., this kind of fanciful
name-giving appears to have been a personal fad of Muktāpīḍa.

The following is a list of passages in which the Chronicle mentions particular vihāras without, however, indicating their names: I. 147.
169. 199; III. 11. 380. 464. 476; IV. 188. 215. 216. 507; VII. 121; VIII.
246. 3352.

The identical system of naming can be traced through the whole of the Chronicle in the far more numerous names of Brahminical shrines. They are almost invariably formed by adding the term -îçvara (iça), in the case of Çiva-temples (or liṅgas), or -svâmin (keçava), in the case of Viṣṇu temples, to the name of the person who erected the shrine or sacred image.[1]

It must, however, be noted in connection herewith that the names of monasteries and other sacred places which are formed in the manner above indicated, show often the names of the founders in an abbreviated form. Thus we have Amṛtabhavana for Amṛta[prabhâ]bhavana, Anaṅgabhavana for Anaṅga[lekhâ]bhavana, Skandabhavanavihâra for Skanda[gupta]-bhavanavihâra (see p. 4, note 1) and similarly in the case of Brahminical shrines names like Mihireçvara for a foundation of king Mihirakula (Râjat. I. 307), etc.[2]

It is to be regretted that the king from whom the Moung-ti Vihâra received its name, cannot at present be identified with absolute certainty. The form Mundi with which Moung-ti is transcribed by the Editors, bears no resemblance to any name found in the Chronicle nor is it Sanskrit. If a conjecture departing from the transcription of the editors can claim consideration I should venture to suggest the possibility of the form Moung-ti hiding an abbreviated and prakritised form of the name of king Muktâpiḍa of Kaçmîr. This king whom the Chronicle generally calls by his other name Lalitâditya, is mentioned by the Annals of the T'ang dynasty under the name of Mou-to-pi as having sent an embassy to the Imperial court with the offer of an alliance.[3]

[1] Compare Professor BÜHLER's remarks in Report of a tour made in search of Sanskrit Manuscripts in Kashmir, p. CXXXI, note.

[2] Other examples in the Chronicle are: Pravareçvara, founded by King Pravarasena III. 100; Raṇeçvara (Raṇaditya) III. 454; Amṛteçvara (Amṛtaprabhâ) III. 463; Muktarvâmin (Muktâpiḍa) IV. 188; Avantisvâmin (Avantivarman) V. 45, and many more.

[3] See Abel-RÉMUSAT, Nouveaux mélanges asiatiques, I, p. 197. The identity of Mou-to-pi with Muktâpiḍa appears to have been first recognized by REINAUD; comp. his Mémoire sur l'Inde, in Mémoires de l'Académie des Inscriptions et Belles-Lettres, tome XVIII, 2e partie, p. 189 sqq.

The Chronicle describes Muktāpīḍa as a most powerful
monarch whose march of victory extended over the whole of
India and reached in the North the countries of the Tuḫkhāras
(Tokhāristān) and Bhauṭṭas (Tibet). The traditional account
of these conquests, as preserved for us in Kalhaṇa's lengthy
relation IV. 126—180, is, no doubt, greatly exaggerated. But
whatever the facts underlying it may have been, the existence
of such a tradition itself appears sufficient to explain why Ou-
k'ong visiting Kaçmīr, perhaps, a number of years after Muktāpīḍa's death, should have heard his name mentioned there as
that of a great king who ruled over the whole of northern India.

It is exactly in connection with such a tradition that we
find Muktāpīḍa referred to in ALBĒRŪNĪ's *India*. The latter
speaks of a king of Kaçmīr called *Muttai* (مُتَّيْ) whose victory
over the Turks was commemorated by the inhabitants of that
country by a special festival. "According to their account he
ruled over the whole world."[1]

Albērūnī adds some remarks criticising this belief as
unhistorical and in the course of them acquaints us with the fact
that the time which the people of Kaçmīr assigned to this
king, was ,not much anterior' to his own time. This circumstance leaves little doubt as to the identity of *Muttai* with
Muktāpīḍa.[2]

In *Muttai* as well as in the *Mou-to-pi* of the Chinese
Annals we have evidently attempts to represent a prakritised,
i. e., Kaçmīrī form of the name. In such a form the *k* of the
Sanskrit *Muktā-* would necessarily appear assimilated to the
following *t*. The double *t* is, as usually in such cases, not
indicated in the Chinese transcription,[3] but it appears in the
form given by the MS. of the *India*.

I must leave it to competent Chinese scholars to determine
whether and in what manner the *Moung-ti* of Ou-k'ong could
be accounted for as the transcription of a form *Mutta* or

[1] See Professor SACHAU's translation of *Albērūnī's India*, II, p. 178; also
his text-edition, p. ٣٨٧.
[2] [Compare regarding an earlier identification of these two names the
supplementary note below, p. 31.]
[3] See STANISLAS JULIEN, *Méthode pour déchiffrer et transcrire les noms Sanscrits*, p. 50.

*Muttā for Mukta- or Muktā-.[1] Both the latter forms appear as abbreviations of Muktāpīḍa in the names of temples mentioned by Kalhaṇa. Thus one of the great temples erected by the king at Parihāsapura[2] bore the name of Muktākeçava, IV. 196. 201, whereas the Viṣṇu-temple which he erected at Huṣkapura, IV. 188, was called Muktasvāmin.

The last named verse mentions also a great Vihāra which Muktāpīḍa founded at Huṣkapura, but does not record its name.[3] This Vihāra is the only one in the long list of Muktāpīḍa's foundations of which the name is not specifically stated by Kalhaṇa. May we conclude from this particular circumstance and the analogy of the name Muktasvāmin given to a shrine at the same place, that the name of this Vihāra was *Muktavihāra, the conjectured original of Ou-k'ong's ,Moung-ti-wei-houo-lo'?

If so, we could easily understand why another great Vihāra which the king is subsequently said to have built at Parihāsapura (IV. 200, see also VII. 1335), received in evident contradistinction the designation of Rājavihāra ,the King's Vihāra'.

The town of Huṣkapura is undoubtedly the modern Uṣkūr, situated opposite to Varāmul (Skr. Varāhamūla, vulgo Bārāmūla) on the left bank of the Vitastā where the latter leaves the Valley of Kaçmīr.[4] The position of Muktāpīḍa's Vihāra is possibly indicated by the remains of a large Stūpa which can still be traced about 400 yards to the west of the village of Uṣkūr immediately at the foot of the hills. Kalhaṇa distinctly mentions in the verse quoted above the building of a Stūpa along with that of a Vihāra at Huṣkapura.[5]

---

[1] Stan. Julien, l. c. p. 49, mentions a few rare instances in which the final letters ng of certain Chinese syllables must be left out of consideration in restoring the Sanskrit words transcribed.

[2] See p. 20, note 1 below.

[3] tena Huṣkapure çrīmān Muktasvāmī vyadhīyata | bṛhadvihāro bhūpena sa-stūpaçca mahātmanā ||

[4] Comp. General Cunningham's Ancient Geography of India, p. 100 and gloss on Rājataraṅgiṇī I. 168, where the foundation of the place is ascribed to the Turuṣka king Huṣka, the ΟΟΗ Ϸ ΚΙ of the Indo-Scythian coins and the Huviṣka of the inscriptions.

[5] General Cunningham, l. c., p. 100, states that the Rev. G. W. Cowie who visited Uṣkūr on his behalf (probably in 1865), found there a ,Buddhist

If our suggested identification of Ou-K'ong's *Moung-ti
Vihara* with Muktāpiḍa's convent at Huṣkapura is well founded,
the mention of the former at the head of Ou-k'ong's list can
scarcely be considered accidental. The Chinese pilgrim coming
from Gandhāra must have entered Kaçmīr through the pass
of Varāhamūla which the Itinerary subsequently (see page 23)
refers to as the western entrance of the kingdom. Muktāpiḍa's
Vihāra at Huṣkapura was then likely to have been his first
place of rest and study in the Valley. We can thus easily
explain why the Itinerary, otherwise so sparing of details,
should have recorded just of the *Moung-ti Vihāra*, that Ou-
k'ong heard there the çīlas read and subsequently studied
there the Vinaya of the Mūlasarvāstivādins. The places first
visited and the subjects first studied on the entry into a new
country are likely to leave a lasting impression.

Hiouen-tsang too had, more than a century earlier, entered
Kaçmīr by ,la porte de pierre qui est la porte occidentale du
royaume' (*Vie de Hiouen-tsang*, trad. Stan. Julien, p. 90)
and had passed his first night there ,dans un couvent appelé
Hou-se-kia-lo'. Gen. CUNNINGHAM, *Ancient Geography of India*,
p. 100, has long ago recognized in this name which STAN. JULIEN
restored as Huṣkara, the equivalent of Huṣkapura and the
modern Uṣkūr. The reception accorded to Hiouen-tsang by
the priests of this convent, after a vision during that first
night had revealed to them the spiritual greatness of their
guest, might seem a curious parallel to what the Itinerary
records of the studies which Ou-k'ong, his humble successor,
carried on in the *Moung-ti Vihāra*.

It has been necessary to discuss at some length the evidence supporting the indentification proposed for the first monastery in Ou-k'ong's list, as the Chinese rendering of its name

---

Stūpa quite instact'. It was not destined to remain so much longer. In
the summer 1891 when I first visited the spot, I found there only a
mass of shapeless débris covering the site of what was once the Stūpa
referred to. According to the villagers' statements the mound had been
dug into years ago by some ,Sāhib's' orders. He appears to have found
there some relics and in the course of his excavations to have levelled
the structure to the ground. I have not been able to trace any report
of this "exploration".

would not immediately lead us in the right direction. We are in far better position in regard to the second monastery which the Itinerary mentions under the name of *Ngo-mi-t'o-p'o-wan*.

This name the Editors have proposed, though with hesitation, to restore to *Amitâbha-vana*. But according to the phonetic value indicated in STAN. JULIEN'S *Méthode pour déchiffrer et transcrire les noms sanscrits* for the several characters and in particular for *t'o* (No. 2069) in his list of phonetic characters), *Ngo-mi-t'o-p'o-wan* can equally well bo taken as a transcription of **Amita-bhavana*. Adopting the latter reading, it is difficult not to recognize in it a prakritized form of the name *Amṛtabhavana* given according to Kalhaṇa's statement, III. 9, to the high Vihâra which *Amṛtaprabhâ* chief queen of Meghavāhana of Kaçmír erected ,for the benefit of foreign Bhikṣus'.[1]

Amṛtabhavana is composed of *Amṛta*, a form of the queen's name, shortened *bhimavat*, used after the custom indicated above, and of the term *bhavana* ,house', ,residence' which we have met already in the names of several Vihâras.[2]

In order to account for the form underlying the Chinese transcription of the first part of the name, we must utilize the evidence of the form in which the word *amṛta* has survived in modern Kaçmírí.

---

[1] *bhogāya deçyabhikṣūṇām vallabhāsyāmṛtaprabhā | vihāram uccair Amṛtabha-vanākhyam akārayat ||*

[2] See p. 4, note 1; compare also the *Morākabhavana*, founded by Morāka, III. 356.

The word *bhavana* as the designation of a sacred site survives to this day in the Kaçmírí name *Bavan* (shortened from *Maḍzabavan*, i. e., Skr. *Maḍryabhavana*) by which the famous spring and tīrtha of Mārtaṇḍa in the eastern part of the Valley is commonly known. It is also contained in the name *Lokabhavan* given to a fine Nāga or sacred spring situated in the Bring Pargaṇa, 75° 12' Long., 33° 38' Lat. (the place is probably the same as the *Lokapuṇya* of Kalhaṇa IV. 193, VII. 1239, 1357 etc.). The site of the *Skandabhavanavihāra*, VI. 137, VIII. 1442, has been traced by me in a quarter of ('ríuagar, bearing to this day the name of *Khandabavan* (for Skandabhavana). Kaçmírí regularly replaces the sonant aspirates by the corresponding unaspirated sonants (*bh* by *b*, etc.), comp. Indian Antiquary, XXIV. 343.

The Kaçmīrī derivative of *amṛta* is found in the words
ânt*dārā* and *ânt*lav*[1] which correspond to Sanskrit *amṛtadhārā*
and *amṛtalava*. The first term is used for the designation
of a continuous small stream of water such as is found oozing
through the rock in several of the sacred caves of Kaçmīr
(*e. g.*, in the cave of *Bum*zu* near the Mārtāṇḍa tīrtha); the
second is applied, euphemistically it would seem, to the marks
left on the skin of those who have suffered from smallpox.[2]
In these words as well as in the name of the village *Ânt*bavan*
which, as will be seen below, has in all probability received
its name from the *Amṛtabhavana Vihāra* itself, we find Skr.
amṛta represented by Kaçm. *ânt*a*.

This phonetic development is easily accounted for. Though
the particular form of Apabhraṃça Prakrit which formed the
intermediate stage between Sanskrit and Kaçmīrī is no longer
accessible to us, it is certain that the general phonetic changes
which characterize the process of conversion of Sanskrit words
into their Apabhraṃça forms, affected that intermediary Prakrit also.

One of the most prominent factors in this process is the
action of the stress accent, the important influence of which
over the whole phonology of the Prakrits and the modern Indo-
Aryan Vernaculars has been recently so lucidly established by
Prof. Jacobi and Dr. Grierson.[3] In all those languages a ten-

---

[1] The Kaçmīrī sound here represented by *ã* closely resembles that of *au*
in English *autumn*, *aunt*. In the imperfect transcriptions of Kaçmīrī in
Persian or Devanāgarī (Çāradā) characters this *ã* is written sometimes *ā*,
sometimes *ū*. Compare Dr. Burkhard's *Essays on Kaçmīrī Grammar*,
edited with most valuable notes by Dr. G. A. Grierson in the *Indian
Antiquary* XXIV, p. 337 sqq., para. 4.

I must refer to Dr. Grierson's remarks for a full description of
the peculiar Kaçmīrī sounds occurring in the words quoted here and in
the following. I indicate by *a* the sound often found at the end of a
word forming the first part of a compound; it resembles the peculiar
short vowel which Professor Bühler writes *ă*, but is pronounced so
faintly as to be almost inaudible, like the corresponding final *i* and *u*.

[2] Compare with these "drops of nectar" the name *Çītalā* given to the
goddess of small-pox, "the cooling one".

[3] Compare Professor Jacobi's essay in the ZDMG. XLVII, p. 574 sqq. and
Dr. Grierson's equally important paper *On the Phonology of the Modern
Indo-Aryan Vernaculars*, ZDMG. XLIX, p. 395 sqq.

dency asserts itself from the earliest times to elide a short vowel following after the syllable which bears the stress-accent (as distinct from the old musical accent). There is good reason to believe that this elision was preceded in most cases by a reduction of that vowel to the neutral (or irrational) vowel: thus Skt. *pūgaphala* turns through *pug'phala*, *pugphala* into Pkt. *popphala*, etc.[1]

According to the traditional accentuation rules of Sanskrit the stress-accent in *ámṛta* falls on the antepenultimate, i. e., the first syllable. In compound words each member retains its own stress-accent,[2] and accordingly we must expect in the Apabhraṁça forms derived from Skt. *amṛtabhavana*, *amṛtadhārā*, *amṛtalava*, to see *ámṛta* turned into *ám'ta* and subsequently *dmta*, i. e., with the necessary assimilation of the nasal, *ánta*. The further change of *ánta*- into Kç. *ā̃ntᵃ*- (in *ā̃ntᵃbavan*, *ā̃ntᵃdárā*, *ā̃ntᵃlav*) is fully explained by the tendency to lengthen the short vowel of an initial syllable if the accent falls on it.[3]

As this tendency manifests itself also in Sanskrit and Prakrit, it is possible that already the Apabhraṁça stage knew forms like *Ām'tabhavana* or *Āntabhavana*.[4] And in this respect it must be noted that Ou-k'ong's *Ngo-mi-to-p'o-wan* can according to the value shown for the character *Ngo*, 1254, in STAN. JULIEN's list be restored also to *Amitabhavana*.

Whichever of the two forms *Amitabhavana* or *Amitabhavana* we accept as that intended by Ou-k'ong, it is clear that his transcription reproduces a Prakrit form *Am'tabhavana*

---

[1] Compare ZDMG. XLVII, p. 575; XLIX, p. 396.

[2] See ZDMG. XLVII, p. 577 sq. — The stress-accent of the first member appears as a secondary accent whenever the stress-accent of whole word must under the general rule rest on the accented syllable of the second member.

[3] Compare ZDMG. XLVII, p. 580; XLIX, p. 397.

[4] I write in these forms the initial consonant of the second member as *bh*, but it is possible that the Sanskrit aspirated sonants had already in the Apabhraṁça which gave birth to Kaçmīrī, lost their aspiration. In this case we ought to represent those forms as *Ām'tabavana* and *Āntabavana*. The point is immaterial for our enquiry and cannot be settled on the present occasion. The Chinese sign *p'o* can be read both *ba* and *bha*; see nos. 1420 and 1421 in STAN. JULIEN's list.

12   VII. Abhandlung: Stein.

or *Ām'tabhavana, corresponding to Kalhaṇa's Amṛtabhavana.
The rendering of m' (m + neutral vowel) by mi is exactly what
we have to expect. In the written Prakrit too the neutral
vowel for which the Indian alphabets afford no special sign,
is expressed by a full short vowel, which is very frequently
i; compare, e. g., the use of i to represent the neutral svara-
bhakti vowel in forms like darisana ⟨ Skr. darçana, siri ⟨ Skr.
çri, etc.[1]

In order to complete our argument we have only to point
out that should the form of the name recorded Ou-k'ong have
contained an r in the second syllable, as shown by Skt. Amṛtabhavana, we could, to judge from the practice uniformly obser-
ved in all Chinese transcriptions of Indian words, not fail to
find this vowel expressed by the sign li.[2]

It has already been stated that we have the exact phonetic
derivative of the name Amṛtabhavana preserved in Ānt-bavan,
the name of a small village situated to the north of Çrīnagar,
about three miles from the centre of the city and close to the
suburb of Vicār Nāg. When visiting the place in June 1895,
I found in the open ground between it and the ancient canal
called Lachāmkul (Skt. Lakṣmīkulyā) the remains of what appears to have been once a Vihāra. A solid mound constructed
of stone and concrete which rises in the centre of the site and
is still in its ruined state over 20 feet high, can scarcely be
any thing else but a Stūpa. Around it can be traced the foundations of a great quadrangular building marked by large carved
slabs yet in situ. The base of a staircase leading to the Stūpa
mound can also be distinguished. About 30 yards to the east
lies a tank-like depression which has retained parts of a mas-
sive enclosing wall of evident antiquity. According to the
statement of the villagers many large carved blocks of stone

---

[1] We have a parallel in the modern spelling of Kaçmīrī when written in
Persian characters: the vovel ü (ọ) which closely approaches in its pronunciation the neutral vowel, is as often represented there by . i as
-- a; see Indian Antiquary XXIV, p. 341.

[2] Compare the table of traditional transcription-systems in Stan. Julien's
Méthode pour déchiffrer, p. 26; also the transcriptions of मृ (mi-li)
no. 1130, kṛ (ki-li) no. 547, and the several signs li with the value r,
p. 139 sqq.

have been removed from this site to serve in the construction of temples and other buildings erected during the reign of the late Mahārāja.

A fuller description of this interesting site must be reserved for another place. Here it will be sufficient to add that notwithstanding a subsequent search I failed to trace overground any other remains in the village or its immediate vicinity which could be attributed to ancient buildings. It becomes, therefore, probable that we have in the ruins above described the very remains of the *Amṛtabhavana Vihāra* which Ou-K'ong visited. Just as this ancient convent has left its name to the village of *Ānt*bavan*, so the name of the *Skandabhavana Vihāra* (see Rājat. VI. 137; VIII. 1442; also III. 380), as I hope to prove elsewhere, survives in that of *Khaṇḍ*bavan*, one of the Mahals or quarters of modern Çrīnagar.

We must attach special importance to the identification of Ou-k'ong's ,monastery of *Ngo-mi-t'o-p'o-wan'* as it supplies us with a clear instance in which our pilgrim can be shown to have recorded the name of a Kaçmīr Vihāra not in its Sanskrit, but in its Apabhraṁça form. This observation makes it possible for us to identify also the fourth Vihāra in Ou-k'ong's list, the name of which looks puzzling enough, viz., ,le monastère du mont *Ki-tché'*.

The Vihāra here named is the only one among the Kaçmīr monasteries mentioned in Ou-k'ong's list which is plainly called after a locality and not, as evidently all the rest, after the founder. This circumstance makes it at once clear that this Vihāra cannot be among those whose names have been given above in our list from Kalhaṇa's Chronicle (see p. 4, note 1). Nor does a reference to the geographical index of the Rājataraṅgiṇī on the first look promise a better result in regard to the identification of the name *Ki-tché*.

To the sign 畿 transcribed *Ki* which does not occur in Julien's list, we can after the analogy of the numerous other syllables *Ki* which are shown in that work, attribute only the value guttural + *i* (or *ī, e*); *tché* judging from Julien's entries sub no. 1795, seems to be a regular representative of Indian *ca* (or *câ*). But no local name is found in the Rājataraṅgiṇī

the sounds of which could directly be reconciled to the phonetic
value of the Chinese transcription.

Yet a closer search will show that the monastery intended
by the Chinese pilgrim was well-known also to the Kaçmîrian
Chronicler. Kalhaṇa in his account of the reign of Jaloka,
King Açoka's son, relates to us, I. 131—147, a curious
legend of unmistakeably Buddhist origin which is briefly as
follows.

When the king who is otherwise represented as a fer-
vent worshipper of Çiva, was once on his way to Vijayeçvara
(the modern Vijâbrör on the Vitastâ), he was stopped on the
road by an old woman who asked for food. When the king
had promised to give her whatever food she wanted, she show-
ed herself in her real form as a witch *(kṛtyâ)* and asked to
be allowed to feast on human flesh. The king, unwilling to
permit the killing of living beings, offered up to her his own
body. Thereupon the witch addresses the king as a Bodhisattva
and tells him that she is one of the demons of darkness *(tâma-
syaḥ kṛtyakâḥ)*[1] who live on Mount Lokâloka expecting from
the Bodhisattvas liberation from their sinful darkness. The
king had aroused the wrath of the Bauddhas by having once
in a fit of anger ordered the breaking up of their Vihâras
when the music from the latter had disturbed his slumber,
and they had sent her forth to stay him. But the former
Bodhisattvas had stopped and told her that the king was himself a great Çâkya (*i. e.*, a Buddha), against whom she could
not prevail, and whose sight would bring her liberation. They
had ordered her instead to urge him to erect from his own
treasure a Vihâra which was to serve as an atonement for his
former wrong deeds.

After delivering this message and blessing the king, the
Kṛtyâ disappears, and the story ends in Kalhaṇa's words,
I. 147: ‚Then the lord of the earth erected a Vihâra at *Kṛtyâ-*

---

[1] I. 137. — Thus we have to read for *Kṛttikâḥ* of the Manuscripts, which
is an old mistake of spelling common in Kaçmîr Sanskrit texts. Medial
ya and *i* cannot be distinguished in Kaçmîrian pronunciation. The error
has hitherto escaped attention as the term was mistaken for the name
of the Pleiads *(Kṛttikâḥ)*.

çrama and at the same place paid worship to the Kṛtyā who freed from darkness (had turned into) a goddess.'[1]

The local name Kṛtyāçrama had by former interpreters of the Chronicle — and also by myself, until the search for Ou-k'ong's Ki-tché had directed my attention to this point — been taken in its literal meaning as the 'abode (āçrama) of the Kṛtyā'.

The proper significance of the word — which the termination āçrama very frequent in Kaçmīr local names might have already suggested — is clearly established by the Fourth Chronicle, the Rājāvalipatākā of Prājyabhaṭṭa and Çuka, composed in the second half of the 16th century.

Here we find in verse 240 Kṛtyāçrama distinctly referred to as a locality in the neighbourhood of Varāhamūla.[2] This passage places the identity of Kṛtyāçrama with the modern village of Kitsāhōm, about five miles below Varāhamūla on the left bank of the Vitastā, beyond all question.

The name Kitsāhōm is the direct phonetic derivation of Kṛtyāçrama. The change of Skr. ṛ into Prakrit i is well-known[3] and is illustrated in Kaçmīrī by words like mits < Skr. mṛttikā ‚clay‘, piṭh ‚above‘ < Skr. pṛṣṭhe, kimⁿ ‚worm‘ < Skr. kṛmi, etc. ty becomes regularly through palatalization in Prakrit cc and subsequently in the Modern Indo-Aryan Vernaculars (eventually with compensatory lengthening of the preceding vowel) c, pronounced in Kaçmīrī as ts.[4]

[1] I translate according to the reading avandayat of the newly discovered Lahore Manuscript (see my notice in the ACADEMY, July 20, 1895). Tho readings asaṁdhayat of A₁ (received in the text of my edition) and abandhayat A₂ give no suitable sense.

[2] The printed edition (Calcutta 1835) reads wrongly jñātyākṛtyā çramāsinān for jñātvā Kṛtyāçramāsinān of the Manuscripts, the editors, as so often, having failed to recognize the local name.

[3] Compare BEAMES, Comparative Grammar of the Modern Aryan Languages of India I, p. 159; JACOBI, Ausgewählte Erzählungen in Mahārāshṭrī, p. XXI.

[4] Compare BEAMES, l. c., I, p. 326 sq.; JACOBI, l. c., p. XXXIII; BÜHLER, Kaçmīr Report, p. 84.

　　Examples of this palatalization in Kaçmīrī are l'naṭ ‚to dance‘ from Skr. nṛty[ati through Pr. nacc[ai, and all the numerous cases in which a feminine stem in ts corresponds to a masculine in t, e. g., mặt ‚mad‘ < Skr. matta, feminine māts; mörmut ‚killed‘, feminine mormǖts; in the plural kūt' ‚how many‘, feminine kǖts, etc.

Açrama as the termination of Kaçmīr local names appears
now invariably as -hòm (nominative; stem in the inflected forms
-hām-); r is already in the Prakrit stage assimilated to preceding ç, and the resulting çç reduced to ç which again in Kaçmīrī is always replaced by h.[1] Thus we find Khūyāçrama,
Rājat. VIII. 2698, represented by the name of the modern
Pargaṇa Khuyåhöm; Ilâyāçrama VIII. 2937, by Hâyåhöm (name
of a village in the Lōlav Pargaṇa); Mākṣāçrama, Çrīvara's
Rajat. IV. 351, by Mâñchʻhöm (name of Pargaṇa); Vyāghrā-
çrama, gloss on Rajat. V. 23, by Vāgåhöm (village near Vijābrör
in Dachūnpār Pargaṇa); Maḍavāçrama, Vitastāmāhātmya, V. 36,
by Marhöm (village on the Vitastā not far from Vāgåhöm), etc.
Finally it must be noted that the shortening of the originally
long vowels in the first two syllables of the modern name,
Kitså- < *Kīcā- < Skr. Kṛtyā-, is fully accounted for by the
influence of the stress accent, which lies on the antepenultimate
(Kīˊtsåhòm).[2]

The phonetic history of the name Kitsåhöm may thus
be traced as follows: Skr. Kṛtyāçrama > Pr. *Kiccaççama >
*Kīcāçama > Kç. Kitsåhöm (in oblique cases Kitsåhåm-).

For the identity of Kṛtyāçrama with Kiṭsåhöm we can
adduce also direct textual evidence. The context of the verses
preceding verse 240 in the Rājāvalipatākā makes it clear that
by the Kṛtyāçrama mentioned there is meant the same locality which in verse 234 is referred to as Kicāçrama. This
second form which is used by the author also in verse 384,

---

[1] Compare BEAMES, l. c., p. 320; JACOBI, l. c., pp. XXXII, XXIII, § 12.
[The question as to how Skr. ç which now appears as h in Kaçmīrī,
was pronounced in the intermediary Prakrit Apabhraṃça, is immaterial
here.] For the regular change Skr. ç > Kç. h compare Kç. hath < Skr.
çata, ruh ‚twenty‘ < Skr. viṅçati, kruh ‚a kôṅˊ < Skr. kroça, etc.

[2] According to the rule fully established by Dr. GRIERSON in para. 34 (c)
of his masterly essay on the Phonology of the Modern Indo-Aryan
Vernaculars, ZDMG., XLIX., p. 413 sq., the accent on the antepenultimate
of a word in the IAV. acts as follows: The vowel following the accented
syllable is, if long, shortened and moreover, in some of the IAV., the
accented syllable is also itself shortened if the word ends in a long vowel bearing the secondary accent. The name Kiˊtsåhòm pronounced
with the stress-accent on the first and the secondary accent on the last
syllable, exactly illustrates this rule.

is evidently a mere transcription of the Kaçmīrī name Kitsāhöm which by the end of the 16th century must have already reached a pronunciation closely resembling the present one.

Another transcription of the modern name, slightly modified for the sake of a learned etymology, is found in the late Paṇḍit Sāhibrām's brief survey of Kaçmīrian tīrthas, called the *Tīrthasaṁgraha*, which mentions immediately after the description of the sacred sites of the Varāhakṣetra, i. e. Varāhamūla, a 'mahārudrasthāna' at *Kīcakāçrama*.[1] There too undoubtedly our Kitsāhöm is meant.

These transcriptions show conclusively that the meaning of the second part of the local name, *āçrama* ,abode', was at all times clear. Going back further we see from Kalhaṇa's story that the first part of the name was in earlier times popularly connected with the legend of a witch or *Kṛtyā* who was supposed to have resided and received worship there. Kalhaṇa does not speak of the Vihāra which king Jaloka was alleged to have built at the Kṛtyā's bidding, as the *Kṛtyāvihāra* (which would have meant that the Kṛtyā built it), but as the '*Vihāra of Kṛtyāçrama*'. We have already seen that in the Apabhraṁça of Ou-k'ong's time the word Kṛtyā would necessarily appear as **Kiccā* or **Kicā*, the form actually represented by the *Ki-tché* of the Itinerary. If Ou-k'ong then speaks of a 'monastery of the *Ki-tché* hill' we have in his expression the exact parallel to Kalhaṇa's 'Vihāra of Kṛtyāçrama'.

All what remains to be shown in support of our identification, is that there is in the immediate vicinity of *Kṛtyāçrama*: *Kitsāhöm* a hill which could have fitly borne the designation indicated by the Itinerary. The village of Kitsāhöm is

---

[1] See Deccan College Manuscript, No. 61 of Professor Bühler's collection, 1875/76.

The form *Kīcakāçrama* in the recent Tīrthasaṁgraha shows that it would not be safe to see in the long i of the *Kīcāçrama* of the Rājāvalipatākā the trace of an older form of the name such as we had to assume above for an intermediate Apabhraṁça stage. — Paṇḍit Sāhibrām in order to give a proper Sanskritic look to the village name, the old form of which he did not know, renders the meaningless *Kica* in its first part by Skr. *kīcaka* (,bamboo'; also proper name). Other ancient local names have been similarly metamorphosed by that learned author.

Sitzungsber. d. phil.-hist. Cl. CXXXV. Bd. 7. Abh.   2

situated on a small plateau between the left bank of the Vitastā and the foot of a high spur clothed with majestic deodars
which runs down from the main range of the mountains in the
south. This spur forms the western boundary of a little plain
about two miles broad which is very prettily situated in an
amphitheatre of mountains and is known as *Nārāvāv*. Immediately to the west of Kitsāhöm the valley contracts; rocky ledges
from the above named spur project into the river bed, and
the Vitastā which is navigable to a short distance above the
village, now turns into a foaming torrent. Nārāvāv, though
geographically outside the limits of the Kaçmīr Valley, has in
administrative and popular tradition always been included in
the territory of Kaçmīr proper and is inhabited by a Kaçmīrī
speaking population.

Though I have often passed on the new Jhelam Valley
Road the village of Kitsāhöm, I have hitherto never had occasion to examine the site from an antiquarian point of view.
I have, however, heard it repeatedly asserted by villagers and
others that when this portion of the road was being made
some ten years ago, remains of ancient buildings from the
neighbourhood were largely utilized for the construction of the
raised embankments over which the road is carried in parts
of the Nārāvāv plain. Whether such remains existed near
Kitsāhöm or are still to be found there, I hope to ascertain
on my next visit to the Valley. In the meantime I may point
out that Baron von Hügel who passed down the valley in the
autumn 1835, distinctly notes near 'Kizenhamma' the remains
of a ruined fort and stone wall. [1] As the Baron travelled on
the opposite or right river bank which formed in old days the
favorite route of communication, these remains must then have
been conspicuous to attract his attention.

Our remarks on the remaining monasteries which the
Itinerary mentions, can be far briefer. Regarding the names of
the *Ngo-nan-i, Nao-ye-lo* and *Je-je* monasteries mentioned in the
list immediately before and after the ,monastery of the *Ki-tché*
hill' it is unsafe at present to hazard even a conjecture. [2]

---

[1] See *Kaschmir und das Reich der Sick*, III, p. 3.
[2] The name *Ngo-nan-i* is read by the Editors doubtfully as *Ānanda*. Could
it possibly be a rendering of *Ananga*, the abbreviated form of *Ananga-*

It is, too, only with hesitation that I venture to submit for the consideration of Chinese scholars a suggestion regarding the name of the next monastery which in Messrs. Lévi and Chavannes' translation appears as 'le monastère du general (tsiang-kiun, senāpati)'. I must regret in this case more than ever my total ignorance of Chinese as well as my present inability to consult the opinion of a competent sinologist.

With all the deference due to the learning and acriby of the editors, it is difficult not to think in connection with the designation thus translated of the name of the Tuhkhāra Caṅkuṇa whom Kalhaṇa mentions as a founder of Vihāras under Muktāpīḍa. The syllable Tsiang does not appear in Stan. Julien's list of phonetic characters. But judging from the analogy of the values assigned there to Tsa (2133), Tse (2149), Tsie (2158), Tso (2179) and other characters beginning with ts, and from the general rule indicated by Stan. Julien in para. XIV A (Méthode, p. 47) regarding the phonetic significance of ng (= ñ) as the termination of syllables used for the transcription of Sanskrit names, it seems clear that Tsiang may be looked upon as the exact representative of the syllable Cañ in Caṅkuṇa. In the same way we find that three characters read Kiun (707—709) in Julien's list occur as renderings of Skr. kuṇ in Chinese transcriptions. As Caṅkuṇa is clearly described by Kalhaṇa as a Tuhkhāra or Turk it is evident that we have in the name given by the Chronicle only the Sanskritized transcription of a Turkish name of which Tsiang-kiun is an equally accurate rendering in Chinese characters.

In the Chronicle Caṅkuṇa figures as an alchemist from the Tuhkhāra land (Tokhāristān)[1] who rose to high rank as a

---

lekhā, the name of Durlabhavardhana's queen? The Vihāra founded by her is, however, called Anaṅgabhavana, III 3.

The name Je-je distantly recalls that of the Jayendravihāra, founded by King Pravarasena II.'s uncle, Rājat. III. 355; V. 428; VI. 171, which the biography of Hiouen-tsang mentions as the Che-ye-in-to-lo Vihāra (Vie, p. 92). But I am unable to find the link of an Apabhraṁça form which would permit us to connect the two names.

[1] Compare IV. 211 sq., 215 sq., 246—263. Verse 211 speaks of the magician as the ,Tuhkhāra Caṅkuṇa'. In 246 the text of A, as shown in my edition, makes Caṅkuṇa come to Kaçmīr from the ,Bhuhkhāradeça'. This Wilson and others after him wished to identify with Bokhāra. The La-

2*

minister of Muktâpîḍa and distinguished himself by performing works of magic in the king's service. He built at *Parihâsapura* (Parâspōr) a monastery called after him the *Caṅkuṇavihâra*, with a high stūpa and golden images of Buddha (IV. 211).

Caṅkuṇa is also said to have founded a second Vihâra with a caitya 'at the other capital', *adhiṣṭhânântare* (IV. 215).

By this expression only Çrīnagara, the actual capital of Kaçmîr since Pravarasena II, can be meant in contradistinction from Parihâsapura which the fancy of its founder Muktâpîḍa could but temporarily raise to the rank of a royal residence.[1] That this second Vihâra of Caṅkuṇa also bore the founder's name, is clearly established by a subsequent passage of the Chronicle, VIII. 2415 sqq. Here Kalhaṇa relates to us how in his own time Sussalâ, the pious wife of the minister Rilhaṇa, restored in the city of Çrīnagara the famous *Caṅkuṇavihâra* which had fallen into utter ruin.[2]

We have no means to determine which of the two Vi-hâras of Caṅkuṇa Ou-k'ong is more likely to have visited or

---

hore Manuscript above referred to, however, gives the correct reading *Tuḥkhâra* which the editors of Ou-K'ong (see their note, p. 352) had already rightly conjectured. In Çāradā writing the akṣaras *tu* and *bhu* may easily be mistaken for each other.

[1] It is probable that *Parihâsapura* was wholly deserted and its temples in ruins in Kalhaṇa's time. It was abandoned already by Muktâpîḍa's son and successor Kuvalayâpîḍa (IV. 395), and the materials of its build-ings were subsequently, towards the close of the ninth century, carried away by King Çaṅkaravarman for his new town of *Pattana*, the modern *Paṭan*; see V. 161. This early desertion of the site explains the state of utter destruction in which the remains of Muktâpîḍa's splendid structures are now found. They have been traced by me in ruined mounds of great extent situated on the Uḍar or alluvial plateau of *Parâspōr* near the village of *Trigām* and about 3 miles to the south-west of the junction of the Sind and Vitastâ. (See *Anzeiger der phil.-hist. Classe* of the Imperial Academy, Vienna 1892, No. XXVII.)

[2] For the reason stated in the proceding note it must be assumed that it was at this second Vihâra in Çrīnagara that Kalhaṇa saw the Buddha statue which King Muktâpîḍa was believed to have brought from *Ma-gadha* on the back of an elephant and to have granted to Caṅkuṇa at the latter's request in return for his magic services. The statue was placed in Caṅkuṇa's Vihâra, and on its base there were still shown in Kalhaṇa's days the iron fastenings by which the image was supposed to have been secured on the back of the elephant; compare IV. 248—262.

remembered, and it is, therefore, impossible to say at which
of these two places his monastery of *Tsiang-kiun* or Cankuṇa
must be located.

Messrs. Lévi and Chavannes have already indicated (*L'Itinéraire*, note, p. 352) the remarkable confirmation which Kalhaṇa's story of Cankuṇa, the Tuḥkhāra, affords for Ou-k'ong's
statements regarding the relations of the *Tou-kiue* or Turks
with Kaçmīr. These relations are attested in the Itinerary by
the notices of the remaining two monasteries which are —
the monastery of the *Ye-li-t'e-le* founded 'by the son of the king
of the *Tou-kiue*' and the monastery of the *K'o-toen* 'founded
by the queen of the Tou-kiue'.

Regarding these names I have nothing to add to the learned remarks of the Editors. K'o-toen is clearly, as pointed out
by them, *L'Itinéraire*, note, p. 355, the well-known Turkish
title *Kātūn*. In the name of prince *Ye-li-t'e-le* we have the
same title *te-le* which is found attached to numerous names of
Turkish princes as recorded by the Chinese Annals (*ib.*, pp. 379,
383). According to Chinese evidence (quoted from Stan. Julien's
Documents historiques sur les Tou-kioue, *Journal Asiatique*,
1864, II, p. 201) it was given to the sons and brothers of the
Khakhân. Assuming then our identification of the monastery of
Tsiang-kiun with the *Cankuṇavihāra* to be correct, we can easily
understand why the monastery of the Turkish minister should
have been mentioned in the list of Ou-k'ong immediately before the pious foundations of a ruling family of the same nation.

In order to complete our survey of Ou-k'ong's information
on Kaçmīr it is necessary to notice briefly a few other data
of antiquarian and topographical interest. Our Chinese visitor
found in the kingdom of Kaçmīr more than three hundred
monasteries and a considerable number of Stūpas and sacred
images (*L'Itinéraire*, p. 355). As Hiouen-tsang mentions only
about hundred convents with five thousand monks in the country (*Mémoires sur les contrées occidentales*, I, p. 168), we may
conclude that the century intervening between the visits of
the two pilgrims had seen a rise in the popularity of Buddhism.
This would well agree with the statements of the Rājataraṅgiṇī
as to the numerous Vihāras built in the reign of Muktāpīḍa-
Lalitāditya and his predecessor.

Among the Stūpas Ou-k'ong singles out for special mention those which King Açoka *(Ngo-yu)* and the 500 arhats had
erected. Hiouen-tsang, too, refers particularly to the four Stūpas
built by Açoka, which were of wonderful height and great
magnificence and contained each one measure of relics of
Tathāgata (*Mémoires, l. c.; Vie de Hiouen-Tsang*, p. 90). Regarding the position of these Stūpas I should have only conjec-
tures to offer which, as they could hitherto not be tested by
excavations, need not be detailed here. The story of the 500
arhats and their flight to Kaçmīr in the reign of King Açoka
is related at length by Hiouen-tsang (*Mémoires*, p. 170 sq).

The Itinerary describes the kingdom of Kaçmīr correctly
enough as enclosed on all sides by mountains forming natural
ramparts. Three roads in all have been opened through them,
and these again are secured by gates *(fermetures)*. In the
east a road leads to *T'ou-fan* or Tibet; in the north a road
penetrates to the kingdom of *Po-liu* (Baltistān); the road
which starts from the gate in the west, goes to *K'ien-t'o-lo* or
Gandhāra.

I have already had occasion to show in another paper
[*Notes on the ancient topography of the Pīr Pantsāl Route,
Journal of the Bengal Asiatic Society, 1895, Part I*, p. 377 sqq.]
that the roads here referred to by Ou-k'ong can easily be
identified with the great routes through the mountains which
since ancient times have been the main lines of communication
between the Valley and the outer world.

The road to Tibet can be no other than the route which
leads up the Valley of the *Sind* River and over the *Zoji-lā*
Pass into the Ladāk territory and hence to Tibet and Chinese
Turkestān. By the second road to *Po-liu* must be meant the
route which crosses over the mountain-range on the north into
the upper Valley of the Kişangañgā (Skr. Kŗşņagañgā) and
thence leads either over the high plateau of the *Deosai* or
over the *Burzil* Pass to the modern Skardo or Astōr, respectively.[1] Both these territories, situated in the Indus Valley,

---

[1] The present „Gilgit Road" which corresponds to Ou-k'ong's road to
Po-liu, crosses the high range which forms the watershed between the
Valley of the Kişangañgā and Kaçmīr, by the *Trāgabal* Pass, to the

evidently formed part of the country of the Po-liu as described
by Ma-touan-lin (see A. Rémusat's *Nouveaux Mélanges Asiatiques*, I, p. 194 sqq.)

In the third road which starts from the gate in the west
and leads to Gandhâra, we cannot fail to recognize the route
which passes through the gorge of the Vitastâ below Varâhamûla and has at all times been the favorite route to the west.
Hiouen-tsang had followed it when he entered Kaçmir ,by the
stone gates, the western entrance of the kingdom' (*Vie*, p. 90).
ALBÊRÛNÎ speaks of it as the best known route to Kaçmir in his
days. He had also heard 'of the watch-station *Dvâr*' established
'at the other end of the ravine, on both sides of the river
Jailam' (Albêrûnî's *India*, translated by Prof. SACHAU, I, p. 207).

In the above quoted paper I have already spoken at some
length of the frontier forts or watch-stations which in old days
closed all passes leading into the Valley. Here it will be
sufficient to point out that they are often mentioned in the
Chronicle under the designations of *dvâra*, *draṅga* or *ḍhakka*,
and that they have on most of the routes survived until quite
modern times.[1] There can be no doubt that a reference to
thes eancient frontierposts is intended by the 'fermetures' mentioned in the Itinerary.

Ou-k'ong knew besides the above three roads yet another:
'this, however, is always closed and opens only for an instant
when an imperial army honors it with a visit'. It is possible
that we have here an allusion to one of the routes which cross
the mountain-range of the Pîr Pantsâl to the south of the Valley
and lead towards the Panjâb.

---

north of the Vulur Lake. The Pass used in ancient times was guarded
by a frontier fort which is repeatedly referred to by Kalhaṇa under the
name of *Dugdhaghâṭa* or *Durgaghâṭa* (see VII. 1171, VIII. 2468. 2715).
I have traced this name in that of the *Dudᵃkhut* Pass which crosses the
range about 8 miles to the north-east of the *Tragᵃbal*.

[1] Thus the ruins of a wall and gateway closing the narrow space between
the mountain side and the right river bank are to this day visible below Varâhamûla and locally known under the name of *Draṅg*. Compare
also MOORCROFT's *Travels*, II. p. 280. — It is very probable that the
site referred to is the same where the stone-gates of Hiouen-tsang and
Ou-k'ong's ,porte de l'ouest' once stood.

An interesting passage of Albērūnī shows us how carefully in his own time the approaches of Kaçmīr were guarded
against strangers from the south. "The inhabitants of Kaçmīr
are particularly anxious about the natural strength of their
country, and, therefore, take always much care to keep a
strong hold upon the entrances and roads leading into it. In
consequence it is very difficult to have any commerce with
them. In former times they used to allow one or two foreig-
ners to enter their country, particularly Jews, but at present
they do not allow any Hindu whom they do not know perso-
nally, to enter, much less other people" (*India*, I. 206). In
another passage he speaks of *Rājawarī* (Skr. *Rājapurī*, the
modern Rajaurī) as "the farthest place to which our merchants
trade, and beyond which they never pass" (*ib.*, I. 208).

In the time of Albērūnī it was undoubtedly the danger
of Muhammadan invasion which caused such strict seclusion.
From the conquered Panjāb Mahmūd of Ghazna had led more
than one expedition against Kaçmīr, and his forces had on one
occasion actually reached the fortress of *Lauhūr*, the Loharu-
koṭṭa of the Chronicle, at the very foot of the Pīr Panṭsāl
Range. Might the Itinerary's curious notice about the route
closed to travellers in Ou-k'ong's days, not be the reflex of a
similar danger which then threatened Kaçmīr from the same
direction?

It is exactly at that period that the Arabs who had established themselves on the lower Indus since the beginning of
the eighth century, were actively engaged in extending their
power to the north. During the reign of the Khalīfa Al-Manṣūr
(754—775) the Amīr Hashām, governor of Sind, is reported
to have sacked Gandhāra which was then in the possession of
the Çāhi ruler of Kābul, and to have at the same time actually
invaded the territory of Kaçmīr.[1] This extension of the
Muhammadan power on the Indus was only temporary and did
not result in a lasting conquest even of the northern Panjāb.
Yet the danger it represented for Kaçmīr, may have been se-

[1] See REINAUD, *Mémoire sur l'Inde*, p. 195, and his translation of an extract from Boladori in *Fragments Arabes et Persans relatifs à l'Inde*
p. 212.

rious enough to have caused an interruption of all relations with the disturbed regions to the south and the consequent closing of the routes leading there.

The notices which we have examined, are not without their special interest for the question of the reliability and accuracy of Ou-k'ong's relation. Twenty seven years had passed between the pilgrim's departure from Kaçmir (763) and the time when after long wanderings he returned to his native land (790), and related there to the Çramana Yuen-tchao, the author of the Itinerary, the story of his life and travels.

Notwithstanding this long interval we have found that several of the sacred localities which Ou-k'ong saw in Kaçmir, can still be identified thanks to the accurate reproductions of their names in the Itinerary. We have seen that the names so carefully recorded by the Chinese pilgrim are not the quasi-official Sanskrit ones which the Râjataraṅgiṇî has preserved for us, but the corresponding Apabhraṁça forms which we must assume to have been in popular use in Ou-k'ong's days. This interesting fact fully confirms what has already on other grounds been concluded as to Ou-k'ong's imperfect literary training.

The Editors have in their introductory remarks rightly pointed out how inferior in this respect Ou-k'ong's qualifications were to those of Hiouen-tsang, in whose footsteps he followed. Yet the explanations given above will, I hope, show that this undoubted deficiency has not interfered with the accuracy of the information which Ou-k'ong has left us regarding Kaçmir. We have found him here trustworthy and accurate, and thus the belief seems justified that the remarkable new facts which the narrative of Ou-k'ong's travels has brought to light in regard to the history and antiquities of Gandhâra, Udyâna and other interesting regions, will find equal confirmation by further researches.

ADDITIONAL NOTE.

THE KAÇMÎR CAPITAL IN CHINESE ANNALS.

I may be allowed to take the present opportunity for
communicating a few remarks regarding the name given to the
capital of Kaçmîr in a notice of the Annals of the T'ang dynasty which has already been mentioned above as recording the
embassy of King Muktâpîḍa *(Mou-to-pi)* to the Chinese court.
This notice has been reproduced in Ma-touan-lin's encyclo-
pedia and has been first made known to us by the translation of extracts from the latter work, which A. RÉMUSAT gave
in his *Nouveaux Mélanges Asiatiques* (see Vol. I, p. 196 sqq.).
In the opening remarks of the notice as translated there we
are informed that the King of Kaçmîr resides in a town, called
Po-lo-wo-hoan-pou-lo.

For this name which has puzzled me for some time back,
Messrs. LÉVI and CHAVANNES' note *(Journal Asiatique,* 1895,
VI, p. 352) now supplies the correct form *Po-lo-ou-pou-lo,* as
found in the original text of the Annals. As the Editors in
the same note propose to restore the name as *Bâramûla-pura,*
it must be concluded that they identify the Kaçmîr capital of
the period to which the notice of the Annals refers, with the
small town of *Varâmûl,* Skr. *Varâhamûla,* situated at the western entrance of the Valley and generally known to European
travellers by the Panjâbî form of its name, Bârâmûla.

There are, however, serious difficulties in the way of this
identification. In the first place it must be noted that neither
the old name Varâhamûla nor its modern derivative Varâmul
(Bârâmûla) is ever found combined with the termination -*pura.*
The town has received its name from the site which it occupies. The latter has since ancient times been held sacred as
the dwelling-place of Viṣṇu in his avatâra of Âdivarâha 'the
primeval boar' (see Professor BÜHLER's *Kashmir Report,* p. 12)
and is often mentioned in the Chronicles and the various
Mâhâtmyas under the indifferently used names of *Varâhakṣetra,*
Varâhatîrtha and *Varâhamûla.*

As in the case of many Kaçmîrian tîrthas, the name of
the sacred site is used also for the designation of the town which
has sprung up near it,[1] and in this sense we find the name Varâ-
hamula, without the addition of -pura, used in Râjat. VII. 1309,
VIII. 451. 1229; Çrîvara, I. 323. 568; Prâjyabhaṭṭa, 240.

A still more decisive argument against the suggested
identification is furnished by topographical considerations.
The notice of the Annals, as translated by A. Rėmusat
(l. c., p. 196), distinctly places to the west of the capital (Po-
lo-ou-lo-pou-lo) a great river called there Mi-na-si-to. This
makes it quite certain that Varâhamûla which occupies a narrow
strip of ground between a high hill range on the north and
the right bank of the Vitastâ on the south, cannot beintended.

In looking for the real position of Po-lo-ou-lo-pou-lo we
must be guided in the first place by this topographical indi-
cation. It is in full agreement with Hiouen-tsang's account which
speaks of the capital of Kaçmîr as ,bordered on the west side
by a great river' (Mémoires, I, p. 163; Vie, p. 90). Hiouen-
tsang does not name this river, but other details given by him
prove beyond all doubt that General Cunningham was right
in identifying long ago the site of Hiouen-tsang's capital with
that of the modern Çrînagar and ,the great river' with the
Vitastâ which flows to the west of it (see Ancient Geography
of India, p. 93. 97 sq.).

General Cunningham has also rightly recognized that the
capital of Hiouen-tsang's time (ca. 631—633) which the account
in the Si-yu-ki (Mémoires, p. 180) calls ,the new capital' in
contradistinction from ,the old capital' situated in its close
proximity, was the new city founded by King Pravarasena II.
This we know from Kalhaṇa's full and interesting account,

---

[1] Among modern villages and towns in Kaçmîr the following, e. g., have
names directly derived from the designations of the sacred objects wor-
shipped there: Vijủbrôr (Vijayeçvara); Maṭan (Mârtaṇḍa); Anatnag
(Anantanâga); Kôṭhẽr (Kapaṭeçvara); Içảhũr (Içeçvara), etc. — Among
the very numerous old village names ending in -por (pura) for which
the earlier Sanskrit forms have been ascertained by me, I have failed
to trace one in which the word preceding that termination is the name
of a god, shrine or other sacred object. This word is usually the name
of the person who founded the place.

III. 339—363, to have been built on the site of the present Çrinagar and not far from the former capital, Açoka's Çrinagari.[1]
The new city which was destined to remain the capital
of Kaçmir until the present day, received after its founder the
name *Pravarapura* (for *Pravarasenapura*).[2] This name can
be traced throughout the Râjataraṅgiṇī and the later Chronicles as well the works of other Kaçmirian authors, such as
Bilhaṇa and Maṅkha, as the appellation of the city occupying
the site of the modern Çrinagar, and it has continued to be used
to the present time in colophons of Sanskrit Manuscripts,
janmapattras and other documents; compare Rajat. IV. 311,
VIII. 2408; Vikramâṅkadevacarita, XVIII. 1. 70; Çrikaṇṭhacarita,
III. 21 (also Jonarâja's commentary on III. 31. 68); Çrivara
III. 277; IV. 205. 336; Fourth Chronicle 938, Lokaprakâça
(MS.), *passim*, etc.[3]

The earliest mention of Pravarasena's City is found, however, in the notice of the Chinese Annals, in whose *Po-lo-ou-
lo-pou-lo* we cannot fail to recognize now an exact transcription of the name *Prararapura*. *Po-lo, lo* and *pou* are regular
representatives of the Sanskrit akṣaras *pra*, *ra* and *pu*, respectively; compare STAN. JULIEN, *Méthode*, nos. 1476, 1058,
1491. The character 刿 is transcribed by Messrs. LÉVI and
CHAVANNES as *ou* and by STAN. JULIEN as *wou*. To attribute
to it the value *va* in the transcription of our name seems
scarcely hazardous considering that the same character is used
in contraction with *li* (an ordinary representative of Skt. *ṛ*,
no. 813) to express the Skt. akṣara *vṛ*; compare STAN. JULIEN,
l. c., no. 2217.

---

[1] The position of the „old capital", the *Purāṇādhiṣṭhāna* of Kalhaṇa's
narrative, is still marked by the village of *Pāndreṇṭhan*, about 2½ miles
to the south-west of Çrinagar, whose name is derived from that designation. The curious and exact topographical details of the above quoted
account can still be traced on the map of the modern Çrinagar and will
be found fully explained in my notes on the passage.

[2] For cases of similar shortening in appellations of temples, etc., see above
p. 6, note 2.

[3] The term *pura*, very frequently used by Kalhaṇa for the designation
of the Kaçmir capital, must be understood as an abbreviation for
Pravarapura; compare Preface to my *Rājataraṅgiṇī Edition*, Vol. I,
p. xvii, note.

Our identification is fully confirmed by a consideration of the chronological and historical facts. The information contained in the notice of the Annals clearly goes back to the Kaçmirian embassies of which we read there. The first of these is said to have reached the Imperial Court about the year 713, and the succeeding ones there referred to cannot be later than the year 907, the closing date of the Annals of the T'ang dynasty. The date of Pravarasena II. cannot at present be fixed with certainty. It is, however, very probable that he ruled some time about the middle of the 6th century.[1] The capital of *Pravarapura* which he founded, was, as we have seen, already about 631—633 visited by Hiouen-tsang who knew it as the 'new capital' in the position of the present Çrinagar.

For the period which lies between Hiouen-tsang's visit and the close of the T'ang dynasty, we possess in the Râja-taraṅgiṇî a full and on the whole thoroughly reliable historical record, and as the latter knows nothing of a subsequent change of the real capital, it is clear that the capital of which the Annalists heard through the Kaçmir embassies, can only have been *Pravarapura*.

General Cunningham has already (*l. c.*, p. 97) noticed and explained the curious fact that the name of the old capital, *Çrinagara* or *Çrinagarî*, was applied also to the new city and ultimately replaced the name Pravarapura, at least in common use with the people, as the customary designation of the capital. This transfer is fully accounted for by the contiguity of the two cities and finds its exact parallel in the application of the old name Delhi to the new cities which were founded successively in the vicinity of that capital and were originally named each after its founder.

There is, however, good reason to believe that the name *Pravarapura* was retained as the proper official designation of the capital throughout the Hindu period. Thus alone we can readily understand, *e. g.*, the exclusive use of the abbreviated form *Çrîpre* for *Çrîpravarapure* in the numerous formularies for Sanskrit documents which are given in the Lokaprakâça

---

[1] Compare Max Müller, *India, What can it teach us*, p. 317.

ascribed to Kṣemendra, and the continued use to the present day of this abbreviated local name in all janmapattras
made by Çrinagar Paṇḍits.

It remains for us only to explain the name *Mi-na-si-to*
which the notice of the Annals, as reproduced by Ma-touan-lin
(*Nouveaux Mélanges Asiatiques*, I, p. 196), gives to the great
river bordering the Kaçmir capital on the west. In view of
the proofs given above we cannot doubt the identity of this
great river with the Vitastā; but the Chinese form of the name
seems strangely different. This difficulty, however, disappears
on closer examination.

STAN. JULIEN'S list shows a character read *mi*[1] 寶 (1135)
as a phonetic representative of Sanskrit *vi*. We can accept
this testimony with all the more confidence, as the Chinese
transcription of King Harṣa-Çilāditya's Sanskrit poem recently
edited by Professor Lévi (*Actes du X* Congrès International
des Orientalistes*, 1894, I, p. 198) shows similarly in half-pāda
26 the character *mei* (1108 of Stan. Julien) as the equivalent
of the akṣara *vai*.

For a character read *na* 搽 (1206) we find the phonetic
value *da* given in one of the old Chinese transcriptional alphabets reproduced by STAN. JULIEN, *Méthode*, p. 30. Here too the
transcription of the above quoted poem of King Harṣa furnishes
welcome confirmation, as that very character is used there
regularly as the representative of Skr. *da* (see the word *daça*
in half-pādas 14, 22, 30, 32). Finally the characters *si-to* can
in view of the values assigned in JULIEN'S list to *si* in conso-
nantal nexus (1569—1572) and to the several characters *to*
(see nos. 2026, 2030, 2045. 2064, etc.) be accepted without
hesitation as a correct rendering of Skr. *stā*.

It is evident from this analysis that the form *Vidastā* is
the name actually indicated by the Annalist. Whether the
substitution of this form for the correct Sanskrit Vitastā is to
be explained by an error of hearing or an inaccuracy of tran-

---

[1] ABEL-RÉMUSAT'S translation does not indicate the actual Chinese characters used for the transcription of the name. Hence I am unable to
find out whether the first character is identical with Julien's no. 1135
or another character of the same phonetic value.

scription, would not be easy to decide now, nor is it a question of much importance.

There was, no doubt, a stage in the process of phonetic
conversion leading from the Skr. Vitastâ to its modern Kaçmîrî
derivative *Vyath* or *Viath*, when the medial surd *t* had been
softened into the sonant *d* before being finally elided. This
stage is represented by the forms *Bidaspēs* (Ptolemy) or *Hy-
daspēs*, under which our river name was known to the Greeks.
But it is difficult to believe that such an intermediary form
*Vidastâ was actually used in the genuine Apabhraṁça of
Kaçmîr as late as the 8th century of our era.[1]

As we have found already the name of the Kaçmîr capital correctly recorded by the Annalists in its Sanskrit form,
we must assume, that the river too was mentioned to the Chinese authorities under the name which it bore in the official
Sanskrit, i. e., as *Vitastâ*.

SUPPLEMENTARY NOTE TO P. 6.

Since this paper has been sent to the press, Hofrath Prof.
Bühler has been kind enough to point out to me that the
identification of Albērūnî's *Muttai* with *Muktâpîḍa* has already
been proposed by him in his review of Prof. Sachau's translation of the *India*, *Indian Antiquary*, xix., p. 382. There too
is given a most convincing explanation of the form مُتَّى under

---

[1] It is a curious coincidence that we find the same slight error of hearing or transcription in the references which some modern authors make
to the old river name as still known to the Brahman inhabitants of the
Valley. Thus Drew, *Jummoo and Kashmir territories*, p. 163, speaks of
,*Vedasta'* as an older name for the river 'still used by those who follow
Sanskrit literature'. Similarly, e. g., R. Lawrence, *Valley of Kashmir*,
p. 17, and McCrindle, *Ancient India as described by Ptolemy*, p. 89
('By the natives of Kaśmîr it is called the Bedasta'). — As a matter
of fact, the name Vitastâ is familiar enough to most of the Brahmans
of Kaçmîr, however slight their knowledge of Sanskrit may be, from its
frequent occurrence in the Mâhâtmyas and other popular religious texts.
But I have never heard the old name pronounced by them in any other
way than with the surd dental in the second syllable.

which the name is found in the MS. of the India. Prof. Buhler ingeniously sees in مُتَّى a mistake of the copyist for مُنَّبِر "which latter may stand according to Bérúní's method of transcription either for *Muttapir* or *Muttapiḍ*". The second form is that in which the name *Muktāpīḍa* was most likely to appear in the Kaçmirian Prakrit. (Compare the form *Jépiḍ* which Prof. Buhler and myself have still heard from the mouth of Kaçmir villagers for the name of king *Jayāpīḍa*. *Mùttapiḍ* bore no doubt the stress-accent on the antepenultimate.)

The emendation proposed by Prof. Buhler has, as I understand, received the approval on palaeographical grounds of several well-known Arabic scholars. The clear explanation it affords for the second part of the name in its Arabic garb, strengthens indirectly the argument which we have drawn above from the first part regarding the identification of *Moung-ti* and *Mutta-* (for Skr. *Mukta-*).

Mohand Marg, Kashmir: July 29, 1896.

VIII.

Zwei neue Landschenkungen des Gurjara-Fürsten Dadda-Praśāntarāga IV.

Von

G. Bühler,

wirkl. Mitgliede der kais. Akademie der Wissenschaften.

Zu Neujahr 1896 sendete mir ein früherer Untergebener, Mr. Viṭhal Nāgar, jetzt erster Planzeichner im Bureau des Chef-Ingenieur von Baroda, eine Durchzeichnung einer alten Sanskrit-Inschrift mit der Bitte den Inhalt derselben zu bestimmen. Er fügte hinzu, dass dieselbe auf einer Kupfertafel stehe, die er nebst drei anderen im Besitze eines Bauern in Dabhoi (Darbhāvatī, der alten östlichen Grenzfestung des mittleren Gujarat) gefunden habe. Er habe diese Tafel als ein Specimen von dem Besitzer entliehen, und vergeblich versucht in Bombay eine Erklärung der darauf eingravirten Inschrift zu bekommen. Er wende sich desshalb an mich, um zu erfahren, ob das Document historischen Werth besitze.

Der erste Blick belehrte mich, dass ich den zweiten Theil einer unpublicirten Schenkungsurkunde vor mir hatte, die von dem Gurjara-Fürsten Dadda-Praśāntarāga IV. im laufenden oder abgelaufenen Jahre 392, wahrscheinlich der Cedi-Aera von 249 p. Chr., also 641—2 ausgestellt war. Ich theilte dies Mr. Nāgar mit, und bat ihn mir entweder Papier-Abklatsche oder Photographien der vier Tafeln zu senden oder die Originale für mich zu erwerben. Im März erhielt ich dann zwei photographische, vielleicht retouchirte Blaudrucke von Abklatschen aller vier Tafeln und einen Blaudruck der directen Photographie einer Tafel (A. II) nach denen ich die Inschriften herausgebe.

Die vier Tafeln enthalten zwei, beinahe wörtlich gleichlautende Documente, A. und B., die an demselben Tage von
demselben Schreiber und zu Gunsten desselben Mannes hergestellt sind. Die Tafeln von A. sind 24 Centimeter lang und
13 Centimeter hoch. Die von B. haben dieselbe Länge, ihre
Höhe beträgt aber 14 Centimeter. Die Schrift läuft, wie fast stets der Fall ist, der Breitseite
parallel, und findet sich nur auf der inneren Seite der Tafeln.
A. I und B. I zeigen am unteren Ende und A. II und B. II
am oberen je zwei Löcher, durch welche die Ringe gingen,
die sie zusammenhielten. Da Mr. Nâgar weder Ringe noch
Siegel erwähnt, so vermuthe ich, dass dieselben verloren gegangen sind. Die Ränder der Tafeln sind, nach dem directen
Blaudruck von A. II zu urtheilen, nicht, wie sonst oft zum
Schutze der Schrift geschieht, nach Innen umgebogen und ver-
dickt. Denn auf der linken Seite stehen die ersten Buchstaben der Zeilen unmittelbar am Rande. Die Zahl der
Zeilen ist 15 auf A. I, 14 auf A. II, 14 auf B. I und 15
auf B. II. B. II Z. 15 enthält nur die Zeichen *ntarâgasya*‖.

Die Buchstaben der beiden Texte zeigen den bekannten
südwestlichen Typus,[1] der sich in einigen Inschriften der Gupta-
periode aus der Central Indian Agency und dem östlichen Rajputana, auf allen Kupfertafeln der Könige von Valabhî, der
Gurjara von Broach und ihrer Nachfolger, der Râthor, so wie
in der Mehrzahl der Calukya-Inschriften aus Gujarat, Nasik,
dem nordwestlichen Marathenlande und dem Konkan findet.
Mit denen der früher in Kheḍâ gefundenen Gurjara-Inschriften
von (Cedi)-Samvat 380 und 384 stimmen dieselben besonders
genau überein, auch im Gebrauch der kleinen Knöpfchen, die
sich über jedem Buchstaben finden. Ebenso zeigt auch in
diesen beiden Documenten die königliche Unterschrift die,
mit dem sogenannten nordwestlichen Gupta-Alphabete eng zu-
sammenhängende, archaische Varietät der Nâgarî. Reine Nâgarî-
formen zeigen insbesondere die Buchstaben *ka*, *ga* und *śa*,
sowie das mittlere *i* und *î*, und die für die Nâgarî charakte-
ristischen langen Deckstriche fehlen nicht. In Einzelheiten
finden sich sowohl im Texte als in den Unterschriften kleine

---

[1] Vgl. Grundriss der Indo-Ar. Phil. u. Alterthumsk., Bd. I, Heft 11, § 28 A.

Unterschiede zwischen den beiden Documenten, obwohl dieselben, wie bemerkt, von demselben Schreiber und an demselben Tage hergestellt sind. So bietet B. ein mittleres *ī*, das aus zwei kleinen Kreisen neben einander besteht, aber in A. nicht vorkommt, sowie einmal in *svasti* (Z. 1) ein verschleiftes *ta*, das überhaupt im südwestlichen Typus sehr selten ist. Noch auffälliger sind die in beiden Inschriften vorkommenden Varianten von *va*, das bald rundlich und dem *ca* ganz gleich, bald dreieckig und bald wie in der Nāgarī geschwänzt gemacht wird. Ganz ähnliche, ja noch stärkere Abweichungen kommen in Valabhī-Inschriften vor, die den Unterschriften zufolge von demselben Schreiber angefertigt sind, wie eine Vergleichung der zahlreichen, von dem *divirapati* Skandabhaṭa verfassten Śāsana leicht darthut. Als Interpunctionszeichen kommt neben dem einfachen und dem doppelten Verticalstriche, mehrfach, z. B. nach *°simni* A. I, 12, und nach *°sandhiśca*, A. I, 14, ein Punkt vor, und einmal in B. I, Z. 11 hinter *vaṭavṛkṣaśca* ein Doppelpunkt. Die Sprache beider Inschriften ist recht gute Sanskrit-Prosa, neben der in den Segens- und Fluchformeln, wie gewöhnlich, einige Verse des ‚Vyāsa, des Diaskeuasten der Veden' aus dem Mahābhārata vorkommen. Selbst die Zahl der Verschreibungen und der orthographischen Fehler ist sehr gering.

Die Form der beiden Documente unterscheidet sich von der der Kheḍā-Landschenkungen Dadda-Praśāntarāga's IV. hauptsächlich durch die Kürze der Praśasti. Während in jenen, wie die Regeln der Smṛti erfordern,[1] drei Fürsten geschildert werden, beschränkt sich die Einleitung der Dabhoi-Schenkungen auf das Encomium des frommen Gebers. Dieses stimmt dann aber, abgesehen von Schreibfehlern, Wort für Wort in allen vier Inschriften. Auch das Formular der eigentlichen Schenkungsurkunde ist im Ganzen in den vier Documenten gleichlautend. Indessen zeigen sich hie und da kleine Verschiedenheiten, welche sich sogar auf die beiden Dabhoi-Inschriften erstrecken. So gleichgiltig die Abweichungen für den allgemeinen Sinn der Inschriften sind, so lehrreich sind

---

[1] Siehe Grundriss der Indo-Ar. Phil. u. Alterthumsk., Bd. II, Heft 8, p. 114, und Jolly's dort citirten Aufsatz in der Zeitschr. D. Morg. Ges.

sie für die Art und Weise, in welcher die indischen Kanzlisten
arbeiteten. Auf Genauigkeit kam es ihnen sicher nicht an, da
hier derselbe Schreiber in zwei für denselben Empfänger an
demselben Tage ausgestellten Urkunden kleine Abweichungen
im Wortlaute für zulässig hielt, obwohl er augenscheinlich ein
älteres Formular vor sich hatte.

Der Zweck der beiden Inschriften ist die Schenkung von
zwei Feldern in Suvarṇārapalli (A) und Kṣīrasara (B) zu beur-
kunden, welche der erlauchte Dadda dem Brahmanen Sūrya
gab, damit er die Kosten seiner Opfer bestreiten könne.

Der Gewinn, der aus denselben für die Geschichte der
Gurjara-Könige resultirt, ist nicht sehr bedeutend. Die beiden
Daten, Vollmondstag des Monats Vaiśākha (April—Mai) des
Jahres 392 (der Cedi-Aera), welche in Folge des Fehlens
näherer astronomischer oder kalendarischer Angaben nicht mit
Sicherheit genau berechnet werden können, zeigen jedoch, dass
Dadda-Praśāntarāga IV. bis zum Jahre 641 oder 642 p. Chr.
regierte. Sie beweisen ferner, dass die von Herrn H. H.
Dhruva veröffentlichte Landschenkung[1] (Sankheḍā-Grant Nr.
II) des Raṇagraha, des Sohnes des Vītarāga vom Jahre 391, die
den erlauchten Dadda erwähnt, noch in die Regierungszeit
Dadda's IV. fällt, und Herrn Dhruva's Vermuthung, dass
Raṇagraha ein Bruder dieses Königs sei, wird vollständig
bestätigt. Sodann belehren sie uns, dass sich das Reich der
Gurjara bis hart an die Grenze von Khandesh und Mâlva er-
streckte. Denn die Provinz (viṣaya) Saṃgamakheṭaka, in
welcher die verschenkten Felder lagen, entspricht ohne Zweifel
dem heutigen Sankheḍā. Saṃgamakheṭaka bedeutet seiner
Etymologie nach ‚das Dorf an dem Zusammenflusse' (zweier
Flüsse) und bei Sankheḍā vereinigt sich die Unchh mit der Or.[2]
Sankheḍā ist noch jetzt der Hauptort des gleichnamigen, dem
Gaikowar von Baroda im Osten des mittleren Gujarat gehörigen
Pränt oder Districtes, und der angrenzende Theil der Revâ-
kāṇṭhā Agency,[3] Sankheḍā-Mevâs, ist gleichfalls danach be-
nannt. Es ist nicht zweifelhaft, dass beide Districte ursprünglich

---

[1] Epigraphia Indica. Vol. II, p. 21 f.
[2] Bombay Gazetteer, Vol. VII, p. 355.
[3] Bombay Gazetteer, Vol. VI, p. 14 ff.

zusammengehörten, und Theile einer grösseren Provinz waren, wie der *riṣaya* von Saṃgamakheṭaka gewesen sein dürfte.

Leider sind mir die Karten des Trigonometrical Survey für die betreffenden Districte nicht zugänglich, und es ist mir desshalb nicht möglich die vorgeschlagene Identification durch die Aufspürung der in den beiden Inschriften genannten Dörfer, Aṭavipāṭaka, Kukkuṭavallikā, Kṣīrasara und Suvarṇārapalli vollständig zu erhärten. Es mag indess erwähnt werden, dass eine alte Bombayer Karte von Gujarat, südöstlich von Saonkaira (Sankheḍā) ein Dorf Kookreylee d. h. Kukreli aufweist, dessen Namen eine Gujarātī Form von Kukkuṭavalli sein dürfte.

Der Beschenkte, der in Kṣīrasara wohnhafte Brahmana Sūrya, war ein Angehöriger des Geschlechtes des Bharadvāja, und ein Anhänger der Mādhyandhina-Schule des weissen Yajurveda, und aus Daśapura, dem heutigen Man-Dasor im östlichen Rajputana, ,ausgewandert'. Die letztere Notiz deutet wahrscheinlich darauf, dass es damals in Gujarat eine Daśapuriya genannte Unterabtheilung der Brahmanen gab, die sich aber jetzt nicht mehr findet.

Unter den genannten Beamten ist der Schreiber der beiden Documente, der Minister für Allianzen und Krieg Reva aus den in Khedā gefundenen Schenkungen bekannt. Neu ist dagegen der *dūta* Karkka, welcher in B. Z. 27 erwähnt wird und den Titel *bhogikapālaka*, wörtlich ,Schützer der Bhogika oder Gutsherren', erhält. Dieser Titel, dessen specielle, technische Bedeutung nicht bekannt ist, findet sich auch in Raṇagraha's Landschenkung, wo Z. 9 *dūtakotra bhogikapālaka-Dujjāna* zu lesen ist, nicht, wie Herr Dhruva thut, *bhogika-Pālakaṭujñāna*. Dujjān ist ein noch gebräuchlicher Personenname.

Umschrift von A mit den Varianten von B.

1. श्री स्वस्ति नान्दीपुरात्सञ्जातघनपटलनिर्गतरजनिकरकराव-
नोधितकुमुद्धवलयशः:-

2. मतामालज्ञनितनभोमखलेनिकसमरसंकटप्रमुखागतनिहत य द ु-
शामलकुलवभूमभा-[1]

---
[1] Die erste Zeile endigt in B. mit ख‍गि॰. — B. hat ॰सं‍क‍ुट॰. —

3. तस्मय॒द्रितच्छ्लोत्रीयमाण॒विमल॒निस्विल्व॒कृग्प्रतापो दे॑व॒द्विजा-
तिगुद्चरण॒कमलप्रणा-[1]

4. मो॒द्घृष्ट॒व॒न्नमणि॒कोटि॒द्चिरद्दीधिति॑विरा॑जितमकु॒टोन्ना॑सितमि॒-
रा: दीनानाथातुराभा-[2]

5. गता॑र्त्थिजनाक्लिष्ट॒परि॒पूरितविभवमनो॒र॒थोपचीयमा॑न॒द्विविष्ट-
पैकसहायधर्म्म॑स॑-[3]

6. चय: प्रण॒[य]परि॒कुपितमानिनी॒जनप्रणा॒मपूर्व्वमधुर॒वचनो॑पपा-
दितप्रसादप्रकाश्री-[4]

7. ऋत॒विद्ग्धनागर॒कस्वभावो विमलगुण॒किर॒णप्रज॒रा॑विप्रबहल-
कलिति[मि]द॒निचय:[5]

8. समधिगतपञ्चमहाशब्द॒श्रीद॒ह × कुश॒ली सर्व्वा॑नेव राजसामन्त-
भोगिक॒विषयपतिरा॒द्र-[6]

9. ग्राममह॑त्तरा॒धिकारिकादी॒समनुवर्ण्य बोधयत्व॒स्तु वो विदि-
तमस्माभि: सन्क्रम॒खेटक॒विष-[7]

10. ग्रामा॑न्तर्ग्गत-

A.	B.
सुवर्ण॒कार॒पल्लियामे पूर्व्वसीम्नि । त-	चीरसर॒ग्रामोपरद॒द्चिरण॒सीम्न[8]
द्विषयमानेन श्रीहरि॒पिटक॒वाप चेष	बृह-[Z. 10]॒ग्रानेन श्रीहद्ग्रप्रख॒-
[Z. 11] [य]स्लाघाटग्मानि[9] पूर्व्वत:	वाप चेष यस्र पूर्व्वतस्सन्धी ग्रक्ष्रो॒-
चीरसर॒ग्रामसीमासन्धि: उत्तरत:	[ल]बृष: उत्तरत: ग्राक॒वृष [Z. 11]
कुक्कुट॒वह्लिकायामसीमासन्धि: [Z.	वट॒वृक्ष[10] ॥ अपरत: विहिरबद्-

---

12] ब्रपरतः ब्रह्मदेयक्षेत्रं वटवृक्षो '। रिविधीं । दत्तिणतः ग्रल्वली ² ।
तज्ञाङ्का च । दत्तिणतः स्रुवर्खार- भूतबटथी-
पञ्चियामगामी पंन्वाः³ [Z. 13] च-
टवीपाटकयामसन्धिच। ए-

वमेतच्चतुराघाटनविगुद्ध क्षेत्रं सोद्रङ्गं⁴

14. सोपरिकरं सर्वादानसंग्राह्यं सर्वदित्यविष्टिप्रातिभेदिकापरि-
हीर्त्तं⁵

15. भूमिच्छिद्रन्यायेनाचाटभटप्रावेश्यमाचन्द्राक्कीर्णवचितिखिति-
समकालीन⁶

16. पुत्रपौत्रान्वयभोग्यं दाग्रपुरविनिर्गतत्रीरसरग्रामवास्तब्यभर-
द्वाजसगोत्रवाजिस-⁷

17. नयमाध्यन्दिनसब्रह्मचारित्राह्मणसूर्य्याय बलिचरुवैश्वदेवाग्नि-
होत्रपञ्चमहायज्ञादिक्रि-⁸

18. यात्सर्पणार्थं मातापित्रोरात्मनश्च पुत्रयश्रोभिवृद्धये च वैश्रा-
खद्वपखद्भामुद्कातिसर्गेणा-⁹

19. तिसृष्ट यतोबद्धैरन्वैर्वागामिभोगपतिभिः प्रबलपवनपरितो-
दधिजलतरंगचञ्च-¹⁰

---

¹ Lies वटवृक्षः. —

² Lies °वृक्षं. — Für ग्रल्वली. —

³ Lies पन्वाः.

⁴ Zeile 11 endigt in B. mit °द्रतु°. —

⁵ Lies सर्व्वा° mit B. — Zeile 12 endigt in B. mit °विष्टिप्रा°. — B. liest
°विगुग्धं समीवरं सोद्रङ्कसं°. —

⁶ Mit Zeile 15 beginnt Tafel II in A. Zeile 13 endigt in B. mit खितिस°.
— Lies mit B. °कालीनं. —

⁷ B. lässt °ग्राम° aus und liest °निवासित°. — Zeile 14 endigt in B. mit
भरद्वाज°. — Lies दग्रपुर° mit B. —

⁸ Lies mit B. वाजसनेय°. B. hat °बलीचरु° — In B. beginnt Tafel II
mit सगोत्र° und endigt Zeile 15 mit °वैश्वदे°. —

⁹ Lies mit B. °योत्सर्पणार्थं. — B. hat °ह्योबृहवनपश्र°. — Zeile 16 endigt in B. mit °वृह्ये. — B om. °च und hat वैश्राखपर्ण्णमास्याम्, sowie
fälschlich यतो खाब्रह्र°. —

¹⁰ Zeile 17 endigt in B. mit °भोगपति. — Lies mit B. °प्रेरितो° und
°तरंगचञ्चलं जीवलोक°. —

20. श्रीवत्साबमभावानुगतानसारान्विभवान्दीर्घकालखेयसव गु-
णाणाकस्य सामान्यभोगभूम्-[1]

21. दानफलेप्सुभिः श्रष्ठिकरदचिरं यग्राद्धिराय चिरीषुभिरंयम-
सहायोनुमन्तव्यः पालयितव्यश्[2] ।॥

22. यो वाग्रानतिमिरपटलावृतमतिराच्छिन्द्याच्छिद्यमानं व
वानुमोदेत स पञ्चभिर्म्महापातंकः संयुक्तः[3]

23. स्यादित्युक्तश्च भगवता वेदव्यासेन व्यासेन । षष्टिं वर्षसहस्रा-
णि स्वर्गे तिष्ठति भूमिदः आच्छेत्ता चानुम-[4]

24. न्ता च तावेव नरके वसेत् । वन्ध्याटवीष्वतोयासु शुष्ककोट-
रवासिनः कृष्णाहयो हि जायन्ते भूमिदायं हर-[5]

25. न्ति ये । बहुभिर्व्वसुधा भुक्ता राजभिः सगरादिभिः यस्य यस्य
यदा भूमिस्तस्य तस्य तदा फलं । यानीह ताद्-[6]

26. नि पुरा नरेन्द्रैर्द्दानानि धर्म्मार्थयश्करराणि निर्ब्भुक्तमाल्य-
प्रतिमानि तानि को नाम साधुः पुनराद्दीत । स्व-[7]

27. न्ति परदत्तां वा यत्नाद्रक्ष युधिष्ठिर । महीं महिमतां श्रेष्ठ
दानाच्छ्रेयोनुपालनमिति[8]

A.   B.

A.	B.
संवत्सरग्रतचये [Z. 28] द्वि[न]वल्धिके वैग्राखशुद्धपञ्चदश्यां स्वमुखा-ज्ञया लिखितमिदं सन्धिविग्रहक-रणाधिक्रतरेवेण [Z. 29] सं ३००	संवत्सरग्रतचये द्विनवलधि- [Z. 27] के वैग्राखपौर्ष्षमास्यां भोगिक-पालककर्कदूतकं लिखितं सान्धि-विग्रहकरेवेण स्वमुखाज्ञा[ये]ति [Z.

---

[1] Zeile 18 endigt in B. mit विभवी॰ (sic). —

[2] Zeile 19 endigt in B. mit दचिरं. —

[3] Zeile 20 endigt in B. mit पटला॰. — Lies mit B. ॰पातकि॰. — Lies संयुक्तः; B. hat ॰सयुक्तस्खा॰. —

[4] Zeile 21 endigt in B. mit त्युक्तं॰. — B. hat व्यासेन । षष्टिव॰. —

[5] Lies mit B. तान्बेव. — Zeile 22 endigt in B. mit आच्छेता; — B. hat वानुमन्ता व; — B. lässt den Vers व[वि]न्ध्याटवीष्विद्यादि aus. —

[6] B. hat राजभिस॰; Zeile 23 endigt in B. mit यस्य यस्य; — lies mit B. यानीह दत्तानि. —

[7] Zeile 24 endigt in B. mit ॰यग्रकरराणि; — B. hat निर्भुज्ञ॰; — lies mit B. स्वदत्तां; — B. hat परिदत्तां. —

[8] Zeile 25 endigt mit यत्नाद्र॰; — lies महीमतां; — B. hat ॰नम इति. —

९० २ वैशाख गु १० ५ दिनकरच-   २८] सं ३०० ९० २ वैशाख गु १० ५
रज्ञार्चनरतस्य श्रीवीतरागसूनो:   दिनकरचरज्ञार्चनरतस्य श्रीवीत-
सहक्षोयं श्रीप्रयान्तरागस्य [।*]   रागसूनो: सहक्षोयं श्रीप्रया- [Z.
                                 २९] न्तरागस्य ।

Uebersetzung von A.

Om, Heil! Aus Nāndīpura,[1] — Der erlauchte Dadda,
welcher das Himmelsgewölbe mit den Ranken seines Ruhmes
verhüllt, der weiss erglänzt wie eine von den Strahlen des
aus einer wasserschwangeren Wolkenmasse hervorgetretenen
Mondes erweckte Wasserlilie;[1]— dessen blanken Schwertes
Macht gleichsam[2] laut besungen wird durch das in der Morgenfrühe ertönende Klagegeschrei der edlen Weiber zahlreicher
feindlicher Vasallenfürsten, die in vielen gefährlichen Kämpfen
(ihm) entgegen traten und (von ihm) erschlagen wurden; —
dessen Haupt umstrahlt wird von einem Diademe, das mit
den hellen Strahlen von zehn Millionen Demanten funkelt, die
durch seine Verbeugungen vor den Lotus-Füssen der Götter,
der Brahmanen und (anderer) Ehrwürdiger polirt sind; — der
einen Schatz von Verdienst, dem einzigen Mittel zur (Erlangung
des) Himmels, stets mehrt, indem er die Wünsche der Unglück-
lichen, der Schutzlosen, der Kranken, der Fremdlinge und der
Bittsteller nach Hab und Gut ohne Beschwerde[3] befriedigt; —
der seine kluge, höfische Sinnesart offenbart durch die zuerst
mit Fussfall, dann mit süssen Worten erwirkte Besänftigung aus
Liebe erzürnter schmollender Frauen; — der die dichte Finsterniss des eisernen Weltalters in den Käfig seiner fleckenlosen
Tugenden stiess; — der die fünf *mahāśabda*[4] erworben hat; —

---

[1] Der Ablativ gehört zu dem Verbum **बोधयति** ‚richtet (folgenden) Befehl‘ an . . . .

[2] Ich gebe **छ्व** frei durch ‚gleichsam‘ wieder. Der Vergleich gründet
sich auf den indischen Brauch, nach dem die Barden täglich in der
Morgenfrühe einen Lobgesang auf ihren Herrn anstimmen.

[3] **°जनाक्षिप्तपरिपूरित°** ist, wie mir jetzt scheint, die richtige Lesart,
und **वक्षिष्ट** adverbiell als Vertreter von **वक्षिष्टं** d. h. **वक्षेप्येन** zu
fassen.

[4] D. h. entweder ‚(das Recht) die fünf grossen Musikinstrumente (spielen
zu lassen)‘, oder ‚fünf grosse Titel‘, vgl. Indian Antiquary, Vol. V. p. 106
Note und Vol. XII, p. 95 f.

richtet, im Besitze voller Gesundheit, (folgenden) Befehl nach
vorausgehender Ehrung[1] an alle Könige, Vasallen, Gutsherren,
Statthalter der Provinzen, Bezirkshauptleute, Dorfoberste,
Beamten und so weiter: ,Es sei euch kund, dass ich, behufs
Mehrung meines und meiner Eltern Ruhmes und Verdienstes
(im Himmel), dem aus Daśapura[2] ausgewanderten und in
dem Dorfe Kṣīrasara wohnhaften Brahmanen Sūryn, einem
Angehörigen des Bharadvāja-Geschlechtes und Anhänger der
Vājasaneyi-Mādhyandina Schule, zur Bestreitung der Kosten
der fünf grossen Opfer — des Streuopfers, des Reisbreiopfers,
des Allgötteropfers, des Agnihotra [und der Brandopfer][3] —
sowie anderer heiliger Handlungen ein Feld, das eine Aussaat
von einem piṭaka[4] Reis, nach dem Provinzialmausse,[5] erfordert
(und das) in der östlichen Mark des zu der Provinz Saṃgamakheṭaka gehörigen Dorfes Suvarṇārapalli (liegt), — dessen
Grenzen durch die folgenden vier Male genau bestimmt sind,
im Osten durch die Grenze der Mark des Dorfes Kṣīrasara,
im Norden durch die Grenze der Mark des Dorfes Kukkuṭavallikā, im Westen durch ein einem Brahmanen geschenktes
Feld, einen Banianen-Baum und einen Teich, im Süden durch
den nach dem Dorfe Suvarṇārapalli führenden Weg —
sammt dem udranga, sammt dem Zinse der auswärtigen
Ackerbauer, sammt allen Abgaben und Auflagen, befreit vom
ditya, Frohnarbeit und prātibhedikā, befreit von der Betretung
durch irreguläre und reguläre Truppen, (in Uebereinstimmung)

---

[1] Wegen der Uebersetzung von samanuvaryya durch ,nach vorausgehender
Ehrung' vgl. B. W., unter varṇay + anu.

[2] Jetzt Man-Dasor im östlichen Rajputana vgl. Fleet, Corp. Inscr. Indic.,
Vol. III, p. 79, Note 2. Die Angabe ist gemacht um anzudeuten, dass
Sūrya der Kaste oder Corporation der Daśapurīya Brahmanen angehörte.

[3] Das eingeklammerte Wort findet sich nur in B. Richtiger Weise sollte
ātithya ,die Bewirthung von Gästen' nach agnihotra folgen.

[4] Piṭaka bedeutet gewöhnlich ,Korb', muss hier aber, wie śūrpa ,Korb,
Schwinge' ein bestimmtes Getreidemaass bezeichnen. Im Marāṭhī wird
piṭakeṃ nach Molesworth zur Bezeichnung einer Quantität von $\frac{1}{8}$ Ser,
etwa ein $\frac{1}{4}$ Pfund, verwendet. Dies ist indess hier zu wenig.

[5] In Indien hatte fast jede grössere Stadt und jede Provinz ihre besonderen Maasse. So kommt in den Inschriften aus Gujarat noch das Kheṭa-
kamāna ,das Maass der Stadt Kheṭaka' (Kheḍā) vor; vgl. Indian Antiquary Vol. XV, p. 336.

mit dem auf uncultivirtes Land bezügliche Grundsatze, (mit
der Bedingung, dass die Schenkung gilt) so lange Mond, Sonne,
Ocean und Erde bestehen, mit Gewährung des Successions-
rechtes der Söhne, Enkel und (entfernterer) Descendenten (des
Empfängers), heute am fünfzehnten Tage der lichten Hälfte des
Monats[1] Vaiśākha durch eine Wasserspende geschenkt habe.

Desshalb muss von zukünftigen Herren der Provinz, seien
sie unseres oder fremden Geschlechtes, die den (himmlischen)
Lohn für Landschenkungen, dessen Genuss (allen Königen)
gemeinsam ist, zu erlangen, und auf lange Zeit einen Ruhm,
glänzend wie die Strahlen des Mondes, zu erwerben wünschen,
diese unsere Schenkung gutgeheissen und geschützt werden,
indem sie bedenken, dass das Leben unbeständig ist wie eine
Welle des sturmgepeitschten Oceans, dass Sinnesgenüsse ver-
gänglich und werthlos sind, dass aber Tugend sehr langen
Bestand hat.

Wer aber, den Sinn von der Finsterniss der Unwissenheit umhüllt, (diese Schenkung) wegnimmt oder erlaubt, dass
sie weggenommen wird, der soll mit den fünf Todsünden be-
haftet sein. Und es ist von Vyāsa, dem Diaskeuasten der
Veden, gesagt:

,Wer Land schenkt, bleibt sechzigtausend Jahre im
Himmel; wer (Land) raubt oder den Raub gutheisst, der soll
ebenso viele (Jahre) in der Hölle weilen.'

,Die, welche eine Landschenkung wegnehmen, werden in
den wasserlosen Einöden des Vindhya als schwarze Schlangen
geboren, die in trockenen Höhlen wohnen.'

,Viele Könige, Sagara und andere, haben die Erde besessen; wem immer die Erde gehört, dem gehört der Lohn
(der früher gemachten Landschenkungen).'

,Welcher Fromme wollte die Landschenkungen wieder
für sich nehmen, die frühere Fürsten gemacht haben um Verdienst, Glück und Ruhm zu erlangen, und die gebrauchten
Kränzen gleichen?'

,Wache sorgfältig, o Yudhishṭhira, über (jede) Land
(-schenkung), sei sie von dir selbst oder von Anderen gemacht;
bester der Landbesitzer, Bewachen ist besser als Geben.'

---

[1] D. h. am Vollmondstage, wie die Variante in B. ausdrücklich angibt.

Dieses ist im Jahre dreihundert zweiundneunzig am fünfzehnten (lunaren Tage der) lichten (Hälfte des Monats) Vaiśākha, (in Ziffern) Jahr 392 Vaiśākha lichte (Hälfte, Tag) 15,
nach dem eigenen mündlichen Befehle (des Fürsten) von Reva
geschrieben, der dem Ministerium für Allianzen und Krieg
vorsteht.

Dies ist die Hand(-schrift) des erlauchten Praśāntarāga,
des Sohnes des erlauchten Vītarāga, der sich an der Verehrung der Füsse des Sonnen(gottes) erfreut.

Uebersetzung von B. Z. 8—11.

.... Der erlauchte Dadda .... richtet, im vollen
Besitze seiner Gesundheit, (folgenden) Befehl an ....
‚Es sei euch kund, dass ich ..... dem Brahmanen Sūrya
.... in der südwestlichen Mark des zu der Provinz
Saṃgamakheṭaka gehörigen Dorfes Kṣīrasara ein Feld,
das zur Aussaat zehn *prastha* Reis nach dem grossen Maasse[1]
erfordert, und dessen Grenzen durch folgende vier Male genau
bestimmt sind, an der Ostgrenze durch einen Aṅkolla-Baum,
im Norden durch einen Śāka-Baum und einen Banianen-Baum,
im Westen durch einen Vihira- und einen Badari-Baum, im
Süden durch eine Śalbali (Śalmali, Baumwollenbaum) und durch
einen (von) Gespenstern (bewohnten) Banianen-Baum .....
durch eine Wasserspende geschenkt habe.

---

[1] Das ‚grosse Maass‘ wird das sein, welches jetzt in Indien *pakka* genannt
wird und bei den meisten Gewichten u. s. w. neben dem *kacca* oder
kleinem vorkommt. So ist ein *pakka* Maṇ ungefähr 40 Pfund, ein *kacca*
Maṇ dagegen nur 20.

IX.

Die Homilie des heiligen Ephräm von Syrien über das Pilgerleben.

Nach den Handschriften von Rom und Paris herausgegeben und übersetzt

von

Dr. August Haffner.

Einleitung.

In der grossen römischen Ausgabe der Werke des heiligen Ephräm von Syrien findet sich im VI. Bande (= III. der syrisch-lateinischen Edition) unter der Kapitelüberschrift: Sermones de diversis als sermo XVI. eine Homilie des Heiligen de peregrinatione (p. 650 sq.), gleich den anderen in diesem Kapitel mitgetheilten im siebensilbigen Metrum. Eigenthümlicherweise aber zählt, entgegen der sonstigen Bildung von Strophen zu je vier Versen diese Dichtung hier 79 Verse. Da über diesen Gegenstand noch andere Handschriften vorhanden sind, die zweifellos dem Verfasser der römischen Ausgabe nicht zur Verfügung gestanden, und ich in anderweitigen Ausgaben von Werken des heiligen Ephräm nichts über diese Homilie und ihre eventuelle Verstümmelung vorfand, wollte ich dieser auffallenden Erscheinung nachgehen und wandte mich deshalb nach Rom und Paris, um von den dortigen Handschriften über diese Abhandlung des grossen syrischen Heiligen Abschriften zu bekommen. Durch Vermittelung eines derzeit in Rom weilenden Freundes, des akademischen Malers Herrn Philipp Schumacher, und das freundliche Entgegenkommen des Herrn Secretärs der Propaganda, Monsignore Miwschinsky, erhielt ich von dort die Abschrift des gewünschten Manuscriptes (Assemanus, Bibliotheca orientalis Clementino-Vaticana p. 149 Nr. 27) von der

Hand des hochw. Herrn Joseph Habra, Procurators des syrischen Patriarchates in Antiochia, und durch Vermittelung der Herren Professoren Dr. A. Barbier de Meynard und Dr. R. Duval vom Herrn Abbé Chabot, einem Schüler des letztgenannten Herrn, die Collationen, bezw. Abschriften der Pariser Handschriften (H. Zotenberg, Catalogue des manuscrits syriaques [mandaïtes] et sabéens de la bibliothèque nationale Nr. 197 und Nr. 270); ausserdem noch später die Collation einiger Stellen des karschunischen Textes durch Herrn Prof. Dr. R. Duval. Es ist mir eine angenehme Pflicht, allen genannten Herren, welche mir mit so grosser Liebenswürdigkeit und seltenem Zuvorkommen zur Erlangung der Abschriften behilflich waren, auch an dieser Stelle meinen tiefgefühlten Dank zum Ausdrucke zu bringen.

Aus den Abschriften ergab sich nun folgende Merkwürdigkeit: wie die Handschrift der Propaganda in Rom, so besitzt auch der Pariser Codex Nr. 197 nur die ersten 79 Verse der Homilie, während die Pariser Handschrift Nr. 270 im Ganzen 160 Verse enthält neben der vollständigen karschunischen Parallele; es sind also, wenn nicht die römische Handschrift und die Pariser Nr. 197 in einer directen Abhängigkeit stehen, beide nach einer Vorlage angefertigt, die mit dem 79. Verse auf einem Blatte endigte, und deren Fortsetzung ihrem Schreiber entgangen oder von ihm verloren war.

Bemerkenswerth ist, wie hiebei in der römischen Handschrift und nach ihr in der Ausgabe von Assemanus die Strophenabtheilung erfolgte: erstere punktiert die Strophenabtheilung regelmässig nach je vier Versen bis Vers 52, dann theilt sie, ohne Rücksicht auf den Inhalt nach Vers 59 ab, und von da regelmässig nach je vier Versen bis Vers 79; Assemanus dagegen regelmässig bis Vers 40, dann nach Vers 42 und Vers 48, und von da an wieder gleichmässig nach je vier Versen bis zum Schlusse, so dass die letzte Strophe nur drei Verse enthält.

Ich habe die regelmässige und gewöhnliche Abtheilung in Strophen zu je vier Versen beibehalten; hiebei wurden die Verse 56 und 57, sowie 63 und 64, wie sie sich in der grossen römischen Ausgabe gemäss den Handschriften finden, ausgelassen, und so die ursprünglichen Strophen 14—16 in zwei vierzeilige Strophen zusammengezogen, da mit dem 59. und 65. Verse gewiss jedesmal eine neue Strophe beginnen muss, und mir zur Annahme zweier sechszeiliger Strophen nicht genug Anlass vorzuliegen scheint, nachdem die ausgelassenen Verse sicher nur spätere Zusätze und Weiterführung der betreffenden Gedanken sind, die einen anderen Autor als den heiligen Ephräm haben; dementsprechend enthält also der gegebene Text nur 156 statt der vorgefundenen 160 Verse. — Von diesen werden noch die vier im Texte durch eckige Klammern bezeichneten Verse, Strophe 18 Vers 1 und 2 als ursprünglicher Zusatz am Rande, und Strophe 20 Vers 1 und 2 als erklärende Glosse, zu tilgen sein; vgl. die Anm. zu Str. 18.

Der karschunische Text schliesst sich im Ganzen sehr eng an die syrische Vorlage an, ist jedoch an manchen Stellen weitläufiger, selten kürzer gefasst und auch hie und da freier gegeben. Ueber das Sprachliche findet sich das Nähere in den Anmerkungen.

Die Homilie ist auf folgendem Gedankengange aufgebaut: Das Pilgerleben ist ein sehr beschwerliches, voller Mühsale, Demüthigungen und Verdächtigungen; gleichwohl ertrage der Pilger diese mit Freuden, denn sein Lohn ist schon hienieden die Liebe der Gottergebenen und Auserwählten, und in der Nachfolge Christi wird er selbst vollkommen. Unbeirrt durch Versuchungen und durch geringere Vergehen nur zu neuem Kampfe gegen die Nachstellungen des Teufels angeeifert, richte er sein Augenmerk vor Allem auf die Bewahrung der Keuschheit, denn deren Verletzung wäre sein Untergang und seine Verzweiflung. Er sei daher nicht stolz auf die Ueberwindung kleinerer Versuchungen, sondern betrauere seine Unvollkommenheiten und Irrungen, denn nur ein zerknirschtes Herz giebt Sicherheit vor sündhafter Regung. In diesem schweren Kampfe, in dem die Befreiung von fleischlicher Lust allein den endlichen Sieg gewährt, sei er standhaft und tapfer, demüthig und nicht kleinmüthig, und vertraue auf Gott und dessen Barmherzigkeit.

Poetischer Sinn und Lebhaftigkeit der Darstellung zeichnen auch diese Dichtung des heiligen Ephräm in hohem Grade aus, wobei die Sprache, wie ja auch in anderen Liedern der ‚Harfe des heil. Geistes‘ sich oft an ‚Bilder, Aussprüche und Vor-

stellungen der Bibel' anlehnt. (Vgl. Baumgartner, Die Dichtungen des heil. Ephräm des Syrers' in: Stimmen aus Maria
Laach, 1896. Heft 2.

Indem ich diese bislang nur unvollständig bekannte Homilie des grossen syrischen Heiligen der Oeffentlichkeit über-
gebe, erfülle ich gerne die Pflicht, meinem hochverehrten
Lehrer, Herrn Professor Dr. G. Bickell, der die Ausgabe zu
überprüfen so gütig war, und mit manchem nützlichen Winke
und Rathe meine Arbeit förderte, auch hier meinen besten
Dank auszusprechen.

Syrischer Text.

[Syriac text follows, arranged in two columns with numbered strophes 1–8.]

35 ܰ ... ‏   • ... ‏

38 ... ‏

36 ... ‏

39 ... ‏

37 ... ‏

ܡܟܝܠ: ‏

Karschunischer Text.

1 ...

2 ...

3 ...

4 ...

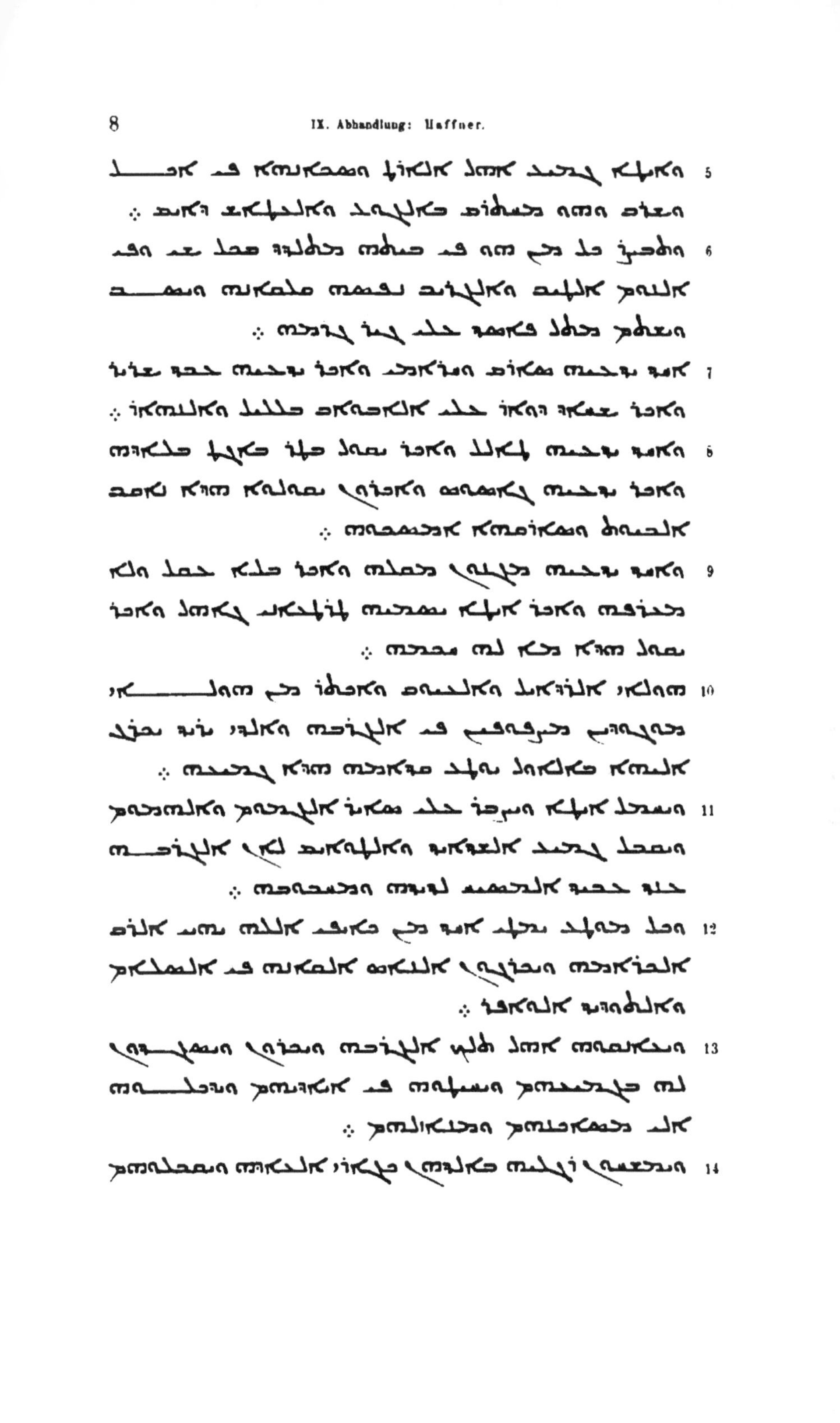

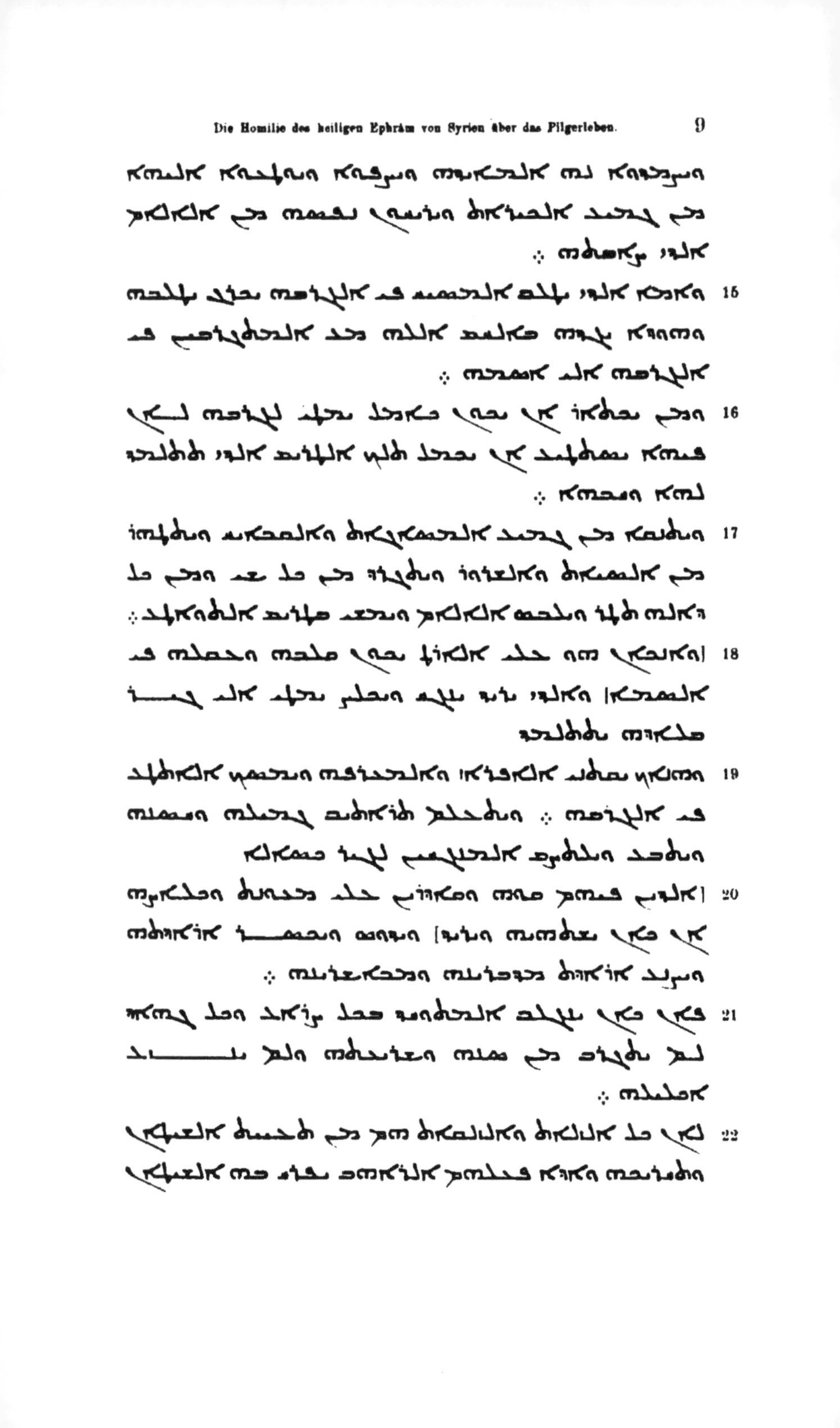

- 24

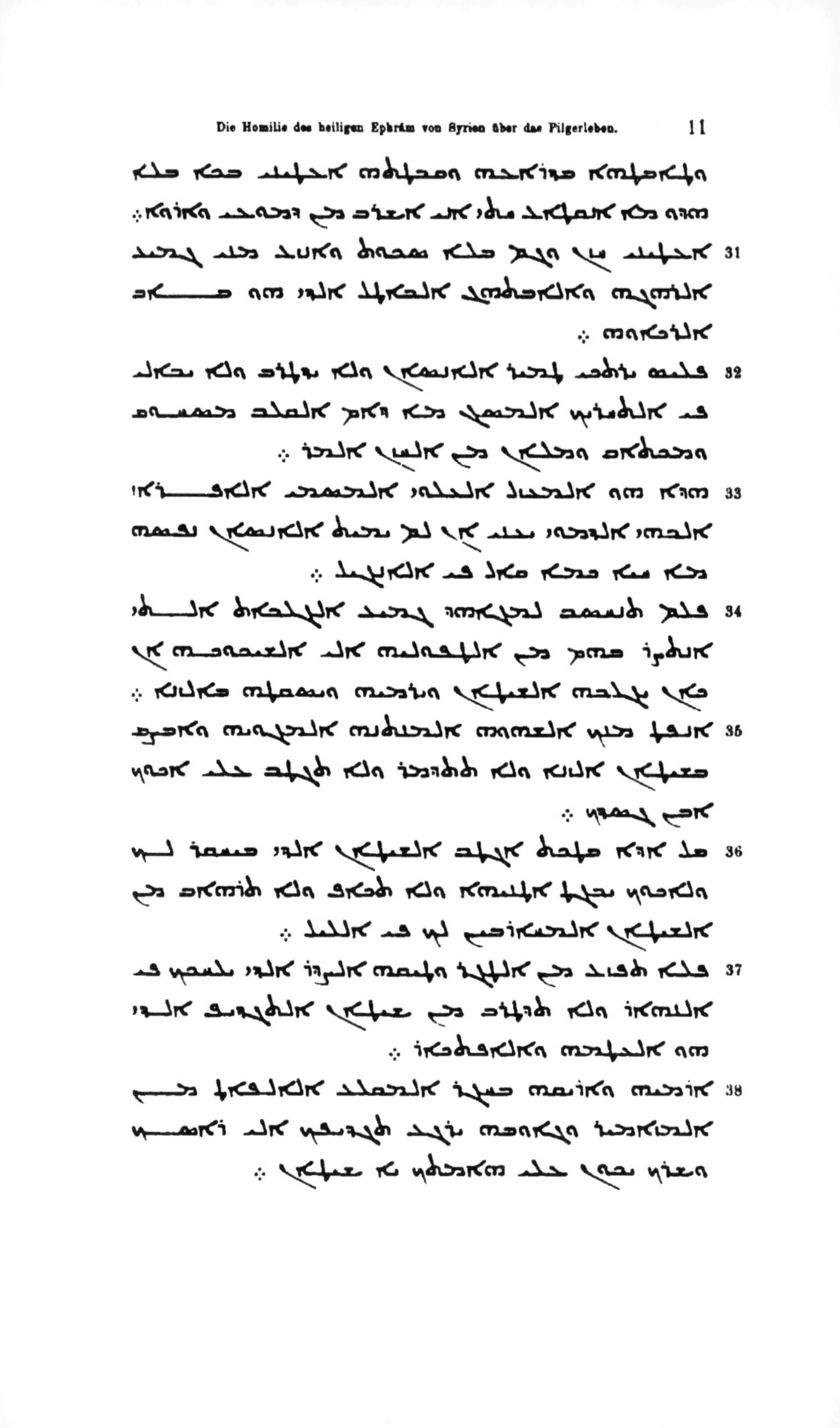

[Syriac text, four lines] 39

Uebersetzung.

Homilie des heiligen Ephräm über das Pilgerleben.

1. Das Pilgerleben ist sehr beschwerlich,
   Ein Weg voll Mühen für den Unerfahrenen,
   Und für alle Thörichten eine Plage,
   Sowie für die Einfältigen eine Beschwerlichkeit.

2. Und für die Weisen ein Kampf,
   Und für die Armen eine Pein,
   Wie für die Angesehenen hinwieder eine Herabsetzung,
   Und für die Reichen eine Demüthigung.

3. Wer also auf die Pilgerfahrt sich begeben will,
   Der sage sich los und verzichte auf seine Ehrung,
   Und nur den Schimpf erwähle er sich,
   Denn so erfordert es die Gebühr.

4. Sein Bett wird die Erde sein,
   Und einen Stein legt er unter als sein Kissen,
   Und am kalten und frostigen Tage
   Muss er im ganzen Lande herum anklopfen.

5. Und während an reichlicher Nahrung voll die Erde,
   Bleibt ihm selbst doch nur Hunger beständig,
   Und während das Wasser sonst in Ueberfluss vorhanden ist,
   Brennt ihn selbst der Durst.

6. Und während jeder Andere in seinem Hause sich's be-
   haglich macht,
   Ist seine Seele gequält,
   Und er verachtet wie ein Schädling,
   Und schuldlos geschmäht.

7. Der Eine nennt ihn Dieb,
   Und der Andere schlechten Sklaven,
   Der Eine nennt ihn Bettler,
   Und der Andere Vagabund.

8. Der Eine nennt ihn Verführer,
   Und der Andere Feind seines Landes,
   Der Eine nennt ihn Spion,
   Und der Andere Einbrecher in Häuser.
9. Der Eine nennt ihn vom Teufel besessen,
   Und der Andere kenntnisslos.
   Und der Eine wiederum nennt ihn Thor,
   Und der Andere unverständig.
10. Solche und solcherlei Beschimpfungen
    Sind aufgestellt für das ganze Pilgerleben,
    Und wer daher wünscht sich diesem hinzugeben,
    Der ertrage zuerst Unannehmlichkeiten.
11. Lasst uns erdulden diese Leiden,
    Und ertragen alle Beschwerden,
    Ihr Diener Christi, meine Brüder,
    Denen das Pilgerleben lieb ist!
12. Wohin immer aber er sich wendet,
    Jeder Einzelne von den Gottergebenen,
    Vor ihm her geht seine Ehre,
    Und seine Brüder kommen, ihn zu begrüssen.
13. Und sie umarmen ihn in der Pilgerschaft,
    Und fallen in Ehrfurcht vor ihm nieder, sie alle,
    Und tragen ihn in ihren Armen
    Und führen ihn in ihre Behausungen.
14. Und sie salben und küssen seine Füsse,
    Und bereiten vor ihm den Tisch,
    Und setzen auf diesen allerlei Gutes,
    Und erquicken damit wiederum seine Seele.
15. Wer Christus sucht,
    Der gehe auf die Pilgerfahrt, ihn suchen.
    Und, siehe, er wird ihn in Wahrheit finden,
    Gott, im Pilgerleben.
16. Wer die Vollkommenheit anstrebt,
    Der erwähle sich das Pilgerleben:
    In diesem kann er vollenden
    Jenen Weg, in dem er unterwiesen worden.
17. Und er wird gereinigt von den Vergehen,
    Und geläutert von den schlechten Eigenschaften,
    Und er entäussert sich von Allem

Und nimmt Erduldung und Demüthigung auf sich.
18. [Und wenn er auch noch auf Erden weilt,
    So ist doch sein Herz im Himmel.]
    Wer also vollkommen zu sein wünscht,
    Der gehe aus seinem Orte und lasse sich belehren;
19. Dort erwirbt er sich Weisheit,
    Und wird demüthig in der Fremde.
    Und lernt gute Sitten,
    Und schliesst sich an die der Vollkommenen,
20. [An jene, welche die Macht haben,
    Wenn er wünscht, dass sie ihm helfen,]
    Und er tritt nieder seinen Willen,
    Und thut den Willen seiner Rathgeber.
21. So oft auch unterliegt in allen Kämpfen,
    Der Einsame im Streite,
    Nicht entfremdet er sich seiner Krone
    Wegen des Gesetzes seines Wandels.
22. Denn alles Straucheln und alle Schläge
    Reizen ihn nur wieder zum Kampfe;
    Wenn er aber an ein Weib sich wegwirft,
    So ist er fertig mit dem Streite.
23. In dem Falle hat ihn der Satan erniedrigt,
    Und er hat die Krone von seinem Haupte genommen,
    Er hat ihn gefesselt unter seine Füsse gelegt,
    Und ist tretend auf seinen Nacken gestiegen.
24. Dann schweigt seine Zunge,
    Dann hat er ihn beraubt seiner Waffen;
    Dann hat ein Ende für ihn
    Sein ganzer Kampf mit dem Widersacher.
25. O unsägliches Unglück!
    O Stunde der Verzweiflung!
    O schmerzvolle That!
    O herzbrechender Anblick!
26. Ausgehalten hat er die Fülle der Leiden
    Und das Pilgerleben und die Armuth,
    Und Weinen und Hunger und Abtötung:
    Und entäussert sich seiner verdienstlichen Werke!
27. Es ist voll Trauer für die Verständigen,
    Und ganz eine Sache des Weinens:

Der ganz heilig war,
Ist dem Leibe eines Weibes genaht!

28. Wehe mir, mein Inneres ist erregt,
Verdunkelt sind meine Augen vor Schauder:
Vielleicht werde ich ein solcher sein
Nach einer langen Reihe von Jahren!

29. Wohin soll ich gehen mich verbergen?
Wo soll ich meine Zuflucht suchen?
Ich rufe den Tod an, aber er antwortet nicht,
Wehe mir, lange dauert mein Weilen![1]

30. O Kraft, die Alles hält,
Und Arm, der die Welt trägt,
Gieb mir Weinen ohne Aufhören,
Damit ich trinke meine Thränen becherweise!

31. Gieb mir, dass ich mich wasche in meinen Thränen,
Gieb mir Traurigkeit ohne Ende,
Und nimm von mir alle Fröhlichkeit,
Die Thür zu aller Lässigkeit!

32. Nicht wird lässig der Sinn,
Und nicht regt sich eine sündhafte Regung
In einem zerknirschten und betrübten Herzen,
Das traurig und voll Klagen.

33. Dies ist jener Kampf,
Welcher bezeichnet wird mit dem ausgezeichneten Namen:
‚Kampf bis aufs Blut‘[2] nennt man ihn,
Denn mit dem Blute der Seele wird der Sieg darin erfochten.

34. Für nichts erachte ich all die Siege
Von der Jugend bis zum Alter
Und jeglichen Triumph des Pilgers,
Wenn er unterliegt in diesem Kampfe.

35. Schüttle von dir die schmutzige Begierde,
Und speie ihn an, den Dämon der Unreinheit,
Und nicht erzürne dich über deinen Bruder,
Und ereifere dich nicht über deinen Mitmenschen.

36. Verschliesse dich gegen den Teufel,
Der dich hasst und deinen Bruder mit dir;
Fürchte dich nicht vor den Schrecknissen

---

[1] Ps. 119, 5.   [2] Hebr. XII, 4.

Der Dämonen, Ausgeburten der Nächte.
37. Aengstige dich nicht wegen der Verdrossenheit,
    Die tagsüber bei dir ist,
    Und zittre nicht vor dem bösen Geiste,
    Dem frechen und lästernden.
38. Wirf auf ihn einen Stein aus der Schleuder:
    Worte aus den Psalmen,
    Es kehre zurück deine Lästerung auf dein Haupt,
    Du Teufel und lästernder Dämon!
39. Und unser Herr, Jesus, sei gelobt,
    Und ich, sein Diener, will mich seiner freuen,
    Und will von ihm Verzeihung erbitten,
    Wie auch Vergebung der Sünden.

Amen.

Anmerkungen.

Das Karschunische ist naturgemäss in einem späten syrischen Dialecte des Arabischen geschrieben und weist dementsprechend jüngere Formen in Declination und Conjugation,
wie auch Abweichungen in der Syntax auf; vgl. hiezu Wahrmund, Handbuch der neuarabischen Sprache, und Wetzstein,
Sprachliches aus den Zeltlagern der syrischen Wüste, ZDMG.
XXII.; einiges Bemerkenswerthe siehe an den betreffenden
Stellen.

Cod. Par. 270 hat vor dem Titel noch ܟܘܬ und dementsprechend im Karschunischen ܐܠܟܬ.
Kar. Mscr. ܟܣ ܩܡܠ;
Mscr. abgekürzt: ܐܠܩܬܐ.
1. Syr. Cod. Par. 197: اف. ܚܡܣܝ ا.
   Kar. Mscr. wie auch später öfter, wahrscheinlich unter Einfluss der syrischen Vorlage, ܠܟ statt ܐܠܟ.
   ܟܐܠܠܝܨ ܘܐܠܠܝܟܘܡ ohne Hinweis im Cod. am Rande.
2. Kar. ܠܩܡܐܟ mit ܐ am Schlusse, um das voraufgehende
   Wort als Substantivum zu kennzeichnen.
   Mscr. ܐܠܟܡܣܐܘܣ und ܐܠܟܚܘܣ.
   Zur Transposition كرب statt كمر vgl. Wetzstein, l. c. 117
   (bis) 164.

Beachtenswerth ist der Plural أَفْنِين, dem ein Singular أَفْنَى entsprechen würde (أَفْعَل).

3. Syr. Cod. Par. 270 ܠܚܡ݁ܝ an Stelle von ܗ݁ܘܩܡܐ.

Kar. Zu ܕ݁ܚܠܝ݂ܢ am Schlusse ܪ statt zu erwartendem ܙ. الكرامة الواجب ohne Femininendung des Adjectivs, welches vollständig indeclinabel gebraucht erscheint.

4. Syr. Cod. Rom. ܩܡܠܐ.
Cod. Par. 270 ܐܚܠܡܐ.

Assemanus setzt hier, entgegen den Handschriften: ܥܡܐ ܠܚܕ݂ܐ, wie es auch dem Gebrauche von ܠܚܡ (vgl. Payne Smith, Thes. syr. s. v.) entsprechen würde, doch erscheint mir diese Correctur nicht unbedingt nothwendig, da das selbstverständliche Object zu ܠܚܡ hier wohl auch fehlen kann.

Kar. Mscr. ܡܣܟܝܢܗ für ܠܚܕ݂ܐ.

5. Syr. Cod. Rom. ܡܛܠܐ.

Kar. Auffallend ist die Weiterführung des Satzes mit ܘ, wie ebenso in Str. 6.

Mscr. ܘܐܠܥܛܐܫ für والعطاش.

6. Kar. Mscr. ܩܡܐ ܐܠܩܡ ܩܡܡܩܠ.
Mscr. ܠܚܝ ܚܠܠ statt ܚܠܠ v. s.

8. Kar. Zur Form: ضَالِل statt ضَالّ vgl. Wahrmund, l. c. p. 83.
Mscr. ܠܩܩܝ.

جاسوس vgl. Fraenkel, Die aramäischen Fremdwörter im Arabischen, p. 243.

Mscr. ܡܩܠܣܟܘܢܐܪ für أَنْسُكُوه.

9. Syr. Cod. Par. 197. ܡܠ ܩ݁ܢܐ.

Kar. Das ܕܚܩܠܐ hinter مجنون ist ein mir unerklärliches Wort, vielleicht zu lesen: ܡܠܟܚܕ = بِمَثْلِه (?).

ܠܐܪܟܚܠܐܠ wäre eine mögliche Adjectivbildung von طرب; vielleicht aber standen an dieser Stelle drei Adjective (wie z. B. in der ersten Strophe drei Substantive für ܩܡܡ) die dann طرب, ضَغْضَاع und جامِل lauteten, und von denen die beiden ersten durch die gleiche Schreibung von ض und ܒ im Karschunischen (ܠ) in einander geflossen sind.

10. Kar. يريد hier, wie auch später (Str. 18) ohne folgende Conjunction, gegenüber Strophe 3, wo der abhängige Satz durch أن verknüpft ist.

11. Syr. Cod. Par. 270. ܚܠܝܡܬ.
Cod. Rom. und Cod. Par. 270 abgekürzt: ܚܠ݁ܡ݁ܐ.
Kar. Mscr. ܩܝܡܝܬܐ.
Mscr. ܠܝܝܬܡܐ.

12. Syr. Cod. Rom. abgekürzt: ܡܪܬܐ.
Cod. Par. 270 abgekürzt: ܐܢܬ.

13. Syr. ܡܠܐܟܐܠ fehlt im Cod. Par. 270.
Cod. Par. 197 beginnt Vers 50 ܠܕܝܢܐ ܘܠܕܝܢ݂ܟ und Vers 51
auch wieder mit ܠܕܝܢ݂.
Cod. Rom. ܠܕܝܢܐ ohne vorhergehendes ܘ.
Kar. Mscr. ܢܘܚܝܩ für ܘܢܓܪܘܢ.
Mscr. ܚܡܫ݂ܬܡܐ für ܠܓܡܝܥܡ.

14. Syr. Cod. Rom. und Cod. Par. 197 abgekürzt: ܡܘ݁ܣܐ.
Cod. Rom. abgekürzt: ܡܚ݁ܬ.
Cod. Par. 197 ܘܡܘܡ݁ܣ.
Kar. Mscr. ܢܘܢ݂ܓܪܐܟ.
ﺍﻟﻤﺎﺋﺪﺓ vgl. Fraenkel, l. c. p. 83.
Mscr. ܩܝܡܝܬܐ.

ﺍﻟﺬﻱ indecl. gebraucht, obschon später (Str. 25) auch ﺍﻟﺘﻰ
vorkommt.

15. Syr. Cod. Par. 270 ܘܡܠܠ.
Kar. Mscr. ܠܐ ܐܟܪܟܠܡ.

Ausgclassen wurden hier die Verse 56/57:

ܘܡܫܡܫܝܢ ܟܗ ܚܦܝܩܝܡ݂ܐ
ܘܡܚܦܝܢܝܢ ܟܗ ܚ݂ܝ̈ ܡܩܝܡ݂ܐ

und 63/64:
ܘܡܦܩܐ ܟܗ ܡܘܡ̈ܢܬܐ
ܩܠ ܡܢܩܠ ܩܗ ܐܬܪܡ̈ܐ

mit dem entsprechenden karschunischen Texte:

ܡܟܠܚ ܡܠ ܟܐܪܠܝܢ ܡܚܠܝܚܠܝ ܟܝܠܡܠܝܢ

und
ܢܝܚܝ ܟܠܐ ܡܚܡܣ ܐܝܟܐܕܝ ܠܠܐ ܣܠܠܐܟܐ ܟܡܠܠܗܡܡ
ܡܥܡܝܠ ܚܥ

Syr. Cod. Rom. ܣ݁ܝܡ݁ܐ.

16. Kar. Mscr. ܐܟܠܝܬܡܐ.

17. Kar. ﺍﻟﻤﺴﺎﺟﺎﺕ Transposition, vgl. Wetzstein, l. c.

18—20. Ich hatte zuerst gemäss der Handschrift hier,
wie der Text zeigt, drei Strophen zu je vier Versen
angenommen und die wohl schwer zu haltenden zwei
ersten Verse der Strophe 20 durch ein eingeschobenes, im
Manuscript nicht vorgefundenes, ه vor ܐܡܬܐ einigermassen selbständiger zu machen gesucht, wenngleich in
diesem Falle zwischen den Strophen 19 und 20 keine
schärfere Abgrenzung der Gedanken vorhanden gewesen
wäre, und hiebei an den engeren Anschluss auch in den
beiden ersten Strophen dieser Homilie gedacht. Ich bin
jedoch der Ansicht geworden, dass diese beiden Verse
eine selbst grammatisch anschlusslose Glosse zum letzten
Verse der 19. Strophe darstellen und dementsprechend
zu tilgen sein werden. Ebenso sind auch die beiden
ersten Verse der Strophe 18 zunächst wohl nur eine
Randbemerkung gewesen und erst später in den Text
aufgenommen worden, so dass sich der echte Text hier
gemäss der gemachten Interpunction mit Fortlassung der
in eckigen Klammern stehenden vier Verse gestalten
müsste, deren Verlegung in die Anmerkungen (wie bei
den ursprünglichen Strophen 14—16, jetzt 14. und 15.
Strophe) unterblieben ist, um in dem bereits vorge-
schrittenen Drucke des Textes eine Störung zu vermeiden.

18. Syr. Cod. Rom. abgekürzt: ܗܡܐܝ.

    Kar. يريد ohne folgendes أن v. s. (Str. 10).

19. Kar. الإِتِّضَع, defectiv geschrieben, wie auch später noch
manchmal der Infinitiv der VIII. Form (vgl. Str. 28. 31).
ܟܣܐܠܐ statt كسالى, pl. von كَسْلان.

20. Syr. Cod. abgekürzt: ܡܢܕܥܬܐ.

    Kar. Auffallend ist die abweichende Schreibung mit ܠ
statt ܡ in ܒܝܢܬܗܘܢ und ܐܝܟܢܐ.
    Mscr. ܐܝܟܢܐ.

21. Syr. Mscr. ܡܥܠ ܠܣܡ ohne ܂.

    Kar. اكليل vgl. Fraenkel, l. c. p. 62.

22. Kar. Mscr. ܘܐܠܠܘܠܐܟܬ.

    ܗ comm. gebraucht.

    Mscr. ܚܒܐ wohl statt If. II.

Das Wort ⟨ܐܠܟܣܕܪ⟩ ist hier zweimal, wie das syrische
ܒܝܬ in der folgenden Strophe, umgekehrt auf die Zeile
gesetzt.

الراهب vgl. Fraenkel, l. c. p. 267/268.

23. Kar. Mscr. ܩܐܡܩܘ.

24. Die zwei ersten Verse fehlen, wohl wegen des gleichen
Anfanges mit dem Folgenden übersehen, der karschunischen Parallele in der Handschrift.

25. Kar. Mscr. ܐܪܟܘܢ.
Das ܐ am Schlusse von ܐܪܕܟܠܐ wohl Ersatz eines
eventuellen ܡ, da das Wort als Femininum gebraucht
ist; möglicherweise vertritt es auch ein langes *a*, welches
mitunter an Vocative tritt.

26. Syr. Cod. abgekürzt: ܡܣܬܩܠܐ.
Kar. Mscr. ܐܠܡܫܟܠ.
Mscr. ܐܪܟܘܠܪܐ.

27. Syr. Cod. ܥܢܝ erst hinter ܥܝܢ im dritten Verse.
Cod. abgekürzt ܦܐܡܗ und ܡܪ.
Der karschunische Text ist hier nicht ganz klar gehalten,
jedenfalls wegen des verderbten syrischen Textes; sodann
dürfte auch der Uebersetzer statt ܥܡܝܠ ein ܥܡܝ gelesen
oder vermuthet haben, was das sonst nicht direct begründete طاهر und das Fehlen eines Ausdruckes für ܥܡܠ
erklären würde.

28. Syr. Mscr. ܣܐܝܪ.
Mscr. ܡܝ ܠܝ.
Kar. Mscr. ܐܠܟܫܝܢ.
Mscr. ܐܪܟܠܐ statt eines defectiv geschriebenen انقطاع (oder
انقضا) v. s.

29. Syr. Im Cod. fehlt das ܐܡܝ vor dem zweiten Verse.
Mscr. ܘܠܐܝܟܝ ܘ ܡܣܩܘܡܝ.
Kar. Mscr. ܥܒ.
Mscr. ܠܕܢ.
Mscr. ܝܚܡܠܠ.

30. Kar. Auffallend ist das ܐ in ما انقطاع, wie es sich ähnlich
noch weiter unten (Str. 34. انتصار, 36. ترهاب, 39. افراع)
findet.

31. Syr. Mscr. العا.

Kar. Mscr. ܥܠܐ.

والإنتهم defectiv geschrieben v. s.

32. Syr. Mscr. ممسا.

Kar. ܣܕܠܐܕ für يضطرب.

Mscr. ܐܠܕܐܘܗ.

المسع Transposition (v. s. Str. 18 المساجات) vgl. Wetzstein l. c.

Mscr. ܗܕܣܐܠܘ für وَمَلَآن.

33. Syr. Cod. abgekürzt: اماه und مزاوها.

Kar. Mscr. ܐܪܠܕܠܣܐ.

Gemeint ist jedenfalls die Stelle in den Evangelien Matth.
10, 39. 16, 25. Marc. 8, 35. Luc. 9, 24. 17, 33.

34. Kar. Zu انتصار v. s. (Str. 30).

Mscr. ܗܣܪܒܐܡ statt وبرميه.

35. Syr. Cod. اهمزا.

Kar. Mscr. ܠܕ ܐܪܡܗܘ.

36. Kar. Mscr. ܕܒܪܡܐܪ wohl mit fehlendem ܒ am Schlusse zur
Schreibung des ܐ v. s. (Str. 30).

37. Syr. Mscr. ܠܣܣܙܠ zusammengezogen.

ܠܙܗܣܡ ‚Kleinmüthigkeit' oder ‚Verdrossenheit' bezeichnet
die in den ascetischen Schriften sogenannte ἀκηδία, acedia;
vgl. Joannis Cassiani opera omnia, liber X.

Kar. ܕܗܪܠܗ wie oben (Str. 32).

ܪܗܣ und جدف ج vgl. Fraenkel, l. c. p. 227/228.

38. Syr. Cod. ܐܪܡܘܗ.

Kar. Mscr. ܐܠܐ ܗܟܠܐ.

Zu ܙܒܗܣܐܪܟ vgl. Fraenkel, l. c. p. 248.

39. Syr. Mscr. اللٯ.

Kar. Zur Schreibung افراح v. s. (Str. 31).

X.

Römische Berichte.

Von

Dr. Th. R. von Sickel,
wirkl. Mitgliede der kais. Akademie der Wissenschaften.

II.

(Mit zwei Tafeln.)

VI. Das Generalregister der an die Concillegaten gerichteten Proposte.

1. Von dem Generalregister, welches 1565 amtlich als mit den Minuten übereinstimmend beglaubigt worden ist, haben sich nur Theil II (Januar bis October 1562) und III (October 1562 bis December 1563) erhalten. Ersatz für Theil I bietet ein unter Gregor XIII. angelegtes GR. für 1561.

Die Besprechung der einzelnen Register der conciliaren Correspondenz beginne ich am füglichsten mit der des tom. 55, eines Bandes von ganz schlichtem Aussehen, ohne alle Bezeichnung auf dem Einbande, im Eingange defect, daher auch ohne Titel,[1] aber, offenbar um des hohen Werthes willen, welchen die betheiligten Personen auf die hier gebotene Briefsammlung legten, vor allen anderen aus gleicher Quelle stammenden Bänden ausgezeichnet durch förmliche Beglaubigung als Amtsregister. Unmittelbar auf den letzten hier eingetragenen Brief (fol. 407, s. Facsimile I) folgt nämlich die Erklärung: concordat cum originalibus minutis Ptolomaeus cardinalis Comensis, und zwar von diesem eigenhändig geschrieben. Diese Recognition kann erst nach dem 12. März 1565, an welchem der Geheimsecretär Galli zum Cardinal creirt wurde, und muss noch zu Lebzeiten Pius IV., also im Laufe des Jahres 1565 stattgefunden haben.

Gewiss hatten diejenigen, welche die so wichtige Correspondenz mit den Concillegaten geführt oder besorgt hatten,

---

[1] Weitere Beschreibung folgt S. 35.

auch das grösste Interesse, dass sie in der an der Curie von
jeher üblichen Weise der Registrirung der Nachwelt überliefert
werde, wie wir denn auch in tom. 55 Notizen eingetragen
finden werden, welche zweifelsohne auf persönliche Erinnerung
zurückgehen. Selbst wenn man, was unwahrscheinlich ist, erst
nach dem Schlusse des Concils mit dem Copiren der Briefe
begonnen haben sollte, würde das Jahr 1564 genügt haben,
diese Arbeit, obwohl sie nicht in einem Zuge durchgeführt
worden ist, zu bewältigen und die Abschriften auch noch, wie
es thatsächlich geschehen ist, zu revidiren und zu corrigiren.
Spricht schon das dafür, dass auch die Beglaubigung noch im
Jahre 1565 erfolgt sei, so stösst die andere Annahme der
Entstehung und Vollendung von tom. 55 unter den nächstfolgenden Päpsten Pius V. und Gregor XIII. auf mehr als
eine Schwierigkeit. Unter jenem war der Cardinal von Como
von jeder amtlichen Thätigkeit ausgeschlossen, und trat er
dann unter Gregor XIII. wieder an die Spitze des Geheimsecretariats, so würde er die Registrirung der conciliaren Correspondenz nach den Minuten erst nach mehreren Jahren haben
anordnen können. Es geht nämlich aus den wenn auch
lückenhaften und zum Theil unbestimmt lautenden Nachrichten.
welche ich im Excurs IV zusammenstelle, mit Sicherheit hervor.
dass der Cardinal Borromeo, als der Tod des Oheims seinem
Regimente ein Ende machte, die gesammten aus diesem stammenden Akten und insbesondere auch die auf das Concil bezüglichen mit Vorbedacht an sich genommen hatte, dass er der
Aufforderung Pius V., sie an die Curie abzuliefern, nur unter
Bedingungen Folge leisten wollte, welche nicht erfüllt wurden,
und dass auch unter Gregor XIII. noch einige Zeit verstrich,
bevor dieses Material an die Curie kam. Da tom. 55 unter
solchen Umständen gar nicht entstehen konnte, haben wir ihn
als schon unter Pius IV. und von dem damaligen Personal
des Geheimsecretariats geschrieben und sofort auch unterfertigt
zu betrachten. In etwas kommt diese relative Gleichzeitigkeit
auch der Glaubwürdigkeit zu statten, an welcher uns so gut
wie den Zeitgenossen gelegen ist. Nebenbei hat sie besonderen
Werth für die Untersuchungen, welche ich hier anstellen will.
Als Prototyp der in jenem Amte geführten Register bietet uns
tom. 55 den sicheren Massstab für die Prüfung und Abschätzung

anderer Exemplare, vornehmlich derer, welche den äusseren
Merkmalen nach noch in die zweite Hälfte des 16. Jahrhunderts
gehören. Ich halte es für durchaus berechtigt, die tom. 55
ganz gleichen Register, obwohl sie der ausdrücklichen Recognition entbehren, als in demselben Secretariat und unter demselben Pontificat entstanden zu bezeichnen, desgleichen die ihm
in gewissen Punkten gleichen, in anderen Punkten dagegen
jünger erscheinenden Bände als zwar ebenfalls im Geheimsecretariat, aber erst unter den folgenden Päpsten angelegt.

Welchen Inhalts und von welchem Umfange ist nun dieser
so gut beglaubigte Band? Die erste Frage will ich hier vorerst
nur im Allgemeinen beantworten, soweit als es schon bei flüchtiger Durchsicht geschehen kann. Jedem der hier eingetragenen
Briefe geht eine Ueberschrift voraus, welche als Adressaten
einen oder mehrere oder auch die gesammten Legaten des
Trienter Concils nennt; dementsprechend ist in allen Briefen
von Concilangelegenheiten die Rede. Dagegen werden der
oder die Schreiber der regelmässig von Rom datirten Briefe
nicht ein Mal namentlich aufgeführt. Es bedurfte dessen eben
nicht in einem Expeditsregister, denn stammte dasselbe, wie
die Recognition bezeugt, aus dem Geheimsecretariat, so konnten
die Autoren keine anderen sein als diejenigen, welchen dieses
Amt als Organ diente, nämlich dazumal der Papst und sein
Nepote Cardinal Borromeo, und es genügte, in irgend einer
Weise die Papstbriefe als solche kenntlich zu machen und so
beide Kategorien auseinanderzuhalten. Es liegen uns also hier
auf das Concil bezügliche Proposte vor, wie die in die Ueberschriften aufgenommenen Zeitmerkmale beweisen, chronologisch
geordnet, und da hier proposte in commune und proposte in
particulari in eine Reihe zusammengestellt worden sind, erscheint
tom. 55 als ein Stück eines, wie ich zu sagen vorgeschlagen
habe, Generalregisters. Und zwar beginnt dies Stück mit dem
7. October 1562 und reicht bis zum 11. December 1563.
Dass mit letzterem Datum die Correspondenz Rom—Trient abschliesst, bemerkte ich schon I, S. 53. Dass sie aber in unserem
Bande mit dem erstgenannten Datum anhebt, ist lediglich
Zufall: es liegt auf der Hand, dass in tom. 55 nur eine Fortsetzung oder genauer gesagt der Schluss des für die betreffende
Correspondenz angelegten GR. erhalten ist.

1*

Erinnerte ich mich nun, im Vaticanischen Archive, in
welchem ich von Material aus der Zeit Pius IV. ausser den
Concilakten vornehmlich die aus derselben Werkstätte hervor-
gegangenen Nuntiaturen ins Auge gefasst hatte, bereits jenem
Bande gleiche oder doch ähnliche Handschriften gesehen zu
haben, so liess ich alle Bände der beiden Abtheilungen nochmals Revue passiren, um an sie den jetzt gewonnenen Massstab anzulegen und um womöglich wieder aufzufinden, was
tom. 55 vorausgegangen sein musste. Meine Mühe wurde durch
zwei glücklich ineinander greifende Entdeckungen belohnt. Die
erste bestand darin, dass ich auf fünf umfangreiche Register-
fragmente stiess, welche mehr oder minder dieselbe Combination an äusseren und inneren Merkmalen aufweisen, deren
Bedeutung mir durch die Recognition von tom. 55 erschlossen
worden war: nämlich ein in Nunziatura di Germania 10 ge-
rathenes Fragment und vier in N. di G. 4 zusammengebundene
Bruchstücke. Eines derselben, ich will es NG. 4ᶜ bezeichnen,
muss und werde ich gleich eingehend besprechen. Von den
anderen genügt es hier, unter Hinweis auf den Excurs V, in
welchem ich die beiden Nuntiaturbände genau beschreibe und
den Nachweis liefere, dass sie alle aus dem Geheimsecretariat
Pius IV. stammen, den Hauptinhalt und die Bestimmung anzugeben.

In dem f. 154 beginnenden zweiten Theile von NG. 10
liegt uns, wie die Aufschrift besagt, das Registro di lettere
scritte a Mons. Delfino (Nuntius am Kaiserhof) vor, also ebenfalls ein Expeditsregister, welches vom 21. September 1560 bis
zum 27. März 1563 reicht. — Als Fortsetzung desselben erscheint NG. 4ᵈ, welches Fragment mit einer Proposte an denselben Nuntius vom 3. April 1563 anhebt und gleiche Schreiben
bis zum 5. October 1565 bietet; dazu kommen Weisungen an
andere damals am Kaiserhofe weilende ausserordentliche und
ordentliche Nuntien bis zu einer Proposte an Melchior Biglia
vom 1. December 1565, wohl der letzten aus dem Pontificate
Pius IV. — Dass NG. 4ᵇ gleichfalls ein Expeditsregister ist,
lehrt schon die Ueberschrift zu dem ersten Briefe: al S. cardinale di Ferrara legato in Francia; es umfasst die Jahre
1561 und 1562. — Dagegen liegt in NG. 4ª nur eine Auslese
von Briefen in Registerform vor, von Briefen, welche der Papst

und der Cardinal Borromeo im Jahre 1560 an verschiedene,
theils in Spanien heimische, theils von der Curie dahin ge-
sandte Personen gerichtet hatten; aber wie diese Briefe nur
im Geheimsecretariat zur Verfügung standen, so ist dort auch
die Auswahl getroffen und die Arbeit ausgeführt worden, so
dass NG. 4ᵃ bis auf einen Punkt ganz so wie die zuvor aufgezählten Register angelegt und ausgestattet worden ist.
Der dritte Theil von NG. 4 oder 4ᶜ wird gleich durch
die Ueberschrift zu dem ersten Briefe A li Rᵐⁱ legati a di VII.
di Gennaro als zur conciliaren Correspondenz gehörig gekennzeichnet, und folgen dann auf f. 186—342 in chronologischer
Ordnung bis zum 3. October 1562 fortlaufende Schreiben an
die Legaten insgesammt oder an einzelne, genau so behandelt
und geschrieben wie die Briefe in tom. 55, so ist uns in diesem
Fragmente zweifelsohne der zweite Theil des Originalregisters
erhalten, als dessen letzten Theil wir tom. 55 kennen lernten.[1]
Indem dieser zweite Theil frühzeitig mit Nuntiaturregistern
zusammengebunden worden ist, ist er allen denen, welche den
Conciltakten des Vaticanischen Archivs nachgeforscht haben,
entgangen und sind die nur in ihm überlieferten Briefe bisher
unbekannt geblieben.[2] Ich aber kann mich fortan, insoweit

---

[1] Dass zwischen dem am Schlusse verstümmelten NG. 4ᶜ und tom. 55 eine
Lage fehlt, kann ich erst später zeigen.

[2] Das klingt so seltsam, dass es eingehender Erklärung bedarf. Zunächst
bemerke ich, dass ich in keinem der älteren Indices des Archivs einen
Verweis auf den Inhalt des Fragments NG. 4ᶜ gefunden habe: da er
dort nicht verzeichnet war, entging er auch Pallavicino und den Ver-
fassern der Annales ecclesiastici, respective denen, welche diesen die
Vorarbeiten lieferten. Es war eben nur was den Titel Conciltakten an
der Stirn trug, in die betreffende Abtheilung eingestellt worden. Die
übrigen Secretariatsakten, zu denen die Nuntiaturen gehörten, waren,
wie uns Donninus de Pretis (s. I, S. 98) berichtet, wenig beachtet worden
und mit der Zeit in grösste Unordnung gerathen. Als sie endlich um
das Jahr 1735 geordnet und inventarisirt wurden, ist entweder übersehen
worden oder doch unberücksichtigt geblieben, was auf dem ersten Blatte
von NG. 4ᶜ zu lesen war: das Fragment verblieb also unter den Nuntiaturen. Dass der Band in der Folge nicht unbenutzt geblieben ist,
ist unzweifelhaft. Unter Anderen hat Lagomarsini aus NG. 4ᵈ in Epist.
Pogiani 3, 184 eine Proposte an Zacc. Delfin vom 8. Juni 1563 veröffentlicht; aber das gab ihm keinen Anlass, sich über den Charakter des
vorhergehenden Theiles auszusprechen. Zweitens sind in NG. 4ᶜ befindliche Briefe in den Schedae Garampianae verzeichnet worden; aber da

es sich um die Correspondenz der Curie mit den Legaten
handelt, auf zwei Jahrgänge berufen, welche vom bestbe-
glaubigten Generalregister auf uns gekommen sind und, insoweit es sich überhaupt um die vom Geheimsecretariat besorgte
Correspondenz der Curie mit ihren Vertretern in der Ferne
handelt, auch noch auf die zwei anderen Exemplare von Ex-
peditsregistern, welche mir bisher aufzufinden gelungen ist.[1]
    Von dem NG. 4ᵉ vorausgegangenen Theile des 1565 be-
glaubigten GR. habe ich keine Spur entdeckt, ja ich bin zu
der Ansicht gelangt, dass man an der Curie bereits zur Zeit
Gregor XIII. ihn vermisst und die Hoffnung, ihn wieder aufzufinden, aufgegeben hat. Sie zu begründen rede ich erst noch
von der zweiten Entdeckung, welche ich bei der nochmaligen
Prüfung des Materials an der Hand des tom. 55 machte. Da
fand ich nämlich in der Abtheilung der Concilakten nicht weniger
als fünf Bünde (tom. 49, 50, 51, 54, 57) jenem Musterbande
insoweit gleich, dass sich mir sofort der Gedanke aufdrängte,
dass sie aus derselben Werkstätte wie tom. 55 hervorgegangen

---

war nicht der Ort, den besonderen Inhalt dieses Bruchstückes hervorzuheben. So war auch Theiner nicht aufmerksam gemacht worden,
dass sich in NG. 4ᵉ conciliare Briefe, denen er mit allem Eifer nach-
spürte, befanden. Ich schalte hier ein, dass die schlechte Gewohnheit
Theiner's, in die von ihm ausgebeuteten Handschriften allerlei hinein-
zuschreiben, mit ziemlicher Sicherheit erkennen lässt, welche Handschriften von ihm beachtet worden sind und welche nicht. Insbesondere
hat er, als er die conciliaren Briefe behufs Publication copiren liess,
die in den Registern üblichen Ueberschriften der einzelnen Stücke
(s. S. 20) gleich so umgemodelt, wie er sie drucken lassen wollte: so
hat er z. B. in tom. 55 f. 243 in die ursprüngliche Ueberschrift A li
detti a 6 di Luglio als viertes Wort legati eingeschaltet. Dass nun
NG. 4ᵉ von Theiner unangetastet geblieben ist, gilt mir als Beweis,
dass es ihm bei seiner Forschung nach Concilakten entgangen ist.
[1] Wie ich NG. 4ᵉ und tom. 55 als ein Exemplar zusammenfasse, so auch
NG. 10ᵇ und NG. 4ᵈ. — Dass NG. 10ᵇ (s. Excurs V) mit einem nicht
in Rom entstandenen und um fünfzehn Jahre jüngeren Register zusammengebunden worden ist, legt den Gedanken nahe, dass sich in den
zahlreichen Bänden der Nuntiaturen noch andere den oben angeführten
gleichwerthige Bruchstücke aus der Zeit Pius IV. finden lassen mögen.
Darauf hin hunderte von Bänden durchzusehen, habe ich mich doch
nicht entschliessen können. Ich überlasse es denen, welche sich mit
den jüngeren Partien dieses Archivfonds befassen, auf solche etwa ver-
schlagene Stücke zu achten und aufmerksam zu machen.

sind, aber zugleich in mehr als einer Beziehung so von
diesem verschieden, dass ich sie auf den ersten Blick hin als
später entstanden betrachten musste. Obwohl ich die genaue Beschreibung dieser Gruppe dem nächsten Capitel vorbehalte, muss
ich einiges aus ihr schon hier hervorheben. Die fünf Bände
enthalten ebenfalls Proposte an die Concillegaten, aber, wie
ich schon I, S. 93 bemerkte, in bestimmter Gliederung: während
sich tom. 50 als GR. erweist, sind in tom. 54 die proposte in
commune zusammengestellt und sind die proposte particolari
auf tom. 49, 51, 57 vertheilt worden.[1] Ergibt sich nun nicht
allein aus dieser Disposition des Stoffes, sondern auch daraus,
dass durch alle Theile ein und dasselbe Schema der Registrirung
hindurchgeht, dass uns hier eine einheitliche Arbeit vorliegt,
so muss dieselbe nicht allein auf bestimmten Befehl und bestimmte Anweisung zurückgeführt werden, sondern muss sie
auch, da sie so gleichmässig ausgefallen ist, binnen kurzer
Zeit ausgeführt worden sein. Nur in einem Punkte unterscheidet sich tom. 50 von den übrigen Bänden. Während
nämlich das CR. die drei Jahre umfasst, in welchen das Concil
nochmals tagte, und während jede der Unterabtheilungen der
PR. in tom. 49, 51, 57 der Dauer jeder einzelnen Legation entspricht, bietet tom. 50 nur die Schreiben aus dem ersten Jahre
der letzten Concilsperiode (21. März bis 31. December 1561).
Ist das nun dem Plane der Auftraggeber gemäss gewesen oder ist es blos Zufall? Obwohl letzterem, was die

---

[1] Zu dem, was ich I, S. 55 ff. über die Scheidung zwischen lettere in
commune und lettere in particolari gesagt habe, trage ich nach, dass
für Mittheilungen an die gesammten Legaten, welche streng geheim
gehalten werden sollten, die Form von Particularbriefen an den ersten
Präsidenten gewählt wurde, indem von diesem erwartet wurde, dass er
die an ihn gerichteten Briefe abgesondert und besonders gut aufbewahren
werde. So wurde am 24. April 1563 an Simonetta geschrieben (tom. 51
f. 107´): Se il cardinale Morone non fusse anchora tornato da Inspruck,
V. S. R^{ma} (potrà) aprir lei la lettera ch' io gli scrivo (gemeint ist der
Brief an Morone vom gleichen Tage in tom. 27 Nr. 8) et mostrare a li
S^n colleghi la risposta data al re catholico; ma non ne lasserà già
pigliar copia da nissuno et la consignerà poi al prefato S. cardinale
Morone, che per questo et non per altro non si è voluto mandarla in
commune, acciò non rimanesse in mano di secretarii communi. Dass
Morone in der That die ihm zugegangenen Particularbriefe von den
Communebriefen gesondert hat, werden wir S. 25 sehen.

Erhaltung archivalischen Materials anbetrifft, alles zuzutrauen
ist, so stosse ich mich doch an der Annahme der Rolle, welche
er in diesem Falle gespielt haben müsste, dass nämlich von
dem 1565 beglaubigten vollständigen GR. der erste Jahrgang
verloren gegangen sei, während die zwei folgenden auf uns gekommen sind, und dass umgekehrt von einem zweiten ebenfalls
vollständigen GR. gerade der erste Jahrgang sich erhalten habe,
während die zwei folgenden spurlos verschwunden sind. Dem
Sachverhalte lässt sich doch noch eine andere Deutung geben.
Wir werden sehen, dass die Aktensammlung des Cardinals
Borromeo, zu welcher, wie ausdrücklich gesagt wird, auch
Minuten und Register gehörten, trotz seiner Fürsorge einigen
Schaden erlitten hatte. Weitere Verluste konnten bei der Ueber-
gabe an den Vatican entstehen. Da nun das GR. von 1565,
welches uns hier besonders interessirt, geraume Zeit hindurch
nur aus losen Heften bestanden hat (sonst hätten auch in der
Folge NG. 4ᶜ und tom. 55 nicht voneinander getrennt werden
können), so ist es jedenfalls denkbar, dass schon bei der Ablieferung der erste Theil nicht mehr aufgefunden wurde. Er
konnte aber, als man zu einer nochmaligen Registrirung des
gesammten Materials nach neuen Gesichtspunkten schritt, recht
wohl ersetzt werden, da die Minuten, auf welche auch die
jüngeren Register zurückgehen, nach Ausweis der tom. 49, 51,
54, 57 damals noch vollständig erhalten waren. Kurz ich
denke mir den Vorgang so, dass entweder bei der Ueber-
nahme der Borromeo-Papiere seitens des Vaticans oder bei
einer späteren Revision derselben der erste Jahrgang des alten
GR. vermisst wurde, und dass deshalb die sämmtlichen Briefe
aus dem Jahre 1561 nochmals nach den Minuten copirt wurden,
um in tom. 50 das Supplement zu den Heften zu erhalten,
welche im weiteren Verlaufe auseinandergerissen in NG. 4ᶜ und
in tom. 55 auf uns gekommen sind. Jedesfalls besitzen wir
das GR. der Proposte bis auf eine geringe Lücke im ganzen
Umfange, wenn auch der erste Theil etwas später geschrieben,
etwas anders ausgefallen und nicht so beglaubigt ist wie die
zwei folgenden Theile.[1]

---

[1] Wo lediglich der Inhalt in Betracht kommt, können wir also tom. 50
als GR. I, NG. 4ᶜ als GR. II und tom. 55 als GR. III bezeichnen. Da

2. *Programm für das ältere Generalregister.*

Von den jüngeren Registern der conciliaren Correspondenz sehe ich zunächst ganz ab, um an der Hand von NG. 4ᶜ und tom. 55 und den auf gleicher Linie stehenden Nuntiaturregistern zu verfolgen, wie das Geheimsecretariat Pius IV. diese eine der ihm gestellten Aufgaben gelöst hat. Um Einblick in die Gebahrung zu gewinnen, sind wir fast ganz auf diese paar Bände angewiesen, da sich die diesbezüglichen directen Aussagen auf Folgendes beschränken. Carga (bei Lämmer 463, 466) bemerkt nur: li scrittori delle lettere in netto . . . anco son registratori di essi, und rechnet es zu den vielen Obliegenheiten des secretario intimo, dass er auch Acht habe auf l' ordine col quale si ripongono e si tengono le lettere e registri.[1] Dass Galli als damaliger Amtschef auch

die ganze Gruppe von Registern, zu welcher tom. 50 gehört, nicht vor Gregor XIII. entstanden sein kann, und da auch die Schrift zu dieser Zeit passt, werde ich fortan der Kürze wegen von Registern aus diesem Pontificat reden, ohne damit in Abrede stellen zu wollen, dass sich die Herstellung dieser Bände auch bis in die Zeit Sixtus V. verzögert haben kann.

[1] Etwas mehr erfahren wir aus zwei allerdings erst 1628 geschriebenen Briefen, welche, bereits von G. Marini citirt, von D. Greg. Palmieri im Reg. Clementis V., Prolog. LXIII veröffentlicht worden sind. Da auch damals noch die Amtspapiere vielfach verschleppt wurden, liess Urban VIII. per ricuperare tutte le scritture spettanti alla segretaria di stato et alla camera e sede apostolica die Nepoten seiner Vorgänger, so wie deren Untergebene und Erben zur Ablieferung der Akten anhalten. Eine Mahnung der Art erging auch an den damaligen Nuntius in Venedig G. B. Agucchia, welcher, unter Clemens VIII. in das Staatssecretariat eingetreten, dort nahezu 30 Jahre gedient hatte und unter Gregor XV. von dessen Nepoten Cardinal L. Ludovisi beauftragt worden war, die Aufbewahrung der eingelaufenen und die Registrirung der abgesandten Briefe zu überwachen. Aus der Antwort, welche Agucchia umgehend ertheilte, hebe ich gleich alles hervor, worauf ich mich hier und auch später berufen will. Die Hauptmasse der beim Tode Gregors XV. in seinen Händen befindlichen Papiere, so erwiderte Agucchia, habe er sofort den und den Cardinälen übergeben, aber zwei Partien habe er behalten und mit den eigenen Papieren nach Venedig schaffen lassen: die eine nur aus Versehen und diese stelle er hiemit zurück, die andere jedoch aus Vorbedacht, nämlich le lottere da porsi in cifra e decifrato, welche er auch jetzt noch eine Zeitlang bei sich behalten werde. Früher seien nämlich diese Stücke nicht registrirt, noch

dieser Verpflichtung bis zu einem gewissen Grade nachge-
kommen ist, wird uns einerseits bezeugt von Borromeo mit
den Worten:[1] il cardinale di Como fu quello che le (le scritture) ripose per l' ordine dove hora sono, und andererseits
durch die Beglaubigung des älteren GR. von Galli's eigener
Hand: gerade diese lässt vermuthen, dass er auch auf die
Anlage des Registers Einfluss genommen habe. Vor allem hat
da über zwei Fragen entschieden werden müssen: was sollte
hier aufgenommen werden, und in welcher Form sollten die
einzelnen Stücke gebucht werden?

Die erste dieser Fragen war mit dem Beschlusse, für die
Proposte nach Trient ein eigenes Register anzulegen, doch nur
im Principe beantwortet worden; es musste noch die Entscheidung getroffen werden, ob sämmtliche nach Trient expe-
dirte Briefe oder nur gewisse Kategorien aufgenommen werden
sollten. Bemerkte ich nun schon S. 3, dass das GR. offenbar

mit anderen Briefen vereinigt worden, vielleicht um das Geheimniss
besser zu wahren. Dennoch habe er, was ihm der Cardinal befohlen
habe, ausführen wollen und habe die Absicht gehabt, di farle (le minute delle ciffre) chiaro tutto in libri o quinterni distinti o di unirle
co' deciferati; nur habe er, da die von ihm iu Eile hingeworfenen
Minuten für andere unlesorlich seien, die Arbeit selbst übernehmen
müssen, wozu er weder früher in Rom noch jetzt in Venedig die Zeit
gefunden habe. Nachdem Agucchia versprochen hatte, alles baldigst
nachzuholen und nach und nach die Concepte zu den Chiffern und die
Klarschriften einzusenden, bemerkt er noch zur Rechtfertigung seines
einstigen Verhaltens: delle istruzioni non ne trovai uiuua nella
segrotaria con l'esempio delle quali mi potessi governare,
ne feci tuttavia come seppi il meglio... e le feci registrare
tutto in un libro etc.

Gab es also zu Ende des 16. Jahrhunderts, als Agucchia in den
Dienst trat, keine eigentlichen Vorschriften, sondern nur Amtsgepflogenheiten, welche die jüngeren Secretäre von den älteren lernten, so wird
es dreissig Jahre zuvor nicht anders gewesen sein, und die Bräuche
werden früher wie später wohl in der Hauptsache festgehalten, in den
Details der Ausführung aber abgewandelt worden sein, je nachdem es
dem mit der Leitung dieser Arbeit betrauten Secretär oder auch dem
einzelnen Registrator beliebte. Und war Agucchia mindestens fünf Jahre
mit der ihm obliegenden Buchung der Briefe im Rückstande geblieben,
so können gleiche oder ähnliche Umstände auch zu früherer Zeit die
Registrirung verzögert haben.

[1] Brief an Ormanetto vom Februar 1570 im Excurs IV.

nur für Schreiben des Papstes und seines Nepoten bestimmt
gewesen ist, so dass es der Nennung derselben als Autoren
nicht bedurfte, so habe ich hier nachzutragen, dass schon darin
eine programmmässige Beschränkung lag. Unter den Originalen der von der Curie an die Concillegaten gesandten Briefe
finden sich nämlich auch zahlreiche von Galli geschriebene
und unterfertigte, welche so gut wie die Briefe des Papstes
und des Cardinals von diesen approbirte Weisungen enthalten
und von den Legaten laut deren Antworten den anderen Proposten gleich geachtet worden sind. Es mag wohlberechnete
Bescheidenheit Galli's gewesen sein, dass er alle auf seinen
eigenen Namen lautende Briefe aus der Registersammlung ausgeschlossen hat.

Aber auch die Schreiben des Papstes und seines Nepoten
an die Legaten sind nicht sämmtlich in das ältere GR. aufgenommen worden. Den Legaten sind z. B. fortwährend päpstliche Breven zugestellt worden, und zwar, obwohl sie vom
Brevensecretariat ausgefertigt waren, durch Vermittlung des
Geheimsecretariats, welches auch sehr häufig in den Proposten,
denen sie beigeschlossen wurden, auf sie Bezug nahm; dennoch
ist nicht eines dieser Breven in das GR. eingetragen worden.
Es sind ferner von den eigentlichen Papstbriefen die an die
einzelnen Legaten gerichteten so gut wie unberücksichtigt geblieben. Ebenso ist bei der Registrirung eine Auswahl unter
den Borromeo-Briefen getroffen und sind insbesondere zwei
Kategorien ausgeschieden worden, nämlich die zahlreichen
Schreiben, durch welche sich nach Trient reisende Geistliche
den gesammten Legaten oder dem ersten Präsidenten empfehlen liessen, und die ebenfalls häufigen Schreiben, in welchen
Borromeo den ihm persönlich näher stehenden Legaten Mantua,
Altaemps oder Morone vertrauliche Mittheilungen privater Natur
machte; nur wenn etwa an derartige Schreiben Weisungen
im eigentlichen Sinne des Wortes angehängt worden waren,
wurden sie auch in das Register eingetragen. Auch noch
in anderer Richtung ist damals die Buchung wesentlich eingeschränkt worden. Sowohl den Proposten des Papstes als
denen des Cardinals wurden öfters Beilagen beigefügt, eventuell
äusserst wichtige Documente, welche geradezu benöthigt wurden,
um die in den Hauptbriefen gebotenen kurzen Weisungen zu

verstehen.[1] Dessenungeachtet ist von deren Registrirung in
der Regel abgesehen worden, so dass ich nur zwei Ausnahmen
gefunden habe. In NG. 4ᶜ f. 248 folgt auf ein ganz kurzes
Schreiben des Papstes vom 29. Juni 1562 die Instruction, welche
dem Erzbischof von Lanciano ertheilt wurde, um den Legaten,
welche ihn nach Rom gesandt hatten, auf alle ihre Fragen
und Bedenken Bescheid zu geben.[2] Und in tom. 55 f. 367
sind aufgenommen Alcune considerazioni sopra il finir del concilio mandate a li legati a 6 di novembre (1563).[3] In diesen
zwei Fällen mögen die Registratoren besondere Weisung erhalten haben, während sie wahrscheinlich auf eigene Faust
gehandelt haben, wenn sie das eine oder das andere Schreiben
des Cardinalnepoten privaten Inhalts aufgenommen haben. Dass
der Ausnahmen von den Regeln so wenige sind, bestärkt mich
in der Annahme, dass behufs Registrirung die vorhandenen
Minuten nach bestimmten Gesichtspunkten gesichtet worden
sind. Die letzteren festzustellen haben wir mehr als einen
Grund. Die Frage, inwiefern unser GR. auf Vollständigkeit
Anspruch erheben kann, lässt sich doch nur beantworten, wenn
wir uns klar gemacht haben, in welchem Umfang das Material
hat gebucht werden sollen. Wir werden ferner sehen, dass
einer der wesentlichen Unterschiede zwischen dem älteren GR.
und den unter Gregor XIII. angelegten Registern darin besteht,
dass man in der Folge die Grenzen weiter gezogen hat. Und
vollends heben sich private Sammlungen der conciliaren Correspondenz von den im Secretariat entstandenen namentlich darin
ab, dass sie sich nicht auf mehr oder minder abgegrenzte
Kategorien von Briefen beschränken, sondern auch nebenbei
bieten, was dem Sammler zugänglich wurde und lehrreich
erschien.

---

[1] In tom. 55 werden auf f. 53—60 nicht weniger als vier solcher Beilagen
erwähnt.

[2] Der Erzbischof traf am 10. Juli wieder in Trient ein. Pallavicino XVII,
8, Nr. 1 hat nur ganz oberflächliche Kunde von dieser Instruction. Wie
mir Dr. Ratti versichert, hat sich diese Beilage zu dem Papstbriefe in
der Mailänder Sammlung nicht erhalten. Sie fehlt auch in tom. CVIII.
Somit scheint NG. 4ᶜ die einzige Quelle für die Instruction zu sein. Ich
veröffentliche sie im Anhange Nr. 19.

[3] Benutzt von Pallavicino XXIII, 7, Nr. 16.

Die Reihenfolge, in welcher die einzelnen Stücke copirt werden sollten, muss ebenfalls im voraus bestimmt worden sein, und ihr entsprechend müssen die Minuten, bevor sie den verschiedenen Registratoren zugetheilt wurden, geordnet worden sein. In erster Linie sollte die zeitliche Aufeinanderfolge berücksichtigt werden; unter den Schreiben von gleichem Tage aber sollten die des Papstes denen des Cardinalnepoten vorangehen und die an die gesammten Legaten denen an den ersten Präsidenten oder an die anderen einzelnen Legaten. Zugleich ist offenbar allen Registratoren vorgeschrieben worden, wie sie die Stücke der einen oder der anderen Art beim Abschreiben zu behandeln hatten.

Dass in diesem Punkte die im Geheimsecretariat geführten Expeditsregister (denn zunächst habe ich nur von diesen zu reden) sich von den gleichen Registern anderer curialen Aemter unterscheiden, hat vor allem darin seinen Grund, dass das Geheimsecretariat mit Material besonderer Beschaffenheit und Bestimmung manipulirte, nämlich nur mit frei stilisirten Briefen. Diese wurden schon zur Zeit, da nur eine Kanzlei für alles Schreibgeschäft bestand, anders gebucht als die mehr oder minder aus stereotypen Formeln zusammengeschweissten Bullen, Mandate u. s. w. und auch anders als die ihnen in der Fassung am nächsten kommenden und doch ganz anderen Zwecken dienenden Breven des späteren Mittelalters. Von jeher sind aus gutem Grunde die Contexte der Briefe vollständig in die Register eingetragen und sind nur die Protokolle und Eschatokolle als formelhafte Theile unterdrückt oder wenigstens gekürzt worden, was dann eventuell durch den Copien beigefügte Aufschriften und Glossen wettzumachen gesucht wurde. Diese alten Normen für Registrirung der Briefe wurden dann in dem neuen Geheim- oder auch Staatssecretariat fortgebildet, seitdem dieses allein die auf gewisse Agenden bezügliche Correspondenz und nichts anderes als sie zu besorgen hatte, und seitdem es, wie das nahe lag, die Register einerseits nach den seiner Competenz vorbehaltenen Agenden und andererseits auch nach den Adressaten zu gliedern (s. I, S. 69) begonnen hatte. So ist es namentlich die Behandlung der eingetragenen Schriftstücke, durch welche sich schon um die Mitte des 16. Jahrhunderts die Register des Geheimsecretariats in ersichtlicher

Weise von anderen Registern abheben und eine eigene Species
bilden. Von dieser und anderer Arbeit desselben Bureaus
mag im Allgemeinen auch zur Zeit Pius IV. gegolten haben,
was später Agucchia berichtet, dass sie nicht durch eigentliche
Vorschriften geregelt wurde, sondern durch Amtsgepflogenheiten,
welche, von den jüngeren Beamten den älteren abgesehen und
als zweckentsprechend erprobt, trotz des häufigen Wechsels des
Personals in der Hauptsache festgehalten wurden.   Dadurch
war nicht ausgeschlossen, dass einmal ein Chef oder dessen
Substitut, auf strengere Ordnung bedacht, allen Untergebenen
gewisse Normen vorschrieben und deren Beobachtung über-
wachten, so dass die Arbeit so gleichmässig ausfiel wie z. B.
in den S. 4 aufgezählten unter Pius IV. geschriebenen Registern
der Correspondenz mit den Legaten und den Nuntien.   Und
ebenso wenig war ausgeschlossen, dass, als so hochwichtiges
Material, wie es die nach Trient gesandten Proposte waren,
gebucht werden sollte, im Voraus ein bis in die Einzelheiten
reichendes Programm aufgestellt wurde, was in unserem Falle
Galli um so mehr zuzumuthen ist, da er auch die Mühe der
Revision und Beglaubigung des GR. nicht gescheut hat.   Thatsache ist, dass durch NG. 4ᶜ und tom. 55 ein und dasselbe
Schema hindurchgeht, und dass sich dasselbe noch mehr auf
Details erstreckt als das den gleichzeitigen Nuntiaturregistern
zu Grunde gelegte Schema.   Haben so die beiden Theile des
älteren GR. ein ganz stereotypes Gepräge erhalten, so wird uns
dadurch auch die Unterscheidung desselben von den jüngeren
Registern erleichtert.

Allerdings erfordert diese die Beachtung aller Kennzeichen, auch solcher, die an und für sich geringfügig erscheinen, denn, da es nur die Eingangs- und die Schlussformeln
sind, welche in diesen Registern gekürzt oder eventuell auch
unterdrückt zu werden pflegen, da sich also die Differenzirung
in ziemlich engen Schranken bewegt, kommt es vornehmlich auf
das Ausmass der Kürzungen an.   Dasselbe hing jedoch keineswegs nur vom Belieben der Registratoren oder ihrer Auftraggeber ab, sondern in erster Linie von der Beschaffenheit des
zu registrirenden Materials, d. h. hier von der Beschaffenheit
der Minuten, welche selbst schon des Beiwerks der Formeln in
etwas entkleidet waren.   Wir müssen also auf die Minuten

und deren Eigenschaften zurückgehen, um den rechten Massstab dafür zu gewinnen, was die Registratoren aus den ersteren
gemacht haben.[1]

3. *Vergleich der Registercopien der Briefe Borromeo's mit den Minuten.*

Es verschlägt bei solcher Untersuchung wenig, dass die
sämmtlichen Concepte zu den Proposten an die Concillegaten
zu Grunde gegangen sind (s. I, S. 64), denn, um zunächst von
den in Borromeo's Namen expedirten Briefen zu reden, welche
viel zahlreicher als die Papstbriefe sind, so ist seine Correspondenz mit den Legaten genau so wie die mit den Nuntien
geführt und behandelt worden, und von letzterer Correspondenz
liegen uns wenigstens zwei Stücke in Form von Originalminuten
vor. Da diese Exemplare jedoch defect sind, und da es überhaupt gerathen sein wird, an einer grösseren Anzahl von
Exemplaren zu zeigen, was diese Species von Minuten kennzeichnet, greife ich über die wenigen Jahre des Regiments des
Nepoten Pius IV. hinaus. Derselbe Mann, welcher in diesen
Jahren die Geschäfte des Geheimsecretariats geleitet hatte,
nämlich der Cardinal von Como, leitete sie auch wieder seit
1572, und zwar, wie sich aus den noch erhaltenen Akten der
einen und der anderen Periode ergibt, in fast gleicher Weise,
so dass wir zu der Annahme berechtigt sind, dass auch zwischen den Minuten kein wesentlicher Unterschied bestanden
hat, um so weniger, da die in Hülle und Fülle auf uns ge-

---

[1] Indem ich mich entschliesse, gleich an das erste Beispiel, das ältere
GR., welchem dieses Capitel gewidmet ist, die Beantwortung sämmt-
licher für die Beurtheilung der Register in Betracht kommenden Fragen
(mit Ausnahme einer einzigen, welche ich besser im nächstfolgenden
Capitel erledige) anzuknüpfen, sehe ich mich genöthigt, über mehrere
Bände der Vaticanischen Concilakten, welche Minuten, Originale oder
Copien der Correspondenz enthalten (nämlich tom. 26—29, 32, 49—51,
54, 57—61, 68, 151), schon hier vorläufigen Bericht zu erstatten.
Nur so kann ich das ältere GR. mit den anderen Registern vergleichen
und sofort an bestimmten Boispielen darthun, welche Folgerungen sich aus
diesen Untersuchungen ziehen lassen. Um so kürzer kann ich mich
in der Folge bei der Kennzeichnung der anderen Register fassen.

kommenen Minuten aus dem Secretariat Gregor XIII. ein sehr
stereotypes Gepräge an sich tragen.

Die zwei mir aus dem Pontificate Pius IV. bekannten
Minuten gehören zu der mit dem 1561 als Nuntius nach Frankreich gesandten Cardinal Ippolito von Ferrara geführten Correspondenz, genauer gesagt zu einer Proposte vom 15. März 1562
(α) und zu einer vom 19. December desselben Jahres (β).[1]
Da von beiden nur die zweite Hälfte erhalten ist, spreche ich
zuerst von dem Schlusse der hier gebotenen Concepte. In α
folgt auf das letzte Wort des Contextes (relatore) noch: cosi
in buon gratia sua quanto più humilmente posso mi raccomando.
Di Roma a li XV. di Marzo 1562, so dass uns der übliche
Schlussgruss und die Datirung vollständig geboten werden.
Dagegen fehlt in α die Unterschrift mit allem Zubehör: es
blieb dem Mundanten überlassen, in der Originalausfertigung,
in Anbetracht, dass sie an einen Cardinal gerichtet war, hinzuzufügen: di V. S. Illma et R^{ma} humilissimo servitor als Einleitung zu der autographen Unterschrift. Ganz ebenso ist der
Schluss nicht allein in der Minute β gehalten (er lautet: che

[1] Wo ich α fand, sage ich im Excurs V, wo ich β fand, S. 36. — In beiden
Stücken lassen sich zwei Hände, die des Concipienten und die des
Revidenten, unterscheiden, Hände, welche uns in den Secretariatsakten
dieser Zeit immer und immer wieder begegnen. — Ursprünglich bestanden beide Minuten aus je zwei Bogen. Bei α war der eine Bogen in
den anderen eingelegt; da der letztere, dessen Hälften die Bezeichnung
fol. 1 und 4 zukommen würde, verloren gegangen ist, fehlt uns mit f. 1
der Eingang des Conceptes (f. 2 hebt an mit cosi havemo più presto a
far opera) und mit f. 4, auf welches das Concept nicht mehr hinüber-
reichte, der gleich zu erklärende Registraturvermerk. Wenn ich auch
auf die Behandlung des Contextes erst später eingehe, will ich gleich
hier bemerken, dass uns die Registerabschrift von α vorliegt in NG.
4^b f. 146—149 und f. 152. Für β dagegen sind zwei aufeinander folgende Bogen verwendet worden, von denen aber das erste Blatt verloren gegangen ist, so dass sich hier nur f. 2—4 befinden. (Bei der
Foliirung der Handschrift ist f. 2 des Conceptes als f. 409 und f. 3 als
f. 410 bezeichnet worden, während f. 4 keine Blattnummer erhalten hat;
f. 2 ist aber verkehrt eingebunden worden, so dass der Anfang des
Fragmentes auf f. 409' steht). Somit fehlt uns auch hier der erste
Theil des Conceptes: wir kennen dasselbe, da die Eintragung dieses
Stückes in das Amtsregister NG. 4^b unterblieben ist, nur von den
Worten an mit denen f. 2 beginnt: dicono che non so etc. Dagegen
bietet uns f. 4' den üblichen Registraturvermerk.

è tutto quello che per hora m'occorre dire a la S. V. Illma, a
la quale, quanto più humilmente posso, mi raccomando et desi-
dero ogni contento. Di Roma a li 19 di Decembre 1562), sondern
auch in den zahlreichen Minuten aus den Jahren 1572—1585,
welche unter anderen in den Nunziature di Germania 6, 7,
87, 96 vorliegen.[1] Der Name des Schreibers, auf den uns,
alles anzukommen scheint, ist also mit der Unterschrift unterdrückt worden und kommt auch an keiner anderen Stelle der
Minuten vor: er lässt sich lediglich dem Umstande entnehmen,
dass die Minuten zu den Akten des Geheimsecretariats einer
bestimmten Periode, respective zu den Akten des gerade die
Geschäfte führenden Cardinals gehörten.[2]

---

[1] Betreffs des in den Minuten uie fehleuden Schlussgrusses bemerke ich,
dass von Fall zu Fall auf die Fassung desselben Werth gelegt worden
ist. Daher ist in einer vom 7. März 1573 datirten Minute in NG.
87, f. 3', welche sehr wenig Correcturen aufweist, gerade die vom
Concipienten beliebte salutatio finalis bei der Revision verworfen und
durch eine andere ersetzt worden. — Nicht ganz gleichmässig ist in
den späteren Minuten die Datirung behandelt worden. So sind z. B.
in NG. 7 den Concepten eben solche Ueberschriften gegeben worden,
wie wir sie gleich als in den Registern üblich kennen lernen werden:
es steht dort am Kopfe von f. 1 Al Nuntio Delfino il primo di Gennajo 1575, und dem entsprechend ist der Schluss des Conceptes gekürzt
worden zu Di Roma etc. Dieses Vorwegnehmen der Datirung hat oft
einen besonderen Grund. Ich habe schon I, S. 64 auf Minuten in Reinschrift hingewiesen, habe aber nachzutragen, dass es deren mancherlei
Arten gibt. Die Zeitgenossen haben auch solche Stücke als Minuten
bezeichnet und in die für diese bestimmten Bände eingereiht, welche
ursprünglich als Originalausfertigungen dienen sollten, solchem Zwecke
aber nicht mehr entsprachen, als im letzten Augenblicke eine wenn
auch nur geringfügige Abänderung für nothwendig erachtet wurde. Derartige Stücke reichen eventuell bis zu den auf den Schreiber bezüglichen Worten humilissimo servitore, so dass nur die eigenhändige Subscription desselben und die Aussenadresse fehlen. Häufiger aber hat
man das für die Expedition bestimmte Stück nur bis Di Roma mundirt
und hat Raum gelassen für die noch nicht ganz feststehende Datirung.
Ist dann ein solches Schriftstück ebenfalls, weil an ihm noch mehr oder
minder abgeändert wurde, in der Registratur zurückbehalten worden,
so hat man die Datirung bald am richtigen Orte, bald aber auch am
Kopfe nachgetragen. Das sind aber doch nur Ausnahmsfälle, welche
die oben formulirte Regel nicht umzustossen vermögen.

[2] Allerdings drängt sich hier die Frage auf, ob denn nicht unter Pius IV.,
da neben Borromeo auch Ptolomeo Galli (s. I, 49) Proposte unter seinem

Unumgänglich dagegen war, dass auf jedem Briefconcepte
ersichtlich gemacht wurde, an wen der Brief gerichtet wurde.
Man sollte erwarten, dass die diesbezügliche Angabe am Kopfe
der Minute sich befinde. Aber da bieten die Minuten aus dem
Pontificate Gregors XIII., auf die wir hier angewiesen sind,
weil die älteren Exemplare ɔ und ϩ kopflos sind, zumeist nur
die dem Contexte vorangehende Anrede, wie sie einerseits
der Stellung des Adressaten und andererseits dem Verhältnisse
des Schreibers zu dem Adressaten entsprach. So heben alle
in NG. 7 zusammengebundenen Minuten an mit Molto Rev^{do}
Mons^{re} come fratello, wie der Cardinal von Como als Schreiber
den Nuntius Giovanni Delfino als Empfänger anzureden hatte,
und desgleichen die in NG. 87 gesammelten Concepte für
Briefe an den 1573 nach Salzburg gesandten Dominikaner
Frà Feliciano Ningnarda[1] einige Jahre hindurch mit Molto
Rev^{do} in Christo patri, dann aber, als Ninguarda Bischof von
Scala geworden war, mit Molto Rev^{do} Mons^{re} come fratello.[2]
Solches Aufsteigen in der Hierarchie gab allerdings den Concipienten eventuell Anlass, von denselben auf der ersten Minute,
welche sie nach der Beförderung zu schreiben hatten, Notiz
zu nehmen und dabei auch den Namen des Adressaten zu
nennen.[3] Auch andere Nebenumstände mögen bewirkt haben,

Namen verfasste, die Concepte zu diesen in irgend einer Weise kenntlich gemacht worden sind. Oder hat etwa Galli, was er in seiner amtlichen Eigenschaft schrieb, doch als Privatsache betrachtet und von den
Amtsakten abgesondert? — Obgleich ich mich mit Vorbedacht, weil ich
das Material aus den vorausgehenden Jahrhunderten nicht genügend
kenne, in diesen Berichten des Versuchs enthalte, auf analoge Erscheinungen älterer Zeit hinzuweisen, so will ich hier eine Ausnahme
machen und bemerken, dass schon die Briefconcepte des 14. Jahrhunderts, welche sich in den sogenannten Kladdenbänden erhalten haben,
in mancher Beziehung (s. Donabaum in Mitth. 11, 103) unseren Minuten
gleichen.

[1] S. Hansen I, Einl. XXIX.

[2] Ehrerbietiger lautet in NG. 96 die Anrede des Cardinals von Como
an den Cardinal Morone, nämlich Illmo et Rev^{mo} S^r mio Col^{mo}, so insbesondere auch auf der schon mundirten Minute ib. f. 11; auf den
gewöhnlichen Minuten wird diese Anrede zumeist abgekürzt zu Illmo etc.

[3] So hat fol. 41 des zuletzt genannten Bandes die Ueberschrift Al P. Fel.
Ninguarda eletto vescovo di Scala, 2 di Marzo 1577. — Zuweilen schreibt

dass schon am Kopfe von Einzelconcepten der Adressat genau
bezeichnet wird:[1] das änderte um so weniger an der Gepflogenheit, bei dieser Stelle den Namen zu übergehen, als ihm ein
für alle Male eine andere Stelle angewiesen war. Fast sämmtliche Minuten sind nämlich mit einem Registraturvermerk versehen worden, der z. B. bei β, von dem uns ja auch fol. 4
erhalten ist, lautet: 62. 19. X^{bris} | Al Sor Car^{lo} di Ferrara | in
cifra | R^{ta}.[2] und als Minimum den Namen bietet, womit zugleich

der Concipient dem Mundanten auch vor, wie fortan die Aussenadresse
zu lauten hat.

[1] Hier kommt es nur anf die Beschaffenheit der einzelnen Stücke an.
Deshalb habe ich auf die Titel der Bände nicht Rücksicht zu nehmen,
anch wenn die Minuten zn den Proposten an diesen oder jenen Nuntius
gleich nach Beendigung der Nuntiatur oder anch während derselben zu
Ende eines Jahres in einen Band vereinigt worden sind und der Band
anch sofort als die und die Nuntiaturen enthaltend bezeichnet worden
ist. Es mag auch, um die zahlreichen Minuten, bevor es zum Einbinden kam, in Ordnung zu halten, eine Sonderung nach Jahren stattgefunden haben und auf dem ersten Stücke einer Periode wie in NG. 7
f. 1 bemerkt worden sein al Nuntio Delfino il primo di Gennajo 1575.
Es genügt, solche nicht ins Gewicht fallende Ausnahmen anzudeuten.

[2] Ich werde noch Gelegenheit finden, an einzelnen Beispielen darzuthun,
dass es, um die vielfach gestörte Ordnung der Papiere wiederherzustellen,
der Mühe werth ist, darauf zu achten, wie einst die zu einem Akte zusammengehörigen Bogen und Blätter gefaltet worden sind, um sie, wenn
sie Reinschriften enthielten, zu einem geschlossenen Briefe, oder, wenn
auf ihnen Concepte geboten waren, zu einem in der Registratur zu repo-
nirenden Convolute zu vereinigen. Hier fasse ich den Vorgang im letzteren Falle ins Auge. Ich erwähnte schon, dass α und β aus je zwei
Bogen bestanden. Zu einer Zahl von ganzen Bogen kamen oft noch
einzelne Blätter oder Papierstreifen, auf welchen Correcturen oder Zusätze, besonders häufig eigentliche Nachschriften eingetragen waren. Alles,
was zu einem Akte gehörte, wurde, um ein Convolut zu bilden, in bestimmter Weise zusammengefaltet: unter Pius IV. sind, entsprechend dem
damals üblichen Formate des Papiers (s. S. 36), die Convolute im Durch-
schnitt 20 Cm lang und 7 Cm breit. Sie wurden, solange die Akten noch
täglich benöthigt wurden, in Repositorien mit zahlreichen kleinen Fächern
(noch jetzt haben sich solche alte Aktengestelle erhalten) untergebracht.
Das Auffinden der Akten zu erleichtern und die Ordnung derselben zu
sichern, erhielt jedes Convolut am Kopfe der einen Aussenseite sein
Indorsat. Schon bei den wiederholten Transporten sind durch Auflösung
der Convolute fliegende Blätter entstanden, von denen es in Ermanglung
von Signaturen zweifelhaft ist, zu welchem Akte sie gehören. Und als
in der Folge die Akten gebunden worden sind, ist manches der ein-

dem mit den Titulaturen vertrauten Ingrossator die erforderliche Anweisung für Anfertigung der Aussenadresse des Briefes
gegeben wurde.[1]

Haben wir so die Beschaffenheit der Minuten kennen
gelernt, so mögen folgende Beispiele, welche ich den ersten
Seiten von NG. 4e und von tom. 55 entnehme, veranschaulichen,
wie Anfang und Schluss der italienischen Schreiben Borromeo's
an die Legaten in dem älteren GR. lauten.[2]
Jener Band hebt f. 186 an mit: A li R^{mi} legati a li VII.
di Gennaro. | Ho communicato con N. S^{re} — che S. S^{tà} sera
d' accordo qui circa le spese con Mons. Illmo di Trento. Di
Roma etc., worauf f. 187 folgt: Al Card^{le} di Mantova | a li
VII. di Gennaro. | In risposta de la lettera — et ricordarle
liberamente quel che ha da fare. Di Roma etc. — Tom. 55
f. 1 bietet: A li Ill^{mi} legati a 7 d' Ottobre. | Perche Monsr
Illmo — et necessaria etc. Di Roma etc., dann: A li detti.
Per risposta de l' ultima lettera — (f. 2') ubidito etc. Di
Roma etc., und drittens: Al Sr Car^{le} di Mantua. | Non accade
per risposta — (f. 3) per tenerlo più amarevole che si può etc.
Di Roma etc.[3]

---

zelnen Blätter an unrechte Stelle gerathen. Genügt nun nur in seltenen Fällen der Inhalt, den Hauptbogen herauszufinden, zu welchem
ein Beiblatt gehört, so bietet zuweilen die Faltung eine Handhabe, um
die rechte Ordnung wiederherzustellen.

[1] Bei flüchtiger Durchsicht der oben citirten Minutenbände aus dem Pontificate Gregor XIII. ist mir noch Folgendes aufgefallen. Vielen Minuten
sind ganz kleine Blättchen mit Inhaltsangaben aufgeklebt. So besagen
drei Blättchen zu einer Minute in NG. 87: 1. loda F. Feliciano della
sua opera nel synodo — 2. che presenti i brevi, et gli manda i rifatti —
3. scritture mandate da F. Feliciano della synodo. Punkt 1 und 2 sind
in dem eigentlichen Briefe. Punkt 3 ist in der Nachschrift besprochen.
Möglicherweise sind diese drei kurzen Aufzeichnungen erst nach der
Minute entstanden, um für Estratti oder auch für einen Indice verwerthet zu werden. Wahrscheinlicher dünkt mir aber, dass uns hier
kurze Weisungen an den Concipienten vorliegen, nach denen er diese
Proposte abfassen sollte.

[2] Weitere Beispiele biete ich, indem ich aus denselben Bänden mehrere
Proposten abdrucken werde, und zwar, wie ich schon I, 119 Anm. bemerkte, genau nach diesen Registerbänden.

[3] In den drei letzten Fällen ist Di Roma etc. erst von zweiter Hand
hinzugesetzt worden, worauf ich S. 42 zurückkomme.

Nach welchen Gesichtspunkten die Registratoren hier vorgegangen sind, liegt auf der Hand. So wenig wie in den Minuten brauchte in dem Register für die Correspondenz Rom —Trient der jeweilige Schreiber ausdrücklich genannt zu werden: indem die Papstbriefe, wie wir noch sehen werden, auch in der gekürzten Form als solche ersichtlich gemacht wurden, ergab sich für alle anderen Briefe Borromeo als Autor. Bei der Bestimmung des Bandes für die an die Concillegaten gerichteten Schreiben brauchten nur noch die proposte in commune und die an die einzelnen Legaten auseinandergehalten zu werden: die Scheidung, welche in den Minuten durch den Registraturvermerk erzielt wurde, wurde im Register gleich in den Ueberschriften durchgeführt. Mit dieser möglichst kurzen Adresse wurde die Angabe von Monat und Tag verbunden; dazu auch das Jahr hinzuzufügen, wie es auf dem Rücken der Minuten geschah, wurde für überflüssig erachtet, da sich das Jahr der Reihenfolge der Briefe entnehmen liess. Vollends entbehrlich erschien die Anrede am Kopfe der Briefe, weshalb der Registrator auf die von ihm formulirte Ueberschrift sofort den Context folgen liess. Damit, dass in den Minuten die Unterschriften mit allem Zubehör fehlten, begnügten sich die Registratoren unseres GR. nicht, sondern sie suchten auch noch was unmittelbar vorausging zu kürzen: sie liessen den Schlussgruss vollständig aus und zogen, da sie die Zeitangaben vorausgenommen hatten, die in den Minuten gebotene Datirung zu Di Roma etc. zusammen.

Von diesem für den Schluss der Briefe aufgestellten Schema wird in NG. 4ᶜ und in tom. 55 nur äusserst selten abgewichen.[1] Es ist auch, was auf eine bestimmte und wenigstens in den betreffenden Jahren festgehaltene Vorschrift schliessen lässt, in den S. 4 als gleichzeitig aufgezählten

---

[1] Was den Finalgruss anbetrifft, so sind mir nur zwei Ausnahmen von der Regel aufgestossen. NG. 4ᶜ f. 294 (Particularbrief an Mantua) hat der Registrator denselben zu copiren begonnen, hat dann aber sich der Vorschrift erinnert; so endet das Stück mit: et quanto più humilmente posso etc. Di Roma etc. Die zweite Ausnahme (s. das Facs. I) will noch weniger besagen: am Schlusse der Arbeit angelangt, mag der Schreiber der Versuchung, denselben feierlicher zu gestalten, nachgegeben haben.

Nuntiatur-Registern beobachtet worden. In diesem Zusammenhange komme ich nochmals auf die Originalminuten z, β und
auf die Eintragung von z in NG. 4ᵇ (s. S. 16) zurück.
Letztere schliesst ab mit relatore. Di Roma etc., lässt also
die salutatio finalis aus. Und daran scheint der Registrator
ausdrücklich erinnert worden zu sein, indem in dem ihm zum
Copiren übergebenen Concepte z die Worte Cosi — mi raccomando durchstrichen worden sind.[1]

Dass ich zuvor das eine und das andere Mal von der
italienischen Correspondenz Borromeo's mit den Legaten gesprochen habe, geschah, weil die lateinischen Briefe des Cardinals von den Registratoren etwas anders behandelt worden und
daher für sich zu betrachten sind. Da die lateinische Sprache,
deren man sich nur im Briefwechsel mit Hosius bediente, den
Beamten des Geheimsecretariats minder geläufig war, liess man
die betreffenden Proposte von G. B. Amaltheo und anderen
concipiren (s. I, S. 73, 78, 84). Wie die in diesen Fällen gelieferten Minuten beschaffen waren, weiss ich nicht. Aber

---

[1] Ebenso ist in β der Schlussgruss getilgt, was nur insofern minder bezeichnend ist, als in β ein 15 Zeilen langer, den Context abschliessender
Passus durchstrichen worden ist. — Ich trage hier noch einiges zur
Beschreibung jener beiden Originalminuten nach. Dass auf das in β
vorliegende Dictat grosse Mühe verwendet worden ist, bezeugen zahlreiche und zum Theil sehr umfangreiche Correcturen. Da die eine und
andere Correctur mehr angedeutet als ausgeführt worden ist, muss es
dem Registrator schwer geworden sein, den schliesslich beliebten Wortlaut festzustellen. Der Revident des Conceptes z, welches ebenfalls
allerlei Abänderungen aufweist, hat dem Mundanten und dem Registrator
mehr zu Hilfe zu kommen gesucht. Hier handelt es sich namentlich
um eine die Disposition des Briefes betreffende Aenderung. Ein vom
Concipienten in die Mitte des Briefes gesetzter Passus von 8 Zeilen hat
nämlich an den Schluss versetzt werden sollen. Der Revisor hat ihn
also zuerst durchstrichen, dann aber an den Rand geschrieben: hoc caput
vivit, sed ponendum est in fine, ut ibi videbis; dazu ein Verweisungs-
zeichen, welches dann am Schlusse, wo der Passus eingeschaltet werden
soll, wiederholt worden ist. Der Registrator hat dann auch den betreffenden Passus an die richtige Stelle gebracht. Wie genau in diesem
Falle nach der Minute gebucht worden ist, ergibt sich daraus, dass
sich bei der Vergleichung einer Suite der Registercopie mit dem Concepte nicht allein wörtliche, sondern buchstäbliche Uebereinstimmung
ergab, bis auf die einzige Variante, dass gli Ugonotti in z im Register
zu li Ugonotti geworden ist.

schon der Umstand, dass die Registratoren nicht mehr gewohnt
waren, lateinische Stücke zu buchen, mag sie bestimmt haben,
ihre Vorlagen etwas mehr zu respectiren und sich der Kürzungen im allgemeinen mehr zu enthalten, und mag bewirkt
haben, dass die Registerabschriften dieser Briefe minder gleichmässig ausgefallen sind. Das kann man folgenden Beispielen
entnehmen. NG. 4ᶜ f. 187 (erster Brief an Hosius im GR. II):
Carˡⁱ Varmiensi VII. Januarii. | Legi Sᵐᵒ D. N. earum lite-
rarum exempla — mittatque mihi saepius quae Sᵗⁱ S. in hanc
sententiam legere possim; vale. Dat. Romae etc. — Ib. f. 294′
zu 11. Juli 1562: Cardˡⁱ Varmiensi. | Ex litteris — ad quas,
cum nihil aliud habeam quod respondeam, D. V. Rᵐᵃᵉ me
etiam atque etiam ex animo commendo. Dat. Romae etc. —
Tom. 55 f. 11′ zu 17. October 1562: Carˡⁱ Varmiensi. |
Quod ad me scripsit Rᵐᵃ et Illᵐᵃ D. V. — ego operam studium
ac diligentiam meam eidem sepius delatam nunc iterum toto
animo defero manusque deosculor etc. Dat. Romae etc. — Ib.
f. 20′ zu 29. October d. J.: Carˡⁱ Varmiensi. | Audivit ad-
modum libenter Sᵐᵘˢ D. N. — ad s. hoc negotium ad optatum
finem producendum etc. Dat Romae etc. Ueberblicken wir die
Gesammtheit dieser Briefe, so bewegt sich die salutatio finalis
zwischen dem schlichten vale und einem viele Zeilen langen
Satze: wird sie nun in der Regel von den Registratoren ganz
wiederholt, so wird sie doch auch zuweilen gekürzt oder ganz
ausgelassen.

1. Briefe und Postscripte des Papstes und ihre Behandlung in dem Generalregister.

Um zu der zweiten im GR. gebotenen Kategorie von
Proposten, d. h. zu den Papstbriefen überzugehen, hebe ich
nochmals die Momente hervor, welchen sie ihre Entstehung und
auch ihre Wirkung verdankten. Borromeo betont fast in jedem
seiner Briefe, dass er lediglich des Papstes Willen zum Ausdrucke bringe, und sagt auch gelegentlich, dass er keinen Brief
ohne Genehmigung des Papstes befördere; kann er zuweilen
auf die Bitten der Legaten um Weisung nicht sofort antworten,
so pflegt er sich damit zu entschuldigen, dass er dem Papste
noch nicht habe Vortrag halten oder dass er dessen Ent-

scheidung noch nicht habe erwirken können. Pius IV. genügte
bei allem Vertrauen zu seinem Nepoten nicht, dass sein Willen
durch diesen kundgegeben wurde. Wie er zumeist die Verhandlungen des Concils mit lebhaftem Interesse verfolgte und
sich oft durch momentane Eindrücke bestimmen liess, gab ihm
gerade die Vorlage der Briefe Borromeo's an die Legaten Anlass, persönlich einzugreifen.[1] Andererseits legten auch die
Legaten Werth darauf, in schwierigen Fällen sich der Willensmeinung des Papstes zu versichern: so verlangten sie in einem
Schreiben an Borromeo vom 29. Juni 1563 (Anhang Nr. 28)
geradezu, dass der Papst, wenn er das und das wolle, ne mandasse ordine fermato di sua mano. Für solche ganz directe
Aeusserungen der Päpste waren mit der Zeit ebenfalls bestimmte Normen aufgekommen; aber die Schranken, welche sie
der stark ausgeprägten Eigenart dieses Papstes zogen, wurden
unter Umständen auch überschritten. So bediente sich Pius IV.,
wenn er seine Willensmeinung persönlich verlautbaren wollte,
der mannigfaltigsten Formen. Derartige Briefe richtig zu behandeln, allen Besonderheiten derselben Rechnung zu tragen
und sie ersichtlich zu machen, musste den Registratoren, welche
nach einem Schimmel zu arbeiten gewohnt waren, schwer fallen.
In Folge dessen sind die Abschriften und die übliche Zuthat
zu denselben (s. S. 40) nicht immer gelungen, ja es sind zuweilen gerade die formelhaften Theile, welche solche Stücke
als Papstbriefe kennzeichnen, verunstaltet oder verwischt
worden, so dass die Benützer der Registercopien, wenn sie
nicht mit dem besonderen Stile dieser persönlichen Kundgebungen
vertraut sind, leicht betreffs der Autorschaft irregeführt werden
können.

Gilt es also, die Ueberlieferung der Papstbriefe in den
Registern zu controliren, und ist uns dabei die Handhabe be-
nommen, deren wir uns bei der Betrachtung der Borromeo-
Briefe bedienen konnten, da Concepte zu dieser Species von
Papstbriefen mir wenigstens noch nicht zu Gesichte gekommen
sind,[2] so muss ich mich, um auf die Kennzeichen aufmerksam

---

[1] Vgl. die letzte Nachschrift zu dem Briefe vom 3. October 1562 im Anhang Nr. 21.

[2] Dass in gewissen Fällen Concepte im eigentlichen Sinne des Wortes
gar nicht vorhanden gewesen sind, werden wir S. 33 sehen.

zu machen, an die noch vorhandenen Originale halten. Zum
Glück haben sich deren viele erhalten, in grösserer Zahl aus
der Periode, in welcher der Cardinal von Mantua den Vorsitz
führte, in geringerer aus der Morone-Periode. Dass ich aber
jene, welche auf der Ambrosiana erliegen, noch nicht aus eigener
Anschauung kenne, bestimmt mich, hier nur gelegentlich von
ihnen Gebrauch zu machen und für die folgenden Bemerkungen
mich fast ausschliesslich auf die im Vaticanischen Archiv
befindlichen, vom April bis December 1563 reichenden Exemplare zu stützen und zu berufen.[1]

_____

[1] Die Particularcorrespondenz mit Morone beginnt mit einem Briefe Borromeo's vom 25. März 1563, welcher, zwei Tage nach der Abreise des
Adressaten von Rom geschrieben, diesem noch vor dem Eintreffen in
Trient zuging. Nach der Ankunft dort wurden in Morone's Registratur
mit den an ihn gerichteten Schreiben auch die proposte in communo
vereinigt. Die ersten Papstbriefe dieser Sammlung datiren vom 8. und
9. Mai. — Um Auskunft über den Vorrath an Papstbriefen und über
deren Ueberlieferung zu geben, sehe ich mich genöthigt, den früheren Angaben über die Morone-Papiere (s. I, S. 77) Folgendes hinzuzufügen. Was von ihnen nach Ablieferung an das Vaticanische Archiv
dort in die Abtheilung der Concilakten eingereiht worden ist, ist recht
und schlecht in 10 Bänden, nämlich in tom. 26—34 und 68 untergebracht
worden. Der letzte Band ist offenbar nur durch ein Versehen zu seiner
jetzigen Nummer gelangt. Wir sahen schon I, S. 91—95, dass er unter
Paul V. und bis in die Zeit von Pallavicino hinein stets in Verbindung mit
den tom. 26—32 genannt wurde. Dazu kann ich jetzt hinzufügen, dass er
noch im Inventar von 1672 als Nr. 288 angeführt und damit an die Spitze
der zehn aus Morone's Nachlasse stammenden Bände der Concilakten
gestellt wird (tom. 26—34 sind nämlich = Bissaigham Nr. 289—297),
während der jetzige tom. 25 (eine von Massarello besorgten, jedoch
nicht vollständige Reinschrift der Decreta concilii) dort als Nr. 330
erscheint; also wird tom. 68 einst tom. 25 gewesen und wird der jetzige
tom. 25 damals eine andere Nummer geführt haben. Aus alledem kann
man mit Sicherheit folgern, dass tom. 68 auch in der Serie der für
Pallavicino (I, S. 95) excerpirten tom. 1—8 delle lettere nell' archivio
Vaticano als tom. 1 an der Spitze gestanden haben wird. Dass da nur
von 8 Bänden die Rede ist und nicht auch von den Bänden gleicher
Herkunft 33 und 34, hat seinen guten Grund: für den Historiographen
des Concils kamen eben nur tom. 25—32 in Betracht und nicht auch die
zwei folgenden, welche nämlich Briefe an Morone vom Kaiser, von Erz-
herzogen, Cardinälen u. s. w. aus den Jahren 1530—1580 und darunter
nur sehr wenige auf das Concil bezügliche enthalten, so dass sie zu
den der Zeit vor oder nach dem Concil angehörigen und nur von un-

Als Beispiel für normale Papstbriefe, wie sie vom General-
secretariate ausgehen, kann unter anderen der in I. Anhang Nr. 1

gefähr in diese Abtheilung eingestellten Bänden (s. I, S. 101) zu rechnen
sind. Gerade diese zwei Bände mit bis zum Tode Morone's reichendem
Material beweisen, dass der Cardinal, so lange er lebte, seine Papiere
zusammengehalten und nicht an den Vatican abgeliefert hat, was auch
durch die von mir I, S. 17 angeführte Notiz aus dem Ende des 16. Jahrhunderts bestätigt wird. Wann nun zuerst ein grosser Theil der Morone-
Akten an den Vatican gekommen und dort dem Archiv überwiesen
worden ist, kann ich noch immer nicht genau sagen. In den von Ga-
sporolo veröffentlichten Verzeichnissen der unter Paul V. dem neuen
Geheimarchive einverleibten Handschriften findet sich eine einzige, nämlich Lettere del vescovo di Modena sotto Paolo III., welche aus Morone's
Nachlass stammen könnte. Dass aber die zuvor genannten 10 Bände
der Concilakten bereits unter Paul V. dem Geheimarchive angehörten,
sahen wir schon I, S. 91. Doch ist jedenfalls ein anderer Theil der
Morone-Papiere erst später dem Vatican ausgeliefert worden, so die I,
S. 89 citirten Codices der Bibliothek, deren über 6000 hinausgehende
Nummern auf Erwerbung nach 1630 oder 1640 hinweisen.

 Auf den Inhalt der tom. 27, 29, 32 und 68 gehe ich noch weiter
ein. Wie ich schon sagte, hat Morone gleich seinem Vorgänger im
Präsidium des Concils auch die ihm als Vorsitzenden zugestellten lit-
terae in commune als sein Privateigenthum betrachtet. Die ganze Sammlung ist schon zu seiner Zeit, wie noch ersichtlich ist, in eine bestimmte
Ordnung gebracht worden. Aus der Masse der Proposte wurden diejenigen, welche entweder vom Papste ausgegangen oder doch mit Nachschriften des Papstes versehen waren, ausgeschieden, um als gesonderte
Abtheilung aufbewahrt zu werden. Die übrigen weit zahlreicheren und
daher die Hauptabtheilung bildenden Proposte wurden wieder zerlegt
in die Briefe des Cardinalnepoten (eventuell auch des Geheimsecretärs
Galli) in commune (d. i. der jetzige tom. 68) und in die Particularbriefe
an Morone (d. i. tom. 27). Minder gut als diese Sammlung ist die Nebenabtheilung der päpstlichen Proposten behütet und zusammengehalten
worden. Es sind lediglich die der Communecorrespondenz angehörigen auf
uns gekommen und auch die nicht vollständig und nicht alle in Originalen,
sondern vielfach nur in gleichzeitigen Abschriften. Und was sich von dieser
Nebenabtheilung erhalten hat, ist auseinandergerissen worden: ein Theil
ist in den leidlich geordneten tom. 29 eingereiht worden, ein anderer in
tom. 32, in welchem sehr mannigfaltiges, vielleicht gelegentlich wieder auf-
gefundenes Material untergebracht worden ist. In den Archiv-Indices habe
ich keine Spur von weiteren hiehergehörigen Stücken entdeckt. Auch in
den Sammelbänden der Vaticanischen Bibliothek habe ich vergeblich nach
solchen gesucht. Ob sich Papstbriefe gleicher Bestimmung in anderen
Sammlungen, in welche Bruchtheile des Morone-Nachlasses gerathen sind,
noch auftreiben lassen werden, muss ich dahingestellt sein lassen.

aus dem Originale abgedruckte dienen. Auf die Persönlichkeit
des Adressaten wurde nicht allein in der Aussenadresse und in
der Anrede am Eingang des Briefes Rücksicht genommen, sondern nach ihr wurde auch die Sprache gewählt: an die Legaten
insgesammt und an die Mehrzahl der einzelnen, an die Nuntien, an die Bischöfe in Italien u. s. w. wurde italienisch geschrieben, an Hosius dagegen lateinisch, an den Kaiser, den
Cardinal von Lothringen u. a. bald italienisch und bald lateinisch.[1] Immer aber wurde das Protokoll lateinisch gehalten,

---

[1] Vgl. Sickel, Nr. 78 und 112, wo jedoch Originalbrief zu lesen ist. —
Dass ein Papstbrief ein Breve nicht ersetzen konnte, geht aus einem
Briefe Pius IV. an die Legaten vom 1. Juli 1563 hervor. Er betrifft
die von Pallavicino XXI, 14, Nr. 8—14 recht gut dargestellten Verhandlungen über den der Ketzerei verdächtigten Patriarchen von Aquileja
Grimani. Um die Entscheidung über seine Rechtgläubigkeit dem Concile
zuzuweisen, bedurfte es eines Breves. Der Papst sagt nun: so il breve
non fù spedito, è stato perche nissuno l'ha sollicitato, nè l'oratore d'essa
signoria (Venedig), nè anche la parte; hora questa nostra valerà per
breve. Damit sollten die venetianischen Oratoren augenblicklich be-
ruhigt werden: zwei Tage später wurde das erforderliche Breve expedirt.
Dass sich von jenem Briefe in den Concilakten nur eine gleichzeitige
Abschrift erhalten hat (tom. 32 f. 152), wird damit zusammenhängen,
dass das Originalschreiben den Venetianern ausgefolgt wurde. — Andererseits wurden an Fürsten gerichteten Bullen und Breven oft eigenhändige
Papstbriefe (so die oben citirten an K. Ferdinand) beigefügt, Höflichkeits-
halber oder auch um ein etwaiges Versprechen durch persönliche Kundgebung zu bekräftigen. Der letzteren Art ist das autographe Schreiben
Pius IV. an K. Philipp von Spanien vom 16. Juli 1561 in Döllinger,
Beiträge 1, 366, Nr. 103. Wurde zuerst durch dieses bezeugt, dass der
Papst noch vor der ersten Sitzung sich für die Continuation erklärt hatte,
so war doch der Wortlaut des betreffenden Breves vom 17. Juli unbekannt; Pallavicino insbesondere wusste nur aus den späteren Verhandlungen über diese Frage (s. XVII, 3, Nr. 2 und XX, 10, Nr. 5—20),
dass Philipp eine derartige Zusage gemacht worden war. Da ich dieses
wichtige Stück in tom. 12 f. 66 (hier noch andere, offenbar in Trient
gesammelte Aktenstücke theils in Originalen, theils in gleichzeitigen
Copien) gefunden habe, theile ich es im Anhang Nr. 18 mit. In den
beiden Serien der Breve-Minuten (s. I, S. 64, Anm. 1) hat es sich nicht
erhalten, und auch in dem 1726 von Jac. Ant. Aut. de Pratis angelegten Index
brevium a Clemente VII ad Gregorium XIII (Vat. Arch., Arm. Ll,
tom. 20) ist es nicht verzeichnet worden. Ich vermuthe, dass dieses
Breve von Anfang an sehr geheim gehalten worden ist (dass man es
z. B. am Kaiserhofe nicht kannte, geht aus Sickel Nr. 192, 193 hervor),
und dass in den Brevensecretariaten weder das Concept noch eine Copie

und zwar lautete es im Eingange wie in den Breven: Pius
papa IV . . . salutem et apostolicam benedictionem,[1] zwischen
welchen Worten der oder die Adressaten angeredet wurden.
Hier zweien nun, wenn wir die 1561—1563 nach Trient gesandten Papstbriefe vergleichen, in der Regel die aus der ersten
und die aus der zweiten Periode: stets wird der Cardinal von
Mantua angeredet mit Dilecte fili und die Gesammtheit der
Legaten mit Dilecti filii, während an Morone als Cardinalbischof
geschrieben werden sollte Venerabilis frater, desgleichen an
ihn und seine Collegen V. frater et dilecti filii; aber mit diesem und einigen anderen geringfügigen Punkten hat es das
Secretariat nicht so streng genommen wie das Brevenbureau.[2]
Ueber das Eingangsprotokoll reicht der Anschluss an die
Breven nicht hinaus. Vor diesen hat die Mehrzahl der Briefe den
Schlussgruss voraus, für welchen noch die Sprache des Contextes beibehalten wird.[3] Lautet dagegen das Eschatokoll
wieder in allen Fällen lateinisch, so unterscheidet es sich von
dem der Breven durch die Kürze, denn es entfallen der Hinweis auf die Art der Besiegelung und die Angabe des Ponti-
ficatsjahres. Vollends gehen Briefe und Breven in den
äusseren Merkmalen auseinander. Für jene ist immer nur Papier, und zwar so wie bei Briefen anderer Schreiber verwendet
worden. Der Papst als Autor beschränkt sich darauf, an den
Kopf eigenhändig Pius pp. IIII. zu setzen.[4] Geschlossen sind

---

aufbewahrt worden ist, so dass wir die Erhaltung einer gleichzeitigen
Abschrift in tom. 12 nur dem Zufalle verdanken.

[1] Dass in einigen Originalbriefen, wie in Nr. 31ᵃ und 34 des Anhangs
nach benedictionem noch etc. gesetzt worden ist, kann ich nur als lapsus
calami betrachten.

[2] Richtig lautet die Anrede in den beiden Hauptbriefen vom 6. Juli 1563
(Anhang Nr. 31), während am 15. October 1563 (ib. Nr. 34) die gesammten Legaten mit Dilecti filii angesprochen wurden. Dagegen fand
ich die Aussenadressen stets correct gefasst, nämlich Venerabili fratri
Johanni et dilectis filiis Stanislao, Ludovico etc.

[3] Vgl. Anhang Nr. 1, 7, 19. Er kann aber in Briefen, welche weniger den
Destinatären gelten, als zur Kundmachung durch diese bestimmt waren,
auch entfallen, so in dem S. 25 erwähnten Briefe vom 8. Mai 1563.

[4] Den Originalproposten an die Legaten wurden oft Copien von Briefen
beigefügt, welche der Papst an Fürsten oder an deren Conciloratoren
gerichtet hatte und seinen Legaten mittheilen zu müssen glaubte. Ob-

nun diese Briefe, wie es damals allgemein geschah: nachdem sie
gefaltet worden waren,[1] wurde ein schmaler Papierstreifen
durch Einschnitte gezogen und wurden dessen breitere Enden
durch ein aufgedrücktes Siegel zusammengehalten. So viel ich
weiss, hat sich das Geheimsecretariat für alle von ihm expedirten
Papstbriefe des ovalen Secretsiegels bedient, auf welchem das
Medici-Wappen von zwei Schlüsseln und der Tiara gekrönt
dargestellt ist, wozu die Umschrift PIVS PP. IIII. kommt.[2]

gleich diese Stücke als Copien bezeichnet werden, hat sie Pius IV. zuweilen dadurch beglaubigt, dass er selbst das übliche Pius pp. IIII.
vorgesetzt hat.

[1] In der Höhe wurde der Halbbogen sechsfach und in der Breite vierfach
zusammengelegt.

[2] Der Stempelschneider hat die Umschrift sehr ungeschickt angebracht:
um sie lesen zu können, muss man das Bild auf den Kopf stellen, denn
der Name steht auf dem unteren rechten (vom Beschauer aus gesehenen)
Rande und die Titulatur gegenüber links.

Briefe aus dem Geheimsecretariat und mit dem Wappensiegel geschlossen kamen als auf des Papstes und der Kirche negotia secreta
bezüglich nicht in den allgemeinen Verkehr. Daher machte der von
Simonetta am 9. December 1561 überbrachte Originalbrief des Papstes
an die Legaten (gedruckt in Beccadelli 2, 304) auf den Schreiber, welcher
ihn in Trient in das dort geführte AR. (s. I, S. 80) eintragen sollte,
solchen Eindruck, dass er der Abschrift beifügte: sigillata et piegata
come una lettera, con un sigillo scolpitovi l' arma de Medici con le
chiavi et mitra.

Papierstreifen und Siegelabdruck haben sich nur selten ganz erhalten, so dass ich, da mir bisher ein einziges Original unversehrt vorliegt,
es nur als Vermuthung aussprechen kann, dass auf dem Streifen in der
Nähe des Siegelabdruckes eventuell bemerkt worden ist, wer das Schreiben
öffnen sollte. Auf dem Streifen des einen Papstbriefes vom 8. Mai 1563
(tom. 32 f. 136—137) steht nämlich in ganz kleinen und feinen Buchstaben Presid., was ich deute zu Handen des vorsitzenden Legaten. —
Ein Analogon glaube ich in einem Originalschreiben des Cardinals
Hosius an den Papst vom 15. October 1560 (Original in Nunz. di
Germ. 64 f. 199) gefunden zu haben: hier stehen nämlich dicht neben
dem Siegel die vier Buchstaben S. D. N. C. Die drei ersten bedeuten
offenbar sanctissimus dominus noster. Soll nun damals, falls ein Schriftstück dem Papste zu eigenen Handen zugestellt werden sollte, die Formel
gebraucht worden sein S. D. N. ipse, so stimmt dazu nicht die vierte
Sigle; ich vermuthe also, dass es hier heissen soll: sanctissimo D. N.
consignanda. Dass dieser Brief dem Papste direct in die Hände gespielt
werden sollte, entspricht dem Inhalte und einer gleich auf den Brief
geschriebenen Weisung. Hosius unterbreitete nämlich im zweiten Theile

Diese Art, seinen Willen kundzugeben, bei der er an her-
kömmliche Formen gebunden war und sich eines Dictators und
eines Mundanten bedienen musste, hat, wie ich schon sagte,
Pius IV. nicht immer genügt. Zuweilen hat er auch an die
Legaten ein ganz eigenhändiges und wahrscheinlich auch von
ihm allein concipirtes Schreiben gerichtet, wie z. B. am
14. August 1563 (Anhang Nr. 33). Hat ihm hier offenbar die
Fassung vorgeschwebt, welche wir eben als die normale kennen
gelernt haben, so hat er sich doch nicht streng an sie gehalten,
sondern hat die gesammten Legaten mit Venerabiles fratres
angeredet und hat auch noch die Datirung in italienischer
Sprache geboten. Häufiger hat er seinen eigensten Gedanken
in eigenhändigen Nachschriften Ausdruck verliehen, in Nachschriften zu Briefen seines Nepoten oder auch zu den vom
Secretariat hergestellten Papstbriefen. In diesen sieht er zumeist von allem Aufputz des Einganges und des Schlusses ab
(so im Anhang Nr. 1), beobachtet aber auch den einen und
anderen guten Brauch des Briefstiles. So redet er einmal
(Nr. 20) den Cardinal von Mantua vertraulich mit Monsignore
an und ein anderes Mal ebenso die gesammten Legaten (Nr. 34).
Jenes Postscriptum schliesst er überdies mit freundlicher salutatio finalis ab und versieht es (ebenso die Nachschrift von
Nr. 7) mit der üblichen Unterfertigung Pius papa IV. Dass
er sich ganz durch die momentane Eingebung bestimmen lässt,
lehrt das Schreiben vom 7. August 1563 im Anhange Nr. 32.
Hier liegt uns eine im Namen Borromeo's stilisirte Proposte
vor, für welche wie gewöhnlich eine Minute angefertigt worden
sein wird. Als diese bis se cosi vorrà pur l'imperatore mundirt worden war, mag der Papst nochmals um Gutheissung
des weiteren Wortlautes gebeten worden sein: da hat er denn
mitten in der Zeile mit eigener Hand eingesetzt, um den Brief
ganz nach seinem Ermessen zu vollenden, wobei er nicht

---

seines Schreibens dem Papste eine Bitte zu Gunsten seines Geheim-
schreibers Valentinus (d. i. Kutzborsky, vgl. den auf dieselbe Angelegenheit bezüglichen Brief des Cardinals von Augsburg in Epist. Pogiani
2, 142), und Pius IV. wies das Gesuch zu, wie auf der Rückseite bemerkt ist: Coste qui diligentissime commendat hoc negotium R. Joanni
Baptistae de Rubeis (damals Decan der Rota) nomine S^{tis} S. pro celeri
expeditione.

unterliess, in correcter Weise Gruss, Datirung und Unterschrift hinzuzufügen.[1] Wie sind nun diese mannigfaltigen Aeusserungen des Papstes in die Register eingetragen worden? Was das GR. anbetrifft, welches seiner Bestimmung nach nur Proposte des Papstes und seines Nepoten, und zwar mit thunlichster Kürzung der formelhaften Theile bieten sollte, so galt es die ersteren insoweit kenntlich zu machen, dass sie sich von den anderen hinlänglich abhoben. Handelte es sich um eigentliche Papstbriefe, so genügte es, dass nach alter Gewohnheit, welche Galli seinen Untergebenen nur einzuschärfen brauchte, an die Spitze der Abschriften die dem Papste allein zukommende Anrede des Adressaten mit Dilecto filio gesetzt wurde. Dagegen mussten blosse Nachschriften, da sie solcher Anrede darbten, durch irgend einen Zusatz ausdrücklich als vom Papste ausgehend bezeichnet werden. Diese und einige andere mehr in das Detail gehende Normen sind bei der Eintragung in das ältere GR. fast ausnahmlos befolgt worden. Dass dennoch in diesem Register die Proposte des Papstes nicht so gleichmässig

---

[1] Ich bemerke gleich hier, dass dieses Stück im GR. tom. 55 f. 270 richtig behandelt worden ist, nämlich als Proposte des Cardinals, deren Schlusspassus aber die Bemerkung beigefügt worden ist manu propria sanctissimi. Dagegen ist in dem jüngeren CR. tom. 54 f. 285′ der ganze Brief schon in der Ueberschrift als vom Papste ausgehend bezeichnet worden. — Dass auch Schreiben des Papstes in Chiffern gekleidet worden sind, kann nicht Wunder nehmen. Belege der Art fand ich aber nur im GR., nämlich in tom. 55 f. 309 und 324. An ersterer Stelle steht ein Communuebrief vom 11. September 1563 mit der Ueberschrift A li medesimi eodem die und mit der Randglosse in cifra, wozu erst der Revisor hinzugefügt hat a nome di S. S^{tà}: dies Stück (Vi havemo fatto scrivere — a tolerare etc.) ist aller Formeln entkleidet und lässt nur durch den Stil den Papst als Autor erkennen. An der zweiten Stelle folgt auf einen Brief Borromeo's an Morone vom 23. September desselben Jahres, dessen Original in tom. 27 Nr. 54 erhalten ist, unter der Ueberschrift al medesimo nome proprio di S. S^{tà} und mit der Randbemerkung in cifra ein Schreiben: Noi siamo avisati — più di quello che havereste fatto, se non l' havessimo scritta. Dat. Romae etc., welches der üblichen Anrede am Eingang darbt und dann doch mit Datum versehen ist. Nach diesen zwei Beispielen zu urtheilen würden die Aufzeichnungen päpstlicher Proposte, welche in Chiffern übertragen werden sollten, noch willkürlicher behandelt worden sein als die den Legaten in gewöhnlicher Schrift zugegangenen persönlichen Weisungen des Papstes.

wie die des Cardinals Borromeo behandelt worden sind, und
dass in den jüngeren Registern bei Wiedergabe der ersteren
geradezu Fehler unterlaufen sind, hängt wohl damit zusammen,
dass es ihrer nicht viele waren. Die Weisungen des Papstes
verhalten sich zu denen des Cardinals der Zahl nach etwa
wie 1 zu 20,[1] sind aber, wie ich schon S. 11 bemerkte, nicht
insgesammt in das ältere GR. aufgenommen worden. Eine
Kategorie derselben, nämlich die Briefe an die einzelnen Legaten, scheint sogar principiell ausgeschlossen worden zu sein,
denn von den vielen Stücken dieser Art welche in den Particular-
registern überliefert worden sind, findet sich ein einziges in
das GR. eingetragen.[2] Ist somit die Zahl der persönlichen
Aeusserungen des Papstes, welche bei der ersten Registrirung
berücksichtigt werden sollten, eine noch geringere geworden
und waren überdies diese Stücke, wie wir bereits sahen, recht
mannigfaltiger Art, so konnte es nicht so leicht zu einer festen
Norm der Behandlung seitens der Registratoren kommen, wie
das bei der zwanzigmal grösseren Anzahl der durchaus gleichartigen Proposte des Cardinals der Fall war.

Dass unter den Aeusserungen des Papstes verhältnissmässig viele von ihm selbst geschrieben sind, gibt mir Anlass,
hier von der Eintragung aller Autographen, mögen sie von
seiner Hand oder auch von der Borromeo's stammen, in die
Register zu reden und die Erklärung des Cardinals von Como,
dass die Copien unseres GR. nach den Originalminuten angefertigt worden seien, als hier nicht zutreffend zu bezeichnen.
Alle eigenhändigen Proposten sind zu gleicher Zeit concipirt
und zu Papier gebracht worden, so dass es von ihnen gar keine

[1] So nach meiner bisherigen Kenntniss des gesammten Materials. Ich
füge noch hinzu, dass Pius IV. im letzten Jahre häufiger als zuvor
persönlich in die Verhandlungen eingegriffen hat. Dagegen scheint er
mehr eigenhändige Schreiben an Mantua gerichtet zu haben als an
Morone.

[2] Brief an Navagero vom 20. October 1563 mit additum manu propria
sanctissimi D. N. in tom. 55 f. 348'. Fehlt also auch der von mir in I,
S. 125 veröffentlichte Particularbrief an Mantua vom 11. Jänner 1562,
so ist das sehr bezeichnend, da ein päpstlicher Communebrief vom
gleichen Tage sich in NG. 4° f. 188 copirt findet. Diese Einschränkung
gilt aber nur den selbständigen Briefen: Nachschriften des Papstes zu
den Particularbriefen Borromeo's sind regelmässig aufgenommen worden.

Minuten gegeben hat. Darüber, wie sie in den Registern überliefert worden sind, klärt uns eine Randglosse des tom. 55
auf, welche ich S. 41 veröffentliche und erläutere: von den
Briefen oder Nachschriften manu propria sanctissimi oder m. p.
illustrissimi (d. i. Borromeo's) sollten im Secretariat vor der
Expedition Copien angefertigt werden, um seinerzeit auch
den Registratoren als Vorlagen zu dienen. Die uns in den
Registern gebotenen Abschriften dieser Stücke sind also Abschriften zweiten Grades, was namentlich betreffs der Autographen des Papstes zu beachten ist, welche absonderlich concipirt und minder leserlich, nicht leicht zu copiren waren.
Werde ich später an bestimmten Beispielen zeigen, wie sehr
da die Registercopien von den Urschriften abweichen, so will
ich doch gleich hier bemerken, dass die Registratoren gar
nicht oder nur zum Theil für die schlechtere Ueberlieferung
dieser Stücke verantwortlich gemacht werden können. Dass
hier Copien in der Mitte liegen, hat noch anderen Schaden
angerichtet. Es scheint in ihnen nicht immer das manu propria sanctissimi betont worden zu sein, und es scheint nicht
immer in jeden Zweifel ausschliessender Weise ersichtlich gemacht worden zu sein, dass ein autographes Postscript des
Papstes zu diesem oder jenem Briefe gehörte: durch Mängel
der Art konnte der gewissenhafteste Registrator zu Irrthümern
verleitet werden. Dabei spielte dann der Zeitabstand eine
grosse Rolle. In dem so gut wie gleichzeitigen GR. sind die
Fehler, welche auf solche Weise entstanden sind, äusserst selten:
die damaligen Registratoren oder diejenigen, welche ihnen das
Material zurechtgelegt hatten, werden sich noch ausgekannt
und werden sich etwa auch noch des einstigen Vorganges erinnert haben. Dagegen befanden sich die späteren Registratoren, wenn sie es mit mangelhaften oder zweideutigen Copien
von päpstlichen Autographen zu thun hatten, in misslicher Lage.
Wir können in gewissen Fällen nachweisen, dass sie gerade
in dieser Beziehung Fehlgriffe gethan haben, und müssen
gegenüber der uns durch sie vermittelten Ueberlieferung vorsichtig sein.

Ich kehre zu dem Hauptthema, der Beschreibung des
älteren GR. zurück. Die mehr oder minder gemeinsamen
Kennzeichen der hier registrirten Briefe des Papstes (von den

Nachschriften sehe ich augenblicklich ab) sind folgende. Die Ueberschriften unterscheiden sich in nichts von denen der Borromeo-Briefe, d. h. sie geben nur den oder die Adressaten an, dazu Monat und Tag. Als das wesentliche Merkmal der Registercopien der päpstlichen Proposte habe ich bereits die Wiederholung der Eingangsformel bezeichnet. Zu Beginn des NG. 4ᶜ wird uns diese vollständig geboten, z. B. Dilecti filii salutem et apostolicam benedictionem. Wird sie dann zumeist gekürzt, so geschieht dies in verschiedenem Grade: neben D. filii etc. begegnet D. f. salutem etc. oder in der Folge Venerabilitis frater et d. f. salutem etc. Dass die Registratoren mit der Zeit sich kürzer zu fassen suchen, zeigt die Behandlung des Schlussgrusses: in NG. 4ᶜ scheint er, wenn er im Original gesetzt worden war, regelmässig wiederholt worden zu sein; in tom. 55 begegnet er nie mehr. War endlich die Datirung in lateinischer Sprache als charakteristisch hervorzuheben, so wurde dafür, da die Angabe von Monat und Tag schon in der Ueberschrift vorweg genommen war, die kurze Form Dat. Romae etc. beliebt. Inwieweit demnach die Registratoren an ein Schema gebunden waren, und inwieweit ihrem Ermessen Spielraum gelassen blieb, mögen zwei Beispiele lehren. Der erste Papstbrief in NG. 4ᶜ ist f. 188′ folgendermassen eingetragen worden: A li Rᵐⁱ legati a XI. die Gennaro. | Dilecti filii salutem et apostolicam benedictionem. Non mandamo costa — preghiamo il Sᵒʳ Dio che vi conservi et conceda la sua santa gratia. Dat. Romae etc. Und in tom. 55 f. 180 findet sich der Brief, dessen Lesarten ich S. 58, Anm. 1 mittheile, so gebucht: A li legati a 9. di Maggio. ‖ Dilecti filii. Poiche questi principi — mediante una buona et severa riforma. Dat. Romae etc. In beiden Fällen ist, worauf es besonders ankam, der Brief hinlänglich als vom Papste ausgehend kenntlich gemacht worden.

Ich habe bisher in NG. 4ᶜ und in tom. 55 höchstens zwei Verstösse gegen obige Normen gefunden. Sie zu besprechen muss ich noch einer weitern Vorschrift, auf die ich S. 39 zurückkomme, gedenken, der Vorschrift, dass autographe und dass chiffrirte Stücke im Register durch Randglossen (manu propria oder in cifra) als solche gekennzeichnet werden sollten. Finden wir nun in NG. 4ᶜ f. 273 und f. 321′ zwei Papstbriefe vom 10. Juni und vom 26. August 1562 eingetragen mit dem Schluss

Di Roma etc., so erscheint hier die italienische Fassung in-
correct, vorausgesetzt, dass die Briefe von einem Mitgliede des
Secretariats mundirt worden waren, erscheint aber zulässig
(s. S. 30), wenn die Briefe vom Papste selbst geschrieben waren;
im letzteren Falle wäre nur darin gefehlt worden, dass die Eigen-
händigkeit nicht angezeigt worden wäre.[1] Nun folgt aber auf
den Hauptbrief vom 26. August ein als autograph bezeichnetes
Postscript des Papstes, woraus sich ergibt, dass jener nicht
vom Papst selbst geschrieben war, und dass der Registrator
statt des Datum Romae etc. des Originals das ihm geläufigere
Di Roma etc. gesetzt hat. So wird auch im anderen Falle der
Registrator die Norm ausser Acht gelassen haben.[2] In diesem
Zusammenhange will ich noch bemerken, dass bei der Eintragung von autographen Nachschriften des Papstes, welche
fast von Fall zu Fall differirten, noch leichter Versehen unterlaufen konnten; es wird genügen, das mit einem Beispiel zu
belegen. Das Schreiben Borromeo's an den Cardinal von
Mantua vom 15. August 1562 und das ihm vom Papst eigenhändig beigefügte Postscript (im Anhange Nr. 20) sind in
NG. 4ᵉ f. 316′ so copirt worden, dass letzteres, indem es vor
der Datirung des Hauptbriefes eingeschoben worden ist, als
ein eigener Papstbrief mit der ungewöhnlichen Anrede Monsignore und mit lateinischer Datirung erscheint.

5. Die äusseren Merkmale des älteren Generalregisters und seine Schicksale.

Die Behandlung der Briefe des Papstes und seines Nepoten, wie wir sie hiemit kennen gelernt haben, weist ebenso
wie die Auswahl derselben auf ein im voraus für das GR.
aufgestelltes Programm hin. Gehen wir nun zur Betrachtung
der äusseren Merkmale des GR. über, so bezeugen auch diese
und unter ihnen vornehmlich die Anlage des betreffenden
Bandes, dass mit Ueberlegung vorgegangen worden ist. Besteht
nämlich zwischen den Registern, welche ich S. 4 als noch

---

[1] Einen Fehler analoger Art, welcher erst bei der Revision gutgemacht wurde durch den Zusatz a nome di S. S¹¹, habe ich bereits S. 31, Anm. 1 angeführt.
[2] Mehrere ganz gleiche Fehler weist auch das Nuntiaturregister NG. 4ᵇ auf.

unter Pius IV. vollendet und als gleichzeitig bezeichnet habe,
folgender Unterschied, dass in NG. 4ᶜ, in tom. 55 und in
NG. 4ᵇ regelmässig drei Bogen (einmal gefaltet, so dass sechs
Halbbogen oder Folien entstanden) zusammengeheftet worden
sind, dagegen für NG. 4ᵃ fünf Lagen zu je 20 Blättern und
für NG. 10ᵇ zwei Lagen von 46 und von 50 Blättern verwendet worden sind, während in NG. 4ᵈ auf ein erstes Heft
von 28 Folien dieselben kleinen Hefte wie in NG. 4ᶜ folgen,[1]

[1] Will man dies verfolgen, so muss man von der späteren Foliirung absehen, bei welcher z. B. in NG. 4ᶜ die Zahl 250 übersprungen ist, so
dass die sechs Blätter des betreffenden Heftes numerirt worden sind
f. 246—252, und bei welcher in tom. 55 die Zahlen 92 und 305 je zwei
Folien gegeben worden sind. — Die einzige Ausnahme von der oben
angegebenen Regel besteht darin, dass der Registrator, um mit dem
Papier auszureichen, am Schlusse des tom. 55 eine Lage von vier Bogen
(f. 401—408) gebildet hat. An diese letzte Lage sind beim Einbinden
mehrere Blätter angeklebt worden, von denen drei das S. 16, Anm. 1
beschriebene Concept β bieten.
      Ich füge hier einige Bemerkungen über das Papier hinzu. Es
wurde damals an der Curie für Minuten, Reinschriften, Register u. s. w.
vornehmlich und im Geheimsecretariat ausschliesslich Papier ein und
desselben Formats gebraucht, etwa 28 Cm. hoch und 21 Cm. breit. Es
scheinen eben alle Fabriken, von denen man in Rom das Papier bezog,
das gleiche Format adoptirt zu haben, so dass nur einmal von ungefähr
ein um ein geringes abweichendes Fabricat in den Handel und zur Verwendung kam, wie in tom. 55 f. 198—221 (also vier Lagen) um je 1 Cm.
kleineres Papier aufweisen. Weit grösseres Format lieferten die Fabriken in Deutschland. Daher lassen sich die von Z. Delfin aus Wien
nach Rom eingesandten Originalbriefe, wenn sie mit Akten römischen
Ursprungs zusammengebunden sind, wie z. B. im Col. Borgh. I, 973
(5 Stück aus dem Jahre 1563) und im Cod. Barber. LXI, 23 (ein Stück
aus demselben Jahre), sofort erkennen, weil sie entweder eingeschlagen
worden sind oder noch über die in Rom geschriebenen Stücke hinaus-
ragen. Und das in Trient gebrauchte Papier, welches laut dem Libro
delle spese theils über Bologna aus italienischen und theils aus deutschen
Fabriken bezogen wurde, ist verschiedener Grösse. — Ueber die Fili-
granen sind wir noch nicht genügend unterrichtet, um aus dem Vorkommen derselben sichere Schlüsse zu ziehen; doch werde ich noch
Gelegenheit haben, Fälle anzuführen, in welchen auch die Species der
Wasserzeichen in die Wagschale fallen. In unserem nach und nach angelegten Glt. wechseln die Wasserzeichen fast von Heft zu Heft. Bestehen dagegen andere Register aus nur wenigen umfangreichen Heften,
so geht zuweilen durch den ganzen Band dieselbe Filigrane, also auch
das gleiche Fabricat hindurch. — Im Geheimsecretariat ist es damals

so ist das offenbar nicht Zufall, sondern der Zeitpunkt, in
welchem die Registrirung einer Correspondenz in Angriff genommen wurde, hat für die eine oder die andere Art den
Ausschlag gegeben. War eine Correspondenz, wenn man sie
abzuschreiben beginnen wollte, bereits ganz abgeschlossen, so
dass man ihren Umfang übersehen konnte (das war der Fall
bei NG. 4ᵃ), so gab man grösseren Heften den Vorzug. Dies
that man auch, wenn eine Correspondenz zwar noch fortlief,
aber bis zum Augenblicke, da die Registrirung beschlossen
wurde, bereits stark angewachsen war: der bereits vorhandene
Vorrath von Briefen wurde dann ebenso behandelt wie eine
bis zu ihrem Ende gediehene Serie (so NG. 10ᵇ). Wurde dagegen gleich bei Beginn einer Correspondenz die Registrirung
derselben für nöthig erachtet und sollte sie möglichst parallel
neben dem Fortgange der Correspondenz herlaufen, sollten also
die Registratoren sozusagen von der Hand in den Mund leben,
so wählte man im Secretariat nach alter bewährter Gewohnheit kleine Hefte von drei Bogen: so sind NG. 4ᵇ, NG. 4ᶜ
und tom. 55 gebildet worden, desgleichen auch der zweite Theil
von NG. 4ᵈ, d. h. die allmählich entstandene Fortsetzung,
welche der in einem Zuge geschriebene erste Theil dieses
Nuntiaturregisters erhalten hat. Somit ist das uns hier besonders
beschäftigende GR. noch in anderem Sinne als z. B. NG. 4ᵃ
gleichzeitig: es wurde in der Absicht angelegt, dass die Buchung
der Briefe an die Concillegaten gleichen Schritt mit der Führung dieser Correspondenz halten sollte, und dieser Absicht
scheint, soweit die Arbeitskräfte ausreichten, entsprochen worden
zu sein.[1]

Im GR. wie in den anderen Registern dieser Zeit lassen
sich mehrere Hände unterscheiden.[2] Der einzelne Registrator

---

nicht wie sonst in Rom Brauch gewesen, die zu einem Bande zusammengehörigen Hefte mit Zahlen oder auch Buchstaben zu versehen; man
hat sich zumeist begnügt, durch Reclamanten auf das nächstfolgende
Heft zu verweisen, und in NG. 4ᵉ und in tom. 55 sind diese regelmässig
gesetzt worden.

[1] In dieser Zusammensetzung des älteren GR. aus kleinen Heften erblicke
ich einen Grund mehr, die Annahme (s. S. 2) zurückzuweisen, dass es
erst nach Schluss des Concils begonnen worden sei.

[2] Wie es sich mit der Schrift in den Secretariatsakten verhält, kann ich
erst im folgenden Berichte, nachdem ich die jüngeren Register genau

hat in der Regel ein Heft oder auch mehrere aufeinander folgende beschrieben, bis ein anderer an seine Stelle tritt. Hat aber vereinzelt auch innerhalb einer Lage ein Wechsel stattgefunden, so mag der Anlass dazu ein zweifacher gewesen sein: ein Schreiber kann momentan nicht Zeit gehabt haben, sein Pensum fortzusetzen, oder es kann auch einmal der Vorrath einzutragender Briefe erschöpft worden sein. Ich glaube in diesem Zusammenhange eine Bemerkung über die Auswahl und über die Zahl der für unser GR. verwendeten Schreiber einschalten zu sollen. Schon in I, S. 73 habe ich bemerkt und hier im Excurs V führe ich es an der Hand von NG. 10ᵇ aus, dass der Wechsel der Registratoren eventuell darin seinen Grund hatte, dass man nicht jedem Einblick in alle Geheimnisse gestatten wollte. Ein solcher Unterschied ist zwischen den Männern, welche das ältere GR. geliefert haben, nicht gemacht worden. Schon daraus folgt, dass die Zahl der Mitglieder des Secretariats, welchen man das Vertrauen schenkte, alle die hier berührten negotia secreta und auch die, um deren Geheimhaltung man sich der Chiffern bedient hatte, kennen zu lernen und copiren zu lassen, eine sehr beschränkte gewesen sein wird. Hatten nun diese wenigen Männer eine Summe von keinen Verzug erleidenden Schreibgeschäften (ich verweise auf das Beispiel, das ich S. 64 ff. besprechen werde) zu besorgen, so werden sie nur mit Mühe die Zeit erübrigt haben für ununterbrochene und minder dringende Eintragung in die Register: ich berufe mich da auf die Erklärungen des ebenfalls bei der Registrirung betheiligten Carga und auf die Thatsache, dass sich der volle Abschluss dieser so hochwichtigen Arbeit bis in das Jahr 1565 hinein verzögert hat. Diese Sachlage erklärt, was auch der Augenschein lehrt, dass das GR. absatzweise entstanden ist.

Von Zeit zu Zeit wird die Arbeit wieder aufgenommen und wird zu diesem Behufe der Vorrath von Minuten oder auch von Copien, die sich angesammelt hatten, gesichtet und in die dem Programm entsprechende Ordnung gebracht worden sein. Dabei konnte leicht ein Versehen unterlaufen, oder die

---

beschrieben habe werde, sagen: ich komme dann auch auf die Unterscheidung der Hände zurück.

Papiere konnten auch in den Händen des Registrators, welchem
eine Partie zugewiesen worden war, wieder in Unordnung gerathen. Dafür bietet uns NG. 4ᵇ einen Beleg. Dort folgt nämlich f. 117′ auf eine Weisung an Ferrara vom 14. October 1561
von der Hand desselben Schreibers eine, welche überschrieben
ist A di primo di Gennaro 1562. Erst nachdem von der
letzteren 10 Zeilen copirt worden waren, wurde wahrgenommen,
dass zwei Stücke vom 17. October und vom 1. November 1561
übersprungen worden waren. Das gutzumachen strich der
Registrator jene 10 Zeilen, trug die übersehenen Briefe nach
und kehrte schliesslich auf f. 123 zu dem Schreiben vom
1. Jänner zurück. Hier liegt auf der Hand, dass in der Registrirung eine Unterbrechung von mindestens zwei Monaten eingetreten war. Ein Fall ganz gleicher Art ist mir in unserem
GR. nicht aufgestossen. Aber dass dieses ebenfalls in Absätzen
und sogar weit auseinander liegenden geschrieben ist, geht
nicht allein aus der erst nach Jahren erfolgten Vollendung hervor, sondern auch aus zwei erst bei der Revision verbesserten
Stellen. In NG. 4ᶜ f. 208′ findet sich an richtiger Stelle eine
Proposte vom 21. Februar 1562 und in tom. 55 f. 57 ebenfalls
an richtiger Stelle eine vom 9. December desselben Jahres.
Aber ursprünglich lautete die Ueberschrift zu der ersteren a di
21. di Settembre und die zu der zweiten a di 9. di Luglio.
Diese Verwechslung der Monatsnamen erklärt sich am leichtesten durch die Annahme, dass den Registratoren die Namen
der eben laufenden Monate in die Feder gerathen sind, woraus
sich ergeben würde, dass der Brief vom Februar erst im September und dass der vom December erst im darauf folgenden
Juli copirt worden sind, wenn nicht, was ja auch nicht ausgeschlossen ist, mehr als ein Jahr nach der Expedition dieser
Briefe verflossen ist, bis es bei der Ueberbürdung der wenigen
des vollen Vertrauens gewürdigten Männer bis zur Buchung
dieser Stücke gekommen ist.

    Als charakteristisch für die Entstehung unserer Register im
Geheimsecretariat betrachte ich, dass sie gewisse auf die eingetragenen Briefe bezügliche Randglossen aufweisen.[1] Zuweilen

---

[1] Glossen überhaupt begegnen in den ältesten Kanzleiregistern; es fragt
sich aber, was sie besagen, und in diesem Punkte unterscheiden sich die

wird in ihnen wie in den Ueberschriften für das Ersatz geboten,
was in Folge der üblichen Kürzung ausgelassen worden ist;
zumeist aber unterrichten sie uns über die Details der Beschaffenheit und Bestimmung der expedirten Stücke. Am häufigsten begegnet zur Bezeichnung der Schlusstheile poscritta,
eventuell mit Zusätzen wie p. a nome di S. Sta oder additum
manu propria S^{mi} oder additum Ill^{mi} (d. i. Borromeo) manu
propria. Die ebenso oft begegnende Bemerkung in cifra (ein
Mal in cifra dettata da S. Sta propria) wird im älteren GR.
regelmässig durch den aus dem Facsimile II. ersichtlichen
Schriftzug hervorgehoben. Ein Mal (NG. 4^d f. 340') findet
sich die Angabe: lettera per potere mostrare. Ich rede hier
von Randglossen, weil derartige Bemerkungen unter Pius IV.
in der Regel in margine geboten worden sind.[1] Zweifelsohne
sind die derartigen Angaben von den Registratoren zumeist
den Minuten entnommen.[2] Aber vereinzelt begegnen in den
Registern auch Zusätze, welche, wie ich schon sagte, nur einer,
welcher die Vorgänge mit erlebt, beachtet und im Gedächtniss behalten hatte, eintragen konnte. Das schlagendste Beispiel wird uns in tom. 55 f. 389' geboten. Drei Seiten zuvor
(f. 388) ist ein Brief a li legati a li 27 di Novembre (1563)
gebucht, in welchem wiederum auf Beschleunigung des Schlusses

---

im GR. und in den gleichzeitigen Exemplaren von allen der Kanzlei
oder dem Brevensecretariat geläufigen Glossen.

[1] Ausnahmsweise werden sie allerdings schon damals mit den Ueberschriften
verbunden; so findet sich in tom. 55 f. 278 A li medesimi manu propria
sanctissimi und ib. f. 324' Al medesimo (Morone) in mano propria di
N. S^{re}, wozu dann am Rande noch in cifra beigefügt wird. — In den
jüngeren Secretariatsregistern werden die Glossen häufiger zur Ueberschrift hinzugezogen, werden aber eventuell noch am Rando wiederholt. —
In Copien der Secretariatsregister, wie sie sich nicht allein im Vaticanischen Archive befinden, sondern auch in der Bibl. Barber. und in
anderen römischen Sammlungen, sind diese Glossen, wenn sie überhaupt
wiederholt werden, fast durchgehends in die Schriftzeilen hineingerückt
worden. So lernen wir noch folgende Bemerkungen kennen: ritenuto
fin a 18; trattenuto fin a 12 e niento occorre di più; lettera distesa;
dupplicata; appartato (= a parte, ad partem) in un foglio deutro la
soprascritta lettera; in un mezzo foglio dentro la lettera; con un foglio
in cifra u. s. w.

[2] Vgl. den S. 19 citirten Registraturvermerk. Ebenso sind die Nachschriften u. s. w. in den Minuten ersichtlich gemacht worden.

des Concils gedrungen und in einer Nachschrift bemerkt wird:
S. S^{tà} voleva scrivere lei propria di suo pugno, ma per esser
l'hora tarda, cioè un' hora di notte, ha poi detto che lo farà
dimane. Nun folgen von gleichem Tage 1) f. 389 eine irrele-
vanter Brief an Morone und 2) f. 389' einer an Morone und
Simonetta mit einem Postscript ad partem, d. h. auf gesondertem
Blatte. Dem Ermessen dieser beiden Legaten wird in letzterem
Briefe anheimgestellt, ob sie ein hier beigeschlossenes und als
avviso bezeichnetes Schreiben Borromeo's ihren Collegen mittheilen wollen oder nicht. Jedem Leser des Registers musste
einleuchten, dass mit dem Avviso nicht der auf f. 388 gebotene
Communebrief gemeint sein konnte, und musste sich die Frage
aufdrängen, wie die hochwichtige und vertrauliche Mittheilung
gelautet habe. Darauf antwortet nun ein offenbar in den Her-
gang eingeweihter Mann mit der, Randbemerkung: questo fu
l'avviso de la pericolosissima infirmità nella quale si trovava il
papa; ma per fretta non fu tenuta copia de la lettera.[1]
    Diese Worte sind nicht wie die gewöhnlichen Zusätze
von einem der Registratoren geschrieben worden, sondern von
einem Manne, welcher an der Revision unseres GR. betheiligt,
hie und da auch Correcturen vorgenommen hat. Was die
letzteren anbetrifft, so lässt sich allerdings nicht immer entscheiden, ob sie den ersten Schreibern oder den Revisoren zu verdanken sind. Das gilt z. B. von der am allermeisten in die
Augen fallenden Correctur auf f. 234' von NG. 4^{c.} Von einem
dort eingetragenen Briefe an Mantua vom 4. April 1562 besagen die ersten fünf Zeilen, dass sein Brief vom 26. März
durch den soeben expedirten Communebrief beantwortet sei.
Es folgen dann 14 Zeilen, welche, wie aus der Anrede a
le SS. VV. Ill^{me} ersichtlich wird, zu einem Communebriefe
gehören und insofern mit Recht durchstrichen sind, was aber
ebenso gut gleich wie später geschehen sein kann.[2] Von

---

[1] Es handelt sich um den in tom. 68 Nr. 166^a im Original erhaltenen Bericht Borromeo's über die Erkrankung des Papstes, den ich schon I,
S. 48 und 60 erwähnt habe und den ich seinerzeit veröffentlichen werde.

[2] Der getilgte Passus beginnt Quanto a la precedenza di Spagna con
Francia und besagt betreffs dieser Frage, welche später so viel Staub
aufwirbelte, dass S. S^{tà} non mancherà di deciderla, come Dio l'inspi-
rerà. Ob nun eine derartige Mittheilung an die Gesammtheit der Le-

Correcturen jedenfalls spätteren Datums hebe ich zunächst aus
NG. 4ᶜ folgende hervor. Wenn der Cardinal von Mantua,
wie häufig geschieht, beauftragt wird, Mitgliedern des Concils
die gewöhnliche Subvention von monatlich 25 scudi auszuzahlen,
pflegen die Namen, sobald sie zahlreich sind, erst am Schlusse
des Schreibens, eventuell auf einem Beiblatte angegeben zu
werden: daher erscheinen solche Namenlisten auch im GR. als
Zusätze. Hatte nun der Registrator eines Briefes gleichen
Inhalts vom 4. Februar 1562 (f. 199), in welchem auf li sei
infrascritti verwiesen wird, die letzteren nicht namentlich aufgeführt, so wurde gelegentlich der Revision die Liste am Rande
nachgetragen. Ebenso sind auf f. 256 und 263' Auslassungen
von mehr als einer Zeile nachträglich gutgemacht worden.
F. 337' sind in einem offenbar flüchtig copirten Schreiben vier
Stellen corrigirt worden. Im allgemeinen weist tom. 55 minder
zahlreiche und minder eingreifende Correcturen auf; aber an
Belegen dafür, dass es der Revisor hier ebenso streng wie zuvor
genommen hat, fehlt es doch nicht. Zu dem schon S. 31, Anm. 1
verzeichneten kommt unter anderen, dass der Revisor auf den
ersten Blättern des tom. 55, auf welchen der eine Registrator
ziemlich oft Di Roma etc. ausgelassen hatte, dies regelmässig
nachgetragen hat, ein Beweis mehr dafür, dass auf die gleich-
mässige Behandlung der Stücke Werth gelegt worden ist.
Auch die Nuntiaturregister NG. 4ᵇ und 4ᵈ sind in gleicher
Weise revidirt und emendirt worden, und zwar von dem Manne,
welcher die S. 16 besprochene Minute geliefert hat. Ausser
der aus Facs. II ersichtlichen Correctur (NG. 4ᵈ f. 397')¹ hebe

_____

gaten von Rom abgegangen ist oder nicht, konnte ich noch nicht constatiren. Es lauten nämlich die an diesem Tage an die Legaten und
an Mantua gerichteten und zum Theil auch in tom. 49, 64 und CVIII
eingetragenen Briefe überall verschieden. Offenbar sind, worauf ich
S. 51 zurückkomme, die betreffenden Minuten ungenügend oder auch
falsch bezeichnet worden, so dass die Registratoren irregeführt wurden.
Den Sachverhalt richtigzustellen werden die Mailänder Originale eingesehen werden müssen.

¹ Fol. 397 steht ein kurzes Schreiben an Delfin vom 1. Juli 1564, beginnend Con la presente occasione di mandar a V. S. alcuni exemplari
de la tanto desiderata bolla de la confirmatione, und weiter besagend,
dass auf seinen Bericht vom 15. (Juni) ihm geantwortet wird per l'inclusa cifra. In der That passt zu diesem Briefe das auf f. 399' und

ich noch eine hervor: in NG. 4ᵇ f. 178 ist an der Spitze eines Briefes nachgetragen worden Dilecte fili etc., um denselben als vom Papste ausgehend kenntlich zu machen. Als letztes den Registern aus dem Pontificate Pius IV. gemeinsame Kennzeichen führe ich an, dass der Versuch gemacht worden ist, die Seiten behufs Orientirung in den Bänden mit Aufschriften zu versehen. Er hängt damit zusammen, dass in den Ueberschriften zu den einzelnen Briefen die Jahre gar nicht angegeben waren und die Monate und Tage auch nur an der Spitze des je ersten Briefes einer jeden Postsendung: wurde dadurch das Aufsuchen der einzelnen Stücke sehr erschwert, so ist man mit der Zeit auf Abhilfe bedacht gewesen und hat über den Schriftcolumnen Jahr und Monat nachgetragen. Jedoch ist der Versuch nicht consequent durchgeführt worden. Hie

_____

zwischen die Briefe vom 22. Juli und 5. August gerathene capitolo, welches lautet: Poscritto. Ancor che fusse giudicato poco necessario il fare bolla particolare per la confirmatione del concilio, potendo bastare la confirmatione fatta in concistorio et stampata nel fine del volume de li decreti, nondimeno perche si veda più chiaramente l' intentione di S. Sᵗᵃ circa la confirmatione sopradetta et per chiuder la bocca ad ognuno et levar ogni scrupulo a le persone che S. Bⁿᵉ non habbi sollennamente confirmato ogni cosa, la Sᵗᵃ S. non ha voluto mancar di publicar la detta bolla, la quale V. S. non mancherà di far publicare et seminare con destrezza, maxime fra li prelati dicendo loro la causa che ha mosso N. Sᵃᵉ a farla etc. Um jeden Zweifel zu beheben, ist dieser Passus auf f. 399' eingeklammert und mit der Glosse versehen worden questo capitolo va due carte innanzi al segno (folgt dasselbe Zeichen wie f. 397'). Spricht das alles zu Gunsten der Revision, so will ich doch meine Bedenken nicht verschweigen, dass auch bei ihr Fehler gemacht und Schlimmbesserungen vorgenommen worden sind. Auf die f. 397' beginnende und auf f. 398 endende chiffrirte Stelle folgt nämlich ein nur 7 Zeilen ausfüllendes Schreiben an Delfin vom 8. Juli, Antwort auf seinen Bericht vom 22. Juni, mit Hinweis auf l' incluso foglio. Unter demselben hat nun der Revident bemerkt: la cifra che va qui è l' antecedente. Ob die cifra wirklich zum Brief vom 8. gehört oder zu dem vom 1. (dort wird nicht wie hier ausdrücklich auf sie verwiesen), wird sich erst entscheiden lassen, wenn Delfin's Berichte vom 15. und vom 22. Juni vorliegen, in welchem derselben hat er die Angelegenheiten des Kelches und der Priesterehe berührt, auf welche sich die chiffrirte Weisung bezieht? Mag der Registrator Recht haben, welcher sie zum 1. ansetzte, oder der Revisor, welcher sie zum 8. einreihen wollte, offenbar ist das Concept zu der Chiffre wiederum nicht ganz deutlich bezeichnet worden, sonst hätte kein Zweifel aufkommen können.

und da sind Reihen von Blättern unberücksichtigt geblieben.
Zweitens sind beide Angaben bald auf derselben Seite eingetragen und bald auf zwei Seiten vertheilt worden, wobei das Jahr
das eine Mal links und das andere Mal rechts gesetzt worden
ist. Drittens sind die Aufschriften nicht immer richtig: so hört
die Notiz December 1562 auf, bevor der Monat abgeschlossen
ist, und eine andere geht auf Seiten über, welche bereits Briefe
aus dem folgenden Monate aufweisen. Das alles macht den
Eindruck, dass diese Aufschriften gelegentlich und zu verschiedenen Zeiten je einer beliebigen Anzahl von Seiten hinzugefügt
worden sind, einige wohl schon vor der Revision. Erst die nächstfolgende Generation scheint den Nutzen dieser Zusätze mehr
gewürdigt zu haben: unter den jüngeren Registern der conciliaren Correspondenz sind tom. 49, 54 und 57 durchgehends
mit solchen Seitenaufschriften versehen worden. Dass damit
späteren Benützern ebenfalls sehr gedient war, veranlasst mich,
auch die Frage ins Auge zu fassen, inwieweit diese Handschriften Spuren an sich tragen, dass sie in der Folge zu Rathe
gezogen worden sind. An den Registern mit Briefen an die
Concillegaten habe ich nicht eine Spur der Art entdecken können,
habe sie aber auch nicht erwartet. Das ältere GR. ist ja Jahre
lang von Borromeo unter strengem Verschluss gehalten worden,
und nach der Ablieferung an die Curie wird es gleich den
jüngeren Registern nur sehr wenigen Personen zugänglich gewesen sein, so dass die Benützung all dieser Bände eine sehr
beschränkte gewesen sein wird. Nicht so ängstlich sind die
Nuntiaturregister behütet worden, und zur Einsichtnahme in
dieselben hat es nicht an Anlass gefehlt. Und so sind insbesondere im Originalregister der Proposte an den Nuntius Z.
Delfino NG. 10[b] und 4[d] zahlreiche Stellen entweder durch
Unterstreichen einzelner Worte oder durch Kreuze am Rande
hervorgehoben worden: sie handeln zumeist von den Calixtinern
oder von der Maximilian II. zugemutheten Obedienzleistung,
also von Fragen, die noch viele Jahre hindurch die Curie beschäftigten und ihr die Verwerthung der Vorakten nahe legten.

Wie weit nun die Geheimhaltung der Concilregister gegangen sein mag und wo sie aufbewahrt worden sein mögen,
weiss ich nicht zu sagen; dass sie nicht in ganzem Umfange
gut und sorgfältig behütet worden sind, berichtete ich schon

Die Hefte, aus denen das ältere GR. bestand, wurden auseinandergerissen und gingen zum Theil verloren, und was von ihnen erhalten blieb, wurde, als einmal wieder Ordnung gemacht wurde, nicht als zusammengehörig erkannt, sondern wurde in zwei Hälften geschieden in verschiedenen Bänden und Archivabtheilungen untergebracht. Wann sich diese dauernde Scheidung vollzog, glaube ich annähernd feststellen zu können. Dass sich die Bände NG. 4 und tom. 55 in dem von Paul V. begründeten Geheimarchiv befanden, steht fest (s. I, S. 90—91). Da sie nun in den Verzeichnissen der unter diesem Papste an das neue Archiv abgelieferten Bänden nicht vorkommen,[1] so sind sie wahrscheinlich schon vor dem Jahre 1611, zu dessen Ausgang der erste grössere und uns genau bekannte Transport angeordnet wurde, aus der Guardarobba in die Geheimbibliothek gekommen, von welcher sie dann in das Archiv übergingen.[2] Dass unsere zwei Convolute von Heften so ziem-

---

[1] Am ehesten könnte man vermuthen, dass sie inbegriffen gewesen seien in den 21 volumina diversarum scripturarum et litterarum variorum nuntiorum (continent materias insignes et notabiles concilii generalis Tridentini et fidei in partibus Germaniae et Poloniae) quae 8^{ti} suae donata fuerant per R. D. Bartholomeum Caesium. S. R. E. presbyterum cardinalem (Studii e documenti, anno VIII [1887], S. 43). Aber, obwohl es mir noch nicht gelungen ist, diese sämmtlichen 21 Bände wieder aufzufinden, glaube ich aus zwei Gründen diese Vermuthung zurückweisen zu müssen. Was mir bisher von Artikeln dieser Gruppe bekannt geworden ist (so z. B. NG. 65, 66, Nunz. di Polonia 1*, 4, 5, Arm. LXIV, tom. 11 — alles Bände, in denen materiae concilii enthalten sind, wie es oben heisst), besteht aus wirklichen älteren volumina und nicht aus Bündeln von Heften, und alle diese Bände sind auf dem Titelblatt ausdrücklich als von Cesi geschenkt bezeichnet worden.

[2] Sowohl im Engelsburgarchiv als in der Geheimbibliothek hat meines Wissens schon in der zweiten Hälfte des 16. Jahrhunderts so weit Ordnung gewaltet, dass dort auch ungebundene Register nicht so verwahrlost worden sind, wie es unserem GR. widerfahren ist. Dagegen herrschte in der Guardarobba, worüber immer und immer wieder geklagt wird, heillose Unordnung, um so mehr, da eben dorthin alles abgeliefert wurde, was das Geheimsecretariat und andere Aemter nicht mehr Tag für Tag benöthigten und aus dem Wege schaffen wollten. Dass die Nuntiaturakten zunächst dort reponirt wurden, steht fest. Kamen dazu auch Concilakten, so konnten Register des einen wie des anderen Inhalts, zumal wenn sie einander so ähnlich waren, leicht untereinander gerathen und konnten Fragmente derselben schliesslich, so wie es in NG. 4 geschah, vereinigt werden.

lich zu derselben Zeit an sicherem Orte geborgen und bei
diesem Anlass gebunden worden sind, schliesse ich aus der Beschaffenheit der Einbände des tom. 55 und des NG. 4: der
Buchbinder ist nämlich, um sie herzustellen, in gleicher Weise
vorgegangen und hat sich des gleichen Materials bedient. Nachdem er die ihm für zwei Bände übergebenen Lagen zusammengeheftet hatte, fügte er vorne und hinten eine Anzahl von Bogen
(1—3) zum Schutze hinzu und verwandte dazu in beiden Fällen
absolut gleiches, aber von allen für die ursprünglichen Register
benützten Sorten verschiedenes Papier. Statt die Bände mit
festem Rücken und steifen Deckeln auszustatten, begnügte er
sich mit einem Umschlage von Pergament, welchem durch Einlegen von Packpapier und durch Einkleben einiger Blätter der
zum Schutze dienenden Bogen mehr Halt gegeben wurde.
Wie dabei jedes Detail gleich behandelt worden ist, so sind
auch die Pergamente gleicher Herkunft und Beschaffenheit: sie
stammen aus der Kanzlei, welche auf ihnen Bullen zu mundiren
begonnen, dann aber die Arbeit unterbrochen und die halb-
beschriebenen Blätter verworfen hatte. Wie das Pergament, um
als Hülle von NG. 4 zu dienen, zugeschnitten worden ist, sind
nur acht halbe Schriftzeilen aus der Mitte der Urkunde erhalten, aus welchen ich nichts Sicheres herauszulesen vermochte.
Aber auf dem Pergamente, welches tom. 55 umkleidet, finden
sich vom Eingange der Bulle folgende Worte: Clemens episcopus servus servorum Dei. Dilecto filio, vicario venerabili, und
zwar in Schrift und mit Federzeichnung, wie sie in Bullen
Clemens VIII. begegnen. Können somit diese Einbände erst
unter diesem Papste entstanden sein, welcher (s. I, S. 87) wenigstens von Fall zu Fall für Erhaltung der Archivalien sorgen
liess, so dürfen wir wohl bis auf weiteres annehmen, dass man
damals auf die betreffenden Hefte aufmerksam geworden ist,
sie, wenn auch ohne Berücksichtigung des Inhalts, in zwei
Gruppen zusammengestellt, jede für sich mit einem schlichten
Umschlag versehen und beide Bände an sicherem Orte, wohl
in der Bibliothek geborgen hat.[1]

---

[1] Dafür, dass alle diese Fragmente gleichzeitig aufgefunden und gebunden
wurden, spricht auch, dass die zwei offenbar zusammengehörigen Concepte, welche ich S. 16, Anm. 1 beschrieben habe, damals von einander
getrennt worden sind. Dabei scheint doch ein Versuch gemacht worden

6. Wie verhält sich im Allgemeinen, was Zahl, Umfang und Wortlaut der Proposte anbetrifft, das ältere Generalregister zu den auf uns gekommenen Originalen?

Der Werth eines jeden Registers hängt in erster Linie davon ab, inwieweit es innerhalb der ihm durch seine Bestimmung gezogenen Schranken Ersatz für den Verlust von Originalen bietet. Bezüglich der Proposte, um die es sich bei dem GR. handelt, habe ich bereits I, S. 76 gesagt, dass es im Allgemeinen mit der Erhaltung der Originale der Communebriefe und der an Mantua und Morone gerichteten Particularbriefe gut steht, aber recht schlecht mit der der Originalbriefe an die anderen Legaten, so dass wir für die erstgenannten Kategorien weniger auf die subsidiären Quellen angewiesen sind, dagegen für die letzteren fast ganz auf die Register, nämlich auf die gleichzeitigen GR. II und III und auf die der zweiten Registrirung angehörigen GR. I und die Particularregister in tom. 49, 51, 57. Das will ich hier an der Hand des mir in Rom zur Verfügung stehenden Materials, nämlich der Collection der Originale aus der Morone-Periode in tom. 27 und 68 und des correspondirenden Theiles von tom. 55, etwas weiter ausführen.[1]

---

zu sein, die fliegenden Blätter in entsprechende Ordnung zu bringen, so dass das Concept α in die Nähe der betreffenden Registercopie gekommen ist; dagegen wusste man das hier nicht copirte Concept β nicht unterzubringen und reihte es auf gut Glück dem GR. der conciliaren Correspondenz an.

[1] Tom. 27 (s. zuvor S. 26) soll enthalten die Originale von 83 Briefen an Morone und tom. 68 die von 170 Briefen an die Gesammtheit. Von diesen Zahlen lässt sich jedoch kein rechter Gebrauch machen. Um den Vergleich mit dem Inhalt von tom. 55 anstellen zu können, müssen wir nicht allein die in tom. 27 und 68 inbegriffenen Briefe Galli's und die dort befindlichen Duplicate in Abzug bringen, sondern auch viele Nachschriften und Beilagen, welchen als auf gesonderte Bogen geschrieben eigene Nummern gegeben worden sind. Mit dieser Reduction der Zahlen ist es jedoch noch nicht abgethan. Wir müssen auch wieder diejenigen Proposte, welche in der einstigen Morone-Registratur abgesondert aufbewahrt wurden und so in andere Bände gerathen sind, hinzuzählen. Andererseits ist auch kein Verlass auf einfache Zählung der in tom. 55 unter eigenen Aufschriften gebotenen Stücke, denn wie wir noch sehen werden, sind auch in diesem Register zuweilen zwei Briefe in einen

Den 139 Communebriefen in tom. 55 stehen in tom. 68
etwa 140 Originale von Briefen gleicher Kategorie gegenüber;
aber höchstens 100 Stück sind beiden Collectionen gemeinsam,
denn ein Drittel der in der Urschrift erhaltenen Briefe war
durch das für das GR. aufgestellte Programm von der Aufnahme ausgeschlossen, und von einem Drittel der in tom. 55
copirten Briefe sind die Originale zu Grunde gegangen oder
doch nicht in tom. 68 eingereiht worden. Und von den Proposten an Morone allein, welche wir aus tom. 27 und 55 kennen
lernen, finden sich etwa drei Fünftel an beiden Orten, während
je ein Fünftel nur in dem einen oder dem anderen Bande vorliegt. Dabei vertheilt sich das Plus in tom. 55 auf die einzelnen
Zeitabschnitte sehr verschieden: in ruhigeren Zeiten fast Null,
beträgt es in der letzten Woche dieser Correspondenz nicht
weniger als 7 Stücke. Ist somit schon betreffs dieser Kategorie
aus tom. 55 reiche Ausbeute zu gewinnen, so wird sie weit
durch die übertroffen, welche uns hier für die Particularbriefe
an die anderen fünf Legaten geboten wird: ich schätze sie
auf 100 Nummern.

Um die Entstehung eines weiteren Plus zu erklären, muss
ich wiederum auf die Behandlung der Akten durch die Zeitgenossen zurückgehen. An Morone wurde am 10. Juli 1563
in Chiffern geschrieben: Di quelle lettere che si sono scritte
questa settimana da N. S^{ra} per corriero et mandatone il duppli-
cato per staffetta, S. S^{tà} desidera hora tanto più che sia conser-
vato il secreto, et per questo effetto S. S^{tà} vorrebbe che V. S.
Illma le tenesse appresso di se et conservarle senza lasciarle
andare in manⁱ d'altri.[1]

Dass er thatsächlich die Papstbriefe von den Borromeo-
briefen getrennt hat, sahen wir schon S. 26. Ebenso hat er es
mit den cifre und den decifrate gehalten:[2] sehr wenige von
diesen sind in die tom. 27, 68 übergegangen, die Mehrzahl

---

zusammengezogen oder ist auch ein einziger Brief etwa in zwei Theile
zerlegt worden. Bedarf es also sehr mühsamer Untersuchung, um hüben
und drüben genaue Zahlen zu erhalten, so begnüge ich mich, hier das
Verhältniss annähernd festzustellen.

[1] Tom. 55 f. 248': gemeint ist die Correspondenz, welche ich S. 65 eingehend bespreche. — Vgl. dazu S. 7, Anm. 1.

[2] Er folgte darin den Gebräuchen des Geheimsecretariats; s. S. 9.

derselben scheint in der Registratur des ersten Legaten mit den Papstbriefen vereinigt und in der Folge gleich diesen verzettelt worden zu sein; der geringe auf uns gekommene Rest findet sich in tom. 29, wo er von einer Hand aus dem Beginne des 17. Jahrhunderts bezeichnet worden ist Cifre interpretate da S. Carlo et altri. Da bietet uns nun wiederum das ältere GR. vollen Ersatz. Uebrigens mag schon Morone selbst, um weder sich noch andere zu compromittiren, manche Chiffer und Klarschrift vernichtet haben: die einst in Trient angefertigte Klarschrift einer Weisung vom 8. Mai 1563, welche ich im Anhang Nr. 26 mittheile, fand ich in tom. 29 f. 109, aber doch nur zum Theil, indem die untere Hälfte, welche das zweite uns in tom. 55 überlieferte Alinea enthalten haben muss, abgeschnitten worden ist.[1]

Nur selten jedoch sind ganze Briefe in Geheimschrift[2] expedirt worden; zumeist ist sie für Nachschriften auf den Hauptbriefen beigefügten Blättern verwendet worden. So können wir die weiteren Schicksale der chiffrirten Stücke am besten verfolgen, wenn wir zugleich die in gewöhnlicher Schrift gebotenen Postscripte in die Betrachtung einbeziehen. Kurze Zusätze zu Briefen und auch zu den Proposten pflegte man auf den Hauptbogen einzutragen.[3] Für längere dagegen wählte man fogli (auch mezzi f.) inclusi (alligati), welche man wie andere Beilagen in den mit Aussenadresse versehenen und versiegelten Hauptbrief einzulegen für genügend hielt und nicht besonders signirte. Wenn nicht schon der Empfänger nach Oeffnung eines Schreibens die beigeschlossenen losen Blätter als

---

[1] So ist auch für folgende chiffrirte Stelle vom 10. Juli 1563 tom. 55 f. 248 unsere einzige Quelle: N. S^re tiene il presidente Ferreriis per persona che si possa facilmente guadagnare; però se a V. S. R^ma parerà che sia a proposito donargli lei stessa di man propria in un fazoletto cinque o sei cento scudi, S. S^tà se ne rimette al suo buon giudicio, sapendo che quando l' habbi a fare, piglierà il tempo et l' occasione opportuna; et per suo avviso saperà che il detto presidente è povero, et non gli sono anche troppo ben pagate le sue provisioni, onde qualche volta si è trovato in bisogno.

[2] Mit jedem der Legaten wurde in eigener Chiffer correspondirt.

[3] Für derartige Nachschriften hat meines Wissens das damalige Geheimsecretariat Chiffern nicht verwendet. Aber Briefe des Hosius weisen zuweilen derartige Zusätze in Geheimschrift auf.

zu demselben gehörig bezeichnete, waren diese mit der Zeit der
Gefahr ausgesetzt, zu anderen Briefen zu gerathen oder auch,
wenn man sie nicht mehr unterzubringen wusste, vernachlässigt
und endlich verworfen zu werden. Die Gefahr wurde dadurch
gesteigert, dass man sowohl in Rom als in Trient derselben Post
in der Regel mehrere Briefe übergab, deren jeder eine Anzahl
von Einlagen erhalten konnte.[1] Was die Proposte an die Concil
legaten anbetrifft, so sind Morone zu gleicher Zeit bis fünf
an die Gesammtheit oder an ihn allein gerichtete Briefe mit
vielleicht zehn Einschlüssen zugegangen: dass das alles in
rechter Ordnung zu halten schwer war, liegt auf der Hand.
Inwieweit der Bestand schon geschädigt und die Ordnung
bereits gestört war, als die Originale in Einlaufsregister gebucht
wurden, werden wir später verfolgen. Hier haben wir, um den
Vergleich mit dem GR. anzustellen, die uns in tom. 27 und 68
vorliegende Sammlung der Originale der Correspondenz Rom—
Trient ins Auge zu fassen und insbesondere die noch auf uns
gekommenen losen Blätter mit Postscripten in gewöhnlicher oder
in Geheimschrift. Dass Morone einen Theil derselben ausschied,
um sie gesondert aufzubewahren, sahen wir schon. Aber auch
von der bis in seine Zeit zurückreichenden Hauptsammlung ist
dann manches fliegende Blatt verloren gegangen, und andere
sind, als alles zusammengebunden wurde, am unrechten Orte
eingereiht worden. Es kann uns also nicht Wunder nehmen,
dass ein Stück im GR. umfangreicher erscheint als in dem
noch zur Verfügung stehenden Originale, indem dort auch
das Postscript aufgenommen ist, welches, auf ein Beiblatt geschrieben, mit diesem abhanden gekommen ist, und es kann uns
ebenso wenig Wunder nehmen, dass ein Postscript im GR. in
anderer Verbindung erscheint als in den tom. 27, 68.

[1] Wurden zu gleicher Zeit demselben Adressaten mehrere Briefe zugesandt,
so wurden sie auf der Aussenadresse als littera prima, secunda u. s. w.
bezeichnet. Auch von der Expedition der Briefe durch den dem Geheimsecretär unterstehenden Postmeister spricht Carga in Lämmer l. c. 466
und 467. Der Postmeister hatte die Briefe mit ihren Beilagen zu einem
plico zu verschliessen und hatte die eingelaufenen plichi zu öffnen.
Wird somit plico für das einzelne Briefconvolut gebraucht (vgl. auch
Schellhass N. B. III, S. 200, Anm. 2), so wird auch das ganze der Post
übergebene Packet, in welchem alle Briefconvolute zusammengeschnürt
wurden, plico genannt.

Sind wir nun, was Zahl, Umfang und Fassung der Briefe anbetrifft, auf den Vergleich des GR. mit dem jetzigen Vorrathe an Originalen angewiesen, so dürfen wir doch nicht ausser Acht lassen, dass zwischen diesen beiden Ueberlieferungsformen die Minuten in der Mitte liegen. Sie wie es sich gebührt zu berücksichtigen, fasse ich zuerst den normalen Vorgang ins Auge, dass seinerzeit die Originale ebenso aus den Minuten geflossen sind wie in der Folge die Registercopien. Ist es aber auch derselbe Stock von Minuten, welcher dem einen und nach Verlauf einiger Zeit dem anderen Zwecke gedient hat? Das ist an und für sich unwahrscheinlich. Indem auch die Concepte auf einzelnen Bogen, auf losen Blättern und Zetteln niedergeschrieben waren, konnten einzelne Exemplare oder deren Theile ebenso, wie wir das bei den Originalen gesehen haben, in Verlust oder untereinander gerathen. Dass schon in den ersten Jahren die Minuten zu einzelnen Briefen aus der Registratur verschwunden sind, glaube ich in all den Fällen annehmen zu sollen, in denen noch in der Urschrift vorhandene Stücke hochwichtigen Inhalts (so z. B. eine Proposte vom 25. April 1563 an alle Legaten in tom. 68 Nr. 23) weder in das ältere GR., noch in das jüngere CR. oder tom. 54 aufgenommen worden sind, denn dass eine und dieselbe Minute bei zweimaliger Registrirung übersehen worden sei, ist doch unwahrscheinlich. Leichter konnten Beiblätter schon frühzeitig verloren gehen: so erkläre ich mir, dass in denselben zwei Registern die nicht minder wichtigen Nachschriften zu dem in der Serie der Originale nächstfolgenden Communebriefe vom 28. April (tom. 68 Nr. 24) fehlen. Die Vergleichung des tom. 55 mit den Originalen aus der zweiten Hälfte desselben Monats ergibt noch andere, wenn auch geringfügigere Abweichungen, was den Gedanken nahelegt, dass damals wenig Ordnung in dem Secretariat geherrscht hat, so dass den späteren Registratoren minder gut erhaltenes Material vorlag. Auch im GR. II oder NG. 4ᶜ treten die bedenklichen Stellen gruppenweise auf. Gleich auf den S. 41 besprochenen Fall folgt f. 235 der offenbare Fehler, dass der noch im Original erhaltene Communebrief vom 6. April 1562 als Fortsetzung eines Briefes vom 8. April eingetragen worden ist; da er auch bei der Revision nicht wahrgenommen noch gutgemacht worden ist, scheint die

4*

Minute unrichtig bezeichnet gewesen zu sein. Ueberhaupt waren
die Registratoren abhängig von denen, welche die Minuten geliefert hatten, und von denen, welche sie aufzubewahren und in
Ordnung zu halten hatten: damit haben wir zu rechnen nicht
allein wenn Briefe in der einen und der anderen Ueberlieferungs-
form verschiedenen Umfanges sind, sondern auch wenn sie in
anderen Punkten differiren. Ich citirte S. 22 eine Minute, in
welcher bemerkt worden ist, dass ein capitolo umgestellt werden
solle; wenn solcher Wink auf einer anderen Minute nicht eingetragen worden war oder übersehen wurde, mussten die einzelnen Alineas in der Registercopie anders aufeinander folgen
als in dem Originale. Wenn endlich zuweilen ein einzelner
Passus im Register anders lautet als in dem Original, so kann
auch das darauf hinauslaufen, dass eine Aenderung des ursprünglichen Concepts beliebt worden und die neue Fassung auf
einem Beiblatte geboten worden ist, welches entweder verloren
ging oder doch bei der Registrirung unbeachtet blieb.

Es geschieht im Hinblick auf die jüngeren Register, dass
ich die Möglichkeiten der Schädigung des einstigen Bestandes
und Zustandes der Minutensammlung, welche die Registrirung
beeinflussen konnten und mussten, aufzähle. Wie ich im nächstfolgenden Berichte zeigen werde, weichen die jüngeren Register
nicht allein zuweilen von dem älteren GR. ab,[1] sondern sie
weichen auch häufiger und mehr als dieses von den noch
vorräthigen Originalen ab. In erster Linie ist das darauf
zurückzuführen, dass in den mindestens fünfzehn Jahren, welche
zwischen der ersten und der zweiten Buchung der Minuten
liegen, deren Sammlung wenn auch nicht gerade Verlusten ausgesetzt gewesen, so doch etwas in Verwirrung gerathen zu sein
scheint. Und, das kommt in zweiter Linie in Betracht, den
Registratoren aus der Zeit Gregors XIII. gingen die Erfahrungen
und die Erinnerung ab, welche ihren Vorgängern zu statten gekommen waren. Dass es ein und derselbe Kreis von Männern
war, welche unter Pius IV. erst die Minuten lieferten, bald
darauf für das GR. zusammengestellt, dann copirt und schliess-

---

[1] Hier habe ich nur von dem minderen Werth der jüngeren Register zu
reden, will aber nicht verschweigen, dass sie, nach anderem Plane angelegt, in einem Punkte das ältere GR. an Werth übertreffen.

lich revidirt hatten, das hat sie vor Missgriffen in grösserer
Zahl und ärgerer Art bewahrt, aber doch nicht, wie ich bereits constatirte und noch weiter constatiren werde, vor geringeren Fehlern.

Nun trifft aber, was ich bisher angenommen habe, dass die
auf uns gekommenen Originale aus den einst im Secretariat aufbewahrten und dort von den Registratoren benützten Minuten
geflossen seien, oder mit anderen Worten, dass sich von Anbeginn die Originale mit den Minuten gedeckt haben, nicht
immer und nicht vollständig zu. Es sind vielmehr nicht selten
im Augenblicke, da die Reinschriften hergestellt wurden, Aenderungen am Wortlaute der Concepte vorgenommen, aber nicht
jedesmal in diesen ersichtlich gemacht worden. Hat es daher
von einzelnen Briefen sozusagen eine erste und eine zweite
mehr oder minder abweichende Fassung gegeben, so hat es nur
von Zufälligkeiten abgehangen, nämlich einerseits von dem Grade
der auf die betreffenden Stücke im Secretariat verwendeten
Sorgfalt, und andererseits von der Erhaltung der verschiedenen
Aufzeichnungen, ob solche Briefe in übereinstimmenden oder
in differirenden Ueberlieferungsformen auf uns gekommen sind.
Dass ich in einigen Fällen bestimmt nachweisen und in anderen
wenigstens sehr wahrscheinlich machen kann, dass zwei Redactionen nebeneinander bestanden haben, bestimmt mich, auch zu
anderen Malen von der gleichen Voraussetzung auszugehen,
um Abweichungen der Registercopien von den Originalen zu
erklären.

Nahm ich zuvor an, dass die Eintragung von Postscripten
in das GR. unterblieben sei, weil Zettel, auf denen sie zu den
Minuten nachgetragen waren, abhanden gekommen seien, so
fasse ich jetzt als zweite Möglichkeit ins Auge, dass es versäumt
worden ist, sie nachzutragen. Und ich gebe ihr in gewissen
Fällen den Vorzug. Fehlen z. B. in tom. 55 die Nachschriften
zu den Originalen vom 5. Juni und vom 30. November 1563
(tom. 68 Nr. 43 und 170), so lässt schon deren Stellung zwischen
der Datirung und der Subscription erkennen, dass sie erst im
Augenblicke der Expedition entstanden sind, und lässt vermuthen, dass sie dem Secretariate gar nicht mitgetheilt worden
sind. Einen ähnlichen Vorgang nehme ich an bei Entstehung
eines zweiten Originals vom 30. November (ib. Nr. 169), von

dem sich nur die ersten acht Zeilen in tom. 55 f. 392' gebucht
finden: wenn die weiteren sechs Zeilen des Originals erst dem
Mundanten in die Feder dictirt worden sind, so ist es bei der
an diesem Tage die ganze Curie beherrschenden Bestürzung
sehr begreiflich, dass die entsprechende Ergänzung des Concepts
unterblieben ist. Einen zweiten von mir ebenso gedeuteten
Fall, dass ein Originalbrief drei Zusätze aufweist, von denen
im GR. nicht Notiz genommen ist, bespreche ich S. 56. Dafür,
dass im letzten Augenblick im Original etwas gestrichen worden
ist, was doch in der Minute stehen geblieben und aus ihr in
das GR. übergegangen ist, habe ich bisher nur einen Beleg gefunden. In einem Communebrief vom 26. Mai 1563 (ib. Nr. 39)
wurde unter Anderem gesagt, dass dem Cardinal Navagero vom
Papste bewilligt worden sei, schon für den ganzen Monat April.
obwohl er erst am 28. in Trient eingetroffen war, die Provision
von 500 scudi pro Monat zu beheben; das ging aber im Grunde
nur den mit der Geldgebahrung betrauten ersten Präsidenten
an, und es war nicht rücksichtsvoll, es die Collegen wissen zu
lassen: so wurden die betreffenden Zeilen der Reinschrift un-
leserlich gemacht, während der Passus in der Minute nicht
getilgt und so in das GR. aufgenommen wurde.

Um zweierlei Redactionen handelt es sich auch in einigen
der zahlreichen Fälle, in welchen den Legaten von wichtigen
Briefen sicherheitshalber Duplicate zugesandt wurden. Lag
auch nur ein Tag zwischen den beiden Expeditionen, so gaben
inzwischen eingelaufene Nachrichten oder nochmalige Erwä-
gungen leicht Anlass zu theilweiser Modification der zuerst
ertheilten Weisungen. Aber auch wenn man einen Passus gestrichen oder hinzugefügt oder den Wortlaut eines anderen
geändert hatte, so nahm man keinen Anstand, die neue Ausfertigung auf der Aussenadresse oder am Kopfe als duplicata
zu bezeichnen. Es wird genügen, dafür einen Beleg anzuführen.
Von einer Proposte vom 28. April 1563 mit chiffrirtem Postscripte sind zwei Originalexemplare auf uns gekommen, in
dessen späterem das Postscript einen Zusatz von fünf Zeilen
sehr wichtigen Inhaltes erhalten hat;[1] dass dasselbe auch in

---

[1] Das erste Exemplar in tom. 68 Nr. 24 Hauptbrief und Nr. 26 Klarschrift der Chiffer (ein zweites Decifrat gleichen Umfanges fand ich in

der Minute nachgetragen worden ist, beweisen die Register-copien in tom. 55 f. 171′ und in dem jüngeren tom. 54 f. 219. Hier trifft es von ungefähr zusammen, dass die Ergänzung des Conceptes erfolgt ist, und dass uns auch die zweifachen Originale erhalten sind, so dass der ganze Vorgang offen zu Tage liegt. Wenn in einem anderen Falle im Drang der Geschäfte die Eintragung des Plus in die Minute unterblieben ist, und wenn zweitens nur das umfangreichere Duplicat auf uns gekommen ist, so muss die Registercopie beim Vergleiche mit dem Original ein Minus aufweisen. Ob nun von Anbeginn an die Minuten und die Originale in etwas differirt haben oder erst in der Folge, indem jene Schaden erlitten haben, läuft ziemlich auf dasselbe hinaus: die Registratoren und auch die etwaigen Revisoren der Register mussten sich an die ihnen vorliegenden Minuten halten. Höchstens konnten die Männer, welche, an allen früheren Phasen der Arbeit betheiligt, schliesslich auch bei der Anlage des älteren GR. mitwirkten, sich entsinnen, dass einmal etwas anderes vorgegangen war, als aus den Minuten ersichtlich war, und konnten eine diesbezügliche Notiz eintragen; aber wie ein Originalbrief oder ein Passus eines solchen gelautet hatte, vermochten auch sie nicht anzugeben, wenn die Minuten sie im Stiche liessen.

Ich stelle hier noch eine Vergleichung an des Wortlautes eines Briefes vom 15. August 1562 in dem Mailänder Original, nach welchem ich ihn im Anhang Nr. 20 veröffentliche, und in dem NG. 4ᶜ f. 315. Dafür, dass sich sowohl der Ingrossator als später der Registrator genauer Wiedergabe der beiden vorliegenden Minuten befleissigt haben, spricht die geringe Zahl der Varianten der einen Art. Im ersten Drittel des Schreibens begegnen nur folgende: statt anche, furono, la breve expeditione del concilio, far il medemo con Mons. de L. des Originales bietet die Copie anco, furno, l'expeditione d. c., far il medemo officio con M. de L. Dass der Schreiber des Originals im letzten Falle ein Wort ausgelassen hat, liegt auf der Hand. Im vorhergehenden Falle kann der Registrator den gleichen Fehler gemacht haben, aber es kann auch im Original ein

---

tom. 29). Das Duplicat mit Klarschrift des erweiterten Postscripts in tom. 68 Nr. 27.

Wort eingesetzt worden sein. Und das dünkt mir wahrscheinlicher in Anbetracht von drei weiteren und stärkeren Differenzen. Im Register bricht nämlich das erste Alinea ab mit
piu volte, das zweite mit siano honeste und das allerletzte mit
non si possa finire.[1] Dass sich der Registrator an einem Stücke
drei Kürzungen vorzunehmen erlaubt habe, kann ich nicht
glauben; dieser Vorgang stünde ganz vereinzelt da. Dagegen
ist die Wahrscheinlichkeit, dass hier im letzten Momente, etwa
in Folge von dem Mundanten nur mündlich ertheilter Weisung,
Zusätze zu dem ursprünglichen und unverändert gebliebenen
Concepte gemacht worden sind, um so grösser, als die zwei
letzten[2] im Grunde nur mit sich steigerndem Nachdrucke
wiederholen, was bereits zuvor gesagt war. Die Berufung auf
des Papstes Willen an beiden Stellen legt den Gedanken nahe,
dass er es war, welchem die ihm unterbreitete Fassung nicht
genügte; bezeugt doch auch das Postscript, welches er eigenhändig hinzufügte, seinen lebhaften Antheil an der Lösung der
eben auf der Tagesordnung stehenden Fragen.

In diesem Zusammenhange will ich auch gleich die äusserst
zahlreichen Differenzen in den Datirungen besprechen. Zum
Theil laufen sie blos auf Schreibfehler in den Originalen oder
in den Registercopien hinaus: ich fand sie nicht allein, wo noch
römische Zahlzeichen verwendet wurden, sondern auch, wo sich
die Schreiber der arabischen Ziffern bedient haben.[3] Andere
Differenzen erklären sich durch den häufigen Verzug der Expedition. Wir sahen, dass er eventuell auf den Minuten und
nach ihnen in den Registern vermerkt wurde. Dafür, dass dies
unter Umständen auch unterblieben ist, will ich wenigstens ein
Beispiel anführen: in dem in tom. 27 Nr. 1 eingereihten Origi-

---

[1] Hier folgt also im GR., welches stets den Schlussgruss unterdrückt,
gleich Di Roma etc. — Die Ueberlieferung des Postscripts von Nr. 20
habe ich bereits S. 35 besprochen.

[2] Der erste wiegt nicht mehr als die zuvor erwähnte Hinzufügung von
breve zu expeditione.

[3] So steht an der Spitze der Mailänder Collection (J. 139 inf. Nr. 1)
ein Originalbrief Borromeo's an den Mantuaner mit 20 dicembre 1560,
statt 1561. — Schreibfehler glaube ich auch in den wenigen Fällen annehmen zu dürfen, in denen Originale um einen oder mehrere Tage
früher datirt erscheinen als die Abschriften.

nale ist das ursprüngliche Datum 24. März 1563 in 25 corrigirt worden, bis zu dem sich die Absendung verzögerte; in der Abschrift in tom. 55 f. 146 ist aber der 24. beibehalten worden. Auf stärkere Differenzen dieser Art, welche den Forscher beirren könnten, bin ich bisher nicht gestossen.

7. Eingehende Vergleichung einzelner Gruppen von Briefen, wie sie im Generalregister und sonst überliefert sind.

Um ein sicheres Urtheil über den quantitativen und qualitativen Werth des älteren GR. fällen zu können, habe ich mich nicht begnügt, zahlreichen einzelnen Briefen, welche hier überliefert sind, nachzugehen, sondern ich habe auch ganze Gruppen von zeitlich und inhaltlich zusammengehörigen Briefen in meine Untersuchungen einbezogen. Auch in diesem Berichte will ich die auf diesem zweiten Wege gewonnenen Ergebnisse mittheilen, nicht allein um des nächstliegenden Zweckes willen, sondern auch um auf eine unabweisbare Frage wenigstens auf Grund von Stichproben eine erste Antwort zu ertheilen, auf die Frage nämlich, inwieweit wir uns von planmässiger Ausbeutung der vaticanischen Concilakten bessere Kunde versprechen können, als sie uns bisher von Pallavicino, als dem einzigen, der dieses Material für eine Geschichte des Concils benützt hat, geboten worden ist.[1]

Zum Verständnisse der Briefe, welche ich bespreche und zum Theil auch veröffentlichen will, schicke ich einiges voraus. Pius IV. war als Oberhaupt der Kirche und des Kirchenstaates voller Sorgen, als im März 1563 der Grosscomthur Alcantara D. Luigi d'Avila als ausserordentlicher Gesandter des Königs Philipp in Rom eintraf. In Trient waren bei der Abstimmung über den Tag der nächsten Sitzung die Legaten dem Cardinal von Lothringen gegenüber in der Minorität geblieben. Was Morone, welcher sich zunächst zum Kaiser nach Innsbruck begeben sollte, dort ausrichten werde, war noch ungewiss. Angesichts dieser und anderer Gefahren, die ihm drohten, war der Papst mehr denn je geneigt, sich eng an Spanien anzu-

---

[1] Für die hier von mir angezogenen Bücher hat Pallavicino die ihm von den Archivaren zur Verfügung gestellten Akten bereits selbst eingesehen.

schliessen, von dem er am ehesten wirksame Hilfe erwarten
konnte, und auf die zahlreichen und weittragenden Forderungen
einzugehen, welche K. Philipp seit Monaten formulirt, durch
Vargas hatte ankündigen lassen und jetzt unter Androhung
des Abbruches des diplomatischen Verkehres durch d'Avila
wiederholen liess. Die eine betraf die Freiheit des Concils, wie
sie K. Philipp verstand: sie wurde durch das Breve vom
8. Mai 1563 Poiche questi principi bewilligt.[1] In Folge dieser
Erklärung erhielten die Legaten von Borromeo am 9. Mai
(Anhang Nr. 27) neue Weisung, wie sie sich fortan auf dem
Concil und der Curie gegenüber verhalten sollten.[2]

Zu gleicher Zeit entschied der Papst in einer anderen
Frage zu Gunsten von Spanien. Die Franzosen hatten die
Gelegenheit nicht vorübergehen lassen wollen, vor allen auf
dem Concil vertretenen Nationen ihre Ansprüche auf Vorrang
vor den Spaniern geltend zu machen, und ihr Orator Lansac
hatte in der ersten Unterredung, die er mit den Legaten nach
seiner Ankunft in Trient hatte, die Präcedenzfrage wieder auf
das Tapet gebracht. Auch der Papst war schon im April
1562, wie wir S. 41 gesehen haben, um eine Entscheidung an-
gegangen worden. Seit der Ernennung des Grafen Luna zum
Concilorator hatten die Legaten immer dringender um Weisungen, wie sie sich verhalten sollten, gebeten. Dass der Papst
zögerte, wurde ihm am meisten in Madrid verargt, und die zu-

---

[1] Original in tom. 29 Nr. 2. — Mit dem richtigen Datum in Martène,
Vet. monumenta 8, 1405. — In lateinischer Uebersetzung und zu 4. Mai
Ann. eccles. = Le Plat 6, 47. — Pallavicino XXI, 5, Nr. 7 zu 9. Mai,
wie der Tag auch in tom. 55 f. 180 angegeben ist. — Letzterer Druck
ist nach dem Original so zu ergänzen und zu verbessern: Pius papa IV.'
Dilecti filii salutem et apostolicam benedictionem. Poiche — instantia
— et par -- legatis, quali furno — levi la detta libertà — proponere
a li padri — congregation — la mente vostra — però che voi u. et
declarato -- declarar — li padri — volemo far — severa riforma. Dat.
Romae die VIII. Maii MDLXIII. — In der Aussenadresse ist zuerst
Morone genannt, welcher jedoch erst am 17. Mai wieder in Trient eintraf, während dieser Brief laut Registraturvormerk bereits am 12. eingelaufen war.

Original in tom. 68 Nr. 32, zu dessen Abschrift in tom. 55 f. 181'
gelegentlich der Revision bemerkt worden ist in cifra, offenbar fälschlich,
da dieser Zusatz auch in der jüngeren Copie im CR. tom. 54 f. 222 fehlt.

vor erwähnte Drohung, den spanischen Gesandten von Rom
abzuberufen, wurde insbesondere mit der lauen Haltung des
Papstes in dieser Streitfrage motivirt.[1] Nachdem nun Luna
am 12. April 1563 in Trient eingetroffen war, erneuerten Vargas
und d'Avila die diesbezüglichen Forderungen ihres Königs und
diesmal mit Erfolg. Ohne den Präcedenzstreit ein für alle Male
schlichten zu wollen, sprach sich der Papst am 8. Mai betreffs
des Luna in den Sessionen und Congregationen anzuweisenden
Platzes, so wie es L. d'Avila gewünscht hatte, aus. Borromeo
fügte dem Papstbriefe zwei chiffrirte Weisungen hinzu, eine
kurze an die gesammten Legaten und eine etwas längere an
Morone, welchem zugleich im Vertrauen mitgetheilt wurde, was
Pius IV. zu seinem Entschlusse bestimmt hatte; letzterer sollte
bis zum Augenblicke der Ausführung geheim gehalten werden.[2]

---

[1] Erklärung vom 5. März 1563 in Döllinger, Beiträge 1, 486: visto eu
cuan poco (el papa) estima la obediencia y humildad con que S. M. le
propone todas las cosas en el camino que S. S^{dad} ha tomado para reme-
diar la controversia que en el concilio podia haber entre el embajador
de S. M. y los del rey de Francia.

[2] Obgleich der Inhalt dieser drei Stücke bereits von Pallavicino XXI, 1,
Nr. 6—7 recht gut und in möglichstem Anschlusse an den Wortlaut angegeben worden ist, glaube ich sie doch im Anhang Nr. 26 veröffentlichen zu sollen. Den Hauptbrief drucke ich nach dem Original in
tom. 32 f. 136 ab und beide Postscripte nach tom. 55 fol. 179'. Gleich
hier füge ich einige Bemerkungen über die Ueberlieferung hinzu. Der
Papstbrief ist im GR. tom. 55 wieder sehr genau copirt worden; die
einzigen Varianten sind a la ragion de le parti und ne crederemo. Dagegen weicht die Registercopie des ersten Postscripts vielfach von der
in Trient angefertigten, jetzt in tom. 29 f. 109 eingereihten Klarschrift
ab, worauf ich S. 79 zurückkomme. Dass ich auch das Postscript nach
tom. 55 veröffentliche, hat seinen Grund in der schon S. 49 erwähnten
Verstümmelung des Blattes in tom. 29 f. 109, auf welchem einst das
Decifrat geboten worden war. — Auch was Pallavicino über die Wirkung dieser Briefe in Trient berichtet, ist recht gut. Es ist insbesondere
richtig, dass die Proposten vom 8. Mai schon am 12. in Trient eingelaufen waren, dass aber die Weisungen Borromeo's in cifro Moroniane
gekleidet erst nach der Heimkehr Morone's von Innsbruck am 17. entziffert werden konnten. Immerhin waren sie den Legaten und Luna
bekannt, bevor dieser zum ersten Male in der Generalcongregation vom
21. Mai (s. Theiner, Acta 2, 280) erschien. — Die im Papstbriefe erwähnte Zeichnung (disegno) ist wahrscheinlich erhalten. Mir sind mehrere solche Zeichnungen schon zu Gesichte gekommen, aber da sie, jeder

Um ersichtlich zu machen, wie es sich mit der Ueberlieferung der gesammten Correspondenz Rom—Trient vom 8.
und 9. Mai einerseits in Originalen und andérerseits im GR.
verhält, trage ich nach, was an Briefen dieser Tage auch anderen Inhalts bekannt ist. Tom. 27 weist in Nr. 12 einen
Particularbrief Borromeo's an Morone vom 9. auf, welcher, als
nur Complimente enthaltend, in das GR. nicht aufgenommen
worden ist. Dagegen lernen wir aus dem GR. als Plus kennen
den Schluss der einen Chiffre, deren in tom. 29 eingereihte
Klarschrift verstümmelt ist, und zwei Particularbriefe vom 9.
an Simonetta und an Navagero (tom. 55 f. 182'—183).

Aus den in den nächsten Wochen über die Präcedenz
gepflogenen Verhandlungen habe ich hier nur hervorzuheben,
dass auf Anregung Luna's die Frage immer mehr in den
Vordergrund trat, welcher Platz ihm als spanischem Orator bei
kirchlichen Feierlichkeiten angewiesen, und wie es mit der
Darreichung de la pace e de l'incenso gehalten werden solle.
Auch sie hatte der Papst zu Gunsten Spaniens durch einen
Brief vom 8. Juni lösen wollen.[1] Durch Borromeo liess er am

Erklärung bar, mir unverständlich waren, habe ich mir die Bände nicht
vermerkt. — Ich schalte hier noch ein, dass ich gegen die Erzählung
von Pallavicino l. c. sehr wenig einzuwenden habe. Aber an früherer
Stelle (XX, 17, Nr. 5) hat er auf die später von ihm selbst gebotenen Aufschlüsse noch nicht Rücksicht genommen. Er knüpft da an
die oben angeführte Erklärung vom 5. März 1563 an und verfolgt den
Verlauf des Präcedenzstreites bis zum 20. Mai nach dem an diesem
Tage von den Legaten nach Rom erstatteten Berichte. Schildert er nun
die Verlegenheit der Legaten mit den Worten: adunque non venendo
allora spezial commessione del papa e non havendo i legati balia d'inno-
vare, non si trovava compenso, so widerlegt er sich dann selbst. Offenbar hat er dieses Capitol niedergeschrieben, bevor er das ganze ihm zur
Verfügung stehende Material sich zu eigen gemacht hatte, und hat es
in der Folge nicht revidirt.

[1] So das Datum im Original in tom. 32 f. 146 und in der Abschrift in
tom. 55 f. 235; darnach ist der 9. Juni bei Pallavicino XXI, 8, Nr. 4
(desgleichen dann Le Plat 6, 102) zu verbessern. — Nach dem Original
ist der Druck bei Pallavicino so zu verbessern: Li oratori — dato
luogo — et la pace et l'incenso di maniera — a li oratori — farli dare —
dexterità — parerà, pur che — exeguito omninamente che non ne potete — Dio N. S. vi contenti et conservi. Rome VIII. Junii 1563.

9. und 12. den Legaten noch sehr eingehende Weisungen über
die Ausführung seines diesbezüglichen Befehls zugehen.[1]
Auch hier lasse ich folgen, was überhaupt von Proposten
vom 7.—9. Juni des gleichen oder auch anderen Inhaltes, entweder in Originalen oder abschriftlich im GR. vorliegt. In den
tom. 27, 32, 68 sind in den Urschriften auf uns gekommen
1 Papstbrief, 2 Particularbriefe Borromeo's an Morone und
2 Communebriefe desselben. Nur die ersten drei sind in das
GR. eingetragen worden. Das Fehlen des einen Briefes an die
Legaten lässt sich aus dem Inhalte erklären: es wird ihnen
nämlich nur gemeldet, dass der Generalthesoriere einen Unter-
beamten nach Trient senden werde behufs Revision der Kasse.
Handelt aber der zweite Brief von den in Rom und in Trient
gepflogenen Verhandlungen über die Reform, so hätte er wohl
in das GR. aufgenommen werden sollen; dass die Minute noch
vorhanden war, beweist die spätere Eintragung in das CR.
tom. 54 f. 239'. — Dagegen sind im GR. vier weitere Briefe
überliefert: 2 Communebriefe vom 8. und 9. Juni, 1 Brief an
Simonetta vom 8. und 1 an Hosius vom 9. — Ueber die beiden
Particularbriefe an Morone (Orig. in tom. 27 Nr. 22, 23, ricev.
14. Juni, copirt im GR.) berichte ich ausführlich. Der erste
vom 7. Juni mit Postscript (in ihm ist vornehmlich unter Hinweis auf eine Proposte an den Nuntius Delfino die Rede von
dem vom K. Maximilian II. zu fordernden Eide) ist ganz copirt in tom. 55 f. 211. Hier folgen dann noch 1. neun Zeilen:
A N. S^{re} è stato grato — per rispetto di V. S. Illma (Pius ist

[1] Gutes Excerpt dieser Proposte bei Pallavicino l. c. — Nur aus dem
zweiten Theile der Proposte vom 12. will ich eine für die Strenge des
Papstes charakteristische Stelle nachtragen. In einem Berichte vom
3. Juni hatten die Legaten Massarello und die Notare des Concils an-
geklagt als revelatori delli secreti di N. S^{re}, weil sie hanno dato fuora
quelle scritture (Brief des Papstes vom 8. Mai und andere diesbezügliche
Stücke) contra l' expressa commissione nostra che volevamo che fossero
tenute secrete. Darauf liess der Papst die Legaten wissen: S. S^{tà} è re-
stata forte offesa de la disobedientia del secretario et notari del concilio, et poichè per colpa loro è seguito un disordine si grande, se ben
spera che le SS. VV. Ill^{me} troveranno qualche buon modo per rime-
diarlo, è pero di parere che non si lasci la cosa impunita, et del castigo
che s' habbi a dar loro, la S^{tà} S. si rimetto a le SS. VV. Ill^{me}, se ben
volessero privarli degli officii.

zufrieden mit der jetzigen Haltung des Cardinals von Lothringen)
und 2. zehn Zeilen in cifra: Il Nuntio scrisse — per avviso.
Der erstere Passus findet sich nun in einem anderen Originalbrief vom 8. Juni (Nr. 23), aber mit folgender Einleitung:
Oltra quello ch'io scrivo a V. S. Illma con la qui alligata, ho
voluto con questa accusar le sue dell' ultimo del passato; et
quanto a la prima a N. S^{re} ò stato grato etc. Offenbar hat
das Eintreffen der Risposte vom 31. Mai am 8. Juni Anlass
gegeben, eine zweite Proposte aufzusetzen, in welche der schon
Tags zuvor concipirte Passus eingeflochten wurde — eine so
geringfügige Aenderung, dass es nicht nothwendig erachtet
wurde, sie auf der Minute ersichtlich zu machen. Was aber
den zweiten Passus anbetrifft, so liegen dem Original Nr. 22
allerdings zwei Blätter mit cifra und decifrato bei, jedoch anderen Inhaltes und Wortlautes, als sie im Register geboten
werden, und solchen Inhalts, dass er hierher nicht passt. Was
wir im GR. lesen, fand ich schliesslich wiederum in der S. 49
besprochenen kleinen Sammlung, nämlich in tom. 29 f. 116:
wir brauchen also das betreffende Blatt nur an seine rechte
Stelle zurückzuversetzen, und die Concordanz zwischen den
Reinschriften und der Registercopie ist hergestellt.[1]

Wie es Pius IV. befohlen hatte, wurde sein Brief vom
8. Juni (eingetroffen in Trient am 13.) dem Grafen Luna eben-

---

[1] Die interlineare Klarschrift lautet: Il Nuntio scrive con le ultime sue
che oltra il presente che V. S. R^{ma} haveva fatto al dottore Seldio, saria
stato a proposito fargline hora un altro di maggior pretio; pero haveme
facto fare al meglio che si è possuto cosi all' imprescia un vaso in
forma di scatola di oro massiccio che pesa trecenti scudi et li haveme
posto dentro una catena et una crocetta attaccata o sia libricciolo pieno
di reliquie che pesa dugento altri scudi, et se li è fatta una coperta
indrizzata al detto Seldio, come il Nuntio ha ricercato, il che sarà a
V. S. R^{ma} per avviso. — Fast mit denselben Worten wird ebenfalls in
Geheimschrift dem Nuntius am Kaiserhofe Delfin am 8. Juni 1563 gemeldet (NG. IV^d f. 346), dass sein von Rom nach Wien heimkehrender
Secretär ihm dieses neue Geschenk für Seld überbringe. Dem fügt dann
Borromeo noch hinzu: havessimo havuto caro che l' haveste vista, perche
forse per cosa fatta cosi al imprescia, non vi saria dispiaciuta; ma poi
che vi è parso che sia meglio indirizzarla al Seldio cosi chiusa, la ve-
drete poi con qualche occasione; resta che voi con la destrezza vostra
ne sappiate cavar quel frutto che merita non tanto la qualità del presente, quanto la buona santa et sincera intentione de S. B^{ne}.

falls mitgetheilt, bevor dieser am 21. um den Kaiser zu be-
grüssen nach Innsbruck aufbrach. Die Legaten sahen voraus,
dass die Franzosen gegen die Ausführung dieses neuen Befehles
noch lauter Verwahrung einlegen würden, als sie es am 21.
Mai gethan hatten, ja sie fürchteten, dass es zur Auflösung des
Concils kommen könne; thatsächlich wurde damals von mehr
als einer Seite die Möglichkeit, das Concil zu Ende zu führen,
angezweifelt,[1] und wurde sogar der Papst beschuldigt, auf
Sprengung desselben hinzuarbeiten. Leiteten also die Legaten
in Trient allerlei Verhandlungen ein, so hatten sie doch noch
keinen Erfolg erzielt, als Luna am 27. von Innsbruck heim-
kehrte und erklärte, am Tage Peters und Pauls in der Messe
erscheinen zu wollen, wo er nach der Weisung des Papstes
empfangen zu werden erwarte.

Ueber die Vorgänge, welche sich an diesem Tage während
des und nach dem Gottesdienste abspielten, liegen zahlreiche
und ausführliche Berichte vor, von denen auch mehrere bereits gedruckt sind.[2] Die der Legaten sind überdies von
Pallavicino XXI, 8, Nr. 6—7 benutzt worden. Ich glaube letztere, in denen zuerst kurz recapitulirt wird, was in den Briefen
der letzten Wochen über den Verlauf dieser Angelegenheit
nach Rom gemeldet worden war, dann ausführlich über die
jüngsten Geschehnisse referirt wird und schliesslich die Gründe
dargelegt werden, welche die Legaten bestimmt hatten, von der
Ausführung der stricten Befehle des Papstes abzusehen, ich
glaube diese Berichte ganz veröffentlichen zu sollen, da sie

[1] Auch in den Proposten dieser Zeit ist von solcher Eventualität die Rede,
und dass der Papst selbst für alle Fälle vorbereitet sein wollte, beweist
unter anderem folgende Weisung vom 12. Mai 1563 (Original in tom. 68
Nr. 33): Quanto al far nuova provisione de danari, io ho già scritto
che Mons.^{or} thesoriere generale ha mandati sei mille altri scudi in Venetia, li quali non doveranno servire se non per un' urgente bisogno
che potesse venire a le SS. VV. Ill^{me} a l'improviso, et due altri mille
se ne rimette hoggi, li quali, aggionti a li quattro mille che il Manelli
haverà ultimamente portati da Venetia, doveranno portarci siu' a qualchi
giorni di Luglio; per il qual tempo tra tanto si farà provisione d'un'
altra honesta somma, acciò li sei mille non si tocchino, come ho detto,
se non per un bisogno urgente.
[2] Vgl. unter anderen Le Plat 6, 116—126; Paleotto ed. Mendham 502:
Sickel, Acta 554; Döllinger, Urkunden 1 b, 124.

offenbar bei der nochmaligen Berathung in Rom besondere
Beachtung gefunden und den Ausschlag gegeben haben.[1]

Als Ergebniss dieser Berathung bezeichnet Pallavicino
XXI, 10, dass der Papst an dem gleichen Tage zwei Briefe
an die Legaten gerichtet habe, einen langen, welcher geheim
gehalten werden sollte, und einen kurzen zu eventueller Mittheilung geeigneten: aus dem Eingange des ersteren theilt er
nur einen Satz im Wortlaute mit, während er die zwei letzten
Drittel wörtlich abdruckt; ebenso bietet er den ganzen Wortlaut
des zweiten Schreibens. Aber es haben sich noch drei Beilagen
zu diesen Briefen erhalten, welche uns erst den rechten Schlüssel
zu deren Verständniss bieten, und was in meinen Augen
wichtiger ist, alle diese Aeusserungen sind vom 6. Juli 1563
und nicht, wie Pallavicino angibt, vom 16.[2] Dem Abdrucke
sämmtlicher Aeusserungen des Papstes vom 6.[3] füge ich eine
Beschreibung der noch vorhandenen Originale bei.

Der Brief, den ich als offenbar zuerst aufgesetzt I be-
nenne, füllt die vier Seiten des Bogens aus, welcher in tom. 32
die fol. 163, 164 bildet, so dass für eine Aussenadresse kein
Raum blieb;[4] gerade weil diese und ebenso jede Spur von

---

[1] Anhang Nr. 28—30 nach den Originalen in tom. 61 f. 289—293, 296—300,
in welchen offenbar in Rom zahlreiche Stellen unterstrichen sind. Abschriften dieser Berichte sind damals allen Nuntien zugesandt und von
diesen einerseits in ihre Register eingetragen und andererseits verbreitet
worden: so finden sich die Berichte in zahlreichen abgeleiteten Sammlungen, wie z. B. im Cod. Barber. LXII, 19. — In tom. 61 f. 294, 295
noch zwei Originalrisposte vom 30. Juni, welche aber von anderen Angelegenheiten handeln. — Da nicht von allen Berichten der Legaten
die Originale erhalten sind, bemerke ich, dass weitere Berichte aus
den letzten Tagen des Juni und aus den ersten des Juli weder aus
der in I, S. 114 erwähnten Minutensammlung, noch aus den abgeleiteten Sammlungen der Correspondenz Trient—Rom bekannt sind.

[2] Die beiden Briefe in Pallavicino l. c., Nr. 2 und 4 zieht le Plat 6, 159
zu einem zusammen. Mir ist nicht bekannt, dass die unrichtige Datirung
bereits berichtigt oder auch nur bemängelt worden sei.

[3] Anhang Nr. 31, I—V. Jedoch wiederhole ich nicht den schon von
Pallavicino gebotenen grösseren Theil von I. Die anderen Proposte aus
diesen Tagen und die dann aus Trient eingelaufenen Risposte bestätigen
nur die Deutung, die ich oben den Briefen gebe.

[4] Von der Reihenfolge in dem betreffenden Bande muss man ganz absehen: in ihm steht V an der Spitze und I am Ende.

Besiegelung fehlt, betone ich, dass I alle anderen Kennzeichen
der Originalität trägt, insbesonders auch am Kopf die eigenhändige Bezeichnung des Schreibers. Wurde also für I ein
Umschlag benöthigt, so ist dazu der Bogen f. 157, 160 verwendet worden. Auf f. 157 stehen die wenigen Zeilen von II,
ein einfacher avis au lecteur ohne alles Beiwerk von Formeln,
und auf f. 160' die übliche Aussenadresse; neben dieser sehen
wir einerseits das leidlich erhaltene Wappensiegel des Papstes
und andererseits den nach Einlauf des Briefes geschriebenen
Registraturvermerk: Responde alli romori fatti per la pace et
lo incenso. In denselben Umschlag sind aber noch andere
Bogen und Briefe eingelegt worden. Jedenfalls der jetzt
f. 158, 159 bezeichnete Bogen, auf welchem III (ebenfalls
ohne Aufschrift, ohne Datirung und ohne Adressse — von
Pallavicino l. c. Nr. 4 in Kürze erwähnt) geschrieben war, und
vermuthlich ein weiterer Bogen, welchen ich bisher nicht aufgefunden habe. Was dieser enthalten hat (IV), ist uns nur
durch das GR. (tom. 55 f. 242') überliefert, so dass sich die
Frage aufdrängt, ob wir IV als gesonderten Brief oder als
eine Beilage gleich II und III ansehen sollen. Sie zu beantworten schicke ich voraus, wie alle diese Stücke im GR.
eingetragen erscheinen. Auf die Ueberschrift A li legati a 6.
di Luglio folgt zuerst auf f. 240', durch die Anrede Venerabilis frater et dilecti filii etc. als Papstbrief kenntlich gemacht,
I, dann f. 242 unser II und noch III, endlich f. 242' IV,
welches im Register abschliesst mit Datum Romae etc., also wie
ein besonderer Brief. Da jedoch die vorausgehenden Stücke
keine gekürzte Datirung aufweisen, so liegt auf der Hand, dass
der Registrator I—IV als zusammengehörig betrachtet und
auch so, wie ich es thue, geordnet hat, dass er aber die Datirung, mit welcher der Hauptbrief I endet, nach dem üblichen
Schema gekürzt erst nach IV geboten hat: somit ist auch IV
nur eine Beilage.

Von dem in II angekündigten und im vorhinein zur Mittheilung an den Cardinal von Lothringen und den Grafen Luna
bestimmten Briefe V liegen in tom. 32 noch zwei Exemplare
vor: das eine V^a steht auf f. 154 und 156, das andere V^b
auf f. 161—162; an beider Kopf steht von des Papstes eigener
Hand Pius papa IV, und beide weisen die Aussenadresse und

Siegelspuren auf.[1] Ist nun jetzt in V* ein Blatt (f. 155) eingelegt, auf dem wir lesen: Questa seconda lettera si è fatta in
maniera che a S. Sta pare che si possa sicuramente mostrare
a Loreno; però se per tirar inanzi la concordia mediante l'omissione de la dottrina etc., giudicheranno espediente di mostrar-
glila, potranno farlo a piacer loro, so ist es klar, dass solche
Weisung nur von Borromeo oder von Galli dictirt worden sein
kann, aber es ist zugleich sehr fraglich, ob sie auf V bezogen
werden darf.

Aufschluss über diesen und über andere Punkte bieten
uns die Briefe des Cardinalnepoten aus diesen Tagen, obwohl sie
die Präcedenzfrage entweder gar nicht oder nur oberflächlich
berühren. Ich verzeichne sie also hier und gebe ihren Inhalt
insoweit an, als ich mich auf denselben berufen will.

Da man sich in Trient bis Ende Juni noch immer nicht
über die institutio episcoporum und über die Reformartikel
hatte verständigen können, hatten sich die Legaten nochmals
an den Papst gewendet, dass er eine Entscheidung treffe. So
ungehalten Pius IV. darüber war, da er ja erst vor kurzem
(s. S. 58) dem Concil volle Freiheit lassen zu wollen erklärt
hatte, hatte er doch eine Congregation von Cardinälen ein-
berufen, ihr Gutachten über die betreffenden Fragen zu erstatten;
auch Vargas hatte an den Verhandlungen theilgenommen und
ein Votum abgegeben, welches der Papst den Legaten mitzutheilen befahl. Das ist der Hauptinhalt eines Schreibens
Borromeo's vom 5. Juli (A).[2] Aus einem Communebriefe vom

---

[1] Die Differenzen zwischen den Texten beschränken sich darauf, dass
in V*, welches ich dem Abdrucke zu Grunde lege, nach benedictionem
ein überflüssiges etc. steht, und dass es hier fratanto, dagegen in V^b
tratanto heisst. — Die Aussenadresse lautet auf. f. 156' correct Ven.
fratri Joanni et dilectis filiis Stanislao . . ., dagegen auf f. 162'
(V^b) Ven. fratri et dilectis filiis Joanni, Stanislao . . . In Trient hat V^a
den Registraturvermerk erhalten: Rome 6. Julii, suspende l'ordine del-
l'incenso et pace et lo rimette al concilio; die gleiche Hand hat V^b
kürzer bezeichnet mit Rome 6 Julii, pace et incenso.

[2] Original in tom. 68 Nr. 63, auf der Aussenadresse: littera prima. Dazu
5 Beilagen (Nr. 64—68), unter denen die im Anhang Nr. 31. III. erwähnte scrittura del Musotto und, da das in Nr. 31. IV erwähnte voto
di Vargas nicht so schnell hatte copirt werden können, ein von Vargas
selbst geschriebener Extract seines Votums. — Dass Pallavicino XXI, 6,

6. (B) [1] erfahren wir, dass presente spaccio, in welchem A inbegriffen war, schon am 5. früh abgehen sollte, aber zurückgehalten wurde, weil der Papst erst hören wollte, was der am 4. Abends eingetroffene Abgesandte des Lothringers, Musotto, berichten werde; im übrigen werden in Kürze die Weisungen des Briefes A wiederholt. Vom 6. datiren noch ein Communebrief (C), ein Particularbrief an Morone (D) und ein anderer an Simonetta (E).[2] Nach C traf der Courier, welcher die Legatenbriefe vom 29. und 30. Juni und vom 1. Juli überbrachte, in Rom ein domenica sul hora di pranso (also 4. Juli, 11 Uhr Vorm.) und bald darauf auch der Ordinario mit Briefen vom 28. Juni: auf letztere, welche minder wichtige Angelegenheiten betrafen, wurde in 'C geantwortet. In D und E wird unter Hinweis auf la lunghezza de le lettere communi den Adressaten nur gesagt, dass der Papst volles Vertrauen in sie setze. Wichtig ist, dass auf D vermerkt worden ist ricevuta 9 Luglio hora 18 (d. i. 2 Uhr Nachm.). Am 7. Juli endlich wurden für den Fall, dass dem Tags zuvor abgegangenen Courier etwas zugestossen sei, den Legaten Duplicate aller hiersera geschriebenen und beförderten Briefe zugesandt: das besagt der Originalbrief G [3], mit dem zugleich ein Particularbrief an Simonetta (H) expedirt wurde.[4] Offenbar sind diese letzten Briefe der am 7. abgehenden Ordinaripost übergeben worden, denn laut dem Vermerk auf G trafen sie erst am 14. in Trient ein. Dem gegenüber ist horvorzuheben, dass die am 1. Juli von Trient expedirten Briefe in höchstens drei Tagen in Rom angelangt sind, und dass die in Rom am 6. Abends einer Staffette übergebenen Briefe nur etwa 66 Stunden unterwegs

---

Nr. 3—4 und 11, Nr. 1 unser A als vom 6. Juli datirt bezeichnet, beruht auf einer Verwechslung mit dem Briefe B.

[1] Tom. 68 Nr. 70, bezeichnet als 1. tertia. Dazu kommt ein Duplicat von B mit einem Beiblatte (B [2]), eingereiht als Nr. 71.

[2] C in tom. 68 Nr. 69 (littera secunda), D in tom. 27 Nr. 30, E nur in tom. 55 f. 245'. Hier sind alle diese Briefe so geordnet: f. 237' A, f. 240'—243 die Aeusserungen des Papstes, f. 243' B, f. 244 C, f. 245 D, f. 245' E.

[3] Tom. 68 Nr. 72, copirt in tom. 55 f. 246.

[4] Nur abschriftlich in tom. 55 f. 246 und in dem Particularregister.

geblieben sind:[1] das ist, was die Schnelligkeit der Beförderung anbetrifft, die höchste Leistung, welche sich aus dieser Correspondenz ergibt und sich wohl nur durch den guten Zustand der Strassen in dieser Jahreszeit erklären lässt.

Die zuvor erwähnte Beilage zu dem Duplicate B[2] enthält nun den S. 66 abgedruckten Passus Questa seconda lettera etc., welche auch zu B in Anbetracht des Verhältnisses von B zu A sehr gut passt, weit besser als zu dem von vorhinein auf Kundmachung berechneten Papstbriefe La menta nostra. Und so ist er auch im GR. der Copie von B als letztes Alinea angehängt worden. Der ersten Ausfertigung von B, jetzt Nr. 70, muss ein Blatt gleichen Inhaltes beigelegen haben, offenbar das Blatt, welches aus Versehen in tom. 32 gerathen ist. — Noch eine Bemerkung will ich an die Aufzählung der Briefe vom 5.—7. Juli knüpfen: ihre grosse Anzahl bezeugt von neuem, dass das Geheimsecretariat in kritischen Momenten im höchsten Grade in Anspruch genommen wurde.

Auch hier vergleiche ich wieder das GR. mit den auf uns gekommenen Originalproposten. Von deren am 7. expedirten Duplicaten habe ich bisher nur gefunden das des letzten Papstbriefes La mente nostra und das von B mit seiner Beilage. Für die Registrirung kamen die Duplicate nicht in Betracht. Dagegen bietet uns das GR. auch hier Ersatz dafür, dass die Originale der Proposte an die einzelnen Legaten (Morone ausgenommen) nicht in das Vaticanische Archiv gekommen sind. Sonst decken sich der Zahl nach die in den Urschriften und die in den Registercopien überlieferten Stücke. Was aber den Umfang der einzelnen Stücke betrifft, so vermissen wir in den Originalsammlungen nur das eine Beiblatt, auf welchem sich der uns aus dem GR. bekannte Passus Nr. 31. IV befunden haben muss. So sind die Differenzen bei dieser dritten Gruppe geringer als bei der ersten (Briefe vom 8. und 9. Mai) und bei der zweiten (Briefe vom 7.—9. Juni), aber sie sind der gleichen Art, und die nähere Betrachtung der drei

---

[1] Der 9. Juli ist auch auf A und C als Einlaufsdatum angegeben. Dagegen steht auf B ricev. 16 Luglio. Ist aber kein Grund erfindlich, dass B in Rom liegen geblieben sei, als die anderen Briefe vom 5. und 6. dem Eilboten übergeben wurden, so scheint hier ein Fehler unterlaufen zu sein.

Gruppen bestätigt, was ich S. 47 ff., auf andere Beispiele ge-
stützt, über den relativen Werth des älteren GR. gesagt habe.
Ich gehe noch auf den Inhalt der Briefe vom 6. Juli insoweit ein, als es die Nachprüfung der Erzählung Pallavicino's
erfordert. Indem er diese Briefe vom 16. Juli datirt, hat er
nichts über deren Wirkung zu berichten; er betont vielmehr,
dass noch bevor die Kunde von den Vorgängen am 29. Juni an
die Curie gelangt sei, in Trient dank der versöhnlichen Stimmung der in erster Linie betheiligten Franzosen und Spanier
und dank den Bemühungen der Legaten und ihres Anhangs
die Ruhe wieder hergestellt worden sei. In der That hatte
sich der Sturm dort sehr bald gelegt, da alle, welche zum
Concil gekommen waren, dessen ungestörten Fortgang sehn-
lichst wünschten und diesem allgemeinen Interesse ihre Sonder-
interessen unterordneten. Schon am 4. Juli konnten die Legaten nach Rom melden, dass man auf dem besten Wege sei,
sich in der Präcedenzfrage zu verständigen, und dass sowohl
die Franzosen als die Spanier von Eifer beseelt seien, die anderen in Verhandlung begriffenen Fragen zu erledigen und es
so zu ermöglichen, dass am 15. Juli endlich wieder eine feierliche Sitzung abgehalten werden könne. Die anderen gleichzeitigen Berichte aus Trient sind ebenfalls voll des Lobes der
Legaten, des Grafen Luna, des Lothringers u. s. w. und voll der
Hoffnung, dass die angebahnte Versöhnung zu Stande komme.
Aber dazu, dass diese Hoffnung in Erfüllung ging, haben
offenbar die den Legaten bereits am 9. zugegangenen Briefe
des Papstes und insbesondere der letzte auf die Beruhigung
der Franzosen berechnete beigetragen. Somit muss, bei aller
Anerkennung der versöhnlichen Haltung Luna's und des Lothringers und der Bemühungen der Legaten, den Frieden herzustellen, auch dem Papste und der Curie der gebührende
Antheil an der momentanen Beilegung des Präcedenzstreites
zugeschrieben werden. Es handelt sich aber nicht allein um
Feststellung der grösseren oder geringeren Wirkung, welche die
Papstbriefe in Trient ausübten, sondern auch um die richtige
Beurtheilung dieser Briefe und der durch sie bezeugten Haltung
des Papstes in diesem kritischen Momente. Pallavicino hebt
den wesentlichen Unterschied zwischen den am gleichen Tage
ausgestellten Briefen I und V nicht genügend hervor und

schwächt damit die Thatsache, wie sehr der Papst geschwankt
hat, ab. Dieses Schwanken wäre auch kaum begreiflich, wenn
Pius IV. über eine Woche Zeit gehabt hätte, mit sich zu Rathe
zu gehen, und vollends nicht, wenn inzwischen bereits ganz
beruhigende Nachrichten aus Trient eingelaufen wären. In
Wirklichkeit musste in kürzester Frist eine Entscheidung getroffen werden. Wir sahen, dass der jüngste Bericht vom
1. Juli schon am 4. der Curie zugegangen war, und dass schon
am 5. Musotto die Briefe des Cardinals von Lothringen über-
reichte und dessen Anschauungen zur Geltung brachte. Noch
stärkeren Druck als Musotto übte der den entgegengesetzten
Standpunkt vertretende Vargas aus. Aber auch hervorragende
Cardinäle werden sich je nach ihrem Standpunkte eingemischt
haben. So hatte der Papst mit allerlei Factoren zu ringen, ja
mit sich selbst, denn trotz seiner Zuneigung zu Spanien musste
er der im äussersten Falle drohenden Gefahr eines Schismas
vorbeugen. Dass sich so alles in den Zeitraum von einem bis
zu zwei Tagen zusammendrängte, das erst macht diese Briefe
und ihre Nachschriften verständlich. Weicht Pius IV. schon
in I um ein weniges zurück, so redet er doch noch, wie es ihm
ums Herz ist. Indem ihm Vorstellungen gemacht sein werden,
erklärt er in II, dass er selbst den ersten Brief zu stark finde
und ihn durch einen anderen ersetzen wolle, welcher eventuell
auch dem Lothringer und Luna gezeigt werden könne. Nichtsdestoweniger wird I den Legaten zugesandt, damit sie sich
in gleichem Sinne äussern mögen. Ja ihnen gegenüber versucht der Papst in III seinen Entschluss vom 8. Juni nochmals
zu rechtfertigen als ihm von Gott inspirirt und als auch von
Erfolg gekrönt, da der Lothringer jetzt erkläre, sich dem
Fortgange der conciliaren Verhandlungen nicht mehr wider-
setzen zu wollen. Dem entsprechend wird den Legaten in IV
befohlen, dass die jetzige Weisung, dass der am 8. Juni ertheilte Befehl unausgeführt bleibe, möglichst lange geheim gehalten und erst im äussersten Falle veröffentlicht werde. Und
in dieser letzten Weisung V war jedes Wort so reiflich erwogen
worden, dass sie, wie ich schon sagte, die rechte Wirkung er-
zielte: auf diese feierliche Erklärung des Papstes hin stimmten
die Franzosen und die Spanier dem vom Kaiser gemachten
und in Trient aufgenommenen Vorschlage bei, dass allerseits

auf die Darreichung von pace et incenso Verzicht geleistet
werde, bis dem spanischen und dem französischen Gesandten
neue diesbezügliche Instructionen zugehen würden.

*N. Das ältere Generalregister II schliesst sich unmittelbar an
das jüngere I an, während zwischen dem GR. II und III eine
Lage fehlt. — Schlussfolgerungen.*

Zum Schlusse dieses Capitels versuche ich auf die bisher
nur gestreifte Frage Antwort zu ertheilen, ob sich NG. 4ᶜ oder
GR. II unmittelbar an das jüngere GR. I in tom. 50 anschliesst
oder nicht, und wieviel zwischen jenem und GR. III oder
tom. 55 fehlt.[1] Tom. 50 (s. S. 8) endet mit drei Proposten
vom 31. December 1561, gerichtet an Simonetta (f. 89), an
die gesammten Legaten (f. 89') und an Mantua (f. 91),[2] und
NG. 4ᶜ hebt an mit einem Briefe überschrieben A li Rᵐⁱ legati
a li VII di Gennaro (1562), auf welchen Particularbriefe an
Mantua, Hosius und Simonetta vom gleichen Tage folgen.
Beide Expeditionen fallen auf den Mittwoch, d. h. auf einen
der zwei Wochentage, an welchen die Ordinaripost von Rom
abging, so dass, obwohl die Correspondenz damals noch nicht
lebhaft war, auch an dem dazwischen liegenden Samstage
(3. Jänner) Briefe nach Trient hätten befördert werden können.
In der That findet sich in Mailand das Original eines Briefes
von Borromeo an Mantua vom 3. Jänner 1562, welcher dann
auch in das Particularregister tom. 49 f. 35 und in das Einlaufsregister Mantua's, d. i. tom. CVIII f. 2 eingetragen worden ist.[3]

[1] Muss ich mich dabei immer wieder auf andere amtliche oder auch
ausseramtliche Register berufen, so werde ich diese, soweit ich es noch
nicht gethan habe, hier vorläufig kennzeichnen.

[2] Das jüngere GR. weicht also von dem älteren (s. S. 13) unter anderem
auch in der Anordnung der Briefe ab.

[3] Was ich über diesen Band in I, S. 81 und 103 gesagt habe, habe ich
jetzt in einem Punkte zu berichtigen. Nachträglich ist mir nämlich aus
Mailand gemeldet worden, dass sich in der dortigen Sammlung die
Briefe an C. Olivo, nämlich der vom 28. Jänner und der vom 14. Februar
1562 doch vorgefunden haben. Dessenungeachtet kann ich bislang aus
dem bereits angegebenen Grunde betreffs der Entstehung von tom. CVIII
nur Vermuthungen aufstellen. Da mich aber zahlreiche Stichproben
von der Güte der hier gebotenen Ueberlieferung überzeugt haben, glaube
ich mich auch auf dieses Register berufen zu dürfen.

Heisst es nun hier, dass der Cardinalnepote dem Adressaten
augenblicklich nichts mitzutheilen habe und ihm nur zum
neuen Jahre Glück wünschen wolle (nur zum Schluss wird
dann bemerkt, dass dem Briefe eben aus Spanien eingelaufene
Avvisi beigeschlossen werden sollen), so ist dies eine der Proposten, welche nach dem für das ältere GR. aufgestellten
Programme nicht in dasselbe aufzunehmen waren, so dass die
Auslassung dieses Stückes noch keine Lücke bezeichnet. So
schliesst sich NG. 4ᶜ unmittelbar an den tom. 50 an, welcher,
wie ich meine, den frühzeitig verloren gegangenen ersten Theil
des älteren GR. ersetzen sollte.[1]

So zweifellos es ist, dass zwischen GR. II und III eine
Lücke besteht, so stösst die Beantwortung der Frage, wie viele
und welche Stücke hier ausgefallen sein mögen, auf Schwierigkeiten, über die ich, offen gestanden, nicht hinausgekommen
bin. Ich muss mich begnügen, den Sachverhalt, wie er mir
erscheint, darzulegen. Tom. 55 beginnt mit zwei Communebriefen (Perche Mons. Illᵐᵒ Savello und Per risposta del' ultima
lettera) vom 7. October 1562 (Mittwoch), welchen mehrere
Particularbriefe von demselben Tage folgen. Dass am Kopfe
des f. 1, also vor dem ersten Briefe, die ungekürzte Ueberschrift A li Illᵐⁱ SS. legati a 7 d'Ottobre steht, besagt, dass
kein Stück gleicher Art und gleichen Datums vorausgegangen
ist, und dass davon hier nur zwei gebucht worden sind, wozu
stimmt, dass auch sonst ein drittes nicht bekannt ist. Schliesst
nun NG. 4ᶜ mit dem im Anhange Nr. 21 gedruckten Briefe ab,
dessen letzte Zeilen jedoch schon in die Lücke fallen, so wird
dieser ebenfalls durch die Ueberschrift als erster Brief der am
3. October (Samstag) erfolgten Expedition gekennzeichnet.

---

[1] Es kommt noch in Betracht, dass mit des letzteren Fragments erstem
Blatte (f. 186) ein neues Heft beginnt, und dass die oben citirte Aufschrift des ersten Briefes als Incipit einer neuen Abtheilung erscheint:
für einen Brief vom 3. Jänner war hier kein Platz. — Aller Wahrscheinlichkeit nach hat man ursprünglich das GR. nach Jahrgängen gliedern
wollen und hat deshalb den Brief vom 7. Jänner auf einem neuen Hefte
eingetragen und mit mehr in die Augen fallender Ueberschrift versehen.
Als dann jedoch wider Erwarten das Concil sich in die Länge zog, hat
man den Uebergang zu 1563 in tom. 55 f. 81 nicht mehr hervorgehoben.
Aber der früheren Absicht entspricht es, dass der jüngere tom. 50 als
den ersten Jahrgang bildend bis zum letzten December 1561 reicht.

Da aber nicht das geringste für die Annahme spricht, dass zwischen den beiden Wochentagen, an welchen die Ordinaripost von Rom abging, ein Brief per Courier nach Trient befördert worden sei, welcher dann im Register hier einzureihen gewesen wäre, so können auf den fehlenden Blättern nur weitere Schreiben vom 3. October an alle oder an einzelne Legaten gestanden haben.

Um alle Briefe von diesem Tage, welche in der einen oder der anderen Form auf uns gekommen sind, aufzuzählen, beginne ich füglich mit den in der Mailänder Collection erhaltenen Originalen. Nach gütiger Mittheilung des Herrn Dr. Ratti befinden sich dort: 1) Borromeo an die Legaten Poiche per levar — raccomandandomi in buona gratia loro mit drei Nachschriften. Zuerst wurde auf Beiblatt hinzugefügt Mons^{re} R^{mo} Alessandrino — manderà loro; zu zweit auf dem Hauptblatte vom Papst geschrieben Se si ha da legere — remettendola el concilio; zu dritt wieder auf dem Beiblatte die auf das Postscript des Papstes bezügliche Bemerkung Essendosi — di sua mano.[1] — 2) Pius IV. an den Cardinal von Mantua Oltre quello che'l cardinal mit eigenhändiger Nachschrift Ci pare che si possi legere — come gia vi ne avisassimo.[2] — 3) Borromeo an Mantua N. S^{re} ha veduto volontieri — a la quale io bacio humilmente le mani mit drei Nachschriften, nämlich einer autographen V. S. Illma vederà — pregandole ogni contento, einer zweiten von Schreiberhand ll S. cardinal di Ferrara — et per la cifra inclusa und einer dritten Havendosi a far — al buio de la volontà di S. B^{ne}.[3]

---

[1] Cod. Ambr. J. 141 inf. f. 120 sq. — Den Hauptbrief und die erste Nachschrift drucke ich im Anhang Nr. 21 nach NG. 4° ab. Auf die Schlussworte des Briefes im GR. folgt im Original noch et a V. S. Illma bacio humilissimamente le mani raccomandandomi in buona gratia loro nebst Datirung und Unterschrift. Das autographe Postscript des Papstes veröffentliche ich nach dem Original, desgleichen die letzte Nachschrift.

[2] J. 141 inf. f. 118. Im Anhange Nr. 22 theile ich den Hauptbrief mit nach der Registerabschrift in tom. 49, die Nachschrift dagegen nach dem Original.

[3] Alles im Anhange Nr. 23, und zwar die autographe Nachschrift nach dem Mailänder Original in J. 141 inf. und alles andere nach der Registercopie in tom. 49. — Im Mailänder Codex bilden f. 113 und 117 einen Bogen, auf welchem zuerst der Hauptbrief eingetragen ist bis zur Datirung und

Da die Vollständigkeit der Mailänder Sammlung, welche
ausser den Proposten an alle Legaten auch die an Mantua
allein enthält, nicht verbürgt ist, ziehe ich auch die Register
für diese beiden Kategorien von Briefen zu Rathe, d. i. für
beide Kategorien tom. CVIII, für die erstere tom. 54 und 151
und für die zweite tom. 49.[1] Sie alle zusammengenommen

den die Unterschrift einleitenden Worten di V. S. Ill^ms et Rev^ms (welche
Schlussformeln wie gewöhnlich im Register ausgelassen worden sind) und
dann noch das autographe Postscript; dieses reicht von f. 113 recto unten
bis f. 117 verso und schliesst mit der üblichen, auch für den Hauptbrief
geltenden Subscription. Indem für die Copie dieses Postscripts, welche
im Geheimsecretariat angefertigt und dort der Minutensammlung einverleibt wurde, ein besonderes Blatt gewählt worden war, lagen den
Registratoren ausser dem Blatte mit dem Hauptbriefe drei weitere Blätter
vor, welche bei der Eintragung des Stückes in tom. 49 nicht ganz
richtig geordnet wurden, nämlich so, dass die zweite Nachschrift an
die erste Stelle und die autographe an die zweite Stelle gesetzt wurden,
eine Verschiebung, welche bei der zweiten Registrirung der conciliaren
Correspondenz wiederholt stattgefunden hat.

[1] Alle diese Register, desgleichen das noch zu citirende PR. tom. 51, sind
reichhaltiger als das ältere GR., indem auch die minder wichtigen Briefe
in sie Aufnahme gefunden haben; hat es Briefe gegeben, welche nicht
werth befunden worden sind, in die jüngeren Register eingetragen zu
werden, so sind sie sicherlich aus dem älteren ausgeschlossen worden. —
Den nothwendigen Aufschluss über die tom. CVIII, 49, 51, 54 habe ich
schon gegeben. Was tom. 151 anbetrifft, so ergänze ich hier, was ich
über ihn in I, S. 71, 81 gesagt habe. Dieser Band bildet die Fortsetzung
von tom. 150. Die in beiden gebotene Sammlung von Briefen der conciliaren Correspondenz ist auch in tom. 52, 53 überliefert. Beide Paare
von Bänden gehen auf das einst in Trient von Tag zu Tag geführte,
den Einlauf und das Expedit der Communecorrespondenz zusammen-
fassende AR. zurück. Schon dessen Anlage verbürgt, dass hier sämmtliche in Trient eingelaufene proposto in communo gebucht worden sind.
Wie die einzelnen Stücke geordnet und behandelt worden sind, mögen
folgende tom. 151^b f. 64—67 entnommene Notizen veranschaulichen:
    F. 64 steht unter der Aufschrift Ali SS^d legati il C. Borromeo, rice-
vuta alle 9 venerdi der oben als 1) citirte Brief so gebucht: Poiche per
levar — non dico altro con questa, et a VV. SS. Ill^ms etc. Di Roma
alle 3 di Ottobre 1562. Dann Questo che segue è di propria mano del
papa. Se si ha da leggere — rimettendola il concilio. Es folgt Post-
scritta di mano della lettera medesima: Mons. R. Alessandrino — di
man sua, d. h. es sind hier zwei Nachschriften in eine zusammengezogen worden. Die sich f. 66' unmittelbar an die Proposte vom
3. October anschliessende Aufschrift A S. cardinale Borromeo besagt,

kennen keine anderen Briefe vom 3. October als die drei in
Urschrift erhaltenen und lassen auf sie gleich die vom 7. folgen.
So gut wie an Mantua können an gleichem Tage und über
dieselben Agenden an die anderen Concillegaten Seripando,
Simonetta und Hosius Particularbriefe vom Papste und von
Borromeo gerichtet worden sein; ja es müsste uns Wunder
nehmen, wenn es nicht geschehen wäre. Bei den Fragen,
welche eben auf der Tagesordnung standen, ob das kaiserliche
Libell dem Concil mitgetheilt werden sollte oder nicht, und ob
die Reformvorschläge der kaiserlichen und der französischen
Oratoren in Verhandlung genommen werden sollten oder nicht,
stand auch die Autorität des Papstes und der Curie auf dem
Spiel, und was deren Wahrung anbetraf, verliess man sich
weniger auf Mantua als auf die anderen Legaten: dafür zeugen
zahlreiche Particularbriefe an Seripando und Simonetta (von
Hosius muss ich besonders reden) früheren oder späteren
Datums. Hier kommt nur in Frage, was uns von Briefen an
beide gerade vom 3. October bekannt ist, und so fahre ich
in deren Aufzählung fort. Als 4) ist ein im PR. tom. 49 f. 138
überlieferter Brief Borromeo's an Seripando, obgleich durchaus
belanglos, zu verzeichnen. Dazu kommen 5) Brief des Papstes
und 6) Brief seines Neffen, beide am 3. October an Simonetta
gerichtet.[1]

Sind also nachweisbar mindestens sechs Briefe an demselben Tage von Rom nach Trient abgegangen, so könnten
eventuell ausser dem einen auf dem letzten Blatte des Fragmentes NG. 4ᶜ copirten noch fünf auf den jetzt fehlenden
Blättern des älteren GR. eingetragen worden sein. Eventuell
will besagen, wenn einmal bei der Registrirung von dem für
sie aufgestellten Programm abgesehen worden sein sollte; denn

---

dass nun eine Risposte der Legaten vom 12. October folgt; ihr reiht
sich f. 67 unter der Aufschrift Al medesimo eine zweite vom gleichen
Tage an. Dagegen f. 68 wieder unter Aufschrift A li 88ʳⁱ ... Borromeo,
ricevuta il di 13 das zuvor citirte Schreiben des Cardinalnepoten vom
7. October Per risposta dell' ultima lettera etc.

[1] Diese im PR. tom. 51 f. 52—58. Zu 6) gehört ein Postscript in gewöhnlicher und ein zweites in Geheimschrift, das letztere im Register
wie immer dechiffrirt. Ich veröffentliche 5) im Anhange Nr. 24 und von
6) in Nr. 25 das zweite auf das Libell und die Reformvorschläge bezügliche Postscript.

sonst wurde ja von Briefen wie dem unter 4) erwähnten im
GR. nicht Notiz genommen und waren Particularbriefe des
Papstes wie 2) und 5) von der Aufnahme ausgeschlossen. Somit
kommen, wenn diese Regeln beobachtet worden sind, nur der
Schluss von 1) und die Briefe 3) und 6) in Betracht, für welche
zusammen höchstens sechs Schriftseiten benöthigt sein würden.
In diese Berechnung ist aber noch die Particularcorrespondenz
mit Hosius einzubeziehen. Allerdings haben sich Briefe an
ihn aus diesen Tagen weder in Rom noch meines Wissens
an anderen Orten[1] erhalten, so dass ich nur Vermuthungen
geltend machen kann. Da der Papst Hosius für gut vertraut
mit den Verhältnissen und Anschauungen des Kaiserhofes und
für dort einflussreich hielt und sich gern seiner bediente,
wenn mit den Wiener Kreisen und mit den kaiserlichen
Concilsoratoren zu verhandeln war, ist es sehr wahrscheinlich,
dass am 3. October auch an ihn Particularbriefe gerichtet
worden sind. War das der Fall, und lag den Registratoren
auch noch ein solcher Brief vor, so würden vielleicht durch
dessen Copie noch zwei weitere Seiten ausgefüllt worden sein.
Jedoch selbst ein Maximum von acht Seiten reicht nicht aus,
wenn auch in diesem Stadium der Arbeit der Brauch befolgt
worden ist, dass für gleichzeitig geführte Register stets Hefte
von je sechs Blättern gebildet und dass alle Seiten beschrieben
worden sind.[2] So bleibt mir nur die Wahl und lasse ich anderen

---

[1] Siehe I, S. 73, Anmerkung 1. — In Cyprianus, Tabularium ecclesiae
Romanae folgt auf einen Brief Borromeo's an Hosius vom 15. Juli 1562
(p. 235) sofort einer vom 21. October (p. 253). Aber die dort abgedruckte
Gothaer Sammlung der Briefe ist durchaus nicht vollständig. Ob sich
weitere Briefe Borromeo's an Hosius und insbesondere solche aus dem
October 1562 in der Krakauer Bibliothek erhalten haben, konnte ich
noch nicht erfahren.

[2] Ich muss hier noch in etwas der Beschreibung der jüngeren Register mit
conciliarer Correspondenz vorgreifen und weitere Unterschiede zwischen
ihnen und dem älteren GR., soweit es uns vorliegt, hervorheben. In
jenen mit ihren umfangreichen Heften sind nicht allein einzelne Seiten
unbeschrieben geblieben, sondern sind Blätter in geringer oder grosser
Zahl übersprungen worden, um Abschnitte zu machen und zu mar-
kiren oder auch um ein Blatt als Titelblatt für eine neue Abtheilung
zu verwenden; in der Folge sind dann auch leer gebliebene Blätter
ausgeschnitten worden. Von alledem ist bei dem GR. und den gleichzeitig geführten Nuntiaturregistern nicht die Rede. Dadurch ist aller-

die Wahl zwischen zwei Annahmen, zwischen der, dass einmal
bei der Anlage des Registerbandes oder bei der Ausnützung
des Schreibmaterials von den sonstigen Bräuchen abgewichen
worden sei, und der anderen, dass ebenfalls ganz vereinzelt
bei der Auswahl der zu registrirenden Briefe minder streng
vorgegangen und die Aufnahme von sonst ausgeschlossenen
Stücken beliebt worden sei. Was durch den Verlust des einen
Heftes unserer Kenntniss allein entzogen worden sein kann,
sind etwaige Schreiben an Hosius.

Ich habe von der römischen Correspondenz vom 3. October
1562 verhältnissmässig viel abgedruckt, um weitere Belege für
das, was ich bereits über die Ueberlieferung durch die Register
gesagt habe, bieten und um noch andere Mängel dieser Ueberlieferung an bestimmten Beispielen ersichtlich machen zu können.
Auch die Proposten von diesem Tage sind nämlich verschieden
überliefert worden, weil die Registratoren die Beilagen zu den
Hauptbriefen nicht immer richtig behandelt haben.[1] So ist
die Reihenfolge der drei Zusätze zu dem Hauptbriefe Nr. 21
nur in NG. 4 gut wiedergegeben, vorausgesetzt, dass auf dem
verloren gegangenen Hefte auch der dritte Essendosi stand.
Dagegen ist im CR. tom. 54 das Postscript des Papstes an die
letzte Stelle gesetzt worden. Und in tom. CVIII f. 459' folgt
auf den Brief Nr. 21 (f. 455'—458) unter neuer Ueberschrift a
li medesimi etc., also als zweiter Brief Borromeo's, die Nachschrift des Papstes, dann Mons.re R.mo Alessandrino und Essendosi. Zur Ueberlieferung des Papstbriefes Nr. 22 ist zu bemerken, dass die Nachschrift weder im PR. tom. 49 noch im
tom. CVIII f. 454' als eigenhändig bezeichnet worden ist.[2] Was

---

dings nicht die Möglichkeit ausgeschlossen, dass gerade das in Verlust
gerathene Heft von Anbeginn an oder als es ausgefüllt werden sollte,
anders behandelt worden ist.

Dazu kommen Flüchtigkeitsfehler. Der Schluss von Nr. 21 wird z. B.
in tom. CVIII f. 459 so geboten: confidamo che la prudenza di VV. SS.
Ill.me la (Lücke für etwa 10 Buchstaben, indem der Copist la cervicosità
nicht hat lesen können oder auch nicht verstanden hat) d'altri confidando che in ogni evento, d. h. dieser oder auch ein früherer Schreiber
ist von dem einen VV. SS. Ill.me zu dem nächstfolgenden übergesprungen.

[2] In letzterem steht allerdings poscritta, aber erst von der Hand Theiner's. —
Dass in diesem Register Nr. 23 vorangeht, Nr. 22 folgt und Nr. 21 den

Nr. 23 anbetrifft, so habe ich von dessen Behandlung in tom. 49
schon S. 74 gesprochen und füge hier nur hinzu, dass die
Abschrift dieses Stückes in tom. CVIII noch schlechter ausgefallen ist. Hier ist nämlich von dem Hauptbriefe (f. 451)
durch neue Ueberschrift ein zweiter (f. 451') geschieden
worden, welcher mit V. S. III^{ma} vederà beginnt und, indem
gleich zur Klarschrift Havendosi — al buio de la voluntà di
N. S^{re} (sic) ohne erklärende Glosse übergegangen wird, abschliesst mit Il S. cardinale di Ferrara — per la cifra inclusa.[1]
      Aus diesen Stücken hebe ich noch eines hervor. Indem
der Papst an gleichem Tage den gesammten Legaten und Mantua
allein in gleicher Angelegenheit schreibt, bedient er sich zum
Theil derselben Worte: sagt er allen Se si ha da legere el volume, so sagt er dem ersten Präsidenten Ci pare che si possi
legere a li patri quel volume. Ebenso berühren sich die
chiffrirte Stelle in Nr. 23 an Mantua Havendosi a far deputatione und die ebenfalls chiffrirte in Nr. 25 an Simonetta Et
quando a la deputatione. Solche Anklänge oder Wiederholungen
kommen nicht allein in gleichzeitigen Briefen vor, sondern auch
in Briefen, welche Tage und Wochen auseinander liegen. Stehen
sie nun bald in Hauptbriefen und bald in Nachschriften auf
fliegenden Blättern, so konnten die Registratoren leicht irregeführt werden, und so sehen wir gerade so mehr oder minder
gleichlautende Stellen in verschiedene Verbindung gebracht.
Welches die richtige ist, ist, wenn uns die Originale abgehen,
sehr schwer zu entscheiden.
      Ich habe endlich noch die Häufigkeit der wenn auch
geringfügigen Varianten in den Klarschriften und in den autographen Aeusserungen des Papstes zu betonen und zu erklären.
Dem aufmerksamen Leser wird wohl aufgefallen sein, dass ich
als Schluss der an Mantua gerichteten Chiffre in Nr. 23 nach
tom. 49 citirt habe de la volontà di S. B^{ne} und nach tom. CVIII
de la voluntà di N. S^{re}, dass also hüben und drüben der Papst
in anderer Weise bezeichnet wird. In diesem Falle scheint
der Schreiber von tom. CVIII, welcher nach den Originalen

Schluss bildet, beweist nur, dass hier die Briefe vom gleichen Tage ganz
willkürlich geordnet worden sind.
[1] Genauer gesagt folgt noch e qui etc., womit in diesem Register die
salutatio finalis angedeutet werden soll.

copirte, sich die kleine Aenderung erlaubt zu haben, denn die in Mailand dem Original des Hauptbriefes beiliegende Klarschrift soll gleichfalls S. B^{ne} bieten. Aber in anderen Fällen laufen solche, eventuell auch weiter reichende Differenzen darauf hinaus, dass ein römischer Registrator nach dem für den segretario delle ciffre aufgesetzten Concepte arbeitete, derjenige aber, welcher am Einlaufsorte oder doch am Aufbewahrungsorte des Einlaufs registrirte, nach dem dort angefertigten Decifrat: kurz die Vorlagen waren verschieden und deckten sich nicht vollständig.[1]

Mit der Ueberlieferung alles dessen, was der Papst manu propria geschrieben hatte, hatte es insofern analoge Bewandtniss, als die in Trient in das dort geführte AR. eingetragene Copie eines solchen Autographen unmittelbar aus diesem floss, während die uns im römischen Expeditsregister gebotene Abschrift, wie wir schon S. 33 sahen, Abschrift zweiten Grades war. Was ich dort zugleich über die Beschaffenheit der Autographen des Papstes sagte, führe ich hier weiter aus. Pius IV. Handschrift gab zu Lesefehlern Anlass: so ist (ich knüpfe wieder an das in Nr. 21 gebotene Beispiel an)[2] moderanno des Originals[3] in tom. CVIII zu vederanno geworden. Noch mehr fällt ins Gewicht, dass sein Stil und vollends seine Art die Worte zu schreiben, so gegen die Gewohnheiten der Mitglieder des Geheimsecretariats verstiessen, dass diese vieles überarbeiten zu müssen glaubten und dann in den Aenderungen auch weiter gingen, als nothwendig war. So ergaben sich bei der Collation der Abschrift des Postscripts Ci pare in tom. 49 mit dem

---

[1] Ich verweise hier auch auf das, was ich S. 59, Anm. 2 zu dem ersten Postscript des in Nr. 26 abgedruckten Briefes sagte, und trage einige der Varianten nach, welche sich bei der Collation der Registercopie mit der Klarschrift in tom. 29 f. 109 ergeben; in letzterer heisst es unter anderen tenghi secretissimo fin al tempo — S. 8^{ib} dice — della cifra di quello scrissero l'altro di in questa materia.

[2] Zu diesem Behufe drucke ich auch hier die letzten Worte auf f. 342' von NG. 4^a ab: Se si ha da leggere il volume del imperatore come ricercano, volemo che si — che si schon als Reclamante geschrieben, also offenbar auf dem in Verlust gerathenen Hefte wiederholt.

[3] Mein Copist in Mailand las zuerst anderanno und sandte mir, als ich dies Wort beanstandete, ein Facsimile, da er der Lesung nicht sicher war. — Richtig steht in tom. 54 f. 136 moderano.

Originale in Mailand (s. Anh. Nr. 22) mehr als zwanzig ortho-
graphische Varianten; ihnen reiht sich der Versuch an, die
Stelle è meglio se remetta a noi verständlicher zu machen
durch Einschiebung von che nach meglio.[1] Noch lehrreicher
ist der Vergleich des kurzen Postscripts Se si ha in Nr. 21
in den vier uns vorliegenden Ueberlieferungen. Der Schreiber
von tom. CVIII hat aller Wahrscheinlichkeit das Original vor
sich, der des CR. tom. 54 dagegen die in Rom zurückgebliebene
Copie: dennoch bieten sie übereinstimmend, weil sie sich der
üblichen Schreibart befleissigen, leggere il volume, ricercanno
che si leggano ancora u. s. w. Dagegen geht der Schreiber
des älteren GR. über Gebühr weiter, ersetzt de sua M^u C.
durch del imperatore und schiebt, weil ihm che si legano nicht
gefüllt, ein volemo ein,[2] Willkürlichkeiten, welche auch bei der
Revision übersehen oder doch nicht gutgemacht worden sind.
Gerade zu Lebzeiten Pius IV. scheint man im Secretariat
darauf bedacht gewesen zu sein, alle persönlichen Aeusserungen
des Papstes aus- und aufzuputzen: so hat z. B. derselbe
Registrator, dem ich S. 55 nachgerühmt habe, einen Brief
Borromeo's sehr genau copirt zu haben, an dem unmittelbar
folgenden Postscripte des Papstes (Nr. 20^b) nicht weniger als
32 Emendationen vorgenommen.[3]

Ich habe keinen der Mängel des älteren GR., auf welche
ich bisher gestossen bin, verschwiegen. Es lohnt sich nicht,
zum Schlusse nochmals von den kleinen Fehlern, wie von der
incorrecten Wiedergabe einzelner Zahlen, Buchstaben oder
Worte zu reden, d. h. von Fehlern, welche aller abgeleiteten
Ueberlieferung anhaften und Niemand irreführen können.

---

[1] Heisst es in tom. 49 einige Zeilen weiter et ci avvisi pur liberamente
statt più l., so ist das wohl nur ein Lesefehler.

[2] Ich setze diese Aenderungen auf seine Rechnung, denn, wenn sie schon
in der im Secretariat zurückgebliebenen Copie gestanden hätten, müssten
sie auch in tom. 54 wiederkehren. Dazu bemerke ich noch, dass ich,
soweit ich NG. 4^a mit den anderen Ueberlieferungen verglichen habe,
nicht eine zweite so weit reichende Abweichung gefunden habe.

[3] Borromeo dagegen schreibt ganz so, wie es in dem Secretariat üblich
war (das ersichtlich zu machen habe ich in Nr. 23 sein eigenhändiges
Postscript genau nach dem Original abgedruckt), so dass dann auch die
Registercopien der vom Cardinal selbst geschriebenen Briefe nur geringe Varianten aufweisen.

Aber auf die beiden gewichtigeren Punkte komme ich nochmals zurück, dass wir das GR. als nur bis zu gewissem Grade vollständig und zuverlässig befunden haben. Von Vollständigkeit kann nur im beschränkten Sinne die Rede sein, denn nur was den Registratoren noch in der nicht intact gebliebenen Minutensammlung vorlag, konnten sie copiren, und von diesem Vorrath sollte noch einiges nach bestimmten Gesichtspunkten ausgeschieden werden. Aber was das Secretariat Pius IV. sozusagen in seinem Programme versprochen hatte, ist auch geleistet worden: das müssen wir anerkennen, auch wenn uns das eine und das andere Stück übersehen worden zu sein scheint. Und noch mehr müssen wir es diesem Amte zum Verdienste anrechnen, dass es auf die sofortige Registrirung der von ihm geführten Correspondenz bedacht gewesen ist, denn wie wir überhaupt der wiederholten Buchung allein die Kenntniss zahlreicher Stücke verdanken, so sind nicht wenige nur durch das ältere Generalregister auf uns gekommen.

Was das zweite Ergebniss der Vergleichung anbetrifft, dass nicht wenige Registercopien im Umfange der Briefe, der Anordnung und der Fassung einzelner Theile sich nicht mit den noch vorhandenen Originalen decken, ein Ergebniss, welches die Frage nahelegt, ob das ältere GR. wirklich so viel Glauben verdient, als ich im Eingang dieses Berichtes unter Berufung auf seine Entstehung und Beglaubigung für dasselbe in Anspruch genommen habe, so haben wir wiederum zu berücksichtigen, dass die Minuten das Mittelglied zwischen jenen zwei Ueberlieferungen gebildet und, wie wir in einigen Fällen nachweisen konnten, die Ueberlieferung durch das Register beeinflusst haben. Insofern als die Glaubwürdigkeit des GR. in solcher Weise eine bedingte ist, ist sie auch fraglich. Aber weder deshalb, noch weil auch bei dem Copiren der Concepte geringfügige Fehler sich eingeschlichen haben, ist an der Erklärung des Geheimsecretärs Galli, dass diese Abschriften mit den ihnen zu Grunde liegenden Minuten übereinstimmen, zu mäkeln oder zu rütteln. Auch in der gebotenen Beschränkung auf ihre Tragweite bietet uns diese Beglaubigung willkommene Bürgschaft für den hervorragenden Werth des älteren Generalregisters.

Excurs IV.

Rede ich in meinen Berichten oft von Amtspapieren des
Cardinals Borromeo, so meine ich immer nur diejenigen, welche
sich auf sein, des Cardinalnepoten Regiment in den Jahren 1560
—1565 beziehen. Dieselben sind von jeher und auch in der
Folge scharf von denen geschieden worden, welche uns von
seinem Walten als Erzbischof Kunde geben. Aber zwischen
ihnen und den Privatpapieren ist die Grenze nicht gleich
streng gezogen und innegehalten worden; überdies finden wir
die ersteren zuweilen in den letzteren erwähnt. So muss ich
behufs Begründung dessen, was ich über die Amtspapiere sage,
auch über die Privatpapiere einigen Aufschluss geben.

Mit Testament vom Jahre 1576 hatte der Cardinal seine
Privatpapiere, die vornehmlich aus Briefen bestanden, an Ludovico Moneta vermacht.[1] Dieser stellte sie 1585 dem Bischof von
Novara Bescapé, welcher die Biographie des heil. Carl schreiben
wollte, zur Verfügung. Einen Theil sandte Bescapé nach
flüchtiger Durchsicht nach Mailand zurück, nämlich 30 Bände
und zahlreiche Bündel von Briefen: insoweit die Briefe bereits
zu Bänden vereinigt worden waren, waren sie nach den
Schreibern und diese wieder nach dem Range (so principi,
cardinali, vescovi, famigliari) geordnet worden. Moneta hinter-
liess bei seinem Tode (1598) diese Partie dem Cardinal Federigo
Borromeo, welcher sie der Libreria degli Oblati del s. Sepolcro
schenkte, von welcher sie dann seit 1730 nach und nach an
die Ambrosiana überging. Anlass zu letzterem gab, dass die
Ambrosiana bald nach ihrer Gründung in den Besitz der
zweiten Hälfte der einst von Borromeo hinterlassenen Sammlung
gekommen war. Bescapé hatte sich mit deren Zurückstellung
so wenig beeilt, dass darüber Moneta 1598 gestorben und dass
er selbst so altersschwach geworden war, dass er die Ablieferung

---

[1] Ich halte mich hier zunächst an Baldassare Oltrocchi, welcher als Pro-
präfect der Ambrosianischen Bibliothek auf Grund der Bibliotheksakten
über diesen Theil des Nachlasses des Cardinals in den Ragionamenti
apologetici (Milano 1753, S. 63 ff.) eingehend berichtet hat und noch
heute in Mailand als der beste Gewährsmann für diese Dinge gilt.

an Moneta's Erben, den Cardinal Federigo Borromeo, seinem Neffen Angelo Marchesi überlassen musste. Der Transport dieser Partie nach Mailand erfolgte im Jahre 1609. Der Cardinal wies alles sofort der eben eröffneten Bibliothek zu. Auch damals ist die Rede von 35 volumina und von moltissime carte sciolte, zum Theil in eine grosse und in eine kleine Kiste verpackt, zum Theil in einem grossen Convolut zusammen· geschnürt. In der Bibliothek bewahrte man vier dieser Bände, welche lettere appartenenti al concilio enthielten, an besonders sicherem Orte (luogo più riguardato) auf und brachte die fliegenden Blätter der Briefe zunächst im Archiv der Bibliothek unter. Mit der Zeit nahm man die Sichtung dieser und der später von den Oblaten erworbenen Briefe vor, und zwar ordnete man sie zum Theil wiederum nach den Schreibern, zum Theil aber auch chronologisch. Oltrocchi, welcher die Gesammtzahl der Briefe auf 30,000 schätzt, erwähnt, dass der an die Bibliothek gekommene Nachlass des heil. Carl aus 142 Bänden (da sind die vier Bände mit Concilakten inbegriffen) und grossen Massen noch nicht geordneter und eingebundener Briefe bestehe. Ich füge gleich hinzu, dass die Zahl der Bände bis 1893 zu 180 angewachsen und doch noch nicht alles Material aufgearbeitet war. Die Benützung der gewaltigen Briefsammlung zu erleichtern, sind auch Verzeichnisse angelegt worden, so ein zweibändiger Indice de' cognomi di chi ha scritto o ricevuto le lettere, der aber auf dem 1. Blatte als unvollständig bezeichnet wird und thatsächlich nicht einmal den Inhalt der in ihm berücksichtigten Bände erschöpft.

Alle weiteren Angaben entnehme ich Berichten der Herren Dr. Starzer und Dr. Pogatscher oder Briefen, in welchen H. Dr. Ratti in zuvorkommendster Weise die zahlreichen von mir an ihn gerichteten Anfragen beantwortet hat.[1] Dr. Starzer hatte, als er 1893 in den Archiven und Bibliotheken der Lom-

---

[1] Erst nachdem ich diesen Excurs niedergeschrieben hatte, ist es mir möglich geworden, die Ambrosianischen Handschriften, welche ich hier besprechen werde, selbst einzusehen. Da ich alles bestätigt gefunden habe, was mir die genannten Herren mitgetheilt hatten, habe ich an dem Excurse gar nichts geändert, sondern habe nur hie und da bei der Beschreibung der Handschriften kleine Zusätze gemacht.

6*

bardei Nachlese nach Nuntiaturberichten halten sollte,[1] die
Mühe nicht gescheut, auch die Correspondenz Borromeo's seit
dem Jahre 1566 darauf durchzusehen, ob der Cardinal etwa
letztwillige Verfügungen betreffs seiner einstigen Amtspapiere
getroffen habe, und ob diesen so auf die Spur zu kommen sei.
Jedoch hatte er in Anbetracht des Umfanges und der jetzigen
Beschaffenheit der Briefsammlung, welche wir eben kennen
gelernt haben, sich darauf beschränken müssen, die Correspondenz mit gewissen Personen, soweit diese bereits geordnet
und aus den Indices ersichtlich war, für seinen besonderen
Zweck auszubeuten, die Correspondenz nämlich, welche Borromeo auch nach seinem Rücktritt von den Geschäften mit dem
Cardinal von Como, mit den Nuntien aus der Zeit Pius IV.,
mit seinen einstigen Untergebenen und Familiaren geführt
hatte. Das reiche Material ist also auch für die Frage, welche
Starzer ins Auge gefasst hatte, und die auch uns hier beschäftigt, noch keineswegs erschöpfend ausgenützt worden.
Dazu kommt, dass die Mehrzahl der Excerpte, welche Starzer
gemacht und mir zur Verfügung gestellt hat, aus einem gleich
zu erwähnenden Grunde sich nur mit Vorsicht verwerthen lässt.
Dass es ihm dennoch gelungen ist, den einen und den anderen
wesentlichen Punkt in der Geschichte der Akten des Geheimsecretariats Pius IV. aufzuhellen, wird die folgende Darstellung
lehren.

Als sich Borromeo, um der Residenzpflicht nachzukommen,
noch zu Lebzeiten seines Oheims nach Mailand begab, liess er
zunächst seine sämmtlichen Papiere in Rom zurück, vertheilte
sie aber, wie sie des mannigfachsten Inhalts waren, an verschiedene Personen. Ist nun in vereinzelten Briefen der
folgenden Jahre nur schlechtweg von scritture die Rede, so ist
es unmöglich, zu entscheiden, ob amtliche oder private Papiere
gemeint sind. Ich halte mich also in erster Linie an die
Stellen, in denen Concil- oder andere Amtsakten ausdrücklich
erwähnt werden, und in zweiter Linie an solche, von denen es
im Hinblick auf die Stellung des Correspondenten zum Cardinal
wahrscheinlich ist, dass sie auf Amtsakten Bezug haben. Einen

---

[1] Ueber seine diesbezüglichen Funde werde ich an anderem Orte berichten.

Passus der ersteren Art habe ich bereits in I, S. 66 Anm. aus einem Briefe des Cesare Speziano vom 24. Sept. 1569[1] mitgetheilt. Der hier genannte Bonomo, damals Abt von Nonantola, der von dem Cardinal nach Rom gesandt worden war, um vom Papste die Bestätigung der Decrete des zweiten Mailänder Provinzialconcils zu erbitten, hatte die betreffenden Akten wahrscheinlich behufs Transportes nach Mailand übernehmen sollen. Aber statt seiner scheint dann Speziano beauftragt worden sein, für den Transport zu sorgen, indem er am 15. October[2] an Borromeo schreibt: le scritture sono qui in casa et farò opera di mandarle con buona occasione et per huomini fidati, acciò non si guastino per il viaggio nè portino pericolo di smarrirsi.[3] Dass die Versendung doch nicht erfolgte, erfahren wir aus Briefen des folgenden Jahres, zu deren Verständniss ich einige Notizen über die hier genannten Vertrauten und Agenten des Cardinals vorausschicken muss.

Was den ziemlich bekannten Nicolò Ormanetto anbetrifft, so brauche ich hier nur in Erinnerung zu bringen, dass er unter Pius V. Protonotar geworden und im September 1571 zum Bischof von Padua ernannt worden war; bis dahin hatte auch er mancherlei Geschäfte für Borromeo besorgt und hatte zu diesem Behufe gleichfalls Papiere desselben in Verwahrsam gehabt. In mehr als einer Hinsicht erscheint als sein Nachfolger Bernardo Carniglia. Wie dieser einst dem Nepoten Pius IV. als Secretär gedient hatte, wurde er nach dessen Abreise von

---

[1] Bibl. Ambr. F. inf. 42 Nr. 150. — In diesen Schrank ist fast die ganze zuvor besprochene Briefsammlung eingestellt worden. — Ueber Speziano s. Hanssen, N. B., Abth. III, Bd. 1.

[2] F. inf. 42 Nr. 176.

[3] Dass Borromeo damals auch Privatpapiere nach Mailand schaffen lassen wollte und Bonomo diesbezüglichen Auftrag gegeben hatte, geht aus des letzteren Brief an den Cardinal vom 5. November (ibid. Nr. 211) hervor. Hier ist die Rede von duoi libri, welche Sommariva, und anderen, welche Carniglia anvertraut worden waren, und welche der Cardinal ebenfalls nach Mailand gesandt haben wollte. Carniglia erklärte aber ch' era necessario havergli qua per molti accidenti che occorrono alla giornata, si come è soverchio mandargli a Milano, dove V. S. Illma tiene gli originali tutti delle scritture che sono copiate in questi libri, e servono qua per memoria e quasi indice di ritrovare le gratie o le facoltà, le pensioni, le donationi e simili che le furono fatte gia dalla s. memoria di Pio IV.

Rom zum Agenten bestellt: er hatte als solcher Gelder einzu-
cassiren und auszuzahlen, Bücher und Kunstwerke zu kaufen
oder auch zu verkaufen, private und auch amtliche Angelegenheiten an der Curie zu betreiben u. s. w. 1567 in den geistlichen Stand getreten und von seinem Patron und dessen ganzem
Anhange warm empfohlen, machte er schnell Carrière: als Ormanetto zum Bischof designirt wurde, wurden Carniglia zuerst
dessen bisherige Geschäfte und im September 1570 auch das
Protonotariat übertragen.[1] Blieb er nun bis zu seinem Tode
1576 Agent des Cardinals in Rom, so wurden ihm ausser den
seit lange anvertrauten Privatpapieren (s. S. 85 Anm. 3) vor dem
Aufbruche Ormanetto's nach Padua auch die bislang in dessen
Händen befindlichen Briefschaften übergeben.[2] Die eigentliche
Amtsregistratur aber, welche 1569 Speziano in seiner Behausung
gehabt hatte, scheint, nachdem der beabsichtigte Transport
nach Mailand unterblieben war, an einer grössere Sicherheit
darbietenden Stätte untergebracht worden zu sein. Das entnehme ich zwei in jeder Beziehung lehrreichen Briefen, einem
Briefe Ormanetto's an den Cardinal vom 27. Jänner 1570 und
der auf ihn ertheilten Antwort.[3]

Aus jenem hebe ich hervor: N. S^re ha desiderato di dar
qualche ordine alle lettere et scritture pertinenti a quella santa

---

[1] Demontsprechend schreibt ihm Borromeo bis 1565 segretario nostro magni-
fico, 1569 reverendo agente nostro, soit 1570 aber molto reverendo S^m
come fratello, Mons^re etc.

[2] Borromeo an den Bischof von Padua am 13. September 1570 (F. 183,
f. 21): V. S. R^ma ha fatto bene et secondo la intentione mia a consignare in mano di M. B. Carniglia le lettere et scritture mie ch' erano
appresso di lei.

[3] Jener in F. inf. 42 Nr. 28 und diese als Postscriptum auf besonderem
Blatte, welches in F. inf. 43 fälschlich dem Nr. 23 signirten Briefe Borromeo's an Ormanetto vom 25. Jänner beigeheftet worden ist, aber zu
einem bisher noch nicht gefundenen Briefe jüngeren Datums gehören muss.
Am Schlusse der Nachschrift, den hier abzudrucken überflüssig ist, werden,
wie mir Dr. Ratti mittheilt, Vorgänge erwähnt, die sich in Mailand am
5. Februar zugetragen haben, so dass der Cardinal frühestens an diesem
Tage den Brief vom 27. Jänner beantwortet haben kann. Dieser Ansatz
wird dadurch bestätigt, dass der Cardinal von Como laut seinen Briefen
damals von Rom abwesend war. Auffallend ist, dass in diesen letzteren
Correspondenz (s. A. Monti in den Publicationen der Società storica di
Como, vol. 7—9) nie von dem Verbleib der Borromeo-Papiere die Rede ist.

sede et alle cose publiche de' pontificati, le quali per tempi passati hor stan in tal disordine, massimamente le lettere et scritture passate per le mani de' nipoti de' papi che non se ne ha mai potuto veder con se, ma ogn' un se le ha portate per la maggior parte a casa sua, massimamente dopo la morte del cardinale Vitellio, che ne haveva raccolte assai; si fa diligentia di ricuperarle et metterle sotto qualche buona custodia et ordine. se V. S. Illma si trova haver lettere et scritture di questa natura, la consiglio et essorto a farle consignar a S. S^{tà} per satisfar alla volontà di S. B^{ne}, qual però non mi ha parlato in particulare di lei, et far anche quello che, par a me, si convenghi per servitio publico di questa santa sede.

Die betreffende Antwort lautet: Mi piace sommamente il pensiero, che ha N. S^{re} di dar ordine alle lettere et altre scritture pertinenti alla sancta sede apostolica et alle cose publiche de' ponteficati. et S. B^{ne} può ricordarsi che a questo fine le dissi nel partir mio da Roma, che le scritture delle cose publiche del mio tempo trattate come nipote di papa, cosi lettere come altre scritture si servavano presso di me diligentemente et si lasciavano da me in Roma sotto buona custodia per farne quel che S. S^{tà} havesse poi ordinato. se bene io desideravo che S. B^{ne} mi facesse gratia di non levarle di mano mia, se non quando, fosse incaminata la pratica et essecutione di questa raccolta che haveva N. S^{re} animo di fare di queste scritture publiche per riporle nell' archivio perpetuo, acciochè non avvenisse ch' io le consignassi a questo fine di conservarle per servitio della santa sede apostolica et non andando poi l' impresa inanzi, capitassero a diverse mani curiose o che havessero altri fini diversi da quello di N. S^{re}, il che non le sarebbe di servitio essendovi pur molte cose d' importanza, quali non è forse espediente che si risappino da molti per la qualità de maneggi et negotii che passarono in quel pontificato, massime a tempo del concilio di Trento, cosi partendo le lasciai ben custodite in Roma et come son hora del medesimo parer, che all' hora cosi potrete dire a N. S^{re} che le scritture presente stanno costi a ordine di S. B^{ne}, sicome hora commetto al Carniglia che li consegni sempre che S. S^{tà} la commetterà, confidatomi che havera consideratione per il rispetto che ho detto, quando le vorrà di non lasciarle andare in mano d' altri che di quel

medesimo che ne deverà haver cure d' ordine suo.   et perche
il cardinale di Como fu quello che le ripose per l' ordine dove
hora sono, sarà bene in ogni modo aspettare l' occasione del
suo ritorno a Roma, et si deveranno forse anche consignare per
inventario, in che però mi rimetto a quel che ne concerterete
voi et Carniglia.

Es kann keinem Zweifel unterliegen, dass hier von denselben Akten die Rede ist, welche von Speziano in seinem
Briefe vom September 1569 als damals in seinem Hause befindlich erwähnt wurden. Ihren Werth wusste Borromeo so
gut zu schätzen, dass er bei aller Anerkennung des Anrechtes
der Curie auf dieselben selbst dem Papste gegenüber sich
weigerte sie auszuliefern, so lange ihm nicht rechte Bürgschaft
für die Erhaltung und Geheimhaltung derselben geboten wurde.
Er hielt es für gerathener, sie vorerst noch in eigenem Verwahrsam, in Roma sotto buona custodia zu halten. Darauf,
dass er sich täuschte, habe ich schon hingedeutet und komme
ich noch zurück. Der Hinweis auf die von ihm ergriffenen
Massregeln lässt aber vermuthen, dass die Akten nicht in der
Wohnung Speziano's verblieben waren, wo sie, wie wir gleich
sehen werden, nicht vor Beschlagnahme gesichert waren; vielleicht waren sie bereits an dem Orte geborgen, wo sie sich acht
Jahre später befanden. In das Geheimniss waren nur wenige,
nämlich Speziano und Carniglia, eingeweiht. Dagegen scheint
Ormanetto nicht einmal gewusst zu haben, ob der Cardinal
die Amtsakten aus der Zeit seines Regimentes an sich genommen hatte oder nicht, der beste Beweis, dass die ihm
einst von Borromeo anvertrauten und im September 1570 Carniglia übergebenen scritture e lettere anderen Charakters waren.

Ueber deren Beschaffenheit erfahren wir etwas Genaueres
aus zwei Briefen des Jahres 1576, welche uns zugleich über
die Gefahren belehren, welchen zu jenen Zeiten in Privat-
wohnungen aufbewahrte Briefschaften ausgesetzt waren. Am
Morgen des 21. September 1576 war Carniglia gestorben. Am
Abend desselben Tages schrieb Speziano an Borromeo:[1] farò
ogni diligenza che le scritture di V. S. Illᵐᵃ mi capitino in
mano per esequire poi ciò che lei mi ordinerà. Aber er hatte

---

[1] F. inf. 87 Nr. 100.

die Rechnung ohne den Wirth gemacht. Schon am 26. September berichtete Teseo Raspa [1] an den Cardinal: Per una altra mia laquale non so se gli sarà capitata, avvisai V. S. Illma quel transito di Mons. nostro Carniglia a miglior vita, e Dio sa quanto ci ha lasciati sopra modo afflitti ... et benche ha fatto testamento et in esso ha lassato carico al R. P. M. Enrico et a me di distribuire et haver cura di quelle poche robbe che gli son restate, mi è parso l' avisar V. S. Illma che degni farci sapere quello vole si facci di alcune scritture le quali V. S. Illma per confidentia che haveva con Mons. Carniglia gli ha scritte. si sono raccolte insieme, nè si darano a persona senza espressa sua commissione overo ordine di N. S^re ... ma questo dico per esser venute persone per voler dette lettere. et perche si sono negate, hanno trattato da monitori e cose simili. con tutto gli è convenuto haver pacientia, et questo l' ho conferito con Mons. Datario il quale mi ha detto ch' io ho fatto benissimo. — Ueber den Ausgang dieser mysteriösen Geschichte schrieb nun Speziano am 30. October 1576 [2] an Borromeo: io non ho mai potuto ricuperare scrittura alcuna di quelle di V. S. Illma ch' erano in mano di Mons. Carniglia con qualche mia meraviglia di questi padri, nè meno le risolutioni della congregatione del concilio che V. S. Illma me gli feci dare, et quel che è peggio, dicono questi padri che si siano smarrite nè sanno dove sono. Wird hier der Verlust der Entscheidungen der Concilscongregation, welche sicher Privateigenthum des Cardinals waren, besonders beklagt, und werden dabei Amtsakten gar nicht erwähnt, so ist kaum anzunehmen, dass auch solche inbegriffen gewesen seien in den Carniglia von Ormanetto übergebenen, noch in den ihm von jeher von Borromeo anvertrauten Briefschaften.[3]

---

[1] F. inf. 73 Nr. 71. — Ueber Raspa habe ich nur eine einzige nichtssagende Notiz in Moroni's Dizionario 31, 110 gefunden.

[2] F. inf. 50 Nr. 180.

[3] Dass es selbst den Cardinälen schwer wurde, sich diese Entscheidungen zu verschaffen, geht aus einem Briefe des Cardinals von Como an Borromeo vom 1. Juli 1581 (Società storica di Como 8, 269) hervor.

Als ich I, S. 33, Anm. von diesen Resolutionen der ersten Jahre gesprochen und sie als noch unbekannt bezeichnet habe, habe ich, wie ich offen eingestehe, ganz übersehen, dass eine lange Reihe von auf ihnen fussenden Briefen (8. October 1564 bis 15. September 1568) von

Der letzte diesbezügliche Brief, welchen Starzer fand,
ist wieder von Speziano am 15. März 1578[1] an Borromeo gerichtet und lautet: la settimana passata mi occorre andar a
S. Prassede per cercar una certa scrittura publica in quelli

Lagomarsini in den Epist. Pog. 1, 335—196 veröffentlicht worden ist,
neben denen jedoch die von mir hervorgehobene Handschrift noch immer
Werth behält.

Führt hier Lagomarsini unter seinen Quellen Graziani manuscripta
an, von welchen er überhaupt sehr ausgiebigen Gebrauch gemacht hat,
so gibt mir das Anlass zu der Mittheilung, dass diese für die Geschichte
der zweiten Hälfte des 16. Jahrhunderts äusserst werthvolle Sammlung
sich bis auf den heutigen Tag in Città di Castello erhalten hat, aber
leider unzugänglich ist. Besitzerin derselben ist die S^ra Teresa Graziani vedova Libri. Ihr Gemahl Niccolo Libri hatte in einem von Pietro
Berti verfassten und 1864 in Florenz erschienenen Catalogo delle per-
gamene o manoscritti già spettanti alla famiglia Graziani di Città di
Castello die hier verzeichneten 211 Pergamenturkunden (1232—1498)
und die 388 Handschriften zum Verkauf ausgeboten, und laut einem
Avviso am Schluss des Kataloges wollte die inzwischen verwittwete Dame
die Sammlung ebenfalls verkaufen. Warum und weshalb sie anderen
Sinnes geworden, weiss ich nicht. Sobald ich im Mai 1895 der Sammlung auf die Spur gekommen und durch den Katalog über ihren Werth
unterrichtet worden war, habe ich Schritte gethan, Zutritt zu ihr zu erhalten, aber ohne Erfolg. Es erging anderen Personen nicht besser.
Nachdem ich nämlich in Rom auf diese dort unbekannt gebliebenen
Schätze aufmerksam gemacht hatte, wurden Verhandlungen eingeleitet,
um sie womöglich für das Vaticanische Archiv zu erwerben. Die Besitzerin erklärte aber auf das bestimmteste, dass sie die Sammlung nicht
verkaufen und auch niemand Einsicht in dieselbe nehmen lassen wolle,
dass sie dieselbe aber gewissenhaft aufbewahre und auch in den letzten
Jahren noch bereichert habe, endlich dass sie Sorge dafür tragen werde,
dass das Archivio Graziani nach ihrem Tode den Forschern eröffnet
werde. — So können wir bis auf weiteres nur dem ausgezeichneten
Kataloge entnehmen, dass der grössere Theil der Handschriften von Antonio Maria Graziani stammt, dass aber auch die Papiere seines einstigen Patrons Commendone in diese Collection gekommen sind, und
insbesondere auch die 12 Bände der Correspondenz des letzteren, nach
denen ich seit Jahren (s. Mitth. des österr. Instituts 13, 666) geforscht
habe. — Meines Wissens ist diese Sammlung nach Lagomarsini nur noch
ein Mal zu Anfang dieses Jahrhunderts benutzt worden. Damals angefertigte Abschriften von Briefen Commendone's finden sich nämlich in
den Egerton-Handschriften des British Museum Nr. 1077 und 1078, aus
welchen die von Döllinger in den Beiträgen 3, 317—330 gedruckten
Briefe geschöpft sind.

[1] F. inf. 141 Nr. 140.

armarii, come V. S. Illma sa che vi sono, et trovai che li sorgili le hanno in modo guastato che se ne è perito una gran parte. il che feci intendere a N. S^re l' ultima volta che gli parlai, acciò si pensasse a metterle in luoco sicuro, o nella libreria Vaticana o in palazzo. S. S^tà ci ha pensato et hoggi mi ha fatto dire dal S. cardinale di Como, che glieli faccio consignare quelle che sono di più importanza et che le altre si puotranno dar al fuoco. il che io reputo che sia stato buona ventura per quelle scritture le quali in poco tempo andavano tutte a male. con tutto ciò io vedro di tirar le cose più lungo che puotrò per intendere il senso di V. S. Illma et se ella si contenta.

Dass hier Borromeo gehörige Papiere gemeint sind, geht daraus hervor, dass sie sich in S. Prassede befanden,[1] und daraus, dass der Cardinal um Zustimmung zu einem Transporte an anderen Ort gebeten wurde. Es muss sich auch um mehr als die eine erwähnte scrittura publica, es muss sich um Amtsakten gehandelt haben, da sie Sicherheits halber in die Vaticanische Bibliothek oder doch in den dortigen Palast, vermuthlich also in die Guardarobba, geschafft werden sollten, kurz um dasselbe oder doch um analoges Material wie das unter Pius V. in Speziano's eigener Wohnung untergebrachte. Dem steht nicht im Wege, dass Papst Gregor XIII. von dem Archive zu S. Prassede Kunde hatte, dass er dasselbe von seinen Beamten (denn als solcher fungirte in diesem Falle Speziano) benützen liess, und dass er über dasselbe verfügen wollte. Das Anrecht der Curie auf die Akten aus dem Jahre 1560—1565 hatte ja Borromeo nie bestritten, und wenn er unter Pius V. Bedenken getragen hatte sie abzuliefern, so kann er nach Jahren anderen Sinnes geworden sein. Wie schwer es hielt, die Akten vor Schaden und Missbrauch zu sichern, hatte er inzwischen selbst erfahren. Ueberdies mag er, da er mit dem neuen Papste Gregor XIII. auf besserem Fusse stand, auch dessen Absichten, die der Curie entfremdeten Archivalien wieder

---

[1] 1564 wurde dem Cardinal diese auf dem Esquilin gelegene Titularkirche zugewiesen, welche er sofort umbauen und restauriren liess, und neben der er sich den Palast errichtete, den er, so oft er nach Rom kam, bewohnte; vgl. Armellini, Chiese di Roma (2^a ediz.) 237.

zu erwerben [1] und für deren rechte Erhaltung Fürsorge zu
treffen, volles Vertrauen geschenkt und die Ablieferung der
ihm noch verbliebenen Akten dem neuen Papste bereits zu-
gesagt haben. Nur weil in diesem Briefe von 1578 die Concilakten, Nuntiaturen und dergleichen nicht ausdrücklich genannt
werden, lasse ich es dahingestellt, ob sie gerade in dem damals geplanten Transporte von S. Prassede in den Vatican inbegriffen gewesen sind. Sollte es sich 1578 um minderwerthiges
archivalisches Material gehandelt haben, so wird zweifellos auch
dasjenige, welches Borromeo am meisten am Herzen lag, früher
oder später in Sicherheit gebracht worden sein: so nehme ich
an, dass es unter Gregor XIII. geschehen sei.

Dass Speziano 1578 die zu S. Prassede befindlichen Akten
bereits arg beschädigt fand, beweist, dass Borromeo und seine
Agenten doch in der Wahl der Mittel zu ihrer Erhaltung fehl-
gegriffen hatten. So werden auch die Secretariatsakten auf
ihren Wanderungen von Ort zu Ort Einbusse erlitten haben,
bevor sie an den Vatican abgeliefert wurden. In einem Falle
(s. S. 72) lässt sich das noch heute constatiren. Sonst wissen
wir von dem Bestande und dem Zustande dieser Papiere zur
Zeit, da die Curie sie übernahm, nichts. Da drängt sich also
die Frage auf, ob die vom Cardinal einst gehegte und ausgesprochene Absicht, alle Amtsakten aus dem Jahre 1560—1565
an die Curie abzuliefern, in vollem Masse zur Ausführung gekommen ist, oder ob nicht etwa Bruchtheile mit oder wider
seinen Willen in seiner Verwahrung geblieben, zunächst unter
seine Privatpapiere gerathen und dann an seine Erben gekommen sind. Insbesondre handelt es sich dabei um die
Bände mit conciliarer Correspondenz, welche ich wiederholt als
in der Ambrosiana befindlich erwähnt habe.[2]

---

[1] Vgl. Reg. Clementis V. Praef. LIV.

[2] Für Starzer kam auch ein Band Nuntiaturen in Betracht. Von Mailänder Fachgenossen hatten wir erfahren, dass in einem 1837 angelegten
Repertorium des Familienarchivs der Grafen Borromeo ein Band Nun-
tiature di Germania sotto Pio IV. verzeichnet war. In Folge besonderer
Verhältnisse war dieses Archiv seit 1848 absolut verschlossen gewesen
und wurde erst 1892 wieder zugänglich. Da es erst neu geordnet
werden sollte, erhielt Starzer nur mit Mühe die Erlaubniss, wenigstens
diesen einen Band zu benutzen. Der Titel erwies sich als irreführend:
es liegen hier nur Berichte von Delegirten vor, welche der Cardinal in

Die eben aufgeworfene Frage soweit es bislang möglich ist zu beantworten, zähle ich erst auf, was mir durch Starzer, durch Dr. Ratti oder sonst von älteren Handschriften der Ambrosiana mit conciliarer Correspondenz bekannt geworden ist.[1] Am werthvollsten sind die von mir schon oft erwähnten Codices J. 139—141 inf., enthaltend die Originale der Proposten an die Legaten insgesammt oder an Mantua allein vom 8. März 1561 bis 24. März 1563 mit zahlreichen Beilagen.[2]

_____

den Jahren 1564 und 1565 behufs Kirchenvisitation nach der Schweiz gesandt hatte.

[1] Unter älteren verstehe ich diejenigen, welche sicher oder doch aller Wahrscheinlichkeit nach der Zeit vor oder bald nach 1600 angehören. Es haben sich nämlich, besonders im vorigen Jahrhunderte, mehrere Doctoren der Ambrosiana eifrig mit der Geschichte des Tridentinum beschäftigt und in der Nähe und Ferne reiches Material gesammelt. Die so entstandenen Handschriften, mögen sie sich auf der Ambrosiana oder in anderen öffentlichen und privaten Bibliotheken Mailands befinden, kommen hier nicht in Betracht.

[2] Ein eigentliches Inhaltsverzeichniss dieser Codices liegt mir noch nicht vor. Die Zahl der Briefe in den drei Bänden soll sich auf 469 belaufen, die Zahl der Autographen des Papstes auf 13; dazu kommen als Beilagen fünf Chiffern mit Klarschrift und eine ohne Auflösung. C. Olivo scheint als Secretär des Cardinals von Mantua gute Ordnung gehalten und den Einlauf gewissenhaft aufbewahrt zu haben. Indem ich um vieler Proposten willen in Mailand angefragt habe, habe ich nur in zwei Fällen die Antwort erhalten, dass die betreffenden Stücke nicht vorhanden oder wenigstens unter den angegebenen Daten nicht eingereiht seien. Und ich habe erst in einem Falle constatirt, dass ein Originalschreiben Borromeo's aus der Mantua-Periode, nämlich das vom 6. April 1562, statt in der Mailänder Sammlung an anderem Orte sich erhalten hat. Indem dieser Brief besagt, dass der Papst den Rangstreit zwischen den regulären Canonikern und den Benedictinern vorläufig so und so geschlichtet habe, wird er dem Concilsecretär Massarello behufs Kundmachung übergeben und von ihm dann nicht zurückgestellt worden sein: so ist er in den jetzigen tom. 72 (s. I, S. 110) gerathen.

Eigenthümlich verhält es sich mit der Zeitgrenze zwischen der Mantua- und Morone-Sammlung. Ich sagte schon I, S. 76, dass jene über den Tod des Mantuaners hinausreicht. Um das weiter zu verfolgen, gebe ich von den letzten Briefen derselben nicht allein den Tag der Ausstellung an, sondern auch das hier den Ausschlag gebende Empfangsdatum. Cod. J. 141 inf. bietet zum Schluss folgende Stücke (sämmtlich ai legati): f 280 einen Papstbrief vom 25. Februar 1563 (ricevuta 4. März) und f. 282—304 neun Borromeobriefe vom 25 Fe-

Wenigstens eine auf diese Sammlung bezügliche Notiz habe ich
in jüngster Zeit aufgefunden. Am 13. März 1563 antwortete
nämlich Borromeo auf einen Brief, welchen Simonetta unmittelbar nach dem Tode des Mantuaners geschrieben haben muss:
il ricordo che V. S. Illma ha dato circa il ricuperar le lettere
importanti che si sono scritte al cardinal di Mantua di bona
memoria, è piacciuto a N. S^{re} et per essequirlo s' è pensato
che basterà parlarne qui col cardinale Gonzaga.[1] Von den
zwei Neffen des Verstorbenen, welche damals dem Cardinals-
collegium angehörten, wurde der ältere, Francesco (creirt am
20. Februar 1561, gestorben am 10. Jänner 1566) Gonzaga
genannt: durch ihn hat also das von Simonetta vorgeschlagene
Geschäft vermittelt werden sollen, und durch ihn meine ich,
obwohl ich weitere Nachrichten noch nicht gefunden habe,
wird früher oder später der Cardinal C. Borromeo in den
Besitz dieser werthvollen Sammlung gekommen sein. Jedenfalls ist sie in guten Händen gewesen und besser bewahrt
worden als die an sie sich anschliessende Sammlung Morone's.

Diesen drei Handschriften steht der Codex H. 244 insofern
nahe, als er f. 1—30 ebenfalls Originale enthält, nämlich ein
Schreiben Delfin's an Borromeo vom 3. Juni 1561 und fünf des

---

bruar bis 24. März (r. 6. bis 31. März), unter denen sechs von Rom,
erst nachdem dort die Todesnachricht eingelaufen war, expedirt worden
sind. Es folgt daraus, dass die Papiere des Verstorbenen von den
Erben erst nach dem 31. März übernommen worden sind. Nun sind
aber andere bis zu dem gleichen Tage in Trient eingelaufene Commune-
proposten nicht in die Mailänder Sammlung gekommen, sondern ist die
in tom. 68 vorliegende Sammlung Morone's. Hier stehen an der Spitze
Briefe vom 9. Februar (r. 27. März), 2. März (r. 20. April), 8. März
(r. 21. Mai), 10. März (r. 15.), 20. März (r. 28.), 24. März (r. 31.). Zum
Theile sind es Empfehlungsschreiben, welche erst nach Wochen prä-
sentirt worden sind. Aber das eine Empfehlungsschreiben vom 9. Februar und drei eigentliche Proposten lagen am 31. März in Trient
schon vor. Es ist also bei der Theilung der Präsidialakten in solche,
welche den Erben des Mantuaners ausgefolgt werden, und in solche,
welche zunächst in Trient verbleiben sollten, etwas willkürlich zugegangen.

[1] Tom. 55 f. 140 und tom. 51 f. 94. — In letzterem PR. f. 99 fand ich
noch eine weitere die Papiere Seripando's (s. I, S. 77) betreffende Stelle
(3. April): il ricordo di ricuperare quelle scritture si haverà a core, et
se ne farà la debita diligentia col nuntio di Napoli.

Legaten Seripando's an denselben;[1] dazu kommen f. 31—44
zwei in Trient von den Gesandten Spaniens und Portugals
gehaltene Reden. — Ueber einen fünften Mailänder Codex, den
von Borromeo nach 1573 erworbenen Codex R. 100 habe ich
schon in I, S. 85 berichtet.[2] Es handelt sich endlich um die
zwei nach Inhalt und Anlage den Einlaufsregistern nahe kommenden Codices J. 133 inf. und D. 206 inf. In ersterem finden
sich zahlreiche Notizen von der Hand des Giov. Vincenzo
Pinelli, aus denen hervorgeht, dass dieser die hier gebotenen
Copien für seine reichhaltige Bibliothek anfertigen liess. Eine
erste Abtheilung ist überschrieben Lettere del S. cardinale
Borromeo comuni alli SS. legati del concilio cominciando da
marzo 1563 fino dicembre. Dass die Abschriften auf die
Originale zurückgehen, folgt aus der Bemerkung Pinelli's, dass
die Auf- und die Unterschriften als stets gleichlautend ausgelassen worden sind. Da die Serie der Abschriften ebenso
beginnt und abschliesst wie die der Originale in tom. 68,[3]
so muss Morone als Besitzer der Originale Pinelli gestattet
haben, sie copiren zu lassen. Dafür spricht auch die zweite

---

[1] Diese Briefe vom 17. Mai, 16. Juli, 6. September, 29. October 1562 und
vom 1. März 1563 (alle eigenhändig) zeichnen sich durch freimüthige
Kritik der in den Congregationen und Sessionen gefassten Beschlüsse
vom Standpunkt des Cardinals aus und bezeugen, dass sich dieser
nicht mit der Verwahrung vom 16. September 1562 (bei Döllinger, Urkunden 2, 41) begnügt hat. Den ersten dieser Briefe drucke ich im
Anhange Nr. 18ª ab, obgleich er bereits Pallavicino in Abschrift vorlag
und von ihm mehrfach (s. besonders XVI, 9) benutzt worden ist. —
Was ich sonst in jüngster Zeit von abschriftlichen Briefen Seripando's
an Borromeo kennen gelernt habe, werde ich zu I, S. 77 nachtragen,
wenn ich über die Particularregister berichte.

[2] Die hier gebotenen Lettere del Sᵐ Giov. Batt. Amaltheo ... nel ponti-
ficato di Pio IV. füllen die f. 2—55. Sie sind von einer Hand ge-
schrieben, wie es scheint von einem Mitgliede des Geheimsecretariats.
Die Reihe beginnt mit einem Schreiben an Hosius vom 3. April 1563.
Die dann im Codex folgenden Stücke, welche bis 1595 reichen und aus
Jesuitenkreisen zu stammen scheinen, sind nur von ungefähr mit den
Amaltheo-Briefen zusammengebunden worden.

[3] Die Angabe in der Ueberschrift März bis December scheint auf die
Empfangsdaten Bezug zu nehmen; thatsächlich beginnt die Serie mit
einem Briefe vom 9. Februar und schliesst mit einem vom 30. November
— also genau wie in tom. 68.

Abtheilung des Codex, welche Pinelli bezeichnet hat als Lettere
delli legati in comune a Borromeo, und welche lläuft vom
3. März bis 4. December 1563, denn diese Copien fliessen aus
der ebenfalls Morone gehörigen Minutensammlung. Sind also
hier zwei Register geboten, das der Communecorrespondenz
Rom—Trient und das der gleichen Correspondenz Trient—
Rom, beide die ganze Morone-Periode umfassend, so haben
doch diese Register keinen amtlichen Charakter, sondern zählen
nur zu den von mir in I, S. 68 besprochenen privaten Arbeiten.
Wie sie aber in die Ambrosiana gekommen sind, liegt auf der
Hand. Cardinal F. Borromeo hat bekanntlich bald nach dem
Tode Pinelli's (1601) Handschriften desselben für die von ihm
gegründete Mailänder Bibliothek zu kaufen gesucht, hat aber
erst um das Jahr 1616, nachdem die Handschriften die selt-
samsten Schicksale gehabt hatten, einen Theil derselben, darunter auch J. 133 inf., von den Erben erwerben können.[1]

Ueber den Inhalt von D. inf. 206 wird uns von einer
Hand des 18. Jahrhunderts auf f. 1 folgende, durchaus richtige
Auskunft gegeben: Lettere 483 delli legati del concilio di
Trento a S. Carlo. Das ist dieselbe Aufschrift und Inhaltsangabe, welche wir im Cod. Barber. XVI, 22 (s. Calenzio,
Documenti inediti 377) finden, so dass uns nahegelegt wird,
beide Codices miteinander und mit dem dieselbe Serie von
Risposten bietenden Cod. Borgh. I, 184 (s. I, S. 79) und den
Vaticanischen tom. 58, 59 zu vergleichen. Allerdings sind
die Originalrisposten ziemlich vollständig in tom. 60 und 61 auf
uns gekommen, aber um die kleinen Lücken dieser Sammlung
auszufüllen, gilt es doch den Werth der abgeleiteten Sammlungen festzustellen; es fragt sich vor Allem, ob wir in letzteren
Amtsregister dieser Correspondenz besitzen oder nicht. Da erscheint es nun wichtig, dass die Hand, welche den Inhalt von
D. 206 angibt, fortführt copie fatte da Silvio Antoniano il quale
serviva al santo nella secretaria. Obwohl dies nur besagen kann,

---

[1] Nur auf einen Punkt hin wird es sich lohnen, den ersten Theil dieses
Manuscriptes genauer zu untersuchen. Es sind hier nämlich auch zahlreiche Beilagen zu den Proposten copirt worden. Da nun tom. 68 nicht
mehr alle in den Originalbriefen erwähnte Beilagen bietet, lassen sich
möglicher Weise aus dem abgeleiteten Mailänder Codex Ergänzungen
gewinnen.

dass Antoniano diesen Codex oder dessen Vorlage habe schreiben
lassen,[1] so würde es doch in Anbetracht seiner Stellung viel
bedeuten, denn er war, während das Concil tagte, einer der
Privatsecretäre Borromeo's, begleitete denselben auch 1565 nach
Mailand, kehrte aber unter Gregor XIII. nach Rom zurück,
wo er bis zum Cardinal emporstieg:[2] insofern hätte er ebenso
gut schon unter Pius IV. als später unter dessen zweitem
Nachfolger, nachdem die Originale der Risposten an die Curie
abgeliefert worden waren, diese copiren lassen können; in
beiden Fällen könnte D. 206 als amtliches Einlaufsregister der
Correspondenz Trient—Rom betrachtet werden. Der Schrift
nach ist der Codex aber erst zu Ausgang des 16. Jahrhunderts
entstanden und jedesfalls jünger als Borgh. I, 184. Dazu
kommt, dass die Angabe copie fatte da S. Antoniano in keiner
Weise verbürgt ist, so dass es sich der grossen Mühe, die an
Mailand vinculirte Handschrift mit den ebenso an Rom gebundenen Vaticanischen Bänden der Concilakten genau zu vergleichen, kaum lohnen wird.

Die sieben Handschriften, welche ich hier aufgezählt habe,
oder diese fünf Sammlungen der conciliaren Correspondenz gehören sämmtlich zum ältesten Bestande der Ambrosiana. Von

---

[1] Schon Dr. Ratti versicherte mir, dass der Codex von mehreren Händen
geschrieben ist, aber gerade die Hand Antoniano's nicht aufweist. Er
hat mir dann, als ich in Mailand war, zahlreiche autographe Briefe
Antoniano's aus früherer und aus späterer Zeit (Codices F. inf. 77
87, 92) vorgelegt, die mich überzeugt haben, dass Antoniano nicht ein
Stück des Cod. D. 206 selbst geschrieben hat. Mehrere der hier betheiligten Copisten schreiben wie die Secretäre, aber nicht wie die
Secretäre des Pontificats Pius IV., sondern wie die Secretäre aus der
Zeit Gregor XIII. oder Sixtus V.

[2] Nach Ciacconius hätte er als Nachfolger von Boccapaduli 24 Jahre hindurch das Amt eines Geheimsecretärs bekleidet. Dies halte ich nicht für
richtig. Den jüngst in die Vaticanische Bibliothek übergegangenen Ruoli
di famiglia entnehme ich Folgendes. Schon im Ruolo di Pio IV. von 1562
erscheint Antoniano unter den Diversi maggiori. Unter Pius V. wird er
in den Roteln nicht erwähnt. Die Gregors XIII. sind noch nicht wieder
aufgefunden worden; aber ich kenne auch keinen Beleg dafür, dass
Antoniano unter diesem Papste im Secretariat gedient habe. Unter
Sixtus V. endlich war er laut dem Ruolo von 1589 chierico del collegio.
Den Cardinalshut erhielt er 1596.

jenen ist J. 133 inf. nachweislich erst von Federigo Borromeo
erworben worden, während die übrigen sechs bereits im Besitze seines Oheims gewesen sein können. Werden nun unter
den 1585 Bescapé geliehenen und 1609 von ihm zurückgestellten
Archivalien quattro volumi di lettere appartenenti al concilio
di Trento besonders hervorgehoben, so liegt es am nächsten,
an die vier Bände, welche Originale enthielten, zu denken, d. h.
an J. 139—141 inf. und H. 244 inf. Das bestärkt mich in der
Annahme, dass schon C. Borromeo die drei aus dem Nachlasse des Mantuaners stammenden Bände ebenso wie R. 100
an sich gebracht hat. Des weiteren mag zu den von ihm hinterlassenen Bünden als sechstes Stück D. 206 inf., wenn diese
Handschrift so hohen Alters ist, gehört haben. Für die Beantwortung der Frage jedoch, ob der einstige Cardinalnepote, wie
es sein Vorsatz gewesen ist, alle seine Amtsakten, insoweit
sie in Rom geblieben und dort vor Schaden bewahrt worden
waren, wirklich der Curie ausgefolgt hat oder nicht, kommen
wohl nur H. 244 inf. und eventuell D. 206 inf. in Betracht:
sie allein sind vielleicht mit oder ohne Absicht von der Aus-
lieferung ausgeschlossen worden. Dass Borromeo auch in der
Folge die Gelegenheit wahrgenommen hat, Concilakten zu erwerben und aufzubewahren, beweist ebenfalls, welchen Werth
er auf sie legte. Und so lästig es für uns Forscher ist, dass
ein Bruchtheil der conciliaren Correspondenz aus den Jahren
1561—1563 frühzeitig von der Hauptmasse abgezweigt worden
ist und an anderer Stätte aufbewahrt wird, so haben wir
die Erhaltung überhaupt vor allem Borromeo zu verdanken,
und um dieses sein Verdienst in vollem Masse zu würdigen,
brauchen wir uns nur in Erinnerung zu rufen, wie wenig von
dem gleichartigen Material aus den früheren Perioden des
Concils auf uns gekommen ist.

Excurs V.

Band 4 der Nunziature di Germania wird bereits im
Repertorium des P. Donninus de Pretis (s. I, S. 98) vom Jahre
1735 in der Hauptsache richtig als Registro di lettere scritte
in Germania, Francia e Spagna dall' a. 1560 fin al 1566, also

als ein Sammelband bezeichnet, so dass ich hier nur die vier
Theile desselben genauer zu scheiden und zu kennzeichnen habe.
Der erste Theil oder N. G. 4ᵃ besteht aus fünf Lagen zu
je 20 Blättern in dem im Geheimsecretariat üblichen Format.
Indem das erste Blatt mit der Aufschrift Registro di lettere
per Spagna de l'anno 1560 bei der späteren Foliirung übergangen worden ist, reicht dieses von einer Hand geschriebene
Briefregister von f. 1—99. Wenn wir den Fehler des Buchbinders wieder gutmachen, welcher das 4. Heft (jetzt f. 40—
59) vor das 3. (jetzt f. 60—79) setzte, so erscheinen die
eingetragenen Briefe in genauer chronologischer Ordnung. F. 1
beginnt mit zwei Briefen vom 31. December 1559 al re catholico und al duca d'Alva, welche der Anrede, dem Stile und
dem Inhalte nach päpstliche Briefe sind: sie sind von Pius IV.
unmittelbar nach seiner Wahl und noch vor seiner Krönung
geschrieben worden. In der Folge stossen wir auf Briefe,
welche durch den Zusatz di manu propria di N. Sʳᵉ noch deutlicher als vom Papste ausgehend bezeichnet werden; so zuerst
f. 5 vom 11. März 1560. Wird aber bei der grossen Mehrzahl
der Briefe kein Autor genannt, sondern nur Rom als Aus-
stellungsort, so werden wir sie am füglichsten wiederum dem
Cardinalnepoten beilegen. Dagegen sind der in den kurzen
Ueberschriften genannten Adressaten sehr viele. Zu den schon
angeführten kommen der Vicekönig von Sicilien, der Beicht-
vater des Königs, nicht weniger als vier Bischöfe, welche in
dem einen Jahre mit Aufträgen an den spanischen Hof gesandt wurden, der Collector in Spanien u. s. w. Dass alle
diese Briefe vom Geheimsecretariat expedirt worden waren
und nur in diesem zusammengestellt werden konnten, liegt
auf der Hand. Für Entstehung des Bändchens in diesem
Amte zeugen auch die Behandlung der Stücke und die äussere
Ausstattung, welche letztere offenbar seinerzeit den Anlass
gegeben hat, NG. 4ᵃ mit den drei folgenden Theilen zusammen-
zubinden. Weicht es doch inhaltlich und in dem einen äusseren
Merkmale von den anderen ab, so hängt das, wie wir noch
sehen werden, mit seiner besonderen Bestimmung zusammen.

NG. 4ᵇ ist aus 14 Lagen zu je sechs Blättern wiederum
desselben Formats zusammengesetzt, reicht aber von f. 100—185,
weil in die 9. Lage zwei nicht zu dem Register gehörige Blätter

eingeschaltet worden sind.[1] Dass uns hier, wie ich wiederholt
gesagt habe, ein gleichzeitiges Expeditsregister geboten wird,
ist zweifellos. Von den zwei Autoren der Briefe wird nur der
Papst durch die Anrede am Kopfe seiner Briefe kenntlich
gemacht. Da der Adressat stets derselbe war, genügte es,
dass er durch die ziemlich gleichzeitige Aufschrift auf dem
ersten Blatte f. 100: 1561. 1562. Al S. cardinale di Ferrara
legato in Francia bezeichnet wurde. Dieser, welcher früher
zumeist Cardinal Ippolito da Este benannt wurde, war, unmittelbar nachdem er am 26. Juni 1561 das Legatenkreuz
empfangen hatte, von Rom aufgebrochen, sollte sich aber
nicht beeilen und reiste so gemächlich, dass er noch am 16. Juli
in Florenz weilte: dort muss ihm die erste dieser Proposte
vom 2. Juli (f. 101) zugegangen sein. Die Briefe an ihn sind
so wenig zahlreich, dass z. B. auf den f. 122 eingetragenen
vom 1. November 1561 schon f. 123 der nächste vom 1. Jänner
1562 folgt. Sie laufen, abgesehen von einem sofort (s. S. 39)
und einem zweiten gelegentlich der Revision gutgemachten Versehen, genau nach den Daten geordnet bis zu einem Schreiben
vom 19. December 1562 (f. 183') fort.[2] Auf den ersten Seiten
lassen sich zwei Hände unterscheiden: der zweiten ist nämlich
anvertraut worden, hier in Klarschrift einzutragen, was dem
Cardinal in Chiffern geschrieben worden war; von f. 108 an
besorgt dann die zweite Hand die ganze Arbeit, und zwar
absatzweise. Aus irgend einem Grunde ist die Registrirung
in dieser Serie von Heften sistirt worden. Nicht einmal das
uns aus dem Concepte in tom. 55 bekannte chiffrirte Schreiben
von demselben 19. December 1562 ist, obwohl f. 185 noch leer
war, hier gebucht worden, geschweige die weitere Correspondenz
mit dem Cardinal von Ferrara, welcher erst im Frühjahre 1563
von seinem Posten in Frankreich nach Rom zurückkehrte.[3]

---

[1] Nämlich f. 150, 151 mit dem einen schon oft (zuerst S. 16) erwähnten
Concepte. — Das f. 146 beginnende Schreiben vom 15. März 1562 läuft
fort bis Ende des f. 149' und füllt dann noch das ganze f. 152 aus.

[2] f. 131' hat der Revisor am Rande bemerkt: qui va la lettera quale è
hora dopo due carte et comincia Dilecte fili noster etc.

[3] Meine Annahme, dass für diese Correspondenz ein neues Register angelegt worden sei, stützt sich namentlich darauf, dass die Minute zur
Chiffre vom 19. December (s. S. 19) ausdrücklich als registrata bezeichnet

Da wir NG. 4ᶜ bereits zur Genüge kennen gelernt haben, ist nur noch über NG. 4ᵈ zu berichten. Aber da dieser Theil nur Fortsetzung ist eines in Nunziatura di G. 10 gerathenen Fragments, schicke ich des letzteren Beschreibung voraus. Schon die Rückenaufschrift dieses Bandes: Registro di lettere del legato e del nunzio in Germania 1578—1580, 1560—1563 weist auf zwei hier von ungefähr zusammengebundene Theile hin. Im ersteren sind uns die quinterni 1, 2 und 4 des von J. B. Castagna in den Jahren 1578—1580 geführten Registers seiner gesammten Correspondenz erhalten.¹ Der zweite, mit

worden ist. Ueberdies hatte man allen Grund, die mit dem Nuntius in Frankreich geführte Correspondenz besonders geheim zu halten. Da sie für die Geschichte des Concils sehr wichtig ist, gebe ich hier an, was mir von ihr bisher bekannt geworden ist. — Die ziemlich geschlossene Serie der nach Frankreich gesandten Proposte beginnt erst mit dem Jahre 1567, so dass wir für die letzte Concilsperiode auf Fragmente wie in NG. 4ᵇ und in einigen gleich zu erwähnenden Manuscripten angewiesen sind. Dasselbe gilt von den Nuntiaturberichten, von denen allerdings grössere Partien aus den Jahren 1527—1554 erhalten sind, dann aber bis 1570 in der Abtheilung der Nuntiaturen nichts zu finden ist. Da bieten für das Pontificat Pius IV. zunächst einigen Ersatz die Estratti des I, S. 66 angeführten tom. 138: sie gehen auf die Depeschen des Bischofs von Viterbo, des Cardinals von Ferrara und des Cardinals S. Croce (1560—1562) zurück. Eine offenbar von dem letzten angelegte und vom 31. Juli 1563 bis 25. September 1565 reichende Sammlung von Proposte liegt im Cod. Barber. LXII, 19 f. 1—231 vor, an welche sich dann eine Auswahl von Risposte anschliesst. Aus der Registratur desselben Prälaten stammt auch der erste Theil des Cod. Barber. XVI, 53, in welchem allerdings die Correspondenz aus den Jahren 1560 und 1561, in denen S. Croce die Curie in Spanien und in Portugal vertrat, vorherrscht, dann aber auch auf die Nuntiatur in Frankreich bezügliche Briefe begegnen. Aus beiden Handschriften hebe ich noch eine hervor. S. Croce musste von Rom aus genau über die Vorgänge in Trient am 29. Juni 1563 (s. S. 63) und über die von der Curie getroffenen Entscheidungen unterrichtet werden: so finden sich im ersteren Codex dem Nuntius zugesandte Copien der damals von den Legaten eingelaufenen Berichte und im zweiten unter anderen Estratti di lettere del card. Borromeo et dell' arcivescovo Sipontino ... al vescovo S. Croce nuntio appresso al re Chrᵐᵒ circa il negotio della precedenza tra Francia et Spagna.

¹ Vgl. Hanssen, N. B. II, Abth. III, 1, 11. — Auch die Nuntien sind bei Anlage und Führung ihrer Register nach gewissen traditionellen Normen vorgegangen, welche mehr, als bisher geschehen ist, beachtet und fest-

f. 154 beginnend, besteht aus zwei Heften von ursprünglich 23
und 24 Bogen, welche aber, in Bogen anderen Papiers eingeschlagen, jetzt je zwei Blätter mehr aufweisen.   Auf diese
Umschlagsbogen hat eine etwas jüngere Hand f. 154 geschrieben:
Registro di lettere scritte a Mons. Delfino nunzio all' imperatore dalli 21 Settembre 1560 a tutto li 21 Gennaro 1562, und
f. 201: Registro (wie zuvor) dal ultimo di Gennaro 1562 sino
a li 27 di Marzo 1563.[1] Vom letztgenannten Tage datirt das
letzte Stück des zweiten Heftes von NG. 10[b]. Und so schliesst
sich hier unmittelbar f. 243 von NG. 4[d] an mit einem Briefe,
dessen Incipit lautet: A quello che V. S. mi scrive per le
ultime sue, und dessen Datirung lautet: Di Roma a li 3
d' Aprile 1563.   An Delfin ist nämlich in der Regel ein Mal
in der Woche geschrieben worden, und zwar am Samstag, an
welchem die Ordinaripost von Rom nach dem Norden abging,
so dass zwischen dem auf diesen Wochentag fallenden 27. März
und dem 3. April 1563 höchstens ein durch Courier beförderter
Brief angenommen werden könnte.[2]

---

gestellt werden sollten. Wenn etwa der hier fehlende quinterno 3 in irgend
einem anderen Bande der Abtheilung Nunziature unter die Hände kommen
sollte, müsste, um ihn als zur Registratur des Castagna gehörig erkennen
zu können, von derselben mehr wissen, als Hansson angegeben hat. Gerade NG. 10[a] weist allerlei besondere Kennzeichen auf. So hat Castagna
selbst auf f. 1′ geschrieben: In nome di S[er] Dio la partita di Roma verso
Germania fu il giorno nove di Settembre 1578, dann f. 42′, wo der
Brief vom 29. December 1578 endet, a laude di S[er] Dio finito l'anno
1578, con l'anno nuovo si comincierà nuovo quinterno pro registro, und
so hat er bei jedem Jahreswechsel ähnliche Bemerkungen eingeschaltet.

[1] Wie f. 155 von anderer Hand f. 1 bezeichnet worden ist, so geht durch
beide Hefte eine ältere Blattbezeichnung hindurch, welche aber vielfach der Scheere des Buchbinders zum Opfer gefallen oder von dem
späteren Foliator getilgt worden ist, so dass wir von ihr nicht Gebrauch
machen können. — Z. Delfin war bereits im Juli 1560 als Nachfolger
von Hosius, d. h. als Nuntius am Kaiserhofe auserwählt worden (s. Sickel
Nr. XLV, wozu ich bemerke, dass das Original von Nr. XLIII wirklich
das Datum vom 10. Juli trägt, aber, wie zuerst Reimann betont hat,
erst vom 10. August datirt), reiste jedoch erst am 2. September von
Rom ab.   Seine ersten Briefe aus Florenz und Mantua wurden von
Borromeo am 21. September beantwortet, womit die Reihe der lettere
scritte al D. beginnt.

[2] Allerdings verstreichen zuweilen auch zwei bis drei Wochen, ohne dass
am Samstag an Delfin geschrieben wird, zumal wenn die Legaten in

Auch NG. 4^d weist zu Anfang eine grössere Lage von 28 Blättern (f. 343—370) auf mit Briefen bis zum 19. September 1563 (f. 370). Von da folgen 14 Hefte zu je sechs Blättern[1] mit Briefen vom 15. October 1563 (f. 371) bis zum 1. December 1565 (f. 455—456). Hier wie in dem vorausgehenden NG. 10^b ist die chronologische Reihenfolge beobachtet worden. Ueberhaupt rede ich fortan von NG. 10^b und 4^d als von einem einzigen Register. In diesem ist wiederum ein Autor des Briefes nicht genannt: Briefe an den Nuntius in Deutschland, wie die Aufschriften zu den zwei ersten Heften besagen, konnten aber nur vom Cardinalnepoten und eventuell vom Papste ausgegangen sein. Eigentliche Papstbriefe scheinen hier nicht eingetragen worden zu sein,[2] sondern es sind nur einige Nachschriften als addita manu propria sanctissimi bezeichnet worden. Somit haben wir Borromeo als Schreiber sämmtlicher Briefe zu betrachten. Dagegen wird uns der Adressat, wenn auch nicht in den Briefcopien, so doch in den Aufschriften zu den ersten Heften und von f. 444 an in den Aufschriften zu einzelnen Briefen als Cardinal Delfin bezeichnet. Das geschah nicht, weil Delfin am 12. März zum Cardinal creirt worden war, denn darauf hätte schon früher Rücksicht genommen werden müssen, sondern aus anderem Grunde. Wir finden f. 429–441 unter dem 21. Mai 1565 eingetragen Istruzione data a l' arcivescovo di Lanciano et a Mons^{re} Guicciardini auditore di ruota a l' imperatore super negotio connubii sacerdotum, eine Instruction, welche natürlich dem ordentlichen Nuntius am Kaiserhofe mitgetheilt werden musste und dann auch in das Register der ihm ertheilten Proposte eingetragen wurde. Man benützte dasselbe fortan zugleich für die Correspondenz mit den zwei ausserordentlichen Sendlingen und trug zuerst f. 444 ein von Borromeo am 23. Juni an sie gerichtetes Schreiben, und zwar mit der entsprechenden Aufschrift ein. Nothwendiger Weise musste auch dem auf derselben Seite gebuchten Briefe an Delfin vom 30. Juni al card. D. vorgesetzt werden, und musste fortan am

---

Trient beauftragt wurden, den Nuntius in Wien auf dem Laufenden zu erhalten.

[1] Nur das vorletzte f. 443–450 ist um zwei Blätter stärker.

[2] Ich drücke mich hier vorsichtig aus, da ich selbst das Register noch nicht Stück für Stück geprüft habe.

Kopfe eines jeden Briefes der Adressat in Kürze angegeben
werden. Uebrigens war Delfin's Abberufung seit lange beschlossen. Als am 5. October der letzte Brief an ihn (f. 453)
abgesandt wurde, war sein Nachfolger Melchior Biglia bereits
unterwegs. Offenbar wollte man das Register auch für die
Correspondenz mit diesem verwenden und trug in ihm noch
Briefe an denselben vom 3. und 17. November und vom
1. December ein (f. 453'—454'). Doch eine Woche darauf
starb Pius IV., und sein Geheimsecretariat löste sich auf: damit
fand auch das Register sein Ende.

Ich führe an anderem Orte aus, inwieweit NG. 10^b und
4^d auf einer Linie stehn mit NG. 4^c, mit tom. 55 u. s. w.
Dass es ihnen in der Schrift sehr nahe kommt, möge das
Facsimile II (NG. 4^d f. 397') veranschaulichen. Ich hebe hier
nur die eine und andere Besonderheit dieses Nuntiaturenregisters
hervor. Was dessen ersten Theil oder NG. 10^b betrifft, so
wird uns durch ein schon I, S. 73 berührtes Moment erleichtert,
mindestens zwei Hände von Registratoren zu unterscheiden. Bis
f. 195', d. h. bis zu einem Briefe vom 17. Jänner 1562 ist alles
von einem A geschrieben, welcher auch in der Folge die Hauptarbeit besorgt. Aber offenbar sollte er damals noch nicht in
alle Geheimnisse eingeweiht werden. So trat, als hier zum
ersten Male eine chiffrirte Proposte in Klarschrift einzutragen
war, ein B ein und buchte auf den letzten Seiten dieses
ersten Heftes, was bis zum 21. Jänner 1562 Delfin in geheimer
oder auch in gewöhnlicher Schrift gemeldet worden war. Im
zweiten Hefte verwendete man wieder A, um die gewöhnlichen
Briefe zu copiren. Waren aber im Jahre 1562 an den Nuntius
zahlreiche chiffrirte Depeschen (sie betreffen meist die Angelegenheit von Pitigliano, s. Sickel, Acta S. 101) abgesandt
worden, so wurden diese von B so gut es ging am Rande nachgetragen. Erst von f. 235 an (Brief vom 20. December 1562) erscheint A des Vertrauens gewürdigt, Klarschriften zu buchen:
fortan erscheinen diese in Reihe und Glied mit den anderen
Stücken und werden wie in den anderen Registern mit der
Randglosse in cifra versehen.

Bricht unser Register mit dem Tode des Papstes ab, so
macht schon dieser Umstand wahrscheinlich, dass es bereits zu
Lebzeiten desselben angelegt, und bis zu Ende geführt worden,

also so gut wie gleichzeitig mit der hier eingetragenen Correspondenz ist. Dem entsprechen auch die Glossen und Correcturen und die mit f. 371 beginnenden kleinen Lagen. Aber es gehen drei grosse Lagen voraus, welche ich nicht als in gleichem Sinne gleichzeitig betrachte. Aus der Fortsetzung ergibt sich allerdings, dass auch die ersten drei Jahrgänge dieses Registers der Nunziature di Germania unter Pius IV. und in dem von Galli geleiteten Geheimsecretariat entstanden sind. Aber wie die ganze diesem Amte obliegende Arbeit nur mit Mühe bewältigt werden konnte, so wird geraume Zeit verstrichen sein, bis die Registrirung der Proposte an Delfin in Angriff genommen wurde. Wurde somit den Registratoren sofort eine grössere Partie von Minuten zum Abschreiben zugewiesen, so entschied man sich einerseits für die Verwendung grösserer Hefte und andererseits für die Ausscheidung der in Chiffern übertragenen Minuten, um, wie wir eben gesehen haben, die letzteren erst nachtragen zu lassen, nachdem die Minuten für die gewöhnlichen Briefe bereits copirt worden waren.

Dieselbe Deutung, welche ich hier der Wahl umfangreicher Hefte gebe, gebe ich auch der Zusammensetzung von NG. 4ᵃ aus lauter Heften von 20 Blättern. Dies Register hatte ja, wie ich schon andeutete, eine andere Bestimmung als alle anderen bisher besprochenen Register und bietet uns auch Correspondenzen anderer Art. Wohl konnten in einem Registro di lettere per Spagna per l'anno 1560, so gut wie in NG. 10ᵇ und 4ᵈ, die Briefe an alle vier Bischöfe, welche damals als Abgesandte des Papstes nach Spanien gingen, vereinigt werden, aber in Nuntiaturenregister pflegten nicht die Schreiben an die Monarchen, an deren Rathgeber und an andere ebenda weilende Personen aufgenommen zu werden. Ebenso auffallend als die Zahl der Adressaten ist der andere Umstand, dass hier weder alle Briefe an den König Philipp, noch alle Briefe an die päpstlichen Nuntien aufgenommen worden sind.[1] Es wird uns also hier nur eine Auslese aus dem damaligen Briefwechsel der Curie einerseits mit ihren Organen und andererseits mit

---

[1] Mit Absicht habe ich S. 101, was mir von der damaligen Correspondenz des Prospero S. Croce bekannt ist, aufgezählt: die betreffenden Barberini-Codices enthalten mehr Briefe an ihn aus der Zeit seines Aufenthaltes am spanischen Hofe als die in NG. 4ᵃ eingetragenen.

den Machthabern in Spanien geboten. Solche für gewisse
Zwecke und nach bestimmten Gesichtspunkten ausgewählte
Akten wurden sehr häufig den Nuntien behufs ihrer Information mitgegeben.[1] In unserem Falle denke ich an Verhandlungen, welche bald nach dem Jahre 1560 in Madrid ge-
pflogen werden sollten und um derentwillen hier Documente
zusammengestellt worden sind, welche das Verhalten des Papstes
zu K. Philipp im günstigsten Lichte erscheinen liessen. Da
solche Aufgabe nur im und vom Geheimsecretariat gelöst
werden konnte, entstand dort ein Opus, welches trotz seiner
besonderen Bestimmung den dort geführten Registern in der
Behandlung der Stücke, in der Schrift und in anderen Punkten
sehr nahe kommt. Diese Merkmale aber verbürgen uns ebenso
wie die Bestimmung, dass NG. 4ª gleichfalls unter Pius IV.
entstanden ist. Kurz es hat sich gefügt, dass, als einmal um
1600 (s. S. 46) herum Bruchstücke von Registern mit Correspondenz aus den Jahren 1560—1565 Beachtung fanden und,
weil sie gleiches Aussehen hatten, zusammengebunden wurden,
vier Stücke vereinigt worden sind, welche thatsächlich nicht
allein derselben Werkstätte, sondern auch derselben Zeit ent-
stammen, wobei jedoch übersehen oder doch nicht berücksichtigt
wurde, dass NG. 4ª nicht wie die anderen drei Stücke Originalregister war, und dass NG. 4ᶜ nicht wie die anderen Correspondenz mit Nuntien bot, sondern Correspondenz mit Concillegaten.

[1] Unter Umständen wurden ihnen auch Originalakten oder Originalregister
anvertraut, was dann zuweilen deren Verschleppung und Verlust zur Folge
gehabt hat. In Arm. XXXVI, tom. 38, einer unter Urban VIII. entstandenen und für die Geschichte des Archivs wichtigen Sammlung,
finden sich f. 537 die dem Cardinal Ginetti, als er nach Köln gesandt
wurde, übergebenen Akten verzeichnet und werden f. 543 elf Bände
französischer Berichte aus den Jahren 1569—1595 als für ähnliche
Zwecke ausgeliehen aufgezählt.

Anhang.[1]

18.

Breve des P. Pius IV.

Rom 1561, Juli 17.

Vatic. Archiv. Tom. 12 fol. 66. — Gleichzeitige Abschrift. — Vgl. S. 27, Anm. 1.

Pius Papa IV.

Ad perpetuam rei memoriam. Nuper edidimus bullam
de oecumenico generalique concilio in civitate Tridentina cele-
brando, cuius hic est tenor: Pius etc. ex cuius bullae contentu
et verbis quibus suspensionem omnem sustulimus, satis apparet
non novum a nobis concilium convocatum, sed continuationem
inchoati indictam fuisse. quia tamen nonnullos, his minime
attentis nec satis diligenter consideratis, dubitare audimus
utrum ea continuatio sit an novi concilii indictio: iccirco nos
dubitationem omnem in perpetuum tollere volentes per has
literas declaramus, mentem et sensum nostrum hunc fuisse et
esse, ut illis verbis continuatio significetur, volumusque perinde
haberi ac si continuationis verbum in ea bulla expressum
fuisset. Dat. Romae apud sanctum Marcum etc. die 17. Julii
1561, anno secundo.

---

[1] Auf die 17 Belegstücke, welche ich im Anhange zu dem Berichte I
S. 119—141 abgedruckt habe, lasse ich hier die Nummern 18—34 (als
Nr. 18ᵃ habe ich einen mir erst jüngst in Mailand bekannt gewordenen
Brief eingeschaltet) folgen, und zwar, um einem mir geäusserten Wunsche
Rechnung zu tragen, in chronologischer Ordnung. Die zeitliche Reihen-
folge aller Stücke, welche ich bisher veröffentlicht habe oder noch ver-
öffentlichen werde, werde ich am Schlusse des letzten Berichtes in einer
Tabelle ersichtlich machen. — Zu der in I abgegebenen Erklärung
habe ich noch hinzuzufügen, dass ich manche Stücke nicht nach den
noch vorhandenen Originalen abdrucke, sondern nach dieser oder jener
Registercopie, um die Besonderheiten der einzelnen Register zur An-
schauung zu bringen, wie ich denn überhaupt nicht eine Edition von
Documenten um deren Inhaltes willen veranstalten will, in welcher alle
Stücke möglichst gleichmässig zu behandeln sein würden, sondern eine
Sammlung von Specimina von mannigfaltiger Form, um alle Unter-
schiede zwischen den Minuten, den Originalen und den Arten der
Copien zu veranschaulichen.

18ᵃ.

Cardinal Scripando an Borromeo.

Trient 1562, Mai 17.

Ambrosianische Bibliothek in Mailand, Codex II. 244 inf. fol. 13. — Originalbrief. — Vgl. S. 95.

Illᵐᵒ et Rᵐᵒ Sʳ mio osservatissimo.

Poich' io ho cominciato a scrivere a V. S. Illᵐᵃ ogni volta
che si fa sessione, di quanto in quella si conclude et decreta
et di quanto è passato ne i trattati et congregationi intermedie,
non voglio lasciar di farlo finche vedrò, com' ho fin qui visto,
che non sia per dispiacerli, et perseverarò nella metafora che
presi dopo la prima sessione, assomigliando i trattati et le congregationi a una navigatione, la qual di raro è senza qualche
borasca alle volte maggiore et più pericolosa, alle volte leggiera
et senza molto spavento; la sessione poi è come pigliar porto
et refiatar alquanto, rinfrescandosi et apparecchiandosi a nuova
navigatione.

Dopo la prima sessione che fù alli 26. di Febraro, facendo instantia gl' ambasciatori cesarei che si allargasso pur
assai il tempo della sessione seguente et che non si procedesse
nelli dogmi, colorando questa lor dimanda con gran speranza
della riduttione de gl' heretici et altri beni che ne potevano
seguire, dicendo di più che per buon esempio non solo di Germania ma de tutto 'l christianesimo si potrebbe in quello spatio
di tempo attendere alla riforma se non d' Italia et degl' altri
paesi, de i quali è fama che n' habbino gran bisogno, almeno
di Germania, perche cosi desiderava la Mᵗᵃ C., discorrendo poi
noi sopra questa lor proposta quanto allo spatio sin' all altra
sessione fummo d' un medesimo parere, che se li concedessero
due mesi et mezo, ma quanto al trattar della riforma fù tra
noi disparere, perche alcuni volevano che assolutamente se li
promettesse, alcuni, tra i quali fui io, dissero che non si doveva mutar l' ordine del concilio sempre osservato qui in Trento,
il qual' è stato, trattar insieme li dogmi con la riforma, perche
con li dogmi si sodisfanno i varij cervelli et vi si consuma buona
parte del tempo, della riforma poi appresso la sessione si faceva in poco spatio qualche buona speditione, et che per non

mostrar la continuatione, si sarebbe potuto trovar qualche dogma straordinario et non metter mano a quella parte che si lasciò sotto Crescentio. convennimo finalmente in questo di rimetter il giuditio di questo nostro disparere in N. S^{re}, et così ne fù scritto a V. S. Illma et R^{ma}. venne di corto la risposta molto contraria a quel ch'io mi pensavo, che non solo si compiacesse alla M^{tà} Ces^a del tempo, ma ancora di non trattar altro che della riforma, il che ancor ch'io laudasse per esser di mente di S. S^{tà}, non lascini però di temere che fusse poco a proposito, che in tanto spatio si desse luogo a molti prelati che qui si trovavano, di sfogar gl'animi loro, qual'io sapevo ch'erano ben gravidi di questa materia; pur fù fatto quanto ci fù ordinato.

Venendo poi alle cose che si potevano proporre della riforma, fù dato carrigo a quattro persone che raccogliessero quel che loro pareva che fusse a proposito, et che niente toccassero quella parte di riforma che N. S. havea riservato a farla lui. le persone furno scelte come confidentissime, l'arcivescovo di Rossano, il vescovo di Vesti, il Paleotto et il promotore, tutti fatture di cotesta corte et vassalli della chiesa. dopo alcuni giorni ci fù detto da tutti questi quattro unitamente, che non havevano trovato cosa che paresse loro a proposito o che non fusse stata decretata in questo medesimo concilio l'altre volte che si è congregato.

In questo mezo furno dati a me da alcuni prelati Italiani, huomini di virtù et dottrina singolari, circa nonanta capi pertinenti alla riforma, i quali subito io consegnai a Mons^{re} Illmo et R^{mo} Simonetta, come quello che poteva ben sapere quanto sopra questa materia di riforma si poteva et doveva procedere, de i quali S. S. Illma et R^{ma} mi disse haverli mandati a Roma et non haverne mai havuto risposta. sentendo io molto mormorio de prelati d'importanza, che non si faceva niente et che più presto il concilio pareva prorogato che altrimente, perche non si facevano ne congregationi ne attione alcuna, feci scelta di deciotto di quelli articoli, et venendo un giorno da me solo per officio di salutatione di lor propria volontà et non chiamati le prefate quattro persone nominate di sopra, nel discorso del parlare si venne a dire che non si sapeva che cosa proporre circa la riforma et che quell'otio dispiaceva universalmente, io

li mostrai li 18 articoli cupati da me, lasciandone il giuditio a
loro come persone da me riputate da bene et amorevoli di
cotesta S. sede et di più dati a noi come confidenti. a loro
tutti ne piacquero dodeci, non riprobando gl' altri, ma dicendo
che questi sarebbeno a bastanza. non glieli lasciai in mano,
perche non li havevo mostrati a quest' altri miei S^{ri}. non sò che
giorni dopo, essendo noi insieme, fecimo chiamare questi quattro
a i quali fù di nuovo ordinato che vedessero pure di trovar
qualche cosa per questa benedetta riforma, accioche non si
perdesse affatto il tempo.

Pigliorno l' impresa di nuovo et quell' istessa sera di notte
tutti quattro insieme vennero da me et mi pregorno ch' io li
desse quelli articoli che già li havevo mostrati. io ce li diedi,
parendomi che da loro potessero essere ben pesati et giudicati.
io non sò dire cioche vi mutassero, aggiungessero o levassero,
ma presentorno a tutti noi quelli che poi furno proposti. et
alcuni giorni piacquero a tutti noi indifferentemente, senza che
vi si facesse pur un minimo scrupolo, anzi da tutti noi fù
giudicato che si potessero mostrare a gl' ambasciatori Ces. prima
che si proponessero in congregatione, per mostrare di tener
conto di loro, come dovemo. furno da loro laudati allhora, et
dopo ci dissero haverli mandati alla M^{tà} C. dalla quale havevano ordine di laudare cosi buone proposte et di rendercene
gratie come di cosa pertinente alla riforma di Germania.

Il giorno poi, che si dovevano proporre alla congregatione,
essendo quasi l' hora di essa congregatione, poco prima che
fussemo insieme, Mons^{re} Illmo Simonetta disse al Musotto mio
secretario che il primo articolo della residenza non li piaceva
in modo alcuno per il gran pregiuditio che poteva portare a
cotesta corte. udito io questo dal Musotto, restai stupido che
questo buon signore tanto intendente di queste materie non
cen' havesse prima avvertito. et cosi io mandai l' istesso Musotto a dirlo all' Illmo di Mantua, et poco dopo noi ci trovammo
insieme, et udito quanto diceva Mons^{re} Illmo Simonetta, fecimo
chiamare il secretario Thilesio, che già haveva havuti detti
articoli per proporli poco dopo, et fecimo cassar il primo in
nostra presentia. ci ricordammo dopo d' haverli mostrati a
gl' ambasciatori Ces., i quali stavano aspettando la congregatione
in un' altra camera. ci parve mandar l' Ill^{mi} Varmiense et Ma-

drucci a renderli buone ragioni per le quali ci eramo mossi a torre via quel primo capo. ci fecero rispondere che loro si meravigliavano di questa mutatione, conciosia che tutti gl'altri capi erano di cose frivole et di nissun momento et che in questo solo si vedeva un vero capo di riforma gratissimo a tutti i Christiani. mentre stavamo in questo pensiero, arrivorno le lettere di V. S. Illma de li 8. di Marzo mandate per corriero espresso in risposta delle nostre di 26. di Febraro, nelle quali li havevamo scritto che ci avisasse, se a N. S. piaceva o che si trattasse questo articolo o che si domandassero li padri che dessero in scritto quello che havevano nelle loro chiese particolari che havesse bisogno di riforma. in quanto al primo capo non ci fù risposto; al secondo V. S. Illma diceva che piaceva a N. S^re. havendoci queste lettere trovati con gl'animi sospesi per le cause sudette, io dissi che noi dovevamo fare quello che ci ordinava S. S^tà, il che non parve a Mons^re Illmo Simonetta, ma concorse con gl'altri che si restituisce quel primo articolo. laonde fummo costretti a restituirlo. et di questo progresso io non sò dir altro se non: sic erat in fatis. et cosi furno proposti questi articoli.

Vengo hora alle congregationi et alli trattati dell'altra congregatione. dopo la proposta de gl'articoli si cominciò a votare, et il primo che disse con efficacia grande del primo articolo che la residentia tante volte decretata sotto pene et altri modi non haveva altro rimedio che metterla nelle coscienze de i prelati, mostrandoli se era de iure divino o no, facendolo prima disputare da i theologi, fù l'arcivescovo di Granata, il quale da molti non solo fù seguitato, ma aggiunto di più che la residenza era de iure divino, et provato per scritture et raggioni. da altri non solo non fù seguitato, ma oppugnato quanto più si poteva. di quà nacquero le dissensioni et s'infiammorno gl'animi talmente che ciascuno parlò non più per modo di dir voto, ma di prediche et dottrine, con le quali sforzandosi persuader la parte che tenevano, non facevano altro che irritarsi fra loro et far pigliare la cosa più a denti, et massime dopo che alcuni non solo nelle congregationi, ma per le piazze cominciorno a parlare di questo fatto et meschiarvi publicamente l'interesse di cotesta corte et il dispiacer grande che se n'era preso costi. bisogno ch'io dica qui la pertur-

batione che ha patito l'animo mio, et che di niente m'asconda
a V. S. Illma, con la qual' io ho servitù conditionata di doverli
et poterli liberamente dire quel che ho nell'animo, ma poi
fare quanto lei giudicarà che sia espediente a commandarmi,
perche questo modo io ho tenuto in tutta la vita mia con i
signori et padroni coi quali mi è convenuto conversare. a me
piacevano coloro che dicevano et provavano residentiam esse
iuris divini; perche sono stato sempre di quest' openione, ma
senza pensiero però che mai per tal cosa si fusse per scemare
o minuire punto dell' autorità della sede Apost^{ca}. non mi
dispiacevano coloro che dicevano et provavano il contrario;
perche mi pareva che l'uni et l'altri parlassero secondo la
scienza et coscienza loro. et le conseguentie dubbiose et, com' altri dicono, pregiuditiali et pernitiose non le facevano, se non
coloro che tenevano la residentia non essere divini iuris, per
mostrarsi, com' io credo veramente che siano, amorevoli a chi
debbono essere. ma io havrei voluto che queste conseguentie
le havessero taciute et tenute ne i lor petti ascose et havessero
atteso a difendere il punto principale; perche gl' adversarii loro
dicevano che per mancamento de ragioni et di buona dottrina
s' appoggiavano a queste conseguentie, come quelle che potevano spaventar gl' altri. et in questo concilio, Mons^{re} mio
Illmo, sono cervelli che hanno lasciato il timore nel ventre delle
lor madri et tanto più s' accendono, quanto più vedeno che si
cerca di metterli briglia.

Questo passò, credo, in quattordeci congregationi. et
lascio stare le sporche prattiche che furno fatte, per quanto
intendo, non havendone altro che un' oscuro mormorio senz' una
vera certezza. volendo finalmente noi chiarirci dei voti, li
trovammo notati con tanta confusione che fù impossibile d' acqui-
starne vera notitia. il che non nacque già per difetto del
secretario, ma per la longhezza confusa de molti, che parlando
lungamente non appariva dal lor parlare una chiara risolutione.
di quà nacque che noi ci trovammo costretti a ripigliar breve-
mente per verbum placet et non placet i voti detti. questo fù
consultato fra noi una sera nella quale non se ne pigliò risolutione, perche ad alcuni non pareva. il giorno poi seguente
che fù la congregatione delli 20. fecimo più volte leggere le
parole della proposta, et per dir quel ch' io mi ricordo, non si

vidde gran ripugnantia, anzi più presto concorso de tutti, che si facesse la proposta. si fece. et qui a me piacquero coloro che dissero assolutamente placet, et niente dispiacquero coloro che dissero assolutamente non placet, per le ragioni dette di sopra. ma ben mi diedero crudel ferita coloro che v' interposero il nome di N. S.re per quelle ragioni per le quali credo che sia dispiaciuto ancor costì, et di più perche se quei tali havessero detto assolutamente non placet, il partito era vinto almeno da i più voti, et si poteva, non già con dignità, decretare secondo quelli che havean detto non placet, ma differire ragionevolmente a miglior consideratione, al che nissuno havrebbe potuto contradire. ma io qui non sò altro che dire, se non quel che ho detto di sopra: sic erat in fatis, intendendo per il fato la providenza di Dio, il qual cava ancor dal male al suo tempo il bene.

Bisogna qui ch' io dica quel che sò intorno ad alcuni dubii fatti costì forsi per mala informatione, quali mi sono venuti all' orecchie. il primo è che questa prattica si doveva sopire, quando furno detti i voti lungamente, essendo allhora il numero maggiore di coloro che dicevano la residentia non essere de iure divino. a questo io dico due cose. la prima è che questo magior numero a noi non costava, et forsi che non era così, et però bisognava che ce ne chiaressimo, ma si che si sarebbe ben sopita, se coloro che si rimesero a S. Beat.ne havessero detto non placet. appresso fu considerato et ancor scritto costà, che bisognava tener conto delle nationi et delle qualità delle persone, dove l' eccesso de i voti non è molto grande, ma de pochissimi com' era in questo caso. il secondo dubio che mi è venuto all' orecchie è che si doveva dar' in bocca alli primi che cominciorno a toccar questo passo, come cosa da noi ne intesa ne proposta. questo non ci fù ricordato da persona a tempo et non si fece per quanto io credo, per non mostrare di voler torre la libertà ancor' nelle parole. et di più loro ben ligavano con la proposta l' intention loro, perche dicevano che questo solo modo et questa dechiaratione farebbe residere; essendosi fatto esperienza de tutti gl' altri et riusciti vani. et ancorche da noi si potesse dire che questo non era dogma secondo che a noi fù proposto, harebbeno replicato, come si sapeva di certo, che si disputasse tra i

theologi secondo il costume di trattar i dogmi. et noi eramo
più che certi che tutti i theologi che sono qui harebbeno detto
in un modo et stabilito la residentia de iure superdivino, i
quali havrebbono forsi dato lume a molti prelati che non l' havevano cosi chiara.

Qui parmi di dover aggiungere che prima che si venisse
alla propositione di quest' articoli, era un gran mormorio fra li
prelati, i quali dicevano che in questo concilio si dovesse trattar
et vedere, se la residentia fusse de iure divino o no, et era
tanto grande il mormorio che si poteva pensare che un giorno
in qualche congregatione potesse esser proposto da loro chiara
et apertamente, si come ne gl' articoli che a me furno dati,
era stato posto. il che sarebbe stato con poca dignità nostra,
se l' havessemo tolerato, et con pericolo di scandalo, se havessemo voluto opponerceli, non sentendosi altro fra questi prelati
forastieri che ragionar della poca libertà che è nel concilio.
onde non fù forsi errore tentare, se per questa strada et modo
che fù proposto si potesse schifar et fuggire questo pericolo,
perche se ben' a me da quei prelati fù dato chiaro, si pensò
però d' ingarbarlo nel modo che si fece, per veder di fuggire
che non si venesse a disputar di questo. parveci ancora di
dover havere consideration di quello che s' intende che dicono
particolarmente li Spagnuoli. et è che vedendo che in questo
concilio non è quella libertà che si ricerca ne i concilii ecu-
menici (cosi dicono essi) et che si ha poca voglia di far bene
alcuno, vogliono domandar al suo re che li conceda un concilio
nationale. ma quel ch' importa più, per lo che credo, che non
si facesse, è che V. S. Illma per la sua lettera di 29. di Marzo
ci scrisse, che quando non si fusse potuto schifare de trattare se
la residentia fusse o non fusse de iure divino, et che il resistere a
i padri potesse partorire scandalo, S. Stà si contentava che se ne
trattasse. et di più dopo che furno proposti, che fù a 11. di Marzo,
sinche se ne cominciò a parlare nelle congregationi, che fù a
7. d' Aprile, se ben s' hebbero molte lettere da V. S. Illma, non
ci mostrò però mai che fusse per despiacere a S. Beatne.

Il terzo dubio è che questa residenza era stata trattata
in questo concilio, et per questo non se ne doveva più parlare. questo sarebbe stato un fiacco argomento, perche già si
diceva da molti che non havendo il decreto di questo concilio

fatto frutto alcuno, anzi essendo stato giudicato da molti che
si poteva non far residenza se non tre o quattro giorni dopo
sei mesi, bisognava rinforzare quel decreto et dechiararlo bene,
togliendone ogni fraudolente sentimento. et di più perche in
quel decreto la residenza si fonda nella scrittura sacra, pareva
che non potesse restare mai ben chiaro, se non si disputava o
determinava, se quelle et altre scritture costringevano tanquam
praecepta iuris divini. queste cose che aggiungo hora, forsi
che non parranno necessarie, ma non sò che spirito non me le
lascia tacere. io ho tenuto per parola horribile et non ho
saputo tolerarla, ma me ne sono tra me stesso acerbamente
ramaricato, quando ho sentito in un concilio generale, che a
questo tempo (perche cosi ha voluto S. Beat^{or}) si può riputar
maggiore del Niceno fatto in quei tempi che fù fatto, siano
state persone che s'habbiano lasciato dire su le porte di Germania, che la residenza è ben de iure divino, ma taglia la
testa al papa, destrugge la sede apostolica et manda in pol-
vere la corte di Roma. l'importanza di queste parole sparse
(com'io credo) per il mondo di quanto momento sia, V. S. Illma
mi perdoni s'io non gliela dico, perche sono sicuro ch'ella
molto bene l'intende, et io ho in horrore pensarvi, non che
scriverlo. persone di momento s'hanno lasciato dire, che mai
fù detta parola più favorevole ai nemici che questa.

Appresso le lettere particolari, o vere o finte ch'elle siano
state, con le quali si sono fatte le prattiche, hanno dato non
poco scandolo, et massime quelle nelle quali è scritto nominata-
mente d'alcuni prelati, che per haver dato il placet, sono
venuti exosi ai lor padroni, et altri per haver dato il non
placet o rimessisi, hanno acquistata gratia et promessa di ri-
muneratione. è stato ancora scritto che alcuni ne i loro voti
hanno straparlato fuor di modo, tra i quali è stato nominato
il vescovo di Sinigaglia. et perciò m'ha ricercato ch'io renda
appresso di V. S. Illma testimonio alla verità, la qual'è questa,
che con ogni riverenza ha detto il voto suo, senza usar parola
che si potesse se non da i maligni interpretar in male: et
cosi io non ho potuto mancare per consolar questo da ben
prelato di prometterli di scriverne, et con questa l'ho fatto.
giudico a proposito dir ancora et affirmar con giuramento che
dopo che è aperto il concilio, io non ho mai appartamente

parlato con Monsr Illmo di Mantua, di modo che tra noi non
ha potuto essere conserto alcuno. et quanto a questo punto
della residenza tra noi mai è stato parlato se non in presentia degl'altri. è ben vero che qualche volta i nostri secretarii
hanno parlato da parte di S. S. Illma a me et da parte mia a
S. S. Illma, ma di questo passo della residenza non n'è stata
fatta neanco per questa via una minima parola. non credo
che V. S. Illma et R^{ma} nè altri possano con ragione essersi
imaginate, che per quanto tocca a Mons^{re} Illmo di Mantua et a
me, fusse passato mai questo decreto senza salvare in tutto et
per tutto l'autorità di cotesta S. sede et di S. Beat^{ne}. et
certo che cosi si poteva fare, et non ci sarebbe mancato il
modo per bontà di Dio. a me pareva molto a proposito che
cosi conditionatamente si facesse, per la voce commune de
tutte le nationi che dicevano che, quando mai non si facesse
altro in questo concilio, questo solo decreto sarebbe stato baste-
vole ad anteporlo a tutti gl'altri concilii. et io che ho tutto
l'occhio volto dopo la gloria di Dio alla fama di S. S^{tà} et alle
parole che ha dette a me piene di pietà et di desiderio di
rassettar le cose mal fatte et di dare splendore del suo pontificato con opere rare et degne della persona sua, et a proposito delle presenti calamità confesso ingenuamente d'esser
forsi scioccamente trascorso in pensare che questa determina-
tione della residenza fusse molto a proposito. ma hora che
ho havuto qualche lume della mente di S. S^{tà} et ho cono-
sciuto che con molta prudenza habbia giudicato, che questo
passo o si differisca ad altro tempo o si stabilisca con pene
acerbe, lasciando da parte questo che s'era trattato nel modo
ch'io ho detto, mi sforzarò accommodare in tutto et per
tutto et aiutar quel modo che a questi SS. Ill^{mi} più piacerà di
seguire. et cosi farò in tutti gl'altri trattati, mettendovi del
mio il manco ch'io possa. ma non lasciarò di dire et ricordare, che qualsivoglia di questi modi, se non è trattato molto
destramente et con gran pacientia et senza tanti romori et
bravarie, quanto dicono che siano state fatte per il passato,
l'errore sarà molto maggiore; ma voglio sperare in N. S. Dio
che ci guidarà per la sua misericordia.

Il porto che si è preso dopo tanti disturbi della navigatione, è molto piccolo, come lei vedrà dal decreto; per questo

io non ne dirò altro. finita la sessione, perche io mi trovai molto stracco, non potei per lo spaccio del medesimo giorno mandar questa mia lettera. ma havendola poi scritta la matina seguente, gionsero le lettere di N. S. et di V. S. Illma deli 11. di questo mandateci per corriero espresso, le quali m'inducono a dirli questo di più, cioè che nelli negotii ne i quali interviene numero di persone, non mi par miracolo che vi naschino de dispareri, ma ben mi pare che sia grand'errore di coloro che dovriano tenerli secreti, et li publicano et forsi fanno magiori di quel che siano in vero. se parrà a V. S. Illma et R^ma communicare o tutta o parte di questa lettera a N. S., me rimetto al prudentissimo suo parere. ben le dico che al parer mio non sarà bene, che sia veduta da altri, non per mio interesse, ma per altri degni rispetti. però tutto sia rimesso alla prudentia di lei. et con questo basandoli humilmente la mano, me raccomando in sua buona gratia.

Di Trento 17. di Magio del 62.

Di V. S. Illma et R^ma

humilissimo servitore

il cardinale Scripando.

19.

P. Pius IV. an die Legaten.

Rom 1562, Juni 29.

Vatic. Archiv. Nunziatura di Germania 1 fol. 284—288'. — Registercopie. — Vgl. S. 12.

A li R^mi legati a 29 di Giugnio.

Dilecti filii etc. Havemo veduto et ascoltato volontieri l'arcivescovo di Lanciano et fatta matura consideratione sopra tutti i capi de la sua instruttione et di quanto ci ha esposto a bocca. et perche havemo ragionato a longo con lui et lo rimandiamo ben informato de la mente nostra sopra tutte le cose, ci rimetteremo senz'altro a la sua relatione, et pregamo il Sr Dio che vi conservi ne la sua santa gratia. Datum Romae etc.

Istruttione data a l' arcivescovo di Lanciano a 29. di Giugnio.

Venerabilis frater etc. Voi risponderete a li legati nostri
circa l' instruttione loro che voi havete portato, ne la forma che
qui appreso segue.

Et prima che ci è piacciuta più la vostra venuta che di
qualunque altro potesse venire per esser voi informato et tanto
accetto a noi come sete, di maniera che se occorrerà altro
bisogno importante, intendemo che siate voi quello che vada
et venga sempre, tanto più che con questo si farà manco strepito che se venisse il Car^le d' Altemps nostro nepote, quale
non intendemo che si parta di là per occasione alcuna che
possa venire, perche ha da star lì per subsidio et sicurezza
del concilio.

Quanto a le cose che si dicono costì, parte per lettere
scritte da Roma et parte per discorso de le persone di là, circa
la dessolutione del concilio, voi haverete a rispondere che tutti
parlano a caso et senza fondamento alcuno, ne noi possiamo
tener le lingue de le persone, se ben potemo fare che dicano
la bugia, si come credemo d' haverlo fatto et di farlo tuttavia,
se si guarda a le attion nostre le quali sono indicative del
animo et dell' intentione. et veramente non sappiamo, perche
si possa far questo giudicio di noi, conciosia che quanto a
l' impaccio che havemo a le spalle et a la spesa ancora, noi
credemo d' haver assai ben mostrato che per beneficio publico
non stimamo nè l' uno nè l' altro, essendo noi stati quelli che
havemo esshortati pregati et quasi sforzati li principi a questo
concilio, nel quale non è da credere che non havessimo pre-
visto et la spesa et il fastidio che fussimo per haverne, se
non per altro al meno per l' esperienza del' altre due volte
che noi medesimi havemo visto questo concilio aperto: oltre
che il mondo può hormai conoscere dal tenore de la nostra
vita et inanzi et dopo l' assumptione al pontificato, se noi ne
le cose importanti et honorate et massime in quelle che con-
cerneno il servitio di Dio et beneficio publico, havemo alcuna
consideratione a la spesa. et quanto al respetto del danno de
la corte per conto de la riforma è assai ben noto che questo
non potrebbe haver luogo in noi per farci dissolvere il concilio, poi che noi havemo già fatta et essequita una rigoro-

sissima riforma de le cose de la corte con danno nostro particolare di più di 200 mila scudi di capitale di officii, oltra quel
che a la giornata si perde de gli emolumenti del datariato et altri
officii, che è una somma notabile, il qual danno noi estimamo
però grandissimo guadagno vedendo che cede in beneficio publico et edificatione de la chiesa di Dio. però concludemo che
le persone in far giudicio di noi ci doveriano guardar a le
mani et a li fatti et non dar fede a le chimere et sogni di
chi parla, perche da che il concilio è aperto, mai fù nostra
intentione di dissolverlo, ma si ben di finirlo confermarlo et
essequirlo. ma quanto a quello che dicano i vescovi di là del
pericolo de le lor chiese et de la incommodità per conto del
vivere et de gli alloggiamenti, non crederessimo che nanche
questo dovesse esser sufficiente causa a far dissolvere et trans-
ferire il concilio, perche stando la speranza che li legati danno
ne la vostra instruttione di finire per tutto Ottobre il concilio,
non vediamo che questa sia si longo termine, che possa o
debbia sgomentare i detti vescovi, ma più presto li dove-
rebbe inanimare et accender a star saldi, vedendo loro la
speranza si propinqua di finir presto questa santa opera di
Dio et di tornar a casa et uscir di questi incommodi. però
non accade pensare a dissolutione ne a translatione, ma si
bene ad essequire la speranza dataci di finir presto, il che
oltra che sarà più servitio di Dio et del publico, sarà anche
causa di liberar li prelati da le molestie che li moveno a pensare a dissolutione nè a translatione et di serrar la bocca a
tutte le persone le quali, se havessero visto che si fusse proce-
duto gagliardamente et senza tante prorogationi, come sempre
è stata mente nostra, haverebbeno havuto manco occasione di
imarginarsi quel che non è, et di straparlare.

Quanto a la continuatione noi sin dal principio habbiamo
fatto intendere in più modi l'animo nostro a li legati, et dopoi
havemo ancora scritto di nostra propria mano che volevamo
che senza interposition di tempo si reassumesse il concilio
Tridentino, pigliando li dogmi che restavano da decidere et
così la riforma, il che ci dolemo che non sia stato essequito.
tanto più sapendo loro che per un nostro breve havemo espressamente declarata la continuatione, et se a buon' hora si fusse
essequito, tanto l'imperatore quanto gli altri haverebbeno havuto

patientia. per questo non improbamo però l'attione degli legati,
anzi pensamo che habbiano fatto il tutto con buon zelo et
buona consideratione, ancor che dovevano credere qualche cosa
di più a noi, quia eramus pontifex anni illius; ma poi che le
cose sono condutte a questo termine, non havemo da pensar
più al passato, ma si ben provedere a l'avvenire. et però
direte a li legati che ogni volta che da parte del re sia lor
presentato il detto breve, lo vogliano subito essequire con far
conoscere a tutti che ad instanza di S. M.^{tà} Cat.^{ca} sin' a li xvij
di Luglio passato havemo concesso questo breve et fatta questa
declaratione, la quale è conforme a la bolla et mente nostra,
perche noi non havessimo mai altro animo. et se il breve non
sarà lor presentato, volemo nondimeno che ne la prima sessione
et poi di mano in mano si faccia la continuatione effettuale,
pigliando li dogmi et abusi che restano, come se fusse espressa
continuatione. et se ben li legati potran dire che già l'hanno
in un certo modo fatto col trattare gli articoli che hora si
trattano del S.^{mo} sacramento, desideramo però che lo faccino
anco meglio col pigliar l'articuli che restano, cioè quello del
matrimonio et quel del ordine. et che si metta qualche parola
significante l'effetto, come dire quae supersunt vel quae restant
o simile, se già i ministri del imperatore et quelli del re
Cat.^{co} non fussero ben d'accordo tra loro a non metterci la
detta parola, nel qual caso basterà far la continuatione effettuale nel modo sopradetto. et questo facciamo prima che ci
par che così convenga al servitio di Dio et beneficio publico,
et poi perche le dilationi ne le quali si è speso sin' hora tutto
il tempo, sono a noi sopra modo nocive, dando tempo et ansa
a nostri nemici di machinarci contra come fanno. nè noi sapemo
veder perche li principi habbino a sentir tanto male nissuna
di queste due deliberationi, conciosia che noi havemo sempre
detto a li loro oratori qui et fatto lor dire da li nostri nuntii,
che questo concilio era continuatione, et essi non solamente
con l'assistenza de loro oratori mandati a Trento hanno mostrato di contentarsene, ma ci hanno fatto intendere che non
erano per impedir in ciò alcuna nostra deliberatione. onde
havemo a credere che tutte le minaccie che di poi hanno fatto
di far partire li detti loro oratori, siano più presto per dare
una certa apparente satisfattione a li principi protestanti et

altri heretici, che per animo che habbino d'essequirle. ma
quando anche al' ultimo volessero pur essequirle, non per
questo dovemo restar di far noi il debito nostro, perche facendolo Iddio haverà lui protettione et cura di far che non si
perda alcuna parte Cat^{ca}, anzi penseremo di guadagnar de gli
altri, et se non potremo convertire gli Ugonotti, protestanti et
altri simili, conserveremo almeno i buoni et forsi ridurremo
qualche un di loro, de li manco perduti, come sariano gli elet-
tori di Brandeburg et di Sassonia, se così piacerà a Dio. nostro
nipote dice che ha ancora non so che del duca di Virtimbergh,
il che egli esporrà a li legati, a li quali volemo che ogni cosa
si rimetta; oltre che potria anche ricuperarsi la Bohemia, qual
saria di molta consequenza. et per tornare a le minaccie sopra
dette, noi non vedemo con che ragione, quando ben partissero
gli oratori del' imperatore et di Francia, non si havesse a
dire che questo concilio fusse universale, perche a l'ultimo
l'auttorità sta nel capo che è il papa, et quest' altri hanno
da essere assistenti adiutori et consultori, ma non già arbitri
nè che diano legge. et noi ci ricordamo che a tempo di papa
Julio secondo si fece concilio solo con Italiani et Spagnoli, et
gli altri erano nemici etiam con' l' arme in mano, et pur fu
giudicato oecumenico. et dopo molte contentioni tutti gli ad-
herirno, parte a tempo di detto papa, parte a tempo di Leone
suo successore. et anche a tempo di Julio terzo non vennero
al concilio nè Francesi nè Venetiani, et con tutto ciò quel concilio è oecumenico et buono. noi gli havemo dimandati tutti
et aspettato il tempo debito et più del debito; hora se non vogliono venire o vero se chi ci è venuto, se ne vorrà partire, che
potemo noi fare se non lassargli ne la loro contumacia et
supplire con la presenza di Dio et sperare che da santa divina
bontà saranno un giorno inspirati ad accettare tutto quello che
dal concilio sarà stabilito? ancorche come havemo detto di
sopra, noi non credemo che in alcun caso li detti oratori cesarei et Francesi fussero per partirsi, perche a noi li lor principi non parlano di questa lingua, anzi si mostrano disposti a
seguire il voler nostro, oltre che ciascun d'essi ha tal bisogno
di noi che non fa per alcun di loro ad irritarci in cosa alcuna.

Quanto a l'articolo de la residenza a noi non importa
che si faccia o no la dichiaratione quo iure teneantur episcopi

residere, ma perche habbiamo a core che le diffinitioni del
concilio siano in edificatione del populo christiano et non occasione di scandalo, ci pare inconveniente che contra la voluntà
di tanti padri s'habbi a trattare un' articolo si fatto, il quale
non doveria pur trattarsi, quando il numero de li contradicenti
fusse molto inferiore a gli altri, purche fusse notabile, non che
essendo del pari et forse superiore, essendo sempre stata la
chiesa solita ne le diffinitioni dogmatice di procurare la concordia de padri, come fu fatto nel decreto de iustificatione, et
dove la chiesa non ha potuto ridurre i padri a concordia, ha
sempre lasciato di diffinire i dogmi. credemo adunque che sia
bene veder prima la voluntà de' padri an expediat declarari
de quo iure sit residentia, et in caso che siano tutti concordi
o senza discrepantia notabile, alhora poi li legati haveranno a
tener mano che si tratti con quelli advertimenti et reservationi
che v' havemo detto a bocca, aggiungendo quel di più in
questa et altre materie, che a la prudenza vostra parerà in
conformità de li ragionamenti che in questi pochi giorni havemo
più volte tenuti con voi. Datum Romae in palatio nostro aposto-
lico etc.

20.

Borromeo und Pius IV. an den Cardinal von Mantua.

Rom 1562, August 15.

*Ambrosianische Bibliothek, Cod. J. 140 inf. f. 355. — Originalbrief mit auto-
grapher Nachschrift des Papstes. — Vgl. S. 55.*

Illmo et Rev^{mo} S^{or} mio Oss^{mo}.

Non potrei dire a V. S. Illma di quanta satisfattione sia
stata a N. S^{re} la lettera sua di 6. del presente, ne la quale lei
mostra d'haver tanto a core la fine et conclusione di questo
concilio, quanto a punto è il desiderio di sua S^{tà} et forse anche
il bisogno di questi tempi, per quei rispetti che ho scritti più
volte a le SS. VV. Ill^{me} in commune.

Hora rispondendo a capo per capo come lei desidera, dico
che quanto a le cose concluse nel' assemblea di Francia (intendendo del' assemblea de prelati fatta a Poyssi et non di quella
de stati fatta a Orleans, dove intervennero molte persone here-

tiche et vi furono concluse di molte impertinentie) non solamente non sono state mandate a S. S⁺ per la confirmatione,
come dissero di voler fare, ma havendone fatto far instanza
dal legato et dal nuntio che le mandassero, non è stato possibile ottenerlo, o sia per gli impedimenti et travagli che hanno
havuti et hanno tuttavia, o pure per poco buona voluntà che
portino a questa santa sede. certa cosa è che se l' havessero
mandate o se le mandassero, troveriano la S⁺ sua facilissima a
confirmargline da se una gran parte che con effetto gli par
buona, et quelle cose che pur son buone et S. S⁺ giudicasse
nondimeno che fusse bene a farle trattar dal concilio, si re-
metteriano subito costà, talmente che in pochi giorni si leve-
rebbe ogni impedimento, che per conto di queste cose di Francia
si possa pretendere che sia per havere la breve expeditione
del concilio; et con questo animo S. S⁺ farà replicare al legato et nuntio di Francia che facciano di nuovo instanza etc.
et se a V. S. Illᵐᵃ parerà come da se et in qualche buona
occasione di far il medemo con Monsʳᵉ di Lansach, non sarà
forse se non bene, acciò resti sicuro d' haver a trovare questa
dispositione in N. Sʳᵉ in tutte le cose che siano honeste, man-
dandole quà a S. S⁺, come di sopra ho detto.

    Quanto al particulare de la riforma di Spagna, a S. S⁺
pare che già si sia satisfatto in buona parte con quei capi di
riforma che già sono stabiliti in universale in questo concilio
et si stabiliranno in questa sessione. ma se hanno alcuna cosa
di più da domandare o ricordare, V. S. Illᵐᵃ potrebbe per
l' auttorità et preeminentia che ha in quel concilio far intendere
o a quel solo che le ha detto che pensano a una rigorosa riforma, o a chi altro de la natione le parerà, che è tempo di
scoprire tutto quel che desiderano per le chiese loro, procurando che lo mandino quà a Roma, perche S. S⁺ si sforzerà di
mostrarseli benigna et gratiosa in tutto quel che potrà honestamente con honore et dignità sua; et se alcune cose giudi-
cherà degne de la mano del concilio, le rimetterà di là et le
favorirà con ogni poter suo.

    Il medemo pare a S. S⁺ di poter rispondere a V. Illᵐᵃ
S. circa li prelati Italiani, li quali non hanno a dubitare che
la S⁺ S. possa o debba esser men gratiosa et propitia a loro,
di quel che sia per essere con li oltramontani.

Restaci l'interesse de la Germania, circa la quale V. S. Illma ha prudentissimamente toccato il punto che a N. S^{re} occorre per risposto, cioè che quella satisfattioue che si darà a le petitioni del imperatore per li stati suoi hereditarii, servirà ancora per il resto de la Germania, havendo come hanno una si gran conformità insieme. pero sarà bene che le SS. VV. Ill^{me} non differiscano più a cavar dal volume di S. C. M^{tà} quei capi che honestamente et senza pregiuditio di questa santa sede si possono concedere, come ho lor scritto più volte, et proporli in concilio a luogo et tempo debito tra gli altri capi di riforma. et se pur ciascuna chiesa di quella provincia ha qualche cosa di particolare da chiedere, potriano le SS. VV. Ill^{mr} (tratanto che si lavora intorno al dar satisfattione a l'imperatore) far anche intendere a quei pochi procuratori che sono costi per li vescovi di Germania, che per via di supplicatione (poi ch'essi non hanno voto in concilio) espongano presto i lor bisogni, perche si procurerà di farli quella provisione che sia conveniente, benche a N. S^{re} piace assai quel che V. S. Illma tocca ne l'ultimo de la lettera sua, cioè che fatti prima in universale più decreti che sia possibile, si venga poi a la concessione de li particulari per questa et per quell'altra natione. al che S. S^{tà} aggionge che le cose particolari non doveriano in alcun modo ritardare la fine et conclusione del concilio, perche etiam finito il concilio (per non tener senza necessità occupati tanti prelati con si evidente danno de le chiese loro) si potrà provedere a le dette cose da S. S^{tà} qui, con l'informatione che le sarà data de li bisogni di ciascuna provincia, et da S. S^{tà} potranno promettersi ogni gratia et cortesia honesta. anzi la S^{tà} S. dice che le materie di riforme non doveriano occupar il concilio, se non fin a tanto che ci saranno materie dogmatice d'accompagnar con loro, ma che finiti i dogmi si doveria rimettere le dette cose di riforma a trattarle fuor di concilio et finir quello senza alcuno indugio: il che se da VV. Ill^{me} SS. sarà fatto, S. S^{tà} non vede, perche in poche settimane non si possa finire. et quando poi anche s'habbi per maggior contento de le nationi a trattar costi ogni cosa, usando le diligenze che ho detto di sopra con ciascuna natione, S. S^{tà} spera pure et tien per certo, che in pochi mesi potranno arrivare al fine, come S. S^{tà} infinitamente desidera.

Il che è quanto occorre di dir per questa, dopo essermi
humilmente raccomandato in buona gratia di V. S. Ill⁻ᵃ pregando N. Sʳᵉ Dio che la conservi.

Di Roma a li 15. d' Agosto 1562.

Di V. S. Ill⁻ᵃ et Revᵐᵃ

humilissimo servitore

C. cardinale Borromeo.

Monsignore. Tutto sta nella prudentia et bontà vostra et
in lei confidiamo el tutto. se attenda a la brevità sopra tutto
et non se dia alcuna dilatione. noi non mancheremmo de le
cose honeste, ma hormai bisogna pensare a diffendersi con le
arme in mano, poiche li nimici nostri sono sopra Carpentrasso
et minaccianno a Avignone. l' Ingelterra se arma per li Ugonotti
et per proprio interesse. la Helvetia et Germania è divisa,
armata et incitata chi in favore de Ugonotti et chi in favore
dei catholici, et è da dubitare che non venghino a le mani
tra loro, maxime in Helvetia, si che attendiammo a sbrigarsi
de questo concilio per poter meglio aiuttare li catholici, a quali
in tutte le bande non intendemmo mancare di cosa alcuna. voi
che seti in fatto, meglio sapreti pigliar lexpediente di finir
presto questo concilio. et con li principi lassati fare a noi, che
sono tutti in mano nostra. circa le dottrine, se portano tanta
dilatione, se lascianno. et Dio N. Sʳᵒ la conservi et le doni
quanto desydera.

Pius papa IV.

21.

Borromeo an die Legaten.

Rom 1563, October 3.

*Theils (vgl. S. 73—80) nach Vat. Archiv. Nunz. di Germania 4 fol. 341 342,
theils nach dem Original der Ambros. Bibliothek in Mailand.*

A li Revᵐⁱ legati 3. Ottʳᵉ.

Poiche per levar le SS. VV. Ill⁻ᵉ dal gran fastidio et
travaglio nel qual si trovano per il mottivo fatto da gli oratori cesarei et Francesi circa le materie di riforma, come havemo inteso per le lor lettere di 26, non bisogno altro che gli

effetti de la buona et santa intentione che la S^{tà} S. ha sempre havuta in queste cose, spero, anzi son certo che a l'arrivo del presente spaccio quelli diranno d'essere in tutto liberate, et conosceranno da gli effetti che la S^{tà} S., per molto che habbi promesso in questo genere et a gli ambassadori de principi et ad altre persone, ha però promesso molto meno di quello che ha in animo di fare per restituir la chiesa catholica al suo pristino candore.

Et prima quanto al volume mandato da l'imperatore, S^{tà} S. s'è ricordata che gia, piu giorni sono, le SS. VV. Ill^{me} ci mandorno una scrittura ne la quale da loro si erano fatte due classi de le materie di detto volume, l'una di quelle che si potevano trattare con farli però qualche moderatione, l'altra di quelle che, per esser o scandalose o superflue o trattate altre volte in questo medesimo concilio, non erano da proponersi. et se ben pareva a S^{tà} S. che in ogni cosa le SS. VV. Ill^{me} havessero prudentissimamente et piamente risposto, et che S. M^{tà} cesarea dovesse contentarsene, non di meno vedendo hora questa nuova et si gagliarda instanza degli oratori suoi, ha risoluto di ripigliar in mano il detto volume et sforzarsi di dar loro quella maggior satisfattione che fusse mai possibile, ancora in alcuna di quelle cose che secondo la detta scrittura erano gia state lor negate da SS. VV. Ill^{me}, si come quelle potranno vedere per le decretationi fatte in un foglio annesso al sommario cavato dal detto volume che sarà con questa, per il quale vederanno quali siano le cose in quel volume che S. S^{tà} giudichi doversi proporre et trattar in concilio et quali no. il che però dopo che haveranno inteso questo parere, S. S^{tà} pur anche rimette col restante al arbitrio et giudizio loro. ma quando pur il Quinqueecclesiense persistesse in volere che il volume si leggesse tutto a la synodo, la S^{tà} S. dice che, se a quelle pareri, potranno anche farlo, advertendo pero che si legga simplicemente et che non per questo s'intenda che sia proposto a li padri per haverne il voto loro, anzi sarà bene che nel atto del leggerlo si proponga di far fare una deputatione di parecchi prelati piu presto canonisti che theologi, per esser questa materia di riforma et non di dogmi, a li quali si commetta che insieme con un legato scegliano dal volume quelli capi che saranno degni d'esser proposti in concilio, accennando che ve ne siano come sono de gli indegni. il che sia detto a le SS. VV. Ill͏ᵐᵉ per semplice ricordo, rimettendo con effetto a la prudenza loro tutto che parerà lor di fare per che il volume tutto non s'intenda proposto, se ben sarà letto. et perche quella parte che sarà proposta s'espedisca poi con quella brevità che si sono fatte l'altre cose di questa medesima natura, S. Sᵗᵃ ha ancora letto et ben considerato il sommario del assemblea de li prelati di Francia, quale si manda decretato con tutta la benignità et cortesia che al mondo si possa disiderar maggiore.

Videranno poi le SS. VV. Ill͏ᵐᵉ la decretatione de gli articuli mandati qua da loro ultimamente, de la quale so che si sattisfaranno tanto, che aggionto a l'altre cose sopradette non sapranno forse che piu desiderare in questa parte da S. B͏ᵐᵉ, la quale sarà però pronta in tutto quel che potrà con dignità sua et senza ruina di questa S. sede a conceder ancor piu oltre, se da VV. Ill͏ᵐᵉ SS. sarà ricercata d'altro, non volendo mancar in conto alcuno a quel che gli sarà fatto conoscere esser debito al servitio di Dio et a la salute de l'anime christiane et a la grande espettatione, che, come VV. Ill͏ᵐᵉ SS. dicono, e excitata nel mondo del buon exito di questo concilio. pero con queste si perfette resolutioni doveranno hora attendere a caminare innanzi allegramente, facendo esse il debito loro circa queste benedette riforme. et se di tutto questo non resterrano satisfatti qualchi prelati o vero oratori, doveremo credere facilmente che non siano mossi da desiderio di riforma, ma piu tosto da interessi suoi o da espressa malignità, da la quale confidamo che la prudenza di VV. Ill͏ᵐᵉ SS. ci sapra defendere.

Quanto a l'altro disturbo che hanno per conto de le parole levate da quello articolo del ordine, S. Sᵗᵃ starà aspettando d'intendere quale haverà potuto piu o la buona mente di VV. Ill͏ᵐᵉ SS. o la cervicosità d'altri, confidando che in ogni evento sapranno schermirsi d'esser tirate un'altra volta in un pelago di discordie et di contentioni, come fu de la residenza, circa la quale havendo scritto a lungo con l'ultime mie, non diro altro con questa.

(Poscritta).   Monsr R^{mo} Alessandrino ha detto che vedrà di
trovare et far autenticar quanto prima la bolla che fece Gregorio XI. sopra la condennatione de i libri di Raimondo Lullo,
dimandata da quei SS^{ri} deputati sopra la riforma del' indice, et
che la manderà loro.

Se si ha da legere el volume de sua M^{tà} Ces^a come
recercano, che se legano anchora le sue lettere, maxime le
ultime che moderanno in qualche parte. et de la residentia,
se vi è desparere, non recusaremmo noi di pigliare la fatica
di accomodare le cosa, remettendola el concilio.

Essendosi mostrata la lettera comune a S. S^{tà} secondo
il solito, lei gli ha fatto come vederanno un postscripta di
sua mano.

22.

Pius IV. an den Cardinal von Mantua.

Rom 1562, October 3.

Vatic. Archiv, Tom. 49 fol. 81, Registercopie. — Dazu die autographe Nachschrift des Papstes nach dem Original in der Ambros. Bibl. zu Mailand, Cod. J. 141 inf. p. 118. — Vgl. S. 73—80.

Al S. cardinal di Mantova a li tre d' Ottobre 1562.

Dilectissime fili salutem et apostolicam benedictionem.
Oltre quello che 'l cardinal Borromeo scrive d' ordine nostro a
tutti voi legati in commune, noi havemo voluto scrivervi la
presente a parte per dirvi che, se ben havemo detto il parer
nostro sopra gli articoli de l' imperatore, et de l' assemblea
Francese et de l' altre scritture pertinenti a riforma, et se bene
oltre di questo noi faremo di qua la parte nostra con ogni debito rigore: nondimeno ci rimettemo in tutto a quel che parerà
a la molta prudenza, integrità et valor vostro, confidando che
voi guiderete ben presto et sicuramente questa nave al porto
desiderato. vi pregamo adunque a seguitare allegramente et a
credere che dopo Dio havemo in voi principalmente collocate le
speranze del buon essito di questo santo negotio. Datum Romae,
die 3. octobris 1562.

Ci pare che si possi legere a li patri quel volume de l'imperator, con leger anchora le sue lettere che a torno a questo
le ha scritto, dove mette pero tutto in arbitrio vostro, quel che
se ha da trattare et quel che non. et circa la residentia non
essendo li patri piu che concordi, è meglio se remetta a noi,
come fu de la communione sub utraque. et noi iudicammo la
residentia piu che necessaria quocunque iure sit, e intendemmo
che la facciano etiam li cardinali; la faccia mo lei, ne la quale
reposiammo et remettemmo el tutto. et ci avvisi piu liberamente di quel che bisogna, che non mancharemmo del debito
nostro, et vadi animosamente et liberalmente nel tutto, accio
vincammo questo fatto d'arme, et sapemmo che lhavera sempre
al core la dignita di questa sede et nostra, et noi faremmo
quel che debba fare un bono papa et un bono christiano. lei
governi mo el tutto, et con piu authorita et a vantaggio che si
po, et che se revochino li prelati che se ne sono andati, et anchora noi li scriveremmo et contra alchuni procederemmo. de
Lorena credemmo non verra, et se verra, se li facci tutti li
honori, ma se domandara cosa deshonesta, se le risponda et
faccia respondere, come se deve. et vadisi pur inanti a reforma
et dogmati, dichino cio che si voglia, et inanti che votare per
natione, piu presto rompere ogni cosa, perche cosi facendo in
concilio, el vorrebbero ancho fare in la elettione del papa, sicome è mente et concerto di quello amico, come gia vi ne
avisassimo.

23.
Borromeo an den Cardinal von Mantua.
Rom 1562, October 3.

*Vatic. Archiv, Tom. 49 fol. 81'—83, Registercopie. — Der zweite Absatz aber
(erstes Postscript) nach Borromeo's Autograph in der Ambros. Bibliothek in
Mailand, Codex J. 141 inf. fol. 113. — Vgl. S. 73.*

Al medesimo, il medesimo di.

N. S. ha veduto volentieri quel che V. S. Ill.ma scrive per
l'ultima sua di 24. del passato, et la copia de la lettera del
S.r cardinal Granvela, et perche da quel ch'io scrivo in commune
ella vedrà distesamente la mente di S. S.tà circa le riforme, mi
rimettero senz'altro a quelle, et la presente servirà solamente

per rallegrarmi con la vostra Illma S. del figliuol maschio nato
al S^r duca suo Illmo, il che fo tanto di core quanto di cosa ch' io
potessi desiderare in questo mondo. e son ben certo ch' ella
che conosce l' osservanza ch' io porto a tutta quella casa Illma,
et li oblighi ch' io ho seco, resterà facilmente persuasa di cio.
cosi piaccia al Sr Dio d' accrescer sempre ogni loro prosperità
et conservar felice V. S. Illma, a la quale io bacio humilmente
le mani etc.

———————

V. S. Illma vedrà per lettere communi ch' io scrivo et per
quella risolutione ch' io mando insieme sopra i capi de riformatione mandati dalle VV. SS. Ill^{me} et il volume del imperatore et quelle riforme di Francia, l' animo sincero di N. S^{re} in
tutte le cose che siano giudicate di servitio di Dio et della
sua chiesa, come potrà anche conoscere dalla lettera che le
scrive S. S^{tà}, di che spero che V. S. Illma restarà sodisfatta.
tanto più che se altro da V. S. Illma sarà ricordato in questo
proposito, conoscerà quanto S. S^{tà} stimi il giudicio suo, sapendo
certo che da lei non può uscir cosa che non sia tutta piena di
buon zelo verso il servitio di Dio prima, poi anche particularmente verso la persona propria di S. S^{tà} et della grandezza di
questa sede dove ella è posta da Dio, per la quale sa certo
che V. S. Illma metterà sempre ogni cosa.

Havrà anche veduto ch' a S. S^{tà} hora non dispiace il parer
di V. S. Illma circa il volume del imperatore di leggersi ai
padri: però potrà hor lei con la prudenza sua et et di quei
altri SS. Ill^{mi} governar le cose come a lor parerà più servitio
a quello santo negotio, poi che S. S^{tà} si rimette a loro, et ca-
minar inanzi con ferma speranza che Dio che ha guidato le
cose sin qui con maggior quiete tal' hora di quello che essi si
sono qualche volta promesso dalle subite turbolenze, provederà
anche alli presenti fastidii in che si trovano, et li darà gratia
di condur questo santo negotio a quello fine che da lei et da
tutti boni le è desiderato, che è quanto mi occorre doppo haverli di novo basciate le mani pregandole ogni contento.

humillissimo servitore

C. cardinale Borromeo.

Il S. cardinal di Ferrara ha cominciato a procedere contra il cardinale Sciattiglione con le citationi et similmente contra altri ecclesiastici uganotti et seguiterà senza alcun rispetto usque ad privationem, il che V. S. Illma potra scriver per risposta al cardinal Granvela, acciò non resti piu lungamente scandelizato de la patientia nostra. quel che di piu occorre, V. S. Illma lo vederà per la lettera che le scrive S. S^tà et per la cifra inclusa.

[In zifra.] Havendosi a far deputatione di prelati che veggano il scritto de l'imperatore, come scrivo ne le lettere communi, N. S. ricorda a V. S. Illma, se ben sa che non ne è bisogno, che si advertisca che almeno l'Italiani che si haveranno a deputare et anche li Spagnuoli et altri forastieri siano piu nostri confidenti et amorevoli di questa sede che possibil sia, li quali V. S. Illma sa molto bene quali sono. dice anche S. S^tà che sarà bene che si communichi co i prelati Spagnoli nostri amorevoli come Salamanca, Patti, Dertosa et simili, quel che a la giornata occorrerà dove essi possano giovare, e cio dico, perche essi hanno detto che se fossero a le volte informati de li desiderii el volontà di N. S., fariano mille servitii a la causa nostra, che non possono cosi fare essendo colti da Granata et suoi compagni a l'improviso, et al buio de la volontà di S. B^ne.

24.
Pius IV. an den Cardinal Simonetta.
Rom 1562, Oktober 3.
Vatic. Archiv. Tom. 51 fol. 52, Registercopie. — Vgl. S. 75.

A 3. d' Ottobre.

Dilecte fili salutem etc. Havemo detto il parer nostro, come intenderete da le lettere del cardinale Borromeo, sopra li capi de la proposta de l'imperatore et de l'assemblea Francese et de le altre scritture pertinenti a la riforma. hora dicemo a voi che volemo rimetter tutto anche al buon voler vostro, conoscendovi amorevole figlio nostro et di questa S. sede. cosi vi raccomandamo l'honor et dignità nostra et la corte ancora, et nel resto fate quel che vi parerà meglio, che

da noi non resterà mai di adimplir prontamente quel che sarà
giudicato esser servitio di Dio et beneficio publico. se l'articulo de la residentia non si puo finir senza gran contrasto,
facciasi che si rimetta a noi, perche quocunque iure sit residentia faremo che ognuno riseda, non eccettuando nè anche i
cardinali. quanto al libro de l'imperatore ci piacerà che si legga
a i padri, ma si doverà tutto insieme legger le lettere di S. C.
M^tà ne le quali si rimette assai a voi legati. volemo anche
che sieno richiamati li vescovi che sono partiti da Trento, a i
quali havemo fatto scrivere noi ancora, et procederemo contra
li disubedienti senza rispetto, poi che essi non vogliono haver
rispetto al servitio di Dio et a noi. se Loreno comparirà,
faccisigli honore, ma se vorra toccare quel che non sarà honesto, non se gli habbia rispetto alcuno. vi esshortamo a perse-
verar allegramente in questo santo negotio, il buon fine del
quale dopo Dio riconosceremo da voi et dal cardinale di
Mantua principalmente. Datum Romae.

25.

Borromeo an den Cardinal Simonetta.

Rom 1562, Oktober 3.

*Vatic. Archiv, Tom. 51 fol. 53, Registercopie des Concepts zu dem zweiten
chiffrirten Postscript. — Vgl. S. 75.*

In queste materie di riforme che si hanno da trattare et
in tutte le altre cose che potessero generar dispareri o confusione da la banda de Spagnuoli N. S^re dice che saria bene
che voi S^ri legati communicaste i disegni coi nostri confidenti
di quella natione, cioè con Patti, Dertosa, Elna, Salamanca et
quei che a lei pareranno, scoprendo loro quelle cose che saranno
a proposito per far contramina a i disegni di Granata et de gli
altri, il che sarà a proposito si per tenerli disuniti tra loro, et
si ancora perche essendo instrutti de le cose potranno con più
fondamento far star a segno gli altri, senza che essi sieno
colti più a l'improviso; et ciò si doverà far tanto più volentieri, quanto che ci vien scritto che essi prelati mostrano di
desiderarlo grandemente et si sono doluti che per non saper
a le volte la mente di N. S^re, non possono far servitio più che

tanto. et quanto a la deputatione de i prelati che habbino a essaminar il libro de l'imperatore, so che V. S. Ill᷍ᵃ advertirà che sieno nostri amorevoli et confidenti et maxime li Italiani, et che siano più presto canonisti che theologi, essendo materia di reformatione et non de dogmi. la sostanza e che N. Sʳᵉ confida assai ne la particular prudenza et circonspettione di V. S. Ill᷍ᵃ.

26.

Pius IV. und Borromeo an die Legaten.

Rom 1563, Mai 8.

Vatic. Archiv, Tom. 32 fol. 136, Original des Papstes und Tom. 55 fol. 179'—180, Registercopie der Nachschriften. — Vgl. S. 59 und 79.

Pius papa IIII.

Dilecti filii salutem et apostolicam benedictionem. Vedemo che la Mᵗᵃ del re Cathᶜᵒ preme assai in questa cosa de la precedenza et gli par strano che l'ambasciator suo non habbi qualche luogo in le sessioni et congregationi. a noi pare conveniente che si habbi consideratione a un tanto principe et che si trovi per ogni modo qualche via di satisfarlo, non preiudicando però a le ragioni de le parti nè in petitorio nè in possessorio. et ne pareria honesto et conveniente quel luogo terzo che vederete per il disegno che con questa vi si manda, nè crederemo che alcuno habbia a potersene giustamente dolere. questa è la mente nostra, per execution de la quale userete mo voi quella dexterità che vi parerà conveniente, accio la cosa passi più quietamente che sia possibile, lasciando protestare a chi vuole et far ciò che gli piace, purche il presente ordine si exequisca, come non doverete mancare d'exequirlo. Datum Romae die 8. Maii 1563.

A li legati a 8. di Maggio in cifra.

Questo ordine di dare il luogo al conte di Luna N. Sʳᵉ hauerà caro che si tenga secreto sin'al tempo che si hauerà da exequire et che allhora si faccia l'effetto a l'improuiso. et se di tal ordine li Francesi non si contenteranno et vorranno per cio protestare et anche partirsi dal concilio, N. Sʳᵉ dice

che le SS. VV. Ill^{me} non se ne curino et li lascino andare più
presto, che lasciar di fare l'effetto sopradetto.   il che insieme
con quello che S. S^{tà} propria scrive a la distesa, è tutto quello
che occorre in risposta de la cifra che quelle scrissero l'altro
giorno in questa materia.   Di Roma etc.

Al cardinale Morone in cifra.

Per la grande instanza che ha fatto il re Cat^{co} non è
parso a S. S^{tà} di poter mancare di far dar questo luogo al
suo ambasciatore in concilio.   ma S. S^{tà} vuole V. S. Illma sola
sappia quel che non ho voluto conferire a gli altri legati, et è
bene che si tenga secretissimo, cioè che Don Luigi d'Avila et
Vargas hanno fatto una poliza a S. S^{tà} sottoscritta et sigillata
d'ambidui, ne la quale promettono a nome del re che S. M^{tà}
Cat^{ca} piglierà sempre l'armi et esporrà le forze, li stati et la
persona per defensione et augumento del'auttorità di S. S^{tà} et
di questa S. sede et de la religion nostra Cat^{ca}. S. S^{tà} ha voluto che V. S. Illma lo sappia, acciò conosca che non senza
gran causa S. S^{tà} ha fatta questa resolutione, ma come ho detto,
è bene che si tenga secretissimo.

N. S^{re} ricorda a V. S. Illma quel che se gli scrisse più di
sono circa il trovar modo di guadagnare il vescovo di Cinquechiese, et se per questo effetto lei gli prometterà cosa alcuna,
dico sin'al farlo cardinale inclusive, lei può ben assicurarsi
che S. S^{tà} non mancherà d'attendergli.   Di Roma etc.

27.
Borromeo an die Legaten.
Rom 1563, Mai 9.

Vatic. Archiv, Tom. 68 Nr. 32. Originalbrief. — Vgl. S. 58.

Ill^{mi} et R^{mi} SS^{ti} Oss^{mi}.

Ancor che N. S^{re} habbi fatto scrivere costà molte volte
che in tutte le cose del concilio vuole del tutto rimettersi a le
SS. VV. Ill^{me} et a li padri, ricordando loro solamente ad haver
l'occhio a l'auttorità et dignità di questa S. sede, nondimeno

hora che si può in un certo modo dire che habbino a cominciare da dovero le facende, S. S^{tà} ha voluto che di nuovo io
scriva loro il medesimo, dicendo in sostanza che parte per
mozzare le dilationi che necessariamente porta seco il voler
consultare qui a Roma et aspettar risposta d'ogni cosa, et
parte ancora per mancar di questo fastidio, la S^{tà} S. vuole che
le SS. VV. Ill^{me} risolvano per se stesse tutte le cose che le
parcranno convenienti, sapendo che sempre haveranno a memoria quel che di sopra ho detto. non dico già che non habbino a dar conto a S. S^{tà} de le occorrenze del concilio nel
modo che hanno fatto per l'adrieto, ma l'haveranno a fare
solamente per tenerla ragguagliata di ciò che passa, come
sogliono fare tutti gli altri ambasciatori et ministri verso il
lor principe, et non per affettare alcuna regula di qui. però
quelle saranno contente per beneficio publico et particolar contento di S. B^{ne} di exequir da mò inanzi l'ordine sopradetto,
et col nome di Dio mettansi drieto a le facende et tirino
inanzi allegramente non ricusando sopra tutto di proponere
tutte le cose, de le quali VV. Ill^{me} SS^{rie} da qual si voglia
principe o vero prelati saranno ricercate, purche a quelle
paiano convenienti, accioche ogn'uno conosca la libertà che
S. S^{tà} vuole che sia in questo concilio, et il desiderio che ha
di farlo fruttuoso. il che è tutto quello che m'occorre aggion-
gere a l'altra mia qui alligata, dopo essermi humilmente raccomandato in buona gratia di VV. Ill^{me} SS^{ne}. Di Roma a li 9. di
Maggio 1563.

Di VV. Ill^{me} et R^{me} SS^{rie}

humilissimo servitore

C. cardinale Borromeo.

28.

Die Legaten Morone, Hosius, Simonetta und Navagero an Borromeo.

Trient 1563, Juni 29.

Vatic. Archiv. Tom. 61 fol. 289—293. — Originalbrief. — Vgl. S. 64.

Per esecutione delle lettere di N. S^{re} delli 8. di Maggio
noi ci risolvemmo di dar luogo in congregatione et sessione al
S^{r} conte di Luna, il qual domandava insieme d'haver luogo

alle capelle, nelle quali pretendeva che dovesse darseli lo incenso et la pace nel medesimo tempo nel quale si dava a Francesi. noi per troncar ogni controversia, pensavamo di risolvere tutto in un tratto et determinare in un tempo medesimo et del luogo et della pace nel modo proposto dall' imperatore, cioè che due ministri dessero ad ambedue in un tempo medesimo et la pace et l' incenso. questo pensiero inteso da Francesi commosse molto gl' animi loro et ne fecero gran risentimento, bravando stranamente di appellatione et di proteste contra questo concilio et contra la persona medesima di S. Bne. noi intendendo questi mottivi di Francesi et considerando l' ordine di S. Bne il quale parlava solo del luogo et non faceva alcuna mentione dell' incenso et della pace, iudicammo ispediente di quietar il conte et di ammetterlo solamente al luogo ordinato da N. Sre, soprasedendo dal resto sino a novo aviso et ad espressa commissione da S. Bne, et così fu esequito et di tutto fu dato conto particolare a V. S. Illma per le lettere nostre delli 20. et 21. di Maggio. il conte ch' era già stato ammesso alla congregatione et faceva instantia d' esser ammesso similmente alle cappelle con l' incenso et pace nel modo sopradetto, fu causa che noi replicammo a V. S. Illma supplica che ci facesse intendere la mente di S. Bne et, caso che ella volesse satisfare al detto conte, ne mandasse ordine fermato di sua mano, si com' haveva mandato prima l' ordine del luogo da darsi in congregatione. per risposta di questa nostra replica havemmo la lettera di S. Bne delli 9. di Giugno la quale commandava espressamente, che satisfacessimo al conte ad ogni modo, admettendolo alla capella et all' egualità dell' incenso et della pace; et di più havemmo lettere di V. S. Illma del medesimo giorno, per le quali ella ne commetteva il medesimo et n' aggiungeva che per questo effetto dovessimo eleggere il giorno di S. Pietro, tenendo la cosa segretissima et in modo tale che nissuno potesse immaginarsela non che presentirla, communicandola però al conte di Luna et concertando seco il modo dell' essecutione. questi ordini di N. Sre et di V. S. Illma giunsero in tempo, che 'l conte di Luna stava per cavalcare in Inspruch per vedere la Mtà C. prima che partisse per Vienna, et per questo rispetto noi non havemmo molto tempo da concertare quanto bisognava; nondimeno lo communicammo con detto conte. et per quanto egli credeva, noi speravamo che questo fatto tolto all' improviso dovesse passare con poco romore di Francesi, come fù scritto a V. S. Illma per una nostra lettera a parte delli 21. di questo. et partendo poi il conte, ne ricordò che per fuggire i romori facessimo destramente tentare l' animo di Francesi per mezzo del vescovo Cinquechiese, per vedere se poteva venirsi a questo atto senza rottura. il vescovo come da se fece l' offitio che si desiderava con Monsr Illmo di Lorena, et propose prima il primo partito proposto dall' imperatore di due paci et doi incensi con due ministri, et non essendo accettato questo, propose un secondo partito, ciò è che a nissuno ambasciatore fosse data nè pace nè incenso. ma a Monsr Illmo di Lorena non piacque nè l' uno nè l' altro di questi doi partiti, et all' incontro dimandato esso dal Cinquechiese del suo parere et di qualche mezzo, egli propose che 'l conte di Luna aspettasse di venire alla sessione sin doppo finita la messa, o veramente che si contentasse d' esser l' ultimo di tutti l' ambasciatori ad haver la pace et l' incenso, dicendo che a lui ch' aveva luogo straordinario, non poteva preiudicare haver la pace et l' incenso estraordinariamente, si come all' ambasciatore laico di Cesare et all' ambasciatore di Franza non preiudica che la pace et l' incenso sia dato a Polonia et a Savoia prima che a loro, il che si fa, perche sedendo gl' ambasciatori ecclesiastici tutti in un luogo a parte, si da la pace et l' incenso a tutti loro, et poi si viene alli laici etc. nissuno di questi partiti proposti da Lorena piacquero al Cinquechiese il quale, per quanto ci fece intendere, reputava difficile et quasi impossibile che Francesi s' accordassero in questa parte con Spagnuoli. il conte di Luna tornò da Inspruch la sera innanzi la vigilia di S. Pietro che fù alli 27, et noi legati, come stemmo occupati in nostre congregationi sino a notte, non potemmo per quel giorno negociar altrimente con detto conte. la mattina seguente che fù hieri alli 28, mandammo a visitarlo et gli facemmo intendere quanto haveva ritratto il Cinquechiese da Lorena, et lo pregammo a considerare gl' inconvenienti che potrebbono nascere, se per questo si venisse a rottura con Francesi; nondimeno ci esibimo pronti ad esequir l' ordine di N. S^{re} a riceverlo alla capella ne i debiti modi ad ogni suo piacere. il conte mostrò satisfattione della eshibitione

nostra et accettò di venire questa mattina alla capella, dicendo
nondimeno che 'l doppo pranso verso il vespro sarebbe venuto
a trovarci per risolver meglio tutto quello che fosse dovuto
farsi, et quanto al sospetto ch'avevamo noi di tumulto che
potesse nascere per conto di Francesi, egli ne fece intendere
che credeva che, facendosi l'effetto all'improviso, Francesi
havrebbero taciuto et per questa causa non sarebbero venuti
a rottura. hieri il doppo disinare noi legati fummo al vespro
et doppo vespro vennero a congregarsi a casa nostra li Ill^{mi}
Lorena et Madruzzo in compagnia di qualch' altri prelati per
li negoci conciliari che hora occorrono, et essendo stati insieme
sino alle 23 hore, il conte non hebbe commodità di venir altramente secondo il concerto preso la mattina, di che mandò a
scusarsi per il suo segretario senza però farci intender altro
del suo venire alla capella, per il che noi credevamo che non
dovesse venire altramente. ma quando questa mattina inten-
dessimo a caso che egli era preparato per venire con alquanti
prelati, rimandammo a visitarlo et a dimandare che risolutione
havesse presa; egli ne fece rispondere che restava risoluto di
venire et che sarebbe venuto subbito che vi fossimo stati noi.
sino a questo punto ch'era già hora di andare alla messa et
erano molti ambasciatori et gran numero di prelati congregati
a casa nostra per accompagnarne al solito, la cosa era stata
segretissima senza essere communicata a nissuno; all'hora fù
necessario ordinare al mastro di cerimonie che facesse portare
una sedia alla sacrestia et facesse insieme provisione di turri-
buli et di preti di fuora via che portassero et l'inconso et la
pace, acciò che del tutto fossero le cose eguali, il che non
sarebbe stato, quando il ministro ordinario che serve alla
messa havesse servito a Francesi et un prete di fuori havesse
servito al conte etc. con questo concerto ci avviammo tutti
verso la chiesa, et alla porta di essa trovammo il cardinale di
Lorena et gl'ambasciatori Francesi, co i quali andammo tutti
alla capella et ne ponemmo a i nostri luoghi ordinarii senza
un sospetto al mondo di alcuna innovatione. poco doppo com-
parve il conte, al cui arrivo il mastro di cerimonie prese la
sedia che stava parecchiata in sagrestia et la portò in luogo
destinato per il conte il quale si mise a sedere, et incontinente
cominciò la messa. parve strano ai Francesi questo fatto et

ne restarono molto admirati et sospesi et cominciò il cardinale
di Lorena a dolersene con noi legati et col R^{mo} Madrucio,
esaggerando sopra tutto che si fosse fatto senza dirli pur una
parola et come la cosa fù certo molto impensata, così diede
molt'occasione di ragionamento a tutti i prelati. gli ambasciatori Francesi che sono tre, doppo haver fatti molti bisbigli
tra loro, chiamarono il mastro di cerimonie dimandandoli conto
di questo fatto et di quello si dovesse farsi all'incenso et alla
pace, et inteso da lui ch'erano parecchiati doi incensi et due
paci, mandorno il medesimo mastro di cerimonie a farne grave
querela con noi legati, et tornarono su le loro bravure dell'
altra volta, con minacciare di appellatione et di proteste, etiam-
dio contra la persona et contra l'elettione di S. B^{ne}, et a
questa imbasciata mandatane dagl'ambasciatori Francesi, sog-
giunse il cardinale di Lorena molte parole simili, dicendo che di
Francia erano venuti mandati espressi di venire alle sopradette
proteste et di esplicar il tutto al synodo, il che era insomma
che essi si sariano appellati et havriano protestato contra Pio
pretenso papa, il quale essi non havevano per legitimo, perche
dicevano essere eletto simoniacamente et che erano in mano
della regina di Franza lettere di mano di S. B^{ne} che ciò provavano, et che anco quando fosse stato papa legitimo, nondimeno si sarebbono appellati, come di papa ingiusto et
tirannico, il quale meritava d'essere deposto per la notoria
ingiustitia che faceva, privando dell'antico suo possesso un re
pupillo et innocente, senz'haver odita ne intesa la causa sua,
et si sarebbono appartati dall'obbedientia di S. S^{tà} con pro-
testo di non tornar mai, sin che un'altro pontefice giusto non
havesse reintegrato il re loro di quello che hora ingiustamente
veniva privato, et aggiungeva che tutti se ne sarebbono andati,
per provedere ai casi loro con concilii nationali et per qual
altra via li fosse paruta migliore, se forse non fosse restato in
Trento qualch'un di loro per far peggio. questi ragionamenti
et simili con molte ambasciate mandate innanzi et indietro alli
ambasciatori di Francia et al conte di Luna durorno fino al
fine dell'Evangelio con intervento del Pragense et del Cinquechiese, che sedono poco lontano a me cardinal Morone. al
fine volendosi cominciare il sermone et crescendo il romore,
noi legati con li R^{mi} Lorena et Madrutio et con gl'amba-

sciatori cesarei et quello di Polonia ci ritirammo in sagristia,
per più quietamente considerare quel che dovesse farsi, et dal
cardinale di Lorena furono dimandati lo ambasciatore Ferrerio
et Mons⟨r⟩ di Sans et Mons⟨r⟩ d'Orliens, et da noi legati fù fatto
dimandare l'arcivescovo di Granata, il quale arrivando ne dissi
ch'aveva parlato al conte et ne riferiva per suo ordine, che
egli desiderava che si esequissero le commissioni di Roma alle
quali si rimetteva. nondimeno perche per relatione del medesimo Granata noi havevamo inteso che 'l conte haveva ordine
dal suo re di non rompere con Francesi, ci parve bene di
andare trattenuti, dubitando forse che 'l conte si ritirasse, et
che tutta la colpa restasse addosso a S. B⟨ne⟩ et a noi, come
quelli che cercassimo diseminare rottura. da Francesi alla
presentia de i sopradetti ritirati in sacristia furno replicate le
medesime parole et le medesime bravure di appellatione et
proteste, et da noi fù risposto sempre modestamente. dichia-
rando che non era ordine del papa nè intentione nostra di far
alcuno aggravio o pregiuditio a Francesi nè di levarli alcuna
preminentia o pretendentia loro, ma non si poteva manco sfor-
zare l'ambasciatore del re Cath⟨co⟩ a cedergli, se non voleva, et
come senza pregiuditio di Francesi si era dato luogo a parte
al conte, così poteva darsegli la pace et l'incenso a parte, et
questo non poteva in alcun modo preiudicare ad essi Francesi;
il che era chiaro non solo per l'ordine espresso di S. B⟨ne⟩ et
per l'assertion nostra che n'havressimo fatto ogni testimonio
che fosse bisognato, ma anco per decreto di questo et d'altri
concilii. in somma non fù possibile che Francesi volessero
quietarsi, per il che doppo molte repliche et contese noi mandammo l'arcivescovo Granata a dir al conte di Luna che, se
per fuggire questi romore, gli fosse paruto bene che si fosse
ommesso di dare all'ambasciatori la pace et l'incenso, noi ce
ne saressimo contentati; nondimeno ci eshibivamo pronti ad
esequire le commissioni di Roma ad ogni suo piacere. il conte,
intesa l'ambasciata nostra, restò contento che si lasciasse per
questa mattina la pace et l'incenso et riserbandone l'esecutione ad altra volta, il che a noi piacque molto per la ragione
che diremo appresso. ma perche quest'atto ne pareva di
molta importantia, noi non volemmo restar contenti alla relatione sola di Granata, et però mandammo il R⟨mo⟩ Madrutio et

l'ambasciatore cesareo con quello di Pollonia a replicare al
conte a nome nostro la medesima ambasciata mandatali prima
per l'Arc^ro di Granata, il che essi fecero volentieri et hebbero
dal conte la medesima risposta, et li Francesi similmente si
contentarono che per questa mattina si ommettesse di dare la
pace et l'incenso alli ambasciatori, purche si ommettesse di
darla a noi legati ancora, di che noi ci contentammo per non
constituire noi medesimi in colpa della rottura, et con questa
risolutione uscimo di sagrestia et tornammo tutti a i nostri
luoghi, ove stemmo sino al fine della messa etc.

La ragione che, come s'è detto di sopra, ci ha fatto parer
bene il differir per hoggi di dar la pace et l'incenso per fuggir
la rottura, è questa: cioè che noi vedevamo i Francesi con le
proteste dette di sopra apparecchiate sino l'altra volta et vedevamo che molti padri colti all'improviso inclinavano a lor
favore, et noi che per tenere la cosa segreta non havevamo
potuto far pratica con alcuno, temevamo che non potesse succe-
dere qualche cosa che portasse carrico a S. B^ne, di che havemo
hora pensato di assicurarci con i debiti modi, temendo ad
ogni modo che s'habbia da venire alla rottura, perche il cardinale di Lorena hoggi è stato con noi et doppo essersi essibito
di far offitio con l'ambasciatori Francesi per acquietarli, ne
dice risolutamente che non lo spera, et crede al fermo che, se
a loro non si dà la pace et l'incenso prima che al conte, essi
faranno le proteste sopradette et più acerbe ancora. da altra
parte il conte di Luna che è stato con noi esso ancora, ne
dice che è risoluto di comparire alla prima messa che si dica
alla presentia di noi legati, il che doverà esser al più tardi tra
tre o quattro giorni, che cominciaranno le congregationi, et di
voler la pace secondo l'ordine di Roma, al quale non potemo
noi mancare, et vedendo che Francesi mo stiano risoluti di fare
queste loro insolenti proteste, havemo risoluto il detto conte
di promovere di concerto tutti i prelati Spagnuoli et Italiani,
acciocche rispondino alle parole di essi Francesi nel modo che
conviene per discolpa et discarico di S. B^ne et delle obbiettioni
che saranno fatte, et speramo che da Francesi in poi non sarà
huomo che parli senza la debita riverentia di S. B^ne. et dalla
dilatione d'hoggi havremo guadagnato tempo da fare queste
pratiche con quella destrezza che conviene, et speramo che ne

debba riuscire quanto si procura a satisfattione et honore di
S. B^{uc}. et trattanto ancora non restaremo (come non ci fosse
alcun romore) di attendere gagliardamente ai negotii del concilio, trattando con la solita dolcezza il cardinale di Lorena et
questi prelati Francesi, a quali non daremo noi occasione
alcuna di discontentezza, et forse che la bontà di Dio inspi-
rarà loro et gl'ambasciatori a migliore risolutione, che non è
quella che hora mostrano di volere pigliare et li farà conten-
tare dell'honesto, il che piaccia a sua divina M^{tà} che così sia.
et a V. S. Illma basammo humilmente le mani.   Di Trento alli
29. Giugno 1563.

29.

Dieselben an denselben.

Trient 1563, Juli 1.

Vatic. Archiv. Tom. 61 fol. 296—298. — Originalbrief, bezeichnet prima. —
Vgl. S. 64.

Scrivemmo hieri a longo quanto era succeduto sopra il
dare l'incenso et la pace al conte di Luna et come noi sempre s'eravamo eshibiti di esequire quello che 'l detto conte
voleva secondo l'ordine havuto da Roma. dessimo ancora
conto della causa per la quale stimammo esser necessario gover-
narsi a quel modo per fuggire la protesta contra la persona di
N. S^{re}, per la quale essendo gl'ambasciatori del re di Francia
sempre apparecchiati, si metteva a pericolo evidentissimo
l'honore di S. S^{tà}, tanto più che tutti li amici nostri et anco
del re Cath^{co} erano colti all'improviso, et la loro protesta saria
passata con gran plauso del concilio per essere communemente
stimata etiam d'alcuni Spagnuoli et principalmente da Portu-
ghesi la causa del re di Franza in questo caso assai più giusta
che quella del re Cath^{co}. scrivemmo ancora il disegno che havevamo di esequire l'ordine dato ogni volta che 'l conte havesse
voluto, et le pratiche che si disegnavano di fare, perche
l'istesso concilio defendesse l'honore di N. S^{re}, quando Francesi havessero voluto toccare la propria persona di S. S^{tà} nel
modo c'hanno deliberato di fare, conforme a quello che si
contiene nelle dette lettere nostre. hora perche il romore va
crescendo et perche Francesi si sono imaginati, che dominica

prossima s' habbia a fare questo effetto, hanno risoluto di fare
questa loro protesta et lunedi prossimo di partirsi per Franza,
con animo di separarsi in tutto dalla chiesa Romana et far il
concilio nationale et passare avanti con tutti quelli modi che
sapranno et potranno per vendicarsi della ingiuria, che pretendono che un re pupillo riceve da S. S^tà, minacciando di voler
procedere contra S. B^re et venire alla creatione d'uno nuovo
papa, procedendo per le vie solite a scismatici i quali credono
poter havere molte forze unite della Germania, Inghilterra et
altri regni et provintie settentrionali. vedendo ancora che la
maggior parte del concilio intende male questo fatto, et se
bene gl'ambasciatori dell'altri principi non si vogliono intra-
mettere tra questi due re potentissimi, inclinano però piu nel
favorire la causa di Franza, et vedendo che per giuditio commune s'accende un fuoco il quale bastarà per consumare tutta
la christianità, et specialmente per portare la rovina totale della
sede Ap^ca, et intendendosi ancora dalli nostri medesimi prelati,
dottori et valent'huomini et affettionatissimi, che si fa una
gravissima ingiuria a questo pupillo, et essendosi presentito
ch'al concilio pare cosa indegna lassarlo opprimere senza esser
lui citato nè udita la causa sua, massime che nella corte dell'
imperatore zio del re Cath^co non è stato fatto simile aggravio
all'ambasciatore Francese, et similmente in Roma non si è
fatto ove sarà stato più tollerabile che in Trento. et vedendosi
da ogni parte la calumnia che si da a N. S^re che per questa
via voglia dissolvere il concilio et fuggire la riformatione, siamo
stati constretti, prima che si passi più oltre, rappresentare
avanti gl'occhi di S. S^tà tutte le cose soprascritte, et sebene
la bontà et pietà di N. S^re et la sincerità delle attioni sue è
nota et approvata da tutti et etiam da essi Francesi sin'hora,
humilmente però supplicarla, si degni per sua clementia accettare in bene questa replica nostra, perche in vero tante ragioni
et disordini presenti et che possono venire et in spetie la
divulgatione nel concilio d'una scrittura tanto offensiva dell'
honore di S. S^tà, ci spaventono talmente che se 'l cielo cas-
casse, credemo quasi, non sarebbe di maggior rovina. a questo
si aggiunge la perdita che si fa di tutte le fatiche et spese
che S. S^tà ha fatte in questo concilio, et la speranza che si
era havuta da pochi giorni in quà di poterlo finire fra pochi

mesi con qualche honorato frutto et benefitio della chiesa, mostrandosi il cardinale di Lorena et li prelati Francesi assai più inclinati alla speditione di tutti li dogma et reformatione che per il passato. per le quali cose pensando che N. S⁻ con l'occasione dell'incenso et pace forse non voglia lasciare che si disturbi la pace del mondo, ci è parso mandare il presente corriero con diligentia con animo d'intertenere con diversi mezzi di trattare concordia la total esecutione delli ordini dati, tanto più che non viene occasione signalata sino al giorno della sessione, che è destinato alli 15. del presente, se ben per questo gran mottivo et per non haver ancora risposta da Roma sopra il capo della quinta dottrina dubitamo assai che non si potrà fare. et se a S. Stà parerà bene, come per vero quasi a tutto questo concilio pare o revocare o sospendere questi ordini per schiffare tanta rovina di tutta la christianità et tanti travagli che S. Stà è per riceverne, haverà tempo di rescriverci et potrà anco con ragione escusarsi con il re Cathᶜᵒ, perche questi suoi ministri facevano la cosa più facile, tenendo per fermo che Francesi fossero per comportarlo con poca offensione; s'ancora vorrà che si essequisca, sarà sempre in tempo et il re Cathᶜᵒ gl'haverà tanto maggior obligo.

Havemo ancora voluto mandare questo corriero con diligentia per advertire N. S⁻ che 'l cardinale di Lorena sta per ispedire messer Filippo Musotto a S. Stà con darle ragguaglio di questi inconvenienti et chiedere licentia di ridursi in Franza. però supplichiamo V. S. Illᵐᵃ si degni remandare presto la risposta et far scrivere da quelli ministri regii al conte di Luna quel che sarà deliberato, perche credemo che si penti di non havere voluto il giorno di S. Pietro la totale esequutione. dubitandosi di non essere biasimato, sebene l'ha fatto per bene et per differire l'evidentissima turbatione di tutto 'l concilio, pensando poterlo fare ogni volta che gli parerà, per l'eshibitione che noi gli havemo fatta, se bene intendemo che li ambasciatori Francesi dimane vogliano venire a farci instantia che noi come legati apostolici non possiamo di ragione esequire l'ordine di Roma in preiudicio del suo re pupillo et in scandalo di tutta la christianità senza il consenso di esso concilio, il quale S. Stà ha voluto et vuole che sia libero et sicuro et che non sia fatta ingiuria et torto a persona alcuna.

Et perche pare ad alcuni valent' huomini che questo sia ancora di ragione, sarà necessario che V. S. Illma habbia ancora consideratione a questo punto et ci ordini quello c' haveremo a fare in tale caso. et per maggior informatione di S. B^{ne} aggiungeremo, c' havemo inteso che le proteste apparecchiate da Francesi mostravano divotione alla sede Ap^{ca} et al papato et al concilio et si lodavano di noi legati et de i padri tutti et lodavano il conte di Luna et il re Cath^{co} con molta attestatione di benevolenza, et poi voltavano tutto il veleno contra la persona privata di papa Pio, come contra huomo irretito in molti crimini et eletto per simonia et il quale doppo l' elettione ancora havesse fatti altri atti simoniaci, et dicono estarne scritture di sua mano et esserne in concilio testimonii fide digni. aggiungevano che opprimendo vedove et pupilli pugna di directo contra la legge evangelica che commanda la protettione loro et dicono altri particolari, che trattano di depositione, il che tutto havemo voluto che sia noto a V. S. Illma, acciò S. B^{ne} possa meglio risolversi a quanto le parerà ispediente di comandarci. pregando N. Sr Dio guidi bene la prudentia di S. Sta. alla quale humilmente basamo li piedi, insieme le mani a V. S. Illma.

Di Trento al primo di Luglio 1563.

30.

Dieselben an denselben.

Trient 1563, Juli 1.

Vatic. Archiv. Tom. 61 fol. 299—300. — Originalbrief. — Vgl. S. 64.

Doppo scritto le altre lettere et serrato il plico havemo inteso che il conte di Luna doppo diversi ragionamenti havuti con suoi Spagnoli et con gl' ambasciatori cesarei ha risoluto di volere ad ogni modo instare che domenica sia essequito l' ordine di N. S^{re} in farli dare la pace et l' incenso, conforme a quanto gli fù promesso da noi il giorno di S. Pietro. et detti ambasciatori Ces^{rei} sono uniti con lui et faranno la medesima instanza. et perche il conte ha inteso che Francesi dicano che questo è motivo del papa et non instanza del re Cath^{co} et che per

questo vogliano far proteste terribili contra la persona di S. Sta,
come si è scritto nell'altre lettere, per tanto esso conte doppo
alcuni uffici fatti per mezzo de' medesimi ambasciatori Ces[ri],
per quanto s'intende, mandarà hoggi tre vescovi Spagnoli a
dire al cardinale di Lorena che esso è risoluto di procurare
l'essecutione dell'ordine di S. B[ne], perche così è mente del suo
re, et vuol anche dolersi della freddezza di noi legati in haverlo essequito, et questo per chiarire che non è motivo di S.
B[ne], ma commissione che viene dal re medesimo. di poi farà
dire al medesimo Lorena per li medemi prelati che ha inteso
delle proteste che vogliano fare gl'ambasciatori Francesi contra
il papa, aggiungendo che gli pare tanto strano che a pena puo
crederlo. et quanto pur sia, si maraviglia di esso Lorena che
lo comporti et in ultimo protestarà che, se Francesi veniranno
a termine alcuno poco honorevole verso la persona di S. B[ce],
che esso sarà forzato di rispondergli per i medesimi termini.
non potendo il suo re comportare che sia fatto ingiuria al papa,
padre commune et padre suo particolare, et protestando insieme che il re Chr[mo] havera co 'l tempo occasione di dolersi
et risentirsi contra di loro che l'haveranno appartato dalla
chiesa nell'eta sua puerile, et concludendo che se bene essi
Francesi partiranno di Trento, nondimeno il concilio non resterà
per questo di havere il suo bon fine.

Questa è la risolutione del conte la quale però s'intende
sarà essequita con le debite circonstanze, et in questo gl'oratori cesarei sono uniti co 'l conte et hanno la causa per commune, parendoli che Francesi habbino torto a non contentarsi
della pace et incenso straordinario.

Noi siamo in gran travaglio per questi intrichi et prega-
remo Iddio che c'indirizzi et aiuti, et vederemo di differire la
cosa quanto sia possibile et di far trattare accordo per ogni
via. et quando sia necessario che una delle parti resti offesa,
eleggeremo il manco male. ora supplichiamo V. S. Illma che ci
facci gratia di farci risponder subbito et particolarmente, et
per non tardar più il corriere, le basciamo humilmente la
mano. Di Trento il primo di Luglio 1563.

31.

Zwei Briefe Pius IV. (I und V) an die Legaten mit drei Beilagen (II, III, IV).

Rom 1563, Juli 6.

Vatic. Archiv. I. Original in Tom. 32 fol. 163—164. — II. Original ib. fol. 157. — III. Original ib. fol. 158—159. — IV. Registercopie in Tom. 55 fol. 242'. — V. hier nach der Originalausfertigung in Tom. 32 fol. 154 und 156. Vgl. S. 64—68.

## Pius papa IIII.						I.

Venerabilis frater et dilecti filii salutem et apostolicam benedictionem.

Havemo visto quel che havete scritto circa il strepito et rumore che si fece il giorno di san Pietro per la pace et l'incenso da darsi a l'ambasciatore del re Cat^{co}, et ci è piacciuto l'espediente che pigliaste et crederemo che 'l simile haverete fatto questa dominica passata, o che il conte di Luna non sarà venuto et che haverete voluto aspettar nostra risposta, si come era dovere, et ne le lettere vostre promettevate di fare, perche dove è pericolo di scisma, s'ha da far ogni cosa per evitarlo, et lassar li puntigli, si come commandano tutte le leggi, canoni et santi dottori. hora la mente nostra è che voi trattiate la concordia, se si può havere con buona voluntà di tutte due le parti, et non potendola havere tenerete la nostra lettera et commissione sospesa sin' ad altro nostro avviso, fuggendo tutte le innovationi. et se tutte due le parti si contenteranno che la cosa si rimetta al concilio, noi ne saremo contentissimi, et questa sarà una via di far tacere il conte di Luna, quando direte che Francesi fanno instanza che si rimetta al concilio, al quale noi saressimo contenti di rimettere ancora tutta la causa, se cosi piacesse a l'una et l'altra parte, et lo faressimo volentieri non solo per componere questa differenza, ma ancora per levar noi d'un gran fastidio, perche dopo che siamo papa . . . *(und so weiter wie Pallavicino l. c.)*

Perche questa lettera è un po più gagliarda di quel che	II. voressimo che fusse visto da altri che da voi et anche contiene altri particolari oltre quello de la suspensione de la pace et incenso, havemo pensato che sia a proposito farvene un'

								10*

altra che non tratti d'altro che di questo solo, la quale si
possa mostrare a Loreno, al conte di Luna et a chi altri sarà
di bisogno, quando vi risolvercte di scoprir la cosa: sarà adunque qui alligata. et de l'altra cioè de la presente si servi-
ranno per dir a bocca senza mostrarla.

— — — · - · · · · —

III.　　　Noi speramo in ogni modo che questa attion nostra del
haver voluto far dar la pace et incenso al conte di Luna, non
sarà stata senza inspiration divina, imperoche, quando ben non
si potesse per l'ostination de Francesi venir in qualche forma
di concordia, per il manco male ne risulterà che li Francesi per
paura di poter ogni di ricevere qualche affronto simile a questo,
si renderanno più facili a consentire per qualche buona via a
la espeditione del concilio, del che già si vedono segni mani-
festi per la scrittura che vederete del Musotto, la qual desideramo che da voi sia ben considerata. noi non havemo voluto
lasciarsi intendere da lui ne da altri, che diamo questo ordine
di sospendere la cosa de la pace et incenso, ma più presto gli
havemo parlato acerbamente. et questo a fine che Francesi
condescendano tanto più facilmente a qualche accordo, nel che
doverete insistere, et anche perche si rendano più pronti ad
espedir questa benedetta sessione, la qual noi vorressimo che
per ogni modo si facesse al tempo statuito; con la omissione
che offere il cardinale di Loreno, essendo veramente manco
male passar inanzi a questo modo, che restar più lungamente
inarenati con si gran scandalo della chiesa di Dio.

　　Qualchuno ha ricordato per un modo di concordia che si
potrebbe far dare una incensata sola a tutto il banco de gli
ambasciatori seculari et un'altra poi al conte di Luna, ma non
credemo che Francesi se ne satisfacessero, oltre che ci saria
ancora la difficultà della pace.

　　Il cardinale di Loreno vorrebbe che noi l'invitassimo che
fatta la sessione venisse subito a Roma per trattar con noi del
modo di spedir presto tutto il restante: et se ben il Musotto
lo dice come da se, vedemo però che è mottivo del cardinale.
noi havemo animo, quando il Musotto partirà, di fargli questo
invito, et tratanto havemo voluto avvisarvelo.

— ·· · ·   —

Per fare honore al voto di Vargas il quale sarà qui alli- IV.
gato, ci è parso mandarlo per staffetta.   nè altro occorre di
più se non che haveremo caro che si tenga secreto più tempo
che sia possibile tanto a Francesi quanto al conte di Luna
questa nostra suspensione de la pace et incenso, attendendo
tratanto a cercar di concordar la cosa et scusandovi, se non
vi risolverete nè a fare nè a negare, sopra il non haver risposta da noi et sopra altri pretesti che sovveniranno a la prudenza vostra, et quando poi vi troviate condutti a le strette,
publicherete l' ordine a piacer vostro. Datum Romae etc.

Pius papa IIII.   V.

Venerabilis frater et dilecti filii salutem et apostolicam
benedictionem etc.   La mente nostra non è stata con quell'
ordine che mandassimo di dar la pace et incenso, di voler
preiudicare ad alcuna de le parti, nè manco pensamo d' havergli preiudicato. se Francesi pretendono il contrario, siamo
contenti che voi insieme co 'l concilio lo intendiate et prove-
diate che a nissuno si faccia torto; et se questi del re Cath^co
fuggiranno questo iudicio, voi ci avviserete, et fratanto tenirete
questo ordine di pace et incenso per sospeso. et faremo ogn'
opera di qua et di la per la concordia et di giustitia non
mancheremo a nissuno. Dio N. S^re vi conservi. Datum Romae
die 6. Julii 1563.

32.
Borromeo und Pius IV. an die Legaten.
Rom 1563, August 7.

Vatic. Archiv. Tom. 29 Nr. 3, Original erst von Schreiberhand, dann con
benche ol finirlo an bis zum Schluss von des Papstes Hand. — Vgl. S. 30.

Ill^mi et Rev^mi SS. Oss^mi.

Tutto quello che le SS. VV. Ill^me fanno per resistere a
la intentione et disegni del conte di Luna di tirar il concilio
in lungo, è tanto conforme a la mente et risolutione de la S^tà
di N. S^re che in questa parte la S^tà S. resta satisfattissima et
non desidera altro, se non che facciano come fanno, lasciando

dire al conte ciò che vuole et facendo loro quel che è conveniente per finir il concilio quanto prima, poi che così ricerca
il bisogno di tutta la christianità. il qual rispetto doverà in-
durre le SS. VV. Ill^{me} non solo a non consentire in generale
ad alcuna dilatione, ma a cercar particularmente d' abbreviar
questa prossima sessione, de la quale S. S^{tà} con molto piacer
suo intende per diverse vie che si potrà fare inanzi la fine del
presente mese et haverà caro che si faccia et che di mano in
mano s' attenda con ogni celerità a l' espeditione del resto,
procedendo inanzi animosamente senza rispetto di nissuno. et
poi che il conte di Luna non ha rispetto di far prattica con
gli altri oratori de principi per unirli tutti a dimandar la deputatione de le nationi contra la voluntà di VV. Ill^{me} SS. et
contra ogni dovere, crederemo, che esse ancora s' aiuteranno
in far le loro honeste contramine, si come noi ancora di qua
non havemo mancato di fare che sii scritto caldamente a li
oratori di Venetia et di Fiorenza, acciò in questo et in ogn'
altra cosa stiano ben uniti con le SS. VV. Ill^{me} le quali perciò
doveranno valersi de l' opera loro et anche de l' altri oratori,
perche sapemo et siamo assicurati che non mancheranno. con
quello di Portugallo vedemo non esser bisogno d' altro che di
ringratiarlo et però se gli è fatto l' alligato breve il quale faranno presentare con quella compagnia di parole che ricerca
lo stato de le cose presenti. et con questi presidii et (quel
che più importa) con l' aiuto et favore del S^{or} cardinale di
Loreno et del ambasciator Ferreriis anderanno innanzi ardita-
mente, procurando non solo di far questa sessione quanto più
presto potranno, ma d' espedire (se possibil sarà) tutto quel
che resta, prima che il conte di Luna habbi le risposte che
aspetta di Spagna; imperò che se ben da quel re havemo a
prometterci tutto quello che da un principe catolico par suo
si deve aspettare conforme a quello che con molta instanza S.
S^{tà} ha scritto a la M^{tà} S. et fatto dir dal nuntio et che il S^{or}
Don Luigi et Vargas hanno medesimamente scritto et repliche-
ranno presto con un' altro corriero. è nondimeno più sicuro
partito, che le cose s' espediscano prima che venga altro, conciosia che il conte non havendo in instruttione da S. M^{tà} di
far le cose che fa, non procederà però mai si caldamente come
farà poi quando la M^{tà} S. gli ne davesse commissione, et noi non

potemo esser sicuri che diversi rispetti mondani non possano mutare in qualche parte o ritardare la buona mente naturale che S. M^{tà} ha mostro sin qui ne le cose del concilio. tanto più se fusse vero quel che S. S^{tà} ha inteso da qualchuno, cioè che l'imperatore non desideri nè voglia la fine del concilio, che quando questo fusse, non haveressimo a credere, che fusse difficile a S. C. M^{tà} tirare un re suo nipote in sua sententia. questo avviso si come S. S^{tà} non l'ha per il più autentico del mondo, così non le pare anche che sia in tutto da disprezzare; et perche le SS. VV. Ill^{me} possano esse ancora farne il lor giuditio, mando qui alligata la propria lettera, la quale è del dottor Solis. et S. S^{tà} dice che quando lor trovino che la cosa habbi fundamento, tanto più doveranno avvertire che questi principi non s'accordino a tenerci perpetuamente legati con il concilio aperto et senza speranza nè intentione di finirlo, et se pur l'imperatore è per voler la suspensione, a l'ultimo S. S^{tà}, quando haverà fatto quel che può per finirlo et concluderlo, si contenterà anche di suspenderlo per uscir di questo travaglio, nel quale S. S^{tà} è risoluta di non voler stare più longamente o per via di finirlo o per via di suspenderlo, se così vorrà pur l'imperatore — benchè el finirlo e piu honorevole et piu servitio de la christianita al che se ha da attendere et non guardare in faccia a nessuno et truncare tutte le dilationi, accio non intervenghi impedimento alchuno o intoppo, come differendo facilmente interverra, consyderati che tutte le dilationi ne hanno sempre portato preiuditio; pero fate presto; et circa la reforma noi reportiammo in tutto et per tutto le cose a voi et ve le remettemmo plenamente, accio che per questo non habbiati a restare di fare una bona et fruttuosa et presta resolutione di questo concilio a laude et honore di Dio et di sua santa chiesa. siammo stati per mandarvi homo a posta, ma pensiammo che questa basterà et havemmo voluto scrivere questo di nostra mano, anchora che el resto fusse in nome di nostro nepote Mons^{re} Borromeo. et benevalete. di Roma a li 7. de Augusto 1563.

33.

Pius IV. an die Legaten.

Rom 1563, August 14.

Vatic. Archiv. Tom. 29 Nr. 4. - Originalbrief von des Papstes Hand. —
Vgl. S. 30.

Pius papa IIII.

Venerabiles fratres salutem et apostolicam benedictionem.
Di novo dicemmo et vi stringhiammo quanto potemmo, che
atendiati al progresso del concilio et properati al fine, antici-
pando piu che si po la sessione et non guardando in facia a
nessuno, facendo reforme honeste et bone, nel che se siammo
reportati et rapportiammo a voi et a li patri, sapendo che non
fareti se non cose iuste et honeste; et secondo che noi por-
tiammo patientia, cosi dovera ancho fare li altri, et qualunque
principe catholico a l'ultimo ne laudara et voi et noi, oltra
che sara cosa tanto accetta a Dio et tanto profitevole a la
christianita, si che andati inanti allegramente, che non ne
poteti fare cosa piu grata. al cardinale de Lorena dareti
ogni honore et satisfattione possibile, che invero le havemmo
grande obligo et ne terremmo sempre grata memoria, et benche
laspettiammo con desyderio, pero se iudicareti che sii a
proposito lintertenerlo un pocho piu per la bona expeditione
del concilio, voi lo pregareti di questo che vi parera expe-
diente, et le darreti linclusa. stavammo per expedire homo a
posta, ma dove sono le lettere di nostra mano, crediammo
che non habbiati bisogno de maggiore sollicitudine. Dio N.
S. vi conservi et ve doni quanto desyderati. Di Roma 14. di
Augusto 1563.

[*Aussenadresse von Schreiberhand:* Venerabili fratri Joanni
et dilectis filiis Stanislao, Ludovico et Bernardo cardinalibus,
nostris in concilio de latere legatis. — *Registraturvermerk:*
1563 commune di N. S. Pio IIII. di 14. di Agosto, ricev.
il 19: di spedir quanto prima et di trattener Loreno con ogni
honore.]

34.

Pius IV. an die Legaten.

Rom 1563, Oktober 15.

Vatic. Archiv. Tom. 29 Nr. 6. — Originalbrief von Schreiberhand mit eigenhändigem Postscript des Papstes. — Vgl. S. 30.

Pius papa IIII.

Dilecti filii salutem et apostolicam benedictionem etc.
Havemo visto quanto havete scritto, et insieme considerato il
dispaccio del Delfino et vi diccmo per ultima risolutione, che
debbiate andar' inante et non guardar in faccia a nissuno et
lasciare protestare a chi vuole, che a noi basta che habbiate il
consenso dela piu parte de prelati, del che non dubitamo. et
se vi par bene d' anticipar la sessione con decidere il sacramento de matrimonio solo o con quelli xxi capi di riforma
gia risoluti, fatelo per ogni modo, che havendone noi parlato
con Loreno a lui pare benissimo che si faccia, acciò che nel'
avvenire ci resta manco fatica. esso Loreno partirà lunedi
ben satisfatto di noi et ben risoluto lui et suoi prelati di fare
quanto voi vorrete, et cercherà esso il fine più che nissuno.
resta che voi moderiate in maniera le cose, che offendiate
manco li principi che sia possibile, a fine che si possa meglio
andar inanzi et con manco querele. et per questo non si ha
però a mancar' a li prelati dele cose che sono honeste come
già altre volte vi havemo scritto; et doverà lor bastare, che si
confermino i canoni in genere et li concilii antichi et etiam le
legi imperiali, dove ogni cosa è compresa, senza far nuovi
anathemi nè nuove censure, sapendo maxime che noi non semo
per mancare in alcun tempo dela protettion loro, il che gli
potete prometter largamente. noi havemo disputato qua la
materia de clandestini con tutta l' inquisitione et tutti i theologi; et tutti hanno concluso che possimus et debeamus et
maxime in quelli che sono di minore età, intendendo la mi-
norità ne l' età minore di xxv anni, il che si potrià però
moderar in qualche parte. però doverete operare co 'l cardinale Madruzzo et con gli altri che vogliano acquetarsi con li
più, et se vedeste tanta contradittione che vi paresse esser la
cosa scandalosa, la potreste omettere o rimetterla a noi, ma mi-

glior sarà che concordiate insieme, pur che si possa concordar presto. si mandano certi brevi richiesti per potervene servire quando bisognerà, avvisandovi che circa il proponentibus legatis questi oratori catholici qui rimasero contentissimi de la nostra lettera di Maggio et ne mandorno copia in Spagna; se ben' hora se ne fa tanto rumore, però noi rimettemo la cosa a voi che facciate insieme con li padri quel che vi pare giusto et honesto. et quanto a l'altre cose che resterebbono dopo questa sessione, vedete di levar gli intoppi et le cose che allungano, perche ogni modo queste materie sono terminate da altri concilii et noi sempre potremo provedere. Datum Romae die 15. Octobris 1563.

Monsignori. noi vedemmo che è servitio de Dio et bene universale de christiani, che si finischi presto questo concilio, però usati in ciò ogni ingegno vostro et levati le longuezze et intoppi et impedimenti et non dati licentia a nessuno, se bene di qua vi fusse scritto; noi confidiamo in voi ogni cosa et sapemmo che non manchareti; et provedeti voi come vi pare senza remettervi qua et haveti fatto bene a non dare licentia a larcivescovo di Otronto, et revocati li absenti et usati ogni remedio per finirla una volta.

1863

Xmbre

valligias sino altri apprintati rispetto, per le beate, et marino prin=
he osservo misura L'z del si servito, Divino Iti con tanto frutto
he osserv misura L'z del si servito, Divino Iti con tanto frutto
in vera et santa attioni. L' voglio ricompensare de algo.
li met le misericordi a lei et a V.S. et resta tanto bisognoso
Di Iti è piena et amorevole et consolata memoria de le
Di Iti et ristori et ribandan[n]oli et la partir de rispetto sua, de la
insiti et incomodi de la partir de rispetto sua, de la
serie fan sempre essersi consolate, et insini certa come
serie fan sempre essersi consolate, et insini certa come
le consiglia abbracciamo, et l'abbraccia sua, con prima frutto
L'obligo et se la tienes, et la grande ossima de ristita, del
helogo et bontà di V.S. etc. che ti le mio quel bisogna
valore et bontà di V.S. etc. che ti le mio quel bisogna
ser . se la sua, ama sua per mantenere mai di grazie prima

Concordat cum originali minuta

Pt. Car. lis Comurhis

Li Decreti del Conc.o si sono ristampati, come li scrissi, corret=
tissimi, et rettissimi, et si ne sono dati dieci authentici al
[...] et si è preso assunto di mandarceli, et [...] beacemo
Però, cioè si è preso assunto di mandarceli, acciocché V.S. possa farli porre
di gli altri di mano in mano, acciocché V.S. possa farli porre
et distribuir[e] per tutta Germania. Al Catechismo s'attende
et distribuir[e] [...] et tantosto che sarà stampato [...]
con buona diligenza, et tantosto che sarà stampato [...]
mandarò, come già [...] scritto, molti essemplari. Di Roma,
mandarò, come già li scritto, molti essemplari. Di Roma,

si conto de la buona esecutione di le commessioni del Cardle.

Et molto più del fermo proposito che l'una, et l'altra M. sua

di augumentar e la giornata in meglio ogni cosa, con sicu-
rità Cià S.S. di dar particolarmte a la S. del S.re prosperità tale che possa affettuosi li suoi santi servire

cioè la riduttione di gl'altri Principi. et in ciò partibor
esser certo ch' sia S. B.ne sarà sempre aiutata con ogni
sincerità, et sopra tutto con la sicurtezza, com'io in

XI.

Zwei armenische Inschriften aus Galizien und die Gründungs-Urkunde der armenischen Kirche in Kamenec Podolsk.

Von

Dr. **Friedrich Müller,**

wirkl. Mitgliede der kais. Akademie der Wissenschaften.

(Mit zwei Tafeln.)

— ·—

Die zwei armenischen Inschriften, welche ich sammt deren Entzifferung mittheile, und die Gründungs-Urkunde der armenischen Kirche in Kamenec Podolsk wurden mir am Anfange des Monats März d. J. von Herrn Dr. Johann von Boloz Antoniewicz, Professor der Kunstgeschichte an der Universität in Lemberg, mitgetheilt. Dieser Gelehrte, ein Armenier aus der edlen Familie der Boloz (Պոլոս) Antoniewicz ist mit der Ausarbeitung jener Abtheilung des von weiland dem Kronprinzen Rudolf unternommenen Werkes über die Völker Oesterreich-Ungarns betraut, welche über die Armenier handelt, und hat infolge dessen alle Denkmäler dieser Nation, welche sich in Galizien und den benachbarten Ländern finden, zu sammeln unternommen, namentlich aber die schriftlichen Documente, welche über die Schicksale seines Volkes Aufschluss geben können. Da er selbst des Altarmenischen nicht mächtig ist und auch unter seinen engeren Landsleuten kein Gelehrter sich fand, der die von ihm gesammelten Inschriften und Urkunden hätte lesen und übersetzen können, so wandte er sich an mich, mit dem Ersuchen, dieses zu thun, welches Ersuchen ich mit der grössten Bereitwilligkeit und Freude ihm erfüllt habe.

Da ich nun glaube, dass die beiden hier mitgetheilten Inschriften, sowie auch die Gründungs-Urkunde der armenischen Kirche in Kamenec Podolsk auch die armenischen Philologen

interessiren dürften, so habe ich sie in den Sitzungsberichten
der kais. Akademie zu veröffentlichen mir gestattet.

Ich glaube zu dieser Publication umso mehr berechtigt zu
sein, als Minas Bžškean in seinem Reisewerke über Polen und
die armenische Diaspora[1] diese Original-Urkunden gar nicht
erwähnt.

A) Zwei armenische Inschriften aus Galizien.

Die beiden auf der Tafel I abgebildeten Inschriften stammen
aus Jazłowiec,[2] wo sie an der ehemals armenischen, jetzt grie-
chisch-unirten Kirche angebracht sind. Jazłowiec besass, wie
mir Prof. von Bołoz Antoniewicz mittheilt, ehemals bis zur
Mitte des vorigen Jahrhunderts eine grosse armenische Colonie
mit einem eigenen Bischof und Gemeinde-Vorsteher.

M. Bžškean (a. a. O. S. 129) schreibt über unsere Stadt:

[Armenian text]

[Armenian text]

„Jazlowtsha. Ist eine alte Stadt der Provinz Wolhynien
von Polen. Ehemals sehr berühmt, weil in ihr mehrere Völker
wohnten, unter denen die Armenier so sehr überwogen, dass

---

[1] *[Armenian text]* 1830. *[...]*
8°. 424 S.

[2] Jazłowiec liegt in Ost-Galizien, südlich von Buczacz am linken Ufer der
Strypa, eines Nebenflusses des Dnjestr.

sie viele Privilegien vom König von Polen erhielten, indem sie
ein eigenes Gericht, einen Vogt,[1] ebenso Richter und einen Bischof hatten.   In der damaligen Zeit waren die angesehensten
in der Stadt die Armenier, welche auch eine Burg erbauten,
prächtige Gebäude und Brunnen mit armenischen Inschriften
aufführten.
Die Kirche der Armenier ist ein grosses und schönes
Gebäude, aufgeführt auf einem prächtig gelegenen Hügel, aus
Stein aufgebaut, auf den Namen der Gottesgebärerin.   An ihr
fliesst der Fluss vorüber.   Gegenwärtig gibt es dort keinen Armenier; denn ein Theil von ihnen ist nach Lemberg, ein Theil
nach Kamenec und nach Sniatyn gezogen.'
Die grössere Inschrift (I) befindet sich auf einer Steintafel über dem Hauptthor der Kirche, während die kleinere Inschrift (II) ebenfalls auf einer Steintafel über dem Seitenthor,
unterhalb des offenbar erst später zugebauten Glockenthurmes,
angebracht ist.
Obwohl die Inschriften von einer des Armenischen völlig
unkundigen Person copirt worden sind, so sind die Copien doch
so beschaffen, dass sie von Jedermann, der eine genaue Kenntniss des Armenischen besitzt, ohne grosse Schwierigkeiten gelesen werden können.

Die grössere Inschrift (I) lautet:

ՆԱԵՂ.ԱՅԻՍ ԱՅՍ ԵՐԿՆԱՅԻՆ
ՅԱՆՈՒՆ ՍՐՊՈՅ ԱՕԵՕՐՆԻՆ ԿԱՍ
ԵՐԱՅՑԻ (Ի) ՈՒ ԹԱԳՒՆ Հ- ԲՆԴԻ ՆՄՆԸ)
ՈՂ.ՈՐՄՈՒԹԻՆ ԸՆՈՐԺՕՐ ՓՐ
ԿՁԻՆ ԽՈՒԲՄՈՒԵՆՉ ԵՆԱՈՅ ԼՈՒՅ
ՄՈՒԵՐ ԺԸՀՀՅ ՆԱԵՂ.ԱՅ(Ի)ՈՁՍ
                              ԱՆ
ՀՍ ԼՅՑԻՆ ԲՂՍՐՆՍԼ. ՀՍՂ(Ս)Ս
                              ՍՐ ԺՈՂ.Ս
Վ ԲՐԴԻՆ ԵՂՍՅ ԽՆՆԱՅՁ Ի
                         ՍԻՆՍԻՆ

Auf der Inschrift beginnt die erste Zeile mit ... und die zweite Zeile mit ..., wo augenscheinlich das ... an die unrechte Stelle gerathen ist. Statt ..., liest man auf der Inschrift ..., in der zweiten Zeile kann nichts anderes als ... sein. Der Name in der letzten Zeile kann nur ... gelesen werden, da unter den mit ... beginnenden Namen nur dieser passt.

Die Uebersetzung lautet:

‚Diese himmlische Kirche, auf den Namen der heiligen Gottesgebärerin, wurde vollendet im Jahre 1000 der Zeitrechnung der Armenier (= 1551). Damit sollen mit der Erbarmung und den Gnaden des Erlösers die Räucherungen des Weihrauchs, das Leuchten der Lichter dieser Kirche ohne Unterbrechung sein. Von der versammelten ganzen Gemeinde, den von aussen Kommenden und den Einheimischen zusammen, soll lustig und fröhlich sein das Eden des Gartens. Der Erzpriester Johannes war es, der diese (Inschrift) eingraben liess (oder verfasst hat?).‘

Bei näherer Betrachtung der Inschrift zeigt es sich, dass es ursprünglich Verse sind, welche aber jener Mann, der die Inschrift für den Steinmetz niedergeschrieben hat, nicht verstand und verballhornte. Der ursprüngliche Entwurf der Inschrift mag nach meinem Dafürhalten gelautet haben:

(Armenian verse text, ten lines)

Wegen der Aehnlichkeit der Composition vergleiche man die Inschrift am Kloster Սուրբ Նշան (später Սուրբ խաչ) in der Krim, das im Jahre 1338 erbaut wurde, bei Minas Bžškean a. a. O., S. 324.

Die kleinere Inschrift (II) lautet:

ՅԱՅՍ ՏԱՊԱՆՍ ՈՐՓՈՒԹՄՆԻՄՆ Լ ՍՈՒՐԲՍ-
ՐԴ-ՋԻՆՈ ՂԱՆԱՆԳԵՐՄ ։

ՈՒ ՆԵՂ Ո ՍԲՆՁԻՆ ✝ ՄՈ ՁԻ Ձ Ա ՀՄՇՐՈՒԻՆ ԿՈՐ-
ՈՒՆ ՆԱՈՒ ԻՌԱՅԻ ՆՈՒՆ Ո ՈՐԲԻ

d. i. mit Auflösung der Abkürzungen und Abtheilung der Worte:

ՅԱՅՍ (Ե)Ս(Ե)ն Ի ՊԱՊԱՆ ՆՈ ՈՐ ՓՈՒԹՄ(Ն) ԱԵՐ
ՄԱՐ(Ամ)Ի (ՈՐ)Ր(Ե)Կ(Ե)Ա(Ի) ՍՈՒՆԸՐ Ա(Ա)Ր(Ե) Լ
ՋԵ ՆՈ (Ա)Ր ԵՄՆԱՆ ԳՐԱ ,

ՈՒ ԵՆՂ Ո. ՍԲՆՁԻՆ ✝ ՄՈ ՁԻ Ր ՁԱ ՀՄՇՐՈՒԻՆ
ՈՐ-ՈՒՆ ՆԵՆ ԻՌԱՅԻ Ֆ ԱՕ ՈԼ ՈՐԲԻ

Uebersetzung:

‚Dieses Thor ist das Andenken ganzen Glaubenseifers. Kalk gaben wir dazu eifrig und freudig; zwei Pferde zogen den ganzen Sommer Stein und Sand herbei. (Deswegen) erbarmt sich Gott des Herrn Michael, des Sohnes des seligen Schalḥmarum (Ŝah-Marum?) aus Musul (?).‘

ՆԵՆ ist das polnische *pan*. Das vor dem Worte ՄՈՒՁԻ stehende Zeichen kann nichts anderes als ein Kreuz sein. Der obere Strich ist offenbar weggefallen. ՈԼ ՈՐՈՒԻ = ՈՐ ՈՐՈՒԻ.

B) Die Gründungs-Urkunde der armenischen Kirche in Kamenec Podolsk.

Այս իմ կանչս եւ հաստատութիւն անձին մեղապիր եւ օրհասիկ որդոյ[1] խոթլուբէկի յաղագս որոյ կատամ[2] առաջի այ գզիրն գարա
խաստարէն որ աթոռայն եւ հասկագին առաջնորդացն ով որ պա-
տմէ. եւ այժմ որ յահանեւս[3] որբեզիգ ամ բառուց եւ ապաձաց

---

[1] որդ• ոյ.
[2] Neuarmenisch = ատամ.
[3] յահանէոս.

[Armenian text — old stylized script, 19 lines]

Uebersetzung:

,Dies ist die Urkunde meines Willens und der festen Entschliessung meiner Person Sinan's, des Sohnes Chuthlubej's. Zu diesem Zwecke stelle ich aus vor Gott diese Schrift dem Sitze des ,Erleuchters' und den Vorständen dieses Landes, wer immer da ist. Und jetzt ist Herr Johannes Erzbischof des ganzen Landes der Russen und Lechen und in gegenwärtiger Zeit der geistliche Vorstand dieser Provinz und auch von uns. Deshalb habe ich gelobt eine Kirche zu erbauen auf den Namen des heil. Nikolaus, des wunderwirkenden Patriarchen. Und dieselbe

[1] *Armenian footnote*
[2] *Armenian footnote*
[3] *Armenian footnote*
[4] *Armenian footnote*
[5] Neuarmenisch = *Armenian*.
[6] *Armenian footnote*
[7] *Armenian footnote*
[8] *Armenian footnote*
[9] = *Armenian*?
[10] *Armenian footnote*
[11] *Armenian footnote*

wurde jetzt mit der Hilfe Gottes fertig gestellt und vollendet.
Und ich habe sie gemäss meinem Gelöbniss Gott, dem heiligen
Stuhle des ‚Erleuchters‘ und dem Vorstande dieser Provinz als
Gabe dargebracht. Und ich mache sie frei von allen weltlichen
Herren; Niemand soll die Gewalt haben über diesen heiligen
Tempel Herrschaft auszuüben, weder ich noch mein Haus und
auch nicht meine Kinder; und auch kein Fremder, weder ein
ferner, noch auch ein naher und wer sich erkühnt und Herrschaft
üben will, der ist ein Lügner und Ungerechter vor jedem Gericht. Und er wird büssen vor den geistlichen und weltlichen
Richtern. Und er wird auf sich laden die Flüche Gottes und
der heil. Apostel und der Patriarchen. Jedoch nur dann, wenn
es stattfindet, dass einer von meinen Nachkommen oder Landsleuten Geistlicher wird und dem Glaubensbekenntnisse des ‚Erleuchters‘ anhängt und dem Sitze des ‚Erleuchters‘ unterthan
ist, da soll er aus dem Bergwerke, aus den Einkünften der
Kirche einen Antheil empfangen, wenn er nämlich ein einhei-
mischer Priester ist, aber keine Herrschaft über die Kirche aus-
üben. Unter der Zeugenschaft Gottes und glaubwürdiger Zeugen,
welche hier anwesend waren, wurde diese Urkunde geschrieben
im Jahre 847 der Zeitrechnung der Armenier (= 1398), am
25. des Monats März von der Hand des Priesters Philippos, vor
meinem Herrn.‘

Das Original der mitgetheilten Urkunde befindet sich
im Archiv der betreffenden Kirche aufbewahrt.

Man vergleiche dazu die Beschreibung der Kirche zum
heil. Nikolaus bei Bžškean a. a. O., S. 136 und besonders das
Ֆիշատակարան սուրբ Նիկողայոսի S. 140. — Der Verfasser bemerkt
darüber: *դաստ բոլորդիր ՀԼ Յիշատակարան եկեղեցւոյ սրբոյ Նիկողայոսի* dort steht an der Spitze der Stifter, welche aufgezählt
werden, *այր ամենէր եւ բարեպաշտ որ կոչի Պարոն Սինան . . . սկսա.
շինել այս որ աստուած ի յանուն սրբոյ Նիկողայոսի սքանչելագործ որ
Հայրապետին.* ‚Ein gottgeliebter frommer Mann, Namens Baron
Sinan . . . begann zu erbauen diesen heil. Tempel auf den Namen
des heil. Nikolaus, des wunderwirkenden heil. Patriarchen.‘

Der Name Sinan, Sohn Chuthlubej’s (قوتلوبك), darf an
einem christlichen Armenier nicht auffallen. Offenbar stammte
der betreffende Edelmann aus einer Familie, die nach der
sechsten Einnahme Anis im Jahre 1239 in das Gebiet von

Astrachan ('_Աստրախան_) sich geflüchtet hatte (vgl. Bžškean,
S. 83, 397 ff.) und später nach Polen gezogen war (Bžškean,
S. 86 ff.). Bekanntlich gibt es eine Reihe von armenischen
Drucken in der sogenannten türkisch-tatarischen Sprache; auch
zahlreiche Handschriften dieser Art werden in den armenischen
Bibliotheken, so z. B. bei den PP. Mechitharisten in Wien, auf-
bewahrt (vgl. Bžškean a. a. O., S. 88).

In Betreff der Form dieses Schriftstückes vergleiche man
die Urkunde bei Minas Bžškean a. a. O., S. 104—105: որ Մր
կամեսց ե՛ Հասատող զիր է . . . որ մատ‍աք զ‍որ Հասատող զիրն՝ որ
մխանկ‍գոր զ‍ան՝ որ ['‍նահնին. ե‍ չ‍ինեգոր ի 'Լով բ‍աղ‍որ. Հ‍որ-
զ‍ա‍ան որ | մ‍ատ‍որ‍ին ա‍ւ‍բ‍ա‍ապ . . . որ յ‍այո‍մ Հ‍ետ ո‍ զ‍Մր որ‍գ‍ի, ո‍ զ
զ‍ո‍ւ‍ապ, ո‍ զ‍ ե‍զ‍որ‍գ‍ր, ո‍ զ մ‍գ‍գ‍ ո‍ զ‍ թ‍անն, զ‍ո‍ր‍գ‍ զ‍ո‍զ‍որ‍մ‍ո‍ւ‍թ‍ի‍ն որ ա‍ան‍նն, զ‍գ‍
ի‍չ‍բ‍ո‍ն‍ո‍ւ‍թ‍ի‍ն չ‍ո‍ն‍ն‍ն ի ‍ կ‍բ‍ո‍ ե‍ կ‍ե‍զ‍ե‍ց‍ո‍ց‍ն‍ և‍ կ‍ո‍ր‍ ‍ը‍ն Հ‍ո‍ր‍ ‍մ‍ո‍ւ‍բ‍ո‍ւ‍ո‍ա‍ո‍գ‍
կ‍ո‍ր‍ ի ‍ կ‍ե‍զ‍ո‍ ‍ ե‍ կ‍ե‍զ‍ե‍գ‍ո‍ր‍ ‍ ն‍ն‍բ‍գ‍ . ‍ո‍զ‍ ո‍ր‍ յ‍ ‍ ‍ ‍ ‍ ‍ ‍ ‍ ‍ ‍ Հ‍ո‍ր‍ ‍ն‍ե‍բ‍բ‍ո‍ւ‍թ‍ ‍ ‍ ‍ի ‍ մ‍ա‍բ‍է,
bu m‍ւ‍ա‍տ ‍ է‍ ‍ ‍յ‍ա‍մ‍ զ‍ա‍տ‍ա‍տ‍ա‍ն‍ն, ‍ե‍ւ‍. ‍մ‍ա‍ո‍ն‍դ‍ի ‍ յ‍ա‍յ‍ ‍ ե‍ւ‍ ի ‍ո‍ր ‍ ե‍կ‍ե‍զ‍ե‍ց‍ո‍յ ‍
ի ‍ո‍ր‍ ‍ն‍ա‍ո‍հ‍ն‍ե‍ն ‍ե‍ւ‍. ‍ի ‍ո‍ր ‍ա‍ո‍ւ‍ա‍պ‍ե‍ի‍ո‍գ‍ն ‍ փ‍ն‍ո‍ւ‍թ‍ ‍

ՅԵԿԵՂԵՑԻՍԱՅՍ
ԱՂՕՆՍՐՈՅՍԵՂՍ
ԱՐԵՑԱՒՐԹՎԻՆ
ՈՂՈՐՄՈՒԹՒ ՀՎ
ԿՉԻՆ։ԲՈՒՐՄԻՆ
ՄՒՆՔ ՁԱՀԻՋ։ԵՎ
ՀԱՏՈՑԻՆՐԱՄԵԱՎ
ՎՐՈՒՆ։ԵԿԱՅԲՆԼ
ՅՆԾԱՎԲԵՐԿՐԻՑ
ՅՎԵՒԻՑՂՁԾՐՄՈՐ

1. Inschrift über dem

Die Gründungs-Urkunde der armenischen Kirche in Kamenec Podolsk.

Sitzungsb. d. kais. Akad. d. Wissensch. phil.-hist. Classe. CXXV. Bd., 11. Abh., 1890.

XII.

Confucius, Legge, Kühnert.

Von

A. von Rosthorn.

Der CXXXII. Band der Sitzungsberichte der kais. Akademie der Wissenschaften enthält eine Arbeit des Herrn Dr. Fr. Kühnert über die Philosophie des Confucius,[1] welche nicht verfehlen kann durch ihren Inhalt und ihre Form in sinologischen Kreisen Aufsehen zu erregen.

Indem ich dieselbe im Nachstehenden einer eingehenden Besprechung unterziehe, glaube ich einer doppelten Pflicht zu genügen. Ich hoffe der Wissenschaft einen Dienst zu leisten, und ich glaube es meinem verehrten Lehrer Herrn Professor J. Legge schuldig zu sein, den gegen ihn gerichteten, mehrfach in verletzende Form gekleideten[2] Angriffen entsprechend zu begegnen.

Wenn Herr Dr. Kühnert es für befremdend erklärt, dass ‚man‘ über eine Lehre oder Theorie aburtheilt, obwohl ‚man‘ eingestehen muss, sie nicht zu verstehen, so muss für den nicht Eingeweihten hinzugefügt werden, dass hier eine Entstellung der Thatsachen vorliegt. Legge urtheilt über die in Frage stehende Lehre nicht ab, sondern er bemüht sich sie zu erklären, und wenn er gelegentlich sagt, dass ihm dieses oder jenes nicht völlig klar geworden ist, so ist dies eben eine bescheidene Wendung, welche den Nestor der Sinologie, der

---

[1] Die Philosophie des Kong-dsy (Confucius) auf Grund des Urtextes. Ein Beitrag zur Revision der bisherigen Auffassungen. Von Dr. Fr. Kühnert, Sitzungsber. der kais. Akademie der Wissenschaften, phil.-hist. Classe, Bd. CXXXII. Wien. 1895.

[2] Siehe z. B. Fussnote 2 zu Seite 33 von Herrn Dr. Kühnert's Abhandlung.

seinem Fache seit mehr denn einem halben Jahrhundert
lernend und lehrend obliegt, vortrefflich kleidet. Echtes Wissen
ist stets mit Bescheidenheit gepaart, und wo Eigendünkel die
Feder führt, kann man sicher rechnen auch auf Unwissenheit
zu stossen. Der Titel des Werkes ist geeignet irre zu führen. Da
Confucius selbst kein philosophisches Werk geschrieben hat,
und da er nach eigener Aussage nicht schuf, sondern nur überlieferte,[1] so ist es schwer die Grenzen zu definiren, welche
seine Philosophie umschreiben. Man thut indessen Recht daran,
als directe Quelle für die Kenntniss seiner Lehre zunächst
nur diejenigen Aussprüche heranzuziehen, welche von den An-
hängern des Weisen bald nach dessen Tode aufgezeichnet
wurden und als solche gekennzeichnet sind. Dieselben
sind unter dem Namen *Lun yü*, ‚Gespräche und Aphorismen‘,
bekannt und von James Legge im ersten Bande seiner *Chinese
Classics* herausgegeben und übersetzt worden.[2] Dem *Lun yü*
schliessen sich in diesem Bande, dem chinesischen Usus gemäss,
das *Ta hsio* und das *Chung yung* an, — das erstere gewöhnlich
Tsêng tsï, das letztere *Tsï Ssï* zugeschrieben. Jener war ein
unmittelbarer Schüler, dieser ein Enkel des Confucius; und
obschon, wenigstens hinsichtlich des *Ta hsio*, die Urheberschaft
einigermassen strittig ist, so fallen doch beide Werke, sowohl
der Zeit ihrer Entstehung, wie ihrem Inhalte und ihrer
Tendenz nach, mit den ‚Gesprächen‘ hinlänglich zusammen,
um als echte Producte confucianischer Philosophie gelten zu
können.[3] Eine Beurtheilung der Philosophie des Confucius
hätte sich demnach in erster Linie an die *Analects* zu halten,
dürfte aber in zweiter Reihe auch aus dem *Ta hsio* und *Chung
yung* schöpfen. So haben es Alle gehalten, in China wie in
Europa, welche über den Gegenstand handelten, von Legge
angefangen bis auf Dr. Rudolf Dvořák, dem wir neuestens
eine recht verdienstvolle Arbeit verdanken.[4]

[1] 述 而 不 作 Ch. Cl. I. 59.
[2] The Chinese Classics: with a translation, critical and exegetical notes.
Prolegomena, and Indices, Vol. I. Hongkong & London, 1861.
[3] Ch. Cl. I. Prol. 27. 36.
[4] China's Religionen. 1. Theil. Confucius und seine Lehre. Von Dr. Rudolf
Dvořák. Münster i. W., 1895.

Dr. Kühnert allein macht eine Ausnahme. Für seine ‚Philosophie des Confucius auf Grund des Urtextes' ist nicht nur das *Ta hsio* allein genügend; sie beschäftigt sich überhaupt nur mit der Analyse von vier Seiten der Legge'schen Ausgabe (S. 220—223).

Der Text dieser vier Seiten gliedert sich in sieben Paragraphen und diese wollen wir nun der Reihe nach betrachten.

1. 大學之道在明明德、在親民、在止於至善。

Legge: What the Great Learning teaches, is — to illustrate illustrious virtue; to renovate the people; and to rest in the highest excellence.

Kühnert: Der Plan der Philosophie besteht in der Erhellung schimmernder Tugend (= Geistesfähigkeit, Geisteshabitus), in der Volkserneuerung (= Verwandtschaftlichung), (d. i.) im Standpunkte auf der höchsten Vollkommenheit.

Die Legge'sche Uebersetzung ist als wörtliche Wiedergabe unanfechtbar. Ich kann jedoch dem Schüler Legge's (wer er auch sei), dem Kühnert (S. 51) eine Rüge ertheilt, nur beipflichten, wenn er sagt, dass die Etymologie der chinesischen Wörter in den meisten Fällen nicht genügend festgesetzt sei. Man braucht nicht nach China zu gehen, um die Erfahrung zu machen, dass die Wörter einer Sprache, insbesondere Abstracta, zu verschiedenen Zeiten und von verschiedenen Schriftstellern in sehr verschiedenem Sinne angewendet werden. Nur ein ideales Wörterbuch, wie wir keines besitzen, vermag der Ideologie einer Sprache annähernd gerecht zu werden. Im Chinesischen ist die Vieldeutigkeit der Wörter noch weiter gesteigert durch den Umstand, dass die Unterscheidungen von Nomen und Verbum, sowie Tempus, Modus und Numerus, am Worte selbst äusserlich nicht gekennzeichnet sind. Wer sich eine Vorstellung davon machen will, wie vielerlei und wie verschiedenes ein einziges chinesisches Schriftzeichen bedeuten kann, der lese den Aufsatz über das Wörtchen 道 *tao* in Watters' vortrefflichen Essays.[1] Es wäre zu wünschen, dass wir mehr Monographien dieser Art hätten.

---

[1] Essays on the Chinese Language, by T. Watters. Shanghai 1889, p. 152—244.

Wenn demnach die Auffassung, und damit die Uebersetzung, einer Stelle von jener Legge's abweicht, so braucht
sie darum noch nicht falsch zu sein. Wären die alten Texte
so klar, wie Kühnert sie hinstellt, so gäbe es keine Commentare. Man kann aber kühn behaupten, dass die Commentare zu
den fünf Classikern diese an Umfang wohl tausendfach übertreffen. Vorausgesetzt, dass eine Interpretation den grammatischen Anforderungen und dem Sprachgebrauche entspricht,
wird man sie zu berücksichtigen haben, und es wird dann der
Zusammenhang und die innere Wahrscheinlichkeit darüber entscheiden, welche Auffassung die annehmbarste ist. Man darf
aber nicht dem Sprachgebrauch Gewalt anthun, um eine Proposition in das System subjectiver Anschauungen zu zwängen.
Mit anderen Worten, die Interpretation muss durch Belege ge-
stützt sein, und zwar durch Belege aus der Literaturperiode,
welcher das Werk selbst angehört.

Der Titel des Werkes recapitulirt, dem Usus des *Lun
yü* gemäss, die einleitenden Worte des Textes. Der Ausdruck
Ta hsio lässt verschiedene Auslegungen zu, nur die eine von
Kühnert beantragte nicht. Die Chinesen haben eine ausgedehnte philosophische Literatur, aber nirgends wird die Philosophie als solche *Ta hsio* genannt. Man findet 子 學 *tsï hsio*
oder 理 學 *li hsio* (das letztere insbesondere für die Natur-
philosophie der Sung Dynastie) so angewendet, aber niemals
ta hsio. *Ta hsio*, oder richtiger *tai hsio*, bezeichnet vielmehr
in erster Linie eine Schule. Es war die höchste Schule im
Staate. Hier erhielten der Erbprinz, die Söhne des Kaisers,
die legitimen Söhne der Fürsten und obersten Beamten, kurz
alle, die bestimmt waren den Regenten zu umgeben und in
administrativen Functionen zu vertreten, ihre letzte Ausbildung.
Die Erziehung war vorwiegend moralisch; die Pflichtverhält-
nisse in einem patriarchalisch gedachten Staatshaushalte standen
im Vordergrunde, und als wichtigster Grundsatz wurde gelehrt,
dass die Manifestation der Tugend von oben herab einen
regenerirenden und harmonisirenden Einfluss auf das Volk
ausübe.[1]

---

[1] Vgl. Biot, Essai sur l'histoire de l'instruction publique en Chine, Paris
1845, Mém. 1, par. 2—4, und Plath, Ueber die Verfassung und Ver-

Es steht nun nichts im Wege, dass man, statt *Ta hsio* als
‚hohe Schule‘ zu fassen, darunter, wie Legge, das verstehe,
was in derselben gelehrt wurde, also etwa ‚die grosse Lehre‘.
Lässt doch unser Wort ‚Schule‘ dieselbe Auslegung zu. Meiner
persönlichen Auffassung entspricht jedoch die erste Version
besser. Die Uebersetzung von *tao* wird von der Auffassung
des Vorhergehenden abhängen. Es ergiebt sich für uns unter
den vielen Bedeutungen des Wortes die Wahl zwischen Princip,
Methode, Inhalt, Ziel. Die Substitution einer dieser Bedeutungen für die andere hat indessen auf den Sinn des Ganzen
wenig Einfluss. Wir können also sagen, dass der vorliegende
Paragraph eine Definition ist dessen, worauf der höchste Unterricht abzielt und was das höchste Wissen ausmacht.

Es besteht a) in 明 明 德. *Ming* hat adjectivische Grund-
bedeutung; das erste *ming* verbale Function. Als Adjectivum
bedeutet es ‚leuchtend (照), hell‘, und in übertragener Bedeutung ‚deutlich, offenbar (= 高 明, conspicuous, distinguished)‘. In verbaler Anwendung ist es entweder factitiv ‚etwas
klar und deutlich machen (章 明 manifestiren, an den Tag
legen)‘, oder es bezeichnet den Zustand der Klarheit ‚etwas
verstehen‘. Es liessen sich noch verschiedene Abschattungen
hinzufügen, die sich ohne Schwierigkeit von den obigen Bedeutungen ableiten und auf dieselben zurückführen lassen. *Te* in
seiner allgemeinsten Bedeutung ist ‚Können, Vermögen‘, dann
die Summe der Vermögen, ‚Charakter‘, und so gebraucht es Han
yü, wenn er sagt ‚es gebe einen guten und einen schlechten
Charakter‘.[1] Der Sprachgebrauch hat jedoch die Bedeutung
von *te* ebenso eingeengt, wie jene von 道 *tao*, ‚Princip‘ =
‚gutes Princip‘ (無 | unprincipled), oder von 理 *li*, ‚Vernunft‘,
welches in nicht-wissenschaftlichem Sinne, wie bei uns, die
Unvernunft (無 | oder 反 |) ausschliesst; und man wird daher
te, wo es nicht besonders qualificirt ist, stets mit ‚Tugend‘ übersetzen. So übersetzen es Alle, von Legge bis auf Dvořák, und

---

waltung Chinas unter den drei ersten Dynastien. Abh. der k. Akad. der
Wissensch. München 1865, p. 533 ff. Auch Chu Hsi's Einleitung zum
Ta hsio.

[1] Han yü, Yuan tao. Zottoli, Cursus. Litt. Sin. IV., p. 326 德 有 凶
有 吉.

so ist es meines Erachtens hier zu übersetzen. Es liesse sich
gleichwohl, vom Standpunkte der Sung Philosophen, über diesen
Punkt noch mit Kühnert reden: aber seine Auffassung von *ming*
ist ganz verwerflich. Er schiebt diesem Worte die Bedeutung
von ‚noch nicht da, hervorleuchtend also kommend wie in 明
天 morgen == der morgige Tag, 明年 == nächstes Jahr'
unter (S. 7, Note 3), und erläutert dies (S. 51) wie folgt: ‚Nachdem das Heute, als Einheit, schon im Ablaufe ist, bin ich der
kommenden Einheit, dem ‚morgen' schon näher gerückt, es
leuchtet oder schimmert diese kommende Einheit gleichsam
schon in die laufende herein.' Das heisst doch einer Schlange
Füsse geben (蒼蛇添足)! Der unbefangene Leser, auch
der Nicht-Sinologe, wird erkennen, dass diese Erklärung,
statt die Sache zu erklären, sie verdunkelt. Für 明天 und
明年, heute sehr gebräuchliche Ausdrücke, kann ich gleichzeitige Belege nicht finden, wohl aber für 明日 *ming ji*.[1]
Ji ist erst die Sonne, und dann auch der Tag; *ming ji* daher
‚Sonnenaufgang' oder ‚Tagesanbruch'. Die Anwendung dieses
Ausdruckes auf den kommenden Tag ist unserem Gebrauche
von ‚der Morgen' und ‚morgen' ganz analog; und die spätere
Uebertragung dieser Anwendung vom Tage auf das Jahr ist
eine einfache Analogiebildung. Dies ist alles ganz verständlich,
und man braucht nicht zu einer so künstlichen Erklärung zu
greifen, wie, dass der kommende Tag gewissermassen schon in
den heutigen ‚hereinschimmert', oder das kommende Jahr als
facultativ schon vorhanden gedacht werde. Mit der Hinfällig-
keit dieser Erklärung wird aber dem ganzen Aufbau philoso-
phischer Speculation, mit welcher Dr. Kühnert die Sinologie
bereichert hat, der Boden entzogen.

Der erste Punkt, welchen das *Ta hsio* lehrt, ist demnach
die Pflicht der Höchstgestellten, glänzende Tugend an den Tag
zu legen, aller Welt zur Leuchte und zum Vorbild. Die alten
Kaiser, Yao, Shun und Yü, Ch'éng T'ang, Wén wang und Wu
wang, wie auch Chou kung, waren nach chinesischer Tradition
solche leuchtende Vorbilder der Menschheit. Ihre hohe Sittlichkeit theilte sich den Massen mit, und ihr Zeitalter gilt als die
aurea actas Chinas, auf welche Confucius, Mencius und die

---

[1] Ch. Cl. I. p. 158, 199.

Philosophen ihrer Schule beständig hinweisen und welche sie wiedererstehen sehen möchten. Der regenerirende Einfluss des persönlichen Wandels der herrschenden Classe auf die Massen ist in der That der Kern confucianischer Weisheit. ‚Ein Herrscher, der durch Tugend herrscht,‘ heisst es in den Gesprächen, ‚ist dem Polarstern vergleichbar, der auf seinem Platze bleibt und alle Gestirne wenden sich ihm zu.‘[1] Oder: ‚Lenke es durch Gesetze und corrigire es durch Strafen, und das Volk wird zwar die Strafe meiden, aber kein Schamgefühl kennen: aber lenke es durch Tugend und corrigire es durch Sittlichkeit, und es wird Scham empfinden und sich bessern.‘[2] Und ähnlicher Stellen liessen sich unzählige beibringen. ‚Ist der Herrscher menschlich, sind Alle menschlich; ist der Herrscher gerecht, sind Alle gerecht,‘ sagt Mencius.[3] Gerechtigkeit und Menschenliebe sind die Cardinaltugenden confucianischer Ethik.

Wie die ‚hohe Schule‘ nur den Prinzen des kaiserlichen Hauses, den Söhnen der höchsten Beamten und besonders begünstigten Individuen zugänglich war,[4] so wird auch das, was in ihr gelehrt wurde, zunächst nur an diese gerichtet gewesen sein, und die Bemerkung Legge's, welche Kühnert lächerlich zu machen sucht, dass diese Philosophie eigentlich nur für einen Regenten passe, erweist sich als durchaus zutreffend und sachgemäss. Was Confucius von der Intelligenz des Volkes hielt, geht aus dem Ausspruch hervor, dass es wohl veranlasst werden könne einen bestimmten Weg zu gehen, aber nicht ihn auch zu verstehen.[5]

Nachdem wir uns bei dem ersten Punkte so lange aufgehalten haben, können wir über den zweiten umso rascher hinweggehen, als Kühnert hier von Legge kaum abweicht und daher keinen Anlass zur Kritik bietet. Er besteht nach der

---

[1] Ch. Cl. I, p. 9.

[2] Ib. p. 10.

[3] Ch. Cl. II, p. 196.

[4] 自天子之元子衆子以至公卿大夫元士之適子與凡民之俊秀皆入大學. Chu Hsi, a. a. O.

[5] Ch. Cl. I, p. 75.

älteren Version in b) 親 民, der Annäherung, oder Liebe zum
Volke. *Ch'in* bezeichnet eigentlich die nächsten Verwandten.[1]
Als Verbum bedeutet es dann ‚gleich Verwandten ansehen und
behandeln‘, was die Nebenbedeutungen von ‚Annäherung (近)
und Liebe (愛)‘ in sich schliesst.[2] Das innige Verhältniss
zwischen Herrscher und Volk, die gegenseitige Antheilnahme
in Freude und Leid, ist ein unerschöpfliches Thema der Con-
fucianer,[3] und bedarf keiner weiteren Erläuterung. Ch'êng tsï,
der Sung Herausgeber des *Ta hsio*, war es, der zuerst 新
hsin für *ch'in* las, wie mir scheint, ohne genügenden Grund;
denn die im Commentar citirten Stellen sind, wie Legge richtig
bemerkt, irrelevant. Der Sinn leidet jedoch nicht sonderlich
durch die veränderte Lesung: statt ‚Annäherung oder Liebe
zum Volke‘ müssen wir ‚Läuterung oder Regeneration des
Volkes‘ übersetzen.

Wir kommen nun zum dritten Punkt, dem c) 止 於
至 善. Die Uebersetzung an sich bereitet keine Schwierig-
keit. Der Parallelismus und die Construction gebieten *chi* als
Verbum zu nehmen, als welches es ‚verharren‘ bedeutet. K'ung
Ying-ta amplificirt es durch 止 處, was genau dasselbe besagt.
Kühnert leugnet dies zwar, und glaubt Legge damit einen
Fehler nachgewiesen zu haben, giebt sich aber dadurch nur
eine Blösse. *Ch'u* hat nämlich zwei Bedeutungen: 1) im dritten
Tone hat es verbale Bedeutung und wird im Wörterbuche
durch 居 oder 止, ‚bleiben, verharren‘ erklärt, 2) im vierten
Tone ist es Substantivum und bedeutet 所, ‚Ort‘. In meiner
Ausgabe, in welcher die Töne markirt sind, trägt es den
dritten Ton. Doch abgesehen davon, liegt uns hier offenbar
eine gewöhnliche Worterklärung durch ein Synonymcompositum
vor. Ist *chï* Verbum, so muss auch *ch'u* verbal genommen
werden, um so mehr da die beiden Wörter sich nur in der
verbalen Bedeutung decken. Diese Dinge sind alle für den
Sinologen selbstverständlich, und ich habe sie nur deshalb besonders erwähnt, um sie einem grösseren Kreise zugänglich zu
machen. Kühnert's Uebersetzung durch ‚Standpunkt‘ ist also

---

[1] 六 親 謂 父 母 兄 弟 妻 子. Dict.
[2] Vgl. Ch. Cl. I. p. 4.
[3] Vgl. Mencius, Ch. Cl. II. p. 34 ff.

unrichtig: ich sehe aber auch gar nicht ein, was damit gewonnen wäre, wenn wir sie acceptiren könnten. Wir übersetzen demnach, mit Anlehnung an Legge, ‚im Beharren im
höchsten Guten‘.

Was die Schwierigkeit dieses Passus bildet, ist, ihn in
logischen Zusammenhang mit dem Folgenden zu bringen. Wir
müssen dieses erst kennen lernen, ehe wir darauf eingehen
können.

2. 知 止 而 后 有 定、定 而 后 能 靜、靜 而 后
能 安、安 而 后 能 慮、慮 而 后 能 得。

Legge: The point where to rest being known, the object of
 pursuit is then determined; and, that being determined, a
 calm unperturbedness may be attained. To that calmness
 there will succeed a tranquil repose. In that repose there
 may be careful deliberation, and that deliberation will be
 followed by the attainment (of the desired end).

Kühnert: Kennt man den (genannten) Standpunkt, dann hat
 man einen Fixpunkt; hat man einen Fixpunkt, dann
 kann man in Ruhe sein; ist man in Ruhe, dann kann
 man zufrieden sein; ist man zufrieden, dann kann man
 ruhig überlegen; kann man ruhig überlegen, dann kann
 man ihn auch erreichen.

Ich kann nicht entdecken, worin die Uebersetzung Kühnert's genauer oder deutlicher sein soll denn jene Legge's. Sie besagt fast genau dasselbe und rechtfertigt keineswegs den bitteren
Antagonismus, der sich in Kühnert's Anmerkungen darüber ausdrückt. Ueber 止 = 止 處 habe ich mich oben bereits ausgesprochen. Es bildet den Ausgangspunkt der Kette. Während
es oben eine adverbiale Bestimmung (im höchsten Guten) hatte,
ist es hier elliptisch für 止 之 所, oder (nach Chu Hsi) 所
當 止 之 地, d. h. (man muss wissen) wo man verharren
soll (nämlich im höchsten Guten), dann 有 定, hat man ein
festes Ziel. Hat man ein festes Ziel, dann gewinnt man innere
Ruhe (靜 equanimity). Mit der inneren Ruhe stellt sich Zufriedenheit (安) ein, mit der Zufriedenheit Ueberlegung (慮).
mit der Ueberlegung Erfolg (得).

Die vorstehende Uebersetzung ist mit unbedeutenden Abweichungen von allen Uebersetzern angenommen.[1] Der Leser
ist somit in der Lage beurtheilen zu können, ob es gerechtfertigt ist, wenn Legge darüber sagt: I confess that I do not
well understand this par., in relation of its parts in itself, nor
in relation to the rest of the chapter, — und ob Kühnert ein
Recht hat dies in ein Bekenntniss der Incompetenz zu con-
struiren (S. 33, 34, 47)? Die Schwierigkeit, auf welche Legge
hinweist, liegt darin, das die Kette der Folgerungen einen
Cirkel vorstellt. Ist die Kenntniss dessen, worin man beharren
soll, der Ausgangspunkt der Kette, wozu bedarf es dann am
Ende derselben noch besonderer Ueberlegung? Und wozu,
möchte ich hinzufügen, der anderen Zwischenglieder? Man
kann sich den Sinn vielleicht so zurechtlegen, dass man sagt,
erst müsse das Ziel gekannt sein, und die Mittel es zu erreichen bleiben der Ueberlegung vorbehalten; doch das ist
unsere eigene Zuthat. Der Text bleibt gleichwohl enigmatisch
und gilt als einer der schwierigsten, welche einheimische Commentatoren je gehandhabt haben. Ich glaube, man wird Legge
Recht geben, wenn er sagt, dass hier ein Werk der Rhetorik
vorliege, an welches ein zu streng logischer Massstab nicht angelegt werden darf.

3. 物 有 本 末、事 有 終 始。知 所 先 後 則
近 道 矣。

Legge: Things have their root and their completion. Affairs
  have their end and their beginning. To know what is
  first and what is last will lead near to what is taught
  (in the Great Learning).

Kühnert: Bei Dingen gibt es Ursprung und Gipfel (bei der
  Entwicklung), bei Handlungen Ende und Anfang. Weiss
  man, was man zum Früheren und zum Späteren zu
  machen hat, dann nähert man sich wohl dem Plane (des
  Da-hjo).

Die Uebersetzung auch dieses Paragraphen weicht nicht wesentlich von jener Legge's ab. Dagegen sind die Meinungen dar-

---

[1] Vgl. auch Dvořák a. a. O. p. 110, und die am Ende mitgetheilte Uebersetzung von Dr. Faber.

über getheilt, ob der Paragraph sich auf das Vorhergehende oder auf das Nachfolgende beziehe. Kühnert theilt mit Chu Hsi die erstere Ansicht, während Legge und die älteren Commentatoren die letztere vertreten. Man kann nicht umhin die Gründe, welche für und wider diese Hypothesen ins Feld geführt werden, kleinlich zu finden. Der Text ist durch seine allgemeine Fassung wie geschaffen subjectiven Auffassungen freies Spiel zu lassen. *Pên mo* heisst ‚Wurzel und Krone‘, *shî chung* ‚Anfang und Ende‘. Man hat nun ein Argument daraus gemacht, dass das erstere sich auf concrete Dinge beziehe und ein örtliches Verhältniss bezeichne, das letztere sich auf Handlungen oder Ereignisse beziehe und ein zeitliches Verhältniss darstelle. Dieser Gegensatz besteht aber in Wirklichkeit nicht, und die beiden Parallelsätze, welche genau dasselbe besagen wollen, stellen eine rhetorische Doppelung dar, welche unter das folgende *hsien hou*, ‚*antecedens et consequens*‘, subsumirt ist. Dieses *hsien hou* ist hier verbal zu fassen, und drückt nicht allein ein zeitliches ‚vor und nach‘ aus, sondern auch ein qualitatives ‚first and last (in importance)‘, und ein causales *post hoc ergo propter hoc*. In den ‚Gesprächen‘ sagt Tsï Yu von den Schülern Tsï Hsia's, sie wären bewandert in den Aeusserlichkeiten *(mo)*, aber von der Hauptsache *(pên)* wüssten sie nichts. Darauf antwortet Tsï Hsia: In der Bildung des Edlen, — was ist voranzustellen (先 — 傳), was hintanzusetzen (後 = 倦)? .... Nur der Gottbegnadete vermag Anfang und Ende (始 卒) in sich zu vereinigen (d. h. er ist eine in sich abgeschlossene Natur, sich selbst Gesetz, und in ihr heben sich alle Gegensätze auf).[1] Hier haben wir alle drei Wörterpaare in synonymer Verwendung.

Der Paragraph ist meines Erachtens nichts weiter als ein Ausdruck für das Causalitätsprincip. Weiss man Ursache und Wirkung zu erkennen, oder das Wesentliche vom Unwesentlichen zu unterscheiden, dann ist man der Wahrheit nahe, und der Vollendung. Darum heisst es in den ‚Gesprächen‘: Der Edle legt Gewicht auf die Grundlage *(pên)*; ist die Grundlage fest, dann ergiebt sich das Rechte von selbst. Kindliche und brüderliche Liebe sind die Grundlage aller Menschlichkeit.‘[2]

---

[1] Ch. Cl. I, p. 207.   [2] Ch. Cl. I, p. 3.

Die Frage, ob der vorliegende Paragraph sich auf das Vorhergehende oder auf das Folgende beziehe, lässt sich nur auf Grund innerer Wahrscheinlichkeit beantworten. Kühnert's Polemik gegen Legge (S. 35) ist ganz ungerechtfertigt und seine Berufung auf den chinesischen Sprachgebrauch dient nur dazu, seine Unkenntniss dieses Sprachgebrauches darzuthun. In *ming tê* kann *ming* ebenso gut wie *tê* psychologisches Subject sein. Ob die Thätigkeit (die Offenbarung der Tugend) oder das Resultat dieser Thätigkeit (die offenbarte Tugend) gemeint sei, ist syntaktisch, d. h. grammatikalisch, nicht ausgedrückt. Kühnert übersetzt selbst (S. 7) *hsin min* mit ‚Volkserneuerung‘, und sagt doch (S. 35) *hsin min* sei ‚the renovated (new) people‘ und nicht ‚the renovation of the people‘. Dem Verfasser scheint es eben nur darum zu thun, dem berühmten Uebersetzer der Classics von irgend einer Seite beizukommen. Wer sich aber etwas darauf zu Gute thut den chinesischen Sprachgebrauch zu kennen, sollte nicht solche Ungeheuerlichkeiten produciren wie 德者明之爲本 oder 便德明 爲本.

Um auf die oben angeregte Frage zurückzukommen, glaube ich, dass es sich zeigen wird, dass die Beziehung des Paragraphen auf das Folgende die natürlichere ist. Wir werden im nächsten Paragraphen darauf zurückkommen.

4. 古之欲明明德於天下者先治其國、
欲治其國者先齊其家、欲齊其家者
先脩其身、欲脩其身者先正其心、
欲正其心者先誠其意、欲誠其意者
先致其知、致知在格物。

5. 物格而后知至、知至而后意誠、意
誠而后心正、心正而后身脩、身脩
而后家齊、家齊而后國治、國治而
后天下平。

Legge: The ancients who wished to illustrate illustrious virtue throughout the empire, first ordered well their own states. Wishing to order well their states, they first regulated

their families. Wishing to regulate their families, they
first cultivated their persons. Wishing to cultivate their
persons, they first rectified their hearts. Wishing to rect-
ify their hearts, they first sought to be sincere in their
thoughts. Wishing to be sincere in their thoughts, they
first extended to the utmost their knowledge. Such extension of knowledge lay in the investigation of things.
Things being investigated, knowledge became complete.
Their knowledge being complete, their thoughts were sincere. Their thoughts being sincere, their hearts were then
rectified. Their hearts being rectified, their persons were
cultivated. Their persons being cultivated, their families
were regulated. Their families being regulated, their
states were rightly governed. Their states being rightly
governed, the whole empire was made tranquil and happy.

Kühnert: Diejenigen der Alten, welche die schimmernde
Tugend in der Welt leuchtend zu machen wünschten, re-
gelten vorerst ihre Staaten; die ihre Staaten zu regeln
wünschten, brachten erst ihre Familien in Ordnung; die
ihre Familien in Ordnung zu bringen wünschten, bildeten
zuvor ihr Selbst aus; die ihr Selbst auszubilden wünschten,
machten zunächst ihr Herz (d. i. ihr Denken, Fühlen,
Streben) richtig; die ihr Herz (und ihren Geist) richtig
zu machen wünschten, machten erst ihre Herzensergies-
sungen (d. i. ihre Gedanken, Gefühle und Begierden)
wahr; die ihre Herzens- (und Geistes-) Aeusserungen wahr
zu machen wünschten, bildeten erst ihr Wissen bis ins
kleinste Detail aus. Die vollständige Ausbildung des
Wissens besteht (aber) in der Erforschung des Wesens der
Dinge. Ist das Wesen der Dinge erforscht, dann ist das
Wissen (bis ins kleinste Detail) vollständig ausgebildet;
ist (aber) das Wissen vollständig ausgebildet, dann ist
die Geistes- und Herzensemanation wahr; ist die Geistes-
und Herzensemanation wahr, dann ist das Herz (d. i. das
Denken, Fühlen, Streben) correct; ist das Denken, Fühlen,
Streben correct, dann ist das Ich ausgebildet; ist das Ich
ausgebildet, dann ist die Familie in Ordnung; sind die
Familien in Ordnung, dann ist der Staat geregelt; sind
die Staaten geregelt, dann ist die Welt im Ebenmass.

Ich habe die beiden **Paragraphen** zusammengezogen, um den Parallelismus deutlicher zu machen, und weil die Erklärung des einen für alle beide gilt. Denn man wird bemerkt haben, dass die Glieder der beiden Gedankenreihen ganz genau mit einander correspondiren, nur dass sie in der einen in absteigender, in der anderen in aufsteigender Reihenfolge angeordnet sind. Es sei jedoch darauf aufmerksam gemacht, dass der Ausgangspunkt der einen Reihe mit dem Endpunkt der anderen Reihe nicht ganz zusammenfällt: jener ist die Offenbarung glänzender Tugend, dieser der universelle Frieden. Allein die beiden werden, wie schon angedeutet, in causalem Zusammenhang gedacht: jene ist die Wurzel, dieser die Krone. Das Motiv des letzten Paragraphen könnte nicht deutlicher wiederholt sein als in dem 先, welches in jedem Gliede der ersten, und dem 後, welches in jedem Gliede der letzten Reihe erscheint. Haben wir hier nicht deutlich eine weitere Ausführung jenes Motives: des 先 後 (antecedens et consequens)?

Es sei ferner auf das einleitende 古 之, ‚unter den Alten, im Alterthum‘, hingewiesen und daran erinnert, dass das Alterthum den Chinesen das goldene Zeitalter vorstellt, dessen Rehabilitirung das Um und Auf der confucianischen Lehre ausmacht. Ich glaube, dieser Paragraph zwingt uns zu der Annahme, welche wir Eingangs erörtert haben, dass die Vorschriften des *Ta hsio* zunächst an die herrschende Classe gerichtet waren, welcher sie, unter Hinweis auf die Vorbilder der Vergangenheit, die strengste Sittlichkeit (im weiteren Sinne des Wortes) zur Pflicht machen nach dem Grundsatze: *Qualis rex, talis grex.*

Für den Uebersetzer ist endlich zu beachten, dass die Verba (治, 齊, etc.) in par. 4 sich mit den Adjectivis (治, 齊, etc.) in par. 5 inhaltlich genau decken, und als die entsprechenden Factitiva anzusehen sind. In einzelnen Fällen ist die transitive Function am Worte selbst kenntlich gemacht; so bei 治, welches als Verbum transitivum, ‚ordnen (理 Dict.)‘, den ersten Ton trägt, während es als Adjectivum (oder Part. perf. pass.), ‚geordnet (已 理 Dict.)‘, den vierten Ton hat. Ebenso ist 致 das Factitivum von 至, und ist jenes mit ‚erweitern, vervollkommnen‘, dieses mit ‚erweitert, vollkommen‘ zu übersetzen.

‚Wenn die alten (Kaiser) ihre glänzende Tugend im ganzen Reiche offenbaren wollten, so ordneten sie erst ihren Staat.' Man muss sich erinnern, dass die Kaiser der drei ersten Dynastien keineswegs eine directe Herrschaft über das ganze Reich ausübten; dass sie vielmehr Reichsfürsten waren, denen die Hegemonie zugesprochen wurde; dass sie auch als Kaiser nur ihr eigenes Stammland direct verwalteten und sich vor den übrigen Reichsfürsten (den *chu hou*) nur durch gewisse Prärogative auszeichneten, auf die wir hier nicht näher einzugehen brauchen. Das Gesagte genügt um das Verhältniss von ‚Staat' und ‚Reich' klar zu machen, welches demjenigen von Selbst (dem Oberhaupt) und der Familie ganz analog gedacht wurde. Der Ordnung des Staates hat die Regelung der Familienverhältnisse, dieser die Pflege (im moralischen Sinne) der eigenen Person voranzugehen. Die erstere Vorschrift ist natürlich auf alle Fürsten, die letztere auf jeden Familienvater anwendbar. Darum heisst es auch im nächsten Paragraphen: Vom Kaiser bis auf den gemeinen Mann gilt unterschiedslos, dass für Alle die Pflege der eigenen Person die Hauptsache ist.

Worin diese Selbstpflege besteht, wird im Folgenden gezeigt: Sie setzt voraus die Rechtschaffenheit des Herzens, diese die Ehrlichkeit des Wollens, und diese die Erweiterung der Einsicht. Die letzte endlich beruht in der Untersuchung der Dinge (der Aussenwelt). Damit schliesst Paragraph 4. Die Reihenfolge wird nunmehr umgekehrt und gezeigt, wie das Verständniss der Aussenwelt zur Vervollkommnung der Einsicht, diese zur Aufrichtigkeit des Wollens, diese zur Rechtschaffenheit des Herzens führt, u. s. w., bis mit der guten Ordnung im Staate dem ganzen Reiche, der Welt, der Segen des Friedens und der Eintracht mitgetheilt wird.

In dieser Philosophie, welche sich durch hunderte von Stellen aus der confucianischen Literatur belegen liesse, findet die Metaphysik keinen Platz: sie ist durchaus praktisch. Die Ausdrücke 正 心 誠 意, ‚rectitude of mind, and sincerity of purpose', sind landläufige Redensarten, nicht wissenschaftliche Termini. Erst die Sung Philosophen haben in dieselben vielfach die ihnen eigenen Anschauungen hineingetragen, und Kühnert hat diese noch obendrein falsch verstanden. Denn trotz seiner langen Demonstration (S. 39 und 40) und trotz

seiner Berufung auf die Sprachgesetze und den Sprachgeist des
Chinesischen, sind seine Uebersetzungen der Definitionen Chu
Hsi's falsch.

Chu Hsi definirt das Herz als 身 之 所 主, was Legge
richtig übersetzt ‚what the body has for its lord'. Kühnert
führt einen langwierigen Beweis dafür, dass diese Uebersetzung
falsch ist, und verdeutscht obige Definition wie folgt (S. 40):

> *sin* ist das vom Ich Beherrschte (das, was das Ich
> beherrscht),

woraus ersichtlich ist, dass Legge's Uebersetzung gerade das
Gegentheil ist. ‚Hier', setzt er hinzu, ‚zeigt sich so recht deutlich, wohin ein exclusiver, d. h. ausser der Sache liegender
Standpunkt führt. Man übersetzt geradezu falsch, vergewaltigt
den Sprachbau des Chinesischen,' u. s. w. Wer soll nun darüber entscheiden, ob Legge oder Kühnert Recht hat? Ich gewiss nicht; aber die Chinesen selbst, denen man immerhin so
viel Vertrautheit mit ihrer Sprache zutrauen darf, wie unserem
selbstbewussten Verfasser. Schlagen wir zunächst K'anghsi auf.
An erster Stelle wird 心 als das centrale Organ des körperlichen Organismus beschrieben. Dann wird folgende Stelle aus
Hsün tsï angeführt: 形 之 君 也 而 神 明 之 主 也.
das Herz ist der edelste Theil des körperlichen und Beherrscher
(lord) des Intellects. Im Tsï hui heisst es: 藏 身 之 主 神
明 之 舍, das dem Körper innewohnende und ihn beherr-
schende (Organ oder Princip) und der Sitz des Intellects. Das
Ku chin t'ung su wên tsï sagt einfach: 身 之 主 也, der
Beherrscher des Körpers, also genau wie Legge's ‚what the
body has for its lord'. Oder nehmen wir einen Commentar
her, wie das Ssï shu chiang i, welches sich strenge an Chu Hsi's
Erklärungen hält, und wir finden obigen Passus erklärt durch
den Zusatz: 其 心 即 所 以 管 攝 乎 其 身 者 也.
das Herz ist daher das, wodurch man seinen Körper regiert.
Und ähnliche Erklärungen finde ich in fast jedem Commentar,
den ich aufschlage; dagegen nicht eine, welche Kühnert's Uebersetzung rechtfertigt. Die vorstehenden Belege dürften genügend
beweisen, dass Kühnert seinen Gewährsmann falsch verstanden
hat. Das Herz ist für den Chinesen, wie für uns, erstens der
Sitz der Seele, und dann die Seele selbst. Diese wird überall

im Gegensatz zum Körper und als ihn beherrschend dargestellt.
Die obigen Belege appelliren vornehmlich an das Urtheil der
Sinologen. Wenn aber Kühnert Chu Hsi die Worte in den
Mund legt (S. 40), das Ich sei der Herr des Vorstellens, Fühlens
und Begehrens: wird nicht auch der Philosoph und jeder den-
kende Mensch fragen: Was will der gute Mann damit sagen?
Ist nicht das Ich eben die Summe des Vorstellens, Fühlens
und Begehrens? Und wenn es weiter heisst, Gedanken, Gefühle und Begehrungen seien das vom Vorstellen, Fühlen und
Begehren Ausgesandte, Geoffenbarte: ist das nicht eine einfache
Tautologie? Wenn wir also Kühnert's Uebersetzungen vom
sprachlichen Gesichtspunkt verwerfen mussten, können dieselben vom logischen Standpunkt als ein Gewinn bezeichnet
werden? Die Beantwortung sei dem Leser überlassen.

6. 自天子以至於庶人壹是、皆以脩身爲本。

Legge: From the emperor down to the mass of the people,
    all must consider the cultivation of the person the root
    (of every thing besides).

Kühnert: Vom Kaiser herab bis zum gemeinen Manne ist
    (daher nur) dies das Einzige, alle müssen die Ausbildung
    des (eigenen) Selbst zur Grundlage (= Wurzel) machen.

Wir brauchen uns bei diesem Paragraphen nicht lange auf-
zuhalten, weil sich der Sinn aus dem Obigen von selbst ergiebt.
Zu Kühnert's Uebersetzung sei nur bemerkt, dass 壹是 durch
‚ist dies das Einzige‘ nicht richtig wiedergegeben ist. Chu
Hsi's Commentar und nach ihm das Wörterbuch, definiren 壹
vielmehr durch 壹切, was ‚alle, insgesammt‘ bedeutet.[1] Man
hat also zu übersetzen, ‚Es gilt für Alle‘ oder ‚unterschiedslos‘.

7. 其本亂而末治者否矣、其所厚者薄 而其所薄者厚未之有也。

Legge: It cannot be, when the root is neglected, that what
    should spring from it will be well ordered. It never has

---

[1] Vgl. Gabelentz, Chin. Gram. §. 451.

been the case that what was of great importance has
been slightly cared for, and, at the same time, that what
was of slight importance has been greatly cared for.

Kühnert: (Denn) das Normalsein des Wipfels bei dem, dessen
Wurzel in Unordnung (nicht normal) ist, kann wohl nicht
sein; (und) noch nichts giebt es, bei welchem etwas von
dem, worin es dicht (mächtig) ist, dünn (schwach) wäre,
und bei welchem etwas von dem, worin es dünn (schwach)
ist, dicht (mächtig) wäre.

Dieser Paragraph knüpft gedanklich an § 3 an und fasst
gewissermassen den Inhalt des ganzen Stückes zusammen. Die
Wiederholung des Motives 本 末, ‚Wurzel und Krone‘, oder,
in übertragenem Sinne, des Primären und Secundären, an
dieser Stelle und in dieser Fassung, dürfte den letzten Zweifel
darüber beseitigen, dass wir in den §§ 4 bis 6 eine Amplifica-
tion jenes Motives haben. Alles, hiess es oben, hat seine
‚Wurzel und Krone‘, ‚seinen Anfang und sein Ende‘. Die
richtige Unterscheidung dessen, was antecedens und was consequens ist, und was demnach unsere erste und letzte Sorge
sein muss, bringt uns der Wahrheit, der Vollendung nahe. Es
wird dann die natürliche Succession der Wirkungen darge-
than, deren eine nothwendig die andere nach sich zieht, welche
aber keine Sprünge gestattet, und in letzter Linie auf die mo-
ralische Selbstpflege zurückgeht. Hier wird nun der allgemeine
Schluss gezogen: dass etwas in der Wurzel verdorben und in
der Krone gesund sei, ist undenkbar.

Der nun folgende Satz ist in der Legge’schen Uebersetzung unklar; in derjenigen Kühnerts lässt sich überhaupt
keine Vorstellung damit verbinden. Dass es nicht vorgekommen
sei, dass das, was wichtig war, vernachlässigt wurde, und dass
auf das, was unwichtig war, Sorgfalt verwendet wurde, lässt
sich prima facie nicht wohl behaupten. Was aber damit gesagt sein soll, dass es nichts gebe, ‚bei welchem etwas von
dem, worin es dicht (mächtig) ist, dünn (schwach) wäre‘, und
umgekehrt, bleibt mir beim besten Willen räthselhaft. Ich
möchte 厚 und 薄 vor 者 (der Participialendung) verbal,
sonst adjectivisch auffassen, und mit aller Reserve folgende
Uebersetzung vorschlagen: ‚Noch ist es vorgekommen, dass man

in dem, worauf man Sorgfalt verwendete, schwach, und in dem, was man vernachlässigte, stark gewesen wäre.' Nicht nur ist diese Uebersetzung grammatisch gerechtfertigt, sondern sie ist auch verständlich und in Uebereinstimmung mit dem Vorhergehenden.

Dr. Kühnerts Broschüre schliesst mit einer Uebersetzung, die einige Bemerkungen erfordert. In Chu Hsi's Commentar zu § 6 heisst es: 正 心 以 上 皆 所 以 脩 身 也、齊 家 以 下 則 舉 此 而 錯 之 耳。 Kühnert übersetzt: ,Die Richtigstellung des Herzens (i. e. des Denkens, Fühlens und Strebens) ist das Erste, wodurch jeder sein Selbst bildet, die Regelung der Familie das Zweite, denn stellte man dieses an die Spitze, würde man es zweifelsohne fehlerhaft machen.' Ich will nichts darüber sagen, dass unser Autor den Ausdruck 舉 此 而 錯 之 nicht versteht. Man muss wissen, dass hier 錯 für 措 steht, was in meiner Ausgabe durch eine Randnote angemerkt ist, und dann kann man im Wörterbuch unter 措 die Stelle im I ching 舉 而 措 之 leicht finden. Schlimm ist es dagegen, wenn ein Sinolog 正 心 以 上 mit ,die Richtigstellung des Herzens ist das Erste', und 齊 家 以 下 mit ,die Regelung der Familie ist das Zweite' übersetzt. 以 上 und 以 下 sind bekanntlich Ortsadverbien und durch ,oberhalb' und ,unterhalb', oder ,von ... aufwärts' und ,von ... abwärts' zu übersetzen.[1] Der Complex 正 心 以 上 kann daher kein selbständiger Satz sein, sondern nur ein Satztheil, und zwar ist er eine relative Bestimmung des folgenden Subjects 皆, ,alles'. Es ist demnach zu übersetzen ,Alles was oberhalb 正 心 ist' oder ,Alles von 正 心 aufwärts'. Nun folgt das Prädicat 所 以 脩 身 也 ,ist (oder bezieht sich auf) das, worin die Pflege der eigenen Person besteht'. Es ist damit gesagt, dass alle Glieder in § 5 (wo zuletzt von 正 心 die Rede war) von 物 格 bis incl. 正 心 (also die Prüfung der Aussenwelt, die Erweiterung der Einsicht, u. s. w.) sich auf die Pflege des eigenen Ich (welches die Grundlage des ganzen Systems bildet) beziehe. Ebenso ist 齊 家 以 下 ,Alles von 齊 家 abwärts', also die Regelung der

---

[1] Gabelentz, Anfangsgründe § 85.

Familie, die Ordnung des Staates und die Verbreitung von
Glück und Frieden im ganzen Reiche; und von diesem wird
gesagt, dass es 舉 此 而 錯 (= 措) 之 耳 ‚jenes zu-
sammenfasst und anwendet‘, dass es sich also auf die Anwendungen oder Consequenzen der Selbstcultur beziehe. 脩
身, die Pflege des eigenen (moralischen) Ichs (die ‚Wurzel‘
oder Grundlage des Systems) steht im Text zwischen 正 心
und 齊 家, so dass Chu Hsi's Anmerkung vollständig verständlich ist.

Zum Schlusse theile ich eine Uebersetzung des oben besprochenen Textes mit, welche mir Dr. Ernst Faber, einer der
besten Kenner der confucianischen Literatur, freundlichst zur
Verfügung gestellt hat.

Ta Hioh. Text.

1. Das Wesen höherer Bildung besteht in Kundgebung
brillanter Tüchtigkeit, in Sympathie mit dem Volke, im Bleiben
beim Besten.

2. Versteht man das Bleiben, so kommt man zur Gewissheit, von der Gewissheit zur Beruhigung, von der Beruhigung
zur Zufriedenheit, von der Zufriedenheit zum Nachdenken,
vom Nachdenken zum Erfolg.

3. Jedes Ding hat Grund und Folge, jedes Geschehen
hat Ende wie Anfang. Die Erkenntniss des Zusammenhangs
nähert alsbald dem Wesen.

4. Wer im Alterthum brillante Tüchtigkeit im Reiche
kundgeben wollte, regierte zunächst seinen Staat; wer seinen
Staat regieren wollte, ordnete zunächst seine Familie; wer seine
Familie ordnen wollte, cultivirte zunächst seine Person; wer
seine Person cultiviren wollte, erneuerte zunächst sein Herz;
wer sein Herz erneuern wollte, klärte zunächst seine Gedanken;
wer seine Gedanken klären wollte, vollendete zunächst sein
Wissen. Die Vollendung des Wissens besteht in Unterscheidung
der Dinge.

5. Sind erst die Dinge unterschieden, so wird das Wissen
völlig, dann die Gedanken geklärt, dann das Herz erneuert,
dann die Person cultivirt, dann die Familie geordnet, dann
der Staat regiert, dann herrscht Friede im Reiche.

6. Vom Kaiser abwärts zum gemeinen Mann ist eines gemeinsam — persönliche Cultur ist für Alle die Grundlage.

7. Wo die Grundlage unsicher, da kann unmöglich die Folge in Ordnung sein. Nie und nimmer wird das uns Bedeutende unbedeutend und das uns Unbedeutende bedeutend.

Die vorstehende Uebersetzung empfiehlt sich ebenso sehr durch ihre getreue Wiedergabe des Originals, wie durch ihre prägnante, klare Diction.

XIII.

Urkundliche Beiträge zu Johannes de Segovia's Geschichte des Basler Concils

auf Grund von Forschungen in den Archiven und Bibliotheken
von Basel, Genf, Lausanne und Avignon

im Auftrage der kaiserlichen Akademie der Wissenschaften.

Von

Rudolf Beer.

Der nunmehr in Bälde zu gewärtigende Abschluss der
akademischen Ausgabe der ‚Monumenta conciliorum generalium',
enthaltend den zweiten (Schluss-) Band von Johannes de Segovia's ‚historia gestorum generalis synodi Basiliensis', hat die
Nothwendigkeit nahegelegt, das von dem ersten Herausgeber
Ernst Ritter v. Birk seit geraumer Zeit für die Einleitung gesammelte Material zu überprüfen und in einer den jetzigen
Anforderungen entsprechenden Weise zu ergänzen. Zu diesem
Zwecke hat der Schreiber dieser Zeilen, welchem die Weiterführung der Publication von der kaiserlichen Akademie übertragen wurde, im Auftrage und mit Unterstützung derselben
im verflossenen Herbste eine Reise nach der Schweiz und nach
Frankreich behufs Durchforschung einer Reihe von Bibliotheken
und Archiven unternommen. Es schien angezeigt, über die gewonnenen Ergebnisse schon jetzt einen vorläufigen Bericht zu
erstatten, da sich hiebei auch die erwünschte Gelegenheit ergab, an den letzten von Palacky in den Sitzungsberichten
der kaiserlichen Akademie Bd. XI (1854), S. 277—307 erstatteten Bericht über die Publication der ‚Monumenta' anzuknüpfen, die seither für dieselbe ausgeführten Arbeiten kurz
zu skizzieren und die Grundsätze darzulegen, welche für die
Weiterführung der Arbeit massgebend waren.

Aus dem erwähnten Berichte Palacky's ist bekannt, dass
für die Herstellung des Textes der Collectiones des Johannes
von Segovia vorzüglich zwei Handschriften herangezogen wurden:
der Codex der Wiener Hofbibliothek Nr. 5048 und 5049 (V)
und der Codex der Basler Stadtbibliothek, signiert A III 40
und A III 41 (B), und zwar in der Weise, dass zunächst die
Wiener Handschrift vollständig von dem erst kürzlich verstorbenen Beamten der k. k. Hofbibliothek, Regierungsrath
Wenzel Hartl, copiert, von Birk in Gemeinschaft mit ihm
collationiert, und hierauf das ganze Werk neuerdings mit der
in liberaler Weise nach Wien übersendeten Basler Handschrift
verglichen wurde. Die Varianten der Basler Handschrift wurden
auf dem Rande der Copie vermerkt und liefern auch heute
noch die Grundlage der Adnotatio critica.

Die erwähnten Arbeiten wurden nach den mir vorliegenden Aufzeichnungen im Jahre 1869 abgeschlossen, und nach
weiterer fünfjähriger Arbeit konnte der erste Band des Johannes
von Segovia erscheinen. Die Vorarbeiten für die Herausgabe des
zweiten Bandes des Werkes beschäftigten Ernst v. Birk un-
ausgesetzt und dergestalt, dass die erste Lieferung desselben
(Liber XIII – XV) erst im Jahre 1886 erscheinen konnte. Eine
weitere Fortsetzung zu liefern war dem hochbetagten Herausgeber nicht mehr vergönnt; er starb 1891 im 80. Lebensjahre.

Soweit war das Werk gediehen, als mir mit Rücksicht
auf den Umstand, dass ich bei der Publication der letzten
Bücher mitgewirkt und Birk mich auch mit der Sammlung
von Material zu der Fortsetzung betraut hatte, die Weiterführung der Ausgabe übertragen wurde. In meinen Besitz gelangten aus der Verlassenschaft des Verstorbenen durch Vermittlung der hohen Akademie das Manuscript zu den Büchern
XVI—XIX. ferner als Material für künftige Arbeiten eine Abschrift ‚Relacio magistri Joannis de Ragusio de sua Ambassiata
ad Grecos; Instructiones pro oratoribus sacri concilii ituris ad
serenissimum principem dominum Iohannem Paleologum imperatorem Romeorum et ad reverendissimum patrem d. Ioseph
patriarcham Constantinopolitanum; de modo quo Greci fuerant
reducendi ad ecclesiam per concilium Basiliense; Propositio
reverendi magistri Iohannis de Ragusio coram rege Romanorum
Alberto et ambasiatoribus electorum de auctoritate et processu

sacri concilii Basiliensis et contra Eugenium', sowie Abschriften
von kleineren Briefen und Tractaten aus den Handschriften der
Basler Stadtbibliothek, endlich eine grössere Anzahl von Zetteln,
welche theils Nachweise über die veröffentlichten Urkunden,
theils bibliographische Daten für die Einleitung enthalten. Diese
vertheilen sich (nach der von mir vorgenommenen Sichtung)
auf: 1. Basel (Stadt, Geschichte), 2. Basler Concil, allgemeine
Darstellungen (Drucke), 3. Manuscripte zur Concilsgeschichte
im Allgemeinen, 4. Felix V. (Savoyen), 5. Segovia (Stadt),
6. Ioannes de Segovia (Werke) und 7. Ioannes de Segovia
(vita).

Bevor ich Näheres über diese für die Einleitung bestimmten Materialien berichte, scheint es nothwendig, ganz kurz
die Grundsätze zu berühren, welche Birk bei der Publication
des Werkes leiteten. Das bereits bei der Edition des ersten
Bandes beobachtete Princip, einzig und allein den Text zu
geben, und zwar genau so, wie er sich nach Prüfung der zu
Grunde gelegten Handschriften ergab, ohne sachlichen Commentar, ist auch für Birk massgebend gewesen.[1] Was uns
also in Band II und III der ‚Monumenta' vorliegt, ist der Text,
wie er sich unter Zugrundelegung der Basler Handschrift —
denn diese ist die bessere — und mit Heranziehung des Wiener
Codex ergibt, unter Beobachtung der Methode, aus diesen beiden
Handschriften den Archetyp herzustellen, wie er aller Wahrscheinlichkeit und dem vereinigten Zeugnisse der genannten
Quellen gemäss aus der Feder des Autors geflossen. Das ist
der Grundsatz, den Birk bei der Reconstruction des Textes
beobachtete, und von welchem sich auch jeder Herausgeber an
Birk's Stelle hätte leiten lassen müssen, wenn er sich nicht
den Boden unter den Füssen hinwegziehen wollte. Man darf
bei der Reconstruction solcher Texte — es kann dies nicht oft
genug wiederholt werden — wohl emendieren, aber nicht corrigieren; auch dann nicht, wenn man bestimmt weiss, dass der
Autor sprachlich oder sachlich irrt. Die sprachlichen Eigen-

[1] Ueber den Plan der Herausgabe ‚concilii Basiliensis monumenta nulla in parte imminuta omnium oculis proponere' — ‚nullus hic dabitur locus editorum commentariis' — ‚ad ampliorem operum cognitionem de auctorum patria ... notitias ... praemittere institutum habemus' vgl. die Vorrede zu Bd. I der ‚Monumenta'.

1*

heiten Segovia's sind ausserordentlich mannigfaltig, sie sind,
wie unschwer gezeigt werden kann, gar oft Ausfluss des sogenannten spanischen Lateins, wofür eine Reihe Belege anzuführen wären.[1] Die sachlichen Irrthümer treten am schärfsten
bei der Vergleichung der vom Autor mitgetheilten Urkunden,
Briefe, Tractate u. dgl. hervor, für welche uns andere und gar
oft bessere Textquellen zu Gebote stehen. Aber gerade hier
wäre es total verfehlt, selbst die als sicher und richtig anerkannten Lesarten in den Text aufzunehmen: dann hätten wir
allerdings einen sachlich berichtigten Text, aber nicht das, was
Johannes de Segovia geschrieben. Die Richtigstellung von Lesarten (darunter auch Namen und Zahlen) auf Grund anderer
Textquellen, endlich die Kritik dieser im Vergleiche zu den
Quellen für den Text des Autors gehören theils in den Index,
theils in die Adnotatio critica, theils in die Vorrede. Für diese
letztere hatte Birk nicht nur alle Erörterungen über die Ueberlieferung, sondern auch die Besprechung einzelner wichtiger
Stellen in dem Texte selbst aufgespart. Ich habe in der Fortsetzung der Ausgabe insoferne einen geänderten Standpunkt
eingenommen, als ich die Textvarianten sofort den einzelnen
Büchern am Schlusse beifügte und auch andere Quellen, Drucke
wie handschriftliche Zeugnisse, soweit sie eben vorlagen, zu
Rathe zog, das letztere jedoch nur in dem Umfange, als es mit
Rücksicht auf die Nothwendigkeit, die vor so viel Jahren begonnene Ausgabe nun endlich möglichst rasch dem Abschlusse
zuzuführen, thunlich war.[2] Hätte ich es unternommen, sämmtliche handschriftliche Zeugnisse, welche für die eingestreuten

---

[1] Johannes de Segovia gesteht selbst in der noch unveröffentlichten Vorrede zur Uebersetzung des Korans (Cod. der Biblioteca Nacional zu
Madrid, C. c. 78 fol. 118) ‚Aliis etiam aut uovitatibus aut incongruita-
tibus usus fui, latina verba, quamvis alia suppeterent, iuxta hispanum
idioma componens.

[2] Dass ich es unterliess, die einzelnen Urkunden von Buch XVII an fort-
laufend am Rande zu numeriren, hat seinen Grund in dem Umstande,
dass das Kriterium, ob irgend ein eingestreutes Actenstück als selbstständige Urkunde zu betrachten sei, nicht gleichmässig festgehalten wurde
(vgl. z. B. III, S. 241) und sämmtliche aufgenommenen, nicht zum erzählenden Texte gehörigen Stücke ohnedies zum Schlusse In einem gesonderten Verzeichnisse ersichtlich gemacht werden sollen.

Urkunden, Briefe u. dgl. vorhanden sind, heranzuziehen, mit
dem von Johannes de Segovia gebotenen Text zu vergleichen,
um den eigentlich genuinen Text herzustellen, so wäre das
Resultat dieser Arbeit die Reconstruction von zahllosen Einzel-
überlieferungen, welche denn doch eigentlich mit dem von Juan
de Segovia gebotenen Werke nicht direct in Beziehung stehen,
und es hätte diese Arbeit den Abschluss des Werkes in ganz
unabsehbarer Weise verzögert. Gleichwohl werde ich bemüht
sein, in der Einleitung die wichtigsten Quellen für das Acten-
material, welches dem Autor vorgelegen, namhaft zu machen.
Hierüber noch weiter unten.

Während auf dem genannten Gebiete die Hauptarbeit noch
für die Einleitung reservicrt bleibt, habe ich auf einem anderen,
nämlich bei den Nachweisen über vorhandene Drucke und die
massenhaft eingestreuten Citate — namentlich in dem eben jetzt
zur Ausgabe gelangenden Theile (Liber XVIII) — die nothwendigen Angaben überall dort angeführt, wo dies zur Herstellung oder zum Verständnisse des Textes dienlich erschien.
Im Gegensatze zu der bei der allerjüngst veröffentlichten Sammlung von Documenten zur Geschichte des Basler Concils beliebten Methode, gehäufte Citate aus den Kirchenschriftstellern
einfach aus dem Texte zu eliminieren, schien es mir wichtig,
dieses Citatenmaterial, welches zu dem nothwendigen Rüstzeug
der damaligen historischen wie theologischen Darstellung gehörte, mit derselben Sorgfalt zu behandeln wie die übrigen
Theile des Textes und, was allerdings schwierig und mühsam
ist, auch, soweit dies immer möglich war, zu verificieren. So
wurden beispielsweise sämmtliche Citate des bekannten Tractates des Nicolaus de Tudeschi für das Basler Concil, sowie
der Entgegnung des Nicolaus von Cusa, welche Juan de Segovia dem 18. Buche seiner ‚Collectiones‘ einverleibt hat, nach-
gesehen und an wichtigeren Stellen in der Adnotatio critica
vermerkt, wenn sich eine Variante, ein Irrthum im Vergleiche
zu dem anderweitig überlieferten Text ergab. Dies gilt namentlich mit Rücksicht auf die in den bezeichneten Tractaten vorkommenden Citate aus dem ‚Corpus iuris canonici und civilis‘,
rund tausend an der Zahl: die Verification derselben war eine
der mühseligsten Aufgaben, welche ich, Geduld fordernder
Arbeiten nicht ungewohnt, je ausgeführt zu haben mich ent-

sinne.[1] Aehnliches gilt von den Citaten aus den Kirchenschriftstellern und den Decreten älterer Synoden, Citaten, welche in
der Regel unvollständig, wiederholt auch falsch überliefert
sind.[2] Ich erwähne diesen Umstand nur aus dem Grunde, weil
ich es entschuldigen möchte, dass die Herausgabe dieses Buches
fast eineinhalb Jahre in Anspruch genommen hat.

Ueber dieses Mass von Thätigkeit bei der Herausgabe
eben dieses nunmehr abgeschlossenen 18. Buches hinauszugehen,
erschien aus den erwähnten und anderen Gründen unzweck-
mässig. Einige Worte über die Verschiedenheit der Ueberlieferung innerhalb eines und desselben Buches mögen dies
erläutern.

Eigentlich sind vier verschiedene Texttraditionen in diesem
Buche zu berücksichtigen: erstens die Ueberlieferung des Haupt-
werkes selbst, d. h. die Redaction des Johannes von Segovia;
zweitens die Ueberlieferung des Tractates von Nicolaus de Tudeschi; drittens die Antwort auf denselben von Nicolaus de
Cusa; viertens die Bulle Eugens an die Universität von Montpellier. Alle drei eben angeführten Stücke sind in dem Buche
vereinigt, für alle drei sind specielle Quellen vorhanden, die
jedoch nur in den oben angedeuteten Grenzen benützt werden
konnten. Für die Vergleichung des Textes des Tractates von
Nicolaus de Tudeschi habe ich in erster Linie die zuletzt besorgte Ausgabe von Stephan Alexander Würdtwein in den
‚Subsidia diplomatica‘, Bd. 8, S. 120—350, herangezogen;
Würdtwein hat einen in manchen Theilen vollständigeren

---

[1] Ebenso wie bei der Correctur der Druckbogen hat mich bei dieser Arbeit
mein Amtsgenosse Dr. Othmar Doublier wirksam unterstützt.

[2] Die Stelle S. 1141, 12 ff.: ‚Quomodo restabat plenarium concilium post
indicium Melchiadis pape, in quo de ipso iudice et indicio eius iudicari
potuisset‘ etc. heisst im Originaltext (August. Epist. XLIII** Glorio et
Eleusio cap. VII, 19, Migne XXXIII, 169):

‚Ecce putemus illos episcopos, qui Romae iudicarunt, non bonos
iudices fuisse; restabat adhuc plenarium Ecclesiae universae concilium,
ubi etiam cum ipsis iudicibus causa posset agitari‘ etc. Interessant ist
auch das Citat S. 1188, Z. 15 ff. aus dem ‚Liber de gestis concilii Con-
stanciensis compositus per bone memorie cardinalem sancti Marci‘. Die
Stelle wird von Johannes de Segovia auch anderweitig verwerthet, hier
jedoch wird Wilhelm Fillatre ausdrücklich als Verfasser des von Finke
herausgegebenen Tagebuches genannt.

Text benützt als derjenige war, welcher Johannes de Segovia
vorlag. Diese Ergänzungen fanden in der Adnotatio critica
Aufnahme. Bei einigen schwierigeren Stellen habe ich auch die
Ausgabe: 'Nobilissimus ac prestantissimus tractatus domini Nicolai de Tudisco abbatis Panormitani super concilio Basiliensi
editus et de eius potestate ac pape in quo amplissime consi-
liorum materia pertractatur, Lugduni s. a.' herangezogen, während in anderen Fällen, namentlich bei Herstellung der richtigen
Lesart bei Canonesstellen u. dgl., die französische Uebersetzung
'Traité du célèbre Panorme touchant le concile de Basle, mis
en François par Monsieur Gerbais, Paris 1697' von Nutzen war.
Mansi (XXXI, Col. 205 ff.) hat, wie mich eine Probevergleichung
lehrte, ein schlechterer Text vorgelegen, auch die Ausgabe in
der 'Pragmatica Sanctio Caroli VII.' (Parisiis, 1666, fol.) konnte
ohne Schaden unberücksichtigt bleiben. Auf die Neuvergleichung
der zahlreichen Handschriften dieses Tractats musste aus den angeführten Gründen verzichtet werden; die entsprechenden Nachweise
der einschlägigen Codices bleiben für die Einleitung aufgespart.

Wesentlich anders steht es mit der Textreconstruction der
'Responsio' des Nicolaus von Cusa; sie ist meines Wissens nur
einmal durch den Druck veröffentlicht; Cusa's 'allegationes'
werden von Prantl (Deutsche Biographie s. v.) als conden-
siert angesehen in dem Briefe 'De potestate ecclesiae ad Ro-
dericum de Trebino oratorem regis Castellae'.[1] Das ist jedoch,
wie die Vergleichung lehrt, nicht der Fall.[2] Ungefähr identisch
mit dem von Johannes de Segovia gebotenen 'Responio' ist der
von Würdtwein 'Subsidia diplomatica', Bd. IX, S. 1—56 gebotene Text; die Recension desselben ist jedoch, wie selbst
oberflächliche Durchsicht ergibt, so mangelhaft und willkürlich
entstellt, dass auch augenscheinlichen Besserungen des Textes
nicht urkundliche Gewähr beigemessen werden kann. Wichtiger
als dieser Druck, mit dessen zahllosen, mitunter jeden Sinnes
baaren Varianten ich die Adnotatio nicht belasten wollte,[3] war

---

[1] In den 'Opera', Paris, 1514, Bd. II, Abth. 2, fol. III ff.

[2] Vgl. auch Scharpff, Der Cardinal und Bischof Nicolaus von Cusa, Tü-
bingen 1871, S. 79 ff.

[3] So steht z. B. wiederholt 'racione ecclesie' für 'romane ecclesiae' u. dgl.
Die verhältnissmässig wenigen besseren Lesarten des Druckes habe ich zum
Schlusse meiner Adnotatio zusammengestellt.

mir die Epitome des Textes in der Wiener Handschrift Nr. 4701
(Fol. 397ᵃ—407ᵃ), welche zwar den Eingang ziemlich verstümmelt bringt, im späteren Verlaufe jedoch wünschenswerthe Beiträge zur Abschätzung des Textes, wie er Johannes de Segovia
vorlag, liefert.[1] Die Bulle Eugens an die Universität Montpellier findet sich in einer von Thomas v. Haselbach revidierten Abschrift in dem Wiener Codex Nr. 4954 (Fol. 253ᵃ
bis 262ᵃ). Auch hier habe ich es für nützlich gehalten, die
Varianten, soweit sie für die Recension des Johannes von Sego
via von Werth waren, in die ‚Adnotatio critica‘ aufzunehmen,
konnte aber ebensowenig wie bei den anderen Stücken von so
heterogener Ueberlieferung mich darauf einlassen, die ganze
Ueberlieferung eingehend darzustellen.

Es liegt überhaupt in der Natur solcher Publicationen,
für welche eine Unzahl von Quellen massgebend ist, dass ihnen
gewisse Unvollkommenheiten und Mängel anhaften, deren Ausgleichung nicht in der Macht des Herausgebers steht, am allerwenigsten bei dem heutigen Stande der Erforschung von Bibliotheken und Archiven.[2] Dass derlei Mängel sich auch in
der Ausgabe des Werkes von Johannes de Segovia finden
würden, dieser Einsicht hat sich auch schon der erste Herausgeber keineswegs verschlossen. Der Hauptgrund für diese Thatsache liegt in einem Umstande, den man, wenn man das Werk
auch nur halbwegs eingehender Betrachtung würdigt, sofort zu
erkennen in der Lage ist. Johannes von Segovia's ‚Collectiones‘

---

[1] Die Pariser Handschrift Nr. 1522 bietet den Tractat vollständig und hat
einen an einzelnen Stellen wesentlich von der Recension des Johannes
de Segovia abweichenden Text. So steht z. B., wie mir Herr Dr. Josef
Zingerle freundlichst mittheilt, gleich am Eingange (S. 1126, Z. 13 der
Ausgabe) statt des suspecten ‚audiri vetantur. credi in . cautum sit‘ Folgendes: ‚audiri vetantur XXI di in tantum sic‘, ferner S. 1127, Z. 2 statt
des gleichfalls unsicheren ‚vinci‘ das Wort ‚omnia‘ (hier wie Würdtwein).

[2] Für die Verhältnisse, unter welchen Birk mit seiner Arbeit einsetzen
musste, und für den erheblichen Mangel an Quellen und Daten über
Johannes de Segovia, welcher noch zu seiner Zeit herrschte, ist wohl
nichts bezeichnender als der Umstand, dass Gams, dem wir ja so viele
Aufschlüsse über Details der spanischen Kirchengeschichte verdanken, in
seiner Biographie Johannes de Segovia's von seinem Hauptwerke, den
‚Collectiones‘, gar nichts zu wissen scheint.

nehmen, was Umfang des Werkes, die zahllosen benützten
Quellen, die Bedeutung des behandelten Gegenstandes, endlich
was die tausendfältigen in demselben dargelegten Beziehungen
von Staat und Kirche, von Fürsten und Völkern, geistlichen
und weltlichen Interessen anbelangt, in der gesammten historischen Literatur eine ganz einzige Stelle ein. Dementsprechend
sind die Anforderungen, welche an den Herausgeber gestellt
werden, ganz aussergewöhnliche, und der Schreiber dieser Zeilen
kann bei dem Umstande, als ihm an dem Abschlusse des Werkes
nur das allergeringste Verdienst zufällt, der eigentliche Herausgeber aber bereits seit Jahren verstorben ist, nicht umhin, es
rühmend hervorzuheben, dass Birk mit staunenswerther Hingabe sich an die Lösung einer Aufgabe gemacht, welche lange
vor ihm von den verschiedensten Seiten in Angriff genommen,
jedoch niemals bis zum Abschluss befördert worden war. Copien
der besten, der Basler Handschrift, wurden für die preussische
Regierung, zweimal für Oesterreich, zweimal für Frankreich,
einmal für Madrid angefertigt, die Herausgabe wiederholt beabsichtigt, aber Birk war es durch Unterstützung der kaiserlichen Akademie vorbehalten, die Publication endlich ins Werk
zu setzen und fast bis zum Ende weiterzuführen. Schon die
exacte Copie des Werkes, welches in seiner Vollendung etwa
dritthalbtausend Druckseiten in Folioformat umfassen wird, ist
eine Arbeit, welche ungewöhnliche Geduld und Hingabe erfordert.[1] Die Publication selbst ist natürlich eine Aufgabe, die
noch viel höhere Anforderungen stellt: fast zu gross für die
Kraft eines Einzelnen und andererseits doch nur — mit Rücksicht auf die Gleichmässigkeit der Arbeit — von einem Herausgeber zu lösen. Ausserdem finden sich so viele Probleme,
welche in das Gebiet des Juristen, des Theologen, des Cultur-

---

[1] Interessant ist in dieser Beziehung ein Schreiben des Professors Iselin
(auf dessen Arbeiten an dem Werke Johannes de Segovia's wir später
noch zurückkommen) vom 4. März 1720 an Bürgermeister und Rath von
Basel, in welchem er seinem Bedenken bezüglich der Fortsetzung der
Copierungsthätigkeit Ausdruck gibt: ‚Sieben in 8 Tausend, nicht seiten,
sondern ganze geschriebene Bögen, mit alten sehr schwären, fast un-
leserlichen, in denen meisten worten abgekürzten Schriften collationiren,
und, wo die Copisten gefehlet, verbessern . . . kan ja eine weit stärkere
Gesundheit, alß die meinige ist, schwächen und erschöpfen.'

historikers fallen, dass die eigentlich philologische Thätigkeit
bei der Herausgabe förmlich in Schatten gestellt wird. Aus
diesem Grunde ist es hocherfreulich, dass nach dem faustum
omen, welches niemand Geringerer als Georg Voigt der akademischen Ausgabe gestellt hatte,[1] die Kritik bis in die aller-
jüngste Zeit das Verdienstliche der Publication voll anerkannte.[2]
Wichtiger ist, dass sofort nach dem Erscheinen von Birk's
Ausgabe und auch in der weiteren Folge eine ganze Reihe von
Arbeiten erschienen sind, welche sich speciell mit derselben
beschäftigen oder in gewissen Theilen auf derselben fussen, so
z. B. die Schrift Otto Richter's über Organisation und Ge-
schäftsordnung des Basler Concils;[3] ferner die Dissertation von
Alfred Zimmermann „Juan de Segovia',[4] auch enthalten in
desselben Autors Schrift „Kirchliche Verfassungskämpfe';[5] ferner
Bressler's Untersuchungen über die Stellung der deutschen
Universitäten zum Basler Concil;[6] Paul Joachimsohn's Mono-
graphie über Gregor Heimburg;[7] Adolf Bachmann, Die
deutschen Könige und die kurfürstliche Neutralität 1438—1447,
Archiv für österreichische Geschichte, Bd. 75 (1889), S. 1—201;
Birck, Enea Silvio de' Piccolomini als Geschichtsschreiber des
Basler Concils (Theologische Quartalsschrift, Bd. 76 [1894],
S. 577 ff.) u. a. m.[8]

---

[1] Enea Silvio I, 236: ‚Die k. k. Akademie der Wissenschaften zu Wien
gedenkt, wie wir hören, das voluminöse Werk vollständig zu edieren und
sich zu ihren vielfachen Verdiensten um die österreichische Geschichte
auch dieses grosse um die Welt- und Kirchengeschichte zu erwerben.'

[2] Ausser den rühmenden Worten, welche Ottokar Lorenz in seinen
‚Deutschen Geschichtsquellen', Bd. II, S. 378 der Ausgabe gewidmet hat,
vgl. man die Besprechungen in der ‚Zeitschrift für österreichische Gymnasien', Bd. 45 (1894), S. 322 f., in der ‚Oesterreichischen Literaturzeitung'
II (1893), S. 682, und in dem ‚Historischen Jahrbuch der Görres-Ge-
sellschaft', Bd. XV, S. 464.

[3] Leipzig 1877.

[4] Inaugural-Dissertation, Breslau 1882.

[5] Breslau 1882.

[6] Inaugural-Dissertation, Leipzig 1885.

[7] ‚Historische Abhandlungen aus dem Münchener Seminar', Heft I, Bam-
berg 1891.

[8] Auf die in vieler Beziehung vereinzelt dastehende Abhandlung von
J. Haller in Sybel's Historischer Zeitschrift', Bd. 74, S. 385 ff., eingehend zurückzukommen und die gegen die Herausgeber der ‚Monumenta'

Darum erschien es denn wünschenswerth, dass von so vielen Seiten als nützlich und aufschlussreich anerkannte Werk baldigst zu Ende zu führen und namentlich die Einleitung, welche die ‚subsidia critica' der Ausgabe und die ‚vita' des Autors enthalten soll, entsprechend vorzubereiten. Zu diesem Zwecke, insbesondere zur Ergänzung des von Birk hinter-

gerichteten, nicht näher zu qualificierenden Anwürfe gebührend zurück-zuweisen, verbietet die Würde dieses Ortes. Die Vorbereitungen zur Edition der ‚Monumenta' fallen noch in die erste Hälfte dieses Jahrhunderts, und es ist mehr als ungerecht, an dieselben jenen kritischen Massstab anzulegen, den wir heute, ausgestattet mit dem reichsten Rüstzeug, anwenden dürfen. Ob gerade Herr Haller berechtigt war, die Ausgabe zu bemängeln, wird unschwer Derjenige erkennen, der die von ihm selbst geübte Textgestaltung näher prüft. In den wenigen Zeilen, die er a. a. O. S. 393 aus Birk's Edition aushebt, finden sich zwei Fehler, darunter das sinnlose ‚non obstantibus quod eiusmodi prorogacio dio feriata et non in publica sessione facta fuerit' (Birk, Monum. II, 466 ganz richtig ‚obstante'). Ausserdem fehlt kurz vorher das Wort ‚sacrum'. Ebenso sind die Sätze, welche Haller in seinem Buche ‚Concilium Basiliense' S. 46 ff. aus Birk's Edition einfach abzuschreiben hatte, durch Fehler derart entstellt, dass einzelne Stellen ganz unverständlich werden. Der ganz richtig überlieferte Satz aus einem Briefe Enea Silvio's (Mansi XXXI, 220) ‚Credo me non solum heri mei . . .' wird S. 13 als corrupt überliefert hingestellt und für ‚heri' ‚domini' gesetzt; ‚heri' heisst für Herrn Haller wohl nur einzig und allein ‚gestern' u. ä. m. Diese Proben werden genügen.

Auf Herrn Haller's Polemik gegen meine in diesen ‚Sitzungsberichten' Bd. CXXIV, VII unter dem Titel: ‚Die Quellen für den Liber diurnus concilii Basilicensis des Petrus Bruneti' veröffentlichte Abhandlung an dieser Stelle zu reagieren, kann ich um so leichter unterlassen, als die Details den hier behandelten Gegenstand nicht berühren und ich die Frage noch eingehender klarzulegen gedenke. Nur einige allgemeine Gesichtspunkte mögen hier erwähnt werden. Palacky's Ansicht mich anschliessend, habe ich a. a. O. S. 10 erwähnt, dass das Werk thatsächlich chronologisch fortlaufende Berichte bilde, die Bruneti wahrscheinlich selbst aus seinen Collectaneen zusammengestellt und dann später in Reinschrift uns überliefert hat. Haller erklärt, ich komme zu dem Schlusse, der ‚Liber diurnus' stelle die ‚eigene Reinschrift einer Zusammenstellung (!) dar, die der Notar aus seinen Collectaneen gemacht habe'. Da man aus irgend einer ‚Zusammenstellung aus Collectaneen' natürlich alles Mögliche machen kann, so folgt, dass Haller gerade das Wichtigste aus meiner Inhaltsangabe herausescamotiert, nämlich die Bezeichnung: ‚chronologisch fortlaufende Berichte'. Und nun vergleiche man die Polemik Haller's S. 387 f.: ‚es ergibt sich, dass das Werk

lassenen Materials, habe ich vorläufig die Untersuchungen in
den Archiven und Bibliotheken von Basel, Genf, Lausanne und
Avignon unternommen. In erster Linie handelt es sich darum,
die Geschichte der, wie mehrfach hervorgehoben wurde, grund-
legenden Basler Handschrift so genau wie möglich darzustellen.
Es ist bekannt, dass bereits Ochs in seiner Geschichte der

---

grundfalsch charakterisiert ist, wenn man es, wie Beer, für Zusammenstellung aus Collectaneen erklärt; der Codex bietet eine fortlaufende
Reihe chronologisch sich folgender Eintragungen'. Man sieht,
dass Haller's Charakteristik hier einfach aus meinem Aufsatze abge-
schrieben wurde!

Nach Herrn Haller sind die Pariser Handschriften ein officielles
Exemplar der Protokolle des Basler Concils. Nun lautet die Aufschrift
auf denselben nicht ,Protocollum', sondern ,Acta', aber gerade dieser
Umstand ist für Herrn Haller ,ein Argument dafür, dass der Inhalt sich
mit den officiellen Acta decken dürfte'. Es wird uns also zugemuthet,
aus der allgemeinsten und am häufigsten vorkommenden Bezeichnung
,Acta' ohne die geringste hinzutretende Beglaubigung schliessen zu müssen,
dass wir es hier mit einem officiellen Protokolle zu thun haben. Wie
eine wirklich officielle Actensammlung beglaubigt wird, kann man aus
der weiter unten beschriebenen Basler Handschrift der Concilsdecrete
und Constitutionen entnehmen. Dort wird nach einem fast feierlichen
Eingange ausdrücklich versichert, dass die Schriftstücke ,de verbo ad
verbum' angeführt erscheinen; der Notar bestätigt ihre Concordanz mit
den Originalen, ja er zählt die Blätter, auf denen die Sammlung geschrieben wurde. Dem Mangel an äusserer Beglaubigung jener ,Acta'
entspricht auch der Tenor des Textes. Bruneti berichtet gleich am Anfange u. a.: ,... de qua eleccione domini ambassiatores universitatis pe-
cierunt a me sibi fieri publicum instrumentum' ... ,admissus in procu-
ratorem Bruneti nomine dominorum meorum de capitulo Attrebatensi'
... ,de mane illa die dominus abbas de Verzelayo tradidit michi decreta correcta ad conscribendum tres aut quatuor copias' ... Das sollen
die übrigen Notare mitgeschrieben haben — denn nach Haller waren
ja die Aufzeichnungen Bruneti's keine persönlichen, sondern die Handschrift bildet den Text des ,officiellen Protokolles' in dem für ihn bestimmten Handexemplare! — Auf die weiteren Hypothesen, zu welchen
Haller durch Heranziehung des Codex Regin. 1017 gelangt, dass die
,Notare anfangs protokollierten, ohne sich um einander zu kümmern',
,dass sich dann die Nothwendigkeit herausgestellt habe, besser Ordnung
zu schaffen' (!), bis endlich Uebereinstimmung erzielt wurde — alles
Dinge, über welche kein Wort überliefert wird — gehe ich hier nicht
ein. Haller's Untersuchungen bedeuten einen entschiedenen Rückschritt,
und Palacky's Charakterisierung des Werkes als amtlich geführtes
Journal Bruneti's bleibt unerschüttert aufrecht.

Stadt und Landschaft Basel wichtige Urkunden für die Schicksale der beiden Codices geliefert hat. Wenn diese Urkunden
hier von Neuem in wesentlich berichtigter und ergänzter Gestalt vorgelegt werden, so erscheint hiedurch sein Verdienst in
keiner Weise geschmälert. Ochs war der Erste, welcher, geleitet von der traditionellen Werthschätzung, welche Universität
und Rath, ja alle Gebildeten Basels, diesen beiden Codices an-
gedeihen liessen, die Geschichte derselben auf Grund documen-
tarischer Zeugnisse zu illustrieren unternommen hat, manchmal
unbewusst und ohne die Beziehung von Urkunde und Handschrift festzustellen, aber doch als einer der Ersten, welchem
wir aus jener Zeit eine auf Jahrhunderte ausgedehnte Untersuchung über eine und dieselbe Textquelle verdanken. Ueber
die Art und Weise, wie die von Ochs zusammengestellten Angaben und die Urkunden zu ergänzen seien, wird im Folgenden
noch gesprochen werden. Gleich hier aber möchte ich hervorheben, dass diese Sammlung mehr bietet als gewöhnliche Daten
zur Geschichte einer Handschrift, und sei diese auch von dem
Werthe, wie er den Basler Manuscripten der ‚Collectiones‘ des
Johannes de Segovia zukommt.

Die weiter unten vorzulegende Actensammlung bietet einen
Beweis dafür, dass die beiden Codices mit den ‚Collectiones‘
des Juan de Segovia als historisches Denkmal nicht blos in der
wissenschaftlichen Welt eine hervorragende Rolle spielen, sondern auch in politischer Beziehung als ein Denkmal tiefgreifender
religiöser Verfassungskämpfe ein unbestrittenes Ansehen genossen. Es wäre ganz unverständlich, wie sich Monarchen und
Staatsmänner hätten um die Beschaffung der Copie dieses
Werkes bemühen können, wenn ihr nicht noch eine andere
Bedeutung als die einer wenn auch ausserordentlich reichen
und lauteren historischen Quelle innegewohnt hätte. Für die
uns obliegende Classificierung der handschriftlichen Zeugnisse
für den Text sind diese Urkunden auch insoferne wichtig, als
sie uns die äusseren Belege dafür bieten, dass eine gewisse Zahl
von Copien des Werkes direct aus den Basler Manuscripten
geflossen sind.[1] Indem ich mir vorbehalte, über die sonst vor-

---

[1] Auch das Manuscript der Madrider Nationalbibliothek, welches übrigens
nur fünf Bücher: VII, XIV—XVII enthält, ist nach der Note am Schlusse:

handenen Abschriften der ‚Collectiones' zu berichten, möchte
ich hervorheben, dass sich die Einleitung in Gemässheit der
oben auseinandergesetzten Principien nicht darauf beschränken
wird, ausschliesslich die Textquellen zu dem Werke als solche
zu registrieren und ihrem Werthe gemäss zu classificieren. Eine
methodische Untersuchung wird naturgemäss von den Materialien auszugehen haben, welche ihm bei der Abfassung seines
Werkes vorlagen; dass hiebei die officielle Sammlung von
Sessionsdecreten und Briefen eine hervorragende Stellung ein-
nimmt, ist selbstverständlich. Es wird die Untersuchung zu
zeigen haben, welche Redaction dieser Sammlung, die uns durch
den Druck wiederholt, z. B. in der ‚Amplissima conciliorum
collectio' und bei Mansi, Bd. XXIX, zugänglich gemacht ist,
sich am meisten der von Johannes de Segovia benützten nähert.
Für diese und ähnliche Forschungen wird auch das bisher fast
ganz vernachlässigte Material aus spanischen Bibliotheken und
Archiven heranzuziehen sein.

Unter den zahlreichen handschriftlichen Exemplaren der
erwähnten officiellen Sammlung dürfte besondere Autorität eine
Redaction beanspruchen, welche bisher so gut wie gar nicht
bekannt war. Es ist dies das in der Universitätsbibliothek zu
Salamanca aufbewahrte Exemplar der Decrete und Briefe des
Basler Concils. Aus den kurzen Notizen, welche Valentinelli
in dem Bande XXXIII (1860) der ‚Sitzungsberichte der kaiserlichen Akademie', S. 60, und das ‚Anuario del cuerpo faculta-
tivo de archiveros, bibliotecarias y anticuarios', Bd. II (1882),

---

‚Nos Consul et Senatus Reipublicae Basiliensis attestamur praesentibus
praemissum volumen, continens collectionem decimam tertiam Historiae
actorum Concilii Basiliensis a Iohanne de Segobia exaratae a folio..
ad folium 566 inclusive ac in Bibliotheca Regis Christianissimi reponen-
dum de verbo ad verbum ex vetusto manuscripto codice membranaceo
in folio, qui in nostro archivo asservatur, descriptum, cum eoque exactis-
sima diligentia et fide collatum et ei consonum repertum fuisse. In cuius
rei fidem re omni cognita et explorata, hacce (?) a secretario nostro
maiori corroborari iussimus. Die 28° iunii anno 1724. D. Christ.'; eine
Abschrift der Basler Handschrift. Auffällig ist es, dass in dem Werke
‚Ensayo de una Biblioteca española de libros raros y curiosos, formado
con los apuntamientos de D. B. J. Gallardo, coordinados y aumentados por
D. M. R. Zarco del Valle y D. P. Sancho Rayon', Bd. II, diese Abschrift
nicht erwähnt wird.

S. 150, über diese Handschrift mittheilen, glaubte ich zunächst
vermuthen zu dürfen, dass es eine Handschrift der ‚Collectiones‘ des Johannes de Segovia sei, zumal ja bekanntlich Johannes de Segovia von der Universität Salamanca zum Concil
entsendet wurde. Dem Beamten der Universitätsbibliothek
Salamanca, Herrn Manuel Castillo, welcher die Freundlichkeit
hatte, auf mein Ersuchen hin die beiden Bände einer Prüfung
zu unterziehen, verdanke ich nähere Mittheilungen über dieses
interessante Manuscript. Es besteht, wie bemerkt, aus zwei
Theilen, ist durchwegs auf feinem Pergament im 15. Jahrhundert
geschrieben; sämmtliche Blätter sind von einer Seidenschnur
durchzogen, an welcher zwei Siegel hängen, das des Concils
von Basel und das des Concils von Lausanne. Alle Sessions-
decrete, sowohl die auf Basel, wie auch die auf Lausanne bezüglichen sind, wie Herr Castillo schreibt, ‚visadas, certifi-
cadas, firmadas y rubricadas por los notarios del concilio‘. Der
zweite Band enthält die Briefe der Synode, nicht blos diejenigen, welche in den genannten Ausgaben stehen, sondern
auch einige andere. Bezüglich der Geschichte der Handschrift
theilt Herr Castillo mit, dass dieselbe von dem Bischof Diego
Anaya Maldonado mitgebracht worden sei.[1] Anaya liegt in der
alten Kathedrale Salamancas in der Kapelle, welche seinen
Namen führt, begraben. Ich gedenke noch Genaueres über dieses
Manuscript, ebenso wie über die übrigen Quellen, welche bei
der Redaction des Werkes des Johannes de Segovia zu berücksichtigen sind, und von denen ich ja einige bereits bei der
Besprechung der Redaction des 18. Buches erwähnte, mittheilen
zu können. Es ist zweifellos, dass auch hiefür in Spanien, nicht
blos in Salamanca und Madrid, sondern auch in Barcelona, noch
wichtige Quellen zu heben sein werden. Ganz besonders gilt
dies für die gleichfalls der Einleitung vorbehaltene Vita des
Autors. Ich habe, um die Untersuchung methodisch zu führen,
zunächst eine Zusammenstellung über die biographischen Quellen
Spaniens versucht[2] und hiebei eine Reihe von wünschenswerthen

---

[1] Diese Mittheilung beruht auf einem Missverständnisse. Anaya ist lange
vor Schluss des Concils gestorben.

[2] ‚Der Stand der biographischen Studien in Spanien.‘ (Biographische Blätter,
Bd. I, Heft III.)

Daten für die Biographie des Autors gewinnen können. Werthvolles Material liegt nach den Angaben von Jimenz de la Espada[1] auch in einer Handschrift der Madrider Nationalbibliothek C c 78, Fol. 108—151 ,Praefatio de la version del Coran que hizo Juan de Segovia', und der genannte Gewährsmann charakterisiert dieses Manuscript als ,copia, en donde se hallan noticias de la última época de la vida de Juan de Segovia'.[2] Wichtige Daten dürften auch aus der Erforschung des Registers der Universität Salamanca und der Urkunden und Actensammlung, welche Tomas Baeza y Gonzalez, der Verfasser des Werkes ,Apuntes biograficos de escritores Segovianos'[3] hinterlassen, zu gewinnen sein. Baeza hat auch nach Nicolaus Antonio's Vorgang auf eine interessante Correspondenz hingewiesen, welche sich in der vaticanischen Handschrift 2923 findet. Dass diese Correspondenz für die Einleitung in ausgedehnter Weise benützt werden wird, ist selbstverständlich. Ausser den bereits angeführten gedruckten spanischen Quellen sind Colmenare's ,Historia de Segovia', die ,Crónica de Don Juan II.', die Mittheilungen im 19. und 20. Bande der ,Colección de documentos inéditos para la historia de España' und einige andere zu verwerthen. Auffallend ist es, dass ein Johannes de Segovia in dem ,Testamentum Fortuni Episcopi Segoviensis a. 1460' als Testamentsvollstrecker erscheint.[4] Bevor nicht die oben erwähnten handschriftlichen Daten vollständig durchforscht sind, wage ich keine Vermuthung über die Identität auszusprechen.[5] Ausser den hier erwähnten und, wie bemerkt, noch

---

[1] In den Noten zu Pero Tafur's ,Andanças é viajes' (Colección de libros españoles raros o curiosos VIII, 2, 521).

[2] In dem Handschriftenverzeichnisse der Nationalbibliothek, welches Gallardo dem zweiten Bande seiner ,Biblioteca' beifügte, s. v., ist dieses Manuscript S. 150 unter dem Titel ,Praefatio in translationem, noviter editam, vulgaremque hispanam libri Alcoran' angeführt. — Mittlerweile ist mir durch die liebenswürdige Unterstützung des Herrn Castillo eine Abschrift dieser Vorrede zugekommen. Die für die Arbeitsweise des Verfassers hochinteressanten Ausführungen hoffe ich gelegentlich wenigstens im Auszuge mittheilen zu können.

[3] Segovia 1877, 8°.

[4] España Sagrada, Tom. XXXVI, Apend. LXXVIII, p. CLXXXVI.

[5] Ein Johannes de Segovia erscheint auch als Verfasser eines ,Liber artis praedicationis' im 16. Jahrh., vgl. Gallardo, Bd. IV, s. v.

nicht entsprechend benützten spanischen Quellen ist natürlich Segovia's Hauptwerk für uns von weitaus grösstem Interesse. Die bezüglichen, allerdings nur aus dem damals allein publicierten I. Bande des Werkes gesammelten Daten wurden schon von Zimmermann in der bereits erwähnten Biographie, der besten, welche wir für den Autor besitzen, in sachgemässer Weise verwerthet.[1] Die anderen Quellen werden aus einer systematischen Durchmusterung der Archive und Bibliotheken in der Weise zu beschaffen sein, dass alle wichtigeren auf ihn bezüglichen Documente und Textstellen chronologisch zusammengestellt werden. Der Anfang hiezu ist bereits in den Mittheilungen über die von mir besuchten Archive und Bibliotheken gemacht worden, auf welche ich hiemit übergehe.

Basel.

Hier kamen für meine Forschungen das ‚Staatsarchiv des Cantons Basel-Stadt' und die ‚Stadtbibliothek' in Betracht. Das Archiv der Universität enthält, wie aus dem von Professor Dr. Jakob Wackernagel veröffentlichten Verzeichniss[2] hervorgeht, keine das Basler Concil betreffenden Urkunden.

Staatsarchiv.

Das Archiv, welches sich jetzt, dank der umsichtigen Leitung des gegenwärtigen Archivars Rudolf Wackernagel, in musterhafter Ordnung befindet, ist im ersten Stockwerke des Rathhauses untergebracht und steht täglich von 8—12 und

---

[1] Die Stellen, in welchen sich Johannes de Segovia selbst auch unter der Bezeichnung horum relator oder scriptor, praesentium memorator u. s. w. nennt, werden im Index genau ersichtlich gemacht sein. Die Anfertigung desselben hat im Auftrage der kaiserlichen Akademie Herr Dr. Edmund Groag übernommen und auch für den ersten Band bereits durchgeführt.

[2] Inventar des Archivs der Universität Basel von Professor Dr. Jakob Wackernagel. Anzeiger für Schweizerische Geschichte (Beilage). Bern, 1895. — Die ältesten Bücher (Statuarien und Matricula studiosorum) beginnen mit dem Jahre 1460. Die älteste der (30) in dem Archiv vorhandenen Pergamenturkunden datiert aus dem Jahre 1492.

2 — 6 Uhr zur Benützung offen. Die ausserordentlich reichen
Schätze bildeten die vorzüglichste Fundgrube für meine Untersuchungen, bei welchen ich mich der thatkräftigsten Förderung
seitens des Herrn Vorstandes, wie auch der Herren Beamten
erfreute. Es gereicht mir zur angenehmen Pflicht, hiefür
meinen besten Dank öffentlich auszusprechen. Die Quellen,
welche ich zur Orientierung benützte, sind folgende:

A. Handschriftliche Inventare und Aufzeichnungen.

1. Kleinere Verzeichnisse aus dem 15. Jahrhundert. Vgl.
Wackernagel, Inventar, p. 3.
2. Das Inventar Hans Gerster's. Vgl. Wackernagel,
a. a. O., p. 4.
3. Das ‚blaue Register‘. Vgl. Wackernagel, a. a. O., p. 28
(Concil).
4. Die neu angelegten Regestenzettel über die Urkunden
des Archivs.

B. Druckwerke.

1. Ochs, Peter, Geschichte der Stadt und Landschaft
Basel. Basel, Schweighauser, Bd. III, p. 573 ff.: Siebzehntes
Capitel. Ueber die Acta concilii.
2. Wackernagel, Rudolf, Das Staatsarchiv des Cantons
Basel-Stadt. Basel, Baur, 1882. 8° (35 p.).
3. Wackernagel, Rudolf, Inventar des Staatsarchivs des
Cantons Basel-Stadt. Anzeiger für Schweizerische Geschichte
(1892) und in Separatabdruck, I. Wyss, 1892 (32 p.) erschienen,
nach welchem ich citiere.

Die Eingangs erwähnten kleineren Inventare aus dem
15. Jahrhundert beziehen sich auf vereinzelte Gruppen des
Archivbestandes, bei welchen eine ‚einheitliche Ordnung und
planmässige Eintheilung nicht beachtet wurde‘.[1] Immerhin ist
es bemerkenswerth, dass in diesen Gruppen neben ‚composi-
ciones, exulciones et vidimus privilegiorum quam plurium, reiss-
briefe, rodel, unnütz missiven‘ auch ‚gesta concilii‘ angeführt erscheinen. Ueber die Bezeichnung ‚gesta‘ (nicht ‚acta‘),
welche hier wohl auf keine Documentengruppe, sondern auf

---

[1] Wackernagel, a. a. O., p. 3.

ein Sammelwerk hinweisen dürfte, Näheres noch weiter unten.
Schon hier sei hervorgehoben, dass diese Notiz, welche aus
dem Beginn der zweiten Hälfte des 15. Jahrhunderts stammt,
den ältesten Beleg für das Vorhandensein urkundlicher Zeugnisse über das Concil darstellt.

Ausführlicheres bietet das von Hans Gerster angelegte Inventar. 1487 mit der Ordnung des Archivs betraut,
legte er ein genaues Verzeichniss der Urkunden an, welches
noch heute zum Archivgebrauche dient. Es umfasst zwei starke
Bände in 4° und klein Folio, 518 und 291 Blätter in festen,
mit Leder überzogenen Holzbänden. Der erste Band ist fast
ganz von Gerster's Hand geschrieben und enthält nur vereinzelte spätere Eintragungen, der zweite wurde von ihm
begonnen und bis Folio 85 geführt. Der Titel des ersten
Bandes lautet:

Liber Regiſtrat[ure Privi]

legior Allarūq [Chartar]

Civitatis Baſilienſis

der des zweiten:

Liber Secundus registrature

litterar Civitatis Basiliensis

Die Rückentitel der Bände lauten:

Alte | geheime Registr. | über das | Obere Gewölb | Tom. I.
[Tom. II.] A—O III [P III—A V].

Das Inventar verzeichnet nur Einzelurkunden, daher ist
es vergeblich, Beiträge zu unserer Concilsgeschichte dort zu
suchen; die das Concil betreffenden Documente sind Bd. I,
fol. 38ᵃ—44ᵇ registriert — nach Angabe der Regesten betrifft
keines derselben Johannes de Segovia. Im Uebrigen ist betreffs
dieses Inventars Wackernagel's Inventar zu vergleichen.

In dem sogenannten ‚Blauen Register' findet sich eine
grössere Zahl von Urkunden des Archivs von jüngerer Hand
verzeichnet. Unter der Abtheilung ‚Concil' und mit der Ueberschrift ‚ecclesiastica varia — die Herkunft dieser 30 Urkunden
ist unbekannt, die Conciliumsbullen befanden sich im Steinen-
Kloster ohne Angabe, woher sie dahin gekommen' u. s. w. sind
Regesten über 18 Acten (zumeist Decrete) des Basler Concils
angeführt. Von diesen ist ein Document Nr. 14, II. non. Febr.:

2*

‚Papst Felix V. ernennt eine Anzahl Cardinäle' für uns von
Interesse. Dasselbe ist heute wohl conserviert im Archiv vorhanden, Original, mit dem an einer Schnur hängenden Bleisiegel
des Gegenpapstes. Die für uns wichtigen Theile des Textes
lauten:

Felix episcopus servus servorum dei ernennt zu Cardinälen venerabiles fratres Alexandrum patriarcham Aquilegiensem
Othonen(!) dertusiensis absentem Georgium Vicensis Franciscum
Gebennensis Bernardum Aquensis. Johannem Argentinensis
Episcopos et dilectos filios Johannem de Bavaria utriusque
iuris doctorem et Johannem de Segobia in Sacra pagina
professorem u. s. w. in sequenti consistorio ÷ dedimus videlicet Alexandro Patriarche Aquilegiensi sancti Laurentii in
damaso... et Johanni de Segobia sancti Calixti... Dat
Basilee II Non Februar. Anno a Nativitate domini Millesimo
quadringentesimo quadragesimo primo Pontificatus nri Anno
Primo.

Die neu angelegten Zettel über die in den vorerwähnten
Verzeichnissen nicht oder nur unvollständig beschriebenen Urkunden enthalten Regesten über verschiedene das Basler Concil
betreffende Acten (Papst Felix V. 1440, April 28; Friedrichs
Aufkündigung des Geleites 1447, August 18; Appellation hie-
gegen 1447, October 17; neuerliche Appellation 1448, Jänner 25;
Lyon als künftiger Concilsort genannt 1448, Juni 15, vgl. a.
1448, Februar 23, 1448, Mai 31, 1448, Juni 28, u. s. w.), doch
betrifft keine direct unseren spanischen Historiographen.

Die urkundlichen Quellen über ihn und sein Werk sind
an einer anderen Stelle zu suchen, über welche die angeführten
Verzeichnisse keine Kunde bieten.

Das von Ochs beschriebene sogenannte Concilienbuch hat
sich nämlich ebenso wie die von ihm excerpierte Actensammlung, welche die Textgeschichte der Handschriften von Johannes
des Segovia's collectiones aufhellen, glücklicherweise bis zum
heutigen Tage erhalten.

Der von Ochs, Geschichte der Stadt und Landschaft
Basel, Band III, p. 605 E gelieferten Beschreibung und Inhaltsangabe des Concilienbuches ist nur wenig nachzutragen. Es
ist ein grosser Quartband von 147 Papierblättern, in Pergament
gebunden und von verschiedenen Händen beschrieben. Es

enthält ausschliesslich Abschriften, keine Originale, wenigstens keine Original-Urkunden.

Da das Buch vorwiegend städtische Angelegenheiten behandelt, wurde es vom Herrn Archivar Wackernagel nicht wie die meisten das Concil betreffenden Codices des Archivs an die Universitätsbibliothek abgegeben, sondern für das Stadtarchiv zurückbehalten. An der Spitze steht die Aufschrift:

Das Concilü Buch [1]

Das Buch beginnt mit Bestimmungen über die Geschäfte der öffentlichen Wechsler und schliesst mit der sittenpolizeilichen Verordnung, welche Ochs mittheilt, auf welchen (a. a. O.) bezüglich des übrigen Inhalts verwiesen sei. Auf Johannes de Segovia beziehen sich folgende Stellen:

Fol. 49 R Dar zu als die zwen Cardinel sti Calixti und sti Marcelli van dem tage ze Gennff wider gen Basel kament, Schicktent die Rete Ir erber Bottschafft zu Inen zu erfaren wie der tag zergangen | was da beschloßen Und wie die Statt versorget were. Antwurtent sy under anderm, daß der Ertzbisschoff von Reuß sich der Statt sachen angenommen hette und versprochen an dem Kunge van Franckrich furderlich ze werben, dass durch sin zutun dem Romischen Kung treffelich gescriben oder eyn Bottschafft zu Im gevertiget wurde u. s. w. und

Wie d'r Statt geleit den vettern vffgeseit wart. 1448 **71a** Juni 28, ein Act, der sich vollzog presentibus dominis Cardinalibus Johanne sancti Calixti Bernhardo quatuor Coronatorum et Guillermo sancti Marcelli nec non Reverendis dominis episcopis etc. Im Verlauf dieses Documents wird wieder auf die dieta Gebbennensis angespielt: tunc incidebat dieta Gebennensis **72a** per quam sperabantur huiusmodi impedimenta tolli et pax atque vnitas ecclesie parari. Ad quam cum accessissent ex ipso Sacro concilio duo Reverendissimi patres domini Cardinales sanctorum Calixti et Marcelli legati missi fuerunt iidem domini ante ipsorum ab hac civitate recessum proparte sepedicti consulatus debita cum instancia rogati vt tam apud dominum nostrum felicem papam quam Reverendissimos dominos Cardinales cum

---

[1] Neuere Signatur: Hint. Canzlei B O. 2.

72 vo sua sanctitate | existentes Sie eciam oratores principum illuc missos et mittendos dignarentur ipsam civitatem Basiliensem sibi cordialiter habere reconmissam u. s. w.

Was die von Ochs bereits auszugsweise mitgetheilte Sammlung von Actenstücken zur Geschichte der im Archive aufbewahrten, das Concil betreffenden Codices betrifft, so habe ich der unten folgenden revidierten und ergänzten Neuver-öffentlichung nur wenige erklärende Worte beizufügen. Die von Ochs benützten Urkunden haben sich dank der freund-lichen Unterstützung des Herrn Archivars Wackernagel voll-ständig wieder auffinden lassen, und manch interessantes Stück — wie z. B. die Empfangsbestätigung König Ferdinand I. — ist neu hinzugekommen. Die Urkunden wurden vor kurzer Frist mit Rücksicht auf ihre Wichtigkeit in einen grossen Folio-band vereinigt und mit fortlaufender Numerierung versehen. Dass das Entlehnungsansuchen des Königs mit den damaligen religiösen Kämpfen im Zusammenhang stand, ist ebenso ausser Zweifel, als der Umstand, dass auf die verlangten acta schon damals auch in weiteren Kreisen hohes Gewicht gelegt wurde. Ich glaube nicht fehlzugehen, wenn ich unter denselben die beiden Pergament-Codices mit den collectiones des Johannes de Segovia verstehe. Sie allein bilden eine fortlaufende und urkundlich beglaubigte Darstellung der Concilsereignisse; die Bezeichnung: ,wegen zwaier puecher darjnn die Acta des Conci-liums zu Basel gehallten, beschriben und begriffen' passt auf dieses Werk, welches auch sonst im Gegensatz zu den gesta des Johannes de Ragusia schlechthin acta concilii genannt wird. Gleichfalls politisch-religiösem Interesse entsprang das mehr als eineinhalb Jahrhunderte nachher von dem Gesandten des öster-reichischen Hofes Franz Ehrenreich Graf von Trauttmansdorff[1] gestellte Ansuchen. Die weitaus grösste Anzahl der Acten, welche sich an den eben erwähnten anschliessen, betreffen die eingehende und langjährige Thätigkeit des Professors der Theo-logie an der Basler Universität Jakob Christoph Iselin, welche

---

[1] Geb. am 21. Jänner 1662, gest. am 8. März 1719, ein Sohn des Grafen Adam Maximilian und der Regina Katharina Gräfin Windischgrätz, österreichischer Vice-Kammerpräsident und zuletzt Gesandter in der Schweiz.

derselbe dann speciell den Collectiones des Johannes de Segovia widmete. Abgesehen von den eigenhändigen Aufzeichnungen Iselin's über seine Thätigkeit, welche sich auf den Vorsteckblättern der Original-Codices und der Copie (in der Universitäts-Bibliothek Basels) vorfinden und die wir unten mittheilen, werden seine Arbeiten durch nichts besser charakterisiert, als durch eine Stelle in dem ihm von de Boze gewidmeten Nachrufe in der ‚Histoire de l'Académe Royale des Inscriptions et Belles-Lettres,' Tome XII, 1740, p. 351 ff. Da diese Mittheilung auch über fast alle in den Acten erwähnten Persönlichkeiten und Arbeiten Aufschluss gewährt, lasse ich sie hier im Wortlaute folgen, nicht ohne auf den zum Schlusse ausgedrückten Wunsch hinzuweisen, der sich auf die vollständige Publication der Collectiones des Johannes de Segovia bezieht und erst durch die akademische Ausgabe seine Erfüllung fand:

　　En 1716 il prit d'autres arrangements pour venir à Paris, passer de là en Angleterre, et s'en retourner par la Hollande et l'Allemagne; mais il s'arrêta à Paris au delà même du temps prescrit pour le tout, et l'Université de Basle obligée de le rappeller, le rappella, à son ordinaire, par quelque nouvelle marque de distinction; elle luy conféra, en son absence, la dignité de Recteur.

　　Il emporta avec l'estime et les regrets de tous les Scavans qu'il avoit fréquentez à Paris, une haute idée de nos établissements littéraires, et une vénération singulière pour Monsieur le Chancelier, avec qui il avoit eu plusieurs conférences sur des points de Littérature, d'Histoire, de Théologie même, et qu'il avoit trouvé sur chacun toûjours aussi profond, et communément plus sublime, plus délicat et plus perçant que ceux qui paroissoient en avoir fait le principal objet de leurs études.

　　Dans une de ces conférences il fut question du Concile de Basle: Monsieur le Chancelier avoit extrémement à cœur qu'on en donnât une bonne histoire; il en avoit luy même rassemblé ou fait rassembler bien des matériaux épars, et M. Baluze s'estoit chargé de les mettre en œuvre. Mais il estoit persuadé que l'on en devoit trouver à Basle un plus grand nombre encore que nous ne connoissions point, et M. Iselin se présentoit trop à propos pour qu'on négligeât de s'en éclaircir. Personne, en effet, ne pouvoit en rendre un meilleur compte; toutes ces pièces sembloient estre entre ses mains, et rien n'auroit esté plus surprenant que le détail qu'il en fit .... Ce fait estoit que M. Lenfant Chapelain du Roy de Prusse, qui venoit de publier l'Histoire du Concile

de Constance en deux Volumes in-quarto, se proposant de donner de
même celle du Concile de Basle, et ayant aussi jugé qu'il devoit y avoir
sur cela beaucoup de choses dans les Archives de la Ville ou dans la
Bibliothéque de l'Université, il avoit engagé le Roy son maître à en
demander la communication; mais que le Magistrat n'ayant jamais
voulu consentir à la sortie ni au déplacement d'aucun des Originaux, il
s'estoit contenté des extraits qu'on luy en avoit offerts, et que c'estoit
luy (M. Iselin) qui avoit esté chargé de les faire.

Monsieur le Chancelier, accoûtumé à penser en Grand et à chercher
la perfection en tout, luy dit que ces extraits, dont il offroit généreuse-
ment les duplicata écrits de sa main, quelqu'exacts qu'on dût les supposer, n'estoient cependant rien au prix d'une copie tout entiére, si on
pouvoit l'avoir, quelle que fût la dépense ou la longeur du travail; car
dans le nombre prodigieux de piéces qu'il indiquoit, il y en avoit qui
formoient seules de très gros Volumes.

Telle estoit, entri'autres, une Histoire ou ample Journal du Concile, rédigé par un des Membres de l'Assemblée, Jean de Ségovie, Docteur
Espagnol, que l'Université de Salamanque y avoit député et dont Acnéas
Sylvius, alors Sécrétaire ou Agent du Concile, et depuis Pape sous le
nom de Pie II, parle magnifiquement en cinq ou six endroits de son ouvrage. Ce Journal, totalement oublié, consistoit en deux grands Volumes
in folio écrits à deux colomnes, d'un caractère assez serré; et ce qui
marque le cas qu'on en faisoit, sans doute, dans le temps, c'est qu'on en
avait déposé tout à la fois deux exemplaires, l'un en papier, l'autre en
velin, dans la Bibliothéque des Cordeliers de Basle, où le Concile s'estoit
assemblé; et que lors du changement de Religion, ces deux exemplaires
avoient esté soigneusement transportez de la Bibliothéque des Cordeliers
dans les Archives de la Ville.

M. Iselin ne put disconvenir de l'extrême différence et du peu
d'utilité de ses extraits, en comparaison des copies entiéres, dont la pre-
miére proposition l'avoit effrayé; il prépara les voyes et sur les espé-
rances qu'il donna, on demanda au Magistrat de Basle, et le Magistrat
de Basle permit de faire copier sur les lieux tout ce que l'on souhaitoit.

Monsieur le Chancelier choisit pour cette opération une personne
intelligente, qui la consomma heureusement dans l'espace de deux
années, avec le secours de M. Iselin, qui, chargé par la République
d'administrer les Originaux, en facilitoit la lecture, guidoit les Copistes,
prévenoit ou corrigeoit leurs fautes et faisoit assez souvent des notes
séparées, pour l'intelligence du texte.

Quand ces copies furent achevées, on voulut leur donner la plus
grande authenticité qu'il seroit possible: on demanda qu'elles fussent
collationnées contradictoirement avec le Commissaire du Roy en cette

partie, qui estoit M. l'Abbé Jourdain, Sécrétaire de la Bibliothéque de Sa Majesté, par telle autre personne qu'il plairoit au Magistrat de nommer, et qui fut encore M. Iselin; on les fit ensuite légaliser au nom de la République, représentée par les Officiers du Corps de Ville. Enfin, on poussa l'exactitude et le scrupule au point, que la copie du premier volume de l'histoire du Concile par Jean de Ségovie, n'ayant pu se faire d'abord que sur l'exemplaire en papier, parce que celuy de vélin estoit égaré, dès que M. Iselin eut donné avis qu'on l'avoit retrouvé, M. l'Abbé Jourdain reporta sa copie à Basle, pour la faire surabondamment collationner et légaliser en conformité des deux exemplaires. Toutes ces pièces rangées par ordre de dates et de matières font aujourd'huy à la Bibliothéque du Roy, un corps de trente-trois volumes in-folio, dont on peut user aussi sûrement et bien plus commodément que des originaux: qu'on les joigne aux différentes collections qu'on y avoit déja faites sur le Concile de Basle, c'est la source plus pure, la plus abondante où puisse jamais puiser quiconque on entreprendroit l'histoire. Heureux! si cette digression naturellement liée à l'eloge de M. Iselin, faisoit renaître icy quelque plume digne du projet de Monsieur le Chancelier, dont l'ouvrage posthume de M. l'Enfent n'a pas éteint le désir, et dont la mort de M. Baluze a fort éloigné l'accomplissement.[1]

Ich lasse nunmehr die mehrerwähnten Acten im Wortlaute folgen und schliesse auch die Abschrift aus zwei Rathsprotokollen des Basler Archivs (aus den Jahren 1715 und 1724) bei, welche gleichfalls die Concils-Codices betreffen.

Ferdinannd von gotes genaden Römischer, Kunig zu allen zeiten merer des Reichs etc.

Ersamen lieben getrewen, Als wir hieuor mit Euch, von wegen zwaier puecher, darjnn die Acta des Conciliums zu Basel gehallten, beschriben, vnd begriffen, hanndlen lassen, dieselben, des Ersamen weisen vnnser besonder lieben vnnd getrewen n. Burgermaister vnnd Rat vnnser Stat Freyburg in Preysgaw Gesandtn, gegen ainem Reuerß, das wir Ewch solche Buecher

---

[1] An einen ähnlichen Bericht über diese Erwerbung wird im Catalogue des livres imprimez de la Bibliothéque du Roy, Paris 1739, vol. 1, p. 62 die Bemerkung geknüpft: Nous pouvons assûrer que par cette augmentation Sa Majesté possède le plus ample recueil qu'il y ait sur tout ce qui s'est passé dans le fameux concile de Basle, dont l'histoire a esté assez peu connuë jusqu'icy.

oder Acta jn jarsfrist widerumb zuestellen wellen, ze vberannt-
wurttn, Vnnd jr Ewch darauf, vnns dieselben volgen zelassen
vnderthenigclich bewilligt, das wir dann von Ewch zu sonnderm
gnedigem gefallen angenomen, haben wir demnach bemeltem
Burgermaister vnnd Rat vnnser Stat Freiburg, solche Acta,
gegen vberantworttung vnnsers Reuers, durch jre Gesanndtn,
von Ewch zu emphahen, vnnd vnns die furtter, bey gewisser
Botschafft, Sicherlich vnnd fürderlich zuezeschicken aufgelegt,
vnnd beuollhen. Ist hierumb vnnser gnedigs ansuechn vnnd
begern an Ewch, jr wollet vorbeschehner Ewr bewilligung nach,
gedachter von Freiburg Gesantn, auf jr ansuechen vnnd begeer,
offtgemellte Acta, gegen vnnserm Reuers, vberantwurten vnd
zuestellen. Sollen Ewch dieselben Inhallt vnsers Reuers, in
Jarsfrist widerumb behendigt werden, An dem beschicht vnns
von Ewch sonder annemigs wolgefallen gegen Ewch in gnaden
zuerkhennen, Geben zu Passaw den xviii tag Februarij A° etc.
jm xxxvij vnnserer Reiche des Romischen jm vij^{to} vnnd der
andern jm Ailfften.

Ferdinand

Ad mandatum domini u. s. w.

Den Ersamen vnnsern vnd des Reichs lieben
getrewen n. Burgermaister vnd Rat der Stat
Basel.

(Nr. 55 der Sammlung.)

Wir Ferdinannd von Gotes genaden Römischer Kunig zu allen
Zeiten merer des Reichs, jn Germanien zu Hungern Behem
Dalmacien Croatien vnnd Sclauonien etc. Kunig, Infant in Hi-
spanien Ertzhertzog zu Osterreich, Hertzog zu Burgundi, vnd
Wirtemberg etc. Graue zu Tirol etc.

Bekhennen, als vnns die Ersamen vnnsere vnnd des Reichs
lieben getrewen Burgermaister vnnd Rat, der Stat Basl, auf
vnser gnedigs ansynnen vnd begern, die Acta des gehaltnen
Concilij zu Basl, durch hannden, der Ersamen weisen vnnser
besonder lieben, vnnd getrewen Burgermaister vnnd Rats
vnnser Stat Freiburg jn Breisgaw, vberantwortten, vnnd der
gestallt zuestellen lassen, das wir jnen solche Acta jnnerhalb

Jarsfrist, widerumb beihendigen, vnnd gewislich vberantworttn
lassen sollen, Gereden vnnd versprechen wir demnach jn crafft
ditz briefs, das wir gemellte Acta, jnmaß vnns die zuegestellt
worden sein, obbenenntn Burgermaister vnnd Rat der Stat
Basel on alle Waigerung in berurter Jarsfrist, widerumb vber-
anntwurttn, vnnd zuestellen lassen wellen, ongeuerde, mit vr-
khundt ditz briefs, Geben zu Passaw den xviii^{dn} tag Februarij
Anno etc. jm xxxvii^{ten} vnnserer Reiche des Romischen jm
Sibendtn, vnnd der andern jm Ailfftn,

Ferdinand

Ad mandatum domini u. s. w.

(Nr. 54 der Sammlung.)

Unser fruntlich willig dyenst Seyen euch zuuor fursichtigen
Ersamen weysen Besundren lieben vnnd guten freundt.

Wir haben ewer schreyben vns mit Zuschickhung der
Artickel welcher gestalten gewesnen Conciliums bey euch aller-
ley notwendigkeyten halben verordnung vnd fursehung gethon
Wie auch ewer hohe Schul aufgericht, fundiert vnnd Priui-
legiert worden seye, nach lengs gantz fruntlichs, nachpaurlichs
wolgefallens vernomen Bedanken vns desselben mit erpietung
solches der Romischen Kun. M^t etc. vnserm allergnedigisten
herren von euch zuberuemen. Die es Sunder Zweyfel gegen
euch jnn gnaden zuerkennen vnd vnser gnedigister herr der
Cardinal von Tryent gnedigs willens gegen euch zuuergleichen
nit vergessen werden, vnnd fur vnser personen mit freuntlicher
gueter nachpaurschafft zuerwidern vnd zuuerdyenen. Vnnd
Nachdem vnder andrem jnn obberurtem ewerm schreyben er-
meldet Das jr auf hochgemelter Kun^r M^t gnedigist ersuchen
derselben, was von anfang Biß zu end obberurten Conciliums
gehandelt worden, jnn zweyen büchern, Acta Concilij Basiliensis
genempt, beschriben, doch auf eyn Reuerßbrief das euch dieselben jnn Jarsfrist widerumb behandiget worden seyn, ver-
gangnen Sybenunddreyssigisten Jars vberschickht die aber noch
bey Irer Kun. M^t handen seyn sollen, mit begern Bey seyner
M^t, dieselben euch zum Böldisten das seyn mochte, widerumben
zugestelt zewerden, zu sollicitieren etc. Das wöllen wir alles
Vleyß gern vnd mit willen thun Wolten wir euch denen wir

Inn allweg freundt vnd gute Nachpaurschafft zu beweysen ge-
neygt zu danckgefelliger antwort nit verhalten, Datum Ensiss-
heym den xx ᵗᵉⁿ tag Januarij Anno etc. xlv.

Ro' Kun' M' Stathalter Regenten
vnd Rate jnn obern Ellsaß.

Hanß von Andlaw,
Zott (?)

Den fursichtigen Ersamen vnd weysen Burgermeister vnnd
Rat der Statt Basel vnseren besundren lieben vnnd gueten
Freunden.

(Kirchenacten A. 4. Fol. 205.)

Supplication Herrn Rectoris u. Regent bei löbl. Universität allhier
wegen Actis concilii Basileensis u. a.

Demnach seit geraumer Zeit von vielen einheimischen,
sonderlich auch außländischen Gelehrten, und darunder hohen
Persohnen so etwan Unsere Bibliothecam publicam Besichtiget,
denen Actis Concilij Basiliensis . . . . . Vielfältig nachgefragt
worden, Alß wird hierdurch E. Ehrw. Regentz Veranlaßet, . . .
in Underthänigkeit vorzuestellen: Ob, umb obgedachte gleichwohl so Berllehmte Acta Concilij Basiliensis auß dißmahliger
Finsternuß, zur Curiosen Besichtigung und Gebrauch der gelehrten Welt an das Liecht und zum Vorschein zuebringen . . .
Auch zue mehrer: und sorgfältigerer Verpflegung und Conser-
vation deroselben die sonsten in denen Gemächeren des Rathhauses, worinnen Sie Bißanhero eingeschlossen gehalten worden,
durch den staub . . . schaden leiden möchten . . . in allhiesige
Bibliothec . . transportiert . . . werden solten.

Die Petition trägt kein Datum; doch ist der darauf hin
erflossene Rathsbeschluss von moderner Hand auf der Urkunde angemerkt: Mit Abfolgung der Acten des alhiesigen
Concilii . . . soll Einer Löbl. Universitet . . . willfahrt . . werden . .
(vom 8. Nov. 1713 datiert).

(Nr. 57 der Sammlung.)

Von Gottes gnaden Friderich Wilhelm
König in Preußen, Marggraf zu Brandenburg
u. s. w. u. s. w.

Vnsern günstigen Gruß und geneigten willen zuvor, Wol-
gebohrne, Edle, Ehrenveste, Hochweise und Hochgelehrte besonders liebe Freunde Alliirte und Bundsverwante. Wir geben
Euch hiemit in gnaden zu vernehmen, was maßen Unser Hof-
prediger Jacques l'Enfant im Werck begriffen, die Historie des
in Eurer Stadt gehaltenen Concily zu beschreiben und durch
den Druck public zu machen, weshalb Er auch die allerunter-
thänigste Ansuchung bey Unß gethan, Wir wolten durch Unser
Vorwort Euch dahin zu disponieren bemühet seyn, daß Ihr zu
beförderung seines zum besten des Publici angesehenen guten
Vorhabens, die in Euerm Archiv vorhandene, zu dieser materie
gehörende Briefschafften und Urkunden, Ihm communicieren
möchtet. Gleichwie Wir nun außer Zweifel stellen, daß Ihr
Euch dazu gantz geneigt werdet erfinden laßen, Also haben
Wir Euch auch darumb hiedurch in Gnaden ersuchen wollen,
mit der Versicherung, daß Eure hierunter erzeigende Willfährig-
keit Unß nicht allein zu einem angenehmen Gefallen, und wogegen Wir Euch Unsere Königliche Hulde und propension, bey
vorkommenden Gelegenheiten zu erweisen, nicht ermangelen
werden, gereichen soll, sondern Wir wollen auch sorgetragen
laßen, daß die von Euch anhero communicirende Documenta
und Briefschafften, Euch mit dem forderlichsten sicher und
unbeschädiget wieder zurück gesandt werden sollen. In Er-
wartung Eurer Antwort und Erklährung verbleiben Wir Euch
mit günstigem und geneigten Willen wol beygethan.

Geben Berlin den 1t Decembris 1714.

Wilhelm

Die Stadt Basel wird ersuchet,
dem Frantz. Hoffprediger
l'enfant so die historie des aldort
gehaltenen Concily zu beschreiben
willens, die zu dieser materie
gehörende und in dasigem Archiv
vorhandene Briefschafften zu
communicieren.   ML. von Printz

(Nr. 58 der Sammlung.)

Hochgeacht: WohlEdlgebohrne, Gestreng Fromb, Vest, Vorsichtig und weiße HochgeEhrte Herren:

Es leben Sr Kays. und Königl. Cathol. Mayt. der Zuversicht, M Hg Herren werden nicht abseyn, von denuen Acten Concilii Basileensis die abschriften gegen bezahlung der ienigen so darmit umzugehen haben verabfolgen zu lassen, wie ich dann dieselbe gebührend hierumben zu ersuechen allergnädigst befelcht worden, Nicht zweitlend, M Hg Herren werden solche anstalten vorzukehren belieben damit selbige unter aufsicht iemanden, in welchen löbl. Statt und Universität ein Völliges Vertrauen setzet, verfertigt wurden, zumahlen auch H. Professor Iselin, der mir sonderlich wohl bekandt und ohne dem alle zu dem Concilio gehörige schriften und acten unter handen hat umb darmit dem Königl. Preußischen HoffPredigern M^r l'Enfant bedient zu seyn, die bemühung dießfalls gern auff sich nemben wird, wobey dieselbe in Gottes Schutz erlassend allstets verbleibe

     M Hg Herren

Waldshuth d. 22. 8^{bris} 1715.

                  dienstwilliger

             Franz Ehrnreich Graff und Herr
                 zu Trauttmansdorff.

     (Nr. 59 der Sammlung.)

Magnifiques Seigneurs,

Il y a deja quelque temps que dans la vûe de faire donner au public vn recüeil de tous les actes et de tous les anciens monumens qui regardent le concile de Basle, j'ay fait faire des recherches exactes dans le Royaume de tout ce que la curiosité publique et particuliere avoit pû ramasser sur vne matiere si interessante, et j'avois cru la france fort riche en ce point, par le nombre des pieces que l'on a deja recouvrées. Mais j'ay reconnu depuis que tout ce que nous possedons sur l'histoire et les actes de ce concile n'est rien en comparaison des Thresors que vous avés dans vos archives; Et Il n'est pas surprenant qu'vn concile qui a été tenu dans votre ville soit devenu en quelque maniere vôtre bien propre et comme vn patrimoine

precieux que la sagesse et la curiosité de vos predecesseurs a
conservé soigneusement a la posterité. Il est donc bien juste
que toutes les nations, et surtout celles qui ont eu le plus
depart aux deliberations de ce concile, et qui le regardent
comme le rempart de leurs libertés, s'adressent a vous comme
a la source des lumieres qu'ils peuvent reçevoir sur vn sujet
si important, et que ce soit a votre generosité qu'elles soient
redevables de ces anciens monuments dont vous etes les dignes
et fideles depositaires. Vous aimés trop le bien public pour
ne pas etre disposés a repandre des thresors que vous ne cessés
point de posseder, en les communiquant aux autres nations
pour les enrichir sans vous appauvrir. Je me flate même que
vous en ferés part plus volontiers a vn Royaume avec lequel
vous avés vne si ancienne, et si etroite aliance; Le Prince qui
le gouverne a present a tant d'amour pour les lettres, Et Il
est d'ailleurs si remply d'affection pour vôtre republique, que
je suis persuadé que le plaisir que vous ferés en cete occasion
a S. A. R. est encore vn nouveau motif qui vous portera à
entrer dans ce que je vous demande; Il ne me conviendroit
point apres cela de vous parler en mon nom, Mais je puis au
moins vous assurer de la parfaite reconnoissance que j'auray
de tous les secours que vous voudrés bien nous donner pour la
perfection d'vn ouvrage vtile a la france, et glorieux a la ville
de Basle, a la quelle tout l'honneur en sera deub; Je ne perdray
aucune occasion de vous donner des marques d'vne si juste
reconnoissance, Et de vous assurer par mes services que je suis

    Magnifiques seigneurs

                Votre tres humble serviteur

A Paris le 4. 7bre 1717   Daguesseau

Adresse: A Messieurs

    Messieurs Les Bourgmaistres Et
        Consuls de la ville de Basle
    a Basle   Chancelier

    Darauf von der Hand des Basler Stadtschreibers: begehrte
communication der Acta des alhießigen Concilii verlesen den
12ten 7bris 1717.

(Führt im neuen Actenband die Nummer 60; unter Nr. 61 folgt eine freie
    und nicht ganz richtige Uebersetzung des Stückes.)

Magnifiques seigneurs,

Je vous dois deux sortes de remercimens, l'vn que je ne vous fais pas seulement en mon nom, Mais au nom de S. A. R. Mgr. le duc d'Orleans pour le service que vous rendés a la france, en nous accordant avec tant d'honnesteté la communication des pieces importantes que vous possedés sur l'histoire et les actes du concile de Basle; L'autre sur l'exemplaire de ce concile dont vous voulés bien me faire part: Je ressens comme je le dois et le bien que vous faites au public et la distinction personelle que je reçois en cette occasion: Je conserveray precieusement cet exemplaire du concile de Basle comme vn monument de votre amitié pour moy, et Il tiendra vne place encore plus distinguée dans mon coeur que dans ma bibliothèque: Mais je ne seray point content jusques (so) a ce que j'aye trouvé le moyen de m'acquitter de ce que je vous dois et pour le public et pour moy. J'en rechercheray les occasions avec empressement, Et je m'estimeray fort heureux si je puis vous convaincre par mes services qu'on ne peut etre plus veritablement que je suis

Magnifiques seigneurs

                                    Votre tres humble serviteur
a Paris le 5. 8ʰʳᵉ 1717.   Daguesseau

(Adresse wie bei dem vorhergehenden Schreiben. Verlesen den 16. 8ᵇʳⁱˢ 1717. Nr. 65 der Sammlung.)

Magnifiques Seigneurs,

Je prends trop de part a tout ce qui regarde la gloire de vôtre republique et le bien general de la litterature, pour ne pas vous feliciter du bonheur que vous avés eu de retrouver en fin l'exemplaire original du premier volume des actes du Concile de Basle dont la perte paroissoit presque irreparable. Quand la generosité avec laquelle vous avés bien voulu me faire part, ou plûtost a. S. A. R. Mgr Le Regent, et à toutte la france, des monumens precieux que vous conservés sur ce concile ne m'engageroit pas a en ressentir vne joye particuliere. Il me suffiroit d'aimer les lettres, et d'etre aussi sensible que je le suis a vos avantages, pour applaudir hautement a vne si heureuse decouverte, Mais vous avés sçu m'y interesser d'ailleurs si parfaitement qu'il m'est permis en quelque maniere de me

feliciter moy même du plaisir que vous avés eu de retrouver
vn thresor vnique et que vous êtes si dignes de posseder, C'est
dans cette confiance et apres avoir deja fait vne experience
favorable de vôtre affection pour la france, et de vôtre honnesteté pour moy, que je m'adresse encore a vous pour vous
supplier de vouloir bien que M. Isselin puisse avoir la liberté
de collationner sur cet original la copie du p.^{er} volume des actes
du concile de Basle que le S. Jourdain a faite, avec vôtre
permission, sur vne autre copie qui alors tenoit lieu de l'Original,
mais qui n'en avoit ny l'authorité ny la perfection, Et puisque
j'ay commencé a vous demander des graces, permettés moy
de vous prier d'en adjouter vne seconde a la premiere que j'at-
tends de votre bonté, C'est de vouloir bien ordonner que l'on
cherche dans vos archives les six dernieres Collections de Jean
de Segovie qui manquent a la perfection de l'ouvrage dont vous
avés trouvé bon que l'on me fist part. Je ne sçay si ces six
dernieres collections ont jamais existé et si ce Cardinal a achevé
cette derniere partie de son recueil, Il y a des raisons assés fortes
pour en douter, Mais d'vn autre costé Le S^{r 1} Jourdain pretend
que quelques vns de ses amis qui ont des habitudes dans la chan-
cellerie de vôtre ville luy ont parlé d'vne maniere, qui malgré
les doutes fort vray semblables de M. Isselin sur ce sujet donne-
roient lieu d'esperer que ces six collections pourroient s'y trouver,
Ce qu'il y a de certain c'est que si elles existent, elles ne peuvent se trouver que dans ce depost La recherche que je vous
supplie d'en faire faire mettra le comble et comme le sçeau a
touttes les obligations que S. A. R et tout ce Royaume vous
auront de touttes les richesses que vous nous aurés communiquées
sur le Concile de Basle, Et puisque vous avés bien voulu que j'en
fusse le canal; Je ne sçaurois assés vous têmoigner combien j'en
conserveray de reconnoissance, et combien je m'estimerois heureux si je pouvois vous assurer par mes services que je suis

Magnifiques Seigneurs

Votre tres humble serviteur

a Fresnes le 18. mars 1720.   Daguesseau.

(Adresse wie bei den früheren Schreiben. Verlesen am 27. März 1720. Nr. 81
der Sammlung.)

---

[1] Le Sr. von Daguesseau eigenhändig später ergänzt

Aus dem Briefe des Abbé Bignon:

Messieurs

... J'ose donc esperer que vous me pardonnerez vn
Empressement que m'inspirent et la passion que j'ay depuis
mon Enfance pour tout ce qui interesse les Sciences, et le desir
de contribuer à enrichir la Bibliothèque du Roy, dont S. M.
m'a confié le soin depuis cinq ans.

J'y ay tronvé des Copies des Actes de tout ce qui regarde
le Concil de Basle que vous aviez permis de tirer sur vos
Originaux du vivant de M. l'Abbé de Louvois Bibliothecaire
du Roy, mon predecesseur. Des Pieces si curieuses m'ont paru
manquer d'une formalité considerable. Il ne paroist point sur
ces Copies qu'elles ayent été collationnées sur vos originaux, et
je les ay donc fait reporter sous vos yeux, Messieurs, par le
Secretaire de la Bibliothèque du Roy. La grace que j'ose
vous demander est d'ordonner que cette collation se fasse avec
exactitude et avec authenticité. Peut être vn Esprit de vanité
me seduit-il en me faisant croire que ce ne me sera pas vn
mediocre honneur d'avoir ajouté cette nouvelle curiosité parmy
tant d'autres, qui forment de cette Bibliothèque vn si riche
Thresor ...

                                        L'abbé Bignon.
A Paris le 14. Avril 1724.

(Nr. 89 der Sammlung. Adresse nicht mehr vorhanden.)

Magnifiques Seigneurs

Cette lettre vous sera remise par M. Jourdain secretaire
de la Biblioteque du Roi. Il a eu ordre de donner la forme
la plus autentique qu'il sera possible, aux copies qui ont été
tirées en 1717. 18. et 19. des Manuscrits originaux concernant
le Consile de Basle qui sont tant dans le Tresor des Archiues
que dans la Biblioteque de l'vniversité de votre ville, et Il
s'y est rendu pour cet effet, Sa Majesté ayant resolu de ne
faire remettre ces copies dans sa Biblioteque qu'aprez que
l'ouurage auquel il va trauailler aura eté mis dans sa perfection;
Pour y réussir il a besoin de votre authorité afin de mieux
paruenir aux decouuertes qui lui sont necessaires et j'ai ordre

de vous le recommander: Je vous prie donc, Magnifiques Seigneurs de vouloir bien ordonner qu'on lui fournisse, à cette occasion, touts les eclaircissemens qu'il pourra desirer et qu'on lui communique les pieces qu'il croira lui etre utiles. Je serai très sensible a touttes les facilités que je me flatte que vous luy procurerez et Sa Majesté, à qui J'en rendray compte, vous en scaura bon gré.

Je prie Dieu quil vous Maintienne dans la prosperité de tout ce qui peut vous etre le plus auantageux.

a Soleure le 25. Auril 1724.

Magnifiques Seigneurs

Votre affectionné a vous servir
Davaray.

(Auf der ersten Seite unten: Mrs de Basle. Nr. 90 der Sammlung.)

Memoire

Le Sr Jourdain qui est à Basle de la part et sous les ordres de Mgr L'abbé Bignon Conseiller d'Etat ordinaire et Bibliotecaire du Roy, suplie humblement Les Seigneurs du Conseil en consequence de la lettre de recommandation de son Excellence Mgr l'ambassadeur de France, Premierement de luy communiquer de la manière qu'ils jugeront à propos, le premier Volume MS. des actes du Concile de Basle, lequel est dans le tresor des Archives, afin qu'il le puisse collationner avec M^r le Docteur Iselin, ou telle autre personne habile qu'il plaira au Conseil, ou à Mr. Iselin même de mettre à sa place, en cas que sa santé ou ses occupations, ne luy permettent pas de vaquer à ce travail autant que le d. Sr Jourdain le souhaiteroit.

En second lieu le Sr Jourdain demande tres humblement aux d. Seigneurs du Conseil qu'au cas qu'il se trouve dans les archives quelques autres volumes concernant le même Concile de Basle, ils ayent aussi la bonté de luy en donner communication, et de luy permettre d'en tirer copie s'il est besoin.

Troisiemement pour executer pleinement la commission dont il est chargé par le d. Seigneur abbé Bignon, le Sr Jourdain souhaiteroit qu'il plût au souverain Magisrat d'apposer son attestation autentique et son sceau aux copies qui ont été faites

3*

et collationnées cy devant en cette Ville, en la manière et en
la forme que le S' Jourdain aura l'honneur de l'en suplier
quand il en sera tems.

Jourdain. [1]

(Nr. 91 der Sammlung.)

Magnifiques Seigneurs

Depuis la lettre que je vous ecrivis le 25. par M. Jour-
dain, J'en ai receu vne pour vous de M. L'abbé Bignon Bibliotecaire du Roi et Conseiller D'Etat auquel Je suis persuadé que
vous serez ravis de faire plaisir, et de donner des marques des
egards qui sont deus a vne personne de son rang et de son
merite. Il vous fait la meme priere que Je vous ai faitte par ordre
du Roi, ainsi Je me contente de Joindre ici cette lettre u. s. w.

a Soleure le 29. Auril 1724.

Magnifiques Seigneurs
Votre affectionné a vous servir
Davaray.

M'' de Basle

(Nr. 92 der Sammlung. Verlesen am 1. Mai 1724.)

Messieurs

Je n'aurois pas differé si longtemps à vous temoigner ma
tres humble et tres vive reconnoissance des honnetetez dont
vous me comblez, si je n'avois voulu auparavant rendre comte
au Roy, à Monseigneur Le Duc, et à Messieurs les Ministres
de Sa Majesté de la maniere obligeante dont vous aviez la
bonté de contribuer à l'enrichissement de sa Bibliothèque ..

A Paris le 30. May 1724.

Messieurs
Votre tres humble et tres obeissant serviteur
L'abbé Bignon.

(Nr. 93 der Sammlung. Adresse verloren. Verlesen am 12. Juni 1724.)

---

[1] In den Mémoires de la Société de l'Histoire de Paris, tom. XX (1893),
p. 207—294 findet sich das Journal Jourdain's von Henri Omont veröffentlicht; Nr. 6 und 16 behandeln die Copien in Basel. Dazu eine
Note (p. 216): Il y a parmi les papiers de la Bibliothèque une notice
de ce que contiennent ces 39 volumes.

Magnifiques Seigneurs

Sans les differens voyage[1] du Roy, qui m'ont empeché de luy rendre compte, comme je l'aurois souhaité, de la maniere pleine de bonté dont vous m'avés accordé la grace que j'avois pris la liberté de vous demander; je n'aurois pas manqué de vous en faire mes tres sinceres remerciemens, aussitôt apres le retour de M. Jourdain, qui m'en a parfaitement instruit. Ce n'est que depuis quelques jours que j'ay pu entretenir Sa Majesté aussi bien que S. A. S. M. Le Duc et les Ministres de l'empressement que Vous avés eû en cette occasion à nous faire plaisir; et vous ne devés pas douter qu'ils n'y ayent été bien sensibles. En mon particulier je suis penetré de la plus vive reconnoissance des egards qu'il vous a plû d'avoir a la recommandation de M. Le Marquis d'Avaray et à ma tres humble priere . . .

Ces Volumes où sont attachés les sceaux de vôtre Republique, seront desormais autant les monumens eternels de vôtre amour pour les Lettres, qu'un des principaux ornemens de la Biblioteque du Roy.

Je ne scay aprés cela si ce ne seroit pas abuser maintenant des bontés dont vous avés daigné m'honnorer, que de Vous demander encor une nouvelle faveur. Dans les deux Volumes MSS. que Vous avés trouvés cette année, parmy les titres de vos archives, il se trouve quelques pieces qui nous manquent, et dont les copies rendroient nôtre recueil plus digne de paroitre sous l'authorisation de vôtre Republique; Me seroit-il permis de Vous suplier tres humblement d'accorder sur ces nouvelles pieces a M. Le Docteur Iselin les facilités que Vous luy avés deja accordées par le passé; Ce seroit un surcroit d'obligation que vous auroit la Biblioteque du Roy, et pour moy un nouveau titre de reconnoissance.

J'ay l'honneur d'etre avec un profond respect
a Paris le 23e aoust 1724.

Magnifiques Seigneurs
Votre tres humble et tres obeissant serviteur
L'abbé Bignon.

(Nr. 94 der Sammlung.)

_____

[1] So!

(Ohne Ueberschrift)

Nachdeme bey M Gn. Herren den XIII. angebracht worden, wie dass Se Excell. der königl. frantzös. Herr Ambassador Marquis de Courteille das Ansuchen thue, Ihro eine Copiam von denen zwey Thomis Actorum Concilii Basileensis nemmen zu lassen; als haben Hochged. M. Gn. Herren dieses Begehren in Deliberation gezogen und Erachteten Hochdieselben, dass, weilen ehemahls ein gleiches dem königl. Cantzler Herren D'Agnesseau bewilliget worden..... Ihro in diesem Ansinnen ohne Anstand entsprochen, jedoch dabey wegen der Wichtigkeit dieses Werckhs für hiesigen Stand, alle nöthigen Praecautionen genommen werden könten.

Auf der Aussenseite: Rathschlag weg. von Ihro Exc. dem franz. H. Ambassadoen begehrter Abschrift des Concilii. Verlesen d. 18. 7bris 1748. (Nr. 97 der Sammlung.)

Folgt (Nr. 101 der Sammlung) ein Bericht über die Vollendung der Abschrift an die XIIIer. Verlesen den —[1] August 1753, sowie (aus Paris 23. août 1753, Nr. 103 der Sammlung) ein Schreiben Courteille's an den Rath: Je connois tout le prix de l'ouvrage dont M. Schweighauser est chargé de m'Envoier une copie de vôtre part et Je sens combien cette marque de distinction, doit m'inspirer de reconnoissance etc.

Endlich eine Empfangsbestätigung:

J'ay receu de Monsieur Schweighauser du Conseil de Basle Deux Volumes relies en veau de la copie du Concile de Basle que je m'oblige de faire passer, ou de remettre moy meme à Monsieur de Courteille, Conseiller d'Estat cy devant ambassadeur du Roy en Suisse, que le louable Canton de Basle a bien voulu luy faire present. Fait a Soleure le 5. octobre 1755.[2]

Mariane.

Rathsprotokoll, 5. Januarii 1715.

Auff errinnern meines Herrn Burgermeisters Ihr E. Wht. seind vordrist diejenige jn dem obern Gewölb befindtliche foli-

---

[1] Fehlt.

[2] Eine gleichfalls vorfindliche Buchbinderrechnung von Basel, 6. August 1753, Herrn Gerichtsherrn Schweighausser für Acta Concilii Basiliensis 2 Theile, das Stück à 4 fl., bezieht sich offenbar auf diese Copie.

anten oder Acta des allhier gehaltenen Concilij, wie solche in
nachfolgender Specification begriffen abgelesen, und hatt Ihr
E. Wht. dabei ferners angebracht, daß diese Bücher jn keiner
Registratur Sich befinden, dabei bedenckhlich seye, Originalia
von der Statt zu lassen, obe nicht diese Bücher durch die
Herrn Theologos und Beide Herrn Juristen durchgangen vnd
Ihr Gutachten begert werden solte, ob und was und auf was
weise Sie vermeinten, daß etwas zu communiciren were.

Specification

Der auß dem Oberen Gewölb herabgenommener Büchern.

1. Ein grosser foliant in schweinen Leder eingebunden,
auf Papyr geschrieben, dessen Anfang: Sequunt⁻ gesta sacro
sanctae Sinodi Basileensis, Universalem Ecclesiam repraesen-
tantis, zu End: In vigilia Natalis Deo Gratias.

2. Ein grosser foliant, wie obiger und dessen zweiter
Tomus auf gleiche weiß eingebunden und Einer Hand auf
Papyr geschrieben: fangt am ersten Blatt an. XIII. Januarij,
De suspensione Papae Instantiisque Principum, ut amplius non
procederet⁻ zu End: Sequunt⁻ gesta Anni Dni. 1444.

3. Ein grosser foliant in schweinen Leder gebunden in
Pergament geschrieben, mit einer schaafledernen Deckhe und
zween Riemen, ist sonst in dem Anfang und End dem vorstehenden zweyten Tomo gleich.

4. Ein Mittelmässiger foliant auf Pergament, dessen Anfang: In nomine sanctae et Individuae Trinitatis Patris & filii
et spiritus sancti feliciter, amen. und am End: quam nobis
cedere dignet⁻ qui unus, Trinus, et unus in secula seculorum,
amen, daran ein eyserner Rinckhen.

5. Item ein kleiner foliant mit einer schafledernen Deckhe
auf Pergament geschrieben, auf der Deckhe stehet: Decreta
Concily Basiliensis, fangt an, und lautet schier biß zu End wie
ehnetstehendes letztes, in fine aber: Datum Romae apud sanctum Petrum anno Incarnationis Dominicae, Millesimo Quadringentesimo, Tricesimo primo, secundo Calendas Juny Pontificatus
nostri anno primo.

NB. Ist das Rechte und von dem Notario des Concily
vidimirte und von den Originalien gezogene, jns Nett gebrachte
Protocoll und mit des Sinodi Insigel behengt.

6. Ein ander Buch in Mittel folio in Holtz und mit rothem Leder halbgedeckt, von Papyr, darauf ein Pergamenten Blättli darauf stehet: Gesta Concily H. T. 2. an welchem ein Eyserne Ketten hanget, an dessen Anfang stehet: Hartmannus de Münchenstein, Capellanus, et Joh. Pastor, Rector Scholarum, zu End Item quod de praedictis omnibus et Singulis fuit et est publica vox et fama: Et protestat˜ etc: gehet biß auf fol. 1469. Ist dem Ansehen nach Ein Original Protocoll.

7. Ist ein ander alt Buch in folio, Ist ein Glossator über das Corpus Juris, dessen Anfang ein Register und Pag: prima steth: Quoniam Vita brevis et incerta, qua fruimur, und in fine, pag. 278 hae fuerunt allegata Dni. Johannis de fune Deo Gratias.

Diese Büecher sollen den Herren Theologis und beiden IIII. Juristen vmb Ihr Bedenckhen, ob und was und auf was weise Ichtwas darauß zu communiciren sein möchte, zugestelt, auch dem einten annoch ermanglenden folianten nachgeforscht werden, wo Selbiger hienkommen, oder wer dene Innhanden haben möchte.

Rathsprotokoll vom 10. Juni 1724.

Der Stadtschreiber hat berichtet, was massen zu folg der den 1. May letsthin ergangenen Erkantnus dem H. D. Iselin der Erste Original Tomus Actorum concilii Basileensis zu vorhabender Collationierung übergegeben und in dem Oberen Gewölb annoch fünf andere Stuck dieses Concilium betreffend gefunden worden; als erstlich ein vidimierte Copie der vier Bullen, dardurch Pabst Nicolaus V. die Acta des Concilii bestätiget: zweytens ein copie der Decretorum concilii, darvon das Originale auch im oberen Gewölb; drittens ein Collection von allerhand briefen, ordnungen, geleiten etc. so von Keyseren, der Stadt Basel, währendem concilio geschrieben und gegeben worden; viertens und fünftens zwey Tomi in groß quarto an ketten angeschlossen, welche enthalten allerhand bullen, orationes, Dissertationes, relationes, Sessiones etc. die das concilium angehen und von Johanne de Ragusio zusammengelesen worden, wie dan darunder einige stuck so er selber geschrieben, als die reis, so er nahmens des Concilii naher Constantinopel gethan etc. bey diesen zwey Tomis ward angezeigt, daß Eine löbl. Universitet darzu den dritten, auf gleiche weis gebunden habe, welchen Meine G. Hh. ihnen vormals zugestellet; werde hiemit Meine G. Hh. anheim gestellt, was sie darvon dem Mr. Jourdain zu copieren erlauben wollen.

Sollen diese stuck, wo nöhtig paginiert, dem H. D. Iselin zugestellet, darüber ein register verfertiget und dan dem H. Jourdain von welchen stucken er will copien erlaubet, nach verrichteter Arbeit aber deliberiert werden, wo diese bücher ferners zu versorgen seyen.

Aus dem Rathsprotokoll vom 18. Mai 1720 erhellt mit Rücksicht auf die gestellte Anfrage die Antwort, dass: ‚von den Sex Collectionen des Cardinals Jean de Segovia nichts gefunden worden seye. Ob die Nothdurfft nicht erfordere dem Herrn Cantzler von Frankreich .... zu berichten‘.

Eine Ergänzung zu den von Palacky in der Einleitung zum 1. Bande der Monumenta gelieferten Daten über Johannes de Ragusio bietet eine Urkunde, welche die Schenkung der Bibliothek dieses Cardinals an das Predigerkloster Basels betrifft, datirt Lausanne, 1443, Juli 19. Da ich diese interessante Urkunde an einem andern Orte[1] veröffentlicht habe, verweise ich hier kurz auf die betreffende Mittheilung mit der Bemerkung, dass wir in dem Schenkungsact wohl das letzte Zeugniss aus dem Leben des Kirchenfürsten vor uns haben. A. a. O. bespreche ich auch ein Bücherverzeichniss, welches sich gleichfalls im Staatsarchiv Basels findet, die Bibliothek des Predigerklosters (welche bekanntlich der Universitätsbibliothek einverleibt wurde) betrifft und ungefähr — wenigstens der Hauptsache nach — jene Handschriften begreifen dürfte, welche Johannes de Ragusio dem Predigerkloster schenkte.[2]

Das Verzeichniss enthält auf Seite 7ʳ unter anderen folgende Werke (Handschriften): Panormitani opera | Novella Andreae | Heinricus Bohitt super decretales | Summa Hostiensis | Bern-

---

[1] Serta Harteliana. Wien, Tempsky, 1896. Nr. 47 1 ff.

[2] Die Redaction des Inventars erfolgte etwa 80 Jahre später als die eben erwähnte Schenkung.

hardus super decretales | Liber optimus de rebus ecclesiasticis |
Gesta concilii Basiliensis | Summa Raymundi | Sololoqium Ysidori |
Historia ecclesiastica abbreviata cum aliis quibusdam | u. s. w.
Ausserdem fol. 6r Decreta generalium conciliorum | De Con-
cilio Basiliensi quedam etc. Unter den Gesta sind augenscheinlich die Relationen des Johannes de Ragusio gemeint;
dass des Johannes de Segovia acta nicht erwähnt sind, darf
nicht Wunder nehmen, da, wie wir später sehen werden, dieselben ursprünglich dem Minoritenkloster Basels gehörten und
erst auf dem Unwege durch das Staatsarchiv in die Universitätsbibliothek gelangten.

Universitätsbibliothek.

A. Handschriftliche Kataloge.

1. Catalogus codicum historicorum, Folio-Band, getheilt:
Libri Historici Manuscripti Membranacei und Libri Historici
Manuscripti Chartacei. Verschiedene ältere Handschriftenauf-
nahmen, welche auch heute noch zur Orientierung dienen sollen.

2. Bericht über die acta concilii Basiliensis auf der öffentlichen Bibliothek zu Basel.[1]

3. Cathalogus librorum D. Arnaldi Zem Luft | In Regal |.
Dieses Verzeichniss wurde wahrscheinlich von Bonifacius Amer-
bach im zweiten Decennium des 16. Jahrhunderts revidiert.
Es enthält mehr Druckwerke als Handschriften und ausschliesslich Bücher juristischen Inhalts. Beg.: Vocabularius utriusque
juris, schliesst mit Beschreibung eines Lexicon sive diccionarium
utriusque juris. Die Büchersammlung des Arnaldus Zem Luft
wurde der Universitätsbibliothek Basels einverleibt.[2]

4. Indices Codicum manu exaratorum | qui ad Basiliensis
Concilii historiä | pertinentes in praecipuis Europe Bibliothecis

[1] Verfasst von Professor Daniel Huber. Darin die Bemerkung p. 10:
Wichtig zur Geschichte des Basler Concilium ist die Historia Concilii
von Joh. de Segovia, davon zwei Exemplare, jedes in zwei Regal Folio-
bänden, sich auf der Bibliothek vorfinden. Eines ist sehr schön auf
Pergament, das andere von verschiedenen Händen auf Papier geschrieben.

[2] Vgl. C. Chr. Bernoulli „Ueber unsere alten Klosterbibliotheken", Basler
Jahrbuch, Jahrgang 1895, S. 79 ff.

¦ quarum necdum publice exstant Indices ad hunc diem adservantur ¦ Collegit et in hanc Bibliothecam intulit ¦ Jac. Christophorus Iselius SS. Th. D. et Prof. h. + Ord. Th. Dec. Diesen Index hat der mehrfach genannte Professor Jakob Christoph Iselin eigens zum Zwecke seiner Studien über Johannes de Segovia angelegt; die Daten sind natürlich heute ziemlich antiquiert, bieten jedoch immerhin manches Interessante.

B. Druckwerke.[1]

L. Schöpflin, Commentationes historicae et criticae, Basileae 1741,[2] S. 549 ff.

---

[1] Die Kataloge, welche die Handschriften der Basler Universitätsbibliothek betreffen, sind von P. Gabriel Mayer im Centralblatt für Bibliothekswesen, Bd. 4, S. 2 f. zusammengestellt. Ich erwähne hier nur jene Verzeichnisse, welche speciell Concilsacten betreffen.

[2] Da das genannte Werk schon ziemlich selten geworden (es lag z. B. P. Gabriel Mayer nicht vor), so gebe ich hier eine Probe aus dem Verzeichnisse, in dem wir allerdings den Nachweis der Handschriften, in welchen sich die erwähnten Tractate befinden, vermissen: In Basileensis Academiae Bibliotheca Acta sequentia, quae Concilium Basileense respiciunt, asservantur. — Johannis de Segobia Acta Concilii Basileensis 3. Vol. fol. Mss. — Eiusdem liber de auctoritate Episcoporum in Concilio generali. — Eiusdem circa materiam Neutralitatis Principum, quoad sacrum Basileense Concilium generale et Gabrielem de Condulmario olim Eugenium. — Invectiva Gabrielis olim Eugenii contra Sacrum Concilium Basileense. — Responsio Concilii super huiusmodi Bulla. — Tractatus super potestate universalis Ecclesiae et generalium Conciliorum illam repraesentantium per R. P. Dominum Ludovicum Pontanum de Urbe, utriusque Juris Professorem, Sedis Apostolicae Protonotarium. — Parvus alius tractatus ad Illustrissimum Principem Ducem Sabaudiae per D. Ludovicum de Roma editus super eo, quod summus Pontifex generale Concilium legitime congregatum dissolvere vel transferre non potest. — Sermo compositus et promulgatus per Reverendum Patrem Ludovicum Pontanum de Urbe in conspectu Illustrissimi Principis Ducis Sabaudiae, deinde in praesentia universitatis et Cleri Coloniensis, in quo ostendit quomodo non peccat sancta Synodus in refutando pacem, quam sibi offert Dominus Eugenius. — Ludovici de Roma determinatio pro Concilio Basiliensi. — Magistri Johannis de Ragusio Episcopi Argensis Volum. super translatione Concilii Basil. ad petitionem Principum . . . Joh. de Ragusio de auctoritate Sacri Concilii Basil. et contra Eugenium ad Electores Imperii Considerationes sex. u. s. w.

2. Ochs, Peter, Geschichte der Stadt und Landschaft
Basel, Bd. III, p. 573 ff.

3. Streuber, Wilhelm Theodor, Handschriften der öffentlichen Bibliothek zu Basel. Handschriften, das Basler Concil
betreffend. Serapeum XVII [1856], p. 132—134.

4. Muralt, E. v., Urkunden der Kirchenversammlungen zu
Basel und Lausanne. Anzeiger für Schweizerische Geschichte,
Neue Folge, Bd. III, p. 326–330.

Ich gebe zunächst eine Beschreibung der beiden Codices,
welche, wie erwähnt, der akademischen Ausgabe der collec-
tiones des Johannes de Segovia zu Grunde gelegt wurden.
Sie führen jetzt die Signatur A III 40 und A III 41. Eine alte
Signatur hat sich in Notizen am Schluss der Bände erhalten;
Band I, Fol. 321ʳ:

Ad librariā frm mior i basillea R. II. — Bd. II, Fol. 330ʳ:
Ad librariā frm mior i basillea R. 4.

Pergamenteodices, 2 Columnen, Fol. Bd. I enthält 332,
Bd. II 322 Blätter. Pergament gut geglättet; Einband modern:
Holz mit gepresstem Leder und starken, 27 mm breiten Leder-
schliessen. An die Innenseite des Einbandes von Bd. I ein
Stück einer Bibel (altes Test., 2 Col., s. XV) eingeklebt, bei
Bd. II ein liturgisches Stück mit Neumen. Grösse des Einbandes 295 × 410 mm bei ca. 100 mm Dicke. Blattgrösse
290 × 390 mm. Grösse jeder Columne 82 × 275 mm. Zeilen-
zahl in jeder Columne beider Bände 66; dieser Uebereinstimmung entspricht der Umstand, dass ein genaues Linien-
schema in das Pergament eingeritzt wurde. Initialen in Roth,
in Dunkel- und Blassblau mit wenig bemerkenswerthen Rand-
leisten.

Auf dem zweiten vorderen Custos von Band II steht
die Notiz:

Quum ex hocce Codice pro Regia Parisiensi

Bibliotheca, atq̃ adeo ad usus Ecclesiae Nationisq̃ Galli-
canae magnam omni tempore Basiliensi Concilio auctoritatem
tribuentis satagente opusq̃ urgente Illustrissimo Daguessaeo
Magno Franciae Cancellario ac certe ornamento, exemplum
fieret cum isto recens facto exemplo pariterq̃ alio papyraceo
jam olim ad hoc idem membranaceum descripto recensendo

operam dans hunc ipsum quoq̃ Codicem membranaceum partim,
quod ad Synodi hujusce Decreta atq̃ Epistolas, Bullasq̃ Ponti-
ficum attinet quae in publicam lucem editae sunt cum exemplis hisce typis expressis contulit, partim et ex ingenio qualiter-
cunque emendare atq̃ explicare conatus est,[1] manu usus in isto
quidem membranaceo Codice Christophori Bratphii A. L. M.

Jac. Christophorus Iselin
S. Th. D. et Prof. Ord. in Acad. Basil.

Susceptus hic
descriptionis ac recensionis
labor mense Quinctili MDCCXVII
perductus ad finem atq̃ exantlatus
Octobri mense añi sequentis
MDCCXVIII.

Bd. I, Fol. 1 beginnt:

(roth) Januarius Februarius MᵐCCCCᵒXXXIᵒ

(roth) L̇ I

Sequũtur gesta Sacrosancte generalis Synodi
Basilien vniuersalem ec̃cliam repentantis
Col 1 (roth) De primis duabus auĉtibus concurrẽti
bus u. s. w.

Unten am Rande der Stempel der Universitätsbibliothek.
Der Text schliesst mit der 12. Sessio Dec. XXXVIIᵒ Fol. 224ᵛ
Quod omnibus nobis sic laborantibus altissimo donare et con-
cedere dignetur amen.

Fol. 225ʳ—330ʳ folgt das Register mit der Ueberschrift
Sequũtur Rubricae seu capitula u. s. w. bis in vigilia natalis
explicuerat verbo | Deo grãs (blau). Bd. II genau in der gleichen
Ausstattung; wichtig ist die Schlussnotiz (roth): Sequũtur gesta
Anni dñi MCCCCXLIIII (welche sich übrigens auch im zweiten
Bande des Wiener Manuscriptes findet.)

Von diesem Werke ist eine Copie in den Handschriften
A N I. 9 und A. N I 9ᵃ vorhanden. Bemerkenswerth sind die

---

[1] In beiden Bänden finden sich Randbemerkungen, zum Theil auch Emendationen auf eingelegten Zetteln, von Iselins Hand.

umfangreichen Einzeichnungen Iselin's, welche die oben mitgetheilten Nachrichten über seine Arbeiten an den collectiones
in wünschenswerther Weise ergänzen.[1] Ich lasse dieselben hier
folgen und erwähne zugleich, dass die Eingangs angeführte
‚peculiaris dissertatio‘ ‚de hoc toto opere et eius praestantia
itemque de auctore Joh. de Segovia‘ aufzufinden bisher nicht
gelungen ist. Da in dem Verzeichnisse der Schriften Iselin's
bei G. E. Haller, Bibliothek der Schweizer Geschichte, Band 7
(Hauptregister) p. 186 und Acta historica ecclesiastica II
(Th. 7—12, Weimar 1737), p. 964 ff.: Jacob Christoph Iselin
(Bibliographie seiner Werke p. 979—982 vgl. a. III, p. 1156—
1162) die Dissertation nicht erwähnt ist, nehme ich an, dass
sie Manuscript geblieben. Die Forschungen nach demselben
(in Basel, Universitätsbibliothek und Paris. Bibliothèque Nationale) blieben bisher erfolglos.

Jacobi Christophori Iselii Monita quaedam de exemplo
hoc Actorum concilii Basiliensis duobus constante Voluminibus
Chartaceis.

NB. De hoc toto opere et eius praestantia, itemq de
auctore Joh. de Segovia, viro pro ea aetate, qua vixit, plane
eximio, actum est a me in peculiari Dissertatione. Quare nihil
eorum hic repeto. Proponam tantum, quae ad hoc ipsum eius
operis exemplum pertinere videbuntur.

I. Ac primo exemplum hocce Actorum Concilii Basiliensis
quantum quidem coniectura licet assequi, haud ita longo tempore post exarata duo Volumina membranacea, quae in publico
civitatis tabulario adservantur, fuit confectum. Qui illud partitis
inter se operis confecère amanuenses operam omnes diligenter
dederunt, ut singuli versuum ordines sive columnae quemadmodum vulgo vocant, imo etiam ipsi plerumq versus aut lineae
Codici isti in membranis scripto, qui pro exemplari ipsis erat,
responderent.

---

[1] Die dreibändige Abschrift s. XVIII der Collectiones wird gleichfalls in
der Universitätsbibliothek aufbewahrt und trägt den Vermerk: ‚Vom
Staatsarchiv an die Universitäts-Bibliothek abgetreten am 4. Februar
1882'. Die Angabe: Copie des cod. membr. A. III. 40 und 41 ist in
ihrem zweiten Theile unrichtig.

II. At non impedivit haec res profecto, quominus utumq̄
Volumen chartaceum mendis scateat, primo his, quae in ipsum
iam Codicem membranaceum irrepserant, quorum quidem vix-
tria aut quatuor in singulis Voluminibus vitata, atq̄ adeo emen-
data esse ab istis amanuensibus observare potui; deinde etiam
aliis longe plurimis quae ipsimet amanuenses pro se quisq̄ passim invexere, dum aut siglas notasq̄ exemplaris sui, iṁo etiam
non raro voces hic satis integre expressas non recte legunt et
explicant, aut ordinem tam verborum singulorum, quam inte-
grorum etiam saepe versuum turbant; aut deniq̄ affinitate vel
iteratione certarum vocum post brevia intervalla recurrentium
decepti plures saepe versus omittunt; qua re (non) nihil est,
quod sensum cuiusq̄ loci penitus evertat, vel ita crucem figat
Lectori, etiam perito et attento.

III. Hisce de caussis placuit Senatui Academico, geminos
hosce Codices cum suo quemq̄ exemplari conferri, atq̄ etiam,
si quid medelae aliunde peti posset, quo istiusmodi naevi ex
opere alias quantivis pretii tollerentur, id omnino tentari ad-
hiberiq̄. Et accidit omnino peropportune, ut Anis a C. N.
MDCCXVII. XVIII. XIX. cupiente ita et rem urgente illustri Galliarum cancellario Nicolao Hieronymo Daguessaeo, viro
omni genere laudis atq̄ ornamenti abundantissimo, novum horum
Actorum conficeretur exemplum, in Regia Galliarum Bibliotheca
ponendum ac dedicandum; et ut in eo exemplo cum Codicibus
exemplaribus conferendo, ac quantum pote emaculando, meam
hanc qualemcunq̄ operam vir sumus requireret. Ibi ergo visum
est mihi, temporis compendi faciendi gratia tam huic veteri,
quam isti novo exemplo simul succurrendum, et, quod pro-
verbio dicitur eadem fidelia geminos dealbandos esse parietes.
Opus ita institutum, ut ego quidem hocce exemplum chartaceum haberem prae manibus membranaceu Codicem studiosus
ad latus mihi adsidens teneret, novū deniq̄ exemplum utriq̄
nostrum praelegeret ipse, qui et exaraverat, doctissimus Jor-
danus,[1] Ambianensis, ex illo tempore ad partem aliquam curae
in Bibliotheca Regia custodienda ornandaq̄ veluti ad huius na-
vatae egregiae omnino operae praemium vocatus, ac tum quidem
ab illustri Daguessaeo mea quadam coṁendatione ad id operis

---

[1] Jourdain.

delectus probatusq. Ceterum quid a me in hisce Voluminibus chartaceis fuerit praestitum, aliorum esto iudicium. — — —

IV. Superest unum porro quod comemorem de Decretis Concilii ceterisq, quae pariter cum Decretis iam olim ab ipsomet Concilio publicata et in Sessionibus quas vocabant, praelecta fuere, ac hisce quoq actis nostris passim reperiuntur inserta: Scilicet cum ubiq multi exstent Codices suma cura a Notariis Concilii descripti planeq authentici, illa eadem omnia continentes et cum etiam ex huiuscemodi Codicibus plurimae iampridem factae sint editiones; non putavi in hisce quoq cum Codicibus membranaceis actorum confligendis, variisq lectionibus nimium scrupulose adnotandis, tempus mihi terendum impendendumq esse. Itaq in prima quidem Collatione comissa haec a me cura studioso est, eumq ego praeter Codicem membranaceum actorum, etiam authenticum Decretorum exemplar iussi adhibere, quod ab scriba Concilii celebri atq industrio Michaele Galterii exaratum hodieq in tabulario Civitatis iuxta ipsa membranacea actorum Volumina servatur et custoditur, Tantum!

Datum Basileae prid. Eid. Iun. MDCCXXIV. quum tertio ante die labor ille secundae Collationis feliciter ad finem esset deductus. DEO O. M. sit laus in sempiterna saecula![1]

De fideq diligentia Joh. Segoviensis item quod pleraq, quae narrat hauserit ex chartis autenticis et cum illa cum deficiebant silere maluerit, quam incerta dicere argumentum praebent loca sequentia: Coll. VI. Cap. 29. col. 2. post med. quo loco agit de confoederatione inter Imperatorem et Cardinales in Concilio tractata post expositam Orationê Sigismundi haec addit: De responso autem Cardinalium quale fuerit, quia, uti de prae-

[1] Dann folgen noch die Citate:
   Agit de se coll. I. cap. 20 in init.
   Idem coll. III. cap. 42. col. ult. citat librum suum de auctoritate Episcoporû in Concilio Gen.
   Auctor se ipse diserte nominat coll. IV. cap. 20.
   item cap. 24. in fine. item coll. VI. cap. 3.
   Coll. X. cap. 12. quo loco et se a concilio constitutum ... esse testatur qui in publica Collatione imaculatam conceptionem B. Virginis defenderet.

missis, scripta non vidit, libri autor attestari vult minime. Item ibid. cap. 33. col. 2. post med. Quos a. elegerit Imp., vel quid desuper propositis cum eo gestum fuerit, non aperitur, quia huiusmodi referenti non constat. His autem similia atq̄ etiam expressiora loca passim in seq. occurrunt. Ex Coll. VI. Cap. 12. prope init. liquet iam inde ab initio concilii aliqua acta fuisse confecta, quo maior videlicet habenda fides hisce actis Segoviensis nostri.

Am Rande rechts: Idem Legatus Univ. Salamanticensis Coll. IV. Cap. 38. col. 2. in concilio, atq̄ hancce personam sustinere coepit, sedemq̄ accepit proximam sedi Legatorum Acad. Paris. mense Augusto A. 1434 hic noster Joh. de Segovia. Vid. Coll. VIII. Cap. 27.

Die mehrfach erwähnten ,gesta' des Johannes de Ragusio befinden sich gleichfalls in der Universitätsbibliothek. Es sind drei Bände, deren Inhaltsangabe handschriftlich vorhanden ist. Band I hat den Rückentitel: Gesta Concilii Basiliensis. | compilata a | Johanne de Ragusio | I Ex bibliotheca Praedicatorum | Heutige Signatur E I. 1. i. Das detaillierte Inhaltsverzeichniss geht voran. Es sind 123 verschiedene Tractate auf 469 Seiten.

Band II hat den Rückentitel wie Band I (nur mit 'entsprechend geänderter Zahl), Signatur: E I. 1. k. Als Einband dienen Holzdeckel, wie bei den anderen Bänden; bei diesem zweiten hat sich auch die Kette erhalten. Das Inhaltsverzeichniss hat den Titel: Notice de ce, qui est contenu dans l'Autre Volume M. S. cotte tom 12. Die alte Signatur von einer Hand s. XVI — sehr ähnlich derjenigen welche den oben erwähnten Index der Predigerbibliothek geschrieben — lautet:

> Gesta ꝗcilii Ba
> siliensis
>   ♭ T. 12.
> Ad Coenobiū
> praedicator

Band III: Rückentitel wie oben, nur Zahl III. Signatur E. I. 1. l. Mit Bleistift ist auf dem zweiten vorderen Custos vermerkt: Das Inhaltsverzeichniss dieses Bandes in E V. 20 p. 43 ff. Damit sind die oben bereits erwähnten Indices codi-

cum ad Concilium Basiliense pertinentium collegit Jac. Christ.
Iselin gemeint.

Die bereits oben S. 12, Anm. erwähnte officielle Sammlung der Concils-Decrete und -Constitutionen findet sich im
cod. A. III. 44 und beginnt folgendermassen:

In nomine sancte et individue trinitatis Patris et filii et
spiritus sancti feliciter Amen. Censetur utique dignum et congruum prout id singulariter exposcit nimium labilis hominum
memoria ut ea que per sacrorum generalium conciliorum sanc-
tiones ad dei laudem et communem rei publice utilitatem fore
noscuntur instituta illa debite scripture commendentur ut per
hanc iugis eorum etiam ad posteros transeat recordacio. Hinc
est igitur quod in subscriptis continentur et sunt de uerbo
ad uerbum inserta decreta constituciones acta ordinaciones ce-
teraque gesta in hoc sacro generali Basiliensi Concilio presidente
in eodem auctoritate Apostolica Reverendissimo in Christo patre
et domino Juliano miseracione divina sacrosancte Romane ecclesie sancti Angeli dyacono Cardinali apostolice sedis legato
collecta visa ordinata per nos Prothonotarios Notarios et scribas
infrascriptos ad id per dictum dominum presidentem sacro
eodem approbante Concilio deputatos sub Annis Indictionibus
etc. annotatis et descriptis.

Die Schlussnote heisst:

Suprascripta decreta et gesta supradicte sacrosancte Synodi
Basiliensis concordant cum originalibus facta collatione per me
Michaelem Galteri Notarium ipsius sancte Synodi que redacta
sunt in nonaginta octo cartis sive foliis pergameni presenti in
ipso numero computato.

Hierauf folgt die Unterschrift von Mich. Galteri Not.

In einem Quartbande, signiert E I. 2, befinden sich laut
vorangesetztem wohl gleichzeitigem Inhaltsverzeichniss:

Lib' dom⁹ Vallis beate margarete
ord Cartul⁹ in Basilea minori
In quo subnotat. ꝑtinent̄
Decreta Concilii Basilieñ seu Sessiones eiusdem.
d. Jo. de Segobia postea Card. S. Calixti. sc'pta coñ pri'cipū
neū titatē
Bulla quedā iuectiua p̄p̄e Eugenii coū Conciliū Basilieñ

Rñsio Concilii Basilieñ ad dictm Invectivā ipṽ Eugenii
Crakovieñ vniversitat. in polonia scripta Concilio
Balꝰ et p͞p͞a felice.
Sophologiũ de amo'e sapiē. liber vtilis. editꝰ a quodam
Augustineñ.

Die bekannte, auch in anderen Exemplaren erhaltene Abhandlung Johannes de Segovia's de neutralitate hat hier folgende
Ueberschrift in rother Umrahmung: Dicta famosissimi sacre
theologie doctoris magistri Johannis de Segobia etc. circa materiam neutralitatis principum quo ad sacrum Basiliense Concilium generale et Gabrielem de Condulmario dim[1] Eugenium
etc. introducte 1439.

Endlich fand ich auch zufälligerweise bei einem Besuche
der Kunstabtheilung des Museums einen damals vom Conser-
vator Dr. Daniel Burckhard entlehnten starken Quartband,
dessen vornehmster Inhalt die ‚Papaliste' mit Porträts der
Päpste (auch dem Eugen IV.) ausmacht. In derselben Handschrift findet sich auch eine Abschrift von Nic. de Tedeschi's
ofterwähnter defensio.

Lausanne.

Archiv.

Dieses ist in dem zweiten Stock des Münsterthurmes
untergebracht und der Benützung nicht leicht zugänglich. Die
wenigen Stunden Arbeit, welche mir in demselben vergönnt
waren, benützte ich zur Durchsicht des handschriftlichen Inventaire analytique dit bleu, 1ʳᵉ Partie, aus dem ich entnahm,
dass nur ganz wenige heute noch erhaltene Urkunden des
Archivs das Basler Concil betreffen. Ich gebe zwei Proben:

1436 Sept. 3. Lettre monitoire, émanée du commissaire du
concile de Bâle à tous les officiers ecclésiastiques etc. touchant
un débat entre le prieur de Lutry et la ville d'Yverdun (aus
Nr. 9 des Inventars ‚Divers Ordonnances ecclésiastiques').

1440 Août 6, Sept. 3. Mandement d'Ogie, légat du pape
daté de Bâle, 3. Sept. 1440 et bulle du pape Felx V. datée de

---

[1] So, fehlerhaft, natürlich dictum.

4*

Bâle VIII des ides d'Août 1440 touchant les biens de la mense
épiscopale de Lausanne (aus Nr. 7 d. J. ‚Bulles papales‘).

Auch im zweiten Bande des Inventaire finden sich einige
das Concil berührende Urkunden (a. d. J. 1435) verzeichnet,
sie sind jedoch für unseren Zweck ohne Interesse.

Cantonalbibliothek.

Druckwerke.

CATALOGUE de la Bibliothèque Cantonale Vaudoise II.
Histoire. Lausanne 1854.

MURALT, E. v. Urkunden der Kirchenversammlungen zu
Basel und Lausanne. Anzeiger für Schweizerische Geschichte,
Neue Folge Bd. III, p. 326—330.

In dem an erster Stelle erwähnten Katalog wird P. 266
(unter der Signatur Litt. F. 863) ein Manuscript: Acta concilii
Lausannensis anno domini MCCCCXXXIX celebrati Ms. chart.
in fol. angeführt. Ich dachte zunächst an einen Druckfehler
(1439 für 1449); bei näherer Prüfung stellte sich aber heraus,
dass die Jahreszahl richtig sei, der Codex, in Wirklichkeit das
Basler Concil betreffend, einen Liber deputationum enthalte, und
zwar denselben, welchen Muralt a. a. O. näher beschreibt.
fol. 1ᵃ heisst es:

Inceptus XVIII Aug.
anno (nach Correctur) XXXIX.

daneben ĵ⁹ sexti p depuᵒⁿᵉˢ.

Beginnt: Rᵐⁱ p. Cum devotus ecclesie filius Nicolaus Hu-
gonis subdiaconus rector parrochialis ecclesie de sollivo Leo-
diensis diocesis infra tempora a iure statuta infra annum ad dya-
conatus et presbyteratus ordines promoveri posse dubitet....
Folgt die Petition und die Entscheidung auf Grund von Ante-
cedentien. Zum Schluss die Unterschrift des Notars: M. Galteri.
— Fol. XXIʳ: Inceptus XI. Sept. 1439. Daneben Secundus
Libri sexti sacrarum deputacionum. Fol. CCLXXXI die Ueberschrift Quintus decimus Libri sexti sacrarum deputacionum;
schliesst CCCᵛ. Es ist eine Fortsetzung des in der Genfer
Bibliothek vorhandenen Liber deputationum, wie schon Muralt
zeigte, auf den bezüglich anderer Details verwiesen sei.

Genf.

Oeffentliche Bibliothek.

Senebier, Jean, Catalogue raisonné des manuscrits conservés dans la Bibliothèque de la Ville et République de Genève. Genève 1779. p. 82—104 (über die Urkunden), p. 191 f. (über den liber deputationum).

Muralt vgl. oben S. 52.

Die grosse, von Sennebier beschriebene Sammlung der das Basler Concil betreffenden Acten hat sich, wenige Stücke ausgenommen, bis heute erhalten. Die auf Johannes de Segovia bezüglichen Urkunden, drei an der Zahl, lasse ich hier folgen. Die erste ist von ihm in den Collectiones, Mon. III, 30 in ihrem wesentlichen Inhalt fast wörtlich wiedergegeben, die zweite Mon. III, 317 angedeutet. Die dritte bietet eine Ergänzung zu den Mon. III, 560 ff. erzählten Begebenheiten.

Sacrosancta generalis Sinodus Basiliensis... Venerabilibus Ludouico tituli sancte Cecilie presbitero Cardinali Arelatensi vulgariter nuncupato... ac Johanni de Segobia magistro in Theologia apud nos Basilee constitutis... benediccionem. Cum nuper dominum Eugenium papam... suspenderimus... ipsumque ab omni administratione papatus suspensum declarauerimus vigilem curam impendimus ad ea salubriter... exequenda que . . . . nobis incumbunt precipue in Ciuitate Bononiensi exarchatu Rauennatensi prouincia Romandiolo aliisque Ciuitatibus... In ipsis quoque dominiis terris Ciuitatibus... iusticia cultus fidei puritas... vigeant... nos vniuersaliter circa ea... annuos nostros applicare non valentes Vos de quorum fidelitate industria et circumspectione plenam fiduciam obtinemus... cum pleno mandato duximus deputandos et tenore presencium deputamus in dominiis Ciuitatibus et terris predictis nostro et vniuersalis ecclesie nomine Legatum seu Legatos gubernatorem seu gubernatores cum plena potestate nominandi et a quibusuis sentenciis absoluendi u. s. w. Dat. Basilee II kl. Februarii Anno a. Natiuitate domini Millesimo quadringentesimo tricesimo octauo.

grat⁻ pro sancta Sinodo
p. Juuenis.

Sacrosancta generalis Synodus Basiliensis u. s. w. Venerabilibus Ludouico Lausanensi et Ludouico Massiliensi episcopis
ac dilectis ecclesie filiis Raymundo Taloni Electo Sistaricensi
u. s. w. et Johanni de Segobia Archidiacono de Villauissoza in
ecclesia Ouetensi Magistris in Theologia u. s. w. Salutem et
omnipotentis dei benediccionem. . . . Cum itaque per decretum
nostrum . . . dominum Eugenium papam citauerimus . . . ipsumque reputauerimus merito contumacem . . . et suspenderimus et
suspensum esse declarauerimus omnem huiusmodi papatus ad-
ministrationem ad nos aduocando . . . pluresque Archiepiscopos
Episcopos . . . Commissarios nostros deputauerimus ac eis pro-
cessum contra dictum dominum Eugenium formandi per nostras
litteras dederimus et concesserimus facultatem . . . Quarum vi-
gore et auctoritate predicti deputati et Commissarii . . . pro-
cesserint et nos processerimus. . . . de circumspectionibus et
discretionibus vestris plenam in domino fiduciam gerentes vobis
aut maiori parti vestrum auctoritate vice et sub nomine nostris
Citacionem seu citaciones in ecclesie Basiliensis valuis aut
alibi contra prefatum dominum Eugenium . . . per nos ferri
et promulgari decernendi ordinandi . . . plenam et liberam
tenore presencium potestatem concedimus ac eciam facultatem.
Datum Basilee in nostra generali Congregatione XVIIII kl.
Julii Anno a Natiuitate domini Millesimo quadringentesimo tricesimo nono.

de curia
Mi. Galteri

Sacrosancta generalis Synodus Basiliensis in spiritu sancto
legitime congregata vniuersalem ecclesiam representans | Di-
lectis ecclesie filiis Johanni tituli sancti Martini in montibus et
Johanni tituli sancti Calixti sancte Romane ecclesie Cardi- |
nalibus sedis apostolice Legatis Salutem et omnipotentis dei
benediccionem. Ubi audiuimus fideli relatione congregatos apud
Maguntiam | nolle vestras deuotiones ad dicendi et audiendi
locum admictere nisi depositis vestris insigniis et maxime su-
perinduci minas | ad rupturam Salui conductus per Ciuitatem
Maguntinam concessi nisi a manifestatione vestrorum abstineatis
honorum extemplo | digesta maturius huiuscemodi materia
negociique qualitate ac rerum diligencius inspecta iacencia

quamquam concernentibus inter | se diuersis sentenciis pro ca-
pitum diuersitate in hanc opinionem demum descendimus nemine
discrepante expediencius esse | vos regredi vbi senseritis admis-
sionem et recepcionem vestras sine insigniorum deposicione fieri
non posse. Quocirca vestris prefa|tis deuocionibus mandamus
quatenus si post diligenciam sufficientem videatis nos ad ho-
norem ecclesie et sedis apostolice minime | exaudiri regrediamini
ad nos indilate. Non enim conuenit ut dum maiestatem et
auctoritatem ecclesie exaltare et conseruare | studemus Legatos
ipsius et oratores videamus et sinamus debitis priuari honori-
bus maxime dum nil aliud suspicamur hac | in re aduersarios
machinari quam pedetentim quandam interlocutoriam contra
ipsam ecclesiam et sedem prefatam obtinere velle | et quibus-
dam latentibus cuniculis in artem tandem conscendere. Re-
cessum autem vestrum precedant protestationes legitime | pre-
sentibus Notariis et adiectis aliis que facienda ad solemnitatem
negocii videbuntur quibus actis in nomine domini rede|atis
qui ut nos prospere duxit ita et reducat. Dat Basile kl. Aprilis |
Anno a Natiuitate domini Millesimo quadringentesimo quadragesimo primo.

G. Fabri.

Der Codex der Genfer öffentlichen Bibliothek mit der
Signatur Ml. 26 enthält, wie von alter Hand richtig auf dem
vorderen Deckel des Einbandes bemerkt wird:
Decreta concilij basiliëf. | Et lausaneñ Concilior. Fol. 99rb:
Sequunt˜ decreta Concilij Lausanenf⁹ darunter: Sacrosancta
generalis synodus Lausanensis In spiritu sancto legitime congregata.... presidente in ea sanctissimo domino Felice papa
quinto ad futuram rei memoriam.
Handelt zunächst über die Wichtigkeit der Concile im
Allgemeinen, über die Bedeutung der Basler Synode und dessen
Transferierung nach Lausanne, da das freie Geleite in Basel
aufgesagt worden war:
Deinde post reditum dictorum oratorum qui sequenti
applicuerunt ebdomada non obstantibus requisicione et exhor-
tacione nostro ex mandato quomodo alias pluries factum erat
per dilectissimos ecclesie filios Johannem tituli Sancti Calixti
et Guilhelmum tituli Sancti Marcelli sancte Romane ecclesie

presbiteros Cardinales aliosque prelatos et doctores In consulatu
dicte Civitatis factis quatenus persistere vellent in salvo con-
ductu per eos nobis concesso revocacio dicti salvi conductus
facta est ...

Am Ende:

Datum Lausanum (so!) In sessione publica ipsius sancte
Synodi In ecclesia maiori Lausanensi solemniter celebrata Nono
Klas Augusti Anno a Nativitate domini MCCCCXLVIII.

Es folgen:

Decreta Sessionis secunde Sacri Concilii Lausanensis de
alacione (so) censurarum fulminatarum per Concilium Basiliense.
XVI Kl. Mai 1449.

Sessio tercia Sacri Concilii Lausanensis de eleccione Nicolai
Pape Quinti.

XIII Kl. (freier Raum) Anno A nativ. 1449. — Decretum
sessionis quarte et ultime de dissolucione concilii Lausanensis
VII Kl. Mai 1449 (darauf noch die Bulle Nicolaus V.)

In der sessio tertia über die Wahl des Papstes Nicolaus
heisst es:

Sancta hec synodus in spiritu sancto legitime congregata
universalem ecclesiam representans matura unanimi concordique
deliberatione prehabita in suis sacris deputacionibus votis di-
lectissimorum ecclesie filiorum Ludovici tituli Sancte Cecilie
Arrelatensis Ludovici tituli Sancte Susanne de Varembona
Georgii tituli sancte Marie Transtyberini viceû (so) wlgariter
nuncupatorum Johannis tituli Sancti Calixti, Johannis tituli
Sancti Stephani u. s. w. ac omnium et singulorum . . . .
eidem sancte synodo incorporatorum dilectissimum ecclesie
filium Thomam in summum eligit pontificem nomine quo nunc
appellatur Nicolaum quintum.

Die ,Decrete' des Basler Concils sind Auszüge aus verschiedenen Sessionen bis fol. 98rᵃ sessio quadragesima quinta
seu ultima. Am Ende: XVII Klas Junii 1448., die Uebertragung betreffend. Die Transsumpte sind nicht ohne Lücken.

Ueber den liber deputationum concilii Basiliensis vgl.
Sennebier und Muralt l. c.

Archiv.

Handschriftliches Verzeichniss.

Repertoire par ordre alphabétique des noms d'hommes, de faits et de lieux mentionnés dans les Pièces Historiques qui sont déposées aux Archives de Genève.

Druckwerke.

Vgl. LANGLOIS, V. und STEIN, HENRI, Les Archives de l'histoire de France (Manuels de bibliographie historique I), Paris 1891, p. 827 f.[1]

In dem handschriftlichen Repertoire finden sich unter dem Schlagworte ‚Concile de Bâle' (p. 162 f.) folgende Urkunden verzeichnet:

(513) Lettre du Roi René, comte de Province, qui accorde à Nicod de Menthon, commandant des galères destinées à transporter les Grecs au concile de Bâle, la permission de se pourvoir de vivres et de marins dans ses Etats. 1437.

(514) Commission donnée à quatre évêques de conduire l'empereur des Grecs le patriarche de Constantinople et leur suite au nouveau Concile oecuménique 1437.

(524) Décret portant que le dit Concile ne peut être dissous par la retraite de ceux qui y assistent 1439.

(525) Bulle du Concile sur le mode d'élire un pape en remplacement d'Eugène IV. 1439.

(527) Lettre de notification adressée par le Concile de Bâle à Amédée VIII, duc de Savoie au sujet de son élévation au pontificat 1439.

(522) Eugène IV demande aux Electeurs du Sainte-Empire Romain leur appui contre les décisions du concile de Bâle, en 1439.

Ferner unter dem Schlagworte Felix V. (ausser der bereits erwähnten Urkunde Nr. 527):

--- --- —

[1] S. auch Pastor, Geschichte der Päpste I², S. 265; das von ihm erwähnte Bullar lag mir nicht vor.

(530) Lettre de Felix V. au Chapitre à l'occasion de son élection 1440.

(531) Saufs-conduits donnés par Berne et Fribourg à Felix V. en 1440.

(532) Ce pontife confirme deux transactions entre Amé II. comte de Gennevois et Guillaume et Jacques de Lully, prieurs de St. Victor, 1444.

(555) Bulle du même pape, en confirmation de l'ordonnance de François de Mies, par laquelle il charge deux commissaires d'employer aux édifices et aux fortifications de S. Gervais les revenus de l'entrée du vin de ce coté-là etc. 1444.

(557) Sentence d'excommunication lancée par Felix V. contre ceux qui molestent l'église de Genève.

(558) Il confirme les franchises de Genève 1444.

(574) Bulle du même pontife en faveur des pauvres et les lépreux 1445.

(581 et 584) Troupes envoyées par Genève à Felix V. à Lausanne. Armement et paie de ces troupes 1448.

(585 et 586) Divers actes relatifs au secours envoyé par Genève à Felix V. 1448 et 1449.

Aus den an letzter Stelle genannten Acten ist eine Urkunde zu erwähnen, welche im Regest richtig bezeichnet wird als Pièce du synode tenu à Lausanne 1449. 23 Avril: Acte par lequel le Synode de Lausanne accorde certains privilèges à ceux qui y ont pris part et en particulier à Jean Ogier Clerc de Genève Secretair au Synode, la permission de se choisir un confesseur et à celui à de l'absoudre.

Dass die interessante Urkunde kein Original sei, bezeugt die Notiz am Ende:

Concordant littere premisse cum originali colla per me not sacri concilii

michl Galterii.

Die Stadtrathsbeschlüsse aus jener Zeit fehlen merkwürdigerweise in Genf ebenso wie in Basel.

Avignon.

Archiv.[1]

Das musterhaft geordnete und von dem Archivar Herrn Duhamel trefflich geleitete Archiv enthält relativ wenige auf das Basler Concil bezügliche Acten. In dem Cartular der Universität finden sich (Regesten und Beschreibung nach dem Index) folgende einschlägige von verschiedenen Notaren unterzeichnete Urkunden:

(67) Bulle du Concile de Bâle portant qu'il vient d'apprendre que le Pape Eugène IV avait convoqué au Concile de Ferrare et invitant l'Université d'Avignon à n'y point envoyer des délégués.

Ides de Novembre 1437.

Original sur parchemin en bon état mais dépourvu des liens avec sceau pendant.

(68) Bulle du même portant que le Concile a lieu à cause des abus du Pape Eugène IV invitant l'Université d'Avignon à y envoyer un ou plusieurs de ses docteurs et lui recommendant que pendant la suspense d'Eugène elle n'obéisse point à ses commendements et n'envoyer pas non plus de docteurs au Concile de Ferrare convoqué par lui.

Nones de Février 1438.

(Zustand wie oben.)

(69) Bulle d'Eugène IV annonçant a l'Université d'Avignon que l'Empereur et le Patriarque sont arrivés à Ferrare pour assister au Concile général et la priant d'y envoyer un de ses docteurs.

5. des Id. Avril 1438.

(Zustand wie oben.)

(70) Bulle du même, datée de Florence et portant invitation à l'Université d'Avignon de faire des processions pour la con-

---

[1] In der Bibliothek, von deren Handschriften wir den von L. H. Labande verfassten Catalogue sommaire (Avignon 1892, vgl. auch Catalogue général des Manuscrits des Départements tom. 25 und 26) besitzen, findet sich nichts auf das Basler Concil Bezügliches.

version et l'obéissance promise à l'Eglise Romaine par les Ar-
meniens; et d'autres peuples infidèles.

Nones de Juillet 1439.

(Zustand wie oben.)

(71) Bulle du Concile de Basle à l'Université d'Avignon
pour lui annoncer qu'il a déclaré déposé à cause de ses dé-
merites le Pape Eugène IV et qu'il a élevé à la Papaute Felix V.
duc de Savoy.

Ides de Mars 1440.

Aus dem Stadtarchiv (vereinigt mit dem Universitätsarchiv
und der erzbischöflichen Kirche, jetzt mit dem Hauptarchiv
einen Fonds bildend) wären zu erwähnen: Lettres du Roy
Charles VII. nomment seze personnes ecclesiastiques sur les
quelles on exigera la decime imposée par le Concile de Basle de
l'an 1437. Cottées P. D) Nr. 28 Boette 34. Trägt das Datum
10. Mai 1437. (Original mit Siegel.) Aehnlich CC. Nr. 37 EE.
Nr. 29. und PP. Nr. 39. Boette 34. Endlich: Procuration passée
par le Concile pour exiger les decimes du Concile de Bâle
en 1437 N. N. Nr. 37. Boette 34.

Die Stadtrathsbeschlüsse aus jener Zeit fehlen auch hier.

XIV.

Zur Kritik und Interpretation romanischer Texte.

Zweiter Beitrag.

Von

Adolf Mussafia,

wirkl. Mitgliede der kais. Akademie der Wissenschaften.

--- --- ---

L' ESCOUFLE. [1]

I. Allgemeine Bemerkungen.

Der Dichter hat eine entschiedene Vorliebe für expletives Pronomen (Pronominalpartikel).

A) Proleptisch.

a) Nominativ:

1774   A un castel près de Venice
  estoit la contesse accouchie.
  Bien fu enbordée et jonchie
  la chambre ou ele jut, la dame. [2]

b¹) Accusativ, ein Substantiv vorausnehmend:

465   prient Dieu qui maint en haut,
  par sa pitié, qu' il les consaut,
  trestos ceus qui avoec lui sont. [2]

2246   Quant l' emperere les vit estre
  environ lui, ses haus barons,
  il se pense . . . [3]

--- ---

[1] L' Escoufle, roman d'aventure, edd. H Michelant et P. Meyer, Paris, 1894. M. bezeichnet Meyer.

[2] Wenn, wie in diesen Stellen, das Wesen, auf welches sich das Personale bezieht, bereits genannt wurde, so lässt sich das nachträglich ausgedrückte Substantiv, das allenfalls auch ausbleiben könnte, als Apposition zum Personale ansehen.

<pre>
4120   He Dieus! ja les amoit il tant,
       les enfans qui s' en sont alé.

6272   ne cuidiés mie
       que l' aie pris par nul outrage,
       cest mur, mais . . .
</pre>

Es ist demnach nicht nöthig, in der Stelle

<pre>
1948   El grant palais ou l' emperere
       est et li quens et sa maisnie
  50   l' en mena la dame et s' amie
       par graut chierté, le damoisel.
</pre>

zu vermuthen, dass *l' en* zu *la* zu ändern sei.

b³) Accusativ, einen indirecten Fragesatz oder einen *que* Satz vorausnehmend:

<pre>
2818   Nus de çaiens ne le vos osc dire
       dire, quel vie il ont andui.

2820   Encor le nos a on dit hui,
       qu' il gisent toute nuit ensemble.

2942   il le jura et si baron,
       que sa fille avroit a baron
       le damoisel . . .

3242   Li rois mes pere et si baron
       le jurerent, que il m' aroit.

7380   Sire, en ma terre le dist hom,
       qu' il fu chevaliers.
</pre>

c) Genetiv:

<pre>
5608   Dui de ciaus qui grant joie en ont,
       de la venue as damoiseles.

5706   plus dolente s' en consire,
       de son ami que del baron.

6734   con grant joie il en a,
       de ce qu' il ert ore a cheval!

7952   Mout par s' en estoit traveillie
       la contesse, la bone dame,
       de li atorner.
</pre>

B) Wieder aufnehmend.

a) Nominativ, wenn das nominale Subject durch längere Einschiebsel — meistens handelt es sich um Relativsatz — von dem Verbum getrennt ist:

425 Li quens, qui mout fu desirans,
 l' endemain, quant il fu jors grans,
 il demande son oste en oirre.

1054 Li quens Richars, qui en fut mestre
 d' atorner et d' apareillier,
 il fait les chevaliers rengier.

1741 uns evesques qui l' en seigne,
 qui fait bel quanques li enseigne,
 il les encense et benëist.

2919 li chevalier,
 li trāitor, li losengier,
 qui l' enfant hëent durement,
 il ne sevent . . .

7498 Cele qui sist delés le conte,
 qui estoit sa feme et s' amie,
 el nel conoist encore mie.[1]

Es ist daher

1092 Li quens, qui tote met s' estuide
 et son cuer por honor conquerre,
 il vit covrir tote la terre.

die zu '94 vorgeschlagene Aenderung zu *i vit* nicht unbedingt
nöthig.

b) Object, wenn dem Verbum vorangestellt.

b¹) Dativ:

6036 a tos ciaus qui les ont
 acointies lor grieve et poise.[2]

---

[1] Dazu die Fälle mit *qui* .. *il*:

    926 qui n' i fera chevalerie,
 ja n' ait il mais en terre droit.

   1424 qui tel ostesse a et tel oste,
 il ne doit pas estre honteus.

[2] Abundierendes Pronomen auch:

   5020 Ne cuidiés pas que ne li mete
 du fain devant lui a fuison.

Es genügte *li* m. *devant* oder m. *dec. lui.* — Auch Demonstrativ wird
wiederaufnehmend gebraucht:

   6480 al saint qui ne faut nul home
 qui de cuer li prit, qu' il ne l' oie,
 a celui promet jou la voie.

1*

b²) Accusativ:

4160 Guillaume le gentil, le preu,
      u le ferai je jamais querre?

5194 Une grant route qui ci va,
      vëis la tu?

8430 L' anelet qui mout estoit gens,
      que li escoufles em porta,
      li biaus quens Guillaumes l' osta[1]
      de son doit . . .

Für sich zu betrachten sind die Fälle, in denen das vorangehende Substantiv in einem anderen Satzverhältnisse erscheint als es das Verbum fordert und das wieder aufnehmende
Pronomen aufweist. Zuerst zwei Stellen, in denen das eigentlich oblique Substantiv in Nominativform den Satz beginnt;
das Personale weist ihm dann die richtige Stellung im Satze zu:[2]

7945   la damoiselu
      lorains et sambue novele
      ot tele com il li convint.
      Et Isabiaus, qui o li vint
      et qui avoce li s' en rira,
 50   saciés de fi que li quens l' a
      mout ricement apareillie.

Der Grund der Anacoluthie ist klar ersichtlich; an den
Nominativ *la demoisele* schliesst sich — bei der Identität des
Berichtes — gerne wieder ein Nominativ an, als ob gesagt
werden sollte: *Et Isabiaus fu* ...; dann wird in eine andere
Construction eingelenkt. Man vergleiche auch:

---

[1] Demonstrativ durch dasselbe Demonstrativ wieder aufgenommen. Vom
Tode heisst es:

2427   cels qui ont les grans avoirs
          et qui sont près de lor voloirs
          acomplir, ciaus prent ele et tue.

Vom Gesichtspunkte solcher Wiederholungen aus lässt sich auch rechtfertigen

7202   il ot mout tost tot suné
          tot ce dont il avoit mestier.

wo M. meint, eines der zwei *tot* müsse fehlerhaft sein.

[2] Hieher gehören bis auf die Stelle aus Claris alle Fälle, die Tobler
(VB. I 202) verzeichnet.

2997 Li damoisiax, la damoisele,
qui tant fu avenans et bele
qu' a lor biautés n' ert riens pareille,
2300 c' iert dolors s' on les despareille.

M. bemerkt zu '97: ‚Ce vers ... ne parait pas être le commencement d' une phrase et s' accorde mal avec le vers suivant. On peut supposer qu'il y a ici une lacune ou que le texte est corrompu.' Ich würde die Ueberlieferung nicht verdächtigen. Von *bele* und *lor biautés* soll später die Rede sein; *li damoiseaus, la dam* ... *c' iert dolors s' on les desp.* steht für *c' iert dol. s' on desp. le dam., la dam.* Die Anacoluthie erklärt sich dadurch, dass der Dichter gerne von den Wesen ausgeht, denen die Aussage gilt; er meint: ‚der Knabe und das Mädchen sollten nicht getrennt werden'; die Aenderung der Construction, die selbst möglich wäre, wenn 2300 unmittelbar auf 2997 folgte, wird durch die Einschiebung des Relativsatzes um so leichter.

Das in präpositionalem Verhältnisse stehende Substantiv wird in Accusativform vorausgenommen:

568 prie Dieu si faitement
que, si com il fu mors et vis,
li doinst les morteus anemis
de la foi et de la creance
vers eus tant vertu et poissance
qu' il puist sor eus, par fine guerre,
terre et honor et pris conquerre.

M. fragt, ob die Stelle verderbt sei. Ich halte sie für ächt; *li doinst les morteus anemis de la foi* ... *vers eus tante vertu* steht für *li doinst vers les m. an. . . . . . t. vertu.* Der Sprecher fühlt sich gedrängt das Object, als den Träger des wichtigsten Theiles der Aussage, so früh wie möglich auszudrücken und beginnt mit *li doinst les anemis de la foi*, worauf man ein Transitiv wie *vaintre, confondre* u. s. w. erwarten würde; dadurch dass der Ausdruck von der zuerst eingeschlagenen Richtung in eine andere einlenkt, ergibt sich eine allerdings weder klare noch schöne Construction.[1]

---

[1] Es seien hier noch zwei anders geartete Fälle von Vermischung verschiedener Constructionen erwähnt:

Wie ist folgende Stelle zu beurtheilen? Aelis geht allein nach Toul:

4868   Plorant prie saint Julïen
          que de bon ostel la conseut,
   70   et Guillaume, que[1] si li seut
          porchacier ostel bel et bon,
          sans lui n' a gaires de son bon,
          sans lui ne prise riens sa vie.

Dass *Guillaume* nicht Accusativ zu *prie* sein kann, versteht sich von selbst. Nicht ausgeschlossen ist es, dass es coordinierter Accusativ zu *la* sei, als ob Aelis den heiligen Julian anflehe, er möge sowohl ihr als Guillaume gute Herberge verschaffen. Vielleicht aber lässt sich eine andere Auslegung versuchen. Der Inhalt von 4870—74 hängt mit dem von 4868—69 nur durch den Begriff *ostel* zusammen; ,Sie betet zum heiligen Julian um eine gute Herberge; einst freilich sorgte dafür Wil-

2556   Se Dieus de la ou je me siés
        me laist a tot mon sen lever,
        s' il ne devoit m' ame grever,
        se j' orendroit ne m' ocioie
        et se je mieus la mort n' amoie,
        s' ele me prenoit orendroit.

M. bemerkt richtig: ,La phrase est mal construite. Il faudrait quelque chose comme *Et Dieus ... ne me laist ...*' Es liesse sich etwa, da das Ausweichen in andere Bahnen eigentlich bei dem zweiten Theile der Periode stattfindet, besser sagen: ,man erwartet: *je m' ociroie et ameroie*'. ,So Gott mich mit meinem Verstande aufstehen lassen möge, ich würde, falls dies ohne Schaden meiner Seele geschehen könnte, mich selbst tödten und den Tod lieben, wenn er mich allsogleich hinwegraffen wollte'. Die ungelenke Aufhäufung der *se*-Sätze illustrirt die von M. gemachte Bemerkung, dass unser Dichter, dessen Stil in der Regel schlicht und anmuthig ist, beim Versuche, grössere Perioden zu bauen, leicht verunglückt.

8415   Tel erent lié de vo venue,
        s' il (euer Vater) lor eust desconeue
        ne honte fait a son vivant,
        ja, tant com il fuissent poissant,
        n' eussiés si en pais l' ouor.

,Manche freuten sich, die euch die Herrschaft nicht zuerkannt hätten, falls euer Vater u. s. w.'

[1] Jedenfalls *qui*.

helm, ohne welchen ihr das Leben nunmehr werthlos erscheint'. *Et* würde die lose Verbindung der zwei Gedanken herstellen.

In diesem Zusammenhange möge noch folgende Stelle zur Sprache gebracht werden:

> 6626 Uu jor passoient par devant
> la maison pelerin françois;
> a un de ceus, qui poinst anchois
> en sa maison por ostel prendre,[1]
> 30 uns clous le fiert parmi le tendre
> del pié de sa chevaucëure.

Vor Allem ist *uns clous le fiert* u. s. w. zu bemerken, wodurch nicht etwa gemeint ist, dass der Reiter selbst Schaden erlitt, sondern lediglich ausgesagt wird: ‚ein Nagel verletzt am Fusse das Maulthier eines Pilgers'. Zu dieser seltsamen Identificierung des Reiters mit dem Thiere gesellt sich dann Anacoluthie; *a un de ceus* [etwa *avient que*] *uns clous le fiert* und *uns clous fiert un de ceus* kreuzen sich; die daraus sich ergebende Ausdrucksweise ist, wenn auch äusserst ungelenk, doch so klar, dass M. sie unbeanstandet liess.[2]

*   *   *

Die aus dem Provenzalischen und Italienischen u. s. w. bekannte Construction, nach welcher das Subject des *que*-Satzes an der Spitze des Gefüges steht, ist, soweit ich es übersehe, im Französischen selten. Unser Text bietet uns als willkommene Belege:

> 4576 Mes jeters ne mes corre apres
> ne cuit qu' a nule riens m' aidast.

> 7784   Vos vallès
> ja dist on qu' il est fius a conte.

---

[1] Ich interpungiere so, weil ich den Relativsatz als appositiv zu *un* ansehe. Bringt man *qui* mit *ceus* in Verbindung, so entfällt das Komma; wegen des Verbums im Singular vgl. Tobl. VII. I 167.

[2] Man könnte etwa 6630 *li* emendieren und durch Annahme einer kühnen Anwendung des Dativs der betheiligten Person erklären: ‚Einem unter ihnen verletzt ein Nagel den Fuss seines Thieres'; *li* wäre expletives Pronomen. Da aber *fiert* einen Accusativ fordert (es müsste dann *le pié* heissen), so wird man dieser Vermuthung entsagen.

In letzterer Stelle mit abundierendem Pronomen[1] statt *cos valles ja dist on que est f. a c.*[2]

*   *   *

Constructionen wie ‚Es giebt Niemand, dem er nicht anböte‘, ‚es gibt keinen Ort, wo er nicht hinginge‘ drückt das Altfranzösische entweder in eben dieser Weise oder dadurch aus, dass die relativische Anknüpfung mittelst adverbiellen *que* stattfindet und das grammatische Verhältniss durch Personale (Pronomen oder Partikel) angegeben wird: *n' a nul home, cui il n' offre* oder *qu' il ne li offre; n' a nul lieu, ou il ne voise* oder *qu' il n' i voise.* So gewöhnlich auch unser Dichter; doch fehlt es nicht an Belegen für Anwendung des blossen *que*:

> 126   il n' avoit enfant ne feme
> qu' il puisse laissier sa contréc.

> 7914   aine n' i ot dame ne pucele,
> je cuit, qu' ele ne donast
> joel, nins qu' ele s' en tornast.

> 8353   El n' avoit laissié a l' ostel
> damoisiele qu' ele n' envoit
> des plus biaus joiaus qu' ele avoit.

M. schlägt in den Anmerkungen zu 127 *cui* vor; 7915 setzt er, wohl zugleich des Metrums wegen, schon in den Text *cui* an; 8354, wo er leicht *cui el* vorschlagen konnte, lässt er

---

[1] In Guill. de Dole heisst es, dass der Kaiser

> 610   nulz marcheanz qui alast,
> ne sieus no autres, par sa terre ,
> ne soufrist qu' il fust destorbez

für *ne soufrist que n. m. fust dest.*

[2] Im Relativsatze hätten wir *[cos valles] qui on dist que est fius a roi*, die ursprüngliche Construction, die sich dann in mehrfacher Richtung modificierte. Zuerst 1) Das Relativum wird zu *que*, entweder weil als Accusativ zu *dist* gefühlt (es kommt in der That auch *cui* vor) oder weil durch Adverbium ersetzt, ‚betreffs dessen es heisst‘. Hat sich nun *que* statt *qui* eingefunden, dann entweder 2) Vor *est* findet sich expletives Personale ein: das zweite *que* ist selbstverständlich noch immer Conjunction: *qu' on dist qu' il est*, oder 3) Die instinctive Neigung, unmittelbar vor dem Verbum ein Subject auszudrücken, führt dazu, die Conjunction *que* durch das Relativum *qui* zu ersetzen: *qu' on dist qui est.* Es schwebt eben dem Sprechenden vor: *qui est, à ce que l' on dit, fils . . .*

unberührt. Es lässt sich indessen fragen, ob eine andere
Aenderung als 7915 *que ele* nöthig sei. Der Dichter mag sich
mit dem blossen Adverbium begnügt haben. An ängstlichen
Gebrauch der Personalia hielt sich die frühere Sprache nicht
gebunden.[1]

Man vergleiche noch:

> 5408 il n' avoit contrée ne terre
> desci as mons qu' eles ne fuissent.

Es wird *n' i* vorgeschlagen. Man kann aber auch mit *ne*
auskommen.

Ist das Relativum Subject, so ist in der Regel nur *qui*
gebräuchlich: *n' a home qui ne die*; es sei indessen bemerkt,
dass die Handschrift hie und da *qu' il* zu bieten scheint.

> 8339 n' avoit chevalier quil n' eust
> remué . . .
>
> 8358 Jou ne cuit pas qu' en la route ait
> deus chevaliers quil ne ploraissent.[2]

Dazu auch:

> 8670 Il ne remest el palais ame
> au jor que la muete dut estre
> kil n' i venist

wo *il* auf *ame* sich nach dem Sinne bezöge.

---

[1]   880 Li quens, sor cui li rois ot mis,
        fist l' ost logier sor le rivage

nicht *l' ot mis*. Der Zusatz des Pronomens ist daher auch anderswo nicht
streng geboten.

        723 Après mangier fist on oster
        napes et tables; cil qui[s] mistrent
        mout bel de l' oster s' entremistrent.

        3157   espoir mout m' aime poi et prise,
        et par li a ses pere prise
        de moi bñir ceste enresdie.
        Ja ne[l] querrai.

        7186 Il li traist le cuer, si[l] manga
        tot sanglant.

[2] Vgl. Guill. de Dole:

        668 Il n' est chevaliers, s' il l' amast,
        qu' il ne cuidast bien estre rois.

‚Es gibt keinen Ritter, der, wenn er (der Herr, von dem die Rede ist)
ihn liebte, sich nicht wie einen König dünkte.'

Einmal findet sich auch blosses *que*:

> 7407   el n' ot aine puis věu
> home qu' ele ot cestui perdu,
> que li slist au cuer si bien.

Da die Handschrift an manchen anderen Stellen *quil (kil)* und *qui (ki)* mit einander verwechselt, und auch zwischen *que* und *qui* nicht immer sauber unterscheidet, so kann in allen vier Stellen leicht *qui* gelesen werden. So verfährt M., der nur 7409 *que* belässt.

*   *   *

Wenn zu mehreren Subjecten dasselbe Prädicat gehört, so kann dieses zuerst nur einem Subjecte zugewiesen werden; das andere folgt, durch *et* eingeleitet, nach: *li rois vient et li quens, li rois vient et li conte.* Diese Wendung, die in anderen Denkmälern spärlich auftritt, ist bei unserem Dichter geradezu zur Manier geworden. Es ist nicht überflüssig zahlreiche Beispiele vorzuführen. Erstes Subject kann sein sowohl Substantiv, meist persönlichen Begriffes (Eigennamen), als (ausgedrücktes oder nicht ausgedrücktes) Personale. Am einfachsten sind die Fälle, in denen das Prädicat entweder allein oder mit kurzen Ergänzungen versehen ist, die Subjecte also nahe gerückt sind; je grösser der Abstand des zweiten Subjectes von dem ersten ist, desto fühlbarer wird die Eigenthümlichkeit der Construction.

a) Subjecte persönlichen Begriffes:

> 287   si compaignon mandent les lor (ihre Pferde)
> et li baron.

> 510   Il descendi et sa gens toute.

> 528   Li rois monte
> et li quens.

> 1412   L' emperëis qui en est lie
> li vait encontre et l' emperere.

> 1468   O son congié, o son bon gré
> s' en part et tuit si compaignon.

> 1948   el grant palais ou l' emperere
> est et li quens et la maisnie.

2307 puis que l' emperere le lait
      et sueffre et veut et la röine.

2941 Qu' il le jura et si baron
      que . . .

2965   la chambre . . .
      ou sa fille est et ses puceles.

3566 Gardés que vostre oste s' esjoie
      por vo biau samblant et vostre home.

5785 Quant li camberlens fu venus
      de mangier et li damoisel.

6970 mout en est li maistre dolens,
      pour son duel, et si compaignon.

Am bezeichnendsten ist folgendes Beispiel:

1954 Mëismes li peres i cort;
      de baisier[1] ne se pot tenir,
      que que l' en dëust avenir,
      que nel baisast, et l' emperere.

b) andere Subjecte:

3212 por cui la dolors que je souffre
      m' est venue et li grant contraire.

Einige Stellen erfordern besondere Besprechung:
Ritter und Mädchen sind über das Scheiden des kleinen,
von seinem Lehrer begleiteten Guillaume betrübt:

1910 En plorant dient cil et celes:
      ,A Dieu, Guillaume, a Dieu, bians mestre,
      a Dieu.' Tuit lors issent de l' estre
      et li serjant quil viudrent querre

Zu 1913: ,li serjant qui le v. qu.? On pourrait aussi, sans
toucher au v. 1913, ponctuer le v. 1912: a D. tuit'. Lors ist
s' en de l' estre.' Der zweite Vorschlag ist, insofern a Dieu tuit
zur nämlichen Rede gehört, schwer annehmbar. Mit Bezug auf
nur zwei Personen, Guillaume und seinen Lehrer, ist tuit nicht
passend; die Stellung von s' en wäre ungewöhnlich; welches
wäre das Subject von ist? Aber auch erstere Emendation,
nach welcher tuit zu li serjant gehört, befriedigt nicht; hinaus-
getreten sind gewiss nicht bloss die Boten, sondern auch, und

---

[1] Vgl. unten die Besprechung dieser Stelle.

zwar in erster Linie, Guillaume, der Lehrer und die grüssenden
Genueser. Diese sind unter *tuit* gemeint; zweites Subject ist
li serjant; ,eben so die Boten'.[1]

Weniger sicher bin ich, ob auch an folgender Stelle die
in Rede stehende Construction angenommen werden dürfe:

> 530 Li cuens chevauche adès si près
> del roi qu' il le tient par la resne.
> Mout par l' aparole et aresne,
> et cil qui grant honor li porte;
> et chevauchent dusqu' a la porte.

Zu 532: ,*et*, corr. *com*?' Vielleicht bezieht sich *cil* auf
den König; ,eben so Jener, der u. s. w.'

Da durch Zuweisung des Prädicates an das erste Subject
der Satz abgeschlossen ist, und das folgende *et* ... ,eben so'
einen zweiten elliptischen Satz bildet, so ist es selbstverständlich, dass nur Congruenz mit dem ersten Subjecte möglich ist:
eine Fügung wie *li emperere vienent et si chevalier* kommt
nicht vor, und darf auf keinem Falle durch Emendation eingeführt werden, wie es an folgender Stelle geschehen ist:

> 6580 Li uns des borjois le sace
> vers lui, se li dist a conseus
> que ses escroes vaudroient mieus
> du loier et si autre afaire;
> que laiens avoit grant repaire
> 5 de pelerins et d' autres gens.
> ,Et vous estes si preus, si gens
> que vous les savrés bien avoir.
> Vous i conquerrés mout d' avoir
> ains que vous issiés de la ville.'

Im Texte erscheint 6582 *ses estre* und im Glossare wird
diese Stelle unter jenen verzeichnet, in denen der Infin. *estre*
als Substantiv gebraucht, ,état, situation sociale' bedeutet. Abge-

---

[1] Man kann auch, etwa mit grösserer Lebendigkeit der Darstellung, inter-
pungieren·

> ,A Dieu, Guillaume, a Dieu, biaus mestre.' —
> ,A Dieu tuit.' Lors issent ...

,*A Dieu tuit*' wäre der Abschiedsgruss G.'s, etwa auch des Lehrers, an
die Genueser. Das oben in Bezug auf die Subjecte von *issent* ange-
nommene Verhältniss bliebe unverändert.

sehen von der starken Aenderung, so handelt es sich hier nicht um gesellschaftliche Stellung, sondern um den sehr realistischen Rath, der Guillaume ertheilt wird; mehr als der Lohn würden ihm die Nebeneinnahmen eintragen; *si autre afaire* sind die verschiedenen Geschäfte, zu denen sich Dienern in Gasthöfen so oft Gelegenheit bietet; *escroes* sind die auf einem Stücke Papier geschriebenen Rechnungen, die Rechnungszettel. Das Versmaass wird durch Streichung von *que* leicht hergestellt.

Das bisher Bemerkte gilt auch für den Fall, in dem Postponierung der Subjecte durch Einleitung gefordert oder durch Relativpronomen als Object begünstigt wird. Wie *li cuens s' atorne et si home, l' empereris l' ot tenu chier et l' emperere,* so:

1364   au matinet por chevauchier

       s' atorne li cuens et si home.

1454   li cuens, cui mout ot tenu chier

       l' empereris et l' emperere.

5028   la bone chiere

       que li fait la fille et la vieille.

7872   Par tel covent s' ala couchier

       li gentius cuens et la contesse.[1]

Erstes Subject ist ein Personale, ein lebendes Wesen bezeichnend:

3668   al matin monte il et ses gens.

und

450   Ains i sejorne volentiers

       lui et sa gens a mout grant aise.

Hier ist *lui* statt *il* zu bemerken.

Als Subjecte erscheinen Abstracta:

2370   Ensi depart en tel maniere

       li parlemens et l' assemblée.[2]

---

[1] Selbstverständlich kommt das Verbum auch im Plural vor:

3622   A tant repairent de la messe

       l' empereris et l' emperere.

[2] Aber unmittelbar darauf

2372   Ainc puis ne furent a celée

       lor parlemens ne lor delis

       entre Guillaume et Aelis.

Eine prädicative Ergänzung congruiert selbstverständlich
mit dem ersten, zunächst stehenden Subjecte:

> 588   defors . . .
>   estoit entailliés a esmaus
>   Tristrans et maistre Governaus
>   et Yseus et ses chiens Hudains.
>
> 1812   Mout par en est joians et liés
>   li bons cuens et sa bone mere.
>
> 910   Mout lor doit estre chier vendus
>   lor outrages et lor venue.
>
> 4478   Ensi li fu ramentëue
>   l' aumosniere et li aniaus.[1]

Das zweite Subject kann Plural sein:

> 3652   Après mangier fu grans la tresce
>   par la maison et les caroles.

Etwa zu bemerken:

> Il ne tenoient pas pour foles
> celes cui orent convoié;
> puis sont au chemin avoié
> celes et cil qui les en mainent.

Avoié ist richtig, da bei verschiedenem Geschlechte die
prädicierende Ergänzung im Masculinum steht; wollte man
Congruenz mit dem zunächst stehenden, in unserem Falle auch
begrifflich wichtigerem Subjecte (Aelis und Isabel), so wäre es
leicht in beiden Versen -*iées* anzusetzen.

Wenn die Subjecte vorangehen, so wird Singular zumal
dann gebraucht, wenn sie verwandte Begriffe — daher am
häufigsten bei Abstracten — bezeichnen:

> 1870   l' ore et li tens vient et aproche.

Bei *ne* wäre Singular noch leichter als bei *et* zu erwarten. Doch mag
das folgende *c. G. et A.* nicht ohne Einfluss gewesen sein.

[1] Es folgt

> qui mout estoit et bons et biaus.

Der Relativsatz mag sich bloss auf *li aniaus* beziehen. Nicht ausgeschlossen ist indessen, dass auch die *aumosniere* als gut und schön bezeichnet werden sollte.

2772   vos volés qu' estris et noise
       sorde.

3274   la douçors du tens et li mais
       vos devroit bien partir des lis.

3408   avoirs, richece ne tresors
       ne me porroit faire avoir joie.

Auch wenn eines der Subjecte — jedoch nicht das letzte,
dem Verbum zunächst stehende[1] — Plural ist:

3381   la grant rage et les caroles
       et l' abondance des paroles
       les fait endormir.

Auch hier congruiert die prädicative Ergänzung mit dem
zunächst stehenden Subjecte:

2386   uns grans maus et une destrece
       est prise au conte et[2] mout soudaine.

2554   ma hautece et mes grans pris
       est hui por vos mout abaissiés.

Einigermassen auffallend sind:

3424   La colors blance et la vermeille
       si soutilment vo face aorne

da von zwei Farben die Rede ist. Es schwebt indessen der
Begriff ‚die Färbung eueres Antlitzes‘ vor. Ebenso werden in

556   li mostiers et la place emple

Münster und Platz als Eine Oertlichkeit angesehen.

---

[1] Verdächtig sind daher:

1004   li cheval, li ors, li argens
       et li prisonier qu' il ont pris
       lor doue mout honor et pris
       et li hardement (-s?) qu' il ont fait.

Es kann immerhin der Begriff ‚Diess Alles‘ als Subject vorschwoben; man
fühlt sich aber um so eher versucht, *donent* zu lesen, als anderswo der
Schreiber ähnliche Versehen beging.

6470   ses grans travaus, ses grans dolors
       la met le jor en cent pensés.

Da an masc. *dolors* nicht zu denken ist, so wird wohl *sa gr. d.* zu
lesen sein.

[2] *et* = ,und zwar‘.

Aber selbst dann kommt Singular vor, wenn die zwei
Subjecte verschiedene lebende Wesen [1] bezeichnen:

> 8522   Ses peres et l' emperris
> estoit ja mors. [2]

Zu bemerken auch:

> 848   se vos et vos consaus l' esgarde
> que m' en voelliés faire le don.

Wenn *consaus* ‚Rathgeber‘ bedeutet, so ist auch die Per-
sonalcongruenz eigenthümlich. Bedeutet es aber ‚Meinung, Ansicht‘, so ist *vos consaus* nur ein Synonym für *vos*, und die
3. Sing. in Ordnung.

> 6626   Un jor passoit par dedevant
> la maison pelerins françois.

M. setzt in den Text *passoient par devant la m. pelerin.*
Es ist aber daran zu erinnern, dass bei nachgesetztem Plural-
Subjecte das Verbum im Singular erscheinen kann; ist doch
diese Construction noch im Neufranzösischen unter bestimmten
Bedingungen gestattet. Die Emendation *pelerin* werden wir
gerne annehmen, da die Frage, ob bei solcher Construction das
Subject in der Obliquus-Form erscheinen dürfe, noch strittig
ist; vgl. Tobler, VB. I 192. [3]

---

[1] Und zwar gleichberechtigte, denn wenn es Guill. de Dole heisst:

> 3856   L' empereres et autre maint
> l' aloit visiter

so ist diess leichter zu erklären; es wird zunächst an die wichtigste Persönlichkeit gedacht.

[2] Congruenz mit dem entfernteren Subjecte, weil Masc. über Fem. den
Sieg davon trägt.

[3] Um alle Möglichkeiten ins Auge zu fassen, sei gefragt, ob der Dichter,
der zahlreiche Formvarianten verwendet, sich nicht gelegentlich ein-
silbiges *oient (-oint)* gestattet habe. Durch solche Annahme würden drei
der bisher besprochenen Stellen ihre Erledigung finden:

> 6582   que ses escrocs vaudroint mieus
> 8522   estoint ja mort
> 6626   un jor passoint par dedevant.

Etwas verschieden steht es mit

> 1924   A lor descendre mout acort
>   de vassaus.

Wenn für unsere Zeit *des c.* zulässig sein sollte, so hätten wir die gleiche Construction wie im Neufranzösischen; *mout* würde, wie üblich, zum Verbum gehören ,in grossem Maasse, in grosser Menge'. Nach Dem was vorliegt ist *mout de v.* zu construieren; Singular wegen *mout* statt Plural nach dem Sinne. Noch eigenthümlicher ist

> 1718   poi i ot barons el roiame
>   qui ne venist.

Beim Fehlen von *de* lässt sich das Quantitätsadverbium nur zum Verbum ziehen: ,in geringer Menge gab es Barone', und doch Verbum im Singular. Es schwebt der Gedanke vor: ,Kaum gab es einen Baron, der nicht gekommen wäre'.

Auch attributives Adjectiv, das zu zwei oder mehreren Substantiven gehört, congruiert manchmal nur mit dem unmittelbar voranstehenden.

> 8668   Robes, sambues, lorains frès
>   eurent autel[1] come lor dame.

> 7945   la damoisele
>   lorains et sambue novele
>   ot tele com il li convint.

,Corr. *lor. ot, samb. nov.* | *et sele ..*?' Es wären der Aenderungen zu viele.[2] M. hat offenbar daran Anstoss genommen,[3] dass *t. com il li c.* nur auf *sambue* und nicht zugleich, wie es doch der Sinn fordert, auf *lorains* sich bezieht.[4]

---

[1] Adverbiell, oder *autcus*/

[2] Wenn *sambue* wirklich nur ,selle de femme' (so das Glossar) bedeutete, würde überdiess das Einsetzen von *sele* eine Tautologie herbeiführen. Andere indessen erklären das Wort durch ,housse'.

[3] Wohl nicht an *tele*, denn wenn auch *tel* bei weitem häufiger ist (dazu kann man auch die Fälle von *tele* vor Vocal rechnen), so kommt auch *tele* vor: 4563 *quant tes puors, tele faiture*, 5305 *en ce qu' ele a tele conpaigne*.

[4] Vgl. folgende zwei Stellen, in denen die Adjectiva als Apposition oder in einem Relativsatze erscheinen:

Man vergleiche auch die bereits angeführte Stelle:

> 2997 Li damoisiaus, la damoisiele,
>   qui tant fu avenans et bele
>   qu' a lor biautés n' ert riens pareille,
>   c' iert dolors s' on les despareille.

Aus *lor biautés* und aus der Antithese zwischen *pareille* und *despareille* erhellt es deutlich, dass die Eigenschaften der *avenantise* und *beauté* beiden jungen Leuten in gleichem Maasse zugeschrieben werden. Die — hier in Form eines Relativsatzes auftretende — Attribution findet aber nur zu dem zweiten Substantive statt. Reimnoth hat zu einer allerdings sich recht sonderbar ausnehmenden Construction geführt.

Eine ziemlich kühne Construction nach dem Sinne begegnet in:

> 854 Mout par ot li rois bele gent
>   en cels qui furent assemblé;
>   tot en sont plain et emblaé
>   plus de ·x· liues la campaigne

als ob *li camp* Subject wäre.[1]

Der König hat geschworen:

> 2942 que sa fille avroit a baron
>   le damoisel, et or le nie;
>   iceste est passe-vilenie.

> 306 sor un cheval tondu, ferrant
>   estoit sa sele et ses harnès,
>   si bons et si biaus et si fres
>   com a tel pelerin convient.

Auch hier soll eigentlich nicht gesagt werden, dass auf dem Rosse ein Sattel war (denn diess versteht sich von selbst), sondern dass der Sattel so schön war, wie es einem solchen Pilger ziemt.

> 654 Sor couches et sor dras de lis
>   ont mis tapis et kientes pointes
>   qui mout erent beles et cointes.

Hier kann *tapis* ohne Angabe ihrer Eigenschaft genügen; aber selbst wenn, wie es wahrscheinlich ist, auch die Teppiche als schön und schmuck bezeichnet werden sollten, können die Adjective nur mit dem letzten Substantive congruieren.

[1] Vgl. Guill. de Dole:

> 2562 Lors vëissiez maint bel conroi ...
>   asses plus d' une lieue entiere
>   en sont tuit li champ emblaé.

Vorerst ist das Genus von *p.-v.* zu bemerken. Das Compositum aus Imper. + Accus. müsste Masculinum sein; doch drängt sich das Genus des Accusativs auf. Es sollte ferner neutrales *icest* vorliegen; die Congruenz beruht auf einer durch die prädicative Ergänzung ausgeübten Attraction.

Zur Congruenz des Participiums Perf. oder Pass.

a) Mit dem Auxiliare *esse*:

2746 La chose est ja a ce venu (: beu)[1]

erklärt sich leicht durch die neutrale Bedeutung von *la chose*.

Sehr eigenthümlich ist

3954 Mes amis [m'] est venue (: desconvenue)
      querre

wo der Reim die Congruenz sichert. Man wird daher auch zu

4668 cil qui m' erent venue querre

keinen Emendationsversuch machen. Es liegt Attraction vor, die sich etwa dadurch erklärt, dass *venir-querre* als ein Begriff und zwar als ein Transitivum (= einfachem *querre*) aufgefasst wird. Aehnliches kommt zwar bei Modalia mit dem Auxiliare *habere* vor; so im Ital.: *non li ho voluti vedere*, und auch an altfranzösischen Beispielen wird es nicht fehlen. Dass aber in unserem Falle das Auxiliare *esse* ist, macht die Construction sehr bemerkenswerth.[2]

Tobler hat (Verm. Beitr. II 57) dargelegt, dass, wenn in der Conjugatio periphrastica eines Transitivums *esse* statt *habere*

---

[1] Neben
4588 La chose est ja a che venue (: venue).

[2] Ein anderes, jedoch nicht ganz sicheres Beispiel. Aelis und ihre Zofe kommen zur Gräfin von S. Gilles. Diese sagt:

5623   Bien veigniés vos.
            Mout vos ftes petit de nos,
            qui or primes m' estes venue
            veoir.

Wenn *vos* sicher Plural wäre, so würden wir auch hier Congruenz von *venu-veoir* mit dem Accusativ *me* constatieren. Es kann aber leicht nur Aelis, die Herrin, gemeint sein; wie es denn unmittelbar darauf heisst: *lors l' a par la main nue | prise, si l' en maine en sa cambre.*

2*

aus dem Grunde zur Anwendung kommt, weil sich dem Accu
sative ein Reflexivpronomen als Dativ zugesellt, das Particip
nicht mit dem Accusativ congruiert, beziehungsweise unflectiert
bleibt, sondern mit dem Subjecte congruiert (*elle s' est achetée
deux livres*, nicht *-es*, wie altfranzösisch — wenigstens theoretisch
— möglich wäre, oder *-é* wie die neue Grammatik fordert;
vgl. ital. *essi si sono giurati eterna amicizia* neben üblichem *-a*
und denkbarem *-o*). Eben so in unserem Gedichte

2678   Mieus li venist qu' il se fust trais (: les a atrais)
       un des eus.

Wenn also die Hs. liest

7228   Il s' est tant cop del poing donés (: il fu nés)

so ist es wenigstens überflüssig, *tans cous* in den Text zu
setzen. Und wenn Tobler in der Behauptung Recht hat, die
— eigentlich illogische, auf Attraction beruhende — Congruenz
mit dem Subjecte sei nicht bloss facultativ, sondern ausschliesslich üblich, so würde die Emendation dadurch, dass sie Congruenz mit dem Objecte erreichen will, geradezu irreführend
sein. Eine dritte Stelle

5104   Lors s' est (i. e. Guillaumes) par mautalent ferus (: crëus [1])
       de son poing tel cop lés l' oreille

ist insoferne nicht ganz sicher, als *s' est ferus* ächtes Reflexivum
und *tel cop* loserer Accusativ sein könnte. Man sage dasselbe von

5182   Mout a le vis et taint et nuble
       et pers des cols qu' il s' est ferus (: les busse aconsëus).

b) Mit dem Auxiliare *habere*:

6380   cil qui sis ans a estés (: malëurté)
       esseilliés.

7434   unçois qu' il ait deus mois estés (: creautés [2])
       chaiens. [3]

---

[1] Rectus Sing.
[2] 2. Plur.
[3] Neben 122

       et quant il ot · xv · ans esté (: esté = *estatem*).

Die Annahme, dass *estés* — etwa wie *passés* — mit dem als ächten Accusativ aufgefassten Substantiv der Zeitbestimmung congruiere, wird Niemanden befriedigen.[1]

Dazu kommt

> 774   Quant il lor a congié donés (: vos vos levés).

Bei der zweiten Stelle könnte man zur Noth auf Rectus *malëurté*, bei der dritten auf Plural *congiés* recurrieren; für die erste bietet sich nichts Derartiges. Soll man überall unreinen Reim *-é : -és* annehmen? Wenn das Ohr sich vielfach mit Assonanzen — darunter manche sehr starke, wie *chiere : vieille* — zufrieden gab, so mag auch das Auge (denn *-s* ist längst verstummt) an so geringen Unterschieden kaum Anstoss genommen haben.

Noch andere Stellen sind zu erwägen:

> 2986   Mout ot biaus bras et beles gemmes
> teus com li ot faite Nature.

Hier wäre leicht *faites* zu lesen. Wenn auch *teus* .. sich sowohl auf Arme wie auf Beine bezieht, so lässt sich (wie in den oben besprochenen Fällen) Congruenz mit dem letzten Substantiv annehmen.

> 7769   comment est ce que j' ai trovée
> celi u tout a esprovée
> Nature quanqu' ele a de sens?

Aenderung zu *-é : -é* bietet sich wie von selbst.

> 2830   tant ont durées les paroles.

Man wird, den Ausführungen Tobler's (Arch. f. d. St. d. n. Spr. XCI 110) folgend, *sont* lesen.

Also unter sechs Fällen nicht ein einziger, der für Congruenz eines mit *avoir* verbundenen Partic. Perf. mit dem Subjecte[2] beweisend wäre.

---

[1] Ein anderes Beispiel wäre

> 8255   [El conte] ra tant de biautés,
> qu' a l' encontre n' a nus estés.

Weniger wichtig, da Singular des Abstractums sich noch besser als Plural empfiehlt. M. setzte auch ohne Weiteres *-é : -é* in den Text.

[2] Eine solche Congruenz nennt Tobler (a. a. O.) ‚eine so seltene Erscheinung, dass ich schwer daran glaube‘. [Während des Druckes dieser

Durch den Reim gedrängt, gestattet sich der Dichter eine
eigenthümliche Vermischung der Numeri in der Anrede:

> 2546   ‚Mors‘ fait ele ‚mal marrement
>   aies tu qui tel mal me faites,
>   qui moi et mes dames desbaites‘.

Anderswo ist Gleichheit leicht herzustellen:

> 3764   ‚Fieus‘ fait ele ‚ne laissies [1] mie;
>   se Dieus en la terre te maine,
>   s' on la te rent en ton demaine,
>   si le me fai par tans savoir.

Hier ändert M. zu *ne laissier*. Bald darauf:

> 3780   ‚Fieus‘ fait ele ‚a Dieu te connant.
>   Salue moi ta damoisele,
>   a Dieus soiés et vos et ele,
>   se le [2] cuidies veoir jamais.

M. druckt *cuidiés* und nur in der Anmerkung fragt er,
ob *cuides* zu lesen sei. Ich würde — wenn auch hier die
Anwendung von Singular (’80—’81) und Plural (’82—’83) nicht
wie in der früheren Stelle durcheinandergeht — unbedenklich
cuides lesen; [3] dann aber ist auch *vos*, zu welchem der Schreiber
durch *soiés* verleitet wurde, zu *tu* zu ändern.

*   *   *

Wiederholt begegnet uns das wirksame rhetorische Mittel,
Betrachtungen des Dichters oder Selbstreden der im Gedichte
auftretenden Personen derart dialogisch darzustellen, dass der
Sprechende sich selbst Einwände macht, auf die er dann erwidert. Ich hebe eine besonders anziehende Stelle aus, welche

---

Blätter ist (Zeitschr. f. rom. Phil. XX 546) eine Recension von A. Stimming
erschienen, worin er die in Rede stehende Congruenz sowohl im Provenz.
als im Altfr. als zurecht bestehend anerkennt. Er fügt hinzu, sie sei
vielfach auch bei neueren franz. Schriftstellern nachzuweisen. Es würde
sich lohnen, auf die Frage näher einzugehen.]

[1] Mit Bedacht setze ich keinen Accent; vgl. die zweitnächste Anmerkung.
[2] *le = la*.
[3] Dass es sich beide Male um *ié*-Verba handelt, ist vielleicht kein Zufall;
in *laisses, cuides* hätte sich das *i* eingeschlichen. Es liesse sich daher
auch bei ersterem Verbum mit engerem Anschlusse an die Hs. statt
Infinitivs prohibitiver Conjunctiv anwenden.

durch angemessenere Interpunction an Deutlichkeit wesentlich
gewinnt. Es ist die Rede von Guillaume:

6352 Or n' ama mais en tel maniere
      nus hom ja. — Si fist viaus Tristans;[1]
      mout ot il ore plus ahans,
  55 ains qu' il fust mors, pour la röine.[2] —
      Car ce fu pour la medecine
      que Brangiens li dona a boire;
      dont fu ce force, force voire,
      qu' il n' i ot onques point de grace.[3] —
  60 Et Piramus, qui la crevace
      trova, ne fu il mors d' amors? —
      Ce ne sai je, qu' ire et dolors
      fait tote rien fole et hardie;
      por ce ne sai jou que j' en die,
  65 se ce fu folie u amors.
      Pour ce s' uns lions u uns ors
      ensanglenta une touaille,
      que savoit que ce fust caille[4]
      qui dut estre Tisbé s' amie? —
  70 Il cuidoit qu' il n' i dëust mie
      autre venir se cele non. —
      Le cuidier[5] et la sospechon
      dëust il bien oster ançois
      qu' il s' ocesist, qu' en nule[s] lois[6]
  75 ne doit hom pas vengement faire
      de cuidier;[5] ne de cest afaire
      n' en doi jou pas sans conseil dire
      s' amors fu ocoisons u ire
      de sa mort u malëurtés.[7]
  80 Mais cil qui sis ans a estés
      esseilliés et en grant dolour,
      s' il vausist, dès le premier jour
      qu' il la perdi, si fust il mors,
      mais sospechons et desconfors

---

[1] Druck: *ja; si fist.*

[2] Druck: *röine, car ce.*

[3] Druck: *force : force voire! K' il n' i ot o. p. de grace; et Piramus.*

[4] Im Glossar wird *caille* mit einem Fragezeichen versehen; zu '69 in
der Fussanmerkung ein *sic*. Offenbar ist *caille* aus *coagul-*; entweder
Femin. aus Neutrum oder deverbal aus *coagulare*. Es hat gleiche Bedeutung mit nfz. *caillot*.

[5] *cuidier* hat hier die Nebenbedeutung ‚Wähnen, wahnwitzige Vorstellung‘.

[6] oder: *-ois : oi?*

[7] Im Drucke Semicolon.

85   ne la grant paine qu' il en a
      ne le pot onques dusques la
      mener qu' il se vausist ocire.

Gegen die Behauptung, dass Niemand je wie Guillaume
geliebt habe, wird zuerst auf Tristan hingewiesen, der so viel
Drangsal um der Königin willen erlitt. Es wird erwidert,
Tristan's Leidenschaft sei durch den Zaubertrank, also durch
äussere Gewalt, nicht durch inneres Gefühl hervorgebracht
worden. — War aber nicht Liebe die Ursache von Piramus'
Tode? — Nicht unbedingt Liebe, eher Thorheit, unglückseliger
Wahnwitz. In der That, woher wusste er, dass es gerade
Tisbe's Blut war? — Er konnte doch nichts anderes vermuthen. — Er musste vielmehr sich vorerst Sicherheit verschaffen: auf eine blosse Vermuthung hin schreitet man nicht
bis zum Aeussersten. Es bleibt also in Bezug auf Piramus'
Tod noch immer zu erwägen, ob da wirklich Liebe oder nicht
vielmehr unüberlegter Schmerz oder Unglück obgewaltet hat.
Anders verfuhr Guillaume; er hätte sich schon am ersten Tage,
da er seine Aelis verlor, oder später, als er soviel Ungemach
erlitt, tödten können; er wusste aber aller Pein Widerstand
zu leisten. Zu ergänzen ist: ,und gerade durch diese Seelen-
stärke zeigte sich seine wahre, ächte Liebe'.

Noch eine Stelle. Guillaume, dem der Zutritt zu Aelis
verboten worden ist, sagt:

3150   Se li mal serf en ce mis m' ont
        que je n' os aler ne venir
        n li, bien porra avenir
        qu' encor irai je, s' ele veut.
        Ce ferai mon, s' ele se deut
  55   autant por moi com je me duel
        por li. — Jou pens [1] ce que je vuel,
        qu' espoir mout m' aime poi et prise
        et par li a ses pere prise
        de moi häir ceste enresdie. —·
  60   Ja ne querrai, que que nus die,
        qu' a la doucor de ses biaus ieus
        aperçui je qu' ele amoit mieus
        moi tot seul que tos ceus del monde.

[1] Druck: por li; jou pens.

G. zweifelt einen Augenblick an Aelis' Liebe und sagt:
,Wenn ich annehme, dass A. um mich so trauert wie ich um sie,
so ist diess eine Täuschung; der Mensch glaubt eben gerne das, ▲
was er wünscht;[1] in der That schätzt sie mich nicht; sie hat
ihren Vater angestiftet, mir den Laufpass zu geben.' Gleich
darauf aber wird er anderer Meinung: ,Diess werde ich nie
glauben, denn . . . .'

* * *

Die Wortstellung ist nicht selten gezwungen. So Trennung
von Wörtern die innig zusammen gehören:

> 7407   el n' ot aine puis vëu
>   home qu' ele cestui ot perdu.

> 7716   ,Dame' fait il, j' ai puis ën
>   mainte souffraite de tout bien
>   que je vous perdi.

Wenn es also heisst:

> 7516   puis fu je un an, que qu' ot esté,
>   tous sire a cort emprès le roi

so wird man nicht eingeschobenen Temporalsatz, etwa ,während
Diess gewesen ist' annehmen, sondern *que ç' ot esté* lesen, ,nach-
dem Diess stattgefunden hatte'. Die Kommata sind demnach
zu tilgen.

> 138   Et li cuens dist qu' a tous donroit
>   reubes, chevaus, ceus qui n' en orent

für *a tous ceus qui*.

> 650   N' i a un seul cui mout ne place
>   li cuens de tos ceus qui le voient

für *un seul de tos*.

---

[1] Derselbe Gedanke kehrt noch einmal wieder. Guillaume wähnt, eine
Schaar entführe Aelis; er fragt einen Burschen: *une grant route qui ci
va, vëis la tu?* Als dieser antwortet, er habe Niemanden gesehen, sagt
G. zu sich:

> 5204   ,Il pueent bien estre passé,
>   onques cil gars ne s' en prist garde'.
>   Il pense en son cuer et esgarde
>   quanqu' il veut par position.

,Er gibt sich gerne der Täuschung hin'.

69   cascuns mieus morir voloit (,)[1]
          de trestot quanqu' il emprenoit
          qu' il nel vëist venir desus

für *m. m. vol. qu' il nel v. v. d. de trestot* . . .

116   il n' est biens, s' il s' i ademist,
          c' on pëust faire ne savoir,
          qu' il, par son sens et par savoir,
          n' en sëust trop en un seul jor

wo *s' il s' i ademist* nicht bloss, wie gang und gäbe, dem Satze *qu' il n' en s.* vorangestellt wird, sondern selbst den Relativsatz *c' on p. f.* von dem Substantive *biens* trennt.

Ich erwähne noch:

26   qui en tens et en saison
          puet metre un bel conte en memoire
          et feire un dit de bone estoire
          (et mout bien fait cil qui s' en paine)
30   qui vertés soit, c' est bele paine.

wo es allerdings leicht wäre 29 auf 30 folgen zu lassen.

*   *   *

Dass der Dichter es liebt, nach dem ersten Verse eines Reimpaares eine mehr oder weniger starke Sinnpause eintreten zu lassen, hat M. (S. XLIX) hervorgehoben und nach dieser Wahrnehmung die Interpunction eingerichtet.[2] Es sei dazu noch angeführt:

---

[1] Da zwischen *mieus vol.* und *que* kein Komma am Platze ist, so schloss ich das von M. verwendete in Klammern ein.

[2] Es sei bemerkt, dass die Beobachtung, die Meyer in erschöpfender Weise (Romania XXIII, Jahrg. 1894) durch eine ganze Reihe von Gedichten verfolgte, schon im Jahre 1890 von Tobler in seiner Recension des *Lai de l' ombre* (Arch. f. d. St. d. n. Spr. LXXXV 353) gemacht und zur Interpretation mehrerer Stellen des Lai's benützt worden war. — Der Zweck dieses Kunstmittels, das Klipp-Klapp des Reimpaares zu mildern, wird eben so gut dadurch erreicht, dass die Sinnpause innerhalb des zweiten Verses eintritt; so z. B.:

3771   ,ne cuit venir riens que j' aime tant
          com je fais toi'. Tot en montant
          l' a cil baisie.

4229   Ses deus remest por la fiance
          des quercors, et l' esperance
          li promet . . . .

```
7920   il retint ciaus de sa maisnie
       entour lui a vair et a gris,
       qui le jour ont lor ados pris.
       Pour s' onour et pour sa hautece
       font li chevalier: ,Ore est ce
  25   bons comencemens de jovene home'.
```

Es empfiehlt sich, auch vom Standpunkte des Sinnes, '23 in Verbindung mit '22 zu bringen und darnach die Interpunction zu ändern.

Aelis erfährt den Tod ihrer Aeltern:

```
8610   De dalés le conte u ele ere
       cūi pasmée de pitié;
       s' en ëust el plus la moitié
       de leece que de dolor,
       pitiés li ramaine l' amor
  15   de sa mere et la noreture;
       mais la joie de l' aventure
       de l' empire qu' ele ravra
       l' a mout tost garie.
```

Die Inversion des Subjectes zeigt, dass s' en ëust nicht ,wenn sie hätte', sondern ,wenn sie auch hatte', ,und doch hatte sie' bedeuten.[1] '12—'13 gehören innig zu '10 und '11 (Semicolon nach '11 kann bleiben; besser schiene mir einfaches Komma). Nach '13 Schlusspunkt. ,Sie fiel in Ohnmacht vor Rührung, wenn gleich die Freude grösser war als der Schmerz. Sie trauerte um die Mutter, freute sich über die Erbschaft.'

Die Barone versammeln sich im Palaste, um Guillaume zur Krönung zu begleiten:

```
8910   Ne cuic c' onques nasqui [2] de mere
       uns rois qui plus fust honerés,
       quant il fu au mostier menés.
       Ausi fu me dame Aelis.
```

---

[1] Si en eut el wäre klarer, ist aber keineswegs nöthig.

[2] Man möchte ohne weiteres nasquist lesen, wie denn an vielen Stellen unseres Gedichtes auf verneintes cuidier regelrecht Conjunctiv folgt; doch vergleiche man

```
       3002   Ne cuit que Dieus a faire enduro
```
wo endure analogische Form sein könnte, und
```
       3640   Ne cuit mais que vous me veés ( salués).
```

Nach dieser Interpunction wäre gemeint, Aelis sei eben
so geehrt gewesen. Trägt man der metrischen Gewohnheit
Rechnung, so wäre nach '11 Punkt, nach '12 Komma zu
setzen. Es hiesse dann, beide Eheleute seien in das Münster
geleitet worden.

*   *   *

Mehrmals scheint ein ganzes Verspaar keinen anderen
Zweck zu haben als den Reim zu vermitteln. Es lässt sich
nämlich bemerken, dass von vier aufeinander folgenden Versen
der vierte sich dem Sinne nach eng an den ersten anschliesst:
die zwei mittleren bilden ein Füllsel, das oft recht ungeschickt
ist, aber selbst dort, wo es Annehmbares sagt, die Betrachtung
oder die Erzählung störend unterbricht.

> 14   qui verte trespasse et laisse
>   et fait venir son conte a fable,
>   ce ne doit estre chose estable
>   ne recetée [1] en nule cort,
>   car puis que mençoigne trescort
>   et vertés arriere remaint,
> 20   ceste chose sevent bien maint
>   qu' a cort a roi n' a cort a conte
>   ne doit contere conter conte,
>   puis que mençoigne passe voir.

Dies ergiebt: ,Lügenhafte Erzählung soll an keinem
Hofe Aufnahme finden, [denn wenn die Lüge vorauseilt [2] und
die Wahrheit zurückbleibt [3],] diess wissen wohl Viele (= Alle),
dass Niemand an Fürstenhöfen eine Erzählung vorbringen darf,
wenn die Lüge der Wahrheit den Rang abläuft'. Eine ge-
zwungene Redeweise, die glatt wird, sobald man von den in
Klammern gesetzten Worten absieht.

---

[1] ,aufgenommen', it. *ricettata*. M. setzt in den Text als Emendation *re-
citée* ein.

[2] Das Glossar übersetzt *trescorre* ,courir, circuler'; V. 23 aber zeigt, dass
der Begriff des Vorauseilens vorherrscht.

[3] Ich habe nach 19 M.'s Komma (sieh die Berichtigungen auf S. 327) beibehalten, weil *puis que* von 23 in der That das *puis que* von 18 zu wiederholen scheint. Punkt nach 19 und *et* als Einleitung des Hauptsatzes
nach Temporalsatze (,wenn die Lüge vorauseilt, da bleibt die Wahrheit
zurück') würde wohl der Meinung des Dichters nicht entsprechen.

Der Tod gefällt sich die Menschen gerade in dem Augenblick hinwegzuraffen, als die Erfüllung ihrer heissesten Wünsche bevorsteht:

```
2430   Male costume en a ðue;
       si criem que jamais ne li chaie.
  33   Mout par est de pute nature,
       que n' a de nul home pitié.
```

Dazwischen:

```
  31   Dès le tens Saint Crespin en Chaie
       conmença ce et encor dure.
```

Guillaume lässt seine bevorstehende Heirath verkünden:

```
8877   Par le conseil de son barnage
       fait la gent de son regne sage
  90   qu' il portera par tens corone.
       Se Damedieus grace l' en done
  92   mout i metra poi de respit .
  95   Fait li uns a l' autre: ‚Quant iert ce?‘
       ‚A Pentecouste . . . . .‘
```

Zwischen '92 und '95 lagern sich:

```
       Or doinst Dieus que nus nel respit
       qui li redchait sa hautece!
```

Ein gewundener Ausdruck für ‚Gott gebe, dass Niemand sein Vorhaben störe‘. Und ein völlig unnützes Einschiebsel, da in der Folge nichts dergleichen geschieht.

Die Dame von Montpellier entschuldigt sich darüber, dass sie nicht schon längst die Bekanntschaft Aelis' gesucht hat:

```
5639   ‚Ne cuit qu' il ait dame orendroit
       qui ne deüst voloir par droit
       qu' ele fust de vos bien acointe.‘
       Or l' a de parole bien ointe
       cele qui mout se fait s' amie.
       Sachiés qu' ele ne li a mie
  45   a cest mot la teste brisie.
       Mout est esgardée et prisie
       de ciaus de la cort Aelis.
```

Diese Stelle verdient Beachtung, weil sie möglicherweise über Reim- und Sprachgebrauch des Dichters einen Wink gibt. Die Verse '44—'45 besagen so ziemlich dasselbe wie '42.

Aehnliches findet sich sowohl in G. de Dole als im Lai de
l'ombre. Dort preist Nicolas, vor dem Kaiser den Gesang
Lienor's:

> 1409 ‚Et que sez tu?' — ‚Je l' ai öie‘.
> Ne le feri pas lez l' öie
> qui si li loe la pucele.

Im Lai begrüsst der Ritter die Dame:

> 714 ‚Bone aventure ait hui
> ma dame, a cui je sui et iere‘.
> Ne l' a ore en autre maniere [1]
> feruc del poing lez l' öie.[2]

Der Ausdruck *ferir lez l' öie* ‚neben dem Ohre‘ entspricht
dem *brisier la teste* in unserem Gedichte. Es liegt hier die
beliebte Figur der Litotes vor ‚hat ihr nicht den Kopf zer-
spaltet‘, oder ‚hat ihn (sie) nicht neben dem Ohre geschlagen‘
== ‚hat ihr (ihm) Angenehmes erwiesen.[3]

Es fragt sich nun ob der Zusatz im Escoufle lediglich
der Vorliebe des Dichters zu solchen launigen Wendungen
oder irgend einem technischen Grunde sein Dasein verdanke.
Man möchte sagen: *amie* reimt nicht reich mit *prisie*. Oder:
der Sprache des Dichters war nur -*iie* eigen. Beiden Vermuthungen scheinen freilich die Bindungen *chevalerie : chalengie*
und *maisnie : amie*[4] zu widersprechen. Bedenkt man indessen,

---

[1] *en a. m.* == *autrement*, das wie *pas* gerne zur Negation tritt. Die Locution ist daher in G. de Dole und im Lai identisch.

[2] Auch hier im Reime mit Participium *öie*.

[3] Mit Rücksicht auf die besondere Situation paraphrasiert Tobler (VB.
I 165) die Stelle im Lai mit: ‚so voller Verehrung hat er sie begrüsst'.
— Es sei bei dieser Gelegenheit eine andere Stelle desselben Lai's erwähnt. Die Dame, tief gerührt über die Handlung des Ritters, richtet
an ihn liebevolle Worte:

> 930 Sachiés qu' ele n' en bleca mie
> quant ele dist: ‚Beaus dous amis, ...

Tobler in seiner oben erwähnten Recension der Ausgabe Bédier's emendiert *blesa* ‚sie redete nicht undeutlich'. Ich denke, *ne blesa* sei hier
gerade so gebraucht wie *n' a pas la teste brisie* und *ne feri lez l' öie*;
‚sie hat ihn nicht gerade verwundet‘ == ‚sie erfüllte ihn mit Freude‘.

[4] Die Stellen lauten:

> 996 Li Normant n' ont pas fait sejor
> qui ont fait tel chevalerie.
> Mont ont richement calengie
> la sainte terre o les bons brans.

dass in einer sehr grossen Anzahl von Fällen centralfrz. -ie͡e
nur mit sich selbst reimt und erwägt man die Vorliebe des
Dichters für reichen Reim, so verlieren die angeführten Reime
wesentlich an ihrer Bedeutung. Gerade die Verbindung der
zwei so seltenen Vorkommnisse zeigt, dass hier der Dichter,
ins Gedränge gekommen, einerseits eine seinem Sprachgebrauche
fremde Form verwendete, andererseits der Gewohnheit, reich
zu reimen, entsagte. An ersterer Stelle hätte er allerdings zu
dem Mittel greifen können, zwei Verse (auf -rie und -giée)
einzuschieben, hat es aber doch nicht versucht oder nichts
Passendes gefunden;[1] an unserer dagegen lagerte sich leicht
zwischen *amie* und *prisíée* die beliebte Wendung.

Manchmal umfasst der Zusatz mehr als zwei Zeilen:

8869   Les damoiscles et lor dames
      s' eu vont es cambres atillier.
74   Li cuens remest o son barnage
      el grant palais de marbre noir.

Dazwischen:

70   Tel i ot qui mieus sot tillier
      qu' ele ne sot trescier en bende.
      On dist que mal naist qui n' amende,
      tel ert fole qui puis fu sage.

M. bemerkt im Glossare zu *tillier* ,tiller [le chanvre], mais
ici ce mot est employé au figuré, et le sens en est obscur'.
Meines Erachtens hat nur der Reim den Zusatz herbeigeführt.
Von den Zofen, die sich schmücken, wird gesagt: ,Manche
unter ihnen verstand [wohl: in früherer Zeit] besser grobe
Arbeit zu verrichten, als sich schön zu frisieren. [Begabte
Menschen machen aber Fortschritte], sagt man doch im Sprich-
worte u. s. w.' Zu *sage* findet endlich der Dichter ein Reim-

1949   ol grant palais ou l' emperere
      est et li cuens et sa maisnie
      l' en mena la damq et s' amie.

---

[1] In der zweiten Stelle war Dieu geradezu unmöglich; doch mag *maisnie*
frühzeitig allgemein geworden sein. Es will mir wenigstens scheinen,
als ob diese Form auch in Denkmälern vorkomme, die sonst nur -ie͡e
kennen. Irre ich nicht, so würde sich die Verwendung von -ie statt -ie͡e
auf eine einzige Stelle reducieren.

wort, das ihm möglich macht, die Erzählung fortzusetzen.
Sonst hätte sich der Einschub noch mehr in die Länge gezogen.

Es wäre vielleicht lohnend, nach dieser Richtung hin
zahlreiche altfranzösische Gedichte in Reimpaaren zu untersuchen. Es dürfte sich da Folgendes herausstellen:

a) Reimnoth beeinflusst in der Regel nur den zweiten
Vers. So bei Pause am Schlusse des Couplets:

> 420   Si compaignon se sont en couche [1]
>   couchié devant lui par la sale
>   sor linceus qui ne sont pas sale

wie denn auch anderswo die Seltenheit von Wörtern auf -ale
zu ähnlicher Litotes oder zu sonderbar sich ausnehmenden Zusätzen Anlass gab. Vgl. G. de Dole 3252 *La dame estoit de-
vant la sale | qui n' ama onques chainse sale.*

> 777   Aprés eus s' est couchiés li ber,
>   qui n' ot talent d' aler rober

wo der launige Zusatz zunächst durch den Wunsch des Dichters, reich zu reimen, herbeigeführt wurde. Bei Brechung des
Couplets: die Gäste des Grafen Richart kehren heim

> 759   la jus el bore, a lor osteus.
>   Li cuens qui n' iert autres que teus
>   remest o sa privée gent.

Der beliebte Reim *ostel : tel* wird dadurch noch einmal gewonnen. Wie ist der Relativsatz zu verstehen? Etwa ‚der ein
ächter Edelmann war'?[2]

b) Bei Brechung des Couplets wird man ausserdem einem,
zwei (vielleicht noch mehr) Verspaaren begegnen, die lediglich
den Zweck haben, die Reime herzustellen. Je nach dem Ge-
schicke des Dichters sind diese Zusätze entweder nach Form
und Inhalt gezwungen und daher befremdend, oder sie fügen
sich so anmuthig in das Ganze ein, dass der Leser daran
keinen Anstoss nimmt.

*   *   *

---

[1] reimend mit *couche* = *collocat.* Collectiver Singular oder 'e : 'es?.

[2] Vgl. 6176 *et li bons murs qui estoit teus (: osteus) | li morut.*

Wie hält es der Dichter mit dem Hiatus? Meyer bemerkt, dass Hiatus am häufigsten vor Monosyllaben eintritt. Ausser zwei Belegen, wo *et* im Spiele ist:

226   conmencie et l' abeesse

392   d' iave douce et de vins cuis

führt er zwei vor *a* an:

252   en chapitre a l' abeesse

490   de la vile a grant effroi.

Dass die Einsilbigkeit des zweiten Wortes Anwendung des Hiatus erleichtere, ist (so weit ich es übersehe) eine bisher nicht ausgesprochene Ansicht. Es wird, wie ich glaube, schwer werden, die Thatsache zu constatiren, noch schwerer wäre sie zu erklären. Wenn vor *et* bei so vielen Dichtern Hiatus erscheint, so hat Diess seinen Grund in der logischen Pause, die vor der copulativen Conjunction bald stärker bald schwerer eintritt. Im ersten der zwei Fälle mit *a* wird man eher auf -*tre* recurriren; vgl. *qu' il lor couvient prendre ostel* wo M., der, wie es scheint, Hiatus nach Muta cum liquida nicht anerkennt, *que il* lesen möchte.

Andere Verse, in denen M. Hiatus zulässt, sind:

vor *et*:   4   mout honore home et alose

4743   m' a laissie et il s' en va

„   *a*: 4263   qu' on acate[1] a grant largesce

6932   il en sace a tout le mains

„   *u*: 8132   cil qui vos mist l' ame u cors

„   *est*: 7924   font li chevalier: Ore est ce.

Dazu

5415   Fait ele: ,Ysabel, ma bele

wo nur in der Anmerkung gefragt wird, ob nicht *F. e. a Ys.: Ma b.* zu lesen sei.

Hiatus wird schon im Texte beseitigt nicht bloss in

3147   li deusse [je] avoir mandé

sondern mehrfach vor Monosyllaben. So vor *et*:

3119   deffendue, et qu' il [bien] se gart

7340   [et] qui mout li prie et enorte

7777   en la [grant] sale et al bel estre.

---

[1] Conjunctiv, daher nach dem steten Gebrauche des Dichters *acat*; man lese *que on*.

Weniger ansprechend ist die Ergänzung in

> 7168   il avoit gros et vairs les eus,
>   le chief [ot] un poi crespe et bloi

wo, abgesehen davon, dass in derartigen Schilderungen das
Verbum nicht wiederholt zu werden pflegt, *ot* nicht zu *avoit*
passt. Wenn schon nicht *crespë*, so *et le chief* oder *et crespe*.

> 6169   fu [el][1] puis en cambre o sa dame.

Hier wäre nach M. wegen *o*, nach Anderen wegen *-bre*
Hiatus zulässig. Nach seiner Theorie hätte M.

> 3085   Quant dist: Sire, a vo congié
>
> 2802   du pere ait si grant hautece

nicht zu *qu. [il] d., si grande h.* bessern sollen.

Am bedenklichsten ist es, wenn an Stelle von

> 2955   vers la chambre a la pucele

der Text *de la p.* bietet, während der Dichter fast ausschliesslich präpositionslosen Genetiv[2] oder possessiven Dativ verwendet.

Wenn man bei der bisherigen Theorie bleibt: Hiatus ist
am leichtesten zu dulden nach Muta cum liquida und nach
Pausa, selbst nach jener schwächeren, die vor den Conjunc-
tionen *et*, *ou* sich ergibt, so wird man nur betreffs Zulassung
von *vilë a, sacë a, amë u, orï est, perë ait, dëussë avoir* einige
Zweifel hegen.

II. Zu einzelnen Stellen.

Graf Richart *tint Rueem en son demaine.*

> 56   De forès et de venisons
>   ert sa terre bien aaisie,
>   et il l' avoit si abaissie
>   que nus ne li faisoit enchaus.

---

[1] Nicht *[il]*, da von Ysabel die Rede ist.

[2] Selbst beim Genetiv Plural: 879 *l' ost lor morteus enemis.* Nur an einer
Stelle, innerhalb zwei Versen:

> 2801   que li fius por la grant proece
>   du pere . . . .

Dann   925   el non du fil sainte Marie.

Zur Noth liesse sich ‚er hatte das Land so bezwungen, niedergehalten‘ übersetzen, wenn auch die folgenden Verse, in denen von der bereitwilligen Hilfe zahlreicher Ritter die Rede ist, diese Auffassung nicht gerade unterstützen. Man vergleiche indessen eine andere Stelle. Der Graf von S. Gilles hat durch ein hartes Wort seine Gemalin verletzt; dann wiegelt er ab,

>   5940   lués droit l' a li euens abaissie.

Hier müsste *abaissier* geradezu ‚besänftigen, versöhnen‘ bedeuten. Man wird geneigt sein, *apaisie* zu lesen; und thut man es hier, so wird sich die gleiche Emendation auch für 58 empfehlen. Nicht zu übersehen ist, dass man dadurch beide Male (5939 : *envoisie*) reichen Reim erreicht, der bei den Endungen -er, -é, -ier, -ié u. s. w., wenn auch nicht streng eingehalten, doch sehr beliebt ist.

>   362   il et sa maisnie toute
>   sont ja venu dusqu' a Mongiu:
>   au passer n' ot ne ris ne giu.
>   65   Quant il sont outre, [en] Lombardie,
>   ne sai por cui vos conte et die
>   des osteus ne de la viande,
>   que chascuns a ce qu' il demande
>   et a souhait et a devis.
>   70   Tant oirre qu' il vint a Brandis.

Durch die Ergänzung ergibt sich: ‚Wie sie in der Lombardei sind, ich weiss nicht warum ich über alle Herbergen berichten sollte‘; eine Ausdrucksweise, die wir keinen Grund haben dem Dichter zuzuschreiben. Man kann bei der Ueberlieferung bleiben und ’66—’69 als eingeschobene Bemerkung auffassen: *quant il sont outre Lombardie — ne sai* u. s. w. — *tant oirre qu' il vint a Brandis.* Solche längere Zwischensätze kommen in unserem Denkmale auch anderswo vor. Dass zuerst von der ganzen Gesellschaft, dann aber nur von Graf Richart die Rede ist, kann bei der Länge des Zwischensatzes nicht stören.

>   318   au departir ot grant demonte (: monte)

Das Glossar verzeichnet: ‚dem. chagrin, affliction‘. Das Wort ist sonst unbekannt. Ich lese *temonte*, das an zwei anderen Stellen (die eine V. 4008, wo die Hs. *remonte* liest,

3*

wurde vom Herausgeber trefflich emendiert) mit *monte* reimt.
Nicht anders in Guill. de Dole:

> 2499   a grant joie et a grant temonte (: honte)
>   s' en vet et ses genz après lui.

Temonte aus *tumultus*, mit *l* aus *n*, cher als *temoute* mit
unreinem Reim.[1]

> 407   Li cuens issi premiers del tré;
>   après s' en issent du rivage
>   si compaignon.

Man wird nicht anstehen, *au* oder *ou rivage* zu lesen.

> 713   Venisons, lardés et daintiés
>   et lardés qui ne sont pas viés.

‚714 *lardés* ici ou au vers précédent, a pris la place d' un
autre mot.‘ Ich schlage für die zweite Stelle *pastés* vor.

Die Ritter bieten ihre Dienste dem Grafen Richart an:

> 750   Cil li presentent lor servise
>   et lor avoir por lui servir:
>   ‚Et Dieus le me doinst deservir.
>   que si ferai ge a mon pooir;
>   et s' il auques de mon voloir
>   en fait, vos i avrés tot preu‘.

M. fragt, ob nicht etwa nach 751 eine Lücke anzunehmen sei. Wohl nicht desshalb, weil die directe Rede nicht
durch Angabe der Person, die zu sprechen beginnt, eingeleitet
wird; denn solcher unvermittelter Uebergang von der erzählenden zur dramatischen Darstellung ist in unserem Gedichte
ziemlich häufig und gereicht ihm zu Zierde. Es könnte demnach nur der Inhalt der Rede Anlass zur Annahme einer Lücke
geben. Man vermisst aber nichts, sobald man *deservir* in der
Bedeutung ‚lohnen, vergelten‘ auffasst. Den Rittern, die ihre
Dienste anbieten, sagt Graf Richart: ‚Gott möge mich in den
Stand setzen, euch diess zu vergelten, ich meinerseits will es
nach Kräften thun; wenn Gott diesen meinen Wunsch erfüllt,
so wird es euch wohl ergehen.‘ — Man vergleiche

---

[1] [Vgl. jetzt Tobler in den Sitzungsb. der preuss. Akad. der Wiss. 1896,
XXXVII 11: ‚diese Form *(temonte)* ist sicher auch im Escoufle 318 an
die Stelle des unerhörten *demonte* zu setzen.]

5022 Après s' en revint en maison
por la damoisele servir,
qui bien le savra deservir
en liu et en tens, s' ele vit.

Eine dritte Stelle ist folgende. Die Frau Richart's bescheidet zu sich die Richter:

1872 la feme au gentil conestable
ses chevaliers mande et fait querre:
ne voisent n' a tornoi n' a guerre,
75 qu' il remainent[1] por li servir.
E[l] le[2] set mout bien deservir,
la gentius dame debonnaire;
a cascun done reube vaire
as festes anveus, cui[3] que faille.

Auch hier ist *dess.* am besten durch ‚lohnen‘ wiederzugeben. Das Glossar verzeichnet nur diese Stelle und erklärt:
‚mériter‘. Dass auch damit das Auslangen zu finden ist, hängt
mit der Affinität der zwei Begriffe zusammen; vgl. ital. *meri-*
tare und *rimeritare*.

779 Tote la nuit dort et repose . .
781 jusque vers prime; ains qu' ele sont,
il se lievent; levé se sont
si compaignon.

Es ist offenbar *lieve* zu lesen.

869 Cos fu maistres et connestables.

So die Handschrift im Beginne eines Absatzes; im Texte
Tos, in der Anmerkung der weitere Vorschlag: *De l' ost fu*
maistre et c. Da der Rubricator sich öfters vergriff, so ist
erstere Emendation unzweifelhaft richtig. Anwendung von *totus*
vor Bezeichnung von Würden findet sich auch:

---

[1] ‚denn sie bleiben‘ = ‚d. sie sollen bleiben‘. Oder *remaignent*, und *que*
mit leiser adversativer Bedeutung? *mais remaignent* wäre eine zu starke
Aenderung.

[2] Die Emendation ist annehmbar, doch wäre auch *Ele* bei nicht ausge-
drücktem Objecte zulässig. Da *El (Ele)* proleptischer Nominativ oder,
andern ausgedrückt, *la g. d. d.* Apposition zu *El (Ele)* ist, habe ich am
Schlusse von 76 Komma gesetzt.

[3] Hs. und Druck *qui.*

2623   l' estre
dont ses bons sire soloit estre
tous conestables et baillius.

6196   Guillaumes fu tous sire et maistres,
après le segnour, de l' ostel.

7516   puis fui je un an . . . .
tous sire a cort emprès le roi.[1]

1186   Li paiens l' aperciut de loing
qu' il a por joster l' escu pris.

Statt *l'* wird *s'* vorgeschlagen. Es dürfte aber die Construction vorliegen, die Tobler Zeitschr. für rom. Phil. (XX
57) besprochen hat. Entweder wie sonst oft *quil (kil)* für
qui oder mit einer kleinen Variante der Construction: *je le rois
qu' il vient == qui v.*

1322   Après la trine ot (Graf Richart) tel porpens
qu' il les semont qu' il s' en retort
a ses amis et qu' il s' atort
por repairier en sa conté.

Auf wen bezieht sich *les?* Wenn auf die — übrigens
früher nicht genannten — Christen des heiligen Landes, so
müsste *semont* in der Bedeutung ‚auffordert ihm zu gestatten‘
angenommen werden. Mit allem Rückhalte möchte ich die

---

[1] Vgl. Guill. de Dole:
1489   vos estes tot au desus
et trestoz maistre de la cort.

il ere
2305   uns bons chevaliers . . . .
toz mestres don duc de Louvain.
Mit einiger Verwunderung liest man daher zu letzterer Stelle die Anmerkung: ‚toz mestres, faute de lecture du copiste sans doute; conjectu-
rant que ces deux mots sont la corruption de quelque mot allemand ou
néerlandais, M. Huet propose d' y voir un composé de *meister*, tel que
stalmeister ou mot analogue.‘ Vgl.:
1919   il ere
toz sires de l' empereor.

3313   il est toz sires et toz maistre
de mon segnor.
Jeder Zweifel wird behoben durch
1489   vos estes tot au desus
et trestoz mestres de la cort.

Vermuthung wagen, dass *se semont* zu lesen sei: ,er richtet an sich selbst die Ermahnung' = ,er sagt zu sich, dass es nunmehr an der Zeit sei'. Es würde *ot tel porpens* oder *il se semont* genügen; unser Dichter liebt aber umständliche Rede; vgl. etwa

> 2930 Tant li ont priiet qu' il l' ont pris
> en tel point qu' il dist qu' il fera
> lor volenté

wo *Tant li ont priiet qu' il dist* genügen würde.

> 1440 Savés que mout embelissoit
> la feste et l' onor et l' afaire,
> que l' emperere li fist faire
> de jor en jor presens divers.

'40 hat die Hs. *ki*. M. fragt überdiess, ob nicht *savés* zu *saciés* zu ändern sei. Ich fasse *qui* als neutrales interrogatives Pronomen auf; ,wisst ihr was die Herrlichkeit des Festes bedeutend erhöhte? Dass der Kaiser u. s. w.'

Graf Richart nimmt Abschied von der Kaiserin:

> 1462 Grans mercis quant si volentiers
> m' avés honeré et vëu.

Veoir in Begleitung einer adverbiellen Ergänzung, die ,gut, freundlich u. s. w.' bedeutet, ist recht üblich; die vorgeschlagene Aenderung zu *pëu* würde ein weniger höfisches Wort einführen.

Zum Lobe Richart's heisst es:

> 1590 En tel home est bien emploïe
> l' onors, quant Dieus li veut doner.

Die Wendung mit *quant* ist der alten Sprache geläufig; *li = la li*. M. setzt in den Text *que Dieus*.

Richart sagt zum Kaiser:

> 1638 metés vos haus homes desus
> si les amés et tenés chiers . .
> 41 ne vos faudront, s' ensi le faites.
> Se besoins vous vient eu souhaites
> il aideront a amender
> les bas consaus et amender
> les conmunes et les vilains.

Mit Recht bemerkt das Glossar, *en souhaites* sei hier
wenig klar; ,peut-être doit-on corriger *en soufraites*'. Es liesse
sich etwa die Lesung der Handschrift halten, wenn man *en
souh.* als Adverb zu *aideront* ansieht; ,nach [euerem] Wunsche'
oder ,nach eigenem Wunsche', also ,gerne, mit einander wett·
eifernd'. Freilich würde man, beim Fehlen jedes metrischen
Zwanges, Nachsetzung des Subjectspronomens erwarten. Sollte
die abverbielle Wendung *en souhaites* das coordinierte Substantiv ersetzen, also an Stelle von *et souhaite*[1] stehen ,wenn
ihr es braucht und wünscht'? — Zum zweiten *amender* wird gefragt, ob nicht *a mander* zu lesen sei. Doch ,entbieten' passt
nicht in den Zusammenhang; dieser fordert ein Verbum mit
der Bedeutung ,niederdrücken, beseitigen'. Soll *amendrer* gelesen werden? Oder, da Wiederholung der Präposition will-
kommen wäre, *a monder* im Sinne von ,wegräumen, entfernen';
s. Tobler, Prov. au vil. Anm. zu 176, 5?

> 1728   Li pavemens fu de la biautes (: autres)
>   de la chambre ou les dames sont.

M. emendiert *d' alebastres*, mit einem unreinen Reim
a(s)tres : autres, wofür das Denkmal kein anderes Beispiel bietet.
Ob Alabaster zu Fussböden verwendet wurde? Ich vermuthe
de la Bautre; vgl. Guill. de Dole 5519 *desus le pavement de
Bautre* und 3501: Die, die ich liebe, ist mehr werth als die
anderen, *autant com pierre de la Bautre vaut mieus que li
quarriaus de Rains*. Wir hätten dann den bloss für das Auge
unreinen Reim ⌣ re : ⌣ res.

Die Kaiserin geleitet die Neuvermählten:

> 1740   la nuit les maine andeus as lis
>   et uns evesques qui l' en saigne,
>   qui fait bel quanques li ensaigne,[2]
>   il les encensse et benëist.

Was ist Accusativ von *saigne* (wohl auch von *enc.* und
ben.)? die Neuvermählten oder die Bette? Ich meine eher letztere. Aber auch da erwartet man *les*. — Es folgt

---

[1] Oder ist geradezu so zu lesen, mit unreinem Reim ⌣ es : ⌣ e?
[2] An die Echtheit von *ens.* ist schwer zu zweifeln. Der Sinn fordert:
,was ihm zukommt, was seines Amtes ist'.

> 1744 Bien puet dire qui ces vɛist
> qu' ainc ne vit si bel ne si gent
> ne si blans de dras ne de gent.

Also wieder ein Hin- und Herschwanken zwischen Singular und Plural bei Angabe der Lagerstätte. M. bemerkt zuerst: ‚Mieux vaudrait *biaus*... *gens* se rapportant à *lis*‘. Wenn man sich scheut, dem Dichter die Tändelei zuzumuthen, dass er die zwei *lis* zugleich als eines habe darstellen wollen, so wird man ’41 *les* und ’45 nach M.’s Vorschlag lesen. — M. fügt hinzu: ‚*gent* ou *gens*, au vers suivant (’46), reste obscur.‘ Sollte der Dichter nicht, in etwas preziöser Art, gemeint haben: ‚Schmuck und weiss waren die Leintücher und die darauf liegenden Leiber‘?

Die Boten sind mit dem Knaben Guillaume an den Hof gekommen

> 1926 et l' empereres i avale
> lués droit qu' il en seut les noveles.
> Bele Aelis et ses puceles
> s' en vont jouant a sa venue;
> 30 de par sa mere le salue
> que ses maistres li ot apris.
> La dame l' a baisié et pris
> par la main et puis Aelis.

Zu ’31 sagt die Fussnote, es sei *sa maistre* zu bessern; Subject zu *salue* wäre demnach Aelis, die den Ankommenden im Namen ihrer Mutter, der Kaiserin, begrüssen würde. Diese aber ist (V. ’32) gegenwärtig. Es ist also vor Allem ’26 *l' empereris* (oder *-rëis*) und ’27 *el* statt *il* zu lesen. Denn die erste Begrüssung findet nur von Seite der römischen Frauen statt. Diese führen später den Knaben zum Kaiser und zum Grafen Richart: 1948 *el grant palais ou l' emperere | est et li cuens et sa maisnie | l' en mena la dame et s' amie |* (d. i. die Kaiserin und Aelis[1]) *par grant chierté le demoisel.* Subject zu *salue* ist

---

[1] *amie* als Bezeichnung der eigenen Tochter auch
> 2173 n' en doutés mie
> que il n' ait ma fille et m' amie
> a oisor
wo man sich sonst versucht fühlen könnte, *s' am.* zu lesen.

Guillaume; dieser überbringt die Grüsse seiner Mutter, denn
diess zu thun hatte ihn der ihn begleitende Lehrer gelehrt.
Von diesem heisst es 1894 *sans celui ne pooit il estre, qu' il l' en-
troduit et si l' aprent.* Vgl. auch 2018 *li damoisiaus avoit un
maistre, qui li aprent de l' escremie . . . Nule chose n' i veut
laissier, de coi il fust repris a cort, que ne li aprende.*[1] Es
liegt endlich näher, *le* in '30 zu *les* zu ändern (-*s* ausgefallen
vor *s*·) als *le = la* aufzufassen.

> 1954   Mëismes[2] li peres i cort;
>   de baisier ne se pot tenir,
>   que que l' en dëust avenir,
>   que nel baisast, et l' emperere.

Mit Recht wird gefragt, ob *de bais.* nicht verderbt sei;
es ist in der That bei der Kürze des eingeschobenen Satzes
kaum denkbar, dass der Dichter beide Constructionen *ne se pot
tenir* mit *de* + Inf. und *que ne* + Conj. zugleich gebraucht
habe. Etwa *i cort por baisier; ne* etc.? Oder etwa *de plaisir*
,vor Vergnügen, vor Freude'?

Aelis nennt Guillaume sowohl *ami* als *frere*:

> 1989   frere por couvrir l' autre non,
>   si que tot cil de la maison
>   i notent plus chierté qu' amor;
>   mais qui son vis et sa color
>   et si esgardast ses biaus ieus,
>   c' est la riens par qu' il sëust mieus
> 95   li queus des nons li fust plus dous,
>   c' un faus souspirs et uns seuglous
>   la prent enmi le non d' ami;
>   et li oel li sont près de mi
>   apetisié de fine angoisse.

---

[1] Bezieht sich etwa *de coi f. r. a cort* als eingeschobener Satz auf *ne veut
laissier*? ,Er will keine Lehre unterlassen, denn solches Versäumniss
würde ihm Tadel einbringen.' Oder ist *de coi* Relativ zu *nule chose*?
Gemeint wäre: ,er lehrte ihn alle Dinge, deren Unkenntniss ihm (dem
jungen Manne) Tadel zuziehen könnte'. Bei affirmativer Ausdrucksweise hiesse es *Tot li aprist, de coi il fust priviés a cort*; die Anwendung der (doppelten) Negation hätte den Dichter zu *repris* verleitet.

[2] *Mëismes* kann hier (vgl. die Wendung *meismes ses cors*) nur ,der Vater
in eigener Person' bedeuten; ,selbst der V.' passt nicht, denn gerade
vom Vater versieht man sich, dass er sich am meisten beeile.

Zu '96 wird gefragt, ob, statt *faus*, *fains* zu lesen sei? Es ist damit wenig gewonnen. Die Leute meinen, Aelis' Neigung sei die einer Schwester; wer aber ihr Antlitz und ihre Augen genau beobachtet hätte, hätte wahrgenommen, dass es Liebe war; denn wie sie ihn ,*ami*' nennt, da seufzt und schluchzt sie, und ihre Augen verrathen wahre Herzensangst.' Ich möchte *fors* vorschlagen.

> 2004 Andui ont il robe tot d' un
> ou il n' a graine ne bresil,
> qu' il sont de soie et de chainsil,
> d' emperiaus et de samis.

Worauf bezieht sich *il* in '6? Auf ein vorschwebendes *drap*? Oder ist *robes* ... *qu' els* zu lesen? Oder etwa *qu' il l' ont*?

Der Kaiser ist in Gedanken versunken:

> 2112 Li cuens li voit penser, si n' ose
> demander ce qu' est qu' il pensoit.

Dativ bei intransitivem Infinitive (und zwar ohne Object, das ihn der Geltung eines transitiven näher brächte) ist wenig wahrscheinlich; etwa *l' i*, oder, da *i* kaum berechtigt ist, *le*. Wegen *le* statt *li* vgl. unten zu 4604.

> 2328 Ce li (dem Kaiser) met Dieus en cuer, qu' il face
> des deus enfans le mariage ...
> 32 Por plus s[e]urement passer,
> que ne set qu' est a avenir,
> l' empereres a fait venir
> les sains.

,Um sicherer vorzugehen, da er nicht weiss, was geschehen kann'. Vgl. folgende Stelle. Richart ist schwer krank;

> 2410 puisqu' il ne sue ne termine
> n' il ne quiert nule garison,
> il n' i a se del morir non,
> que ne puet pas sans mangier vivre.

Sowohl 2333 als 2413 setzt M. in den Text *qu' e[n]*, wodurch ohne Noth als allgemeiner Satz das hingestellt wird, was sich auf den speciellen Fall recht gut bezieht.

2361 et je serai li vos amis.

Tonlose Form des Possessivums nach Artikel ist verdächtig; wohl *vostre*.

Der Tod handelt doch unschön, da er den Tüchtigen
ebenso wie den Schlechten hinwegrafft;

> 2428 ne l' en fali, espoir, jamais
> si avoir fait de ne sai quant (: tant).

M. fragt, ob die Stelle verderbt sei. Ich meine nicht;
‚es ging ihr nicht ab‘ == ‚sie hat es nie unterlassen, in gleicher
Art ...[1] zu handeln‘ == ‚sie hat es stets so gehalten‘.

Graf Richart wird von schwerer Krankheit befallen, kurz
bevor sein Sohn Guillaume des Kaisers Tochter Aelis heim-
führen sollte. Der Kaiser klagt darüber:

> 2436 ‚Las! la dolor, las! l' amistié,‘ (: pitié)
> fait l' emperere 'que j' avoie
> ert de cest home que j' amoie!
> grant joie atendions ensemble.

Zur Bedeutung vergleiche man zuerst folgende Stelle. Die
verlassene Aelis ist tief betrübt; in ihrem Kummer hat sie
eine einzige Freude, dass sie auf den Leintüchern liegt, auf
welchen Guillaume einst gelegen war.

> 5246 Tant de solas, tant de delit
> com ele ot, si fu des linceus,
> que cil qu' ele amoit sor tos ceus
> de tout le mont i[2] ot gëu.

Ebenso heisst es später von Aelis, die eine Gefährtin gefunden hat,

> 6400 Tant de solas, tant de delit
> conme ele a, si est d' Ysabel.

‚Was sie an Freude hatte (hat), kam (kommt) ihr von ...
her‘ == ‚ihre einzige Freude waren die Leintücher, war Isabel.‘

---

[1] Wie ist *de ne sai quant* zu deuten? Darf *quant* als eine Art collectiven
Singulars aufgefasst werden? Es wäre dann durch ‚mit vielen Anderen
(tüchtigen)‘ wiederzugeben. Oder ist *quant* == *quando* ‚seit ich weiss
nicht wann‘ == ‚seit jeher‘?

[2] *que* ‚denn‘, oder *que* (relat. Adv.) ... *i* == *ou*.

In der Stelle 2436 würde nun *dolors* die Verba im Präsens oder Futurum fordern: *la dolors que j' ai (avrai) est (iert)
de cest home*; ‚über diesen Menschen [allein oder : zumeist]
trauere ich (werde ich trauern)‘. Imperfectum passt nur zu
amistié; ‚die (= alle) Freundschaft, die ich hatte, kam mir von
diesem Manne her‘ oder ‚war für diesen Mann‘ = ‚er war
mein einziger Freund‘. Da der Dichter auch anderswo in
seinem Ausdrucke sich nach dem zuletzt Ausgesagten richtet,
so lassen sich beide Substantive als Nominative auffassen; ‚nur
über ihn traure ich; er war mein einziger Freund‘, oder *la d.*
ist exclamativ, und der Relativsatz bezieht sich bloss auf *am.*

> Las! la dolors![1] Las, l' amistié[2]
> ...... que j' avoie u. s. w.

An V. 2439 schliesst sich an

> 2440 Au samblant que fait, ce me semble,
>   ne puet mie veoir le terme.

M., für den die Rede des Kaisers mit '39 zu Ende ist,
fragt zu '40 an, ob nicht *Du s.* zu corrigieren sei. Wenn damit
gemeint ist, *du s.* hänge von *terme* ab, so vermag ich der Stelle
keinen rechten Sinn abzugewinnen. Nach meiner Anschauung
gehören '40—'41 noch zur Rede des Kaisers. ‚Wir sahen
grosser Freude entgegen; nach seinem Aeusseren zu urtheilen,
kann er sie nicht erleben‘; *n' en* wäre deutlicher; *en* ist aber
leicht entbehrlich.

> 2736 Quant il voudra armes avoir,
>   si reviegne a vos por le prendre.

M., gegen die Grammatik, *por le[s] prendre*. Wenn es
auch überflüssig ist, Belege für substantivirten Infinitiv bei-
zubringen, so mögen einige aus unserem Texte folgen:

> 724 Après mangier fist on oster
>   napes et tables; cil qui mistrent
>   mout bel de l' oster s' entremistrent.

---

[1] Oder *dolor.*

[2] Man erwartet *amistiés.* Mehrere Erklärungen bieten sich: a) *-ié* : *-i-s*;
b) Femin. im Rectus gelegentlich ohne *-s*; c) *amistié* ist Accusativ, durch
Attraction wegen *que.*

1218   Que que li Turs chäi aval,
        tos li os as paiens desroute
        por le secourre, et une route
        des Normans repoint por le prendre.

Besonders in letzterem Beispiele darf man sich nicht ver-
leiten lassen, *le* als Pronomen aufzufassen.

Auch an anderer Stelle führt M. tonloses Pronomen vor
Infinitiv in den Text ein:

6562   Aine mais ne vi
            nul vallet si bien [s'] entremetre
            de drecier.

Es ist kaum nöthig zu erinnern, dass nach *faire, laissier,
veoir, oir* u. s. w. der Infinitiv des Reflexivpronomens entrathen
kann oder muss.[1]

Wie sehr haben die Rathgeber des Kaisers Guillaume
geschadet:

2826   E Dieus! com il ont ore nuit
        le damoisel qui ne s' en garde,
        que es chambres s' amie garde
        les puceles qui font caroles!

Wenn '28 *que* Conjunction wäre, so würde *ne garde* oder
eher *ne gart* folgen. Ich lese *qui.*

Guillaume ist wunderschön:

2980   jamais ne cuit, non, que Dieus face
        si bel.

‚Corr. *mon?*‘ Wenngleich *mon* zur Bekräftigung auch
negativer Aussagen üblich ist, so ist *non* unbedenklich.

---

[1] Zunächst bei intransitiven Reflexiven; so noch heutzutage: *je le ferai
repentir.* Dann bei solchen Transitiven, in denen das Reflexivpronomen
nicht leicht durch ein Nominalobject ersetzt werden könnte und die daher
den intransitiven Reflexiven nahe kommen; so bei *entremetre.* Am sel-
tensten bei Verben, die ihre transitive Bedeutung noch voll bewahren.
Doch lässt sich immerhin annehmen, dass

        966 Qui donques vëist lor signor
            metre derriere entre deus routes!

ursprünglich sei. M. fragt, ob *estre* zu lesen sei.

2982   Sa colors li croist et avive
·ı· cercle d' or qu' il ot el chief,
entor lardé de chief en chief
de fins rubins et d' autres gemmes.

Am Fusse der Seite wird angemerkt, die Hs. lese *colors* und *lardés*. Man möchte in dieser Angabe an einen Fehler, statt *color*, denken; da aber S. XLVII zu *colors* ein *sic* hinzugefügt wird, so scheint die Hs. wirklich *-ors* zu haben. An Stelle der Lesung im Texte, die unhaltbar ist, fordern die Berichtigungen (S. 327) *color* .. *uns cercle* (oder *-es*) .. *lardés*; die zwei Verben *croistre* und *aviver* wären demnach transitiv.

Dagegen finden wir

4716   Sa dolors croist tant et avive
qu' ele s' asiet, ou voelle ou non.

Hier sind die zwei Verba entschieden intransitiv. Nicht anders in der von M. angeführten Stelle aus dem Lai de l' ombre:

La colors li croist et avive
de ce qu' il dit qu' il est tos suens.

Man vergleiche ferner betreffs *croistre* in unserem Gedichte:

1964   Mout l' en croist li cuers et oisele
de çou qu' ele a tel compaignon.

Da einerseits intransitives *croistre* als transitiv (mit factitiver Bedeutung) und andererseits *aviver*, zunächst transitiv, als intransitiv (dadurch dass das Reflexivpronomen unausgedrückt bleibt) auch sonst vorkommen, erregt eigentlich die zweifache Construction keine Bedenken, und es gibt keinen genügenden Grund, etwa 2982—83 *d' un cercle* .. *lardé* zu lesen. Transitiven Gebrauch nimmt nachträglich M. in Anspruch für eine weitere Stelle, in welcher die gleiche Formel wiederkehrt.

76NN   mout li (der Aelis) croist li cuers et avive
ce qu' il (Guillaume) la nonme par son non.

Der Text belässt die handschriftliche Lesung; S. XLVII heisst es jedoch: ‚Il faudrait corriger *le cuer*'. Man erwäge indessen noch folgende Stelle:

5630   Cascune d' eles s' esmerveille,
ce qu' ele avoit si grant biauté.

Man wird nicht *s'* streichen, so dass *ce que* Subject und *cascune* Object von *esmerveille* wäre. Da nun Reflexiva, die Gemüthsbewegung bezeichnen, Intransitiven gleichkommen, so decken sich *li cuers li croist ce que* ... und *cascune s' es-merveille ce que* .. genau. Zur Erklärung dieser beim ersten Anblicke seltsamen Construction möchte ich auf Folgendes hin-weisen. Es scheint, als ob *ce* nach Art eines absoluten Accusativs, statt *de ce*, mit Ausdrücken der Gemüthsbewegung angewandt wurde. (J. de Dole 3325 *„ne vendra ele?«* — *„Nenil, ce sui je mout dolente‹*, wo Servois *c' e[n]*[1] liest. Lai de l' ombre 496 *par foi, ce doit il estre liés*; andere Handschriften haben *en doit, de ce doit*; Tobler emendiert: *s' en doit*. Die Stellen im Escoufle bieten nun das Nämliche; dass dort der Inhalt von *ce* aus dem Vorhergehenden bekannt ist, hier mittels des *que*-Satzes ausgedrückt wird, macht keinen Unterschied. Man könnte in letzterem Falle kurz sagen: der Genetiv-Satz wird statt durch *que* durch *ce que* eingeleitet.[2]

[1] Jedenfalls *s' en.*

[2] Vergleicht man

      3311 Ce qu' on la vest et apareille,
           li saint monent a la capele

wo *ce que* unbedenklich zu *que que* zu ändern ist (vgl. 1320 *cele = qu' ele*), so könnte man dasselbe für 7688 vorschlagen: *li cuers li croist, que qu' il la nome.* Zu 5631 liesse sich ferner noch vergleichen Lai de l' ombre 556 *ce que onques n' en parla li vient a merceille*, wo *li* c. a m. = *s' esmerveille.* Indessen ist hier möglich, wenn auch nicht wahr-scheinlich, dass *ce que* ... als Subjectsatz zu *li* v. *a m.* fungiere. — Schliesslich sei noch erwähnt, dass unser Dichter es liebt, eine vorher-gehende Aussage mittelst *c' est* zu begründen.

     Der Kaiser

      1574 vait en ost plus sûrement
           quant il a les cuers des barons;
           c' est par son sens et par ses dons,
           par l' onor qu' il lor fait et porte.

      2080 Deduis de forés et d' oisiaus
           lor plaist ore plus c' autre chose,
           c' est por ce quo nus ne lor ose
           livrer enui.

      6078 Il n' est hom qni aler l' (Aelis) en voie
           qui ne li ourt bone aventure;
           or s' en vait; c' est par la çainture
           u li lïon furent tissu.

Die Natur hat Guillaume mit Schönheit ausgestattet:

>2988   ele s' estoit a desmesure
> en lui seul faire entendue.

Der Text liest: *en lui faire seule entendue.* Was bedeutet
diess? Die Lesung der Handschrift gibt dem typischen Gedanken Ausdruck, die Natur (Gott) habe beim Schaffen des
gepriesenen Wesens ihre (seine) ganze Aufmerksamkeit (die
ganze Schaffenskraft) verwendet.

Der Kaiser und die Kaiserin treten in das Zimmer ein,
wo die zwei jungen Leute beisammen sind; Aelis arbeitet mit
ihren Mädchen, Guillaume spielt mit zwei Knappen. Der Dichter
preist wieder ihre unvergleichliche Schönheit;

>3001   jamais, tant com li mons dure,
> ne cuit que Dieus a faire endure
> si beles riens; et il de coi
> andui se tindrent mu et coi,
> et tuit li autre par laieus.

Zu 3003 wird gefragt, ob nicht *et en* (oder *a*) *recoi* zu
lesen sei. Diess passt aber nicht zur Situation. Es soll nur
gesagt werden, dass sowohl G. und A. als die Knappen und
Zofen beim Eintreten des Kaisers in ihrer lauten Unterhaltung
innehielten. Ich verstehe: *et il de coi?* ,aus welchem Stoffe

---

„Jeder wünscht ihr Gutes; und diess Alles geschah deshalb, weil sie der
Dame von Montpellier den Gürtel geschenkt hatte.' [Da *c' est* . . . mit
qui ne li ourt innig zusammenhängt, ist *or s' en vait* als eingeschobener
Satz anzusehen. M. setzt Punkt nach '81.]

>6334   Li pelerins vausist mout miens
> qu' il (Guill.) remansist, s' il peust estre;
> c' est por sa dame et por son mestre,
> qui 'n ont andui au cuer grant ire.
>7342   ,en ceste ore
> me ment mes cuers devant ma gent'.
> et c' est por son ami le gent,
> se Dieu plaist, qu' ele verra ja.
>8198   La castelaine fist pourtendre . .
> 200   sa cambre; c' est pour les noveles
> de la fille l' empereor.

Immer *c' est par, c' est por*; man könnte indessen auf den nach dem Bemerkten kaum haltbaren Einfall kommen, dass in den zwei untersuchten
Stellen *ce que* für *c' est que* stünde.

möchte Gott andere ähnliche Geschöpfe schaffen?" Derartige
hyperbolische Ausdrücke sind wie der Lyrik so der höfischen
erzählenden Poesie geläufig.

> 3196   Viaus la chambre u ele sejorne
> verroie je de sor ce suel,
> las, dolans, caitis, cui je suel
> estre a tel joie et a delit.

'98: ,cui, corr. u.?" Ich zöge vor qui i[1] suel.

Aelis denkt an Guillaume

> 3222   Amors li refait un assaut
> qui li remet celi devant
> si bel....

Lies celui.

> 3354   Il sont jusqu' au palis de fust
> venu qui clooit le jardin;
> li vallés qui mont sot d' engin
> en ovri l' uis d' un poi de boise.

,poi, corr. pel?" Da boise schon ,Span, Scheit" bedeutet,
so ist pel = palus wenig angemessen. Wohl aber ist un poi
de = un petit leicht zu verstehen.

Aelis zu Guillaume:

> 3561   ,Il covient nostre oirre atirier,
> ançois qu' on viegne del mostier.' —
> ,Dame, je n' i voi tant de tel'.

Zu '63: ,corrompu?" Der Sinn ist wohl: ,ich sehe nicht,
wie diess zu thun sei". rien de tel wäre deutlicher; doch ist
tant haltbar.

Guillaume erzählt seiner Mutter, wie die schlechten Rathgeber den Kaiser veranlassten, ihm die versprochene Hand
seiner Tochter zu verweigern,

> 3702   et comment il [l'] out fait partir
> de sa fille par lor consaus;
> et l' emperere a ses iaus
> 5   le vit qui bien i puist adonques.
> ,Fius' fait ele ,qu' il n' ama onques
> vo bon pere, n' aine n' en fu[i] lie
> tant com il fu de la maisnie
> l' empereor'.

---

[1] Die Hs. hat selbstverständlich ie.

So der Text; am Fusse der Seite zu '5: ‚puist, corr.
pert'. Die Anmerkungen auf S. 398 bieten die trefflichen Emendationen '4 empereris, '6 el n'ama und stellen fu wieder her.
Ob zugleich der Vorschlag zu '5 zurückgenommen wird oder
nicht, ist nicht zu ersehen. Dieser ist mir unverständlich;
weder paret noch perdit gibt einen befriedigenden Sinn; auch
stimmt Präsens nicht zu adonques, das hier nur temporale Bedeutung haben kann. Ich gestehe, keinen Rath zu wissen.
Nimmt man paroir an, so wäre die starke Aenderung le vit.
‚Bien i parut adonques, fius' fait ele ‚qu' el . . .' nöthig. Oder
ist etwa gemeint: ‚die da [etwas dagegen zu thun] wohl vermochte' oder ‚vermocht hätte'? es müsste dann pot (peut) oder
pëust donques heissen. Wenn die Rede wirklich erst mit Fius
beginnt, so ist que als Einleitung directer Rede deshalb auffallend, weil in ungewohnter Art nach Vocativ.[1]

Vernunft und Liebe streiten im Herzen Aelis', die im
Begriffe steht, aus dem väterlichen Hause zu entfliehen.

3952   ‚Or ne fist ee onques
        fille a roi,[2] tel desconvenue.' —
        ‚Por coi? Mes amis [m']est venue
55   querre, et je [ne] m'en iroie?
        Sachiés que je n'en mentiroie
        ma foi, et se je m'en aloe,
        sans blasme.' L'aler amors loe,
        quanques raisons vait destornant.

------

[1] Es sei bei dieser Gelegenheit an que nach interjectionalem Comment
erinnert:

        2774   Comment! que cis seroit barons
                ne damoisele et rois du regne!

        6760   Comment! que nos nous en irons
                sans oisel! ainc mais ce n'avint.

Etwas verschieden nach interrogativem Comment:

        4704   Donc s'en va il? Ci a mal donques,
                qu'il en aroit trop desonor.
                Comment? Qu'il avoit ci la flor
                de gentillece et de biauté.

‚Wie so? weil er . . .' Der Gebrauch von que entspricht dem häufigen
nach Por coi? z. B.

        6451   ‚Por coi vos levés vos si matin?' —
                ‚Qu'il n'a' fait il jusqu'a demain etc.

[2] Ich habe das Komma hinzugefügt.

4*

Man möchte *sans blasme* mit *n' en mentiroie* in Verbindung bringen: ‚ohne Tadel würde ich die versprochene Treue
nicht brechen‘; wie ist aber dann *et se je m' en aloe* zu verstehen? Sollte gemeint sein: ‚ich würde nicht ohne Tadel die
Treue brechen (= ‚Treubruch würde mir Tadel einbringen‘),
selbst wenn [ich nur dadurch mein Wort halten könnte, dass]
ich entfliehe?‘ Wenn man stärkere Aenderungen wagen wollte,
so liesse sich vorschlagen:

> ‚Sachiés que je n' en mentiroie
> ma foi;[1] et se je m' en aloe,
> sans blasme [ert] l' aler[s].‘ Amors loe
> quanque Raisons vait destornant.

G. auf der Flucht mit A. begriffen, zeigt sich freigebig:

> 4264   Ses grans sens et sa gentillesce
>   sueffre qu' il est de grant afaire.

M.: *cuerre?* Der Sinn würde aber fordern: ‚[Trotzdem
er und A. in dürftiger Kleidung auftreten,] verräth sein Hoch-
sinn seine Stellung.‘ Ob *s' uevre*?[2] Vgl. 4651, wo die Handschrift
ebenfalls *sueffre ses ieus* schreibt.

> 4254   Ja li damoisiaus (Guillaume) n' iert seürs
>   devant que si mul soient aise:
>   il fait bien tant c' on les aaise
>   de conroi d' avaine et de fain:
>   il nes laist pas morir de fain,
>   lui ne son oste ne s' amie.
> 10   Por deniers ne remaint il mie
>   qu' il n' aient trop char et viande.

nes in '57 kann nur *ne se* bedeuten.[3] Nach '58 Schlusspunkt, nach '59 besser Semikolon.

Guillaume und Aelis halten es auf ihrer Flucht in folgender Weise: *il se lievent adès mout main, et chevauchent*

---

[1] Vielleicht *jë en m.*; das in V. '55 unerlässliche, etwa am Rande der
Vorlage nachgetragene *ne* hätte sich hieher verirrt.

[2] *s'* wäre selbstverständlich = *si*, das auch nach Subject zulässig ist.

[3] Beim ersten Anblicke wäre man versucht zu glauben, *nes* sei *ne les*,
auf die Maulthiere bezogen; *lui* stünde für *il* und statt *son oste* wäre
ses ostes zu lesen. Doch '58–'59 zeigen, dass diese Interpretation unhaltbar ist.

jusques vers prime; et quant il voit que l' ore aprime et
li tens c' on se doit disner et il puet fontaine trover sor
chemin, en plain u en bos, fait il: ,.. Nos descendrons ci por
mangier'. Sie vertreiben sich da die Zeit mit Speisen und
Kosen bis gegen Abend; dann *sor les muls ... montent .. et*
chevauchent jusqu' as osteus. Auf solche Art wandern sie mehr
wie eine Woche fort. Sie kommen da zur *monjoie de Toul;*
c' est un des plus biaus lius .. de bos, de prés et de riviere.

<blockquote>
4360 Cel jor, quant il fu ajorné,
        fait cascuns amener son mur
</blockquote>

um, wie an allen früheren Tagen, den Morgenritt anzutreten.
Sie hätten sich zwar gerne in dem lieblichen Orte längere
Ruhe gegönnt; doch fürchten sie das Fragen der Leute und
reiten weiter. Die Gegend war indessen so schön, die Sonne
brannte so heiss, dass Aelis den Wunsch ausdrückt, wenigstens
heute die Reise abzukürzen und früher als sonst Rast zu nehmen.

<blockquote>
4378 ,Je voel que nos i herbejons
      sempres de haute heure ambedui.
  80 car mout m' avra anuïe hui [1]
      la matinee, et li grans chaus
      m' a hui tant fait mal et enchaus
      que li chiés me deut orendroit.'
      Que qu' il en vont parlant tot droit
  85 vers la cité grant aléure,
      il a öi par aventure ...
  87 un ruisselet ...
4404 ,Biaus dous amis', fait ele, ,la
      voel je descendre por mangier'.
</blockquote>

Die Situation ist also deutlich. Dass sie an der *monjoie*
übernachteten, wird nicht ausdrücklich gesagt, aber durch
V. 4360 klar angedeutet. Man wird daher den Zweifel M.'s

---

[1] Der Punkt nach *hui* ist nur Druckfehler. Bemerkenswerth ist der Gebrauch des Futurum exactum statt (hier zugleich neben) Perfectum Praesens; vgl. Tobler, VB. I 207. Unser Gedicht bietet dafür ein anderes
interessantes Beispiel. Von G. und A., die sich endlich wieder gefunden
haben, heisst es:

<blockquote>
7824 Or n' en a mais Fortune envie,
      ains li plaist mout cele assemblée;
      mout lor ara lone tous emblée
      la joie dont il ore ont tant.
</blockquote>

nicht theilen, der zu '61 fragt, ob etwa *arester* zu lesen sei.
Schon bei Tagesanbruch, also noch vor Beginn der Wanderung,
halten sie wohl nicht inne.

Guillaume willfahrt ihrem Wunsche:

> 4411   Il saut jus, si l' a descendue;
> la pucele s' est estendue
> as floretes et au deduit.

‚Corr. *entendue*?‘ Schwerlich; die folgenden Verse

> 4418   Sa cote li fait grant açainte
> tot entor li, sor l' erbe drue

deuten auf ein sich (ganz oder halb) Hinstrecken auf der Wiese.

> 4423   li cort cavelet et li blont
> par mout grant maistrie li vont
> par devant le tor des oreilles
> desci jusqu' a faces vermeilles.

Besser *as*.

> 4450   Quant la bele a en un lieu mors
> si done a mordre a son ami.
> Ne li rent pas tant ne demi
> de savour ne poivres ne seus
> conme faisoit la grans douceurs
> 55   de la[1] ou les levres touchierent.

M. (vgl. auch S. 327) möchte *ne poivres ne seus de saveur*
lesen. Da aber Reim von *Cons.* mit *Cons.* + *s* nicht sicher
ist, während *Cons.* mit *r* + *Cons.* häufig vorkommt, so wird
man die Ueberlieferung nicht verdächtigen.

> 4470   La bele a mis por la suor
> sa main sous sa blanche chemise;
> el ne set mot dés que l' a mise
> vers l' aumosniere qui pendoit
> en son sain.

Man vergleiche damit: Guillaume, verzweifelt über den
Verlust des Ringes,

> 5112   si durement se tire et sache,
> qu' il ne set mot jusqu' il s' abat.

Unser Dichter hat einige Vorliebe für den Ausdruck *ne
savoir mot*, gewöhnlich absolut in der Bedeutung ‚nichts davon

---

[1] Man bemerke *de la* = ‚der Stelle, des Ortes‘.

wissen, es nicht gewahr werden'. Der Geier ergreift den Beutel
si que Guillaumes ne set mot ,ohne dass G. es bemerkt'. Aelis
entfernt sich immer mehr von G., *mais il ne set encore mot.*
Sie ist ihm so nahe, *mais il n' en set mot ne vent ne voie*; er
ist sehr nahe seiner Geliebten, *mais n' en set mot.* Dann wie in
den zwei oben citierten Stellen mit einem Complement; 4472 mit
der Bedeutung ,unversehens, zufällig'; etwas eigenthümlicher
ist 5113: ,er zerrt an sich, so dass er fast ohne es zu
bemerken (= bewusstlos?) niedersinkt'. Die Anwendung von
jusque lässt sich verstehen, weniger die von *dès que*; es ist
also wohl *desque* zu lesen.

Guillaume ist unschlüssig, ob er bei der schlafenden Aelis
bleiben oder dem Geier nachsetzen soll:

> 4602 Mout s' en ala près qu' il ne volt
> remanoir: s' éust fait que sages.

,Er wäre beinahe geblieben; [hätte er sich dazu entschlossen,]
so würde er weise gehandelt haben.' M. liest:

> Mar s' en ala; près qu' il ne volt
> remanoir, s' éust etc.

Anlass zu dieser Aenderung bot wohl nicht der — allerdings etwas umständliche — Ausdruck *près s' en ala qu' il ne
volt remanoir* statt des schlichteren *pr. s' en ala qu' il ne remest*, sondern die Meinung, dass auf *va près que ... ne* (meist
mit *s' en* oder bloss *se*) Conjunctiv folgen müsse. Zu 4739
près s' en va qu' ele ne se naie gibt das Glossar *naie* als Conjunctiv an. Zu 5322—3 *com près s' en va qu' el ne recroit a
une liue* finden wir im Glossar: ,*recroire*, Subj. prés. *recroit*
(corr. *recroie*)'. Diese Ansicht ist aber nicht richtig, wie denn
5844 *près vait qu' il ne ront et descire*, 7646 *près s' aloit que
jou n' esrajoie* unbeanstandet blieben.

Auf die zwei so eben angeführten Verse folgt:

> 4604 mais li anuis et li damages
> qu' il en devoit avoir si grant
> li fait estre mout plus en grant
> de l' aler que del remanoir.

Der Dativ wäre durch die Erwägung zu retten, dass *estre
en grant de l' aler = desirer l' al.* sei, so dass die bei letzterem

Ausdrucke übliche Construction auf ersteren übertragen wurde:
einfacher ist *l' i* oder eher *le* zu lesen. — Es sei zugleich gefragt, wie die Stelle zu verstehen ist. Wird da auf die —
thatsächlich eingetroffenen — Folgen seines Entschlusses, den
Vogel zu verfolgen, hingewiesen, so dass zu erklären wäre:
,aber das Verhängniss, das ihn schwer schädigen wollte, trieb
ihn eher zum Gehen als zum Verbleiben'? Um diese Interpretation zu erlangen, müsste allzu viel ergänzt werden. Dazu
kommt, dass es im Folgenden heisst:

> 4608   Cis pensers li[1] faisoit movoir
>   en son cuer une grant bataille.

,Wenn ich nicht gehe, wird meine Dame mir vorwerfen, ich
hätte ihr erstes Geschenk gar lässig bewahrt:'

> 4622   ja n' avrai voloir que m' en ost
>   que jou n' aille apres les joians' ...
> 26   Ne set lequel voloir il vent
>   u l' aler u la demourance.
>   Il estoit mout en grant balance.

Es wird also 4604 – 7 gemeint sein: ,Der Gedanke an
die grosse Unannehmlichkeit, an den Schaden, der ihm von
Seiten seiner Geliebten erwachsen würde.'

Aelis, die sich von Guillaume verrathen wähnt, sagt:

> 4690   Nel doi pas tenir por amant,
>   qu' il n' est mie amis qui s' amie
>   guerpist ensi. Je ne di mie,
>   se jou l' cüsse en dit n' en fait
>   vers lui porchacié ne forfait,
> 95   qu' il m' en düust avoir grant ire.

M. liest '95 *n' en* ,Hätte ich mich gegen ihn vergangen,
so sage ich nicht, dass er nicht (— gebe ich zu, dass) er das
Recht hätte mir zu zürnen.' Diess gibt einen guten Sinn. Es
schwebt mir vor, wenn ich auch keine Belege beibringen kann,
einer Verwendung von *je ne di mie* begegnet zu sein, durch
welche das früher Gesagte eingeschränkt wird: ,Ein wahrer
Freund verlässt nicht die Freundin. Was ich sage, gilt nicht

---

[1] Wie ist dieses *li* zu deuten? Stellt es das Subject zum Transitiv *movoir*
dar, dessen Accus. *bataille* wäro? Schwerlich. Eher *movoir* intransitiv
und *li ... en son cuer* statt *en son c.* oder *li ... el cuer*.

für den Fall, dass ich es verdient hätte, denn da hätte er mir
mit Recht gezürnt'. Bei solcher Interpretation käme nach '94
Semikolon.

Aelis liegt in Ohnmacht; es geht Jemand vorüber und
hielt sie:

> 4766 Il ne sot pas que ce fut cele
> qui en li ot toutes biautés.

que wäre zur Noth haltbar; besser *qui*.

4790 *ne set qu' il est.* Da *qui* schwer zu *qu'* elidiert
wird, besser *qui est.*

Der junge Mann bittet Aelis ihm zu sagen, wer sie ist.
Sie antwortet ausweichend:

> 4814 por ce qu' il ne la veut irer,
> il met sa proiere a noient
> et si la sert mout doucement,
> mout li sot bien son mul restraindre.
> Ne s' en puet pas palir ne taindre
> l' aigue qui li descent des eus
> 20   sor le bel vis, ou li vermeus
> est si bien el blanc entailliés;
> encor soit il adés moilliés
> s' est il plus fins que nule rose.
> Cil est si pris que ne li ose
> 25   demander son nom ne son estre.
> De li veoir quidoit il estre
> mout honerés.

Die Hs. beginnt mit 4717 einen neuen Abschnitt und
M. folgt ihr. Dieser Vers schliesst sich aber an den vorhergehenden eng an; daher die von mir angewandte Interpunction.
Zu '18 wird bemerkt: ,Ce vers se rattache mal à ce qui pré-
cède. Y a-t-il une lacune?' Ich vermisse nichts, wohl aber
glaube ich, dass ein Sinn nur durch Aenßerung von *s' en* zu
l' (= *la*) *en* zu erhalten ist: ,Der junge Mann steht von seiner
Bitte ab und gürtet ihr Maulthier. Die Thränen vermochten
nicht die weisse und rothe Farbe Aelis' zu trüben. Ihre Schönheit nimmt den Jüngling gefangen u. s. w.' Das Pronomen *l'*
ist also Accusativ zu den Transitiva *palir et taindre*; blosses
la wäre genügend; indessen ist *en* des Bezuges gut am Platze.

Nach Begründung der Aussage, dass der Knappe sich durch den Anblick des edlen Mädchens erhoben *(honerés)* fühlte, heisst es weiter:

> 4830   Mout a esté
> o celi seule, ce me semble;
> por ce qu' aucuns nes truist ensemble
> qui i notast mal ou folie,
> ele se rafuble et ralie.

Die — durch '32—'34 unterstützte — Erwägung, dass eher Aelis als der junge Mann Anstoss an der Situation nehmen musste, könnte zur Conjectur *celui* führen (vgl. oben zu 3222); indessen mag durch *ce me semble,* so formelhaft diese Wendung ist, die Ansicht des Dichters zum Ausdrucke kommen. Ist *li rallés* Subject von *a esté,* so ist zur Construction *a celi seule* 7019 *quant il (li cuens) est o sa seule gent* zu vergleichen. Nach '31 empföhle sich dann Schlusspunkt zu setzen.

> 4876   Ele ne cesse ne demeure,
> ains chevauche tote la rue.

Einer asyndetischen Construction (nach *cesse* käme dann Komma) wird man *el ne c. ne ne d.* vorziehen.

Aelis bescheidet sich, mit dem armen Mädchen das Lager zu theilen,

> 4888   que de Guillaume, ce li semble,
> est mais tos arriere conseus.

Corr. *est mais* (ou *mis*) *arriere tos c.?* Der Sinn ist klar: „An G. ist nunmehr nicht zu denken; die Hoffnung, G. zu finden, ist dahin' u. dgl. *Est* ist angemessener wie *ert,* da die gegenwärtige Situation geschildert wird; Praesentia gehen voran und folgen. *mais* ist unbedenklich ‚nunmehr'. Aber auch die Stellung von *tos* ist nicht anzutasten. *Arriere* ist attributiv gebrauchtes Adverbium zu *conseus.* Es erscheint entweder nachgesetzt: *li cons. arr.* (vgl. *le temps jadis*) oder es steht voran und wäre am besten als erstes Element eines Compositums anzusehen: *arriereconseus.* Der Ausdruck bedeutet ‚Verstand, Rath nach der That', *il senno di poi, l' esprit d' escalier,* also ‚zu spät kommend', daher ‚nunmehr unnütz'; *conseuz ariere main n' est prouz* Prov. au vil. ed. Tobler 232, wo con-

senz ariere vait petit Rou III citiert wird. Eben so in unserem Gedichte. Guillaume bedauert, dass er die verlorene Aelis nicht in der nahen Stadt Toul, wo sie sich aufhielt, sondern in weiter Ferne gesucht hat: 6281 *Tout c' est ore ariere consaus* ,zu spät sieht er diess ein'. In unserer Stelle wiegt die Bedeutung ,unnütz' vor, woraus sich der Begriff des Aufgebens eines Gedankens, des Entsagens einer Hoffnung sich entwickelt.

Isabel bindet das Maulthier:

5016   a une estace
d' un chevestre qu' il ot el chief;
ne l' alonga pas jusc' au chief
por son harnas qu' il ne[l] malmete.

Der Zusatz des Pronomens verwischt einen Zug der älteren Syntax, die es liebt, einen Bestandtheil des Nebensatzes in Beziehung zu dem Verbum des Hauptsatzes zu setzen und dann relativische Anknüpfung zu verwenden; statt *por qu' il ne malmete son harnas* heisst es *por son h. qu' il ne malm.*; *que* ist nicht Conjunction ,auf dass', sondern Pronomen relativum. Vgl.

4612   mout li venra a grant merveille
de son anel que j' ai perdu.

Nicht ,sie wird sich über den Ring verwundern', sondern ,darüber, dass ich u. s. w.' Eben so

5220   La table n' iert ne graus ne lée,
por la nape qui n' ot q' une ausne.

Die Aussage gilt dem gedeckten Tische. Das Brett mag vielleicht gross und breit gewesen sein, der gedeckte Theil war es nicht, *por que la nape n' ot qu' une ausne.* Ferner:

6252   Or se rebaudist et enhaite
li pelerins et asëure
por la bone chevauchëure,
ou li vassals ne claime rien.

Er freut sich darüber, dass Guillaume keine Ansprüche auf das Reitthier macht.[1]

---

[1] Dass bei derartigen Constructionen auch Pronomen im Nebensatze erscheint, so dass danu *que* Conjunction ist, soll übrigens nicht geleugnet werden:

> 5029   Quant vint c' on parla du souper
> Dieus! ele ¹ n' ot sergant ne per.
> Eles ² n' ont denier ne maaille
> ne qui lor porchaçast vitaille
> ne achater lor estouvoir.
> La damoisele ot mont d' avoir
> 35   qu' ele ot aporté de sa terre.

Mit der zu '35 vorgeschlagenen Aenderung *a ach.* ist wenig gewonnen, denn weder *porch. rit. a ach.* noch *p. v.. a ach.* (wo *a ach.* asyndetisch angereihter Accus. zu *porch.* wäre) ist irgendwie befriedigend. Offenbar bezieht sich '32 auf '30 und '33 auf '31; Aelis hatte bei sich keinen Diener oder Genossen, der Lebensmittel herbeigeschafft hätte, [musste daher solche von ihren Wirthinnen erwarten,] diese ihrerseits hatten kein Geld. Daher gibt ihnen Aelis welches. Dass der Dichter nun seinen Gedanken in der verworrenen Form der Ueberlieferung ausgedrückt habe, ist schwer zu glauben. Ich möchte vorschlagen:

> ne per
> ne qui lor ³ porchaçast vitaille.
> Eles n' ont denier ne maaille
> a achater lor estouvoir.

Die Verstellung von '31—'32 verleitete zum irrigen *ne* in '33.

Es ist die Rede von Aelis, die bei den zwei Frauen eine ärmliche Unterkunft gefunden hatte:

> 1385   liés est del conte qu' il i vint

Wenn auch die Hs. hie und da *quil* für *qui* schreibt, so ist nicht gerade nöthig, hier *qui* zu setzen. Etwas verschieden ist folgender Fall:

> 6965   il se repenti de cest mot,
> que li maistres et cascuns l' ot
> entendu.

de c. m. wäre auch nach moderner Auffassung ein passendes Object zu *se repenti, que* kann Relativ (dann *l'* expletiv) oder Conjunction sein. Und wiederum entschieden nur Conjunction liegt vor in

> 7280   Quant la bele ot öi . . .
> . . . de celui qu' il regretoit
> la douçor et l' amor s' amie.

Gemeint ist *ot öi que cil regretoit*; gesagt wird „sie hörte über ihn [berichten], dass er u. s. w."

---

¹ Aelis.
² Die Witwe und ihre Tochter.
³ Statt *li*, weil Aelis zugleich an die zwei Frauen denkt.

5240   parmi tote la mesaise
        ele a pris en bon gré l' osteus.
        Ele avoit dras tos blans et nés
        et oreillier en sa besace.

Zu '41: ‚Il faudrait *ostel*, mais de toute façon la rime est défectueuse. Lacune?' Ich vermuthe eine Ableitung von *oste* : *ostès (-ez)* ‚Bewirthung'[1], womit *visnès* ‚Nachbarschaft'[2] zu vergleichen ist, das uns an zwei Stellen unseres Gedichtes begegnet:

6039   Ele ala par tout le visnès
        as puceles et as vallés.

7782   Il li aehoint (?) lués demanès (: harnès)
        et sa feme et cil du visnès (: vallès).[3]

Bisher sind nur adjectivische Bildungen (zum Theil in substantivischer Function) mittels -*erez* nachgewiesen worden (Meyer-Lübke, Gramm. II 462). Hier hätten wir zwei Abstracte, die

---

[1] Ob nicht auch in Guill. de Dole dasselbe Wort zu treffen ist? Lienor nimmt Abschied;

    4495   ele dona a la borjoise
            por s' onor et ses ostez
            un anel a deus castonez.

ostez kann Plural von *ostel* sein, und so fasst es Servois auf, der im Glossare *castonel* verzeichnet. Ueblicher ist aber *castonet*, und der Plural von *ostel* ist durchaus unpassend. Ich denke, der Dichter habe *son ostez* angewandt; der Schreiber, dem das Wort unbekannt gewesen sein wird, hat es als Plural aufgefasst und demnach *son* zu *ses* geändert.

[2] Das Glossar gibt an: ‚l' ensemble des voisins, des habitants d' un lieu'. Dass Abstracta häufig in persönlichem, und zwar collectivem Sinne angewandt werden, ist richtig; an obigen Stellen scheint mir indessen diess nicht der Fall zu sein. Gleiche Bedeutung wird dem Worte *visnage* zugeschrieben. Richart ist todt; von seiner Witwe heisst es:

    2626   on poi li est cangiés li gius
            et li visnages et la cort.

Auch hier will mir der collective Sinn nicht passend erscheinen. Gemeint ist: ‚in kurzer Zeit schlug ihr die Freude und die Annehmlichkeit in solcher Umgebung, an solchem Hofe zu leben, ins Gegentheil um'.

[3] Wenn es im Glossare heisst, *visnès* reime mit *vallès* und *demanès*, so ist diess ein lapsus calami; beide Male ist das Reimwort *callès*. In 7781—84 haben wir den im Escoufle mehrmals vorkommenden Fall, dass zwei aufeinander folgende Verspaare den gleichen Reim aufweisen. Hier wäre allerdings leicht, wie schon M. bemerkt, *harnois* (die Form kommt im Versinneren vor) und *demanois* (: 4205 *espanois*) anzusetzen.

aus Substantiven mittels -ez gebildet wären. Von diesen war
risnez bereits bekannt und nur deshalb nicht richtig gedeutet
worden, weil es in der Rectusform mit der Ableitung mittels
-*atus* zusammenfiel.[1] Wenn -*ez* von -*erez* unzweifelhaft auf
-*iciu*- zurückgeht, so gilt diess wohl auch von einfachem -*ez*.[2]

Amor gestattet nicht, dass Guillaume, trotzdem er in der
Nähe Aelis' ist, sie sogleich finde;

> 5161 . . li dieus d' amors . . n' a cure
> qu' il de si gentil creature
> puist encore a la joie ataindre;
> ains veut que li maus[3] soit graindre,
> li souspir, les lermes, li plor,
> car tot revient a fausse amor
> quant li amant ne sont ensemble,
> s' en sont plus plaisans,[4] ce me semble.
> après l' anui, la joie et l' aise.

Ich verstehe so die nicht gerade klare Stelle: ‚Amor will,
dass die Liebenden, bevor sie sich vereinigen, viel Ungemach
leiden; denn da die Freude nach der Qual um so grösser ist,
so kommt die Trennung der Liebenden Amor zu statten.‘
Statt *revient* zöge ich *ce vient* vor. Das Epitheton *fausse* kann
ich mir nicht gut erklären. Wäre die Conjectur *a ves Amor*
zu kühn?

Nachdem Aelis längere Zeit mit der Dame von Montpellier sich unterhalten hatte

> 5668 Ysabiaus qui n' ert pas vilaine
> li (der Dame) tent la cainture et l' orel.
> 70 La puccle n' atendoit el
> fors tant qu' el li tent, se li baille.
> Del chief d' une blanche touaille
> les a desvolepés et trais.

---

[1] Vgl. ital. *vicinato*. Godefroy vereinigt in der That *vimes (-ts)* und *vimet
(-ed, -i)* zu éinem Artikel.

[2] Ich werde die Frage über Suff. -*ece* nicht wieder aufrollen. Ich be-
gnüge mich zu fragen: Wenn meine Ausführung das Richtige trifft und
Abstracta mittels -*ez* aus -*iciu*- anzuerkennen sind, liegt nicht darin eine
Stütze für die Ansicht, dass -*ece* = -*icia* sei?

[3] Hs. und Druck *mal*.

[4] Hs. und Druck *plaisant*; da aber beide Substantive Feminina sind, so -*ans*.

Zu '71: ‚*se*, corr. *et*‘. Die Aenderung ist überflüssig, da
si (*se*, wegen folgendem *li*) als copulative Conjunction eben so
berechtigt ist wie *et*. Auch wäre bei Anwendung von *et*
Wiederholung des *li* weniger üblich. — Gemeint kann nicht
sein: ‚sie erwartete nichts als den passenden Augenblick, der
Dame die Kostbarkeiten zu überreichen‘, denn dann müsste es
tende und bei M.'s Lesung *et li baut* heissen. Es wird also
in '71 noch einmal die thatsächlich eingetroffene Handlung des
Ueberreichens geschildert. '70—'71 sind ein müssiges Füllsel,
dadurch veranlasst, dass sich zur Fortsetzung der Erzählung
kein Reimwort auf -*el* fand. Die Gewundenheit des Ausdruckes
verräth die Verlegenheit des Dichters. — Unsere Stelle erinnert
einigermassen an eine andere. Die Jagdgesellschaft kehrt heim;

```
6976    si s' en revont vers maison
        qu' il est tans d' aler a l' ostel.
        Il n' orent pris ne un ne el,
        fors tant [que] cascuns s' esmerveille
80      del grant duel et de la merveille
        que avoit fait li damoisiaus.
```

'78 ist nichtssagend, denn die Wiederholung des Um-
standes, dass die Jagd ergebnisslos gewesen war, ist an dieser
Stelle völlig müssig. Die Anknüpfung mittels *fors tant que*
— an welcher *el* allerdings einigen Antheil haben dürfte — ist
eben so eigenthümlich wie in 5671.

Aelis nimmt sich vor, *une chainture et une mout riche
aumosniere d' orfrois* zu verfertigen; *anelet et boucle et mor-
dant fist faire d' or en la çainture*.

```
5696    Li oevre fu mout bele et gente,
        d' or ert ases d' orfrois par mi.
```

Der Text liest: *d' or ert asis l' orfrois*, und der Glossar
erklärt *orfr. asis d' or* ‚orfrois, dans la texture duquel il entre
de l' or‘. Wenig überzeugend. Ob *d' or ert, a sés d' orfr.*
‚mit genug‘. Oder besser: *d' or ert as lés, d' orfr. par mi?*

```
5724    Ja mar arés doute
        d' ome qui en la vile viengne,
        ne ja tant conme il i remaingne
        ne vos diront pis de vo non.
```

'25 wird *viengue* zu *maingue* emendiert. Wenn des Reimes halber, so hätte dazu die Form *raigne* genügt. Ich würde das Ueberlieferte bewahren; die Gräfin meint: ‚Ihr braucht euch vor keinem Fremden zu fürchten; und die Einheimischen, so viele deren da sind, werden euch keinen Schimpf anthun‘.

<blockquote>
5835   cel tissu
ou li lion sont cns tissu,
uns teus com ses sire le porte.
</blockquote>

Die Anmerkung fragt: *Autel c. s. s. les p.?* Die Lesung der Hs. dürfte ächt sein; im Wappen des Herrn von Montpellier erscheint nur éin Löwe (vgl. 5702 *li lions de son escu i est portrais*); es liegt eine etwas ungelenke Construction vor, deren Sinn ist: ‚das Gewebe, in dem der Löwe wiederholt eingearbeitet erscheint, den ihr Gemahl als Wappen führt‘.

Der Graf von S. Gilles, der in Montpellier seine Geliebte besucht hat, kehrt wieder heim:

<blockquote>
5896   il ne fait en nul jeu sejor
        dusqu' il vint arriere en maison,
        car ses gens et si compaignon
        n' aperchoivent la chevauchie.
5900   Jusqu' en la grant sale jonchie
        vint la contesse encontre fors.
</blockquote>

Der Besserungsvorschlag zu '98—'99 *quant s. g. et si c. ap.*[1] ist wenig befriedigend. Es ist offenbar gemeint: ‚er eilt, damit man nicht bemerke, er sei weggeritten‘. Also *que*; oder geradezu *car* in der Bedeutung ‚damit‘?

<blockquote>
6174   mainte povrete a puis éue.
</blockquote>

Der Text bietet *povrece*; S. 327 heisst es wieder: ‚*povrece*, corr. *povreté*‘. Also die Lesung der Hs., die das Metrum verletzt. Vielleicht Druckfehler für ‚corr. *poverte*‘.

<blockquote>
6199   serjant ne de si bonne afaire
</blockquote>

Hat die Hs. wirklich *bonne*? Selbst für den Schreiber ist das Femininum auffallend.

<blockquote>
6232   ne sai qui est, n' en connuc onques.
</blockquote>

---

[1] Müsste nicht dann nach '97 Punkt, nach '99 Punkt stehen?

en wäre am Platze, wenn ein Substantiv wie *pas, mie* folgte. Es wird *neu* == *nel* zu lesen sein. Vgl. *eu = el*, nicht bloss 8834 *eu plus biau d' esté*, sondern wahrscheinlich auch

> 7232   en grant duel et en mautalent
> qu' il avoit et en la grant rage.

Wie das dritte Substantiv, so auch die zwei ersten sollten mit Artikel versehen sein.[1]

> 6281   il terce et tert le mul les eus.

Nach dem Glossare liegt *tercier* oder *terser*[2] vor; ich wäre geneigt *torce* = *torche* zu lesen.

Die Alte bittet Guillaume,

> 6464   que, s' il voit sa fille et s' amie,
> que pour Diu li salut ansdeus.

li ist ethischer Dativ; *les* vor *li* bleibt unausgedrückt; hier um so leichter, als *ansdeus* schon als Accusativ fungiert. Die im Texte erscheinende Aenderung von *li* zu *les* ist überflüssig.

> 6606   Il set mout bien bouter arriere
> ce qu' on li done et ce qu' il a.
> Toute l' entencious qu' il a
> si est d' esparnier et d' aquerre.

Zu '7: ,la fin du vers est sans doute fautive'. Wiederholung desselben Wortes im Reim kommt auch sonst vor, und eine kleine Nüance in der Bedeutung ist wohl zu constatieren. Im ersten Male ist *a* -= ,er besitzt', im zweiten bildet es einen Bestandtheil der Locution *a entencion*. Die kleine Tautologie ,was man ihm gibt und er (folglich) hat', lässt sich leicht dem durch den Reim gedrängten Dichter zu gute halten.

Ein Pferd ist verletzt worden. Der Besitzer will es verkaufen.

---

[1] 6640 *si voit*.. *le clau en pié qui mont est lons* (der Relativsatz bezieht sich auf *clau*). Vielleicht *eu pié*, indessen ist Gebrauch des artikellosen Substantivs, wie z. B. in *en maison*, nicht ausgeschlossen.

[2] Da ein solches Verbum nur aus dem Participium *tersus* gebildet sein könnte, so ist *tercier* unmöglich.

6660   Il en ëust le jor ëu
         de fors, ce dist, plus de · x · livres,
         mais or en est por mains delivres.

Zu '61: ,de fors, corr. devant?' Ob nicht de for (de fuer)
gemeint ist ,nach dem Marktpreise, nach seinem eigentlichen
Werthe?'

6690   tous seus venoit tenchant le pas.

,Corr. trenchant?' Der Sinn scheint zu sein: ,den Schritt
beschleunigend'. Und da dürfte tenchier besser passen. ,Kampf'
ist ,Anstrengung'.

6776   il le (den Falken) tient plus bas et plus coi
         deles sa cuisse mieus qu' il pot.

Text: [al] mieus. Ohne Noth; vgl. Tobler VB. I 143.

6876   Il ne s' est nul liu arestés.

M.: il n' est [en] n. l. a. Ohne zwingenden Grund, nul
lieu (als absoluter Accusativ) ist gang und gäbe. Das Pronomen
reflexivum kann in der Conjugatio periphrastica leicht fehlen,
muss es aber nicht.

6886   grant atrait fist et grant afaire
         d' estrain, d' esteule et des sechons.

Auch das dritte Substantiv wird artikellos sein; die Vorlage mag dessechons gehabt haben, für de ssech., mit der üblichen Gemination des Anlautes nach Procliticis.

Der Falkenmeister hört, dass der Graf, erzürnt über
dessen Fernbleiben, ihn zu sich entbietet:

7086   ,Par saint Gille' fait il ,por tout ce
         n' irai je mais devant demain'.
         En tant com on porroit sa main
         li rest del vallet souvenu

und hoffend, durch Erzählung des seltsamen Abenteuers den
Missmuth über den schlechten Erfolg der Jagd zu verscheuchen,
entschliesst er sich doch zu gehen. V. '88 fragt der Hg., ob
en levoit zu lesen sei, und meint wohl ,als er, um seine Aus-

sage zu bekräftigen, die Hand erhob'.[1] Besser würde eine Locution mit der Bedeutung ‚plötzlich, in einem Nu, im Handumdrehen' passen. Ellipsis des Infinitivs nach *pooir* ist doch unmöglich, denn in allen bisher nachgewiesenen Fällen ist die Art der Ergänzung leicht zu erkennen, hier aber fehlt dazu jeder Anhaltspunkt. Ich möchte fragen, ob nicht ‚reichen würde' gemeint sei. Ausser *puirier* kommt auch ein -*re*- oder -*ir*-Verbum vor, dessen 3. Präs. Ind. *puert* lautet, also *puerdre* oder *porir*, das auf *porrigere* zurückweist.[2]

> 7164 Il estoit si par le pis lés
> et gens par desous la çainture
> ne de biauté ne de faiture
> n' ert il el monde ses pareus.

Zu '66 wird in den Text *que de b.* eingesetzt. Ohne Noth, da *si* hier mehr exclamative als intensive Bedeutung hat, ‚gar sehr'. Selbst wenn man *si* als intensiv auffasst, kann *que* unausgedrückt bleiben.

> 7246 aussi que ce ne fust noiens

während es bei der identischen Situation hiess

> 6969 aussi que se ce fust noiens.

Könnte nicht da Gleichheit hergestellt werden?

Der Graf von S. Gilles verspricht dreissig Mark dem G., wenn er ihm erzählt, warum er den Geier verbrannt hat

> 7438 jou cuit, s' il avoit conté
> tout l' afaire et tout l' errement.
> qu' il en feroit tel paiement
> qu' il devroit bien prendre a creant.

Zu '40: „*feroit*, corr. *arroit*". Dann würde das erste *il* des Accusativsatzes *qu' il en feroit* . . . *creant* auf Guillaume,[3] das zweite auf den Grafen sich beziehen. Es ist zu einer

---

[1] Handerheben ist ein Zeichen der Freude in G. de Dole:
> 2103 Il en lieve ses mains en haut
> de la grant joie que il a.

[2] Andere Versuche, etwa *torroit* = *torneroit* oder *dorroit*, wären weit weniger befriedigend.

[3] Oder ist etwa unpers. *il en avroit* gemeint?

Aenderung kein Anlass vorhanden; ‚wenn G. Alles berichtet
hätte, so würde ihn der Graf so reichlich belohnt haben, dass
er zu diesem Zwecke Geld hätte entlehnen müssen.‘

Guillaume erzählt, wie die Ehe zwischen ihm und Aelis
in Folge der Rathschläge der Hofleute zurückging

> 7522   ‚Ains que les noces fuissent faites
> fu mes peres mors et fenis.
> Li rois tourna la cose envis
> pour le felon conseil qu' il ot‘.

Zu '24: ‚*envis*, corr. *en pis*?‘ Ich finde keinen Grund zu
einer Aenderung. Der Kaiser hat sich nur nach langem Wider-
streben dem Wunsche seiner Rathgeber gefügt; *tourna la chose*
bedeutet ‚machte die Sache rückgängig‘.

Guillaume erzählt, wie er mit Aelis die Flucht ergriffen:

> 7642   ‚Nostre oires fu tost aprestés
> que nous aviens apensé.
> Cascuns a mout tost devisé,
> mais on met mout la chose a faire‘.

M. fragt, ob im letzten Verse *mist* zu lesen sei. *cascuns*
würde dann ‚Jeder von uns‘, also ‚wir‘ bedeuten. Ich behalte
met und sehe in den zwei Versen einen allgemein giltigen
Satz, ungefähr mit der Bedeutung ‚zwischen Kelch und Lippen-
rand‘ u. s. w.

Aelis folgt mit wechselndem Gefühle der Erzählung
Guillaume's; ist er wirklich ihr Verlobter; ist er es nicht?
Liebe und Verstand kämpfen in ihrem Inneren.

> 7552   Se ses sens ne l' éust tensée,
> el li fust lués saillie au col.
> Puis se pense: ‚Se jou l' acol
> 55   et ce n' est il, jou arai honte.
> Qui que soit a conté cest conte
> a cestui, que ce n' est il mie‘.
> Si est desloiaus anemie.
> 59   Fait Amors ‚C' est il voirement‘.

So interpungiert M. und bemerkt zu '58 ‚Le sens ne se
suit pas. Lacune de plusieurs vers entre ce vers et le précédent?‘ Es ist aber zu lesen:

‚Si est, desloiaus anemie‘,
fait Amors ‚c‘ est il voirement‘.

Es folgt:

7560   Fait ses sens: ‚Amors, et conment
savés vous que c‘ est ses amis?‘
Ce que cele en doute ra mis
en son cuer une grant descorde;
ne traient pas a une corde
5   sens et amours uniement.

Das Pronomen *cele* kann sich nur auf *sens* beziehen. Hat
sich der Schreiber versehen? Oder dachte der Dichter an
Raison?

7818   Onques par bouce ne par eus
ce ne fu escrit n‘ esgardé.

‚durch den Mund geschrieben‘ ist seltsam. Liegt ein Versehen
vor? (Die Stelle rührt von dem zweiten, weit nachlässigeren
Schreiber her.) Ob *plume* oder *fu pas dit*?

7830   Quant ont assés d‘ unes et d‘ autres
parlé et fait pluisors delis,
si restut il faire les lis,
car sans dormir ne repuet hom.
Fait li bourjois: ‚Or reparlon‘
5   a cui Guillaumes fu a mestre.
‚Guillaumes‘, fait il ‚bien puet estre
huimais tens d‘ aler a l‘ ostel‘.

Unwillkürlich bessert man *repartons*. Dass sich dadurch
reicher Reim ergibt, ist zwar keine Bestätigung, aber immerhin eine Unterstützung der Emendation.

Die Gräfin von S. Gilles verabschiedet sich von Aelis
mit den Worten:

7963   ‚Dame, or soiés tous jours m‘ amie‘.
Fait la pucele: ‚Or n‘ est ce mie
5   raisons assés, dame, que j‘ oi:
toute l‘ onor que j‘ onques oi
oi je par vous et par le conte.
Et ceste priere amour monte
que tout ce vous doi jou requerre ...‘

8 ‚vers corrompu; on pourrait remplacer *amour* par *a
çou*?‘ Wie dann die Stelle zu verstehen wäre, ist mir nicht

recht klar. Ich schlage vor *a moi*; ,was ich höre (d. h. eure
Bitte, ich möge euch meine Freundschaft gewähren) entspricht
nicht den Verhältnissen: mir kommt es vielmehr zu, an euch
eine solche Bitte zu richten.'

Es kommen Boten von Rouen, die melden, der Erzbischof
erkenne Guillaume als seinen Lehensherrn:

> 8240   Or sera il mont fous s' il s' ire
>   de l' onor que faite li a.
>   Li quens ses cousins li mena
>   lués droit que ce fut avenu.

M. setzt in den Text *son cousin*. Warum? Man behalte
die Lesung der Hs., trenne aber *l' i*.

> 8462   Li departirs fu hiaus et gens
>   des Provencians et des Normans . . .
>   66   Au departir nous dist qu' il ont
>   li uns d' aus a la feme a l' autre
>   mandé salus.

'66 corr. *rous di*? Vgl.

> 8496   La grans bontés[1] qui est en li (Aelis)
>   la fait prisier par tout le monde,
>   mais ses grans gens vaint et seuronde
>   sa biauté avoec la largece
> 500   qui est en li, dist encor es[t] ce
>   la dame de plus sainte vie.

8500: ,*dist*, corr. *dunt*?'. — Man vergleiche noch folgende Stelle. Nach einer Beschreibung der Schönheit Guillaume's
wird die Stellung, in der er beim Spiele sass, geschildert:

> 2990   Et dist qu' il avoit estendue
>   lonc la mine la jambe destre.

Hier hat *dist* kein Bedenken erregt.

Es liegt hier jener Gebrauch von *dicit* ,es heisst' vor,
welches sowohl im Mittellateinischen wie im Romanischen
üblich war. Vgl. darüber Diez, Gramm. III³ 208. Auch in Verbindung mit einem anderen Verbum

> 2686   Or conte et dist que l' emperere
>   en aloit un jor en riviere u. s. w.

---

[1] Hs. und Druck *bonté*.

Als Subject schwebt vor ‚das Buch, die Chronik, die Erzählung'. So, wegen des Dativs *nous*, besonders in 8466. Unser Dichter will in der That *metre en memoire un viel conte*.[1] V. 8500 ist demnach *dist* zwischen Kommata zu setzen. Es hört sich wie ein Intercalare ‚heisst es', ‚sagt er'.[2]

Noch ist folgende Stelle zu erwähnen: — ‚Sollen wir Guillaume zum Kaiser machen? Was sagt ihr dazu?'

8568   ‚Nos le volons,
que c' est biens et raisons a faire,
qui dist qu' il est de tel afaire
com fu li quens Richars ses pere.'

Zu '70: ‚c' on dist?' Es genügt *qui* zu *que*, ‚denn es heisst'.

Aelis ist überaus freigebig

8504   ses robes, ses ors, ses argens
as frances dames de la terre
estoit communs; el les[3] fait querre
7   a grans joies, a festes anveus.

---

[1] Mehrfach kommt als Subject *l' estoire*, *li lieres* 38 *l' estoire nus dist et conte que c' est li contes de l' Escoufle*, 1801 *si com li contes dist* u. s. w.

[2] In 45 *Si dist k' il ot en Normandie* am Beginne eines neuen Abschnittes könnte man *dist* eben so auffassen. Da indessen 46 *si comance l' aventure* lautet, so kann *l' av.* Subject sein. Eben so

454   se li contes ne me ment,
après mangier dist qu' il s' atornent.

Es sei bei dieser Gelegenheit eine nicht sehr klare Verwendung von *dist* erwähnt:

317   Quant li cuens voit qu' il n' i a plus
que del monter, il dist qu' il monte.

Man erwartet ‚da besteigt er das Ross', *il dist* auf den Grafen zu beziehen, macht Schwierigkeit; sollte es wie einfaches *dist* aufzufassen sein? *il d. qu' il m.* wäre eine Umschreibung von *il m.* Eine andere ähnliche Stelle ist, weil lückenhaft, noch schwerer zu deuten:

124   Mont par li (dem Grafen Richart) est grans
               talens pris
d' aler outre mer sauver s' ame.
Mais il n' avoit enfaut ne feme
qu' il puisse laissier sa contrée . . .
N' avroie a piece racontée.
Il dist qu' il se croise et atorne.

Ob ‚er (der Graf) sagt, dass er das Kreuz nimmt' oder ‚die Märe sagt'?

[3] Ils. ela fait.

V. '7 zählt neun Silben. Etwa *a grant joie as f. a.*

Guillaume schickt sich an, Rouen zu verlassen, um sich nach Rom zu begeben. Von seinen Baronen heisst es:

> 8630   Erraument la ou il le seurent
>   sont affublé triste et pensif.

Dass *affublé* irrig ist, unterliegt für mich keinem Zweifel. Man könnte *enuble* vermuthen; *assemblé* stimmt besser zu '30.

Aelis, im Begriffe, mit Guillaume nach Rom zu ziehen, entbietet zu sich die normännischen Damen:

> 8650   par pluissors messages envoie,
>   pour le conte, querre les dames

‚wegen des Grafen‘ ist nicht gut verständlich. Ich vermuthe *conie = conjé = congié.* Vgl. was unmittelbar folgt:

> 8654   Tant en i vint bien qu' eles erent
>   soissante dames de grant pris.
>   Ançois que li congiés fu pris
>   i ot mainte larme plorée.[1]

---

[1] Es seien hier noch einige Stellen verzeichnet, die ich weder gut zu erklären noch zu emendieren weiss: 796-7, 1850-3, 2467, 5361-2, 6921. Lexicalisches zum Escoufle wird im dritten Beitrage folgen.

☞ Von allen grösseren, sowohl in den Sitzungsberichten als in den Denkschriften enthaltenen Aufsätzen befinden sich Separatabdrücke im Buchhandel.